地球の歩き方 D20　2020〜2021年版

シンガポール
Singapore

地球の歩き方 編集室

SINGAPORE CONTENTS

16 最新ニュース
特集1

ラッフルズ・シンガポール
古典と洗練を調和させた一大リニューアル！………… 16
空港に出現した楽園
ジュエル・チャンギ・エアポートを遊び尽くす！…… 18

22 エキサイティングな旬スポット
特集2

マリーナベイ・サンズ………………………………… 22
ガーデンズ・バイ・ザ・ベイ………………………… 26
リゾート・ワールド・セントーサ…………………… 30
　シー・アクアリウム………………………………… 32
　アドベンチャー・コーブ・ウオーターパーク…… 33
　ユニバーサル・スタジオ・シンガポール………… 34

36 プラナカン文化を楽しむ
特集3

プラナカンの世界……………………………………… 36

39 エスニックタウン散策
特集4

極彩色のエスニックタウン
　リトル・インディア………………………………… 39
　アラブ・ストリート周辺…………………………… 40

42 動物の楽園へ！
特集5

動物たちに大接近！　シンガポール動物園………… 42
世界最大級の淡水生物パーク　リバーサファリ…… 45
暗闇の動物にテンションアップ！　ナイトサファリ… 47

50 魅惑のグルメワールド
特集6

必食ローカルフード10 ………………………………… 50
ローカルフードの宝庫　ホーカーズを極める……… 56
ホーカーズメニュー完全版…………………………… 58
魅惑のスイーツメニュー……………………………… 62
シンガポールは海の幸が豊富
シーフードをたらふく味わう………………………… 66
シンガポールならではの美食
　マレー料理（インドネシア料理）………………… 68
　プラナカン料理（ニョニャ料理）………………… 69

70 ときめきのショッピング
特集7

おみやげ　シンガポールらしいモノを集めました。… 70
おみやげ探しではずせない！
スーパーマーケット役立ち情報……………………… 72
ちょっとしたブームになっている
ローカルなニュース…………………………………… 73

基本情報	歩き方の使い方 …………………………… 6
	ジェネラルインフォメーション …………………… 8

エリア別地図	シンガポール中心部 MAP
	シティ・ホール＆マリーナ・エリア …………… 74
	クラーク・キー周辺 ……………………………… 76
	オーチャード・ロード（西部） ………………… 78
	オーチャード・ロード（東部） ………………… 80
	チャイナタウン＆シェントン・ウェイ ………… 82
	ブギス＆アラブ・ストリート …………………… 84
	リトル・インディア ……………………………… 86
	セントーサ島中心部 ……………………………… 88
	マリーナ・ベイ周辺 ……………………………… 90
	チャイナタウン中心部／ニール・ロード周辺 … 91
	MRT／LRT 路線図 ……………………………… 92

"エリア"がわかるシンガポール・ナビ ………………………………………… 12
シンガポール満喫！3泊5日モデルコース ……………………………………… 14

93 Area Guide エリアガイド

シティ・ホール周辺 ……………………… 94
特集 シンガポール国立博物館 …… 101
特集 ナショナル・ギャラリー・シンガポール大解剖 …………………………… 102
マリーナ・エリア ……………………… 106
クラーク・キー周辺 …………………… 110
オーチャード・ロード ………………… 113
特集 シンガポール初の世界遺産
シンガポール・ボタニック・ガーデン 118
シェントン・ウェイ …………………… 121
チャイナタウン ………………………… 123
特集 チョンバルでカフェ＆雑貨散歩 132
ブギス＆アラブ・ストリート ………… 133
リトル・インディア …………………… 140
特集 老舗名店や美景が潜む
ジャラン・ベサールをぶらぶら散策 … 146
ホランド・ビレッジ …………………… 147
特集 郊外の未来都市へ
ホランド・ビレッジ近辺の注目スポット … 149
特集 ヨーロッパの香り漂う丘陵地
タングリン・ビレッジ ………………… 150
セントーサ島 …………………………… 152
イースト・コースト・パークと東部 … 160
カトン …………………………………… 165
シンガポール西部 ……………………… 170
特集 近未来的な建築と大自然が楽しめるトレイル
サザンリッジを歩いてみよう ………… 173
ジュロン ………………………………… 174
特集 楽しいエンタメ満載の
ジュロン・バード・パーク …………… 177
シンガポール北部・中部 ……………… 178
特集 緑が美しい郊外へ
ダウンタウン線に乗ってプチ旅行 …… 180

特集 スンゲイ・ブロウと農園ランチを楽しむ
大自然アドベンチャー ………………… 182
特集 街の風景も違って見える!?
ユニークな乗り物ツアーが続々登場！… 183
シンガポールからショートトリップ 184
▶マレーシアへの旅
  ジョホール・バル …………………… 184
▶インドネシアへの旅
  ビンタン島 …………………………… 188
特集 南国リゾート、
ビンタン島の贅沢な休日 ……………… 192
  バタム島 ……………………………… 198

199 Restaurant Guide 料理別レストランガイド

食のバラエティ ………………………… 200
中国料理 ………………………………… 202
ローカル料理・プラナカン料理 ……… 207
マレー・インドネシア料理 …………… 213
インド料理 ……………………………… 215
フランス料理 …………………………… 218
イタリア料理 …………………………… 219
その他の西欧料理 ……………………… 220
日本料理 ………………………………… 223
エスニック料理・その他の料理 ……… 223
ホーカーズ・フードコート …………… 225
ハイティー ……………………………… 231
カフェ …………………………………… 233
特集 昔ながらのコーヒーショップ
コピティアムでお茶タイム …………… 236
特集 スイーツ花盛り …………………… 238
特集 老舗の逸品菓子 …………………… 239
ナイトライフ …………………………… 240

245 Shopping Guide
エリア別ショッピングガイド

- シンガポールショッピング事情 …… 246
- ショッピングセンター・百貨店 …… 248
  - オーチャード・ロード周辺 ……… 248
  - マリーナ・エリア ………………… 254
  - シティ・ホール周辺 ……………… 256
  - クラーク・キー周辺 ……………… 258
  - チャイナタウン …………………… 258
  - ブギス周辺 ………………………… 258
  - リトル・インディア ……………… 259
  - 郊外のエリア ……………………… 259
- 特集 エッジの効いた
  新スタイルのS.C.「フナン」……… 260
- 特集 シンガポールの中の異国
  エスニックなショッピングセンター 261
- エリア別ショップガイド …………… 262
  - オーチャード・ロード周辺 ……… 262
  - シティ・ホール周辺 ……………… 267
  - マリーナ・エリア ………………… 269
  - クラーク・キー周辺 ……………… 270
  - チャイナタウン …………………… 271
  - シェントン・ウェイ ……………… 273
  - ブギス&アラブ・ストリート周辺 273
  - リトル・インディア ……………… 276
  - 郊外のエリア ……………………… 278
- 特集 フルーツ天国を満喫しよう … 282
- 特集 一度は食べたいドリアン …… 283
- 特集 迷宮のS.C.
  ムスタファ・センターにハマる …… 284

285 Relaxation Guide
リラクセーションガイド

- エステ&マッサージ ………………… 286
- デイスパ、サロン …………………… 286
- ホテル・スパ ………………………… 288
- インディアン・トリートメント店 … 290
- 足・全身マッサージ店 ……………… 291
- ネイルサロン ………………………… 293
- 特集 街歩きがいっそう楽しくなる
  壁画アートが花盛り! ……………… 294

295 Hotel Guide
グレード別ホテルガイド

- シンガポールのホテル事情 ………… 296
- 高級ホテル …………………………… 298
  - シティ・ホール周辺 ……………… 298
  - マリーナ・エリア ………………… 300
  - クラーク・キー周辺 ……………… 302
  - オーチャード・ロード周辺 ……… 304
  - チャイナタウン …………………… 310
  - シェントン・ウェイ ……………… 312
  - ブギス周辺 ………………………… 313
  - リトル・インディア ……………… 313
  - 郊外のエリア ……………………… 314
  - セントーサ島 ……………………… 314
- 中級ホテル …………………………… 317
  - クラーク・キー周辺 ……………… 317
  - シティ・ホール周辺 ……………… 318
  - オーチャード・ロード周辺 ……… 318
  - チャイナタウン …………………… 319
  - ブギス&アラブ・ストリート周辺 … 319
  - リトル・インディア ……………… 320
  - 郊外のエリア ……………………… 321
- エコノミー&ミニホテル …………… 322
  - クラーク・キー周辺 ……………… 322
  - オーチャード・ロード周辺 ……… 323
  - チャイナタウン …………………… 323
  - クラーク・キー周辺 ……………… 324
  - ブギス&アラブ・ストリート周辺 325
  - リトル・インディア ……………… 326
  - 郊外のエリア ……………………… 327
- 安宿&ホステル ……………………… 328
  - リトル・インディア ……………… 328
- その他のホテル・ホステル ………… 329

出発前に必ずお読みください! 旅のトラブルと安全情報…11・188・378〜380

Column & Information

リバークルーズで絶景ウオッチング	96
エスプラネード・シアターズ・オン・ザ・ベイ内のおもな施設	107
テンプル・ストリートは台所用品街	127
精緻な装飾の古刹、陳氏宗祠（保赤宮）	129
新旧が交わるファーイースト・スクエア	131
ラマダン（断食月）とハリ・ラヤ	139
リトル・インディア・アーケードでインドを体験	143
シンガポールで競馬を楽しむ	151
日曜日に出かけよう！クス島、セント・ジョンズ島巡り	151
海辺の食スポット	162
カトン散策中のおすすめ店	166
ゲイラン「異国トリップ」	168
ハウ・パー・ヴィラのシュールな世界へ	172
駅周辺に大型ショッピングセンターが集結	176
大人の社会科見学 タイガービール工場見学ツアー	176
ジャラン・ドービー周辺をぶらぶら歩く	187
シンガポールグルメ Q＆A	201
チリ・クラブ誕生の逸話	209
至福のパンに出合える「ファインダイニング・ベーカリー」	235
古くて新しい映画館「プロジェクター」	244
シンガポールの消費税、GSTの払い戻し方	247
最先端の若者カルチャーを発信するファーイースト・プラザ	252
おみやげ買いにも休憩にも大活躍の「プロビドール」	256
キッチン用品店でお宝探し	277
ローカルな足マッサージ店	292
カプセルホテルも登場！進化形ホステルがトレンド	331
旅の情報収集	334
チップについて	335
F1シンガポール・グランプリ	338
シンガポールのインターネット事情	340
チャンギ国際空港徹底ガイド	353
マレー鉄道を走る夢の豪華列車 オリエント・エクスプレス	355
マレーシアへの長距離バスとタクシー	356
MRT禁止事項あれこれ	361
交通渋滞減少を目指す「ウルトラC」の車規制	367
タクシーのオン・コール（電話予約）について	368
自転車のシェアリングシステムが普及	369
シンガポールでゴルフ	373
「シングリッシュ」はシンガポールが生んだユニークな言葉	382
シンガポール・オカルト事情	382

333 Travel Information 旅の準備と技術編

旅の予算	334
シーズンと服装	335
シンガポールの行事	336
旅の準備と手続き	339
お金の持っていき方・換え方	343
入出国のすべて	346
空港から市内へ	358
都市交通	359
現地観光ツアー案内	370
電話と郵便	374
旅のトラブル実例集	378
ユースフルアドレス	381
旅の英会話	383
シンガポールの歴史	384
シンガポールの政治	386
シンガポールの教育制度	388
「団地国家」シンガポール	389
索引	391
地球の歩き方シリーズ一覧	396

歩き方の使い方

本書で用いられる記号・略号

- シティ・ホール周辺
- マリーナ・エリア
- クラーク・キー周辺
- オーチャード・ロード
- シェントン・ウェイ
- チャイナタウン
- ブギス&アラブ・ストリート
- リトル・インディア
- 郊外のエリア

そのエリアの詳細地図の掲載ページです。

紹介しているエリアの場所を指します。

そのエリアのおすすめ街歩きプランをまとめてあります。

そのエリアを把握するための情報や、歩き方のアドバイスをまとめてあります。

その見どころの重要度を表しています。

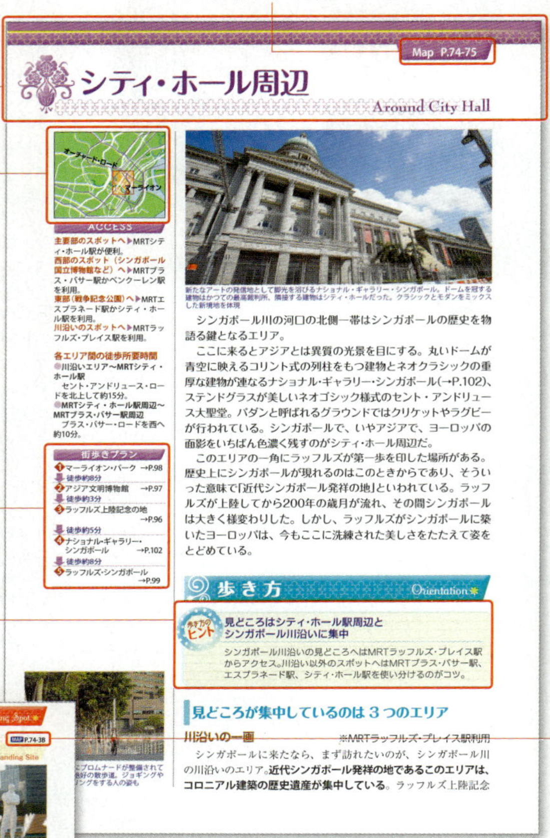

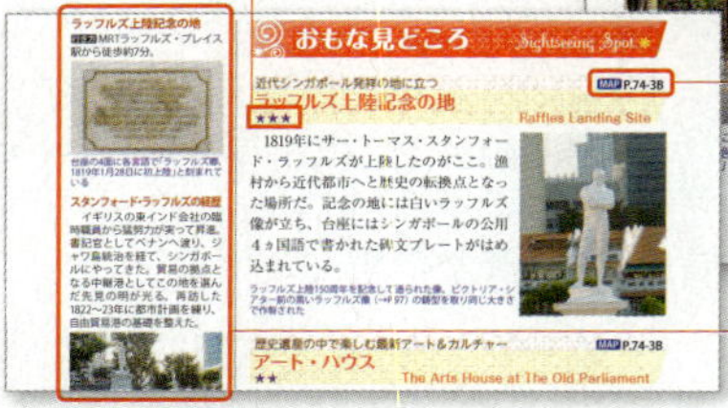

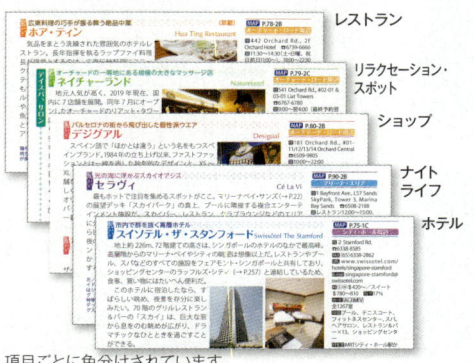

休業日の欄に出てくる旧正月とは中国の旧暦の正月のことで、毎年、日にちが変わります。2020 年の旧正月は 1 月 25 日～ 26 日。

高級ホテル、中級ホテルなどのホテルのカテゴリーは、料金だけでなく、規模、立地、設備、コンセプトなど、総合的に考慮して分けてあります。

レストラン

リラクセーション・スポット

ショップ

ナイトライフ

ホテル

項目ごとに色分けされています。

日本の予約先 日本の予約代理店

税サ 消費税、サービス料　**設備** ホテル内の設備

ホテルの客室

Ⓢシングルルーム　Ⓦダブルルーム

Ⓣツインルーム　Ⓓドミトリー

※いずれも 1 室当たりの料金を記しています。客室料金の項目で、上記のカテゴリー表記がないところは、シングル、ダブル、ツインとも同一料金です。

Map
地図上の位置を指します。**MAP** P.76-3B の場合は、P.76 の地図の 3B の範囲内にあることを示しています。「折込」は巻頭の折り込み地図を表しています。

- **住** 住所（#01-05 などは店番号で、1階の 05 号店を表しています）
- **☎** 電話番号
- **○○** フリーダイヤル
- **無料** 日本国内の無料電話
- **FREE** シンガポール内の無料電話
- **FAX** ファクス番号
- **URL** ホームページアドレス。"http://" は省略
- **E-mail** e メールアドレス
- **営** 営業時間
- **開** 開館時間
- **休** 休業日・休館日
- **料** 料金
- **カード** 使用可能なクレジットカード
  - **A** アメリカン・エキスプレス
  - **D** ダイナースクラブ
  - **J** JCB
  - **M** マスターカード
  - **V** VISA
- **行き方** その他の場所への行き方、アクセス
- **MAP** 地図位置
- **Ave.** Avenue
- **Blvd.** Boulevard
- **Drv.** Drive
- **Hwy.** Highway
- **Rd.** Road
- **St.** Street
- **Tce.** Terrace

READER'S VOICE 読者投稿

Column コラム
Information インフォメーション
DATA レストラン、店、見どころの基本データ

地 図
- ショップ
- 教会
- レストラン
- ガソリンスタンド
- ホテル
- 警察
- ナイトスポット
- インフォメーションセンター
- 銀行
- 学校
- 両替商
- 病院
- 郵便局
- 駐車場
- タクシー乗り場
- 空港
- MRT駅出入口
- フェリーターミナル
- 仏教寺院
- 映画館
- ヒンドゥー寺院
- バス乗り場
- イスラム寺院

■掲載情報のご利用に当たって
編集部では、できるだけ最新で正確な情報を掲載するよう努めていますが、現地の規則や手続きなどがしばしば変更されたり、またその解釈に見解の相違が生じることもあります。このような理由に基づく場合、または弊社に重大な過失がない場合は、本書を利用して生じた損失や不都合について、弊社は責任を負いかねますのでご了承ください。また、本書をお使いいただく際は、掲載されている情報やアドバイスがご自身の状況や立場に適しているか、すべてご自身の責任でご判断のうえでご利用ください。

■現地取材および調査時期
本書は、2019 年 9 月の取材調査データを基に編集されています。また、追跡調査を 2019 年 10 月まで行いました。しかしながら時間の経過とともにデータの変更が生じることがあります。特にホテルやレストランなどの料金、営業時間は、旅行時点では変更されていることも多くあります。また、シンガポールはレストラン、ショップなどの移転、閉店も頻繁にあります。ツアーやアクティビティの内容変更、交通機関の料金の変更も考えられます。したがって、本書のデータはひとつの目安としてお考えいただき、現地では観光案内所などでできるだけ新しい情報を入手してご旅行ください。

■発行後の情報の更新と訂正について
本書に掲載している情報で、発行後に変更されたものや、訂正箇所が明らかになったものについては『地球の歩き方』ホームページの「更新・訂正情報」で可能な限り最新のデータに更新しています（ホテル、レストラン料金の変更などは除く）。出発前に、ぜひ最新情報をご確認ください。
URL book.arukikata.co.jp/support

■通貨表記について
シンガポールの通貨単位はシンガポール・ドル（日本では S$ と表記）、補助単位はシンガポール・セント（S¢ と表記）ですが、本書ではシンガポール国内での表記同様、特に断りがある場合を除き、単に $、¢ と表記しています。なお S$1＝S¢100。

■フロア表記について
レベル（Level、省略形は L）で表示されるショッピングセンターやホテルもあり、レベル 1（L1）が日本の 1 階に当てはまらない構造もありますので、実際の表記のまま L1、L2 と記してあります。

■投稿記事について
投稿記事は、多少主観的になっても原文にできるだけ忠実に掲載してありますが、データに関しては編集部で追跡調査を行っています。投稿記事のあとに（東京都 ○○'17）とあるのは、寄稿者と旅行年を表しています。旅行年のないものは 2014 年以前の投稿で、2019 年 8〜10 月にデータの再確認を行ったものには、寄稿者名のあとに ['19] と記してあります。

ジェネラルインフォメーション

シンガポールの基本情報

▶ 旅の英会話 → P.383

▶ コラム：「シングリッシュ」はシンガポールが生んだユニークな言葉 → P.382

正式国名
シンガポール共和国
The Republic of Singapore

国歌
マジュラ・シンガプーラ
Majulah Singapura

面積
742.2km²。東京23区とほぼ同じ（'19年）

人口
約570.4万人（'19年）

元首
ハリマ・ヤコブ大統領
Halimah Yacob

首相はリー・シェンロン　Lee Hsien Loong

政体
大統領を元首とする共和制

民族構成
中国系74％、マレー系13％、インド系9％、そのほか4％

宗教
仏教、イスラム教、キリスト教、ヒンドゥー教など

言語
公用語はマレー語、英語、中国語（北京語）、タミール語

通貨と為替レート

S$

▶ お金の持っていき方・換え方 → P.343

通貨単位はシンガポール・ドル（記号はS＄、本書では＄と表記）、補助通貨単位はシンガポール・セント（記号はS¢、本書では¢と表記）。**$1 ≒ 80円**（2019年11月1日現在）。紙幣は2、5、10、50、100、1000、1万の7種類。硬貨は1、5、10、20、50セント、1ドルの6種類。（1セント硬貨はほとんど流通していない）。

また、2013年に新硬貨5種類が発行された。

左から1シンガポール・ドル、50シンガポール・セント、20シンガポール・セント、10シンガポール・セント、5シンガポール・セント

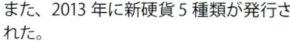
繁華街には両替商がある

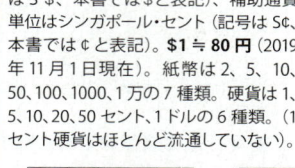 1000シンガポール・ドル

 100シンガポール・ドル

 50シンガポール・ドル

 10シンガポール・ドル

 5シンガポール・ドル

 2シンガポール・ドル

$2、$5、$10はプラスチック製。

 1シンガポール・ドル

 50シンガポール・セント

 20シンガポール・セント

 10シンガポール・セント

 5シンガポール・セント

 1シンガポール・セント

電話のかけ方

▶ 電話と郵便 → P.374

日本からシンガポールへかける場合

国際電話会社の番号	+	国際電話識別番号	+	シンガポールの国番号	+	相手先の電話番号
001（KDDI）※1 0033（NTTコミュニケーションズ）※1 0061（ソフトバンク）※1 005345（au携帯）※2 009130（NTTドコモ携帯）※3 0046（ソフトバンク携帯）※4		010		65		6123-4567

※1 マイライン・マイラインプラスの国際通話区分に登録している場合は不要。詳細は URL www.myline.org
※2 auは、005345をダイヤルしなくてもかけられる。
※3 NTTドコモは事前にWORLD WINGの登録が必要。009130をダイヤルしなくてもかけられる。
※4 ソフトバンクは0046をダイヤルしなくてもかけられる。
※ 携帯電話の3キャリアは「0」を長押しして「＋」を表示し、続けて国番号からダイヤルしてもかけられる。

General Information

ビザ
14日もしくは30日間（入国審査官の判断による。通常、一般的な観光の場合は30日となることが多い）の滞在なら不要。また、原則としてシンガポール出国のための航空券（オープンチケット可）が必要。

パスポート
パスポートの残存有効期間は「滞在予定日数＋6ヵ月」以上。

入出国

▶旅の準備と手続き
→ P.339

▶入出国のすべて
→ P.346

日本からシンガポールまでのフライトは、直行便で約7時間30分。現在7社が直行便を運航している。

日本からの フライト時間

▶旅の準備と手続き
→ P.339

チャンギ国際空港はターミナル1から4まである。写真はターミナル3

シンガポールは熱帯モンスーン気候に属しているため、年中高温多湿。雨季と乾季に分かれている。11月から2月の雨季は雨が多く、気温もいくらか下がる。
一方、3月から10月の乾季は雨が少なく、空気も乾燥している。特に6月から8月にかけては日差しが強い。ただし、乾季であっても、1〜2時間で雨がカラッと上がるスコールは頻繁にある。そのため、雨具の携帯をおすすめする。
雨季はもちろん、乾季もエアコンが強めに効いているところが多いので、ジャケットやカーディガンを用意したい。また、特に乾季は日差しが強烈なので帽子や日傘などが必要。

気候

▶シーズンと服装
→ P.335

シンガポールと東京の気温と降水量

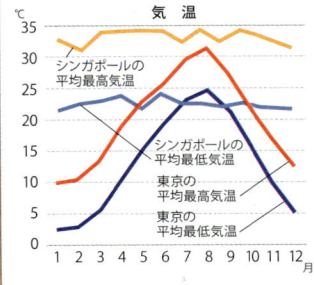
気温
- シンガポールの平均最高気温
- シンガポールの平均最低気温
- 東京の平均最高気温
- 東京の平均最低気温

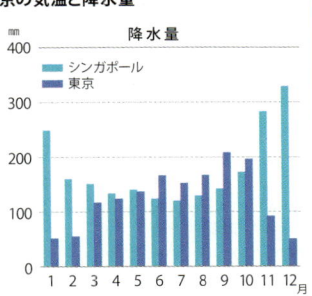
降水量
- シンガポール
- 東京

晴れていてもあっという間に黒い雲がやってきてスコールが降る

南国の花が咲き誇る

時差は日本の1時間遅れ。日本が12:00のとき、シンガポールは11:00となる。サマータイムはない。

時差と サマータイム

シンガポールから日本へかける場合

国際電話識別番号	+	日本の国番号	+	市外局番（頭の0は取る）	+	相手先の電話番号
001		81		××		1234-5678

※携帯電話などの「090」「080」の頭の0も取る。

ビジネスアワー

深夜まで営業している
ホーカーズもある

下記は一般的な営業時間の目安。商店やデパート、レストランなどは、店によって異なる。

銀　行
　銀行によって異なるが、多くは月〜金曜9:00〜16:30。土曜〜14:30。日曜、祝日休み。ATMは年中無休で24時間稼働しているものが多い。

商　店
　11:00〜21:00。デパートや大きなショッピングセンターは10:00からオープンのところが多い。コンビニエンスストアのセブン-イレブンやチアーズは、街のいたるところにあり、多くが24時間営業。

レストラン
　10:00〜22:00。店によっては朝食サービスがあったり、ランチとディナーの間に休憩時間を取ることもある。フードコートは深夜営業しているところもある。

祝祭日
（おもな祝祭日）

▶ シンガポールの
　行事→ P.336

中国正月（旧正月）の2〜3日間は、休業となるレストランや店が多い。マレー系の店ではハリ・ラヤ・プアサやハリ・ラヤ・ハジのイスラムの祝日に休むところ、インド系の店ではディーパバリに休むところもある。

下記は2020年の祝祭日。※印は年によって日にちが変わる移動祝祭日。

1月	1/1		新正月
	1/25〜26	※	中国正月（旧正月）*26日が日曜のため27日が振替休日
4月	4/10	※	グッド・フライデー
	5/1		レイバー・デー
5月	5/7	※	ベサック・デー
	5/24	※	ハリ・ラヤ・プアサ*24日が日曜のため25日が振替休日
7月	7/31	※	ハリ・ラヤ・ハジ
8月	8/9		ナショナル・デー（建国記念日）*9日が日曜のため10日が振替休日
11月	11/14（変更の可能性あり）	※	ディーパバリ
12月	12/25		クリスマス

電圧とプラグ

　電圧は230V、50Hz。プラグは四角形の穴が3つのタイプ（BF型）が一般的だが、一部には丸穴が3つのタイプ（B3型）もある。日本の電気製品をそのまま使う場合には変圧器が必要となるが、ほとんどのホテルで貸し出しサービスがあるので、それを利用すればよい。

BF型、B3型の変換アダプター

映像方式

ビデオ
　シンガポールのテレビ、ビデオはPAL方式。日本（NTSC方式）と異なるので、一般的な日本国内用ビデオデッキでは再生できない。

DVD、ブルーレイディスク
　DVDの地域コード、リージョン・コードは「3」。日本は「2」で、日本の一般のDVDプレーヤーでは、シンガポールのDVDは再生できない。ブルーレイのリージョン・コードは日本と同じAなので、シンガポールで購入したものは日本のプレーヤーでも再生可能だ。ただし字幕が対応していない場合もあるので注意。

チップ

▶ コラム：チップに
　ついて→ P.335

　基本的にチップの習慣はない。

レストラン
　サービス料が加算されていれば、チップを置く必要はないが、よいサービスを受けたと思ったら、小銭のおつりをチップとして置くのが一般的だ。

ホテル
　ベルボーイ、ルームメイドなどに世話になったときには、その気持ちをチップで伝える（$2〜）。

タクシー
　不要。

飲料水

　シンガポールの上水道はWHO（世界保健機関）の審査基準をクリアしており、生水を飲むことができる。ただし、胃腸が弱い人は、ミネラルウオーターや市販の飲用水を飲むのをおすすめする。これらはコンビニ、スーパー、商店で販売。
ポピュラーな飲用水の「アイスマウンテン」

緑が多い街並み

General Information

郵 便

郵便局の営業時間は月〜金曜 8:30 〜 17:00（場所によって〜 21:00）、土曜〜 13:00。日曜、祝日は休み。
日本への航空郵便の料金は、はがき、エアログラムが $0.7、封書は 20gまでが $1.4 で、10g 増すごとに $0.35 ずつ加算される（所要 3 〜 5 日）。小包の目安は航空便で 2kgまで $60、5kgまで $97（最大 30kg まで）。

ポストにはエアメールも投函できる

▶ 郵便→ P.376

税 金

通常、商品には 7% の消費税（GST）、ホテル料金やレストランにはプラス 10% のサービス料が加算される。F1 シンガポール・グランプリの期間中、マリーナ・エリアのホテルは 30% の税金が上乗せされる。ローカルな食堂ではサービス料と消費税が加算されないところもある。ホーカーズでは加算されない。旅行者（居住者を除く）は、購入した商品をシンガポール国外に持ち出す場合、一定の条件を満たしていれば、支払った GST から還付代行会社の手数料を差し引いた額の払い戻しを受けられる（飲食代やホテル代は払い戻し不可）。

▶ コラム：消費税（GST）の払い戻し方法
→ P.247

安全とトラブル

2019 年 10 月現在、日本の外務省の渡航安全情報では、シンガポールに危険情報は発出されていない。シンガポールは東南アジア各国に比較すれば犯罪率は低いが、軽犯罪や詐欺被害（パスポート盗難）は頻発しており、その頻度は日本より高い。特に日本人は狙われやすいので、十分に注意したい。

▶ 旅のトラブル実例集
→ P.378

年齢制限

たばこ、アルコールは 18 歳以上。映画で R（A）となっている場合は 18 歳未満の入館禁止。NC-16 となっている場合は 16 歳未満の入館禁止。身分証明書などの提示を求められる。カジノへは 21 歳未満は入場不可。

度量衡

長さはインチとセンチの両方が使われている。重さはグラム、キログラム。

その他

規則

小さな島国に多民族が集まるこの国を統一するために、さまざまな規則や法律、そしてそれを徹底させるための罰金制度が設けられている。旅行者といえど、罰金は適用されるので気をつけること。
おもな罰金例はゴミのポイ捨てには最高 $1000 の罰金。喫煙場所以外での喫煙（→右記）、公共の場所で痰、つばを吐いたら罰金。MRT（電車）内での飲食も罰金。入国時、チューインガムの持ち込みも禁止。また、麻薬の取り締まりもたいへん厳しい。たとえ外国人でも一定量以上の麻薬をこの国に持ち込むと、罰金だけでは済まされない。厳刑が科せられる。

[たばこの持ち込み]

入国時、たばこは量に関係なく、1 本から課税対象（1 本 ¢42.7）になるので要注意。たばこを所持していながら、申告していないため、多額の罰金を科されるケースが多発している（→ P.379）。たばこを 1 本でも持ち込む場合は、申告品があるほうの赤い通関路で申告すること。電子たばこも持ち込み禁止。

[飲酒、喫煙に関する規則]

2015 年 4 月より、22:30 〜翌 7:00 の間はアルコールの販売が法律で禁止されている。
屋内、屋外とも飲食関連施設では、一部の喫煙指定場所を除いて禁煙。ナイトスポットも禁煙であるが、環境省に認定された店舗に限って、喫煙エリアを設けている店もある。喫煙可能なエリアは、その区分を明確にする印（床のマーキングやテーブルの色など）や表示を施すことが規則で命じられている。

タブー

第 2 次世界大戦中に旧日本軍が 3 年間占領した時代（昭南島時代）があるため、年輩者のなかには反日感情をもつ人もいる。宗教上のタブーは特にないが、イスラム教寺院を訪れるときは肌を露出した服装は避ける。

屋外の喫煙エリアを示す看板

スーパー、コンビニ、ホーカーズなどすべての店で 22:30 以降はアルコール類は販売されないので要注意

"エリア"がわかる シンガポール・ナビ

シンガポールは複数の民族が暮らし、特色ある街を形作っている。中心部にはエスニック＆商業エリアが、郊外にはトロピカルな自然に抱かれた観光スポットがある。そしてシンガポールの魅力は高層ビルが林立する街と、民族エリアが隣り合わせていること。ほんの数十分の移動で、まったく違うにおいのエスニックタウンに行ける！大まかなエリア分けとエリア間の所要時間、そのエリアの特色をナビゲート。

※P.●●のページは、エリアガイドの本文参照ページです。

ここが起点！ MRTシティ・ホール駅

ここを基準に各エリアへの徒歩やMRT（電車）などでの所要時間を記載。
※電車の所要時間には乗り換えや待ち時間は含めていません。

🚶 =徒歩　🚆 =MRT（電車）　🚕 =タクシー

🚆 5分　P.113 MAP P.78-81
① オーチャード・ロード
シンガポール一のショッピングストリート

最寄り駅 オーチャード駅、サマセット駅、ドービー・ゴート駅。

世界各国からの観光客が行き交う

● シンガポール・ボタニック・ガーデン
Singapore Botanic Gardens

🚆 22分　P.147 MAP P.148
② ホランド・ビレッジ
ハイセンスなエスニック雑貨＆レストラン街

最寄り駅 ホランド・ビレッジ駅。バスならオーチャード・ブルバードのバス停から、所要約10分。

高級住宅街の中に出現したおしゃれな街

● チョンバル
Tiong Bahru

🚆 8分 + 🚶 5分　P.110 MAP P.76-77
③ クラーク・キー周辺
エンターテインメント＆夜遊びスポット

最寄り駅 クラーク・キー駅、フォート・カニング駅。

ライブバーやクラブが深夜までにぎわう。対岸にショッピングセンター「セントラル」がある

🚆 13分 + セントーサ・エクスプレス約10分　P.152 MAP P.88-89
④ セントーサ島
テーマパーク＆リゾートの島

最寄り駅 ハーバーフロント駅。直結するビボ・シティからセントーサ・エクスプレスを利用。

左／リゾート・ワールド・セントーサ内のシー・アクアリウム　右／ユニバーサル・スタジオ・シンガポールもある

● リゾート・ワールド・セントーサ
Resorts World Sentosa

ユニバーサル・スタジオ・シンガポール
Universal Studios Singapore

セントーサ島
Sentosa Island

🚇 10分　P.140　MAP P.86-87
熱気漂うインドを体験
⑤ リトル・インディア

最寄り駅 リトル・インディア駅、ファーラー・パーク駅、ローチョー駅。

寺院や神様へのお供え用の花売りが出る

🚇 2分　P.133　MAP P.84-85
エキゾチックな香りがいっぱい
⑥ ブギス&アラブ・ストリート

最寄り駅 ブギス駅、ニコル・ハイウエイ駅。

アラブ・ストリート周辺はイスラムの世界。その中心がサルタン・モスク

- スリ・ヴィラマカリアマン寺院　Sri Veeramakaliamman Temple
- サルタン・モスク　Sultan Mosque

徒歩圏内（マリーナ・エリアは🚇10分）　P.94　MAP P.74-75
新旧の観光スポットが集結
⑦ シティ・ホール周辺

最寄り駅 シティ・ホール駅、エスプラネード駅、ラッフルズ・プレイス駅。

眺めがよいマーライオン・パーク

- ★ マーライオン・パーク　Merlion Park
- ● マリーナベイ・サンズ　Marina Bay Sands
- ● ガーデンズ・バイ・ザ・ベイ　Gardens by the Bay

🚇 10分　P.106　MAP P.75、90
旬の見どころが集まる注目エリア
⑧ マリーナ・エリア

最寄り駅 ベイフロント駅、ダウンタウン駅、マリーナ・ベイ駅、ラッフルズ・プレイス駅。

二大観光スポットのマリーナベイ・サンズ（上）とガーデンズ・バイ・ザ・ベイ（下）

🚗 10分　P.160/165　MAP P.161、169
ビーチで遊び、プラナカン文化に触れる
⑪ イースト・コースト&カトン・エリア

最寄り駅 カトン・エリアへはパヤ・レバ駅。

左／色鮮やかなカトンの家並み　右／イースト・コースト・パークは海風が気持ちいい

🚇 7分　P.123　MAP P.82-83、91
活気あふれる屋台街
⑨ チャイナタウン

最寄り駅 チャイナタウン駅、テロック・アヤ駅、アウトラム・パーク駅、タンジョン・パガー駅。

屋台街では値段交渉を

🚇 7分　P.121　MAP P.83、90
高層ビルが並ぶ金融街
⑩ シェントン・ウェイ

最寄り駅 ラッフルズ・プレイス駅、タンジョン・パガー駅、ダウンタウン駅。

マレーシア　シンガポール　チャンギ国際空港

シンガポール満喫！3泊5日モデルコース

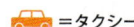 🚶=徒歩　🚃=MRT（電車）　🚕=タクシー

1日目　シンガポール到着！夜景とグルメに繰り出そう

- **17:30** チャンギ国際空港到着。
- 🚕 20～30分
- **18:30** ホテルにチェックイン。
- 🚕 5～10分
- **20:00** チャターボックスでディナー（→P.209）
  シンガポール名物チキンライスを味わおう。

上／「チャターボックス」はマンダリン・オーチャード・シンガポール内にある　下／ここのチキンライスは豪華版

- 🚕 約15分
- **21:00** シンガポール・フライヤー（→P.108）
  世界最大規模の観覧車からシンガポールの夜景をひとり占め！

最高地点からのすばらしい夜景。1周約30分
観覧車もライトアップされる

カクテルやシャンパン付きのプランもある

フライヤー1階のフードコート「シンガポール・フード・トリート」（→P.108）でひと休み

2日目　ショッピング、そして夕方から動物パラダイスへ

- **8:30** マーライオン・パーク（→P.98）
  朝一番でマーライオンとご対面。最旬のシンガポールビューが広がる。

マーライオンと記念写真

- 🚕 約15分
- **9:15** キリニー・コピティアムで朝食（→P.236）
  カヤトーストとコピのローカル朝食で腹ごしらえ。

卵とココナッツミルクから作ったカヤジャムを挟んだカヤトーストは、練乳入りコーヒーとともに

- 🚶 約5分
- **10:00** オーチャード・ロード（→P.113）
  シンガポール髙島屋S.C.（→P.248）やマンダリン・ギャラリー（→P.250）をチェック。
- 🚶 約10分
- **13:00** ローズ・ベランダでランチ（→P.231）
  高級ホテルのハイティービュッフェでランチ。人気のため事前予約を。

料理もスイーツも種類豊富

- 🚕 約30分
- **15:30** リバーサファリ（→P.45）
  パンダやさまざまな淡水生物に会える。

左／ジュゴンの親子
右／パンダは2頭いる

- 🚶 約3分
- **18:00** ナイトサファリ（→P.47）
  まずはサファリ内のレストランで夕食を。その後、トラムで園内を1周し、徒歩コースも回ってみたい。

暗闇のなかのマレートラは迫力満点

新スポットの登場で、楽しみ方の幅が一気に広がったシンガポール。
短い旅行期間にあれもこれも体験したい！というときに、
効率よく見どころをおさえる究極プランをご紹介。フットワーク軽やかに、いざ出発！

3日目 マリーナベイ・サンズを制覇。その後エスニックタウン巡り

10:30 サンズ・スカイパーク (→P.22)
マリーナベイ・サンズ56～57階のスカイパークに上る。

船の形のスカイパークに上って、パノラマを楽しもう

約15分

12:00 バナナリーフ・アポロで昼食 (→P.216)
名物のフィッシュヘッド・カレーを豪快に。
フィッシュヘッド・カレーは辛いがうまい 

数分

店のペイントも派手

13:00 リトル・インディア散策 (→P.140)
ムスタファ・センター (→P.284) まで足を延ばしてもいい。

約10分

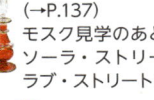
モスクの前にはおみやげ店が並ぶ

14:30 サルタン・モスク周辺 (→P.137) 
モスク見学のあとはブッソーラ・ストリート、アラブ・ストリートを散策。

約10分

16:00 ナショナル・ギャラリー・シンガポール (→P.102)
新しいスタイルの美術館でアートを鑑賞しつつ、おしゃれなグッズもおみやげに。トワイライトタイムは屋上の「スモーク＆ミラーズ」(→P.240) でシティビューを堪能。

シングルオリジンのチョコ

昔の造りが残る場所もある

左／正面にサンズが見える
右／「スモーク＆ミラーズ」

4日目 最終日はテーマパークで遊ぶ

9:00 ガーデンズ・バイ・ザ・ベイ (→P.26)
スカイウェイを歩き、ふたつのドーム型植物園も見学。

地上22mのスカイウェイはスリル満点

数分

12:00 マジェスティック・ベイで昼食
ガーデンズ・バイ・ザ・ベイにあるレストランで、シーフードを味わう。MAP P.26
☎6604-6604

看板メニューのコピ・クラブ

約20分

13:30 ユニバーサル・スタジオ・シンガポール (→P.34)
世界初のアトラクション「トランスフォーマー」は要チェック。

「トランスフォーマー」

約3分

16:00 シー・アクアリウム (→P.32)
10の海洋ゾーンを設けた巨大水族館。

巨大水槽ではマンタの遊泳が見られる

約5分

18:00 マレーシアン・フードストリートで夕食 (→P.31)
ペナンやマラッカの名店が勢揃い。

1970年代の街並みを模した館内

セントーサ・エクスプレス（モノレール）と約15分

19:40 ウイングス・オブ・タイム (→P.159)
セントーサの夜を盛り上げるショー。レーザー光線、音楽、噴水にプロジェクションマッピングも加わり、見応えがある。

約25分間のショー

15～20分

21:00 ホテルに戻って空港へ向かう。

20～30分

深夜 チャンギ国際空港発、帰国（翌日着）。

巻頭特集 ① 最新ニュース

Raffles Singapore

古典と洗練を調和させた一大リニューアル！
ラッフルズ・シンガポール

マハラジャスタイルのドアマンが迎えてくれる

2年半の改装工事を終えたラッフルズ・シンガポールが新たな輝きをまとって、2019年8月、営業を再開した。かのシンガポール・スリングを生み出し、サマセット・モームやチャップリンに愛された伝説のホテル。1887年の創業以来、受け継がれたコロニアル様式の格調は損なわれることなく、現代のエネルギーが注がれ、洗練の極みへと進化を遂げた。

リニューアルの最たるポイントは、機能性が増した客室とスターシェフを招いた新レストラン。ホテルギフトを扱うブティックも目を見張る充実度！

大きく扉を開いた名門ホテルはシンガポールの歴史風情を体感させてくれる。

上／優美なホテルファサード
下／3階にプールとジムがある

ロマンあふれる スイートルーム

全室スイートの客室は改装によって増設。約4mの天井に設えたファン、磨き抜かれたチーク材の床など創業時の面影をとどめつつ、最新技術を投入。12室あるパーソナリティースイートは、滞在した著名人の名がつけられ、それぞれゆかりの品が飾られている。

左／緑豊かな庭園に面したベランダ付き　中／一新されたバスルーム。アメニティ類も豪華　右／伝統とモダンが合わさり、風雅な空気を醸すコートヤードスイート。きめ細かいバトラーサービスが行き届いている

魅力を増した ダイニング

ふたりの名匠アラン・デュカス、アンヌ・ソフィー・ピックがそれぞれ指揮をとる新レストラン「BBRバイ アラン・デュカス」と「ラ ダム ドゥ ピック」が話題の的。シンガポールらしさでおすすめなのは、北インド料理の「ティフィンルーム」、アフタヌーンティーが楽しめる「グランドロビー」、シンガポール・スリングが有名な「ロングバー」。

グランドロビー
壮麗なロビーで味わうアフタヌーンティー。3段トレイのセットは飲み物付きで$68～

ティフィンルーム

シェフのクルディープさん

左／ディナーは好みのカレーをインドの弁当箱仕立てで供する「メラ・ダッバー」（$58）がおすすめ。ランチはビュッフェとセット料理のターリーがある　右／創業時の風情を残す店内

逸品が揃う ラッフルズ・ブティック

ホテルオリジナルのグルメみやげをはじめ、小粋な雑貨からファッションまで充実の品揃え。新たに登場したのは種類豊富なフレーバーティー。店内にはヒストリーギャラリー、ケーキやコーヒーの販売コーナーもある。

南国ムードの広い店内。ガラスケースには創業当時のホテルグッズなどが展示されている

❶チリ・クラブ・ソース$15.9 麻袋入りで$18 ❷ロングバーのおつまみのピーナッツ。❸左・中央はアフタヌーンティー、マンゴーティーのティーバッグ（$29〜）、右はシンガポール・スリングの風味を付けた茶葉（$34）❹ドアマンとシンガポール・スリングのキーホルダー（各$16.9）

重厚ななかにスタイリッシュなデザインが加味されたロビー。レセプションデスクはなく、チェックイン・アウトは客室で行う

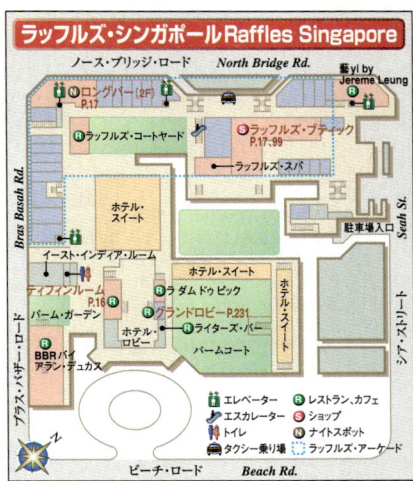

ロングバー

1920年代のマレーのプランテーションをテーマにした内装。名前の由来となった長い木製のバーカウンターも再現されている

この店発祥のシンガポール・スリング（$28〜33）。無料のおつまみのピーナッツの殻は床に落とすのがここの流儀

ラッフルズ・シンガポール
MAP P.75-1C 住1 Beach Rd. ☎6337-1886 **FAX** (65) 6339-7650 **URL** www.raffles.jp/singapore **E-mail** singapore@raffles.com 料$839〜 税サ17% カード ADJMV 全115スイート
設備プール、スパ、ジム、レストラン＆バー×9、ショッピングアーケード
行き方 MRTシティ・ホール駅、エスプラネード駅から徒歩約5分。

ティフィンルーム　Tiffin Room
住Grand Lobby ☎同上 営12:00〜14:00、18:30〜22:00 休無休 カード同上

グランドロビー　The Grand Lobby→P.231

ロングバー　Long Bar
住#02-01, 2F Raffles Arcade ☎6337-1886、6412-1230
営11:00〜ラストオーダー23:30（金・土曜、祝日前日ラストオーダー翌0:30）休無休 カード同上

ラッフルズ・ブティック　Raffles Boutique→P.99欄外

巻頭特集 ❶ 最新ニュース

最も眺めがよいのは資生堂フォレストバレーの4階展望デッキ。空港ターミナル2〜3を結ぶスカイトレインが館内を走行する光景にもびっくり

ライトアップされると一段と幻想的

空港に出現した楽園
ジュエル・チャンギ・エアポート
Jewel Changi Airport
を遊び尽くす！

❶空港管制塔が望める休憩スポット（L2） ❷L5のキャノピーパーク隣にはオープンに展開するレストランやバーがある
❸L2の入口では輝くアート作品「クリスタル・クラウド」が迎えてくれる

バゲージ・ストレージ。料金はキャリーバッグ$10〜（24時間）

2019年4月、またひとつ想像を絶する複合施設が誕生した。マリーナベイ・サンズの独創性とガーデンズ・バイ・ザ・ベイの都市型庭園の技術を生かし、さらにパワーアップした「ジュエル」。ガラスドームの天窓から流れ落ちる水柱は世界一の室内滝。広大な熱帯雨林の森と背中合わせにあるのは最先端のショッピングモールだ。

未来都市を思わせるジュエルは、遊びも買い物もグルメもおまかせ。シンガポール生まれ、さらにここにしかないショップやレストランが揃っており、足を運ぶ価値あり！

ジュエルの楽しみ方

帰国の際におみやげ買いと食事に立ち寄る
フライト時間よりも早めに訪れ、ジュエルL1のバゲージ・ストレージ（荷物預かり所）に荷物を預けるか、同フロアのアーリーチェックインカウンター（航空会社によって受付時間が異なるので注意）を利用するとよい。

ジュエル観光目的で午後遅めに訪れ、夜のショー、ディナーまで満喫
滝はライトアップでさらに迫力を増す。

最大の見どころはこのふたつ

HSBCレインボルテックス　HSBC Rain Vortex
屋根中央部から流れ落ちる滝の名称がレインボルテックス（雨の渦）。その高さは40mで室内にある滝では世界一。19:00頃からライトアップされ19:30から1時間ごとに光と音楽のショーを開催。 時9:00〜23:30　光と音楽のショー 19:30、20:30、21:30、22:30、23:30（ショーは約5分、無料）

資生堂フォレストバレー　Shiseido Forest Valley
滝を取り囲む熱帯雨林の森。1〜4階を石畳で結び、遊歩道も設置。3階と4階には展望デッキがある。 時24時間 料無料

左／滝は地下1階から下はアクリル樹脂の円柱の中を落下　右／光と音楽のショー　ヤシや高木など2000本以上植えられた階段状の渓谷

ジュエルってどんなところ？
● 空港ターミナル1の拡張とターミナル前の屋外駐車場の再開発から生まれた。ジュエルは駐車場跡地の敷地面積約3.8ヘクタールに立つ。
● 空港ターミナル1パブリックエリアとL1、B1Fで直結。ターミナル2、3へはリンクブリッジ（連絡通路）で徒歩約5分（ターミナル1からスカイトレイン利用でも行ける）。
● 設計デザインはマリーナベイ・サンズを手がけたモシェ・サフディ氏が率いるチーム。
● 地上5階、地下5階（うち地下3〜5階は駐車場）。最上階のL5はアトラクションが集まるキャノピーパーク。

上／特殊ガラスのドーム型建物　下／リンクブリッジには動く歩道が設置されている

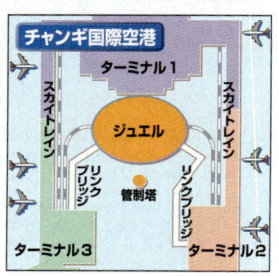
チャンギ国際空港
ターミナル1／ターミナル2／ターミナル3／ジュエル／スカイトレイン／リンクブリッジ／管制塔

キャノピーパークの アトラクション＆庭園

パークの入場料で楽しめるもの

ディスカバリースライド
Discovery Slide
彫刻作品でもある滑り台。滑り方は4種類

フォギーボウル
Foggy Bowls
芝生のくぼみからランダムにミスト（霧）が吹き出し、雲の中へ

トピアリーウオーク
Topiary Walk
動物をかたどったトピアリーが並ぶ

ペタルガーデン
Petal Garden
季節の花で飾られた庭園

そのほかのアトラクション

地上23mに設けられた長さ50mのキャノピーブリッジをはじめ、ネット遊具や迷路などがある。 🕐10:00〜22:00
休 無休　料 各アトラクションによって異なる
滝の水流を間近で見られるキャノピーブリッジ（料$8）

L5のキャノピーパークは有料の遊び場。9のアトラクションと庭園で構成されており、パークの入場料で遊べるものと、別料金のものがある。
🕐10:00〜24:00（金・土曜、祝日前日〜翌1:00。最終入場は閉園30分前）　休 無休　料 $5

ジュエル・チャンギ・エアポート
Jewel Changi Airport

ℹ コンシェルジュ　🛗 エレベーター　🚶 エスカレーター
🚻 トイレ　💺 休憩スポット

レストラン・バー
① タイガー・ストリート・ラボ P.21
② プリヴェ
③ バーガー＆ロブスター
④ アロハ・ポケ
⑤ アーティスティック・ビストロ

キャノピーパークのアトラクション
⑥ ヘリテージ・メイズ
⑦ ミラー・メイズ
⑧ トピアリーウオーク
⑨ ディスカバリースライド
⑩ フォギーボウル
⑪ マニュライフ・スカイネット-ウオーキング
⑫ マニュライフ・スカイネット-バウンシング
⑬ ペタルガーデン
⑭ キャノピーブリッジ

L5
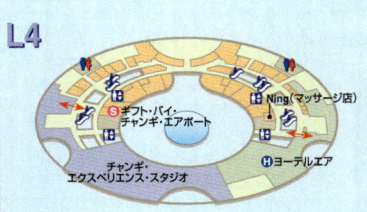
キャノピーパーク / キャノピーパークのチケット売り場 / キャノピーパーク入口

L1
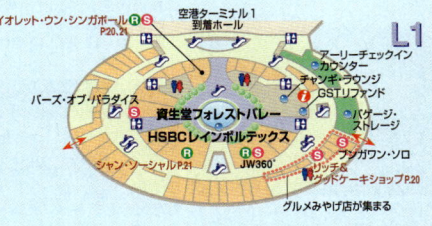
空港ターミナル1 到着ホール / アーリーチェックインカウンター / チャンギ・ラウンジ / GSTリファンド / バイオレット・ウン・シンガポール P.20,21 / バーズ・オブ・パラダイス / 資生堂フォレストバレー / HSBCレインボルテックス / シャン・ソーシャル P.21 / JW360 / パッケージ・ストレージ / ブンガワン・ソロ / リッチ・サンドケーキショップ P.20 / グルメみやげ店が集まる

L4
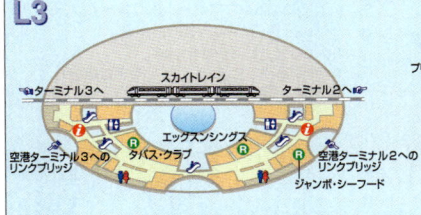
ギフト・バイ・チャンギ・エアポート / Ning（マッサージ店） / チャンギ・エクスペリエンス・スタジオ / ヨーデルエア

B1

空港ターミナル1、タクシー乗り場へ / チャールズ＆キース / プリティ・フィット / マークス＆スペンサー / ホワイト・レストラン（ビーンズ料理） / ザラ / アトリウム / ユニクロ / マッシモ・ドゥッティ / マンゴ

L3
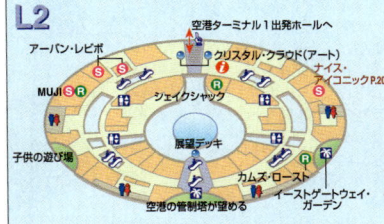
スカイトレイン / ターミナル3へ / ターミナル2へ / 空港ターミナル3へのリンクブリッジ / エッグスンシングス / タパス・クラブ / 空港ターミナル2へのリンクブリッジ / ジャンボ・シーフード

L2
アーバン・レビボ / MUJI / 空港ターミナル1出発ホールへ / クリスタル・クラウド（アート）/ ナイス・アイコニック P.20 / シェイクシャック / 展望デッキ / カムズ・ロースト / 空港の管制塔が望める / イーストゲートウェイ・ガーデン / 子供の遊び場

B2

松發肉骨茶 / ボウシン（海南チキンライス）/ ファイブ・スパイス（フードコート）/ オター P.21 / フェア・プライス・ファイネスト（スーパー）/ アービンズソルテッドエッグ / ショウ・シアター（映画館）/ フォーシーズンズ・ドリアンズ・レストラン

ジュエル・チャンギ・エアポート　MAP 折込表-2C　📍78 Airport Boulevard　☎ 6956-9898　URL www.jewelchangiairport.com
営 店によって異なるが、だいたい10:00〜22:00　行き方 MRTでチャンギ・エアポート駅下車、徒歩約5分（ターミナル2のリンクブリッジ経由）。タクシーなら市内から20〜30分。

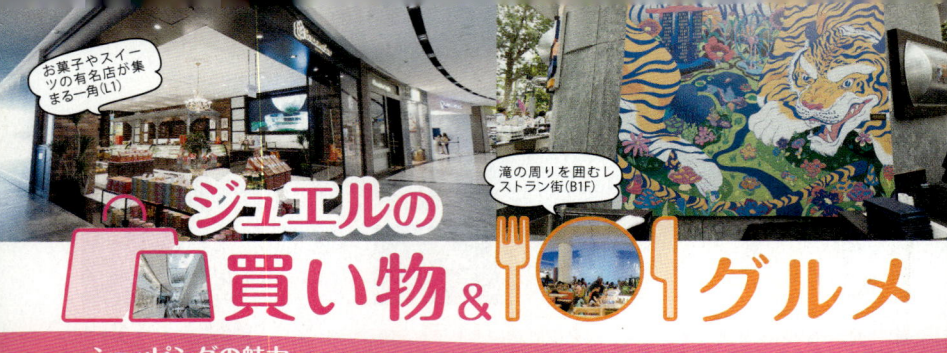

お菓子やスイーツの有名店が集まる一角(L1)

滝の周りを囲むレストラン街(B1F)

ジュエルの買い物&グルメ

ショッピングの魅力

ブティック、食品店、スーパーなど総数約280店。世界へ発信するシンガポールの実力店、そして世界の新鋭店がセレクトされている。注目すべきはここにしかない店や旗艦店が多いこと。老舗菓子店のブンガワン・ソロやクッキー・ミュージアム(→P.270)など「グルメみやげ」を集めた一角(L1)も見逃せない。

おみやげを買いに訪れたい店

パイナップルタルトが絶品

バイオレット・ウン・シンガポール

Violet Oon Singapore

料理研究家のバイオレット・ウンさんのオリジナル菓子を販売。市内に同シェフのレストランは複数あるが、おみやげ商品を販売しているのはここのみだ。クッキーやジャムなど、手の込んだ製法で作られており、上品な洋菓子のようなパイナップルタルトがいち押し。

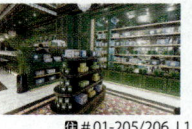

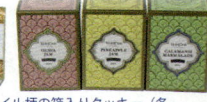

住 #01-205/206, L1
☎ 9834-9935
営 9:00〜22:00　休 無休　カード A M V

バター風味の薄皮にまろやかなパイナップルジャムがたっぷりのパイナップルタルト(8個入り$30)

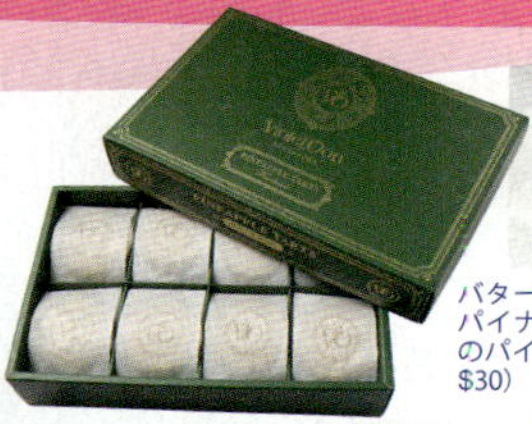

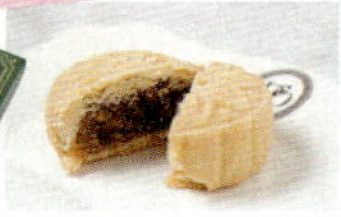

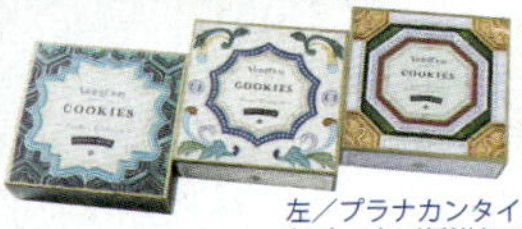

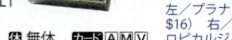

左／プラナカンタイル柄の箱入りクッキー(各$16)　右／新鮮なフルーツをたっぷり使ったトロピカルジャム(各$12)

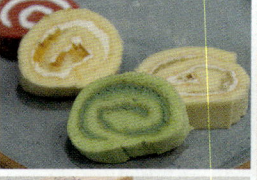

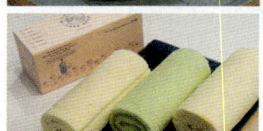

狙うはカヤロールケーキ

リッチ&グッドケーキショップ

Rich & Good Cake Shop

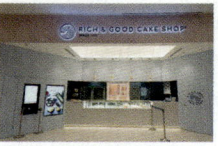

サルタン・モスク近くカンダハール・ストリート店が本店。ここジュエル店では、おみやげによいミニサイズも販売している。新鮮素材で毎日手作りされており、連日15:00頃で完売する人気ぶり。甘くてコクのあるカヤジャム入りロールケーキがいちばん人気。マンゴー入りも美味。

住 #01-232, L1　☎ 6241-0902
営 10:00〜22:00(売り切れた時点で閉店)
休 無休　カード 不可

RICH & GOOD CAKE SHOP

左上／フレーバーは全10種類。スポンジ生地がとても柔らかく、甘さ控えめ。手前の緑色がカヤロールケーキ　左下／ミニサイズは$5〜5.5。保存料無添加で賞味期間は2日　右／数に限りがあるので早い時間に訪れたい

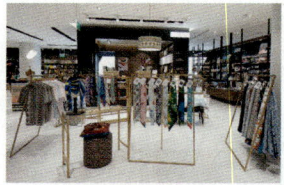

雑貨、ファッション、化粧品まで万能

ナイス・アイコニック

Naiise Iconic

シンガポールを代表するデザイン雑貨店「ナイス」(→P.266)の旗艦店。2フロアに200ブランドを超える商品がズラリ。その場で肌質に合った美容液などをカスタムメイドしてくれる「アルケミー」のラボもある。併設のカフェで休憩をとりつつ、じっくりおみやげが選べる。

住 #02-205/206, L2　☎ なし
営 10:00〜22:00　休 無休
カード A D M V

Bespoke Range

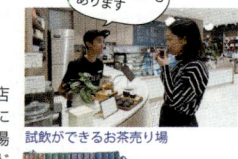

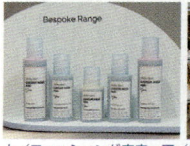

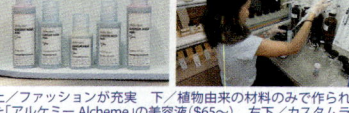

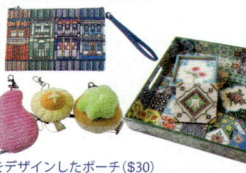

上／ファッションが充実　下／植物由来の材料のみで作られた「アルケミー Alcheme」の美容液($65〜)　右下／カスタムラボでは肌診断表をもとに数十分で美容液などを作ってくれる

ティーバッグもあります

試飲ができるお茶売り場

上／ショップハウスをデザインしたポーチ($30)
左下／ローカル菓子をかたどったバッグチャーム(各$10.9)
右下／プラナカンタイルをプリントしたトレイ($120)とコースターセット($70)

レストランの魅力

L1〜L5は世界クラスの人気店、初進出の店など、魅力いっぱいのラインアップ。B1、B2にはローカル料理の店が多く、フードコート(B2)もある。

スペシャルなレストラン&バー

洗練された創作プラナカン料理
バイオレット・ウン・シンガポール
Violet Oon Singapore

料理界の著名人であるバイオレット・ウンさんが、プラナカン料理をベースにアジアの要素を取り入れた多民族のシンガポールならではの料理に仕立て上げた。プラナカン装飾の店内で特別な食事体験を。ジュエル店限定のショップ(→P.20)もチェックしたい。

🏠 #01-205/206, L1 ☎ 9834-9935
🕐 11:00〜22:00(ラストオーダー21:30) 休 無休 カード A M V
※ナショナル・ギャラリー店→P.213。

タイルやレトロなライトで飾られた店内

左上/サクサクのカップの中に甘辛い具材が詰まったクエ・パイティ($14) 左下/パンダン・グラメラカ・ケーキ($13)もおすすめ 右/ポークやチキンもあるが、写真は大豆などを肉に模したベジタリアン用のサテー(手前、$17)。後方左はローストチキン(半羽$25)、後方右は人気のドライラクサ($24)

トータルコンセプトの大規模店
シャン・ソーシャル
Shang Social (香聚)

シャングリ・ラグループでホテル外初進出の店。中国の広東・四川・淮揚の3地方の料理を出すメインダイニングと、点心や麺類、ローストなどをカジュアルに楽しめるスペース、創作カクテルを振る舞うバーがあり、お茶や調味料などの販売コーナーもある。ゆっくり食事を楽しむもよし、帰国間際に点心ランチをするもよし。

テイクアウトできる雲南ブーアル茶と雲南ハム風味のソフトクリーム($5〜)

左/8種類の調味具材を豆腐に混ぜて食べる八面玲瓏豆腐花($18) 中/手前は看板料理の招牌不見天叉焼(チャーシュウ、$16)、後方は老成都担担面(タンタン麺、$12) 右/商品販売とカジュアルな飲食スペース

🏠 #01-219〜222, L1 ☎ 6346-0260 🕐 11:30〜ラストオーダー14:30、18:00〜ラストオーダー21:30(カジュアルテーブル:9:00〜ラストオーダー21:30、バー:11:00〜22:00) 休 無休 カード A M V ※メインダイニングは予約をしたほうがよい。

記念品も買えるご機嫌なビアバー
タイガー・ストリート・ラボ
Tiger Street Lab

ご当地ビール、タイガービール直営のバー。タイガービールは全種類ラインアップ、地元の名店とコラボした海鮮やローカルフードも食べられる。テラス風のロケーションも気持ちいい。注目したいのは名前や好きな言葉を入れた特製ラベルの瓶ビールが手に入ること。ビール好きにはたまらないおみやげに。

最上階、自然光があふれるオープンスペースにある

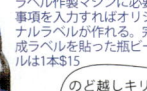
ラベル作製マシンに必要事項を入力すればオリジナルラベルが作れる。完成ラベルを貼った瓶ビールは1本$15

のど越しキリッとさわやかなビールです

地元デザイナーが手がけたオリジナルグッズを販売。ポーチ、ネームタグなど$10〜15

🏠 #05-205, L5 ☎ 6243-2047 🕐 10:00〜24:00(金・土曜、祝日前日9:00〜翌1:00) 休 無休 カード M V

オタオタの進化系スナック
オター
O'TAH

魚のすり身にスパイスを練り込んだピリ辛カマボコのようなスナックがオタオタ。これの名店「リー・ウィー&ブラザーズ」が立ち上げた新ブランドが「オター」だ。オタオタにホタテやクリームチーズを加えたものや、オタオタのハンバーガーやタコスをメニュー化。専用ボックスでテイクアウトもできる。

上/箱詰めにして持ち帰れる 中/バナナの葉に包んで焼いたものがオリジナル 下/リューベン・ロールはアンチョビの効いたオタオタにライムマヨネーズをかけたサンドイッチ($10.9)

左/ファストフード店のような造り 右/スナックにもおつまみにもいいイカンビリス(干し魚&ピーナッツ)($5.9)

🏠 #B2-241, B2F ☎ なし 🕐 7:00〜24:00(金・土曜、祝日前日、祝日〜翌1:00) 休 無休 カード M V

※P.20〜21で紹介の店: MAP P.19

巻頭特集 ❷ エキサイティングな旬スポット

複合エンタメ施設

マリーナベイ・サンズ
Marina Bay Sands

ホテルの上には展望デッキのサンズ・スカイパーク、下にはショッピングモール、付属のミュージアム内には最新デジタルアートと、オールラウンドに楽しめる巨大施設だ。ハイライトとなるおすすめスポット、楽しみ方を伝授！

ショー「スペクトラ」真っ最中のマリーナベイ・サンズ。頭頂部のスカイパークから光線が放射され、右側に見えるハスの花をイメージしたアート・サイエンス・ミュージアムも7色に浮かび上がる

サンズ・スカイパークから絶景を満喫　Sands SkyPark

3つのタワーの上に載った船の形の空中庭園がスカイパークだ。地上200m、全長340mのスカイパークには、世界一高所の屋外プールと展望デッキ、バーやレストランがある。プールは宿泊客専用だが、空中に突き出た展望デッキ（有料）や飲食施設は一般客も入場可能。午前中の早い時間と、夕景から夜景に変わる19:00前後がおすすめで、バーレストランもサンセット直後がロマンティック。

❶ スカイパークにあるプールは宿泊客のみの聖域。宿泊したらぜひ利用したいサンズのいちばんの名所。❷ ほかでは体験できない眺めと爽快感 ❸ 東側からはガーデンズ・バイ・ザ・ベイも俯瞰できる

❹ L56～L57がスカイパークで、北側の展望デッキが一般に開放されている。右側の赤いパラソルが立つのはレストラン＆バーの「セヴィ」（→P.240）❺「セラヴィ」のフルーツたっぷりのカクテル

Information

マリーナベイ・サンズ
MAP P.90-2B　⑩ 10 Bayfront Ave.　☎6688-8888　FREE 0800-2220602（日本語）　URL jp.marinabaysands.com　行き方 MRTベイフロント駅から徒歩約3分。

● **サンズ・スカイパーク Sands SkyPark**：㉂ L56～L57 Marina Bay Sands　☎6688-8826　開 9:30～22:00（金～日曜～23:00）　休 無休　料 $23（2～12歳 $17、65歳以上 $20）　カード ADJMV　※タワー3の1階車寄せから地下1階に下りた所にチケット売り場がある。

● **マリーナベイ・サンズ（ホテル）** → P.302

● **アートサイエンス・ミュージアム　ArtScience Museum**：☎6688-8826　開 10:00～19:00（最終入場18:00）　休 イベント開催時　料 1展示 $19（2～12歳、学生、65歳以上 $14）　カード AJMV

● **カジノ**：開 24時間　料 無休　※21歳未満は入店不可。年齢と国籍チェックのためパスポートの提示が求められる。

大迫力のショー「スペクトラ」を観賞

Spectra

マリーナ・ベイに面したイベントプラザで毎晩開催される、レーザー光線と噴水、ビジュアルアート、音楽が一体となって躍動するショー。そのスケール感と感動的な演出に思わず拍手喝采が。観賞無料でひと晩に複数回行われるので、ぜひ夕食後の予定に組み込みたい。

MAP P.90-2B ⏰20:00、21:00（金・土曜は22:00もあり）
※ショーは約15分。 💰無料

イベントプラザから見た「スペクトラ」。シンガポール発展の歴史や文化をイメージした4部構成のショー

世界クラスのグルメを楽しむ

Gourmet

感動の絶品ローカル料理
ジャスティン・フレーバー・オブ・アジア
JustIN Flavours of Asia

この道30年以上、シンガポールで最も有名なシェフに挙げられるジャスティン・クエック氏が指揮を執る。厳選素材を使った遊び心あふれるシンガポール料理は、感嘆の声を上げるほど美味。マリーナ・ベイの絶景とともに、とっておきの時間が過ごせる。

❶気取らないジャスティン氏の人柄に魅了される
❷マリーナ・ベイに面したテラスは夜景の特等席
❸手前のチリ・クラブは、繊細ながらも力強いインパクトをもつ濃厚チリソースがあとを引く（時価。写真のサイズで$68）

🏠L1-83 The Shoppes at Marina Bay Sands ☎6688-7722
⏰12:00～23:00（金曜～24:00、土曜11:00～24:00、日曜11:00～）
休無休 カードAJDMV ※ディナーは予約をしたほうがよい。

多彩なバーガーと写真映えシェイクの
ブラック・タップ・クラフトバーガー＆ビア
Black Tap Craft Burgers & Beer

ニューヨークからアジア初上陸。ポップアートで彩られた店内にオールディーズの曲が流れ、気分が上がる楽しい店。看板メニューは世界的ブームのクラフトバーガーとビール。インパクト大のクレイジーシェイクもこの店の名物だ。

❶ミルクシェイクにコットンキャンディやパールチョコレートで飾り立てたクレイジーシェイク（$16）
❷スタッフは皆元気はつらつ
❸店内の店の前のオープンスペースにもテーブルが並ぶ
❹手前が受賞歴のあるグレッグ・ノーマン・バーガー（$26、ブルーチーズをトッピング）。後方がいち押しのオールアメリカンバーガー（$22）。パティはボリューム満点、バンズもふわふわでおいしい

🏠L1-80 The Shoppes at Marina Bay Sands ☎6688-9957 ⏰11:00～23:30
休無休 カードAJDMV

新登場のナイトスポット

2019年、超ド級のナイトクラブ「マーキー」がサンズ内に登場。同じ区画内にスタイリッシュなナイトラウンジや創作和食レストラン・バー「KOMA」もオープンし、シンガポールのナイトシーンを一段と華やかなものに。

❶最新鋭の映像設備、音響システムを結集したクラブ。約3000人収容可
❷「The Big Q」と名づけられた観覧車。8つあるゴンドラに乗れば館内を見渡せる
❸マーキーのB3階にある「アベニュー・シンガポール」（入口はレベル1）。こちらはゆったりくつろげる大人の雰囲気のラウンジで、水～土曜の19:00（土曜は22:00）から深夜まで営業

マーキー・シンガポール *Marquee Singapore*

ニューヨークやラスベガスで名高い「マーキー・ナイトクラブ」のシンガポール店。3フロアを打ち抜いた豪華絢爛なスペースに、観覧車やスライダーを設置。有名DJも出演。

🏠B1-67 The Shoppes at Marina Bay Sands ☎6688-8660 URL marqueesingapore.com
⏰金・土曜、祝日前日の22:00～翌6:00 カードAJDMV 出演DJによって異なる
※18歳未満は入場不可（写真付き身分証明書の提示を求められることがある）

体験型アートの世界で遊ぶ　Art

サンズのアートサイエンス・ミュージアム内に「フューチャーワールド」、ショッピングモール内には「デジタルライト・キャンバス」がある。

触って描いて体でアートを満喫！
フューチャーワールド Future World

日本のアート集団「チームラボ」が手がけるデジタルアートの常設展。2016年の開設以来人気を博し、2018年9月にリニューアルオープンした。10作品が新たに加わり、5つのゾーンに全19作品がラインアップ。自分と他者が造り上げるアートは刻々と変化し、自然や宇宙にすっぽり入り込んだような不思議な感覚を体験できる。

憑依する滝
壁から地面への水の流れの上に人が立つと、人をよけるように水の流れが変化する。さらに水の流れは「花と人……」の作品とも共鳴し合う

新説の注目アート！
Transcending Boundaries
（作品の境界を破壊する）
最初の「自然 Nature」ゾーン内に6の作品で構成。ひとつの変化がほかの作品に反響し、変化の連鎖が止まらない。圧巻の自然美に魅了される。

展示のハイライト
世界はこんなにもやさしく、うつくしい
鳥や花、雨や雷などの映像が出現し混じり合う

花と人、コントロールできないけれども、共に生きる
人がじっとしていると花が咲き誇り、人が触ったり歩き回ると散っていく。息をひそめ動かないでいると写真のような美しい光景に包まれる

クリスタル・ユニバース
左／約17万個のLEDライトで生み出された宇宙空間は神秘的。右／スマートデバイスの操作で光の星雲や彗星などが現れる

子供に人気
お絵かきピープル&アニマルズ
おのおのが描いた絵をスキャナーで取り込むと、スクリーンの中に登場し、命を吹き込まれたようにアートの世界で動き始める

自分で色づけ、名前を書いたライオンが動き出す

光のボールでオーケストラ
色が変化するボールに触ったリバウンドさせるとユーモアあふれる音が出る

📍B2 ArtScience Museum　☎6688-8826　入場時間指定制で10:00、11:30、13:00、14:30、16:00、17:30の6回　💰$19（2〜12歳、学生、65歳以上 $14）※デジタルライト・キャンバス（→下記）の入場料を含む。　URL休カード アートサイエンス・ミュージアム内（→P.22 Information）　※ミュージアムは🕐10:00〜19:00（最終入場 18:00）　🚉MRTベイフロント駅から徒歩約10分。

買い物の際に気軽に体験できる
デジタルライト・キャンバス Digital Light Canvas

ショップス・アット・マリーナベイ・サンズのB2にあるインタラクティブ・アート。こちらも「チームラボ」と技術提携したもので、天上から降り注ぐシャンデリアのような光のツリーが華やか。LEDフロアに泳ぐ約1万匹の魚の群れと戯れたり、足で描いた道筋がアートになったりと、大人も子供も楽しめる。

❶夜は一段ときれい。クリスタルの光の粒が滝のように降り注ぎ、床は紺碧の海のよう　❷「Happy Birthday」などのメッセージを映し出すサービスもある（有料）

📍B2 The Shoppes at Marina Bay Sands　☎6688-8826　🕐11:30〜21:00（金・土曜、祝日前日11:00〜22:00）　無休　💰$5（2歳未満は無料。フューチャーワールドの入場券があれば無料）　※チケットはB2のラサプラ・マスターズ（フードコート）そばのコンシェルジュで購入。
🗺 P.25（B2）

❶

❷

LEDフロアの直径は7mあり、40万1280個のLEDを使用している

楽しみ満載のショッピングモール

ショップス・アット・マリーナベイ・サンズ
The Shoppes at Marina Bay Sands

1フロアの長さは約400mという広さ。B2（B2Mを含む）、B1、L1の3フロアに店舗数は300を超え、ハイエンドなブランドからローカルの人気店までを網羅。夜遅くまで買い物ができる。サンパンライドや水のパフォーマンスなどのアトラクションも楽しめる。

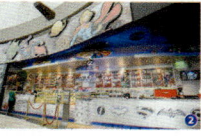

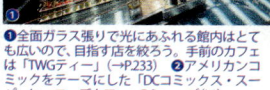

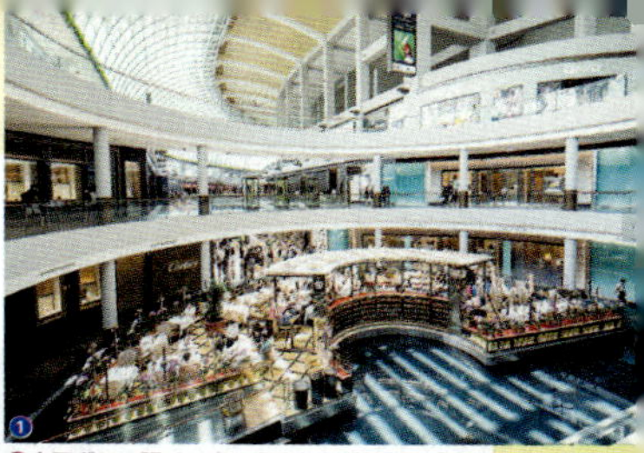

❶全面ガラス張りで光にあふれる館内はとても広いので、目指す店を絞ろう。手前のカフェは「TWGティー」（→P.233） ❷アメリカンコミックをテーマにした「DCコミックス・スーパーヒーローズカフェ」のショップ（L1）

ジェイソンズ・デリ
Jasons Deli

旅行者にも利用価値のある巨大スーパー&デリカテッセンが開業。ご当地クッキーやチョコ、お茶などの食品みやげをはじめ、マーライオングッズなど雑貨みやげもある。ホテルでの飲食によい食品・酒類も豊富。

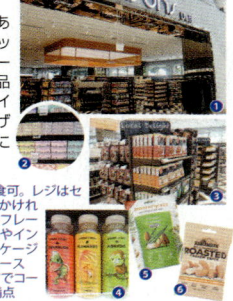

❶本格コーヒーやスナックも飲食可。レジはセルフ方式だが、スタッフに声をかければ手伝ってくれる ❷ローカルフレーバーの菓子類も充実 ❸調味料やインスタント麺のコーナー ❹パッケージがかわいいコールドプレスジュース ❺❻ココナッツやパンダンリーフでコーティングしたナッツは南国風味満点

住L1-29 The Shoppes at Marina Bay Sands ☎6509-6425 営9:00～23:00（金・土曜、祝日前日～23:30） 休無休 カードAJMV MAP P.25（L1）

サンパンライド Sampan Rides

B2にある水路を、昔のスタイルの小舟「サンパン」で遊覧できる。

☎6688-8868 営11:30～21:00（金・土曜、祝日前日11:00～22:00） 休無休 料$10 ※乗船時間約10分。 MAP P.25（B2）

手こぎの船で水路を巡る

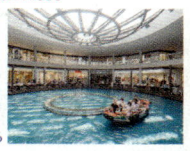

レイン・オクルス Rain Oculus

イベントプラザの入口手前に巨大な漏斗状のアクリルボウルがあり、定時にその中に水が噴射されると、渦を巻いて2階下のB2まで流れ落ちる。

水の噴射タイム：10:00、13:00、15:00、17:00、20:15、21:30、23:00 MAP P.25（L1）

❶上からに見ると、うず潮のよう ❷館内からは滝のように流れ落ちる様子が見られる

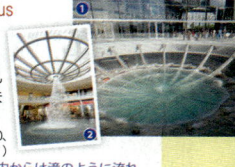

ショップス・アット・マリーナベイ・サンズ

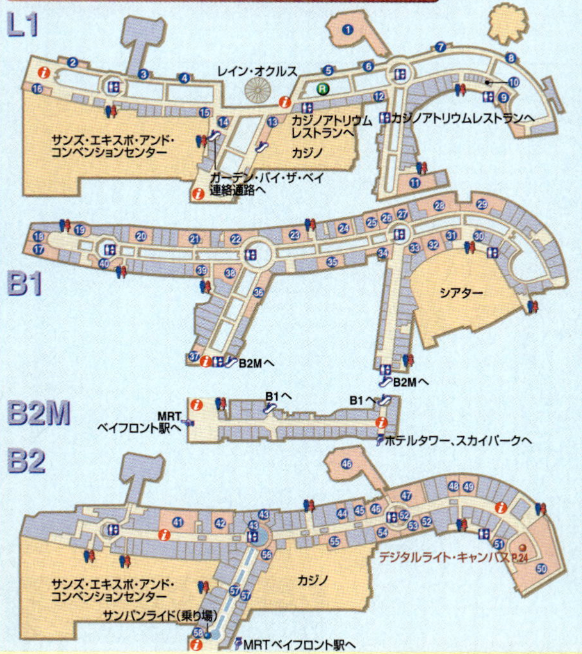

インフォメーション
トイレ
エレベーター
銀行
エスカレーター

L1
レイン・オクルス
カジノアトリウムレストランへ
カジノアトリウムレストランへ
カジノ
サンズ・エキスポ・アンド・コンベンションセンター
ガーデン・バイ・ザ・ベイ連絡通路へ
B1
シアター
B2Mへ
B2Mへ
B2M
MRTベイフロント駅へ
B1へ
B1へ
ホテルタワー、スカイパークへ
B2
デジタルライト・キャンバスP.24
カジノ
サンズ・エキスポ・アンド・コンベンションセンター
サンパンライド(乗り場)
MRTベイフロント駅へ

1 26 46 ルイ・ヴィトン
2 19 R ブレッドストリート・キッチン P.220
3 20 R ヤードバード・サザン・テーブル&バー
4 R ジャスティン・フレーバー・オブ・アジア P.23
5 N ラ・ノワール
6 R ダラス・カフェ&バー
7 R セン・オブ・ジャパン
8 R ダ・パオロ・ガストロノミア
9 R S DCコミックス・スーパーヒーローズ・カフェ
10 ファーイースト・エクスチェンジ(両替店)
11 ジェイソンズ・デリ P.25
12 ミュウミュウ
13 36 グッチ
14 38 シャネル
15 39 ドルチェ&ガッバーナ
16 R ブラック・タップ・クラフトバーガー&ビア P.23

17 R ディンタイフォン(鼎泰豐)
18 R パンジャブ・グリル
21 R シノワズリ・モダン・エイジャン・バイ・ジャスティン・クエック
22 サルヴァトーレ・フェラガモ
23 ディオール
24 44 エルメス
25 45 ブルガリ
27 47 カルティエ
28 R Mott32
29 R dbビストロ&オイスターバー
30 N マーキー・シンガポール P.23
N アベニュー・ラウンジ
R KOMAシンガポール
31 シアターボックスオフィス
32 R CUTバイ・ウルフギャング・パック
33 53 ティファニー
34 54 プラダ
35 55 バーバリー
37 R S TWGティー・オン・ザ・ベイ

40 リュクス・ハウス P.286
41 ザラ
42 アルマーニ・エクスチェンジ
43 R コーヒービーン&ティーリーフ・ビーンストロ
48 ルルレモン
49 セフォラ
50 R ラサプラ・マスターズ P.230
51 R 一風堂(ラーメン)
52 R S TWGティー・ガーデン・アット・マリーナベイ・サンズ P.233
56 トリーバーチ
57 R アンジェリーナ
58 チャールズ&キース

ショップス・アット・マリーナベイ・サンズ：住B2-L1 Marina Bay Sands ☎6688-8868 営10:30～23:00（金・土曜、祝日前日～23:30） 休無休 行き方MRTベイフロント駅から徒歩約1分。 MAP P.90-2B、P.22、P.25

巻頭特集 ② エキサイティングな旬スポット

近未来型ガーデン
ガーデンズ・バイ・ザ・ベイ
Gardens by the Bay

専用トラムで園内を回るオーディオツアーもある

サンズの東側に広がる未来型の植物園。熱帯雨林の巨大樹をイメージしたスーパーツリー群は、まるでSFの世界。つり橋のスカイウェイや最新鋭の植物園、ユニークな飲食スポット、光のショーと楽しみが詰まっている。色鮮やかな緑や花々、つり橋体験を楽しむなら昼間に、人工ガーデンならではの超絶夜景を見るなら夜がよい。園内にはフォトジェニックなスポットが多く、写真マニアにもおすすめ。

19:00頃からスーパーツリーのライトアップが始まる。暮れゆく空に幻想的なシルエットが浮かび上がりわくわくする。ツリーを結ぶラインはOCBCスカイウェイ(→P.28)

新登場の「フローラル・ファンタジー」(→P.29)は絶好の写真スポット

シンガポール在来種のラン、バンブーオーキッドは可憐。ドラゴンフライ・レイクの周辺で見られる

ウォーターリリーポンド(スイレンの池)

おすすめモデルプラン

17:00頃	まずはフラワードーム(→P.29)を見物。フラワードームは光が差し込む時間帯のほうがきれい。館内の「ポーレン」でお茶してもいい。
18:00頃	クラウドフォレスト(→P.29)へ移動し、内部を散策。
19:15頃	スーパーツリー・グローブ(スーパーツリーが集まる中心部)へ移動。夕景のスーパーツリーも見もの。
19:45	ショー「ガーデンラプソディ」(→P.27)を見る。
20:00	スーパーツリーダイニング内の店、または連絡橋を渡ってマリーナベイ・サンズ内のレストランで夕食を。

ガーデンズ・バイ・ザ・ベイ
(ベイ・サウス・ガーデン)

ひとめでわかる ✿ **Supertree Grove**
スーパーツリー・グローブ

高さ25〜50mの植物が植え込まれた人工巨木がスーパーツリー。園内に計18本あり、そのうち12本が集まる中心部はスーパーツリー・グローブと呼ばれる。
⏰ 5:00〜翌2:00　休 無休　料 無料

OCBCスカイウェイ
スーパーツリー間を空中散歩できるつり橋（→P.28）

エコ機能搭載
11本のツリー上部にソーラーパネルを設置し、ライトアップなどに必要な電力を供給。一部にはドーム植物園で生じた熱の排気口もある

MRT駅へ
エレベーターか坂道を上ると、MRTベイフロント駅へつながる道へ（徒歩約10分）

ツリーの幹の秘密
鋼鉄製の支柱に取り付けたプラントパネルには、おもに南米から輸入したパイナップル科の植物、シダやランなどが手仕事で植えられている。その数、約200種、約16万2900株

ツリーの根元にランの花も植えられている

OCBCスカイウェイの入口
スーパーツリーの根元部分にチケット売り場がある。ここからエレベーターで樹上へ

ビジターセンター、タクシー乗り場へ
徒歩約3分

ドーム型植物園へ
徒歩約5分

スーパーツリーが光り輝く ✿ **Garden Rhapsody**
ガーデンラプソディ

スーパーツリー・グローブで毎晩行われるショー。人工ツリーが音楽に合わせてきらめき、壮大なファンタジーの世界へ引き込まれる。
⏰ 19:45、20:45　※ショーは約15分。　料 無料

30分くらい前からショーを待つ人たちが集まり始める

少し離れた芝生は人気の観賞場所

夜空一面、光の花が咲いたよう。光は7色に変化する

見どころ&アトラクション

OCBCスカイウェイ
OCBC Skyway

左／足元から地上が見えて高度感が伝わってくる。スーパーツリー越しに緑の植物群、マリーナベイ・サンズを望む景色は最高　右上／スカイウェイを俯瞰。スカイウェイは一方通行で人数制限あり　右下／ガーデンの南西部を望む

2本のスーパーツリーを結ぶ高さ22mのつり橋がOCBCスカイウェイ。橋の真ん中あたりは通路の幅が狭くなり、スリルと浮遊感を体感。

⊙9:00～21:00（最終チケット販売 20:00、最終入場 20:00）　⊙大人$8、子供（3～12歳）$5

テーマガーデンのアートオブジェ

広大な敷地にはさまざまな植物や、シンガポールの民族と植物との関わりを紹介する10のテーマガーデンがある。園内にはアート作品が随所に配置されていて、それらは格好の記念撮影オブジェに。

⊙5:00～翌2:00　⊙無休　⊙無料

「ウェブ・オブ・ライフ」には8体の在来動物のトピアリーがある。写真はガジュマルの木で作ったオランウータン

水辺には本物そっくりの水牛の石像がある

「ドラゴンフライ・レイク」にあるトンボのアート作品。水辺にはリアルなトンボが羽を休める

左／イギリスの彫刻家の作品。約10mの「眠っている男の子」が宙に浮かぶように作られている　右上／約7mの花時計はGPS機能付き。オーデマ・ピゲの時計をデザインしたもの　右下／スペイン人芸術家、マノロ・ヴァルデスの彫刻作品「The Pamela Hat」

Information

ガーデンズ・バイ・ザ・ベイ

マリーナ・ベイを囲む3つのエリアで構成され、ここで紹介のガーデンはベイ・サウス・ガーデン（54ヘクタール）。東のベイ・イースト・ガーデン→P.109。

MAP折込裏 -3D、P.90-2B～3B　⊙18 Marina Gardens Drv.　☎6420-6848
URL www.gardensbythebay.com.sg　⊙5:00～翌2:00　⊙無休　⊙ガーデンは入場無料
行き方 MRTベイフロント駅から徒歩約5分。

●マリーナベイ・サンズからの行き方：ショップス・アット・マリーナベイ・サンズL1の水路脇のエスカレーターを上れば連絡橋にアクセスできる（宿泊客はホテル内からアクセス可）。連絡橋を渡ると目の前がガーデンズ・バイ・ザ・ベイ。

●シャトルサービス Shuttle Service（トラム）を利用：ベイフロント駅B出口を出て通路を数十m進んだ所にシャトルサービスの乗り場がある。ここからドーム型植物園前を結んで9:00～21:00に運行（チケット売り場～20:30）。⊙$3（1日乗り放題）

上／シャトルサービスのトラムは頻発している　下／シャトルのチケット売り場

●チルドレンズ・ガーデン Children's Garden：⊙火～金曜 10:00～19:00（最終入場18:30）、土・日曜、祝日 9:00～21:00（最終入場20:30）　⊙月曜　⊙無料

●オーディオツアー Audio Tour：テーマガーデンをトラムで一周するツアー。
⊙9:00～17:30（土・日曜、祝日、祝日前日～17:00、毎月第1月曜12:30～）　⊙大人$8、3～12歳$3　※ビジターセンターでチケットを販売、その脇が乗り場。所要約25分。

チルドレンズ・ガーデン

ドーム型植物園

世界中の植物が見られる、低温管理されたハイテク植物園。大滝のマイナスイオンで気分リフレッシュ！

フラワードーム
Flower Dome

ドーム内の気温は23〜25℃。地中海沿岸と亜熱帯の半砂漠地帯、つまりクールでドライな気候帯を再現している。アフリカ南西部、マダガスカルなどの樹木や、時期によって変わる花々、花とコラボするディスプレイを見て回ろう。

アロエなどの多肉植物も

世界各国の観光客が訪れる

上／涼しくて乾燥した気候帯を再現した館内。8月9日のナショナル・デー前後は、国花であるランの特別展示が行われることが多い
下／幹が樽のようなボトルツリー。バオバブの木もある

MAP P.26　営9:00〜21:00（最終チケット販売20:00、最終入場20:00）休メンテナンス日　料ふたつのドーム共通チケット大人 $28、子供（3〜12歳）$15　カード A D J M V

クラウドフォレスト
Cloud Forest

上／プリミティブアートも
下／頂上からの下りはクラウドウオークで空中散歩

低温で湿度の高い山岳地帯の植物体系を展示。35mの人工の山から滝が流れ落ち、ミストの雲が立ち込める。エレベーターで頂上の「ロストワールド」に上り、高山植物や食虫植物などを観察。下りはクラウドウオークで。

ウツボカズラ 
ロストワールドではさまざまな食虫植物が見られる

海抜2000m級の熱帯高地を模した人工の山がそびえ、滝からマイナスイオンが降り注ぐ。夜はライトアップされて神秘的

Floral Fantasy
2019年に誕生したテーマアトラクション
「フローラル・ファンタジー」で花のアートにうっとり！

レース模様のドームに包まれた展示館

花とアート、テクノロジーを一体化した植物の楽園のような展示館。フラワーボールが躍るように動く「ダンス」や小川が流れる「フロート」、雨の森をイメージした「ワルツ」など4つのエリアが、夢のような世界へいざなう。トンボの視点になってガーデンズ・バイ・ザ・ベイ上空を飛び回る4Dライドも体験できる。

MAP P.26　営9:00〜21:00（入場時間指定制。最終入場20:00）休メンテナンス日　料大人 $20、子供（3〜12歳）$12　※ふたつのドーム型植物園とシャトルサービスのセット券もある。カード A D J M V　行き方 MRTベイフロント駅B出口から連絡通路経由で徒歩約3分。スーパーツリーやドーム型植物園からは徒歩約10分、またはシャトルサービス利用。

展示植物は150種、3000株を超える

小川に沿って庭園が続く

水滴が雨のように降り注ぐ「ワルツ」のエリア 
じっくり観察すると珍しい植物がたくさんある。写真は袋状の花弁をもつラン

写真を撮りたくなるスポット多数

中南米に生息する色鮮やかな毒ガエルの展示コーナー。写真の2匹はヤドクガエルの仲間

ファンタジーシアターの4Dライド。風や水しぶきを浴びつつ浮遊感と迫力のある飛行体験へ

巻頭特集 ② エキサイティングな旬スポット

リゾート・ワールド・セントーサ™
Resorts World™ Sentosa

- ユニバーサル・スタジオ・シンガポール→P.34
- Ⓗ ホテル・マイケル→P.316
- Ⓡ マレーシアン・フードストリート→P.31
- Ⓗ フェスティブ・ホテル→P.315
- レイク・オブ・ドリームス→P.31
- Ⓗ ハードロックホテル・シンガポール→P.315
- ロイヤル・アルバトロス→P.33
- クレーン・ダンス→P.31
- マリタイム・エクスペリエンシャル・ミュージアム(1F)、シー・アクアリウム(BF)→P.32
- ドルフィン・アイランド→P.33

リゾート・ワールド・セントーサ・ナビ

ブル・リング（広場）周りは店やレストランが並ぶ

イルカとも触れ合える（→P.33）

RWSのメインのテーマパークの紹介
→P.32～35

RWS内のホテル
→P.315～316

セントーサ島南部のアトラクションの紹介
→P.155～159

ユニバーサル・スタジオ・シンガポール（→P.34）。セントーサはまるごと遊びの島！

Information
▶リゾート・ワールド・セントーサ　MAP P.30、88～89　🏠 8 Sentosa Gateway　☎6577-8888　URL www.rwsentosa.com
行き方 ▶セントーサ・エクスプレス（モノレール）利用：MRTハーバーフロント駅直結のビボ・シティ3階のセントーサ・ステーションから乗車し、ウォーターフロント・ステーション下車、徒歩3～5分。往復$4（入島料込み）。
▶バス利用：ビボ・シティ前やハーバーフロント駅前の停留所からRWS8のバスで約10分。$1（入島料込み）。
▶タクシー利用：RWSの地下駐車場へ直行の場合、セントーサ島のゲートは通らないので入島料不要（タクシー料金のみ）。RWSからタクシーで島を出る際には、$3が加算される。セントーサ・ボードウォークでもアクセス可能（→P.153）。
▶カジノ Casino　🏠 B1-G2 Resorts World Sentosa　☎6577-8888　⏰24時間　休無休
※21歳以上のみ入場可。タンクトップ、ショートパンツ、スリッパでの入場は不可。観光客はパスポートと出国カード（入国カードの半券）が必要。

リゾート・ワールド・セントーサ(以下RWS)はセントーサ島(→P.152)の北部、約49万㎡の敷地に造られたアジア最大級の統合リゾート施設。ユニバーサル・スタジオ・シンガポールをはじめ、水族館やプール、ホテルやカジノが大集合。緑あふれる自然のなか、テーマパークやアトラクションで思い切り楽しもう!

エクアリアス・ホテル→P.316
エスパ・アット・リゾート・ワールド・セントーサ(スパ)→P.288
アドベンチャー・コーブ・ウォーターパーク→P.33
ビーチ・ヴィラ

大人も子供もエキサイト!

Resorts World Sentosa elements and all related indicia TM &C 2012 Resorts World at Sentosa Pte. Ltd. All Rights Reserved.

Show
無料で見られるナイトショー
クレーン・ダンス Crane Dance

最新鋭のアニマトロニクス(生物型ロボット)ショー。水中ステージに設置された全長24mのクレーンを鶴に見立て、ダイナミックに舞い踊る。2羽の求愛の物語を音楽、デジタルアートや照明を駆使して表現する約20分間のショーは迫力がある。

左/水を噴射しながら巨大な鶴が舞う。エミー賞受賞者のジェレミー・レイルトンの制作 右/クライマックスは照明や花火が盛り上げる

⏰20:00 休無休 料無料
※ウォーターフロントで開催

Attraction
おもしろ写真が撮れる
トリック・アイ・ミュージアム
Trick Eye Museum

韓国発のイリュージョンアートの展示館。目の錯覚を利用したトリックアートが展示されていて、作品の中に入り込んだ写真が撮れる。

上/「マーライオン・ボーザーズ」のチャー・クエティヤオ($8)はベストセラー 下/6つのゾーンに約80の展示物がある。撮った写真を上下逆にするとこんな写真に

📍26 Sentosa Gateway, #01-43/44 Resorts World Sentosa ☎6795-2370
URL trickeye.com/singapore
⏰10:00〜21:00(最終入場 20:00) 休無休 料$25 (4〜12歳、60歳以上$20) カード J M V

レイク・オブ・ドリームス
Lake of Dreams

フェスティブ・ウオーク(レストラン街)の北端で毎晩行われる光とレーザー、噴水が織りなすショー。

ショーは約20分間

⏰23:00 休無休 料無料

Foods
ユニークなダイニング施設
マレーシアン・フードストリート
Malaysian Food Street

ペナンやマラッカ、クアラルンプールの人気屋台23店が集合。1970年代のレトロな街並みを模した館内で、シンガポール料理とはひと味違うローカル食が味わえる。

マレーシアの屋台街を訪ねた気分になる。週末は混み合う

ペナンのチェンドル(右)とアイスカチャン

ペナン・リム・ブラザーズのチャー・クエティヤオ($8)はベストセラー
土鍋を使いチキンスープで炊いたクレイポットチキンライス($9〜)は待っても食べたい一品

📍Level 1, Waterfront ☎6577-6688
⏰11:00〜21:00(金・土・日曜 9:00〜22:00。ラストオーダーは閉店30分前)
休水曜 カード不可

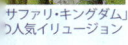

サファリ・キングダムの人気イリュージョン

シー・アクアリウム™
S.E.A. Aquarium™

世界最大級の水族館

世界の海の生態系を趣向に富んだ展示で見せる。1000種を超える10万匹以上の海洋生物を生息地ごとに10のゾーンで展示。圧巻は巨大ビューイングパネルの水槽！

ビューイングパネルは幅36m、高さ8.3m。見ものはマンタなどエイの仲間やトラフザメ、巨大ハタの群れ

check1 アンダマン海のコーラル・ガーデン
円筒形の水槽にこの海域のカラフルなサンゴや熱帯魚を再現

高さ8m、直径7mの大きな水槽展示は絵のようにきれい

上/ヒトデやナマコなどに触れるタッチプール
下/タッチパネルで魚の説明が見られる

check2 オープン・オーシャン
見学コースの折り返し地点にある巨大水槽には、約5万匹の海洋生物がすむ

色とりどりの熱帯魚の水槽

check3 南シナ海ゾーンの巨大ウツボ
岩穴からのぞく恐ろしげな顔と大きな口。なぜか目が離せなくなってしまう

まるで海の怪物

水槽を眺めながら食事ができるオーシャン・レストラン（コースはランチ$58～）をはじめ、宿泊施設もある

タッチパネル操作でロープの結び方や航海術がわかる

海のシルクロードをテーマにした展示館
マリタイム・エクスペリエンシャル・ミュージアム™
The Maritime Experiential Museum™

約2000年の歴史をもつ、中国、東南アジア、中東、ヨーロッパを結ぶ交易路「海のシルクロード」。航路の発展に貢献した4人の冒険者とともに時代を遡り、古代の探検を追体験する展示施設。帆船の造りや各港町の交易商品の紹介、航海術や海賊との攻防などは映像を使ってインタラクティブな展示になっている。9世紀の嵐の航海を体験できる「タイフーン・シアター」も併設。

上/シー・アクアリウムと同じ建物にあり、入口は一緒 下/交易路の紹介

左/中国やジャワ島の貿易船のモデル展示　中/鄭和（明代に大遠征航海をした将軍）の「宝船」を模した船が館内中央に　右/オマーンの君主から寄贈された帆船

Information
シー・アクアリウム ☎6577-8888 ⏰10:00～19:00（日によって異なるのでホームページで確認）休無休　大$40、子供（4～12歳）、60歳以上$29　カード ADJMV

マリタイム・エクスペリエンシャル・ミュージアム ☎カード　同上　⏰10:00～19:00（土・日曜、祝日9:30～）休無休　大$16、子供（4～12歳）$10、60歳以上$5。シー・アクアリウムとのセット券：大人$45、子供（4～12歳）$33、60歳以上$30　※タイフーン・シアターは別途$3。

園内をほぼ1周する

アドベンチャー・コーブ・ウォーターパーク™
Adventure Cove Waterpark™

プールも珊瑚礁もある

トロピカル気分で大人も子供も大はしゃぎ。スリル満点の6つのウォータースライダーや、冒険気分の川下り、珊瑚礁でのスノーケリングなどのアトラクションが満載。エイに触ったり、イルカと交流したりと体験プログラムも充実。

まずはコレから

アドベンチャー・リバー Adventure River
620mの流れるプール。ジャングルや峡谷、魚のトンネルなど14のエリアを通り抜ける。

洞窟内に入ると神秘的な雰囲気に。ウォーターパーク全体が古代都市をイメージした造りになっていて、ミステリアスな演出が

おすすめ

レインボー・リーフ Rainbow Reef
2万匹以上の熱帯魚がいる珊瑚礁でスノーケリングができる。深さは約3m。水流があるので、ライフジャケットを着用して浮いていれば自然に進む。約15分間

上／東南アジア初のハイドロ・マグネティック・コースターで上っていく 下／全長225mのコースのフィニッシュ

人気No.1

リプタイド・ロケット Riptide Rocket
ディンギーボートに乗ってエスカレーター式の軌道を上り切った所から、アップダウンを繰り返し、最後は40秒間の急降下。

トンネル内を降下

スパイラル・ウォッシュアウト Spiral Washout
左／ボートはひとりでもふたり乗りでもいい 右／猛スピードでチューブに吸い込まれて、降下するスライダー 

イルカと遊べる

ドルフィン・アイランド Dolphin Island
イルカと触れ合える6つのプログラムがある（すべて有料）。人気の「ドルフィン・ディスカバリー」ではイルカの生態を学びつつ、一緒に遊んだり餌やりができる。予約が必要

波とたわむれる

ブルウォーター・ベイ Bluwater Bay
波のプール。波は15分ごとにうねりで、最高2.2mの高さになる

Information
アドベンチャー・コーブ・ウォーターパーク 🕐10:00〜18:00 休無休 料ワンデイパスポート：大人 $38、子供（4〜12歳）、60歳以上 $30。アドベンチャー・エクスプレス：$15〜。レインボー・リーフとリプタイド・ロケットに各1回、優先的に入場できるパス。ロッカー：$10 ※各アトラクションによって制限事項や規定があるので、表示板をチェック。ウォータースライダーはファスナー付きの水着でないと乗れないので注意。

「ロイヤル・アルバトロス」で優雅にクルーズ Royal Albatross

世界に150隻ほどしかないといわれる大型帆船で、セントーサ島周辺をクルーズするツアーがある。4本マスト、22のセイルをもつ「ロイヤル・アルバトロス」は気品漂う美しい船。日没に合わせたサンセット・ディナークルーズとマリーナ・ベイの夜景を望むシティライツ・ディナークルーズがある。ライブ音楽が流れ、心地よい海風に吹かれてロマンティックな時間が流れる。大事な人との記念日におすすめのクルーズだ。

上／甲板にテーブル席があり食前酒のあとディナーに 下／セントーサ島の南岸を航行

左／シンガーの歌声がムードを作る 右／古き航海時代を彷彿させる帆船

ディナーはサラダ、メイン、デザートの3コース

ひとり1杯モクテルがサービスされるが、それ以外のドリンクは有料

Information
ロイヤル・アルバトロス MAP P.88-1B 住8 Sentosa Gateway ☎6863-9585 URL www.tallship.com.sg チケットオフィス 9:00〜18:00。サンセット・ディナークルーズは金〜日曜、シティライツ・ディナークルーズは土・日曜に催行。出航時間は日によって異なるのでホームページで確認。ツアー所要時間は約2時間30分。 料大人 $195、子供（4〜12歳）$95。 カード AJMV ※早めに要予約。

ユニバーサル・スタジオ・シンガポール™
Universal Studios Singapore™

オリジナルのアトラクションもある

ハリウッド映画やアニメをテーマにした7つのゾーンがある。人気は『トランスフォーマー』の映画の世界を体感できるアトラクションや、2機が同時走行するローラーコースター。アニメ『マダガスカル』を題材にしたアトラクションは世界初。ショーでは人気キャラクターと触れ合える。

回転する地球儀の前は記念撮影スポット

ワンポイントナビ
ぐるり1周歩いて20分ほど、アトラクション数は19とコンパクトにまとまっている。すいているのは平日の午前中。4〜5時間で主要アトラクションは見て回れる。

シュレックのお城は規模が大きい

各アトラクション入口に待ち時間が掲示

ロスト・ワールドには『ジュラシック・パーク』を模した恐竜系のアトラクションが

ユニバーサル・スタジオ・シンガポール
1. ユニバーサル・スタジオ・ストア
2. メルズ・ドライブイン
3. セサミストリート・スパゲティ・スペース・チェイス
4. ライト、カメラ、アクション！ by スティーブン・スピルバーグ
5. ルイーズ・ニューヨーク・ピザ・パーラー
6. トランスフォーマー・ザ・ライド
7. アクセラレーター
8.9. 宇宙空母ギャラクティカ ヒューマンVSサイロン
10. オアシス・スパイス・カフェ
11. リベンジ・オブ・ザ・マミー
12. トレジャーハンターズ
13. ディスカバリー・フードコート
14. ジュラシック・パーク・ラピッド・アドベンチャー
15. キャノピー・フライヤー
16. ダイノ・ソアリン
17. アンバー・ロック・クライム
18. ウォーター・ワールド
19. プス・イン・ブーツ・ジャイアント・ジャーニー（長靴をはいたネコの大冒険）
20. ドンキー・ライブ
21. マジック・ポーション・スピン
22. シュレック4-Dアドベンチャー
23. エンチャンティッド・エアウェイ
24. キング・ジュリアンズ・ビーチ・パーティ・ゴーランド
25. マダガスカル・クレート・アドベンチャー

Ⓐ 『ターンテーブル』(ショー)
Ⓑ 『リズム・トラック』(ストリートショー)
Ⓒ 『ダンス・フォー・ザ・マジックビーンズ』(ショー)
Ⓓ 『マダガスカル・ブギ！』(ストリートショー)

- チケット売場
- インフォメーション
- トイレ
- 遺失物取り扱い所
- 両替所
- ロッカー
- 救護室
- 喫煙所
- 飲食店
- ショップ

ゾーン: ロスト・ワールド、古代エジプト、サイ・ファイ・シティ、ファー・ファー・アウェイ、ニューヨーク、マダガスカル、ハリウッド、セントーサ・エクスプレス ウォーターフロント・ステーション、入口

※印の写真：TRANSFORMERS and its logo and all related characters are trademarks of Hasbro and are used with permission. © 2013 Hasbro. All Rights Reserved. © 2013 DreamWorks L.L.C. and Paramount Pictures Corporation. All Rights Reserved.

Information
ユニバーサル・スタジオ・シンガポール　MAP 住☆ URLカード 行き方 → P.30のRWSと同じ　営 10:00〜18:00　休 無休　料 1日パス：大人$79、子供（4〜12歳）$59、60歳以上$41。　※優先的に入場できる「ユニバーサル・エクスプレス・パス」は時期によって料金が異なり、ピーク時期以外の平日は$30〜。

人気アトラクション

注目度 No.1
トランスフォーマー・ザ・ライド
Transformers The Ride サイ・ファイ・シティ

映画『トランスフォーマー』の世界をバーチャル体験。最先端のオートボットの車両に乗り込み、激しいバトルの真っただ中へ突入する。3D映像や特殊効果でリアリティたっぷり。

オートボット（ロボット生命体）を率いるオプティマス・プライムがお出迎え

オプティマスとメガトロンの戦いに参加する（※）

おとぎの国の冒険
シュレック4-D アドベンチャー
Shrek 4-D Adventure ファー・ファー・アウェイ

オリジナル4-Dムービー。可動式座席に座れば、触感・体感する仕掛けにびっくり！あっという間に物語の中へ引き込まれる。

ミート&グリートの時間にはシュレックとフィオナ姫が登場

絶叫ライド
宇宙空母ギャラクティカ ヒューマンvsサイロン
Battlestar Galactica HUMAN VS CYLON サイ・ファイ・シティ

ふたつのコースがあり、着席タイプの「ヒューマン」とつり下げタイプの「サイロン」の2種類のローラーコースターが同時走行する。

アメリカのテレビドラマ『Battlestar Galactica』から着想したローラーコースター

9分間のボートツアー
マダガスカル・クレート・アドベンチャー
Madagascar: A Crate Adventure マダガスカル

『マダガスカル』のヒーローたちとリバーボートに乗って、ジャングルを冒険。

屋内に造られた川を20人乗りボートで進む家族向けアトラクション

ミステリアス世界
リベンジ・オブ・ザ・マミー
Revenge of the Mummy 古代エジプト

暗闇の中をミイラの兵士やコガネムシの大群、火の玉などの攻撃を受けながら疾走するローラーコースター。

冥界の神、アヌビスが迎える「リベンジ・オブ・ザ・マミー」。映画『ハムナプトラ』のアトラクション

すぐ近くでミュージカル仕立てのショーもある

セサミストリート・スパゲティ・スペース・チェイス ニューヨーク
Sesame Street Spaghetti Space Chase 子供向けダークライド

セサミストリートの世界初ライド。盗まれた世界中のスパゲティを追いかけ、エルモと一緒に宇宙冒険。

セサミストリートはライドのほかに、ストリートショーも行われる

家族向けの乗り物
プス・イン・ブーツ・ジャイアント・ジャーニー
Puss In Boots' Giant Journey ファー・ファー・アウェイ

『長靴をはいたネコ』の主人公プスの冒険をテーマにしたぶら下がり型ローラーコースター。

ローラーコースターで豆の木を上って金の卵を探しに出かけるという設定

激流下り
ジュラシック・パーク・ラピッド・アドベンチャー
Jurassic Park Rapids Adventure ロスト・ワールド

円形の乗り物で古代生物が徘徊するジャングルを漂流。ラストは急降下し、水濡れ必至。

登場する恐竜は迫力満点。濡れた洋服を乾かす施設も完備

ショー Show

6つのストリートショーが園内所で開催。時間は日によって変わるので、案内書か掲示板でチェック。

『マダガスカル・ブギ』では映画のメインキャストがノリノリダンスを披露

ニューヨークゾーンで行われるセサミストリートのショー

ウエートレスに扮したシンガーのロックンロールショー（ターンテーブル）

ダイニング Dining

ゾーンごとに趣向を凝らしたレストランやフードコートがある。

上／宇宙船のようなスターボット・カフェ
下／売店のスイーツ「シュレック・ワッフル」

おみやげグッズ Souvenir

7つのゾーンのグッズが揃う「ユニバーサル・スタジオ・ストア」のほか、数々のショップがあり、商品は種類豊富。

ミストファン $24

「ミニオン・マート」のぬいぐるみは大人気

5本$20のボールペン

セサミストリートの売店

巻頭特集 ③ プラナカン文化を楽しむ

洗練された優美な文化
プラナカンの世界
Peranakan World

クーン・セン・ロードの装飾のきれいな家は1900〜1940年頃に建てられた

シンガポールには移民たちによって持ち込まれた文化が混在するだけで、独自の文化はほとんどないと考える人が多い。しかしそんな偏見をくつがえすのが、この地域で生まれた混血コミュニティのプラナカン文化。若者から年配の世代までも魅了する華麗なプラナカンの世界を紹介しよう。

卓越した華麗なるニョニャ文化

◉ ビーズ刺繍とケバヤ

プラナカンはその華やかな文化で知られている。まず目を見張るのは、精密なビーズ刺繍だろう。針仕事の能力は女性に欠かせない資質のひとつとされた。ヨーロッパ産の極小ビーズを用い、中国やヨーロッパのモチーフをあしらったビーズ刺繍は実に鮮やかだ。

同じく細かい刺繍を生かしたニョニャ・ケバヤも有名だ。ケバヤはインドネシアから伝わったブラウスの一種だが、豪華な刺繍を施してスタイリッシュに仕上げたのがニョニャ式。まさに「着る宝石」といえるだろう。

左／サンダルのビーズ刺繍はとても細かい手仕事。母から娘へと代々受け継がれてきた。図柄は花が多く、蝶や金魚なども　右／緻密で華やかな刺繍がすばらしいケバヤ

ビーズ刺繍のサンダル。簡単なものでも製作に2週間はかかる。値段はビーズの大きさ、柄により$150〜1000

ケバヤはボタンの代わりに「クロサン」という3連のブローチを使用する

左／鳳凰と牡丹が鮮やか。皿の色のバリエーションは豊富　右／魚の形のプレートは額に入れてインテリアとして使うのもよさそう

◉ 陶器

プラナカンのために独自に製造されたのがニョニャ・ウエアと呼ばれる陶器だ。窯元はあの景徳鎮だが、日本の有田で焼かせたものもある。おめでたい席に使うもので、「鳳凰と牡丹」というのがプラナカンのシンボル的モチーフだ。中国陶器と違い、人物画や山水画を施すものは少なく、粉彩によるパステルカラーの鮮やかな色が特徴だ。

おみやげに人気のスプーンは中サイズ2本セットで$10〜

レプリカのカムチェンなら手軽に買える。コットンボール入れにしてもおしゃれ。小さいもので$30くらいから

ティフィンと呼ばれるランチボックスもプラナカンの生活用品だ。写真はステンレス製で$88

36

プラナカンとは

15世紀頃から国際貿易の拠点だったマラッカにやってきた中国人が、マレー人などの現地妻を娶るようになったのが始まりといわれ、彼らの子孫たちを指すとされる。**男性をババ、女性をニョニャ**という。しかし具体的な年代などはいまだ不明で、マラッカに限らず古くからインドネシアやミャンマーなどに居住していた中国系グループにルーツをもつ者もいる。

中国とマレーの文化をベースにアジアやヨーロッパのさまざまな文化を折衷させて独自の文化を創り上げた。英国植民地時代にはマラッカ、ペナン、シンガポールで大変な繁栄を築き、貧しい新移民たちを尻目に政府や白人社交界に出入りできるほどの地位にあった。しかし第2次世界大戦でこれらの民が日本軍支配下になると、経済が落ち込み、多くのプラナカンも財産を失った。戦後、マラヤが植民地から独立すると、イギリス寄りだったプラナカンの状況はさらに悪化する。しかし慈善事業に力を注いだ有名実業家や政治家も多く、最近は彼らの卓越した文化が見直され、復興活動が行われている。

東西の衣装を着たプラナカンのカップル

プラナカン・ショップハウスについて

ショップハウスはおもに中国の南部に見られる建築様式だ。1階の玄関付近が店舗で、奥と2階より上が住居となっていて、間口は狭いが奥行きが深い。純粋に住居用のものはテラスハウスとも呼ばれる。

プラナカンたちは中国伝統の建築にはない西洋式の窓、レリーフや円柱、マレー風の軒下飾りなどを取り入れ、独自の折衷様式を確立させた。ファサードはヨーロッパのカラフルなタイルで飾られることが多い。玄関を入ってすぐの間が客間(応接室)で、その家の財力を示すためにシャンデリアや豪華な中国家具が配置された。奥には祖先を祀る部屋、リビング、採光用の中庭、キッチンなどが続く。一戸単独で建てられることは少なく、数戸が連なってひとつの通りを形成している。

左/嗜好品の噛みたばこ(シレー)はプラナカンの重要な文化の一端。シレーボックスという細工のきれいな箱に収められていた 右/スパイシーなだけではないニョニャ料理。甘さ、辛さ、酸味が絶妙なバランス

🍽 料理

最も重視されたのが料理。中国料理とマレー料理の融合であるだけでなく、細かい作業によって料理としての完成度を高めたのがニョニャ料理である。マレー人は使わない中華食材にハーブやスパイスを用いるニョニャ料理は、食のいいとこ取りで、インドやタイ、さらにポルトガルやオランダなどの影響も受けた実にユニークな料理を確立した。

カラフルなニョニャ菓子は手作りだ

ニョニャちまきは豚肉や砂糖漬けの冬瓜、コリアンダーで味つけした具が特徴。キム・チュー・クエ・チャン(→P.279)で販売

🏘 プラナカンの街を歩く

街にはプラナカンのコミュニティがあったとして知られるエリアがいくつかあり、プラナカンのショップハウス(→上記)の建築を今でも見ることができる。中心部ではオーチャード・ロードにあるエメラルド・ヒル。この通りには3階建てや庭付きなど豪奢なタイプが並ぶ。一方、チャイナタウンの外れ、ブレア・ロード周辺はもっと範囲が大きくなる。ベランダ付きなどちょっとひと味違うデザインのものが目立つのもここだ。

エメラルド・ヒルのショップハウスは、装飾は少ないがシックでおしゃれ。庭の木々や花が豊か

郊外ではノスタルジックなイメージのあるカトン・エリア。特にジョー・チアット・ロード周辺(有名なのはクーン・セン・ロード)には、数多くのショップハウスが見られる。このあたりはビーチにも近いため、特に富裕でハイカラなプラナカンたちは海沿いにヴィラと呼ばれる瀟洒な邸宅を建てたという。その多くは取り壊されているが、マリン・パレード・ロードのパークウェイ・パレード(ショッピングセンター)周辺にその面影を残すヴィラが今も残る。

(以上、シンガポール・プラナカン協会会員 丹保美紀)

ブレア・ロードの家並みは色とりどりの装飾タイルが見もの

カトンのクーン・セン・ロードの家並みは有名で、観光スポットと化している

DATA エメラルド・ヒル:エメラルド・ヒル・ロード沿いを指す。MAP P.80-1B、2B/ブレア・ロード:→P.128、MAP 折込裏-3B/ジョー・チアット・ロード:→P.166欄外、MAP P.169上図/マリン・パレード・ロード:MAP P.169下図

NUS ババ・ハウスで
栄華の時代へタイムスリップ

チャイナタウンの外れにある NUS ババ・ハウスは、プラナカンの伝統住宅を修復保存した展示館。もとは19世紀この地で成功を収めた海運王、ウィー一族の家。中洋折衷の建築様式や調度品、巧緻で優美な装飾がすばらしい。

ファサード Facade

上／鮮やかなブルーのショップハウスが存在感たっぷり。現在はシンガポール国立大学（NUS）が所有、管理している 下／ピントゥ・パガー（マレー語）と呼ばれるスイングドアが特徴のひとつ。背後のメインドアより背が低く、風通しとプライバシーを保つのに効果的。金箔を施した草花の彫刻が美しい

正面ファサードの陶器の装飾はオリジナル。鳳凰や牡丹の花、人物などの陶器の細工に注目

客間 Reception Hall

2階の寝室 Bedroom

上／主寝室の一角には婚礼用ベッドを展示。マラッカのプラナカンスタイルのもので、1920年頃まで使われていた 下／2階の部屋の床（絨毯の下）にのぞき窓があり、訪ねてきた男性客を女性がこっそりのぞき見していた。当時女性はむやみに男性の前には姿を出さなかったそうだ

中庭 Courtyard

奥に細長い造りで、客間の背後に中庭があるのが特徴。通風や採光に優れた開放的な空間をつくり出しており、部屋の窓は中庭に向かって開く。壁は装飾タイルで彩られ、植木が並ぶ

上／入口を入ると大広間がある。ここで商談を行ったという。祭壇には商売の神、関帝が祀られ、螺鈿細工の椅子、透かし彫りの装飾が見事 下／一家の姓が記された提灯は表札代わり

NUS ババ・ハウス
NUS Baba House
※見学はガイドツアーで可能。
詳細データ→P.131。
MAP 折込裏 -3B

ルマー・ビビの「プライベート・インハウス・ツアー」で
プラナカンを体験

プラナカン伝統の家の造り、調度品を残すショップ「ルマー・ビビ」で、民族衣装に手を通したり、ビーズ刺繍を間近で見たりと、その文化の一端に触れてみよう。ツアーは所要45～60分、ふたりから受け付けている。

民族衣装のケバヤとサロンを着けて記念写真

❶プラナカン文化についてレクチャー

オーナーのビビさんがツアーをガイド。言語は英語だが、わかりやすく説明してくれる。まずは歴史や文化の簡単な説明からスタート

❷民族衣装を体験

プラナカン女性、ニョニャの正装はケバヤ（ブラウス）とサロン（巻きスカート）。好みの色のサロンを選び、巻き方を教わる。ドレープをきれいに出すのがコツだそう

ケバヤの前はボタン代わりの三連ブローチで留める

❸ビーズ刺繍を見学

ビビさんが刺繍の手法を見せてくれる。興味があれば少し試してみてもいい。ルマー・ビビではビーズ刺繍の講習会も行っている

❹クエを試食

最後にクエと呼ばれる伝統菓子とお茶が振る舞われる。自家製のパイナップルタルトや菓子類は購入できるのでおみやげにしてもいい

ルマー・ビビ Rumah Bebe →P.279。☎6247-8781　URL www.rumahbebe.com　E-mail contact@rumahbebe.com
プライベート・インハウス・ツアー Private In-house Tours　料金 $18　※最小催行人数2人。2日前までに要予約。

頭特集 ④ エスニックタウン散策

極彩色のエスニックタウン
異国情緒漂う

民族のモザイク都市、シンガポール。
スタイリッシュなビルが建ち並ぶ街のすぐ隣に民族色いっぱいのエリアがある。
スパイスの香りと原色に彩られたリトル・インディアとマレー文化が色濃いアラブ・ストリート。
伝統や文化に触れつつ、
食事や買い物、見物に散策してみよう。

不思議混沌の世界
リトル・インディア
Little India

ヒンドゥーの神ガネーシャ

スパイスやお供えの花の香りと派手な彩色。飛び交う現地語にインド音楽が混ざり合い、その熱気に圧倒される。濃密なインドが体験できるのはヒンドゥー教寺院やテッカ・センター（市場）。

左／寺院の塔門（ゴープラム）は色鮮やかな神様の彫像でぎっしり飾られている　右／祈りの儀式に楽隊が登場

スリ・スリニバサ・ペルマル寺院（→P.144)の天井画は見応えがある

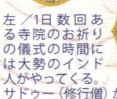

左／1日数回ある寺院のお祈りの儀式の時間には大勢のインド人がやってくる。サドゥー（修行僧）が参拝者に祈りの印である赤い粉を付けてくれる　右／寺院のお供え用の花

チャイをはじめ、南インドのコーヒーもおいしい

左／リトル・インディア・アーケード（→P.143）にはインドのクラフト雑貨やアクセサリーの店がある　右／質屋や金ショップ、両替商が並ぶ

歴史や文化にフォーカス
インディアン・ヘリテージ・センター
Indian Heritage Centre

シンガポールにおけるインド移民の歴史・文化を紹介する博物館。併設のショップにはインドで話題のデザイン会社「Play Clan」のしゃれた商品が並ぶ（詳細→P.144)。

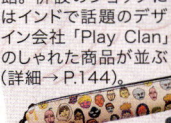

インド系移民の当時の職業とその服装を展示したコーナー

インドの文化や名所などをデザインした「Play Clan」や「Mad in India」の雑貨は要チェック

クライブ・ストリートClive St沿いの空き地に「プロジェクトオアシス・イン・リトル・インディア」と題したインスタレーションアートがある

民族衣装の女性が街を彩る

マドラス・ニュー・ウッドランズ（→P217）の人気スナック「ペーパードーサ」

テッカ・センターは珍しい野菜や種類豊富なスパイスがある市場

リトル・インディア→本文 P.140〜145、MAP P.86〜87

アラブ・ストリート周辺
エキゾチックな刺激
Around Arab St.

トルコ製のモザイクランプ

イスラム文化が根付く歴史のあるエリア。サルタン・モスクを要に街が広がる。バティック雑貨、ムスリム香水などの店、マレー料理や中東料理の店など興味が尽きない。

サルタン・モスク前のマスカット・ストリートにはアーチ型のゲートがある。オマーンの首都、マスカットの名を冠した通りは2012年にシンガポール、オマーン合同で再開発を行いこのゲートが造られた。特に夕暮れはマスカットの街の風情が漂ってくる

モスク前はお祈りに来る人や観光客の往来が絶えない

トルコ雑貨店「スーフィズ・トレーディング」(→P.274)の手描きコースター

左/ブッソーラ・ストリートのトルコ料理店 右/ジャワ島伝統の木彫りのペア人形は縁起もの (マレー・アート・ギャラリー<→P.135欄外>)

ブッソーラ・ストリートは観光客向けの衣料品や雑貨店が多い

アラブ・ストリートは生地屋やテーラーの多い通り

上/スタッフのスパイルさんは日本語で香りについてアドバイスしてくれる 下/ムスリム用のノンアルコール香水店「ジャマール・カズラ・アロマティックス」(→P.274)の香水瓶はおみやげに人気

ブッソーラ・ストリートの歴史
Bussorah St.

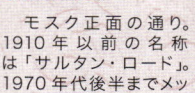

モスク正面の通り。1910年以前の名称は「サルタン・ロード」。1970年代後半までメッカ巡礼者が集まる場所で、宿泊施設や旅行用品を売る店でたいへんにぎわう場所だった。1990年代初めに地域の再開発が始まり、大部分は住宅地に。以前はインドネシアのジャワ料理の店も多かった。ブッソーラ・ストリート MAP P.85-1C～2C

名物料理を味わう
辛さがクセになる!?

スパイスとハーブが効いたマレー料理はこのエリアで味わいたい。辛さの中にうま味あり！

ハジャ・マイムナー (→P.214) はおすすめ店

テ・タリ (ミルクティー) は濃厚でまろやか

写真のチキン・ムルタバのほかマトンもある

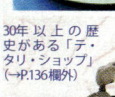

30年以上の歴史がある「デ・タリ・ショップ」(→P.136欄外)

イスラム風お好み焼きのムルタバはこのエリアが本場。なかでも「ビクトリー」(→P.135欄外) は人気店

40

ブティック&バー街の ハジ・レーンをそぞろ歩き
Haji Lane

アラブ・ストリート西側のハジ・レーンは、年々派手なアート画が増え、今やフォトジェニックな通りとして写真撮影に訪れる観光客で大盛況に。個性派ブティックやカフェ、バーが軒を連ねており、どこも開店時間が遅いので昼以降に出かけよう。

上／メキシカンレストラン&バーの「ピエドラ・ネグラ」(→P.224)の外壁はマヤの壁画をイメージしたもの　下／「ピエドラ・ネグラ」のブラッディ・マリー($14)はタバスコ入り

左／ディスプレイや外装も凝っている　中／しゃれた雑貨を揃えた「スポイルマーケット」　右／ライブバー「FUNQ」では毎晩19:30頃からライブを開催

派手さを競うようなペイントが年々増え、世界各国の観光客が訪れる通りになった

洋服や雑貨を扱うブティックが多い

注目カフェ
ウインドーシル・パイズ
Windowsill Pies

2011年に創業し、素材と味にこだわった家庭的なパイが人気を呼び、2018年にハジ・レーンに店を構えた。ケーキは全14種類で$7〜8。ストロベリーレモンやピーチ&パンプキンなど、独創的なフレーバーのパイを味わって。

テイクアウトもOK

左／ナチュラルでおしゃれな雰囲気の3階席　右／店の前にもテーブルと椅子が並ぶ

スッキリとした味わいのハイビスカス&ライムのソーダ

手前はクリームチーズをたっぷり使ったハニーマカダミア($7)。コーヒーは$3.5〜

🏠17 Haji Lane　☎9772-5629　🕐11:00〜20:00（金・土曜、祝日前日〜22:00)　休 月曜、旧正月　カード 不可

注目店
アトマ
Athma

ネパールやチベット、タイなどアジアの民族グッズとオリジナルウエアを販売。素材もデザインもナチュラル志向。

チベットのペンダントヘッド$30〜

🏠99 Haji Lane　☎9635-6353　🕐12:00〜20:30（金・土曜〜21:30)　休 無休　カード MV

民族調のウエアが豊富

アラブ・ストリート周辺→本文 P.133〜139、MAP P.84〜85、P.134
P.41で紹介の店：MAP P.134　行き方 MRTブギス駅から徒歩約10分。

巻頭特集 ⑤ 動物の楽園へ！

シンガポール動物園
Singapore Zoo

動物たちに大接近！

木々を結んだロープで遊ぶオランウータンの子供たち。真ん中の子供は落ちまいと必死

シンガポール動物園は世界でも類を見ないオープンシステムの動物園。檻や柵はなく、のびのびとした動物の姿を目の前にして、驚きと感動の連続。2019年現在、隣接地にレインフォレストパークや自然をテーマにしたアトラクション、新バード・パークを建設中で、今後がますます楽しみ。

餌やり、ショーを軸にスケジュールを立てよう

30以上の動物の餌やりタイムや見応えのあるショーなど、動物たちと触れ合える場所がたくさんある。おすすめのセッションや見どころをご紹介。

※各セッションやショーの時間は変更になることもあるので要チェック。

左／入口付近の案内板やパンフレットで餌やりやショーの時間をチェック 右／案内板は日本語版付き

動物園のハイライト

表情が人そっくり オランウータン

世界最大の23頭のコロニーが広々とした柵のない敷地にある。ボードウオークや観察台から親子の愛くるしい姿や、子供たちが木から木へ飛び回る様子が見られる。

上／インドネシアのスマトラ島とボルネオ島のそれぞれ異なる種類のオランウータンがここにいる 下／アイコンキャラクターになっているオランウータン

ほのぼのキャラの キノボリカンガルー

オーストラリアからやってきたキノボリカンガルーも人気者。おっとりした動きや顔が愛らしい。オスとメスのペアで飼育されている。

左上／木上で生活する絶滅危惧種のカンガルー。ここにいるのは背中に2本線のあるセスジキノボリカンガルー 右上／餌タイムの11:00前後が狙い目。飼育員による餌やりが見られる 右下／屋内の展示室で見られる

触れ合いスポットを目指そう！

（　）内は開催時間。@は開催場所。※餌代は一律$5。

餌やり体験

左／シロサイは繁殖が成功しており、3頭いる 右／最初はこわごわウリ科の果物を口の中に

シロサイ White Rhinoceros
▶(13:15) @シロサイのエリア

上／50cmもある柔軟な舌でニンジンをペロリ。キリンの顔が近い！ 下／餌を買って順番待ちの列に並ぶ

キリン Giraffe
▶(10:45、13:50、15:45) @キリンのエリア

❶チーターはスリムで小顔 ❷離れた場所への移動はトラム(有料)を利用。英語の音声ガイド付き ❸監視ポーズのミーアキャット ❹ヘリコニアなど珍しい熱帯植物も見られる ❺放し飼いにされているサルを見る人々

朝食イベント&ショー

ジャングル・ブレックファスト
Jungle Breakfast

▶(9:30) @アーメン・レストラン

オランウータンが登場し、一緒に朝食を楽しめる。写真撮影もOK。動物が登場するのは9:30～10:00。

🕘9:00～10:30 💰大人$35、子供(6～12歳)$25

左/記念写真はスタッフが撮影しプリントすれば$35、自分のカメラで撮る場合は無料 中/オランウータンの子供たち 右/朝食ビュッフェは洋食からローカル料理まで充実

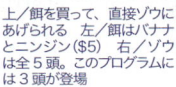

エレファント・プレゼンテーション
Elephants Presentation

▶(11:30、15:30) @エレファント・オブ・アジア

ゾウの自然な行動や個性を紹介するプログラム。水の中に横たわったり、口を大きく開けたり、スイカをまるごと食べたりと、何でもない行動から賢さや優しさが伝わってくる。最後に餌やりもできる。

上/餌を買って、直接ゾウにあげられる 左/餌はバナナとニンジン($5) 右/ゾウは全5頭。このプログラムには3頭が登場
上/観客に向かって大きく口をオープン! 下/ゾウの鼻はとても器用

シンガポール動物園

[地図凡例]
- インフォメーションカウンター
- レストラン
- 飲み物・軽食
- ショップ
- トイレ
- 動物との記念写真コーナー
- 救護室
- ロッカー
- ベビーカー、車椅子などのレンタル
- トラム
- トラムスポット

43

動物たちのご飯タイム

食事中おじゃまします！

動物たちの個性豊かな食べ姿を見るのは楽しい。餌の時間をチェックして会いに行ってみよう。

ジャングルの宴
フラジャイル・フォレスト
Fragile Forest

動物や鳥など15種類が放し飼いにされた巨大ゲージの中の熱帯雨林の森。11:00～11:30頃の餌タイムは、ナマケモノ、オオコウモリ、キツネザルなどが入り乱れて果物に手を伸ばす。驚くほど至近距離で見られる。

うんまっ！
欲張りすぎ
あんまり見ないで
しあわせ～
さあご飯だよ～

①エリマキキツネザル（右）とミケリス（左）が一緒に食事 ②シロガオサキ ③オオコウモリ。悪役のイメージだけど実は温和な性格 ④エリマキキツネザル ⑤オオハシは鮮やかなくちばしの鳥。パパイヤのほか、幼虫も食べていた ⑥黒、白、茶色の3色の毛色が美しいミケリス ⑦フタユビナマケモノ

胸キュンのサルを探そう
プライメイト・キングダム
Primate Kingdom

オープンスペースにそれぞれのサルたちの生息地を再現したエリア。11:00と14:00の餌タイムは、飼育員が見学者に説明しながら順々に餌やりを行う。

しみじみ…
個性豊かです
ピーナッツは殻をむいて
ひょっこり
ふざけてないよ
スタッフが動物紹介してくれる

①アカクモザル ②③ジャワランダール。インドネシアに生息する希少なサル。顔つきがかわいい。赤ちゃんの毛の色は金色 ④クロホエザル。吠えるような大きな鳴き声を出す ⑤柵はなく、動物に近い

動物園スタッフの タンさん おすすめポイント

私のお気に入りはホワイトタイガーです。とても希少で、その美しい姿や動きをぜひ見てください。
また、ペットボトル削減を目指し、園内に無料の給水所を各所に設けました。水筒を持参（園内のショップでも販売）してくださいね。

左／冷水の給水機が園入口、レストランなど数ヶ所に設置されている　右／白い体毛に茶色の縞模様、瞳はブルーのホワイトタイガー

Information ● シンガポール動物園

MAP 折込表 -1B　80 Mandai Lake Rd.　6269-3411
URL http://www.wrs.com.sg/en/singapore-zoo.html　E-mail enquiry@wrs.com.sg　8:30～18:00（最終入場 17:30）　無休
大人 $37、子供（3～12歳。以下同）$25（トラム乗車料は大人 $5、子供 $3）動物園とナイトサファリ、リバーサファリ、ジュロン・バード・パーク（→ P.177）の組み合わせ入場券もある。有効期間は1ヶ月。カード ADJMV　行き方 → P.49
動物との記念撮影：オランウータンのエリアで11:00、15:30、16:30にオランウータンと写真が撮れる。また、エレファント・オブ・アジアでも13:30、16:30にゾウと写真が撮れる。係の人が撮影しプリントしてもらうと $25～。
レインフォレスト・キッズワールド　Rainforest Kidz World：9:00～18:00　子供の遊び場。水遊びのスペースがあるので、水着を持参したい。
アーメン・レストラン　Ah Meng Restaurant：10:30～16:30　※ジャングル・ブレックファスト（→ P.43）は 9:00～10:30　カード ADJMV

世界最大級の淡水生物パーク

リバーサファリ
River Safari

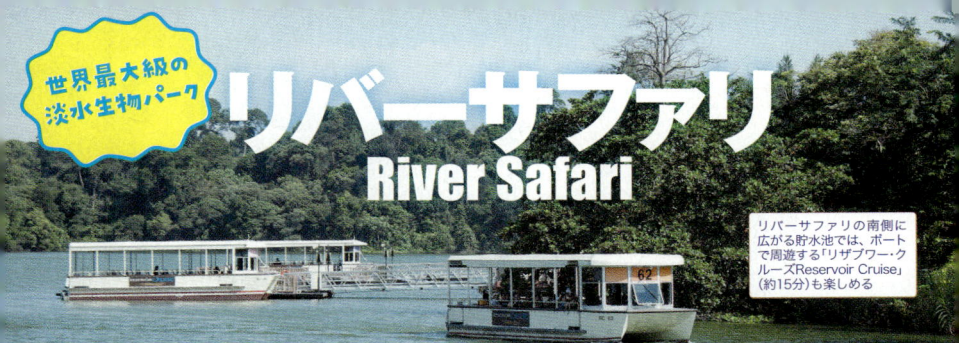

リバーサファリの南側に広がる貯水池では、ボートで周遊する「リザブワー・クルーズReservoir Cruise」（約15分）も楽しめる

リバーサファリは、動物園とナイトサファリに挟まれた約12ヘクタールの敷地に広がる。世界の8つの大河の特色や文化を映し出し、300種類、約5000匹の魚類や動物を集めた展示スペースが散策路に沿って展開。目玉は巨大魚、長江エリアのパンダ、アマゾン浸水の森のマナティー、アトラクション＆ショー。水辺の景色とともに水生生物に癒やされ、多様な生態系にびっくり！

注目の見どころ

8つの大河のなかから、とても珍しい生物、ユニークな展示方法をクローズアップ。生息域の川とともに紹介しよう。パンダとの対面を楽しんだあとは、パンダスナックやグッズもお見逃しなく。

アメリカの10の州を蛇行する
ミシシッピ川
Mississippi River

左／ワニガメのアゴの力は強力で、人の指も噛み切るほど　右／ヘラチョウザメのヘラ状の口は電気パルスを探知する特殊能力あり

インドの聖なる川
ガンジス川
Ganges River

左／ワニの一種のインドガビアルの水槽　右／オスの口先にコブ状の大きな突起があるのが特徴

中南米の森の動物を放し飼い
リスザル・フォレスト
Squirrel Monkey Forest

ケージの中に森を再現した施設。リスザルやシロガオサキ、アグーチが見られる。

左／集団で暮らすリスザル。木登りがうまい　右／アグーチはリスやネズミの仲間。体長は50cmくらい

大自然が生み出す
アマゾン浸水の森
Amazon Flooded Forest

左／雨季は降水で木々が10m近く水没するアマゾン川。ゆったり泳ぐマナティーに癒やされる　中／オオカワウソが泳ぐトンネル型水槽は見もの　右／仲間同士で遊ぶオオカワウソ

レストラン＆ショップ

ママパンダ・キッチン

左／パンダ型のあんまん（パンダレッドビーンパオ、$2.9）　右／パンダカプチーノ（$6.5）

ハウス・オブ・カイカイ＆ジアジア

左／大きめのキャンバストートバッグ（$29.9）は実用的　右／丸々としたフォルムがかわいいぬいぐるみ（各$22.9）

アジア最長の川
長江 Yangtze River

パンダは指が6本あるので竹をうまくつかめる

左/温度管理された屋内施設「ジャイアントパンダ・フォレスト」には、レッサーパンダもいる 中/ガラスなどの遮蔽物がなく、パンダとの距離が近い 右/オスのカイカイ(凱凱)とメスのジアジア(嘉嘉)のパンダ2頭がいる。写真は頭がタマネギ形のカイカイ

パンダは気ままに眠ったり竹を食べたり

ショー
ワンス・アポン・ア・リバー Once Upon A River

川や湿地など水辺にすむ生き物の生態をショー仕立てで紹介。カピバラ、ビーバー、ペリカンに餌やりと写真撮影ができる。

左/目玉は動物との触れ合いタイム。カピバラは前歯がかわいい 右/ビーバーに餌やり

アトラクション
アマゾンリバー・クエスト Amazon River Quest

アマゾン川流域の動物や鳥がすむ森をボートで探険(所要約10分)。

ボートは15人乗りで数分おきにスタート

左/ちょっとしたスリルも 右/迫力満点のジャガー

左/アメリカバク 中/ショウジョウトキ 右/ニットントップタマリン

リバーサファリ

地図表記:
- ビジターサービス
- ギフトショップ
- ロッカー
- レストラン
- トイレ
- ベビーカー、車椅子などのレンタル
- 飲み物・軽食
- 救護室
- タクシー乗り場

エリア・動物表記:
- ハウス・オブ・カイカイ&ジアジア
- ママパンダ・キッチン
- 桟橋
- レッサーパンダ
- ジャイアントパンダ
- リザブワー・クルーズ
- キンケイ
- ジャイアントパンダ・フォレスト
- ワンス・アポン・ア・リバー(ショー会場)
- カラチョウザメ
- ボートプラザ
- 長江(揚子江)
- オオサンショウウオ
- ワイルド・アマゾニア
- ハゲコウ
- ヤスリミズヘビ
- カニクイザル
- アマゾンリバー・クエスト乗り場
- コケガエル
- マレー川
- オーストラリアハイギョ
- フサオマキザル
- メコン川
- バガリウス・ヤーレリー
- ナイフフィッシュ
- アカホエザル
- メコンオオナマズ
- タッチプール
- エンペラータマリン
- ショウジョウトキ
- オオアリクイ
- インドガビアル
- カピバラ
- グアナコ
- ヒマンチュラ・チャオプラヤ(巨大エイ)
- ガンジス川
- フラミンゴ
- アマゾンリバー・クエスト
- リバー・オブ・ザ・ワールド
- シロガオサキ
- アメリカバク
- タイガーフィッシュ
- コンゴテトラ
- リスザル
- ナイル川
- ナイルフグ
- ジャガー
- ニシアフリカコビトワニ
- リスザル・フォレスト
- グリーンアナコンダ
- コンゴ川
- アマゾン浸水の森
- 淡水エイ
- ワニガメ
- アリゲーターガー
- ヘラチョウザメ
- スターバックス
- オオカワウソ
- デンキウナギ
- ミシシッピ川
- エントランスプラザ
- マナティー
- ピラルクー
- アメリカンビーバー
- レッドテール・キャットフィッシュ(大型ナマズ)
- 動物園、リバーサファリ、ナイトサファリのチケット売り場
- ナイトサファリへ
- シンガポール動物園
- リバーサファリ入口
- シンガポール動物園入口

Information
リバーサファリ

MAP → P.44 動物園と同じ。
URL www.wrs.com.sg/en/river-safari.html
行き方 → P.49
営 10:00 ~ 19:00(チケットカウンター 8:30 ~ 17:30、最終入場 18:30) 休 無休 料 大人 $34、子供(3 ~ 12歳)$23 ※入場券は動物園のチケット売り場で購入。

ワンス・アポン・ア・リバー:営 1:30、16:30(土・日曜、祝日は 14:30もある) 料 入場料に込み

アマゾンリバー・クエスト:営 11:00 ~ 18:00(チケット販売 ~ 17:30) 料 大人 $5、子供(3 ~ 12歳)$3 ※身長106cm以上という制限あり。

●レストラン&ショップ
ママパンダ・キッチン Mama Panda Kitchen(熊猫媽媽小吃):営 10:30 ~ 18:30 ※ジャイアントパンダ・フォレスト内の四川料理&スナック店。

ハウス・オブ・カイカイ&ジアジア House of Kai Kai & Jie Jie:営 10:00 ~ 18:30 ※おみやげショップ。

上記すべて カード ADJMV

ナイトサファリ
Night Safari

暗闇の動物にテンションアップ！

太陽が沈むと、一転して神秘のとばりに包まれる森。リバーサファリの隣、約35ヘクタールの敷地にあるナイトサファリへ移動だ。ここでは約137種、約2500頭の動物の夜の生態が観察できる。昼間とは違う動物の姿に野生を実感。トラムで回るコースと徒歩コースが設けられており、トラムは無料の英語トラムと有料で予約制の多言語トラムがある。

立派な牙をもつゾウのチャワン。マレーシアのチャワン川の近くにいたので「チャワン」と命名された

ナイトサファリ入口

観客もショーに参加！

ショーも見もの

ナイトショー Creatures of the Night Show
900人収容のショー会場で、東南アジアの夜行性の動物の生態を紹介するというもの。ショーの時間は約20分。たいへん混み合うので20分くらい前に行ったほうがよい。⏰19:15、20:30、21:30（金・土曜、祝日前日は22:30にもある）※雨天中止。最も混むのは20:30。

トンブアカ・パフォーマンス Thumbuakar Performance
ボルネオ島サラワク州のトンブアカ族による勇壮な火吹きや踊りのショー。約10分。⏰18:45、20:00、21:00（金・土曜、祝日前日は22:00にもある）※雨天中止。

トンブアカ・パフォーマンス。迫力ある火吹きに目が釘付け

●トラムのシステム
トラムは音声ガイドをイヤフォンで聞く予約制の多言語トラムと、予約不要の英語案内付きトラムの2タイプ。前者は日本語をはじめ複数ある言語から選択した音声ガイドを聞きながら巡る。レセプションカウンターで予約が必要（$10）。予約不要の英語トラムは無料。

多言語トラムの予約はナイトサファリ入口脇のレセプションカウンター（写真）で17:30から受付

おすすめコース

LET'S GO! 18:00 入場チケットは1時間区切りの時間指定されているので、なるべく早く19:15入場指定のチケットを購入する（動物園のチケット売り場で販売）。多言語トラム希望者はレセプションカウンターでトラムの予約をする。

⚓18:15 ジャングル・ロティスリーか、ウルウル・サファリ・レストランで腹ごしらえ。

左／ウルウル・サファリ・レストランのチキンライスセット$18.9 右／ウルウル・サファリ・レストランではローカル料理が食べられる

⚓19:00 トンブアカ・パフォーマンスを観る。ジャングル・ロティスリー前の広場の席は特等席。その後、予約したトラム発車時間の10分前までにトラム乗り場へ向かおう。

サファリ入口のゲート。混雑時は長蛇の列ができることもある

⚓19:30 トラムに乗車する。多言語トラムと英語トラムは並ぶ列が異なるので注意。トラムでの周遊は約45分。早い時間のほうが空が薄明るくて若干動物が見えやすい。

左／多言語トラムの座席にイヤフォンプラグの差し込み口があり、言語を選択する 右／トラムに乗って動物エリアへ出発

21:00 徒歩コースを歩く。

上／ナイトショーではカワウソがゴミの仕分けに挑戦 下／草地を造り込んだステージにフクロウやビントロングが登場（ナイトショー）

20:30 ナイトショーを観る。混んでいたら21:30の回にするか、ショーはやめて徒歩コースをじっくり見るのもおすすめ。

20:15頃 トラムのあとはナイトショーへ。混んでいたら徒歩コースへ。

トラムで広大な動物ゾーンを回る

約45分でたくさんの動物が見られる。さらに日本語トラムなら説明もよくわかる。

2種類のトラムを比べてみれば

予約制の多言語トラムの運行は日によって変わるがだいたい 19:15～21:30 頃までで1日7～10本。一方の英語トラムは 19:15～23:20 まで5～10分間隔と本数が多く、音声ガイドとスタッフの肉声でのガイドの2タイプあり。大きな違いは、多言語トラムは時間指定なので待ち時間を短縮できるということ。そのあたりを考慮して選ぼう。ちなみに多言語トラムの音声ガイドは日本語のほか、英語、中国語、韓国語などがある。

特に週末の開園直後の時間帯は、英語トラム乗り場は行列ができる

❶夜行性のマレーバクは近くに寄ってくることも ❷ライオンはトラムでも見られるが、徒歩コースにはライオン見学台があり、金・土曜、祝日前日の20:00、21:00に餌やりが見られる ❸カバはモグモグ、食事に夢中 ❹ウシの仲間のニアラ。白い縞模様が特徴 ❺ヒゲイノシシの群れ

動物たちに接近！徒歩コースを探検しよう

じっくり動物を見たいと思ったら、4つある徒歩コースを歩こう。トラムよりも近寄れ、このコースでしか見られない動物もたくさんいる。

コース上には道標や日本語の動物説明ボードが整備されていて、じっくり観察できる

イーストロッジ・トレイル

レオパード・トレイル

上／毛並みが美しいヒョウ 中／インドタテガミヤマアラシ。餌の取り合いが始まり、とげを逆立てエキサイト。とげは60～70cmあり、平常時の倍くらいのサイズになった 下／木の上のムササビ。飛ぶ姿はめったに見られないが、飛ぶと座布団のよう

上／仮面のような顔のポンゴ。世界四大珍獣のひとつ 中／ブチハイエナの鳴き声は甲高く、人の笑い声にも似ている 下／ネコ科のサーバルはジャンプが得意

フィッシングキャット・トレイル

ジャコウネコ科のビントロングはポップコーンのようなにおい

ワラビー・トレイル

体長50cmほどの小型のパルマワラビー

ナイトサファリスタッフの シャイフルさん
徒歩コースガイド

4つのコース（トレイル）をすべて回ると1時間半ほど。トレイルでしか見られない動物もたくさんいる。珍しい動物は、背中に雲のような模様があるウンピョウ。ムササビの飛ぶ姿が見られれば超ラッキーです！目を凝らして観察してください。熱帯雨林が茂る夜の森の散策は、貴重な体験になると思います。

ウンピョウは太い前足で木登りが得意。ネコとヒョウの中間の種。背中の模様が珍しく乱獲で生息数は減少の一途

Information ● ナイトサファリ

MAP → P.44 動物園と同じ。E-mail カード URL www.wrs.com.sg/en/night-safari.html 営19:15～24:00（チケット販売 17:30～23:00、最終入場 23:15。チケットは19:15 からと1時間ごとの時間指定制）。※レストランやショップは 17:30 から入れる。休無休 料大人 $55、子供 $39 ※オンライン予約すると割引がある。

▶**サファリ・アドベンチャーツアー　Safari Adventure Tour**
貸切バギーで専属ガイド付きのツアー。ガイドと一緒に徒歩コース散策、ナイトショーの優先席などの特典付き。3時間のツアーが大人 $138、子供 $85。5～7日前までに要予約。

▶**ウルウル・サファリ・レストラン　Ulu Ulu Safari Restaurant**
営17:30～22:30（通常のビュッフェは～20:15。それ以降はインド料理のビュッフェになる）料通常のビュッフェは大人 $45、子供 $34 カード A D J M V ※アラカルトの料理もあり。

動物園・リバーサファリ・ナイトサファリへの行き方

▶**MRTと公共バス利用**：MRT 南北線アン・モ・キオ駅で下車し、Ang Mo Kio Ave.8 の道路を渡った所のバスターミナルの1番乗り場から No.138 のバスに乗り終点下車。所要約40分。ジュロン方面からなら MRT チョア・チュー・カン駅下車、No.927 のバスに乗り約30分、終点下車。ナイトサファリの帰りにバス＆MRT を利用する人は 23:00 以前のバスでないと最終電車に乗れないので注意。

▶**MRTとシャトルサービスを利用**：MRT 南北線カーティブ駅 A 出口を出た道路沿いから動物園行きのシャトルバス「マンダイ・カーティブ・シャトル」が運行している。毎日 7:30～21:20 の間、20～30 分間隔。運賃は $1 で、イージー・リンク・カード（→ P.360）で支払う。

▶**タクシー利用**：オーチャード界隈からタクシーを利用すれば所要約30分（$20～25）。

▶**ツアー会社の直行バス利用**：ダックスツアーズ（→ P.372）の「サファリゲート」バスが市内のサンテック・シティと動物園を結んで運行。市内へ帰る便は複数のホテルを経由する。毎日 11～12 便、片道 $7、往復 $12。
URL www.safarigate.com

驚きの連続です！

巻頭特集 ⑥ 魅惑のグルメワールド

必食ローカルフード10

並んででも食べたい店教えます!!

シンガポーリアンのこだわり、それはチキンライスやバクテーなどのローカルフード！ 移民の国シンガポールだからこそ生まれた美食が街中にあふれている。ぜひトライしたい10品を本当においしい名店とともに紹介。さあ、絶品ご当地グルメ食べ歩きに出発！

1 チキンライス（海南鶏飯）
Chicken Rice

チキンライスとは
植民地時代に移民してきた海南島出身者が考案したといわれる料理で、チキンをゆでた後、そのスープでご飯を炊き上げたもの。ショウガやニンニク入りのチリソースや甘い黒醤油で食べる。

> 皮と身の間にたっぷりのゼラチン質が極上の証。最高級の鶏肉と厳密に調整されたゆでで時間が秘訣だそう

おすすめ店
肉厚でジューシーなチキンが絶品
文東記 Boon Tong Kee

広東語読み「マントンケイ」という名でも親しまれているシンガポールきっての老舗。ゆでた鶏肉のつるんと滑るようなゼラチン質の舌触りは、代々のレシピを忠実に守っている証。ライスの炊き方、たれの味も研究し尽くされている。すべてが絶妙なバランスで供される、完成度の高いチキンライスの決定版だ。

> チリソースやジンジャーソース、黒醤油がおみやげに買える

> 鶏のさばき方も研究しており、見事に切り分けられる

> 白切鶏（チキン）とご飯を別々に注文。白切鶏は$5、$10、$15、$30の4サイズ、鶏だしが効いたご飯は$0.6

> 人気店なので予約したほうがよい

MAP 折込表-2B **住** 399, 401 & 403 Balestier Rd. **☎** 6254-3937 **営** 11:00〜16:45、17:30〜4:30（日曜〜翌3:00）**休** 旧正月1日 **カード** JMV **行き方** 中心部からタクシーで約15分。バスならOrchard TurnからNo.124、リトル・インディアのセラングーン・ロードからNo.125、130、131を利用。

たれやチリソースもおいしい！
津津餐室 Chin Chin Eating House

ブギスとシティ・ホールの間のミドル・ロード周辺は海南島出身者が多く、チキンライス発祥の店があった所。そんなゆかりの地で1955年の開業以来、根強い人気をもつのがここ。鶏肉はふっくら滑らかで、鶏のうま味が濃い。スチーム（ゆでたもの）とローストがあり、ミックスで注文可。

> 複数人ならチキンとご飯を別々に注文してもよい（チキン半羽$14、1羽$28）。写真は白鶏（ゆで）と焼鶏（ロースト）ミックス半羽サイズ

> シンプルな食堂。食事どきは混む

> 歴史を感じる店

MAP P.84-3B **住** 19 Purvis St. **☎** 6337-4640 **営** 11:30〜21:00 **休** 旧正月5日間 **カード** 不可 **料** チキンライス$4 **行き方** MRTシティ・ホール駅、またはブラ・バサー駅から徒歩約5分。

ホーカーの有名店
天天海南雞飯 Tian Tian Hainanese Chicken Rice

メディアにも登場しあまりにも有名な店。鶏肉はつるりとジューシー、ご飯もふっくら香りよく炊き上がっている。行列が絶えないので、多少は待つ覚悟で。

> 右側で注文して隣で受け取るシステム。15:00以降比較的すぐ

> 写真は$5のチキンライス。シンプルだけどおいしい

MAP P.91下図 **住** 1 Kadayanallur St., No.10&11 Maxwell Food Centre **☎** 9691-4852 **営** 10:30〜20:00 **休** 月曜、旧正月 **カード** 不可 **料** チキンライス$3.5〜7.8 **行き方** チャイナタウン駅から徒歩約10分。

2 バクテー（肉骨茶） Bak Kut Teh

肉は大きなロインリブ（竜骨）と小さめのポークリブ（排骨）、その他の部位から選べる

バクテーとは
骨付きポークリブをハーブやコショウで煮込んだスープ。かつて潮州系の港湾労働者が精をつけるために食べたのが始まりという。シンガポールではニンニクと白コショウだけで煮込む潮州式が主流だが、漢方ハーブと醤油で煮込んだ黒い福建式、マレーシアのクラン式もある。中国茶を飲みながらご飯と食べるのが流儀。

おすすめ店

絶妙スープとポークリブがベストマッチ
松發肉骨茶 Song Fa Bak Kut Teh

1969年ブギスで創業の伝説の人気店が2代目に引き継がれてさらに繁盛。あっさりとしてコショウがピリリとスパイシーな正統派潮州式バクテーの味は創業時のまま。ニュー・ブリッジ・ロード沿いの2店のほか、支店が次々できている。

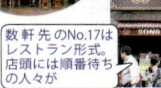

各テーブルにお茶セットがあり、茶葉は7種類から選べる 
スープはおかわり自由
ニューブリッジ・ロードに2店ある。No.11の店は食堂タイプ
数軒先のNo.17はレストラン形式。店頭には順番待ちの人々が 

MAP P.74-3A　11 & 17 New Bridge Rd.　6438-2858　11:00～22:00（No.11の店は9:00～21:00）　旧正月（No.11の店は月曜）　カードJMV　バクテー$7.6～、ライス$0.8～、お茶代$1～（1人分）　MRTクラーク・キー駅から徒歩約3分。[他店舗]133 New Bridge Rd., #01-14 Chinatown Point　6443-1033

漢方ハーブが効いた濃厚スープ
黃亞細肉骨茶餐室 Ng Ah Sio Pork Ribs Soup Eating House

1977年に潮州系の先代が始めた店で、車やタクシーで乗り付ける常連客でにぎわう。漢方ハーブの香りとコショウやニンニクも比較的強めに効いていて、複雑でコクのある味わい。ご飯がどんどん進む。

外の席もあり開放的
各テーブル脇にヤカンがあり、自分でお茶を入れる
左がいちばん高いポークリブのスープ（$10.5）で、断然おいしい。右の部位はスペアリブでやや硬い
バクテーの素も1袋から買える（$4.16）

MAP 折込表-2B　208 Rangoon Rd.　6291-4537　7:00～22:00（ラストオーダー 21:30）　旧正月3日間　カードJMV　バクテー$7.5～11.8、ライス$0.8～、お茶代$2.5～（2人分）　MRTファーラー・パーク駅からタクシーで約5分。

マレーシア式具だくさんのバクテー
梁記（巴生）肉骨茶 Leong Kee（Klang）Bak Kut Teh

マレーシアのクランは、バクテー発祥の地という説もあるほどバクテーで有名な町。そのクランスタイルのバクテーが食べられる店がここだ。ナツメやハ角など14種類の漢方ハーブを使って肉と野菜やゆばを土鍋でグツグツ煮込んであり、ボリューム満点。

薬膳として飲まれていたスープ。漢方の甘味とクセがあり、好き嫌いが分かれるところ
7～8種類の漢方ハーブ入りのグレービーソースをからめ煮にしたドライバクテー（干肉骨茶、$10）もある。ピリリと辛くて甘いソースがクセになるおいしさ！
路上脇の席のほか店舗もある

MAP 折込表-2B　251 Gaylang Rd.（Lolong 11との交差点）　9380-1718　11:00～24:00　旧正月9日間　カード不可　バクテー（スペアリブ）$6.6～、ライス$0.7　中心部からタクシーで約15分。

3 フライド・ホッケン・ミー（炒福建面）
Fried Hokkien Mee

フライド・ホッケン・ミーとは
太めの卵麺である福建麺を炒めた塩味の焼きそば。さらに食感の違うビーフンも加えるのが普通。エビなどでとっただしを麺に吸わせるように炒める。具は豚肉やイカ、エビなどが添えられ、サンバル・ブラチャン（※）をあえながら食べる。
※オキアミを発酵させた調味料にチリを混ぜて作ったペースト状調味料。

おすすめ店
エビの濃厚だしが文句なくうまい！
南星福建炒蝦面
Nam Sing Hokkien Fried Mee

名店揃いのオールドエアポート・ロード・フードセンター（→P.228）で、いちばん人気の店。午後の早い時間でも売り切れることがある。この店の炒め方はグレービーの少ないドライタイプだが、エビのだしがたっぷり出たスープがアルデンテの麺にしっかりからんでいる。そのためテイクアウトしてもふやけずおいしく食べられる。

- この店はサンバル・ブラチャンを付けない。そのぶんエビの豊かな風味が楽しめる。伝統的なフライド・ホッケン・ミーにはサンバルは添えられなかったそうだ
- ゴーグルをかけて炒めるおじさんがロゴマーク
- 年季の入った鍋さばきがうまさの秘訣
- 注文ノートにテーブル番号と注文数を記入し、料金前払い。できあがったら運んでくれる
- 大鍋で大量に一気に炒め上げる

MAP 折込表-2B　Blk. 51, Old Airport Rd., #01-32 Old Airport Road Food Centre　☎6440-5340　10:00～17:00（売り切れた時点で閉店）　休 旧正月半月　カード 不可　$ $5～8　行き方 中心部からタクシーで約15分。

- 黄色の太めの卵麺と細いビーフンの配合具合もいい

炭火を使う炒め技が決め手
ゲイラン・ロロン29・フライド・ホッケン・ミー
（芽籠二十九巷福建面）
Geylang Lorong 29 Fried Hokkien Mee

1950年代から変わらない調理法をかたくなに守り、炭火を使うこだわりぶり。強めの火力で魚介や肉のうま味をしっかりと麺とスープに浸み込ませていく。店主の気概が感じられる店だ。

- じっくり味を浸み込ませていく
- 炭火の火力を自在に操る職人技 

MAP P.161　396 East Coast Rd.　☎9733-1388　11:30～21:00　休 月曜、旧正月　カード 不可　$ $6～　行き方 中心部からタクシーで約25分。

つるつる麺につゆだくホッケン・ミー
泰豐
Thye Hong

チェーン展開していて、ショッピングセンター内のフードコートに店舗が多く、観光客も利用しやすい。味は海鮮風味がしっかりとあるのにさっぱりしている。値段は少し高めで、殻付きの大ぶりのエビが入っている。米粉の太麺「ラクサ麺」を使っており、グレービーもたっぷりなのが特徴。

- 写真のフード・リパブリック内のほか、サンズのラサプラ・マスターズ（→P.230）にもある
- 竹の香りで風味をアップさせるため竹皮を敷くのが伝統方式

MAP P.80-2A　313 Orchard Rd., Level 5 Food Republic, 313 @ Somerset　☎なし　10:00～22:00　休 無休　カード J　$ $5.8～　行き方 MRTサマセット駅から徒歩約3分。

4 プロウン・ミー（蝦面）
Prawn Mee

スープがおいしい。すきっと澄んでいるのにうま味たっぷり。エビの量も満足！（$10のスープ麺）

プロウン・ミーとは
エビと骨付き豚肉でだしを取った贅沢な麺料理。エビのだしがよく出たスープ麺と、スープと麺を別々に味わうドライタイプがある。麺は太くて黄色い卵麺。高価なエビをいかに惜しまず使うかで味が決まる。

$10のドライタイプ。麺に添えられたチリソースが絶品。注文時に好みの量を

おすすめ店

エビ風味の豊かなスープがお見事！
ジャラン・サルタン・プロウン・ミー
（惹蘭蘇丹蝦麺）Jalan Sultan Prawn Mee

エビのうま味が濃厚で鼻と口で香りを堪能。この店は特製チリソースがおいしいので、ドライタイプで注文して、麺は辛めのチリソースであえて食べるのが人気。$10の大エビ入りをぜひ！

車で乗り付ける人も多い。早朝がすいている

MAP 折込裏-1D	住2 Jalan Ayer	☎6748-2488
営8:00～15:30	休火曜	カード不可	料プロウン・ミー $5～10	行き方MRTカラン駅から徒歩約3分。

エビとポークリブのハーモニーがたまらない
河南肉骨大虾面
River South (Hoe Nam) Prawn Noodles

エビの風味と甘味が味わえるスープが評判の老舗。具はエビやポークリブだけでなく、貝やトコブシなどを組み合わせた20数種類のメニューがある。

自家製のフィッシュ・ケーキもつまみたい

スープをじっくり味わえるドライタイプがおすすめ

1970年代から続く家族経営の店

MAP 折込裏-2B	住31 Tai Thong Crescent
☎6281-9293	営6:30～16:30、18:00～翌4:30	休月曜、旧正月	カード不可	料$5～（エビとポークリブ入りは$6～）	行き方MRTポトン・パシール駅から徒歩約5分。

5 ラクサ（叻沙）
Laksa

濃厚だけど、しつこくなく奥深い味。太めのビーフンもおいしい

ラクサとは
国によって違いがあり、シンガポールでいうラクサとはココナッツミルク・ベースのスパイシーなスープに、米の粉でできた太麺が入ったもの。干しエビでだしをとり、搾りたてのココナッツミルクをふんだんに使うのがニョニャ流。

おすすめ店

ラクサ激戦区、カトンの名店
マリン・パレード・ラクサ
（ジャングー・ラクサ） Marine Parade Laksa

おいしいラクサの代名詞「カトン・ラクサ」を称する店は多いが、ここが本家といわれる。50年以上の歴史をもつこの店はニョニャ（※）からレシピを受け継いだという本物の味。奥深い味わいのクリーミーなスープは、その濃厚さでも群を抜いている。

麺にスープが浸みわたるようにして碗に盛る

※ニョニャ：マレー半島に早くから来ていた古い中国系移民で、現地のマレー人女性などと婚姻するなどし、現地に土着化した中国人らの子孫をプラナカンという。プラナカンの女性はニョニャと呼ばれる

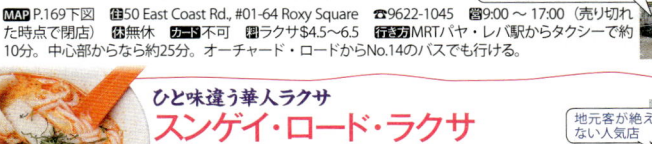

ローカルなショッピングセンター内のホーカースタイルの店

| MAP P.169下図 | 住50 East Coast Rd., #01-64 Roxy Square | ☎9622-1045 | 営9:00～17:00（売り切れた時点で閉店）| 休無休 | カード不可 | 料ラクサ$4.5～6.5 | 行き方MRTパヤ・レバ駅からタクシーで約10分。中心部からなら約25分。オーチャード・ロードからNo.14のバスでも行ける。|

ひと味違う華人ラクサ
スンゲイ・ロード・ラクサ
（結霜橋叻沙）Sungei Road Laksa

地元客が絶えない人気店

華人が作るラクサはカトンのものよりココナッツミルク少なめでさっぱり。チリの辛味とココナッツのまろやかさが溶け合う。この店は炭火でスープを温めていて、かすかに炭の香りがする。

小ぶりのラクサはシーハムと呼ばれる赤貝が入っている。レンゲで食べる

MAP P.87-3D	住Blk. 27, Jalan Berseh Rd., #01-100	☎なし	営9:30～16:00	休水曜、旧正月
カード不可	料$3	行き方MRTジャラン・ベサール駅から徒歩約5分。

6 キャロット・ケーキ（菜頭粿） Carrot Cake

卵たっぷりのさっぱり塩味のキャロット・ケーキ。チャイポー（大根の漬物）のみじん切りがよいアクセント

キャロット・ケーキとは
大根餅を細かく切り、漬物や卵とあえて焼き上げたもの。甘い黒醤油味の「ブラック」、あっさりとした塩味の「ホワイト」の2種類がある。

炒めた大根餅にチャイポーを加え、卵液を混ぜ込んで豪快に焼き上げる

卵のからみ具合が絶妙！
合衆菜頭粿 He Zhong Carrot Cake

注文時にテーブル番号を伝えて番号札をもらおう

シンガポール西部のホーカーズ内の有名な老舗。注文時に番号札を出し、できあがりまで10～15分。味つけは塩味のみで、長年培われた独自の焼き方があり、巨大なパンケーキのようにきれいに焼いたものをひと口大にカットして出す。

MAP 折込表-2B 51 Upper Bukit Timah Rd., #02-185 Bukit Timah Food Centre なし 6:00 ～ 20:30（水曜～13:00）
休 旧正月 カード 不可 $2.5～5 行き方 MRTビューティ・ワールド駅から徒歩約5分。※土・日曜、祝日はNo.182の店でも営業。

7 フィッシュボール・ヌードル（魚圓面） Fishball Noodle

フィッシュボール・ヌードルとは
魚のすり身団子、フィッシュボールを添えた麺料理。魚団子は中国潮州の名物で、プリプリとした弾力がすばらしく、材料は黄尾魚や西刀魚を使う。

ドライタイプの麺はよくかき混ぜて食べる

フィッシュボールや魚肉の練り物などが入ったシグネチャーヌードルは$6.8

フードコートでも伝統の味を
立興潮州魚圓面 Li Xin Teochew Fishball Noodles

フード・オペラの人気店

自社工場で毎朝作る新鮮なフィッシュボールは無添加で、ほおばると口いっぱいに魚のうま味が広がる。プリプリの弾力も感動ものだ。ドライで食べる麺にあえるチリソースも特製で、見た目よりも辛さはマイルド。

MAP P.79-3C 2 Orchard Turn, # B4-03/04 Food Opera, B4/F ION Orchard なし 10:00 ～ 22:00（金・土曜、祝日前日～23:00） 休 無休 カード J M V $5.5～
行き方 MRTオーチャード駅から徒歩約3分。※ショー・ハウス内、サンテック・シティ・モール内のフード・リパブリックにも店舗あり。

フィッシュボールのほか、すり身で作った皮のワンタン、練り物などがのっている

自家製練り物に定評あり
松記魚丸面 Song Kee Fishball Noodles

新鮮な手作りフィッシュボールもおいしいが、人気なのは魚のすり身で作ったワンタン「ハーキョウ」。潮州式に黒酢を効かせたチリソースであえるドライで食べたい。

MAP P.169上図 128 Tembeling Rd. 9336-2745 11:30 ～ 21:30 休 水曜、旧正月 カード 不可 $4～
行き方 シティ・ホールやブギスのビクトリア・ストリートからNo.33のバスで約20分。

8 カリー・ミー（咖喱面） Curry Mee

家族経営で写真の男性は2代目

カリー・ミーとは
中国系のカレーをかけた麺料理のこと。中国系のカレーはココナッツミルクがベースで、スパイスの配合がインド系とは異なるカレー粉を用いた、ややマイルドでコクのあるスープが特徴だ。通常は太めの黄色い麺を使う。

具だくさんの$8のもの。カレーはコクがあってマイルド

ヘンキーはここ1軒のみ。ニワトリの絵が目印

手間暇かけたリッチなカレー麺
ヘンキー・カリーチキン・ビーフン・ミー
（興記咖喱雞米粉麵） Heng Kee Curry Chicken Beehoon Mee

うまいものに目がない一家が作るカリー・ミーは、スパイシーながら甘味のある濃厚カレースープが身上。具もジャガイモ、油揚げと満載で、特につるりと軟らかくゆでた鶏肉がおいしくてボリューム満点。お昼どきは必ず行列ができる人気ぶり。麺は黄色い卵麺（福建麺）、ビーフン、ラクサ麺から選べる。

MAP P.82-1B Blk. 531A, Upper Cross St., #01-58 Hong Lim Food Centre 9362-3374 10:30 ～ 15:00（売り切れた時点で閉店）
休 日・月曜、祝日、旧正月 カード 不可 $5.5～8
行き方 MRTチャイナタウン駅から徒歩約5分。

9 ナシ・ビリヤーニ
Nasi Biryani

ナシ・ビリヤーニとは
本場インドのビリヤーニはカレー風味のスパイスで味つけした具材を米の中に入れて炊き上げ、グレービーなしで食べる。一方シンガポール式はチキンカリーなどグレービーをかけて食べるのが定番。グレービーのあるなしで、好みが分かれる。

チキン・ビリヤーニ。チキンはライスの中に隠れている。バスマティ米は特に細長い種類で、パラッとして香り高い

食堂形式の店

おすすめ店

スパイスとチキンのうま味が凝縮
ビスミラー・ビリヤーニ Bismillah Biryani Restaurant

高価なバスマティライスを使用し、じっくり炊き上げたインドスタイルのビリヤーニ。パラパラと香ばしい炊き込みご飯に、ヨーグルトベースのソースをかけて食べる。具はチキンのほか、マトンや魚がある。

MAP P.87-3C 住50 Dunlop St. ☎6935-1326 営11:30 ～ 21:00 休無休 カード不可 料$9～ 行き方MRTローチョー駅から徒歩約3分。

開店前から行列ができる

まろやかカレーで召し上がれ
ゲイラン・ビリヤーニ・ストール
Geylang Briyani Stall

シンガポール式ビリヤーニの人気店。ふっくら香り高く炊き上げたライスはもちろん、濃厚なのにマイルドな味わいのカレーで煮込んだチキンやマトンが軟らかくて美味。

MAP P.169 上図 住1 Geylang Serai, #02-146 Geylang Serai Market ☎9831-0574 営11:00 ～ 15:00 休月曜、ハリ・ラヤ・プアサ、ハリ・ラヤ・ハジの祝日 カード不可 料$5.5 行き方MRTパヤ・レバ駅から徒歩約8分。

ビリヤーニライスにはたっぷりのカレーとピクルスが添えられる

10 ロティ・プラタ
Roti Prata

ロティ・プラタとは
シンガポーリアンにダントツ人気を誇るスナックといったらコレ。朝食や夜食にぴったりの南インド式のパンケーキだ。ギー(インドのバターオイル)をからめながらひっぱるように生地をまとめて焼き上げる。カレーや砂糖をまぶして食す。

大きな鉄板で次々焼かれる

おすすめ店

絶妙の焼き具合
シンミン・ロティ・プラタ
Sin Ming Roti Prata

ロティ・プラタの有名店は数あれど、どこも味が落ちたと嘆きの声が多いなか、不便な場所ながら多くのファンを納得させる店がここ。外側はパイ生地風にさっくり、中はふわふわでしっとり、食感のバランスがお見事だ。しかもつけ合わせのカレーも手抜きされておらず、おいしい。

団地の1階部分にあるコピティアムの中の店。本格的なカレーやレンダンなどのマレー料理もある

プレーンのロティ・プラタ(手前)とチキンカレー。ほかにチーズやチョコレート入り、ミニサイズのコイン・プラタもある

MAP 折込表-2B 住Blk. 24, Sin Ming Rd., #01-51 Jin Fa Kopitiam ☎6453-3893 営7:30 ～ 18:30 休ハリ・ラヤ・プアサの祝日、ハリ・ラヤ・ハジの祝日 カード不可 料ロティ・プラタ(プレーン) $1 行き方中心部からタクシーで約20分。

番外編
ハマるとやみつきになるうまさ
ロー・ミー(滷麵) Loh Mee

チョンバル・ロー・ミー
Tiong Bahru Loh Mee
(中峇魯滷麵)

12:00前から14:00頃までは行列覚悟で。早めの時間が狙い目

ロー・ミーとは片栗粉でどろっとした黒いスープに黄色の太麺が入った福建スタイルの麺料理。マイナーながら実はシンガポーリアンの間で大人気、日本人でもハマる人が多い。黒スープは八角などのスパイスが効いており、黒酢とおろしニンニクを添えて食べる。この店はロー・ミー好きの絶大な支持を得ており、いつも長蛇の列ができるので有名だ。

1杯1杯ていねいに作っているので、気長に待とう

醤油ベースの奥深い味わい

MAP 折込表-2B 住Blk. 51, Old Airport Rd., #01-124 Old Airport Road Food Centre ☎なし 営9:30 ～ 15:00 (売り切れた時点で閉店) 休旧正月10日間 カード不可 料$3～5 行き方中心部からタクシーで約15分。

巻頭特集 ❻ 魅惑のグルメワールド

ローカルフードの宝庫
ホーカーズを極める

シンガポールの人々の食生活に根づき、欠かせない場所が、ここホーカーズ。安くておいしいありとあらゆる料理があり、旅行者にとっても魅力的。シンガポールの食の醍醐味が詰まったホーカーズを巡ってみよう。

ホーファンできたよ

ホーカーズとは

ホーカー（Hawker）とは路上屋台のこと。昔は路上で販売していた屋台を衛生上の問題から1ヵ所に集めたものがホーカーズ・センター（以下ホーカーズ）。正式にはフードセンターというもので、政府が管理している。ショッピングセンター内にあるものは、これと区別してフードコートと呼ばれる。また、個人経営の店舗の中に数軒の屋台が同居しているものは、コーヒーショップ（コピティアム）という。

Please Queue Up 请排队
列に並んでね！

麺類は数分待つべし

自助服務 SELF-SERVICE
会社員がテイクアウトしていく姿も
セルフサービス！

ホーカーズの利用法

① まずは席を確保

これで席確保。テーブル番号も覚えておこう

テーブルは全店共用で、どのテーブルに座ってもいい。混雑時は席確保が最初の関門。持ち物を机の上に置いておくのが「ここキープ！」のサイン。現地の人はティッシュや傘を置いている（かばんなどの貴重品は置かないこと）。

店頭の看板

EXCELLENCE IN CLEANLINESS & FOOD HYGIENE A

店頭のアルファベット表示は政府の衛生検査の結果で、Aがいちばんよい。清潔度と味は必ずしも比例しないが、このランクは気になるところ

② 食べたい料理店を選ぶ

規模の大きいところは100軒以上あるので、おいしい店を見つけるポイントはコレ。

店頭に自分の店が載った新聞や雑誌の記事、推奨状を張り出している店は要チェック

行列

行列のできている店は試してみる価値あり（ただし、オフィス周辺では安いだけで行列ができる場合もある）

③ オーダーと支払い

中国系の店では英語が通じないこともあるが、指さしなどで何とかなる

オーダー時に伝えることは、①メニュー名と何ドルのものか、②数、③その場で食べるか持ち帰りか※の3点。

オーダー時に料金を支払う。基本はセルフサービスなので、料理ができるまでその場で待つ。

料理を運んでくれる店もあり、その場合はテーブル番号を伝えておき、料理と引き換えに支払う。

自助服務 Self Service

ひとつの料理に＄3、＄4と値段が表示されているのは、具の量による違い。いくらのものにするか指定する

調味料や箸なども自分で用意

※ "すぐ飲食or持ち帰り？" の会話例
● その場で食べるなら「Eat here（イート・ヒア）」。
● 持ち帰るなら「Take away（テイク・アウェイ）」。
中国語では「ターパオ（打包）」。 
テーブルに運んでもらう場合、支払いは料理と引き換えに

④ 食べ終わったら

THANK YOU FOR RETURNING YOUR TRAY
食器返却所の目印

係の人が食器をかたづけてくれる。ただし、最近は食器返却場所へ自分で持っていくことを推奨している

ホーカーズの裏ワザ5
こんな使い方もできます!

裏ワザ1 レストランに負けない
本格中国料理も食べられる

メニューにいろいろな料理が張り出されている店は「煮炒(Cze Cha)」と呼ばれ、専門料理を売るのではなく、スープ、炒め物、炒飯、麺料理など何でもありの食堂のような店。家庭料理が多く、大勢でシェアするとよい。値段も安価。

> 魚の蒸し煮やチリ・クラブも調理可能

> おかず料理をたくさん注文して家族でテーブルを囲む光景も

> 店頭のガラスケースの果物を指さして注文すればよい

> メニューのほか、店頭に野菜などの食材が並んでいればこの手の店。1品$8くらいから

裏ワザ2 安くて豊富な果物に注目!
フレッシュジュースやカットフルーツでビタミン補給

その場で搾ってくれるジュース店はとても重宝。種類が多く果物の組み合わせも自在、おまけに安い($2~4)。疲労回復やデトックスなど体にもよいので、あれこれ試してみて。

> カットフルーツは$0.5くらいから。食後のデザートにおやつ代わりに手軽につまめる

> ジュース店でカットフルーツも販売

> 体の熱を取ってくれるスイカ(手前、左は夏バテ予防によいニガウリ、右はキウイとオレンジのジュース

裏ワザ3 ビールとローカルフードも相性よし!
クラフトビール専門店もホーカーに

ローカルフードに合うビールを世界中からセレクトしているのが「スミス・ストリート・タップス」。ニュートン・フードセンター(→P.228)にも専門店あり。

Smith Street Taps MAP P.82-2B 住Blk. 335 Smith St., #02-062 Chinatown Complex ☎9430-2750 営18:30~22:30(金曜17:00~23:00、土曜14:00~) 休日曜 カード不可 行き方MRTチャイナタウン駅から徒歩約4分。

> サテーや焼き餃子、キャロット・ケーキなどをビールとともに

> ビールは週替わりで常時10種類ほど($12~)。タップの生ビールもある

裏ワザ4 気兼ねなくゆっくりできる
ひとり席のあるホーカーズ

マックスウェル・フードセンター(→P.225)の北側ブロックの裏には、壁に向かって座る席がずらっと並んでいて、ひとり客がよく利用している。

> 裏手にあるので館内の喧騒と打って変わって静か。相席のストレスなしなのがいい

ホーカーズ情報

営業時間
ロティ・プラタやお粥などの朝食の店以外は昼頃から開店。閉店は18:00や22:00などまちまち。売り切れ御免で14:00~16:00に閉店する店も。

予算
ご飯類、麺類とも$3~5くらい。シーフード料理は$10くらいから。

トイレ
¢10~20の使用料が必要なことが多い。小銭の用意を。

歴史
英国植民地時代に中国やインドからやってきた出稼ぎ労働者たちは屋台で食事を済ませることが多く、そのため屋台料理の文化が根づいた。中心部はもちろん、郊外の住宅エリア、駅のそばなどに多い。

裏ワザ5 「Take Away!」のひと言で
何でもテイクアウトOK!

混雑している場合やゆっくり食べたいときは、テイクアウトしてホテルの部屋で食べるのもあり。

> 持ち帰り用のパッキング

うまい店が多いおすすめホーカーズ
- マックスウェル・フードセンター →P.225
- チョンバル・マーケット・アンド・フードセンター →P.227
- オールドエアポート・ロード・フードセンター →P.228

※中国料理が充実しているのはチャイナタウンにあるホーカーズ、インド料理ならリトル・インディアのテッカ・センター(→P.226)、マレー料理ならゲイラン・セライ・マーケット(→P.168)へ。

巻頭特集 ❻ 魅惑のグルメワールド

多彩なメニューを一挙に見せます！

ホーカーズメニュー完全版
Hawkers

P.50～55で紹介の代表的ローカルフードのほかにも、おいしい料理やスナックがたくさんある。ここでは料理系統別に紹介するので、珍しい料理にもトライしてみて！

中国系 Chinese

チャー・クエティヤオ
炒粿条
米の幅広麺に黄色い福建麺を合わせ、貝類や野菜などの具を入れて黒糖醤油で炒めた料理。こってりした味つけ

オイスター・オムレツ
蠔煎
小ぶりのカキを卵と片栗粉などにからめながら、お好み焼き風にまとめて焼いた潮州風スナック。ビールに合う

ワンタン・ミー　雲吞面
シンガポール式ワンタン麺は、スープなしのドライが主流。甘めの醤油だれにチリペーストを加えて麺とあえ、ワンタンとチャーシューをトッピング

フィッシュボール・ミー
魚圓面
潮州名物の魚のすり身団子が入った麺料理。魚団子はプリプリの食感。スープ麺とドライタイプがあり、麺も好みで選べる

フィッシュヘッド・ビーフン
魚頭米粉
魚の頭や骨を揚げてだしをとった白濁スープが特徴のビーフン。具は揚げた魚の頭。魚の切り身を入れることも

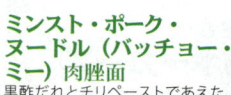

ミンスト・ポーク・ヌードル（バッチョー・ミー）肉脞面
黒酢だれとチリペーストであえた、豚ひき肉入りの麺で、通常スープなし。ミーポッと呼ばれる平たい麺で食べるのが人気

サテー・ビーフン
沙爹米粉
甘めでスパイシーなピーナッツ味のサテーソースを、さっと湯がいたビーフンにかけたもの。具はイカや空芯菜など

バンミエン
板面
小麦粉ベースの手延べ麺。煮干しのだしが効いたあっさりスープで、日本の鍋焼きうどん風の味つけ

フライド・ホーファン
炒河粉
幅広の米粉の麺を炒めて野菜や肉、海鮮などのあんをかけたもの。「煮炒」（→P.57）の定番メニュー

58

ローストミートライス
燒臘飯
広東式のローストミートを切り分けてご飯にのせてある。肉はチャーシューや豚バラ、ダックなど。肉だけでも注文可

シザーズカット・カリーライス
剪刀剪咖喱飯
おかずを選び、カレーと醤油味のつゆをぶっかける海南式カリーライス。シザーズカットとはハサミでカツや肉をカットすることに由来

エコノミーライス
経済飯
中国総菜が並ぶ店で、ご飯の上に好みのおかずをのせてもらう。料金はおかずの種類と数で計算

お粥
Congee
広東系のお粥が多い。具は魚の切り身（魚片）、ピータン（皮蛋）、豚肉（猪肉）など。揚げパン（油条）や米粉のクレープ（腸粉）とともに

ハッカ・レイチャ
客家擂茶
数種類の野菜をさいの目に切って炒めたものをご飯にのせた中国版ビビンバ。緑茶をかけながら食べる

ヨンタオフー
醸豆腐
もとは中国客家のひき肉詰め豆腐の煮物。屋台では魚のすり身を詰めた豆腐や野菜、魚団子などの練り物を選んで、ゆがいてもらう。麺と一緒に食べることも

約30種類の具からチョイス。具は1個¢40〜。店によって最低注文個数や何個いくらという設定。麺は¢50〜。好みでカレーやラクサなどのソースをかけられる

クェイ・チャップ
粿汁
ラザニアのような幅広の米の麺が入ったスープに、八角風味の醤油だれで煮た豚の肉やモツ、豆腐などを添えたもの

インド系 India

マトンスープ
Mutton Soup
こってりとしたカレー味のスープで、骨付きマトン入り。香辛料もたっぷり入っている

ムルタバ
Murtabak
ロティ・プラタ（→P.55）の生地にチキンやマトン、タマネギ、卵を混ぜた具を包んで焼いた人気メニュー

マレー系 Malay

ナシ・レマ
Nasi Lemak
ココナッツミルクを加えて炊いたご飯と甘めのサンバルチリが主役。揚げ魚や目玉焼きが添えられる。人気の朝食メニュー

マレーライス
Malay Rice
ライスにカレーや野菜料理など2〜3種類のおかずが選べるマレー版ぶっかけご飯。おかずの種類と数で値段が決まる

ミー・ロブス
Mee Rebus
黄色い麺の上に、サツマイモのマッシュをベースに、タオチオという味噌を加えた甘くてどろっとしたグレービーをかけたもの

サテー
Satay
マレーの串焼きで、チキン、マトン、ビーフがある。甘口にマリネされており。甘いピーナッツソースにつけて食べる

ミー・ゴレン Mee Goreng
焼きそば。マレー系とインド系があり、マレー系はチリソースが多めで甘味もある。写真のインド系はカレー風味でドライな仕上がり

ロティ・ジョン
Roti John
パンを卵液につけて焼いたマレー版フレンチトーストで、チリソースをつけて食べる。語源はジョン(欧米人)のために作ったパン

ミー・シャム Mee Siam
タイがルーツとされるビーフン料理。エビでだしをとり、チリペーストを加えたスパイシーで甘くて酸っぱいスープは独特の味

ロントン
Lontong
米を圧縮した餅のようなものを入れた、ココナッツミルク味の野菜カレースープ。朝食メニュー

ドリンク Drink

コピ Kopi
濃く煮出して作るコーヒーで、練乳と砂糖入り。練乳なしはコピ・オ、ブラックはコピ・オ・コソンという

テー The
濃く煮出して作る紅茶でコピ同様、練乳、砂糖入り。練乳なしはテー・オ。テーにショウガ汁を入れたテー・ハリアもある

ライムジュース
Lime Juice
たいていはシロップを加えて作る甘酸っぱいドリンク。店によってはライムを搾って作るところも。最もポピュラーなジュースでカレーに合う

シュガーケイン・ジュース
Sugarcane Juice
サトウキビを搾って作るジュース。自然な甘みで、ちょっと青臭さがある。レモンを搾ってもらうと飲みやすい

ウォーターメロン・ジュース
Watermelon Juice
スイカをジューサーで搾ってできあがり。さっぱりとした甘さはのどを潤すのに最適。体の熱を取る効果あり

スナック系 Snack

ピサン・ゴレン
Pisang Goreng
バナナの天ぷら。中国系は甘い小型バナナをカリッと揚げる。マレー系はもっさりしたイモのようなバナナを使用

ポピア
薄餅
福建名物。ダイコンの千切りや卵焼き、エビなどを包んで巻いたちょっと甘めの春巻き

ロジャ
Rojak
もともとはマレーのフルーツサラダだったが、中国風に進化。キュウリ、パイナップル、揚げパンなどを、黒糖醤油、エビの発酵ペーストなどを混ぜたソースであえてある

パオ
肉包
豪華な中身とふんわり甘口の生地が日本の肉まんと違うところ。「大包（ダーパオ）」という大きなものは、さらに具だくさん

オタオタ
Otah Otah
魚のすり身にチリやハーブ、ココナッツミルクを練り込み、バナナリーフに包んで焼くマレー料理。蒸した中国風のものもある

バッチャン
肉粽
中国のちまき。いろいろな具のものがあるが、具の味つけは甘め

カヤトースト
Kaya Toast
卵、ココナッツミルク、砂糖を混ぜて、パンダンリーフで風味づけしたペーストがカヤジャム。カリカリに焼いた薄切りパンにバターとともにこのジャムを挟んだパンがカヤトースト

シュイクエ
水粿
米の粉を小皿に入れて蒸したものに、漬物のみじん切りをしょっぱく煮たものをかけて食べる

カレー・パフ
Curry Puff
スパイシーなカレーが入った揚げパン。具はポテトが多めで、チキンやゆで卵も。サーディン（イワシ）入りのパフも人気

サワーソップ・ジュース
Sour Sop Juice
甘酸っぱいサワーソップという果物を搾ったさわやかなジュース

殻入りココナッツジュース
Coconut Juice
自然の甘味が楽しめる。内側の白い果肉もスプーンでこそげて食べよう

ソヤビーン・ドリンク
豆漿
大豆を搾って作る豆乳。ガムシロップ入り

バンドン Bandung
ローズシロップに練乳を混ぜたマレーの飲み物。香水のような独特の香りでかなり甘い

バーリー
Barley
大麦を煮出して作る甘めのドリンク。体の熱を下げるといわれており、シンガポールでは好まれている

これがサワーソップ

61

巻頭特集 6 魅惑のグルメワールド

南国の味がコラボレーション　Sweets
魅惑のスイーツメニュー

シンガポールはスイーツ天国。フルーツやブラウンシュガー、ココナッツミルクたっぷりのスイーツが豊富に揃っている。ひんやりかき氷からカラフルなマレー菓子までラインアップ！

ホーカーズ系 Hawkers

ホーカーズの冷たいスイーツはほぼかき氷入り。値段は$2〜3.5。

チェンドル　Chendol
かき氷にブラウンシュガーとココナッツミルクをかけ、パンダンリーフで色付けした寒天やアズキをトッピング

ボボ・チャチャ　Bobo Chacha
サツマイモやタロイモの角切りをココナッツミルクで煮たもの。コールドとホットがある

チェントゥン　Cheng Tng
ナツメ、白キクラゲ、ハト麦など漢方の薬材を数種類使ったスープデザート。体の熱を取る効果あり。コールドとホットがある

レッド・ルビー　Red Ruby
タイのデザート。クワイの実を赤い片栗粉の衣で包んでルビーに見立てている。ココナッツミルク味

ロンガン・グラスゼリー　Longan Grass Jelly
ロンガン（龍眼）がたっぷりのった漢方ハーブ（仙草）のゼリー。苦味や漢方臭さはなく、後味さっぱりのヘルシーデザート

ハニーデュー・サゴ　Honey Dew Sago
ハニーデューメロンやタピオカをのせたココナッツミルク氷

パッションフルーツ・マンゴー&ナタ　Passion Fruit Mango&Nata
パッションフルーツとマンゴーのとろりとしたジャム状のペースト。ナタデココとかき氷が入っている

マンゴー・アイスゼリー　Mango Ice Jelly
ゼリーにマンゴーのジュースと果肉、バジルシードをトッピングしてあり、好みでライムをひと搾り

アガアガ・ゼリー　Agar Agar Jelly
ココナッツミルク味のカラフルな寒天ゼリー。果物ジュースとカットフルーツを売る店にあり、ポピュラーなおやつ

タウ・スアン　Tau Suan
皮なしの緑豆を煮て、片栗粉でどろっとさせた中国系の温かいデザート。揚げパン（油条）を入れて食べる

62

バリエーションが楽しい
アイス・カチャン大集合！

暑いシンガポールならではのひんやりスイーツ。その決定版がアイス・カチャン（かき氷）だ。何十年も昔からシンガポーリアンに愛されてきた、国民的デザート。日本とは違う「かき氷」を試してみて。

また、近年、台湾発のスノーアイスもブレイク。食べ比べてみるのもおすすめ。

アイス・カチャン Ice Kachang
アズキやコーン、ゼリー、3色シロップと練乳がかかったかき氷。カチャンはマレー語で豆の意味。トッピングの種類豊富。ホーカーズやフードコート、ローカル料理店にあり$2くらいから。

スノーアイス Snow Ice
しっとりとエアリーな食感。果物の果汁などを混ぜ込んであり、素材の味が濃厚。スイーツ専門店やフードコートにあることも。$5くらいから。

アイス・カチャン Ice Kachang

ノーマルなアイス・カチャン
氷の中にもアズキやゼリーが詰まっている

ピーナッツ・アイス・カチャン
Peanuts Ice Kachang
アズキの上に砕いたピーナッツをかけてあり、香ばしい味わい

チョコレート・アイス・カチャン
Chocolate Ice Kachang
ノーマルのアイス・カチャンにチョコレートソースをかけたもの。写真はさらにピーナッツパウダーもトッピング

果物ピューレのせアイス・カチャン
Raspberry Ice Kachang
写真はラズベリーピューレをトッピングしたもの。ほかにマンゴーやドリアンなどのバリエーションがある

アイス・ボール
Ice Ball
球状にぎゅっと固められた1960年代のレトロかき氷。中にアズキとコーン入り。当時はビニールにくるんで手に持ち、そのままかじっていたそうだ。近年の懐古ブームで登場

スノーアイス Snow Ice

マンゴー＆ストロベリー・スノーアイス
Mango & Strawberry Snow Ice
ふたつのフルーツ味がハーフ＆ハーフになったスノーアイス。高さは20cmくらいある

チョコレート・スノーアイス
Chocolate Snow Ice
チョコレートの甘い氷にバナナという鉄板のコンビネーション

チェンドル・スノーアイス
Chendol Snow Ice
チェンドルのアイス版。ココナッツミルク味のスノーアイスにアズキや緑色の寒天、ゼリーをトッピング

※紹介のアイス・カチャンはホーカーズやフードコートのもの。スノーアイスは味香園（→P.238）のもの。アイス・ボールはシンガポール・フード・トリート（→P.108）で食べられる。

巻頭特集 ❻ 魅惑のグルメワールド

中国系 Chinese

専門店や中国レストランで食べられる。
値段は$2〜5。

ブラック・セサミ・ペースト
芝麻糊
黒ゴマをすり潰して作ったお汁粉。カルシウム豊富で美髪効果のあるヘルシー系 A

マンゴー&ポメロ・サゴ
楊子甘露
香港スイーツの定番がシンガポールでも人気。マンゴーのジュースにタピオカ、マンゴー果肉とポメロ入り A、B

エッグタルト
蛋撻
濃厚なカスタードをパイ生地で包んだ焼き菓子。中国広東のお菓子で、飲茶の点心にもある D

ヤムイモ・ペースト
芋頭露
オリジナルは中国潮州。優しい甘さとヤムイモのねっとりとした食感がいい。ギンナン入り B

パパイヤ、白キクラゲ入りの糖水
冰糖雪耳木瓜
ショウガのスープに漢方の薬材も入った体によいスープデザート B

ピーナッツスープ
花生湯圓
あん入りの白玉団子をピーナッツスープに浮かべたもの。あんは黒ゴマ、アズキ、ヤムイモなど。ピーナッツスープはコクがありまろやか G

カメゼリー 亀苓膏
漢方薬で作られているものが多いが、本来はカメの腹甲と漢方薬材を煮込んで作る。苦いのでシロップをかけて食べる F

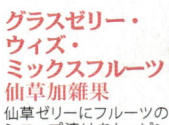

グラスゼリー・ウィズ・ミックスフルーツ
仙草加雜果
仙草ゼリーにフルーツのシロップ漬けをトッピング B

グラメラカゼリー
椰糖果凍
ブラウンシュガー(グラメラカ)のゼリーにココナッツミルクがよく合う C

タウ・ファ 豆花
ふわっとした口当たりの軟らかい豆腐にシロップをかけて食べるデザートでコールドとホットがある A、F

白玉団子入り糖水
姜湯湯圓
ショウガがピリッと効いたスープの中に、黒ゴマとピーナッツのあん入りの団子が入っている A

マレー系

ブボー・ヒタム
Bubor Hitam
ココナッツ風味のついた黒米のお汁粉。マレー料理店の定番デザートだが、東南アジアではよくある甘味 E

P.64のスイーツの店
A：味香園→P.238　B：阿秋甜品→P.238　C：シンポポ Sinpopo→P.167　D：東興→P.239　E：ワルン・ナシール→P.214　F：恭和館 MAP P.91上図 ⌂28 Upper Cross St. ☎6223-0562 ⏰10:30〜22:30 休無休 カード不可　G：アー・ボーリン・ピーナッツスープ Ah Balling Peanut Soup MAP P.85-1D ⌂505 Beach Rd., #01-75 Golden Mile Food Centre ☎なし ⏰11:00〜20:30 休旧正月 カード不可
P.65のクエの店　ガリシアー・ペストリー→P.239、キム・チュー・クエ・チャン→P.279、ブンガワン・ソロ Bengawan Solo MAP P.79-3D ⌂391 Orchard Rd., B2F Takashimaya Department Store ☎6735-5391 ⏰10:00〜21:30 休無休 カード ADJMV ※店舗多数。チャンギ国際空港内にもある。

クエ Kueh

クエとはプラナカン、マレー系の菓子や餅菓子。もち米、タピオカ、ココナッツやヤシ糖のブラウンシュガー（グラメラカ）をよく使う。
※P.65で紹介のお菓子はP.64データ下の店で買える。

クエ・サラ
Kueh Salat
下の白い部分はココナッツミルク味のもち米、上はパンダンリーフで色付けしたココナッツミルクと卵、小麦粉を蒸して固めたもの

ラピス・サグ
Lapis Sagu
プラナカンの代表的クエ。ういろうのような食感の餅を何層も重ねてある。甘いココナッツ味

クエ・ダダ
Kueh Dada
ブラウンシュガーで味付けしたココナッツフレーク入りのココナッツ風味のクレープで包んだもの（写真はブラウンシュガー不使用のタイプ）

オンデ・オンデ
Onde Onde
とろっとしたブラウンシュガーが入ったパンダン風味の団子餅。周りはココナッツフレーク

プルッ・インティ
Pulut Inti
甘く蒸したもち米にブラウンシュガーで煮たココナッツフレークをトッピング

クエ・コスイ
Kueh Kosui
ブラウンシュガーの濃厚な香りの餅にココナッツフレークをまぶしてある。軟らかな餅の食感とコクのあるブラウンシュガーが口の中で溶け合う

クエ・タピオカ
Kueh Tapioca
タピオカを練って蒸したものにココナッツフレークをまぶしてある。緑色はパンダンリーフの色

クエ・アンボン
Kueh Ambon
インドネシアから伝わった焼き菓子で、見た目が霜柱のよう。タピオカ粉とココナッツミルク、イーストが原料で、しっとり独特の歯応えが人気

クエ・ロペス
Kueh Lopes
三角形のもち米菓子。ココナッツフレークをまぶしてあり、ブラウンシュガーの蜜をかけて食べる

ビンカ・ウビ
Bingka Ubi（Baked Tapioca）
タピオカケーキ。タピオカに卵やココナッツミルクを加えて焼いたもので、食感はもっちり

レンパー・ウダン
Rempah Udang
ピリ辛の乾燥エビのもち米巻き。バナナの葉でくるんで焼いてあり、オツな味のおやつ

アンクー・クエ
Angku Kueh
赤ちゃんの誕生1ヶ月のお祝いに配る亀の甲羅形の餅。甘い餅の中身は緑豆やピーナッツのあん

クエ・ラピス
Kueh Lapis
ジャワ島から伝わった、薄い生地を張り合わせて作る焼き菓子。スパイシーなバウムクーヘンといったところ

アポン・バークワ Apom Berkuah
米粉を発酵させて作ったパンケーキ。ブラウンシュガーとココナッツで煮たバナナソースをつけて食べる

巻頭特集 ⑥ 魅惑のグルメワールド

シンガポールは海の幸が豊富
シーフードを たらふく味わう
Seafoods

　シンガポールの海鮮料理の基本は中国系だが、土地柄、マレー料理やプラナカン料理の調理法も加わり、あっさり系からスパイシー系と調理法もさまざま。
　そんなシンガポール式海鮮料理の代表作といえば、チリ・クラブにペッパー・クラブ。ここではシンガポールの海鮮料理を味わい尽くすための基礎知識とノウハウを伝授しよう。

注文のノウハウ
　生けすの前まで行って食べたい魚を選ぼう。メニューを見ながらその店のおすすめを検討するのもいいし、食べたい魚を指さして「How do you recommend to cook?」（おすすめの調理法は？）と相談してみるのもいい。

料金の目安
　料金はたいていの場合、調理法ではなく、魚介の重さで決まる。料金の目安はカニの場合、100gにつき$7程度で、中サイズのカニなら約1kgの目方があるため、1匹調理してもらうと調理代込みで$80くらいだ。ホーカーズやフードコート内の海鮮バーベキュー店や中国料理の店では、カニ100gが$5くらいから。

手前が一度は食べたいチリ・クラブ。海鮮ではカニ、エビ、ロブスターが人気だが、イカや魚もおいしい

生けすには世界各地から運ばれた魚介が種類豊富。生けすの中から注文する際はスタッフにアドバイスしてもらいながら、魚介や調理法を決めていくとよい

代表的な魚介とその料理

バター・プロウン Butter Prawns
バター（というよりマーガリンだが）の風味と香辛料を効かせ、甘辛くカラッと炒めてある。

ゴールデン・ストライプ・ロブスター Golden Stripe Lobster
金糸揚げという料理法。バターや卵、オートミールを絡めて揚げたもの。ロブスターに絡まるクリスピーなそぼろは、ほんのり甘い。

ロブスター Lobster
近海物のほかにオーストラリア産が多く、後者のほうが値段が高い。ニンニク炒めが無難な味だが、金糸揚げも試してみたい。ゆでてマヨネーズとあえたロブスターサラダ、麺と一緒に炒めた料理も人気。

ブラック・タイガー・プロウン Black Tiger Prawn（エビ）
生きたエビはこの種類のみに限定される。単純に蒸すもよし、ニンニクと蒸すもよし。地元ではバター・プロウンが人気。

ミル貝のサシミ＆シャブシャブ Geoduck Clam Sashimi with Steamboat
刺身で食べたのちあっさりスープの鍋にさっとくぐらせて。

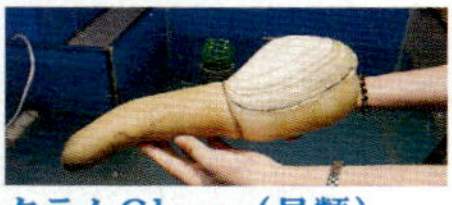

覚えておきたい調理用語
Deep Fry：丸揚げ、から揚げ
Fry with Garlic：ニンニク炒め
Steam：蒸す

　基本的には以上の3つの調理法さえ覚えておけば何とかなるし、細かいことは給仕たちがいちばんおいしい方法でうまくやってくれるはずだ。どうしても意思疎通が難しい場合は、ここで紹介する代表料理メニューを指さして注文するか、セットメニューも参考にしてみるといいだろう。
　なお、日本人とみるとフカヒレやアワビをすすめる店もあるが、これらは高級中国料理店で食べたほうがよく、シーフードレストランではおすすめしない。

スンホック Soon Hock（Marble Goby）
淡水と海水が交わるあたりに生息する魚で、オコゼに似た繊細な白身がおいしい。

スンホックのディープフライ Deep Fried Soon Hock
ディープフライにするのが最もポピュラー。カリカリに揚げて薄口醤油のソースをかけて食べる。

クラム Clam（貝類）
写真はジョーダックというミル貝の一種で「サシミ＆シャブシャブ」で食べるのがおいしい。そのほか、マテ貝はニンニク炒め、小さい貝はサンバル炒めがおすすめ。

食べて幸せ〜 カニ料理

人気のカニ料理3

カニは手で豪快に食べるのがいちばん。クラブフォークやクラブクラッカーも貸してくれる

フィンガーボウルを活用しよう。カニを食べるときはウエットティッシュを持参するとよい

1 チリ・クラブ Chilli Crab

1950年代にシンガポールで考案された料理。甘辛いチリソースで炒めてあり、ソースは店によって異なるが基本はチリとハーブをブレンド。溶き卵を入れるとよりマイルドに仕上がる。ソースは甘めの中国パンにつけて食べる。メニューになくてもBun（パン）と言えば出してくれるはず。

濃厚ソースと相性抜群の中国パン

2 ペッパー・クラブ Pepper Crab

大量の黒コショウをつぶしてソースにして、カニと炒めたもの。香ばしくてピリリと辛い大人の味はやみつきになる。

3 ホワイトペッパー・クラブ White Pepper Crab

こちらはノーサインボード・シーフード（→P.207）のオリジナルで、白コショウとニンニク、ネギでカニを炒めたもの。シンプルだけにカニの風味が引き立つ。

こんなバリエーション料理にも注目！

ソルテッドエッグ・クラブ Salted Egg Crab

アヒルの塩卵を絡めながら炒めたもの。塩卵のコクと優しい塩気、甘味がバッチリの味つけが人気だ。

スティーム・クラブ Steam Crab

さっと蒸し上げただけのシンプルな食べ方。カニ本来の自然な甘さが味わえる。さっぱりと食べたい人にオススメ。

よく使われるカニ

代表的なのが甲羅の硬いマッドクラブ（写真上）で、身がよく詰まったスリランカクラブが主流だ。ほかにアラスカンキングクラブ（タラバガニ、写真下）、オーストラリア産のカニなどが使われる。

おすすめシーフード料理店

● ノーサインボード・シーフード →P.207
● ロングビーチ・アット・デンプシー Long Beach @ Dempsey
MAP P.150下図
住 25 Dempsey Rd. ☎6323-2222
営 11:00〜15:00、17:00〜翌1:00
休 無休　カード A J D M V
行き方 中心部からタクシーで約15分。※予約をしたほうがよい。

地元で人気のおつまみ

● ソトン・キア Sotong Kia
ホタルイカをカリカリになるまで揚げて、甘辛いソースであえたもの。ビールに合う。

※シンガポールの海鮮は鮮度はよいが、貝類には注意したい。胃腸の弱い人は激辛料理は控えたほうがよい。

シンガポールならではの 美食 Delicious Foods

マレー料理（インドネシア料理）

スパイスやハーブ、そして海山の幸が見事な調和を織りなすマレー料理。基本的にマレー料理は家庭料理であり、屋台や食堂で$5〜10くらいで食べるもの、という認識がある。そのため格式ばったレストランはほとんどないが、レストランとして店を構える場合は「インドネシア料理」を謳い、ジャワやバリあたりの料理もメニューに載せて特徴を出している。

マレー料理は各ホーカーズやフードコートで食べられるほか、サルタン・モスク（→P.137）周辺に食堂が集まっている。

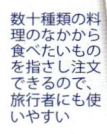

数十種類の料理のなかから食べたいものを指さし注文できるので、旅行者にも使いやすい

マレー料理の店は食堂形式で、おかず料理が並ぶガラスケースから料理を選ぶ

マレーライスとも呼ばれるぶっかけご飯。ひとり分のおかずを盛りつけてくれるのでひとりでも気軽に利用できる

マレー料理の特徴

その1　ココナッツ、スパイス、香草を多用
さまざまな組み合わせにより、カレー類にしても、カリー（本書ではカレーと表記）、レンダン、アサム・ペダスといった具合に種類も豊富。また、海に囲まれた地域なので魚介料理が好まれ、煮干しも多用する。野菜料理では野趣あふれる在来野菜、タピオカ・リーフやジャックフルーツなど珍しい素材も多い。

その2　食堂風の店が多い
カウンターにズラリと料理を並べ、選んだ料理の合計をキャッシャーでお勘定するシステムで、ナシ・パダン式と呼ばれたりする。

ココナッツミルクやブラウンシュガーを使用したデザートも並ぶ

料理の注文方法
1 →注文カウンターで「マカン（店で食べる）」なのか「テイク・アウェイ（持ち帰り）」なのかを告げる。
2 →ひとりで食べるのなら「ナシ（ご飯）」と声をかけて好きなおかずを選べば、ぶっかけご飯にしてくれる。ぶっかけご飯にしたくない場合は「I want rice separately.（アイ ウォント ライス セパレイトリー）」と言って、おかずを選ぶ。これなら1皿ずつ料理を盛りつけてくれ、仲間と何種類かのおかずをシェアできる。
3 →キャッシャーで会計する。料金体系はかなりアバウトで、ぶっかけご飯の場合は、肉か魚料理1品に野菜料理2品を選んで、だいたい$4〜5。ふたりで3、4品のおかずをシェアする場合は、$10強というのが相場だ。

食べてみたい代表料理

レンダン Rendan
ココナッツミルクを多用し、水分がなくなるまで煮たカレーの一種。具はビーフまたはマトン

アヤム・バカール・オポール Ayam Bakar Opor
チキンをグリルしてからココナッツ風味のカレーで煮込んだもの

ウラップ Urap
ココナッツとウイングビーンというシカクマメのあえ物

イカン・アサム・ペダス Ikan Asam Pedas
魚をタマリンドで酸味をつけたグレービーソースで煮たカレーの一種

ブガディル Begadir
マレー風ジャガイモのコロッケ、バガデルともいう

イカン・バカール Ikan Bakar
焼き魚。ちょっと甘めの醤油ソースがけ

テロン・ブラード Teron Brahd
揚げナスを特製チリソースであえたもの

サンバル・ブラチャン Sambal Belacan
オキアミを発酵させたものを加えたチリペースト（詳細→P.69）

取材協力：ミナン　Rumah Makan Minang（→P.215）

プラナカン料理（ニョニャ料理）

プラナカン（→P.36）の女性、ニョニャが作る料理で、ニョニャ料理とも呼ばれる。マレー料理に中国、インド、西洋の食材や調理法が加わった、当地ならではの伝統的フュージョン料理。

欠かせない調味ペースト
サンバル・ブラチャン
Sambal Belacan

上／オキアミを発酵させたブラチャンという調味料と生のチリをすり潰して作ったもので、つけだれや料理に使われる　左／ブラチャンは固形で売られている

プラナカン料理に使われる香味野菜とスパイス。手前の黒い木の実がブアクルア

家庭料理の趣だが、奥深い味のハーモニーが楽しめる

プラナカン料理の特徴

その1　マレー料理や中国料理の影響が強い
マレー風のレシピに豚肉や中華材料を使うものもある。反対に中国料理にマレー風のスパイスやハーブを使うことで、よりかぐわしい料理も生まれた。

その2　グルメ好みの洗練された料理
この料理はプラナカン以外のシンガポール人にとっても大切な故郷の料理であり、ラクサなどはその代表格である。手の込んだ料理が多く、ミー・シャム、オタオタ、クエ（マレー菓子）などはマレー系の人々が作るよりもおいしいと言う人も多い。

その3　本場はカトンにあり
プラナカン関連の店は、おもにカトン・エリア（→P.165）に多い。プラナカン式テラスハウスが並ぶこの一画を散歩しながら、食べ歩いてみたい。

食べてみたい代表料理

アヤム・ブアクルア
Ayam Buah Keluak
ブアクルアというブラック・ナッツにエビなどを混ぜたものと、チキンを煮込んだカレー風の煮物。プラナカン料理の傑作

チャプチャイ
Chap Chai
ニョニャ風野菜の五目炒め。シンプルで家庭的な料理

サンバル・プロウン
Sambal Prawn
チリにエシャロットやブラチャンなどを合わせて長時間炒めたニョニャ風チリソースでエビを炒めた一品

ケペティン・バクワン
Kepetin Bakwan
豚ひき肉にカニ肉やエビ肉を加えて作った贅沢な肉団子のスープ。タケノコとニンニク風味のあっさりした味

クエ・パイティ
Kueh Pie Tee
サクッとした薄いタルト風のミニ・カップに、千切り大根を甘く煮たものや小エビ、チリなどを詰めたスナック。ほんのり甘くてスパイシー

ンゴー・ヒャン Ngoh Hiang
もともと福建料理だが、プラナカン風のアレンジが加わった。豚ひき肉などをゆばで巻いて揚げたもの

チェンドル
Chendol
ブラウンシュガーとココナッツミルクのかき氷。パンダンリーフで色付けした緑色のゼリーとアズキが入っている

アチャー　Acar
もともとはマレーの漬物で、ニンジン、キャベツ、キュウリなどにピーナッツ、チリ、ターメリックなどで甘酸っぱい味つけ

取材協力：チリ・パディ　Chilli Padi Nonya Restaurant　（→P.212）

巻頭特集 **7** ときめきのショッピング

おみやげ Souvenir
シンガポールらしいモノを集めました。

デザイン雑貨からお菓子まで、年々新作や話題の品が登場。
自分用にも、ギフトにも、センスが光るものを持ち帰りたい！

牡丹の花や鳳凰など幸せを呼ぶモチーフのプラナカングッズは、気分も華やぐ。地元デザイナー作の塗りのランチボックス型小物入れ（左、$158）とコースターセット（右、$98）はおしゃれ **A**

雑貨店「キャット・ソクラテス」のオリジナルコースター。プラナカンタイル柄が揃っている。ケイソウ土製で個別の箱入り（1個$6.9） **D**

内側にバティック地の巾着が付いたプラナカン刺繍のバッグ（$18） **E**

シンガポールの歴史や文化をランの香りで表現した「シンガポールメモリーズ」は注目のアイテム。左はオードトワレと香水（$38〜）、右は地名や、名所の名を冠したルームフレグランス（各$45） **G**

見ているだけで食べたくなるローカルフードのポストカード（6枚セット$16.9） **C**

マーライオンと猫が合体した「マーライオンキャット」のキーホルダー（$16） **F**

アイコンチックな名所や建物をイラストであしらったノート（各6.5） **E**

ラッフルズ・ブティックの記念みやげ

トライショーの絵柄が目を引く自動開閉式の折りたたみ傘（$48） **F**

巾着タイプの刺繍入りシューズケース（各$30） **F**

ドアマンのマグネット（$15.9） **F**

シンガポール人がデザインしたチャーム付きカゴバッグ。ミニサイズは$19.9 **B**

ビンテージタイルをデザインしたスターバックスのマグカップはシンガポール限定商品（各$20.9）

マーライオングッズも工夫を加えた新商品が登場。写真は口からお香の煙が出るインセンス・スタンド（$35）**E**

ドリアン×ゾウのアイデアに脱帽！ゾウの保護を支援する「エレファント・パレード」に賛同するアーティストの作品（$79～）**A**

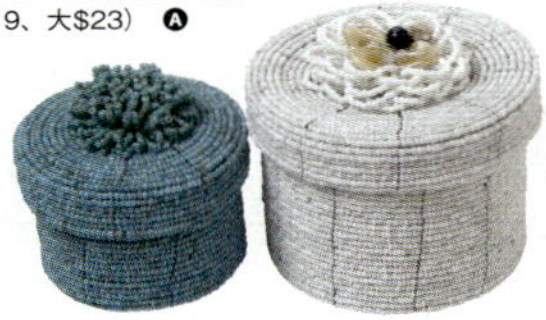

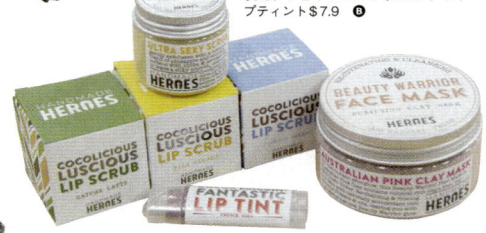

シンガポール生まれのスキンケア用品。「ハンドメイド・ヒーローズ」の製品は化学薬品、保存料、動物実験一切なしのビーガンコスメ。リップスクラブ$9.9、フェイスマスク$24.9、リップティント$7.9 **C**

ビーズと貝殻で細工された小さなボックスは南国らしさ満点（小$19、大$23）**A**

植物由来の新鮮な原料で手作りされた「Mandy T」のバスソルト。レモングラス入りが人気（各$35）**B**

シンガポールの日常会話「シングリッシュ」をユーモアたっぷりに表現したイラストのシリーズ。写真のクッションカバー（$28～）のほか、文房具や靴下などがある **G H**

フードみやげ

シンガポール製のチョコレート「Fossa」。カカオから包装までていねいに手作りされた「ビーントゥバー」。カヤやチリピーナッツなどユニークな風味がある（各$10）**I**

チキンライスやラクサなどシンガポールのローカル料理風味のクッキー（各$48）**I**

「ルマー・ビビ」のプラナカンのレシピで調合されたカレーパウダー（右、$4）とサンバル・ブラチャン（エビの発酵味噌入り辛味調味料、各$10）**J**

パイナップルジャムがたっぷり入った「メリッサ」のパイナップルクッキー（12個入り$10）。個装も人気のポイント **E**

※写真説明の文末のアルファベットは、商品を扱う以下の店に対応しています。

A タングス・ギフト・ショップ→P.264
B イセタン・スコッツ2Fの「リ・スタイル」→P.253
C ナイス、ナイス・アイコニック→P.20、266
D キャット・ソクラテス→P.278
E メリッサ→P.265
F ラッフルズ・ブティック P.17、99欄外
G デザイン・オーチャード→P.264
H ウェン・アイ・ワズ・フォー→P.273
I クッキー・ミュージアム→P.270
J ルマー・ビビ→P.279

巻頭特集 **7** ときめきのショッピング

おみやげ探しではずせない！
スーパーマーケット役立ち情報

鉄板商品を迷うことなく選べるスーパー、さらに話題の超大型店の情報をお届け。

スープ・レストラン（→P.204）の蒸し鶏や炒め物に合うジンジャーソース、チリソース、XO醤（各$7）

シンガポール初心者におすすめ
イセタン・スーパー
Isetan Super

食品みやげセレクトコーナーがあり、定番人気商品から名店の優れものまで選び抜かれている。時間がないとき、どのメーカーのものを買っていいかわからないときなどに便利だ。
※データ→イセタン・スコッツ（→P.253）。

エビの発酵調味料、ブラチャン（$2）。チリとニンニクを混ぜて炒め物に使うとよい

スリランカの茶葉メーカー「ムレスナ社」の木箱入り紅茶セット（$26.9）。単品の小箱もある

歴史ある「タイガーブランド」のチキンライス用チリソース（左、$2.9）とダークソース（甘くてとろみのある醤油、右、$2.7）

左はバクテースープの素（$9.6）、右の肉骨茶醤油（$2.7）は好みで具のポークリブにつけるとよい

トムヤムクンの本格派スープストック（$1.8）。手軽にトムヤムクンが作れる。麺のスープに入れてもいい

シンガポールのレストランや食堂で出てくるグリーンチリの酢漬け（$1.9）

柑橘系の果物をベースに有名カクテルの風味をつけたシンガポール・スリング・ジャム（$15）

プラナカン風の箱に入ったパイナップルケーキはおみやげにぴったり（小$6）。上はクリスピーなココナッツビスケット（$15）

大ヒットのカプセルタイプの洗い流さないヘアトリートメント（左、$15.9）。右は洗い流すタイプのビタミン配合ヘアマスク（$3.9）

探検するのが楽しい
フェア・プライス・エクストラ
FairPrice Xtra

2019年にビボ・シティ（→P.259）に開業した国内最大級のスーパー。オーガニック食品、お菓子や調味料、酒類が充実。ベーカリー、飲食スペースもある。タンク直結の生ビール自動販売機など驚きの発見も。

1階はスキンケア用品、電化製品、スポーツ用品など。写真のB2階は食品品売り場

MAP P.89-1C **住** 1 Harbour Front Walk, #01-23, #B2-23 Vivo City
☎ 6261-0803 **営** 8:00～23:00
休 無休 **カード** A M V
行き方 MRTハーバーフロント駅から徒歩約3分。

「プリマ・テイスト社」のローカル料理の調理キット、袋麺のコーナー

全粒粉を用いた上等のインスタントラクサ麺（4袋入り$10.95）。麺がもちもちでスープも濃厚

オーガニックの調味料が充実。中央はカレーパウダー

トラックの販売車を模したアイスクリーム売り場

そのほかのスーパー

コールド・ストレージ Cold Storage
住 391A Orchard Rd., #B2-01-1 Takashimaya Department Store
☎ 6735-1266 **営** 10:00～21:30 **休** 無休 **カード** A D J M V
行き方 MRTオーチャード駅から徒歩約5分。 **MAP** P.79-3D 全49店

ジャイアント・ハイパーマーケット Giant Hypermarket
住 3 Temasek Blvd., #B1-150-153 Suntec City Mall
☎ 6336-6779 **営** 9:00～22:00 **休** 無休 **カード** A D J M V
行き方 MRTプロムナード駅から徒歩約5分。 **MAP** P.75-1D 全6店

ちょっとしたブームになっている
ローカルなニュース

街を歩いてアンテナにひっかかったモノ・コトをご紹介。

スッキリした甘さで食べ歩きにぴったり（$8.9）

リーウSGの
マーライオン・アイスポップが
映えスイーツに！

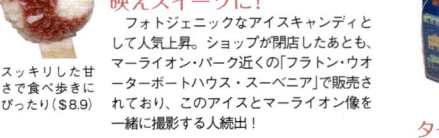

フォトジェニックなアイスキャンディとして人気上昇。ショップが閉店したあとも、マーライオン・パーク近くの「フラトン・ウォーターボートハウス・スーベニア」で販売されており、このアイスとマーライオン像を一緒に撮影する人続出！

フラトン・ウオーターボートハウス・スーベニア
Fullerton Waterboat House Souvenirs
🏠 3 Fullerton Rd., #01-02/03　☎ 6538-0253　⏰ 8:15～20:00　休 無休　カード AJMV　行き方 MRT ラッフルズ・プレイス駅から徒歩約8分。　MAP P.75-3C

ジュエル・チャンギ・エアポートの「タイガー・ストリート・ラボ」（→P.21）にはスペシャルラベルのビールもある

スーパーで販売している330mℓの小瓶6本パック（$19.5）

タイガービールが魅力的に！
地区バージョンのラベルが登場

「チャイナタウン」、「ブギス」、「チョンバル」などの地区名と特色ある建物が描かれたカラフルなラベルは、全20デザイン。スーパーで買え、ホーカーズのドリンク店にもある。

オレンジジュースだけじゃない
ユニークな自動販売機が増加中

最初に登場したのが、機械の中でオレンジを搾って果汁100％のジュースを出す自動販売機。このジュースが人気を集め、ヤシの実まるごとココナッツジュースやスムージー、日用品の自動販売機も見かけるようになった。

機械の中で搾汁される様子が見える

リゾート・ワールド・セントーサに設置されたココナッツジュースの自動販売機

$5入れると機械がヤシの実にストローの穴を開け、取り出し口へ

フレッシュで濃厚な味わいに感激！

ショッピングセンターの中、主要な通り沿いに多数ある

1杯$2でビタミン補給。よく冷えていておいしい

サマセット駅前のトリプル・ワン・サマセット内のスムージー販売機

マンゴー＆バナナのほか、アボカドやアサイーもある（$5～6）

ローカルフレーバーのおもしろパン
※パンの値段は$1.8～2.2。

タングス（→P.252）地下1階に登場した老舗パン屋「スウィーヘン1989」は、スパイスやココナッツ、パンダンリーフの香りいっぱいのパンが種類豊富。

タイガー・レインボー・ロール
カラフルなロールケーキ。卵味のカステラ風の生地で巻いてある。

パンダン・レマ・パン
パンダンリーフを巻いたパンは、ナシ・レマ（→P.60）風のパン。サンバル（発酵チリ）味のチキン、オタオタ、イカンビリス（干し魚）、ピーナッツと卵入りで、辛さが刺激的。

タロ・ソルテッド・エッグ
タロイモあんと塩漬け卵の黄身入り。タロイモの紫色が鮮やか。

チリ・クラブ
チリ・クラブのソースに近い味わい。このパンは自家製だが、ふわふわ、生地自体おいしい。

ポーロー・エッグタルト
香港で人気のポーロー・バウ（メロンパンに似たパン）とエッグタルトが合体！ 生地はサクサク、フィリングはカスタードプリンに似ていて、甘さ控えめでおいしい。

ニョニャカレー・エッグ
クミンが効いた本格カレーパン。卵、ジャガイモ入りで食べ応えあり。

スウィーヘン 1989　Swee Heng 1989
🏠 310 Orchard Rd., #B1-02A Tangs
☎ 6732-2883　⏰ 10:00 ～ 21:30（日曜～21:00）　休 旧正月　カード 不可
行き方 MRT オーチャード駅から徒歩約3分。
MAP P.79-2C

Map Labels

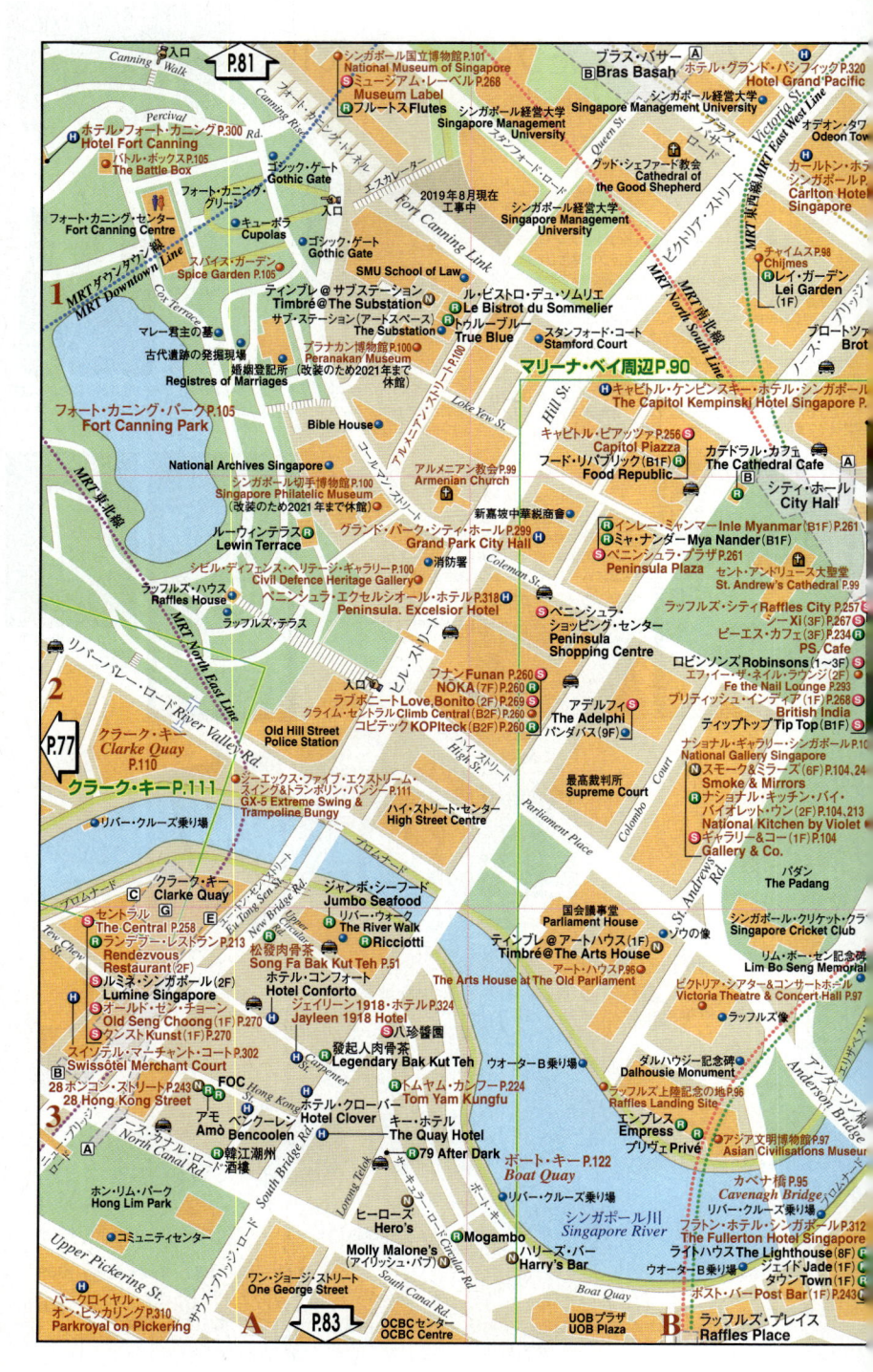

- Canning Walk 入口 P.81
- シンガポール国立博物館 P.101 / National Museum of Singapore
- ミュージアム・レーベル P.268 / Museum Label
- フルーツ Flutes
- ブラス・バサー / Bras Basah
- ホテル・グランド・パシフィック P.320 / Hotel Grand Pacific
- ホテル・フォート・カニング P.300 / Hotel Fort Canning Rd.
- バトル・ボックス P.105 / The Battle Box
- シンガポール経営大学 / Singapore Management University
- オデオン・タワー / Odeon Tower
- ゴシック・ゲート / Gothic Gate
- カールトン・ホテル・シンガポール / Carlton Hotel Singapore
- フォート・カニング・センター / Fort Canning Centre
- 入口
- キューポラ / Cupolas
- 2019年8月現在工事中
- シンガポール経営大学 / Singapore Management University
- グッド・シェファード教会 / Cathedral of the Good Shepherd
- ゴシック・ゲート / Gothic Gate
- スパイス・ガーデン P.105 / Spice Garden
- SMU School of Law
- チャイムス P.98 / Chijmes
- レイ・ガーデン / Lei Garden
- MRT ダウンタウン線 / MRT Downtown Line
- ティンブレ＠サブステーション / Timbré @ The Substation
- ル・ビストロ・デュ・ソムリエ / Le Bistrot du Sommelier
- サブ・ステーション（アートスペース）/ The Substation
- トゥルー・ブルー / True Blue
- プラナカン博物館 P.100 / Peranakan Museum（改装のため2021年まで休館）
- スタンフォード・コート / Stamford Court
- Brot
- 婚姻登記所 / Registres of Marriages
- 古代遺跡の発掘現場
- バイブル・ハウス / Bible House
- マリーナ・ベイ周辺 P.90
- キャピトル・ケンピンスキー・ホテル・シンガポール / The Capitol Kempinski Hotel Singapore P.
- フォート・カニング・パーク P.105 / Fort Canning Park
- キャピトル・ピアッツァ P.256 / Capitol Piazza (B1F)
- カテドラル・カフェ / The Cathedral Cafe
- ナショナル・アーカイブズ・シンガポール / National Archives Singapore
- アルメニアン教会 P.99 / Armenian Church
- フード・リパブリック / Food Republic
- シティ・ホール / City Hall
- シンガポール切手博物館 P.100 / Singapore Philatelic Museum（改装のため2021年まで休館）
- 新加坡中華総商会
- インレー・ミャンマー / Inle Myanmar (B1F) P.261
- ミャ・ナンダー / Mya Nander (B1F)
- ルー・ウィンテラス / Lewin Terrace
- グランド・パーク・シティ・ホール P.299 / Grand Park City Hall
- ペニンシュラ・プラザ P.261 / Peninsula Plaza
- 消防署
- セント・アンドリュース大聖堂 / St. Andrew's Cathedral P.99
- ラッフルズ・ハウス / Raffles House
- シビル・ディフェンス・ヘリテージ・ギャラリー P.100 / Civil Defence Heritage Gallery
- ペニンシュラ・エクセルシオール・ホテル P.318 / Peninsula. Excelsior Hotel
- ラッフルズ・テラス
- ペニンシュラ・ショッピング・センター / Peninsula Shopping Centre
- ラッフルズ・シティ P.257 / Raffles City
- シーXI (3F) P.267
- ビーエス・カフェ (1F) P.234 / PS. Cafe
- ロビンソンズ P.293 / Robinsons (1〜3F)
- MRT 北東線 / MRT North East Line
- フナン P.260 / Funan
- ザ・ネイル・ラウンジ P.293 / Fe the Nail Lounge
- ノカ (7F) P.260 / NOKA
- 入口
- ブリティッシュ・インディア (1F) P.268 / British India
- ラブ、ボニート P.269 / Love, Bonito (B2F)
- ティップトップ (B1F) / Tip Top
- 旧ヒル・ストリート警察署 / Old Hill Street Police Station
- クライム・セントラル P.111 / Climb Central (B2F)
- コピテック P.260 / KOPItteck (B2F)
- アデルフィ / The Adelphi
- パンダバス (9F)
- ナショナル・ギャラリー・シンガポール P.104,24 / National Gallery Singapore
- リバー・バレー・ロード / River Valley Rd.
- クラーク・キー P.77 / Clarke Quay
- スモーク＆ミラーズ (6F) P.104,24 / Smoke & Mirrors
- ジー・エックス・ファイブ・エクストリーム・スウィング＆トランポリン・バンジー P.111 / GX-5 Extreme Swing & Trampoline Bungy
- ナショナル・キッチン・バイ・バイオレット・ウン (2F) P.104,24 / National Kitchen by Violet
- ハイ・ストリート・センター / High Street Centre
- 最高裁判所 / Supreme Court
- ギャラリー＆コー (1F) P.104 / Gallery & Co.
- リバー・クルーズ乗り場
- コロンボ・コート / Colombo Court
- パダン / The Padang
- クラーク・キー P.111 / Clarke Quay
- ジャンボ・シーフード / Jumbo Seafood
- 国会議事堂 / Parliament House
- シンガポール・クリケット・クラブ / Singapore Cricket Club
- セントラル P.258 / The Central
- リバー・ウォーク / The River Walk
- リッチョッティ / Ricciotti
- ランデブース・レストラン (2F) P.213 / Rendezvous Restaurant
- 松發肉骨茶 / Song Fa Bak Kut Teh P.51
- ティンブレ＠アートハウス (1F) / Timbré @ The Arts House
- ゾウの像
- リム・ボー・セン・メモリアル / Lim Bo Seng Memorial
- ルミネ・シンガポール (2F) / Lumine Singapore
- オールド・セン・チョーン (1F) P.270 / Old Seng Choong
- ホテル・コンフォルト / Hotel Conforto
- ジェイリー 1918・ホテル P.324 / Jayleen 1918 Hotel
- アート・ハウス P.96 / The Arts House at The Old Parliament
- ヴィクトリア・シアター＆コンサート・ホール / Victoria Theatre & Concert Hall P.97
- ダンスト・クンスト (1F) P.270 / Kunst
- スイスホテル・マーチャント・コート P.302 / Swissôtel Merchant Court
- 發科人肉骨茶 / Legendary Bak Kut Teh
- ラッフルズ上陸記念の地 P.96 / Raffles Landing Site
- ダルハウジー記念碑 / Dalhousie Monument
- 28 ボンコン・ストリート P.243 / 28 Hong Kong Street
- アモ / Amö
- ウォーターB乗り場
- FOC
- トムヤム・カンフー P.224 / Tom Yam Kungfu
- ホテル・クローバー / Hotel Clover
- エンプレス / Empress
- アジア文明博物館 P.97 / Asian Civilisations Museum
- ベンクーレン / Bencoolen
- キー・ホテル / The Quay Hotel
- プリヴェ / Privé
- 韓江潮州酒楼
- 79 アフター・ダーク / 79 After Dark
- ボート・キー P.122 / Boat Quay
- ホン・リム・パーク / Hong Lim Park
- カベナ橋 P.95 / Cavenagh Bridge
- コミュニティ・センター
- リバー・クルーズ乗り場
- フラトン・ホテル・シンガポール P.312 / The Fullerton Hotel Singapore
- Upper Pickering St.
- シンガポール川 / Singapore River
- ヒーローズ / Hero's
- ライトハウス (8F) / The Lighthouse
- パークロイヤル・オン・ピッカリング P.310 / Parkroyal on Pickering
- モゴンボ / Mogambo
- ハリーズ・バー / Harry's Bar
- ジェイド (1F) / Jade
- タウン (1F) / Town
- モリー・マローンズ（アイリッシュ・パブ）/ Molly Malone's
- ポスト・バー (1F) P.243 / Post Bar
- ワン・ジョージ・ストリート / One George Street
- South Bridge Rd.
- Boat Quay
- UOB プラザ / UOB Plaza
- ラッフルズ・プレイス / Raffles Place
- OCBC センター / OCBC Centre
- P.83

エリア地図

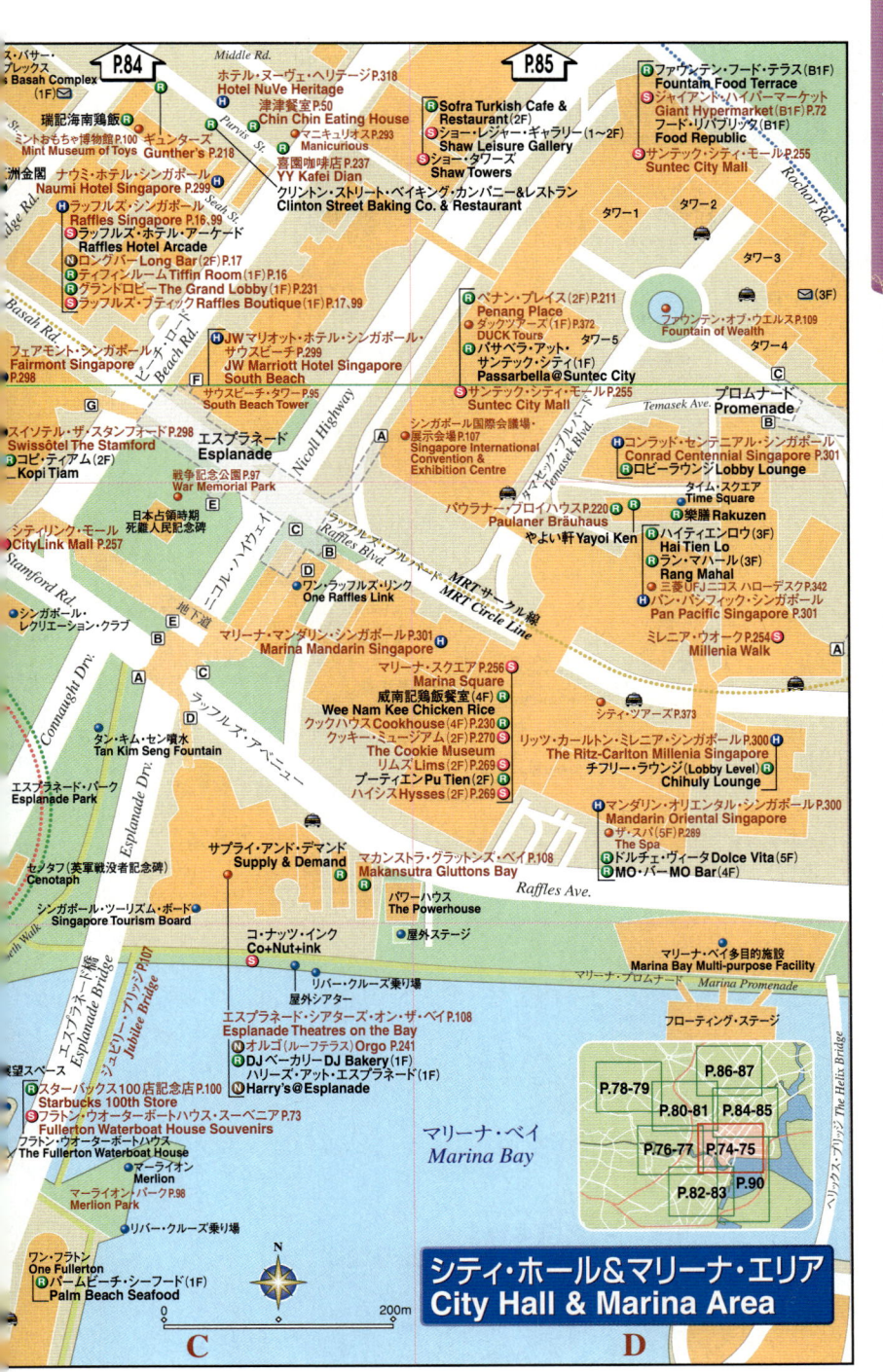

シティ・ホール & マリーナ・エリア
City Hall & Marina Area

- ス・バサー・ブレックス
  Basah Complex (1F)
- 瑞記海南鶏飯
- ミント・おもちゃ博物館 P.100
  Mint Museum of Toys
- 洲金展
  Naumi Hotel Singapore P.299
- ラッフルズ・シンガポール
  Raffles Singapore P.16, 99
- ラッフルズ・ホテル・アーケード
  Raffles Hotel Arcade
- ロング・バー Long Bar (2F) P.17
- ティフィンルーム Tiffin Room (1F) P.16
- グランド・ロビー The Grand Lobby (1F) P.231
- ラッフルズ・ブティック Raffles Boutique (1F) P.17, 99
- フェアモント・シンガポール
  Fairmont Singapore P.298
- サウス・ビーチ・タワー
  South Beach Tower
- スイソテル・ザ・スタンフォード
  Swissôtel The Stamford P.298
- コピ・ティアム (2F)
  Kopi Tiam
- シティリンク・モール
  CityLink Mall P.257
- シンガポール・レクリエーション・クラブ
- タン・キム・セン噴水
  Tan Kim Seng Fountain
- エスプラネード・パーク
  Esplanade Park
- セノタフ (英軍戦没者記念碑)
  Cenotaph
- シンガポール・ツーリズム・ボード
  Singapore Tourism Board
- スターバックス100店記念店 P.100
  Starbucks 100th Store
- フラトン・ウォーターボートハウス・スーベニア P.73
  Fullerton Waterboat House Souvenirs
- フラトン・ウォーターボートハウス
  The Fullerton Waterboat House
- マーライオン
  Merlion
- マーライオン・パーク P.98
  Merlion Park
- ワン・フラトン
  One Fullerton
- パーム・ビーチ・シーフード (1F)
  Palm Beach Seafood

P.84 Middle Rd.

- ホテル・ヌーヴェ・ヘリテージ P.318
  Hotel NuVe Heritage
- 津園餐室 P.50
  Chin Chin Eating House
- YY咖啡店 P.237
  YY Kafei Dian
- マニキュリアス P.293
  Manicurious
- クリントン・ストリート・ベイキング・カンパニー&レストラン
  Clinton Street Baking Co. & Restaurant
- JW マリオット・ホテル・シンガポール サウスビーチ P.299
  JW Marriott Hotel Singapore South Beach
- エスプラネード
  Esplanade
- 戦争記念公園 P.97
  War Memorial Park
- 日本占領時期死難人民記念碑
- ラッフルズ・リンク
  One Raffles Link
- マリーナ・マンダリン・シンガポール P.301
  Marina Mandarin Singapore
- マリーナ・スクエア P.256
  Marina Square
- 威南記鶏飯餐室
  Wee Nam Kee Chicken Rice
- クックハウス Cookhouse (4F) P.230
- クッキー・ミュージアム The Cookie Museum (2F) P.270
- プーティエン Pu Tien (2F) P.269
- リムズ Lim's (2F) P.269
- ハイシス Hysses (2F) P.269
- サプライ・アンド・デマンド
  Supply & Demand
- マカンストラ・グラットンズ・ベイ P.108
  Makansutra Gluttons Bay
- パワーハウス
  The Powerhouse
- コ・ナッツ・インク
  Co+Nut+ink
- リバー・クルーズ乗り場
- 屋外シアター
- エスプラネード・シアターズ・オン・ザ・ベイ P.108
  Esplanade Theatres on the Bay
- オルゴ (ルーフテラス) Orgo P.241
- DJベーカリー DJ Bakery (1F)
- ハリーズ・アット・エスプラネード (1F)
  Harry's @ Esplanade

P.85

- ソフラ・ターキッシュ・カフェ & レストラン (2F)
  Sofra Turkish Cafe & Restaurant
- ショー・レジャー・ギャラリー (1〜2F)
  Shaw Leisure Gallery
- ショー・タワーズ
  Shaw Towers
- ペナン・プレイス (2F) P.211
  Penang Place
- ダックツアーズ (1F) P.372
  DUCK Tours
- パサベラ・アット・サンテック・シティ (1F)
  Passarbella@Suntec City
- サンテック・シティ・モール P.255
  Suntec City Mall
- シンガポール国際会議場・展示会場 P.107
  Singapore International Convention & Exhibition Centre
- パウラナー・ブロイハウス P.220
  Paulaner Bräuhaus
- やよい軒 Yayoi Ken
- ファウンテン・フード・テラス (B1F)
  Fountain Food Terrace
- ジャイアント・ハイパーマーケット (B1F) P.72
  Giant Hypermarket
- フード・リパブリック (B1F)
  Food Republic
- サンテック・シティ・モール P.255
  Suntec City Mall
- ファウンテン・オブ・ウェルス P.109
  Fountain of Wealth
- コンラッド・センテニアル・シンガポール P.301
  Conrad Centennial Singapore
- ロビー・ラウンジ
  Lobby Lounge
- タイム・スクエア
  Time Square
- 楽禅 Rakuzen
- ハイティエンロウ (3F)
  Hai Tien Lo
- ラン・マハール (3F)
  Rang Mahal
- 三菱UFJニコス ハローデスク P.342
- パン・パシフィック・シンガポール P.301
  Pan Pacific Singapore
- ミレニア・ウォーク P.254
  Millenia Walk
- シティ・ツアーズ P.373
- リッツ・カールトン・ミレニア・シンガポール P.300
  The Ritz-Carlton Millenia Singapore
- チフリー・ラウンジ (Lobby Level)
  Chihuly Lounge
- マンダリン・オリエンタル・シンガポール P.300
  Mandarin Oriental Singapore
- ザ・スパ (5F)
  The Spa
- ドルチェ・ヴィータ Dolce Vita (5F)
- MO・バー MO Bar (4F)
- マリーナ・ベイ多目的施設
  Marina Bay Multi-purpose Facility
- フローティング・ステージ

Marina Bay

The Helix Bridge

75

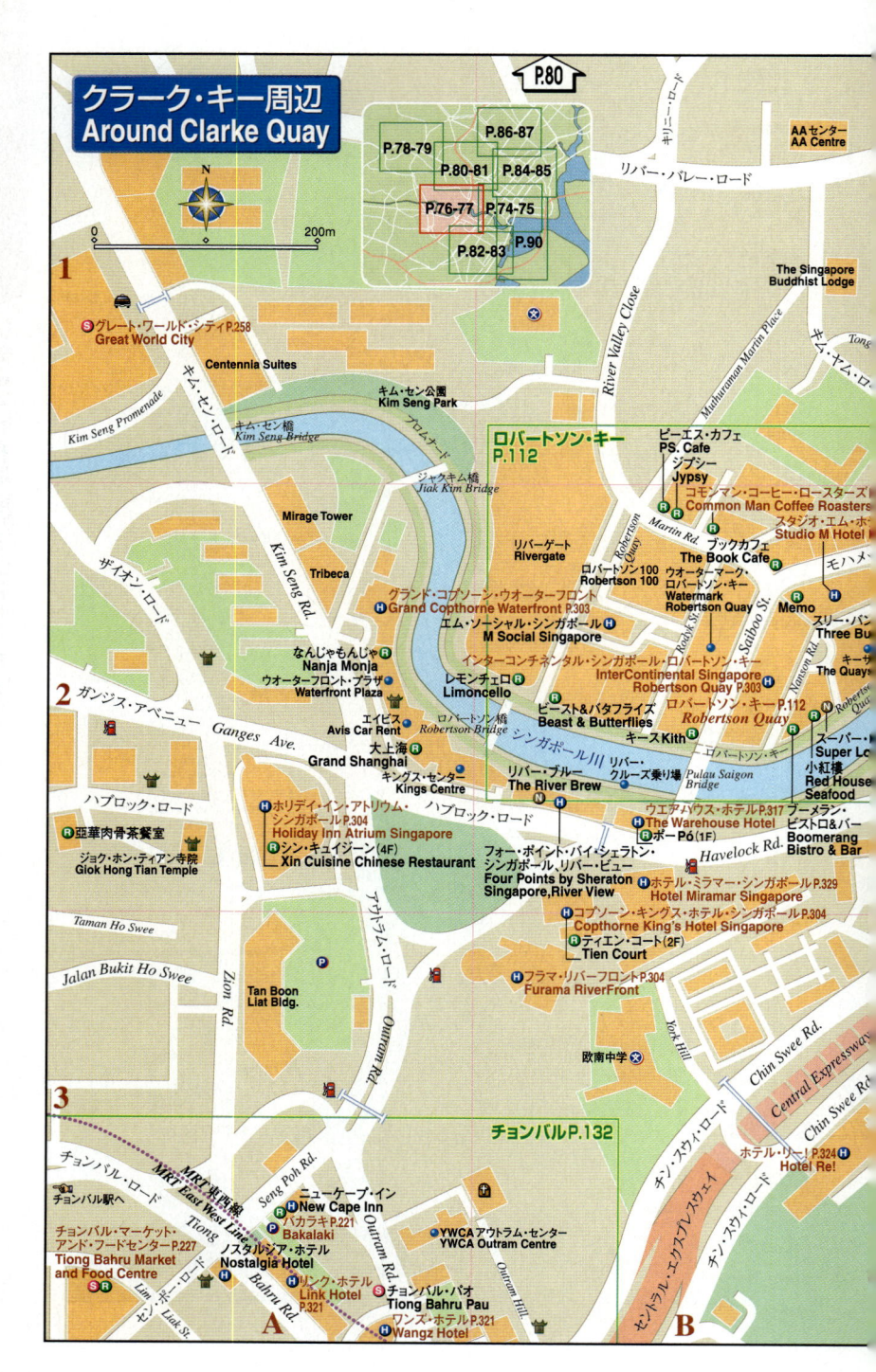

クラーク・キー周辺
Around Clarke Quay

P.80
P.78-79 P.86-87
P.80-81 P.84-85
P.76-77 P.74-75
P.82-83 P.90

200m

AAセンター
AA Centre

リバー・バレー・ロード

The Singapore Buddhist Lodge

1

グレート・ワールド・シティ P.258
Great World City

Centennia Suites

キム・セン公園
Kim Seng Park

キム・セン橋
Kim Seng Bridge
Kim Seng Promenade

ロバートソン・キー P.112
PS. Cafe
ピーエス・カフェ
ジプシー
Jypsy
コモンマン・コーヒー・ロースターズ
Common Man Coffee Roasters
スタジオ・エム・ホテル
Studio M Hotel

ジャクキム橋
Jiak Kim Bridge

Mirage Tower

リバーゲート
Rivergate
The Book Cafe
ブックカフェ

Tribeca

ロバートソン100
Robertson 100
ウォーターマーク・ロバートソン・キー
Watermark Robertson Quay P.303

グランド・コプソーン・ウォーターフロント
Grand Copthorne Waterfront P.303

Memo

エム・ソーシャル・シンガポール
M Social Singapore

スリー・バ
Three Bu

なんじゃもんじゃ
Nanja Monja
ウォーターフロント・プラザ
Waterfront Plaza

インターコンチネンタル・シンガポール・ロバートソン・キー
InterContinental Singapore Robertson Quay P.303

キーサ
The Quay

2

ガンジス・アベニュー
Ganges Ave.

レモンチェロ
Limoncello

ロバートソン橋
Robertson Bridge
ビースト&バタフライズ
Beast & Butterflies

ロバートソン・キー P.112
Robertson Quay

エイビス
Avis Car Rent

キース
Kith

ロバートソン・キー

大上海
Grand Shanghai

シンガポール川
リバー・クルーズ乗り場

Pulau Saigon Bridge

スーパー・ロ
Super Lo
小紅楼
Red House Seafood

キングス・センター
Kings Centre

リバー・ブルー
The River Brew

亞華肉骨茶餐室

ホリデイ・イン・アトリウム・シンガポール P.304
Holiday Inn Atrium Singapore
シン・キュイジーン (4F)
Xin Cuisine Chinese Restaurant

ハブロック・ロード

ウエアハウス・ホテル P.317
The Warehouse Hotel

ブーメラン・ビストロ&バー
Boomerang Bistro & Bar

ポーP6 (1F)
Po

ジョク・ホン・ティアン寺院
Giok Hong Tian Temple

フォー・ポイント・バイ・シェラトン・シンガポール、リバー・ビュー
Four Points by Sheraton Singapore, River View

Havelock Rd.

ホテル・ミラマー・シンガポール P.329
Hotel Miramar Singapore

Taman Ho Swee

アウトラム・ロード

コプソーン・キングス・ホテル・シンガポール P.304
Copthorne King's Hotel Singapore

Jalan Bukit Ho Swee

ティエン・コート (2F)
Tien Court

Zion Rd.

Tan Boon Liat Bldg.

フラマ・リバーフロント P.304
Furama RiverFront

欧南中学

Chin Swee Rd.

ホテル・リー! P.324
Hotel Re!

Central Expressway
Chin Swee Rd.

3

チョンバル P.132

MRT東西線
MRT East West Line

チョンバル駅へ

Seng Poh Rd.

ニューケープ・イン
New Cape Inn P.221

チョンバル・マーケット・アンド・フードセンター P.227
Tiong Bahru Market and Food Centre

バカラキ
Bakalaki

ノスタルジア・ホテル
Nostalgia Hotel

YWCA アウトラム・センター
YWCA Outram Centre

セントラル・エクスプレスウェイ

リンク・ホテル
Link Hotel P.321

Bahru Rd.

チョンバル・パオ
Tiong Bahru Pau

ワンズ・ホテル P.321
Wangz Hotel

Outram Hill

A **B**

エリア地図

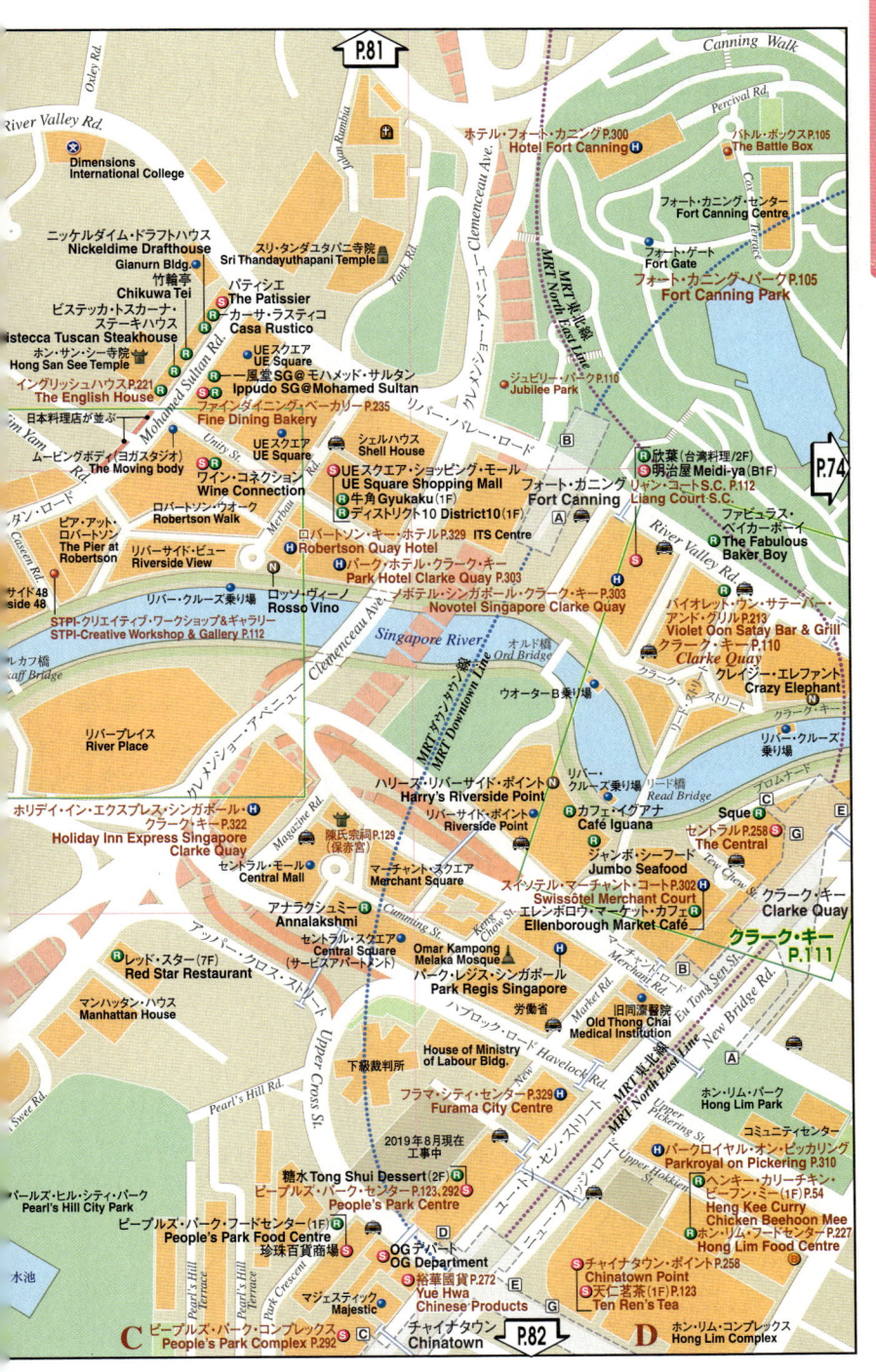

クラーク・キー周辺

P.81

Canning Walk

Percival Rd.

ホテル・フォート・カニング P.300
Hotel Fort Canning

バトル・ボックス P.105
The Battle Box

フォート・カニング・センター
Fort Canning Centre

Dimensions International College

ニッケルダイム・ドラフトハウス
Nickeldime Drafthouse
Gianurn Bldg.

竹輪亭
Chikuwa Tei

スリ・タンダユタパニ寺院
Sri Thandayuthapani Temple

フォート・ゲート
Fort Gate

フォート・カニング・パーク P.105
Fort Canning Park

パティシエ
The Patissier

カーサ・ラスティコ
Casa Rustico

ビステッカ・トスカーナ・ステーキハウス
Bistecca Tuscan Steakhouse

ホン・サン・シー寺院
Hong San See Temple

ワイン・コネクション
Wine Connection

UEスクエア
UE Square

一風堂 SG@モハメッド・サルタン
Ippudo SG@Mohamed Sultan

ジュビリー・パーク P.110
Jubilee Park

イングリッシュハウス P.221
The English House

ファインダイニング・ベーカリー P.235
Fine Dining Bakery

日本料理店が並ぶ

ムービングボディ (ヨガスタジオ)
The Moving body

シェルハウス
Shell House

欣葉 (台湾料理/2F) P.112
明治屋 Meidi-ya (B1F)
Liang Court S.C.

P.74

UEスクエア・ショッピング・モール
UE Square Shopping Mall

牛角 Gyukaku (1F)

ディストリクト10 District10 (1F)

フォート・カニング
Fort Canning

ロバートソン・ウォーク
Robertson Walk

ロバートソンキー・ホテル P.329
Robertson Quay Hotel

リバーサイド・ビュー
Riverside View

ITS Centre

ファビュラス・ベーカー・ボーイ
The Fabulous Baker Boy

ピア・アット・ロバートソン
The Pier at Robertson

パーク・ホテル・クラーク・キー P.303
Park Hotel Clarke Quay

サイド48
side 48

リバー・クルーズ乗り場

ロッソ・ヴィーノ
Rosso Vino

ノボテル・シンガポール・クラーク・キー P.303
Novotel Singapore Clarke Quay

バイオレット・ウン・サテーバー・アンド・グリル P.213
Violet Oon Satay Bar & Grill

STPI-クリエイティブ・ワークショップ&ギャラリー P.112
STPI-Creative Workshop & Gallery

クラーク・キー
Clarke Quay

カフ橋
aff Bridge

Clemenceau Ave.

Singapore River

オルド橋
Ord Bridge

ウォーターB乗り場

クレイジー・エレファント
Crazy Elephant

リバープレイス
River Place

ハリーズ・リバーサイド・ポイント
Harry's Riverside Point

リバー・クルーズ乗り場

リード橋
Read Bridge

ホリデイ・イン・エクスプレス・シンガポール・クラーク・キー P.322
Holiday Inn Express Singapore Clarke Quay

陳氏宗祠 P.129
(保赤宮)

リバーサイド・ポイント
Riverside Point

カフェ・イグアナ
Café Iguana

スクエ
Sque

セントラル P.258
The Central

セントラル・モール
Central Mall

ジャンボ・シーフード
Jumbo Seafood

マーチャント・スクエア
Merchant Square

スイソテル・マーチャント・コート P.302
Swissotel Merchant Court

クラーク・キー
Clarke Quay
P.111

アナラクシュミー
Annalakshmi

エレンボロウ・マーケット・カフェ
Ellenborough Market Café

セントラル・スクエア (サービスアパートメント)
Central Square

オマール・カンポン・メラカ・モスク
Omar Kampong Melaka Mosque

レッド・スター (7F)
Red Star Restaurant

マンハッタン・ハウス
Manhattan House

パーク・レジス・シンガポール
Park Regis Singapore

旧同済医院
Old Thong Chai Medical Institution

ホン・リム・パーク
Hong Lim Park

労働省
House of Ministry of Labour Bldg.

下級裁判所

コミュニティセンター

パールズ・ヒル・シティ・パーク
Pearl's Hill City Park

フラマ・シティ・センター P.329
Furama City Centre

パークロイヤル・オン・ピッカリング P.310
Parkroyal on Pickering

2019年8月現在
工事中

ヘンリー・カリーチキン・ビーフン・ミー P.54
Heng Kee Curry Chicken Beehoon Mee

糖水 Tong Shui Dessert (2F)

ピープルズ・パーク・センター P.123, 292
People's Park Centre

ホン・リム・フードセンター P.227
Hong Lim Food Centre

ピープルズ・パーク・フードセンター (1F)
People's Park Food Centre

珍珠百貨商場

OGデパート
OG Department

チャイナタウン・ポイント P.258
Chinatown Point

裕華國貨 P.272
Yue Hwa Chinese Products

天仁茶行 (1F) P.123
Ten Ren's Tea

マジェスティック
Majestic

C ピープルズ・パーク・コンプレックス P.292
People's Park Complex

チャイナタウン
Chinatown

P.82

D ホン・リム・コンプレックス
Hong Lim Complex

77

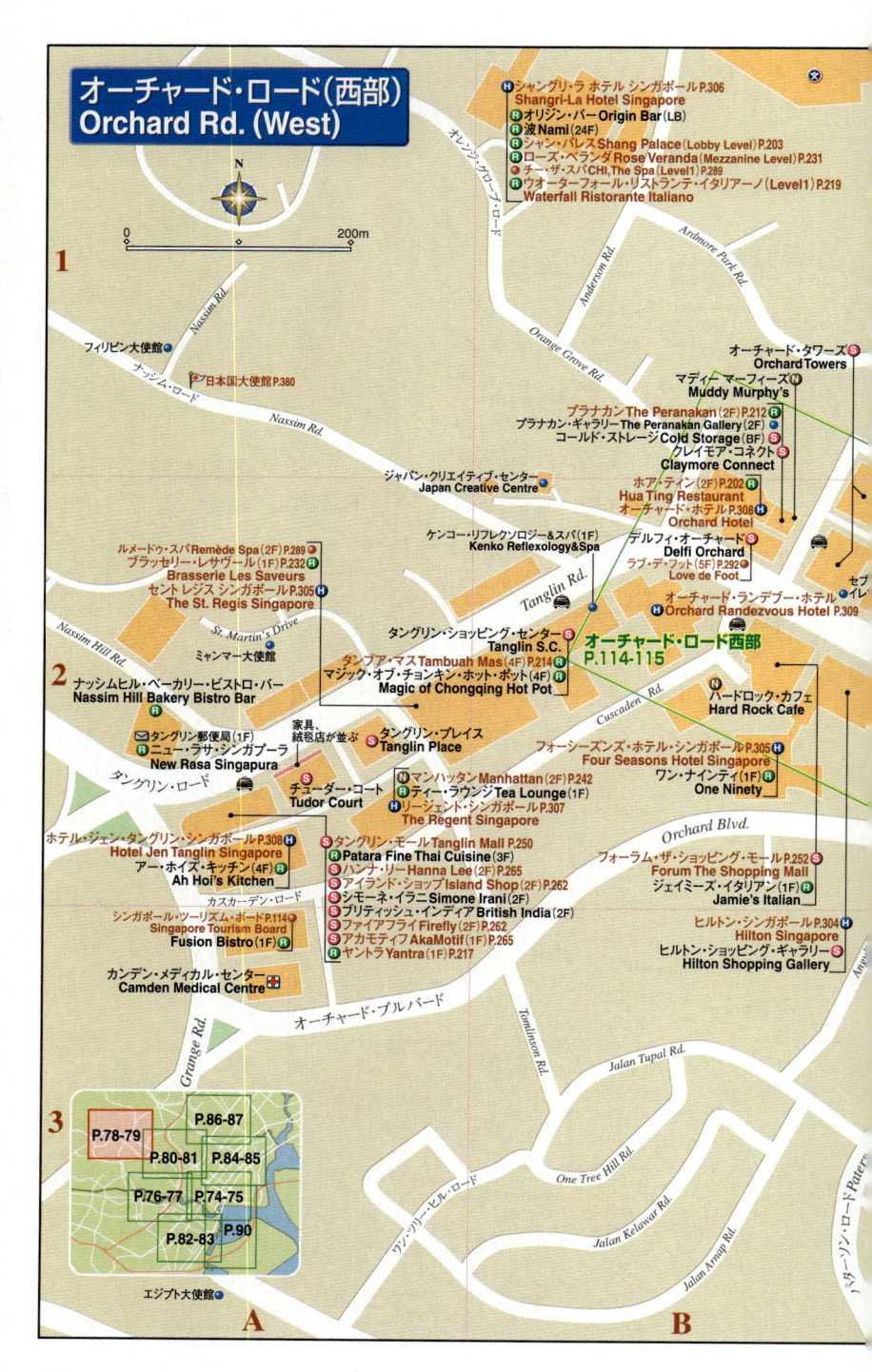

オーチャード・ロード（西部）
Orchard Rd. (West)

- シャングリ・ラ ホテル シンガポール P.306 **Shangri-La Hotel Singapore**
- オリジン・バー **Origin Bar** (LB)
- 波 **Nami** (24F)
- シャン・パレス **Shang Palace** (Lobby Level) P.203
- ローズ・ベランダ **Rose Veranda** (Mezzanine Level) P.231
- チー・ザ・スパ **CHI, The Spa** (Level 1) P.289
- ウォーターフォール・リストランテ・イタリアーノ (Level 1) P.219 **Waterfall Ristorante Italiano**
- フィリピン大使館
- 日本国大使館 P.380
- オーチャード・タワーズ **Orchard Towers**
- マディ・マーフィーズ **Muddy Murphy's**
- プラナカン **The Peranakan** (2F) P.212
- プラナカン・ギャラリー **The Peranakan Gallery** (2F)
- コールド・ストレージ **Cold Storage** (BF)
- クレイモア・コネクト **Claymore Connect**
- ジャパン・クリエイティブ・センター **Japan Creative Centre**
- ホア・ティン **Hua Ting Restaurant** (2F) P.202
- オーチャード・ホテル **Orchard Hotel** P.308
- ルメードゥ・スパ **Remède Spa** (2F) P.289
- ブラッセリー・レサヴール **Brasserie Les Saveurs** (1F) P.232
- セント レジス シンガポール P.305 **The St. Regis Singapore**
- ケンコー・リフレクソロジー&スパ (1F) **Kenko Reflexology&Spa**
- デルフィ・オーチャード **Delfi Orchard**
- ラブ・デ・フット **Love de Foot** (5F) P.292
- ミャンマー大使館
- オーチャード・ランデブー・ホテル **Orchard Randezvous Hotel** P.309
- ナッシムヒル・ベーカリー・ビストロ・バー **Nassim Hill Bakery Bistro Bar**
- タングリン・ショッピング・センター **Tanglin S.C.**
- タンブア・マス **Tambuah Mas** (4F) P.214
- マジック・オブ・チョンキン・ホット・ポット (4F) **Magic of Chongqing Hot Pot**
- ハードロック・カフェ **Hard Rock Cafe**
- タングリン郵便局 (1F)
- ニュー・ラサ・シンガプーラ **New Rasa Singapura**
- 家具・絨毯店が並ぶ
- タングリン・プレイス **Tanglin Place**
- フォーシーズンズ・ホテル・シンガポール P.305 **Four Seasons Hotel Singapore**
- ワン・ナインティ **One Ninety** (1F)
- チューダー・コート **Tudor Court**
- マンハッタン **Manhattan** (2F) P.242
- ティー・ラウンジ **Tea Lounge** (1F)
- リージェント・シンガポール **The Regent Singapore** P.307
- オーチャード・ロード西部 P.114-115
- ホテル・ジェン・タングリン・シンガポール P.308 **Hotel Jen Tanglin Singapore**
- アー・ホイズ・キッチン **Ah Hoi's Kitchen** (4F)
- タングリン・モール **Tanglin Mall** P.250
- パタラ・ファイン・タイ・キュイジーヌ **Patara Fine Thai Cuisine** (3F)
- ハンナ・リー **Hanna Lee** (2F) P.265
- アイランド・ショップ **Island Shop** (2F) P.262
- シモーネ・イラニ **Simone Irani** (2F)
- ブリティッシュ・インディア **British India** (2F)
- ファイアフライ **Firefly** (2F) P.262
- アカモティフ **AkaMotif** (1F) P.265
- ヤントラ **Yantra** (1F) P.217
- フォーラム・ザ・ショッピング・モール **Forum The Shopping Mall** P.252
- ジェイミーズ・イタリアン **Jamie's Italian** (1F)
- シンガポール・ツーリズム・ボード **Singapore Tourism Board** P.114
- フュージョン・ビストロ **Fusion Bistro** (1F)
- カンデン・メディカル・センター **Camden Medical Centre**
- ヒルトン・シンガポール **Hilton Singapore** P.304
- ヒルトン・ショッピング・ギャラリー **Hilton Shopping Gallery**
- エジプト大使館

エリア地図

オーチャード・ロード（西部）

- シェラトン・タワーズ・シンガポール P.307 (H) シェラトン・タワーズ・シンガポール
- リーバイ・カントニーズ・レストラン (Lower Lobby) P.202 (R) Li Bai Cantonese Restaurant
- MRT ニュートン駅へ
- インドカフェ・ザ・ホワイトハウス (R) Indocafe the White House
- ソング・オブ・インディア (R) The Song of India
- ライフ・インフィニティ・シンガポール (S) Life Infinity Singapore
- Environment Bldg.
- MRT 南北線 / MRT North South Line
- タングリン・クラブ（ゴルフ・クラブ） Tanglin Club
- MOE Language Centre
- アメリカン・クラブ（ゴルフ・クラブ） American Club
- グッドウッド・パーク・ホテル P.117, 305 (H) Goodwood Park Hotel
- しまShima Restaurant (1〜2F) (R) P.207
- レスプレッソL'Espresso (1F) P.232 (R)
- ミンジャンMin Jiang (1F) (R)
- エリザベス P.318 (H) The Elizabeth
- カルーセル Carousel (1F) (R)
- ロイヤル・プラザ・オン・スコッツ・シンガポール P.308 (H) Royal Plaza on Scotts Singapore
- Thong Teck Bldg.
- ラ・ソース・スパ La Source Spa
- クインシー・ホテル P.319 (H) The Quincy Hotel
- レザミLes Amis (1〜2F) (R)
- ポロ・ラルフローレン (1〜2F) POLO RALPH LAUREN
- T ギャラリア P.253 (S) T Galleria
- ファーイースト・プラザ P.252, 344 (S) Far East Plaza
- スペルバウンド (3F) P.252 (S) Spellbound
- 雑貨店The Corner Shop (3F) P.252 (S)
- ヨーク・ホテル・シンガポール P.319 (H) York Hotel Singapore
- ホワイトローズ・カフェ P.207 (R) White Rose Cafe
- ショー・センター (S) Shaw Centre
- PS.Cafe (2F) (R)
- パレ・ルネッサンス (S) Palais Renaissance
- 添好運Tim Ho Wan (2F) (R)
- カムズ・ロースト Kam's Roast (1F) P.206 (R)
- HSBC
- Yotel Singapore (H)
- Claymore Hill
- パシフィック・プラザ (S) Pacific Plaza
- グランド・ハイアット・シンガポール P.306 (H) Grand Hyatt Singapore
- メッザ 9 Mezza 9 (MF) (R)
- ストレイツ・キッチン StraitsKitchen (LF) (R)
- タイ大使館
- インターナショナル・ビル International Bldg.
- ライス・テーブル P.214 (R) The Rice Table
- ネイルワークス (1F) P.291 Footworks
- フード・リパブリック P.229 Food Republic (B1F) (R)
- ショー・ハウス (S) Shaw House
- イセタン・スコッツ Isetan Scotts P.253 (S)
- マンゴ Mango (2F) (S)
- スコッツ・スクエア Scotts Square (S)
- ワイルド・ハニー Wild Honey (1F) (R)
- シンガポール・マリオット・タンプラザ・ホテル P.307 (H) Singapore Marriott Tang Plaza Hotel
- タングス・マーケット Tangs Market (B1F) P.230 (R)
- タングス・ギフト・ショップ Tangs Gift Shop (B1F) P.264 (S)
- スイーヘン 1989 Swee Heng 1989 (B1F) P.73 (S)
- タングス P.252 Tangs (S)
- ラッキー・プラザ Lucky Plaza (S)
- マウント・エリザベス病院 Mt. Elizabeth Hospital (H)
- ジャパングリーンクリニック (10F) P.380 Japan Green Clinic
- インペリアル・トレジャー・スーパー・ペキンダック (5F) Imperial Treasure Super Peking Duck Restaurant
- ピーエス・カフェ (3F) PS. Cafe
- スープ・レストラン (B2F) P.204 Soup Restaurant
- リアット・タワーズ P.286 Liat Towers (S)
- ネイチャーランド (2〜3F) Natureland
- ウィーロック・プレイス Wheelock Place (S)
- チョンバル・ベーカリー Tiong Bahru Bakery (R)
- イサナル Inasal (4F) P.261 (R)
- ファーイースト・アーツ P.115 Far East Fine Arts
- パラゴン・マーケット・プレイス Paragon Market Place (BF)
- スタイル・バイ・スタイル・バイブス (S) Style by Style Vibes
- マークス＆スペンサー (1F) P.254 (S) Marks & Spencer
- エディターズ・マーケット (B2) P.263 (S) The Editor's Market
- ナムナム・ヌードル・バー (B2) P.224 (R) Namnam Noodle Bar
- オーチャード Orchard (D)
- トン・ビル Tong Bldg.
- パラゴン P.250 (S) Paragon
- ケアンヒル・プレイス Cairnhill Place
- ファーイースト・ショッピング・センター Far East S.C. (S)
- オーチャード・パークスイーツ（サービスアパートメント）Orchard Park Suites
- マンゴ Mango (B1F) (S)
- オーチャード・ロード東部 P.116-117
- グランド・パーク・オーチャード P.308 (H) Grand Park Orchard
- ホリデイ・イン・エクスプレス・シンガポール・オーチャード・ロード Holiday Inn Express Singapore Orchard Road (H)
- アイオン・オーチャード ION Orchard P.249 (S)
- ソルト・グリル＆スカイバー (L55〜56) P.381 Salt Grill & Sky Bar (R)
- TWGティーサロン＆ブティック (L2) TWG Tea Salon & Boutique (R)
- イングッド・カンパニー (B1) P.262 In Good Company (S)
- キッキ・ケー kikki.K (B2) P.264 (S)
- 1872クリッパー・ティー (B4) P.229 The 1872 Clipper Tea (R)
- オペラ・フード・オペラ (B4) P.54 Food Opera (R)
- 立興潮州魚圓面
- ウィスマ・アトリア Wisma Atria P.249 (S)
- フード・リパブリック (4F) P.249 Food Republic (R)
- ジャパン・フード・タウン (4F) P.249 Japan Food Town (R)
- ナイスナイーゼ Naiise (3F) P.265 (S)
- プリティ・フィット Pretty Fit (B1F) P.267 (S)
- ササ・コスメティックス Sasa Cosmetics (B1F) P.266 (S)
- 専門店街 P.248
- イースト・オーシャン East Ocean Teochew Restaurant (5F) P.203 (R)
- 紀伊國屋書店 (4F) P.266 Books Kinokuniya (S)
- ルルレモン lululemon (3F) (S)
- シャンハイタン Shanghai Tang (3F) P.263 (S)
- チャールズ＆キース Charles & Keith (B2F) P.267 (S)
- クリスタル・ジェード・キッチン Crystal Jade Kitchen (B2F) P.203 (R)
- ニー・アン・シティ Ngee Ann City
- シンガポール髙島屋 S.C. P.248 Singapore Takashimaya S.C. (S)
- マンダリン・オーチャード・シンガポール P.306 Mandarin Orchard Singapore (H)
- 四川飯店 (35F) Shisen Hanten (R)
- チャターボックス (5F) P.209 Chatterbox (R)
- キャセイ・シネレジャー・オーチャード Cathay Cineleisure Orchard
- マンダリン・ギャラリー P.250 Mandarin Gallery (L1〜L4) (S)
- 髙島屋百貨店 P.248 Takashimaya Department Store (S)
- ブンガワン・ソロ Bengawan Solo (B2F) P.65 (S)
- コールド・ストレージ Cold Storage (B2F) P.72 (S)
- スケープ Scape
- ユース・パーク Youth Park
- Orchard Blvd.
- Grange Rd.

79

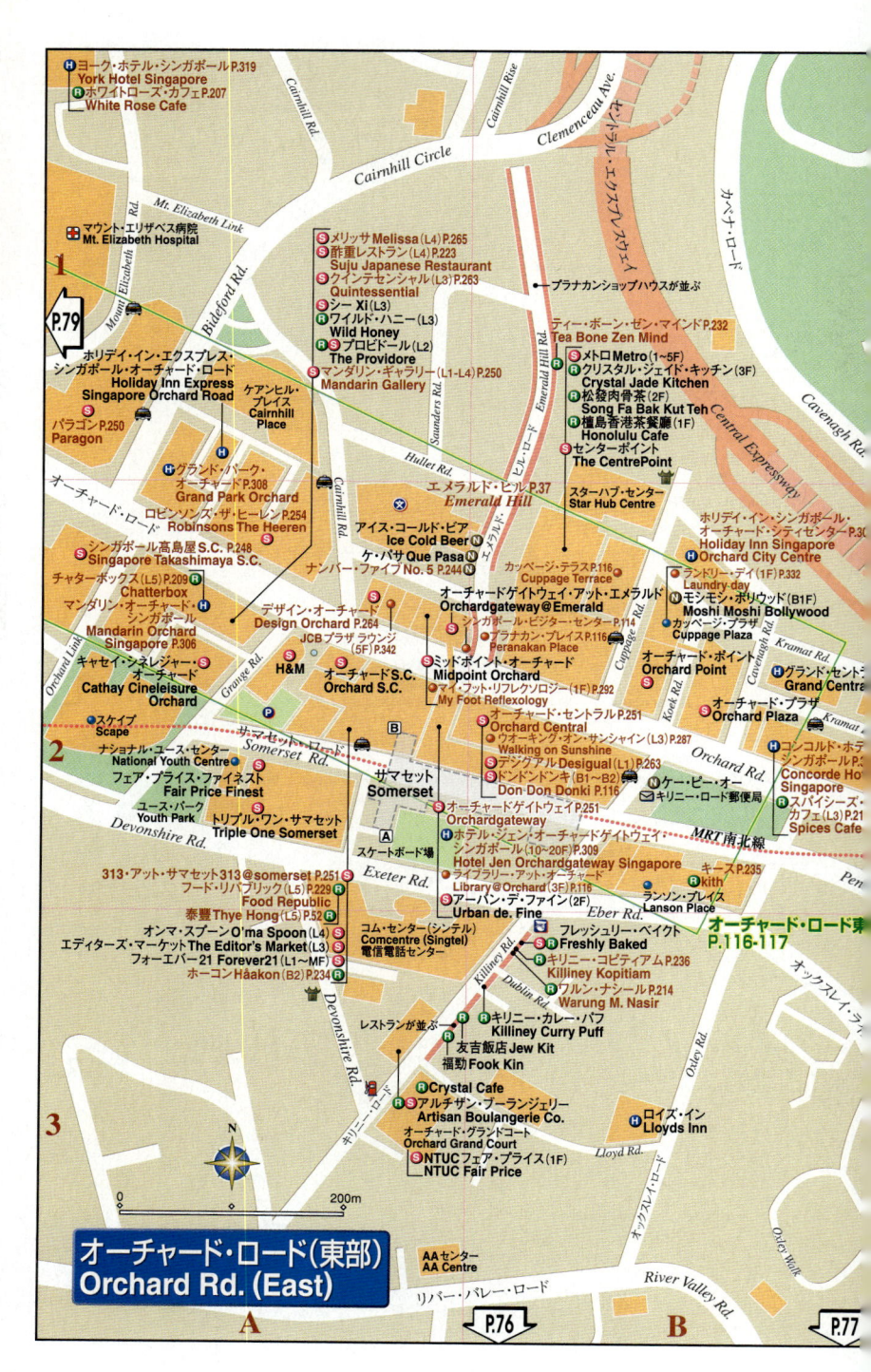

- ヨーク・ホテル・シンガポール P.319
  York Hotel Singapore
- ホワイトローズ・カフェ P.207
  White Rose Cafe
- マウント・エリザベス病院
  Mt. Elizabeth Hospital
- メリッサ Melissa (L4) P.265
- 酢重レストラン (L4) P.223
  Suju Japanese Restaurant
- クインテッセンシャル (L3) P.263
  Quintessential
- シー Xi (L3)
- ワイルド・ハニー (L3)
  Wild Honey
- プロビドール (L2)
  The Providore
- マンダリン・ギャラリー (L1-L4) P.250
  Mandarin Gallery
- ティー・ボーン・ゼン・マインド P.232
  Tea Bone Zen Mind
- メトロ Metro (1〜5F)
- クリスタル・ジェイド・キッチン (3F)
  Crystal Jade Kitchen
- 松發肉骨茶 (2F)
  Song Fa Bak Kut Teh
- 檀島香港茶餐廳 (1F)
  Honolulu Cafe
- センターポイント
  The CentrePoint
- ホリデイ・イン・エクスプレス・シンガポール・オーチャード・ロード
  Holiday Inn Express Singapore Orchard Road
- ケアンヒル・プレイス
  Cairnhill Place
- パラゴン P.250
  Paragon
- グランド・パーク・オーチャード P.308
  Grand Park Orchard
- ロビンソンズ・ザ・ヒーレン P.254
  Robinsons The Heeren
- シンガポール高島屋 S.C. P.248
  Singapore Takashimaya S.C.
- チャターボックス (L5) P.209
  Chatterbox
- マンダリン・オーチャード・シンガポール P.306
  Mandarin Orchard Singapore
- キャセイ・シネレジャー・オーチャード
  Cathay Cineleisure Orchard
- スケイプ
  Scape
- アイス・コールド・ビア
  Ice Cold Beer
- ケ・パサ Que Pasa
- ナンバー・ファイブ No. 5 P.244
- カッページ・テラス P.116
  Cuppage Terrace
- オーチャードゲイトウェイ・アット・エメラルド
  Orchardgateway@Emerald
- シンガポール・ビジター・センター P.114
- プラナカン・プレイス P.116
  Peranakan Place
- デザイン・オーチャード P.264
  Design Orchard
- JCBプラザ ラウンジ (5F) P.342
- H&M
- オーチャード S.C.
  Orchard S.C.
- ミッドポイント・オーチャード
  Midpoint Orchard
- マイ・フット・リフレクソロジー (1F) P.292
  My Foot Reflexology
- オーチャード・セントラル P.251
  Orchard Central
- ウォーキング・オン・サンシャイン (L3) P.287
  Walking on Sunshine
- デジアル Desigual (L1) P.263
- ドンドンドンキ (B1〜B2)
  Don-Don Donki
- オーチャードゲイトウェイ P.251
  Orchardgateway
- ホテル・ジェン・オーチャードゲイトウェイ・シンガポール (10〜20F) P.309
  Hotel Jen Orchardgateway Singapore
- ライブラリー・アット・オーチャード
  Library@Orchard (3F) P.116
- ホリデイ・イン・シンガポール・オーチャード・シティセンター P.309
  Holiday Inn Singapore Orchard City Centre
- ランドリー・デイ (1F) P.332
  Laundry-day
- モシモシ・ボリウッド (B1F)
  Moshi Moshi Bollywood
- カッページ・プラザ
  Cuppage Plaza
- オーチャード・ポイント
  Orchard Point
- オーチャード・プラザ
  Orchard Plaza
- コンコルド・ホテル・シンガポール
  Concorde Hotel Singapore
- ケー・ピー・オー
- キリニー・ロード郵便局
- スパイシーズ・カフェ (L3) P.217
  Spices Cafe
- キース P.235
  kith
- ランソン・プレイス
  Lanson Place
- グランド・セントラル
  Grand Central
- ソマセット・ロード
  Somerset Rd.
- サマセット
  Somerset
- ナショナル・ユース・センター
  National Youth Centre
- フェア・プライス・ファイネスト
  Fair Price Finest
- ユース・パーク
  Youth Park
- トリプル・ワン・サマセット
  Triple One Somerset
- 313・アット・サマセット 313@somerset P.251
- フード・リパブリック (L5) P.229
  Food Republic
- 泰豐 Thye Hong (L5) P.52
- エディターズ・マーケット The Editor's Market (L3)
- オンマ・スプーン O'ma Spoon (L4)
- フォーエバー 21 Forever21 (L1〜MF)
- ホーコン Haakon (B2) P.234
- デボンシャー・ロード
  Devonshire Rd.
- エクセター・ロード
  Exeter Rd.
- コム・センター (シンテル)
  Comcentre (Singtel)
- アーバン・デ・ファイン (2F)
  Urban de. Fine
- フレッシュリー・ベイクト
  Freshly Baked
- キリニー・コピティアム P.236
  Killiney Kopitiam
- ワルン・ナシール P.214
  Warung M. Nasir
- キリニー・カレー・パフ
  Killiney Curry Puff
- 友吉飯店 Jew Kit
- 福勁 Fook Kin
- クリスタル・カフェ
  Crystal Cafe
- アルチザン・ブーランジェリー
  Artisan Boulangerie Co.
- オーチャード・グランドコート
  Orchard Grand Court
- NTUC フェア・プライス (1F)
  NTUC Fair Price
- ロイズ・イン
  Lloyds Inn
- オーチャード・ロード東部 P.116-117
- AA センター
  AA Centre

オーチャード・ロード（東部）
Orchard Rd. (East)

エリア地図

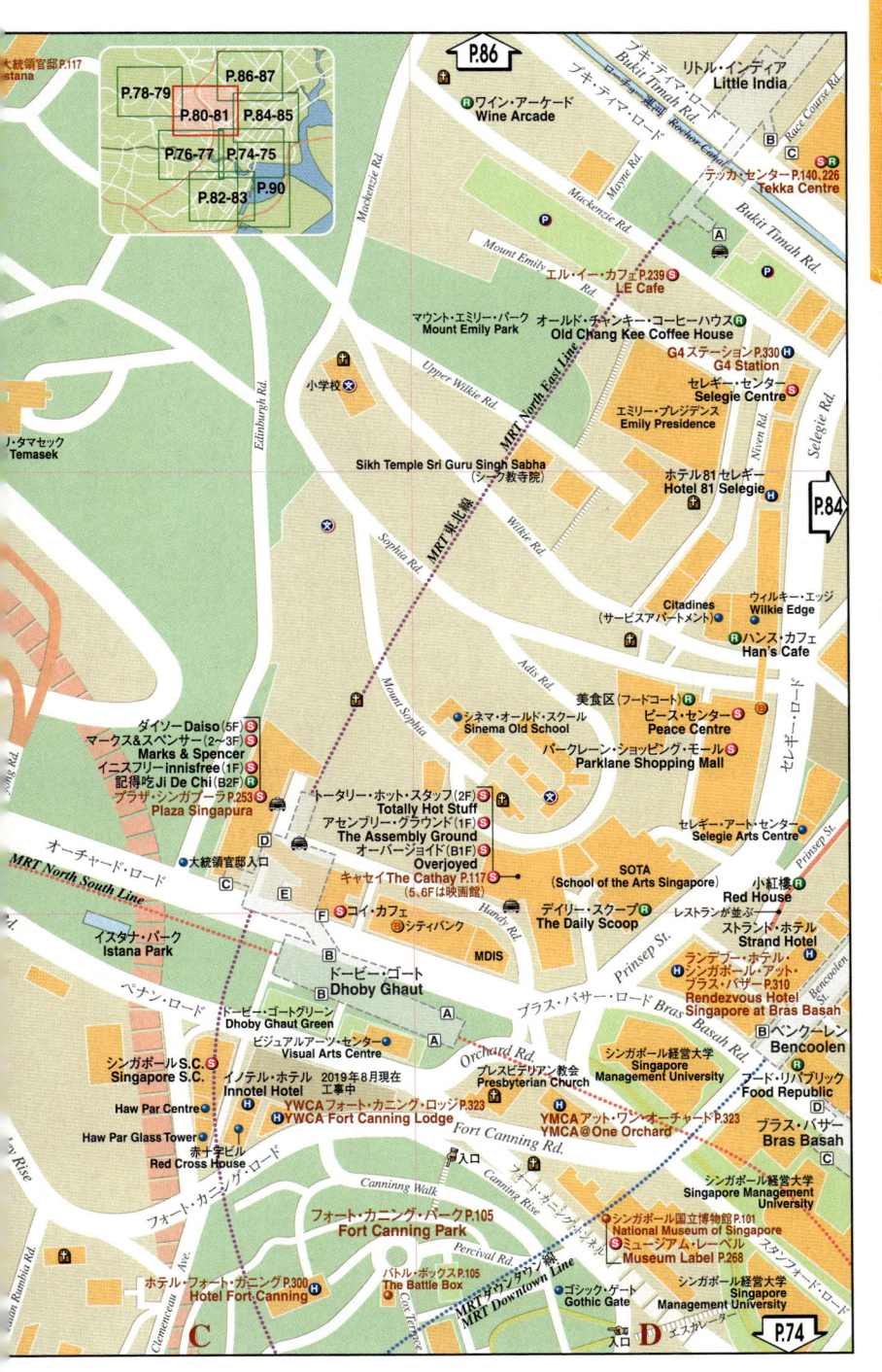

オーチャード・ロード（東部）

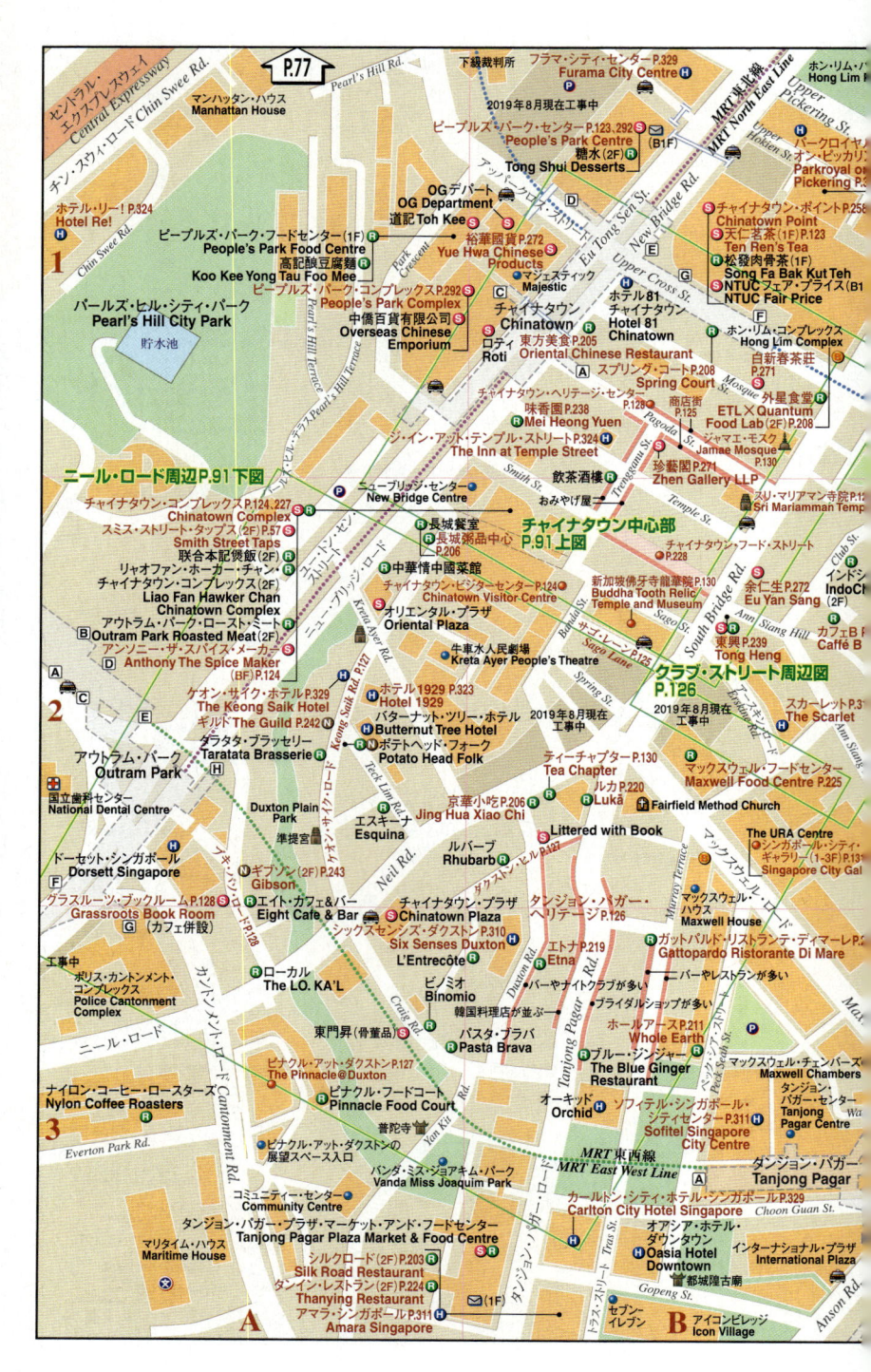

セントラル・エクスプレスウェイ
Central Expressway
P.77
Pearl's Hill Rd.
マンハッタン・ハウス
Manhattan House

下級裁判所
フラマ・シティ・センター P.329
Furama City Centre

MRT東北線
MRT North East Line

ホン・リム・公園
Hong Lim Park

チン・スウィ・ロード Chin Swee Rd.

2019年8月現在工事中

ピープルズ・パーク・センター P.123,292
People's Park Centre (B1F)

アッパー・ヘレン St. Upper Helen St.

ピー・ビクトリア St.
パークロイヤル・オン・ピッカリング P.
Parkroyal on Pickering P.

ホテル・リー! P.324
Hotel Re!

Chin Swee Rd.

糖水
Tong Shui Desserts

New Bridge Rd.

OGデパート
OG Department

チャイナタウン・ポイント P.258
Chinatown Point

道記 Toh Kee

天仁茗茶 (1F) P.273
Ten Ren's Tea

ピープルズ・パーク・フードセンター (1F)
People's Park Food Centre

裕華國貨 P.272
Yue Hwa Chinese Products

松発肉骨茶 (1F)
Song Fa Bak Kut Teh

高記醸豆腐麺
Koo Kee Yong Tau Foo Mee

Eu Tong Sen St.

マジェスティック
Majestic

NTUCフェア・プライス (B1)
NTUC Fair Price

ピープルズ・パーク・コンプレックス P.292
People's Park Complex

C

スプリング・コート P.208
Spring Court

チャイナタウン
Chinatown

ホテル 81 チャイナタウン
Hotel 81 Chinatown

ホン・リム・コンプレックス
Hong Lim Complex

中僑百貨 (1F)
Overseas Chinese Emporium

ロティ
Roti

東方美食 P.205
Oriental Chinese Restaurant

自新春茶荘 P.271

パールズ・ヒル・シティ・パーク
Pearl's Hill City Park

貯水池

Pearl's Hill Terrace

外星食堂
ETL×Quantum Food Lab (2F) P.208

チャイナタウン・ヘリテージ・センター
味香園 P.238
Mei Heong Yuen

商店街 P.125

Pagoda St.

ジャマエ・モスク
Jamae Mosque P.130

ジ・イン・アット・テンプル・ストリート P.324
The Inn at Temple Street

珍藝閣 P.128
Zhen Gallery LLP

ニール・ロード周辺 P.91 下図

ニューブリッジ・センター
New Bridge Centre

飲茶酒楼

おみやげ屋

Temple St.

スリ・マリアマン寺院 P.1
Sri Mariamman Temple

P

Smith St.

チャイナタウン・コンプレックス P.124,227
Chinatown Complex

長城餐室

チャイナタウン中心部 P.91 上図

チャイナタウン・フード・ストリート P.228

スミス・ストリート・タップス (2F) P.57
Smith Street Taps

中華情中國菜館

联本記煨飯 (2F) P.206

Trengganu St.

新加坡佛牙寺龍華院 P.130
Buddha Tooth Relic Temple and Museum

余仁生 P.272
Eu Yan Sang

IndoCh

リャオファン・ホーカー・チャン
チャイナタウン・コンプレックス (2F)
Liao Fan Hawker Chan Chinatown Complex

チャイナタウン・ビジターセンター P.124
Chinatown Visitor Centre

South Bridge Rd.

Ann Siang Hill

カフェ В Р
Caffé B

アウトラム・パーク・ローストミート (2F)
Outram Park Roasted Meat (2F)

B

オリエンタル・プラザ
Oriental Plaza

Sago St.

アンソニー・ザ・スパイス・メーカー (BF) P.124
Anthony The Spice Maker

D

牛車水人民劇場
Kreta Ayer People's Theatre

Sago Lane

東興 P.239
Tong Heng

Club St.

A

E

ケオン・サイク・ホテル P.329
The Keong Saik Hotel

ホテル 1929 P.323
Hotel 1929

クラブ・ストリート周辺図 P.126

ギルド P.242
The Guild

バターナット・ツリー・ホテル
Butternut Tree Hotel

2019年8月現在工事中

スカーレット
The Scarlet

ダラタタ・ブラッセリー
Taratata Brasserie

Keong Saik Rd.

ポテト・ヘッド・フォーク
Potato Head Folk

アウトラム・パーク
Outram Park

H

国立歯科センター
National Dental Centre

Kim Seng Rd.

Duxton Plain Park

ダクストン・プレイン・パーク

ティー・チャプター P.130
Tea Chapter

ルカ P.220
Luka

マックスウェル・フードセンター P.225
Maxwell Food Centre

Neil Rd.

京華小吃 P.206
Jing Hua Xiao Chi

Spring St.

フェアフィールド・メソジスト教会
Fairfield Method Church

エスキーナ
Esquina

準逸宮

ルバーブ
Rhubarb

ザ・URAセンター
The URA Centre

ドーセット・シンガポール
Dorsett Singapore

F

ギブソン (2F) P.243
Gibson

Neil Rd.

Littered with Book

シンガポール・シティ・ギャラリー (1-3F) P.13
Singapore City Gal

グラスルーツ・ブックルーム P.128
Grassroots Book Room

G

カフェ併設

エイト・カフェ&バー P.243
Eight Cafe & Bar

チャイナタウン・プラザ
Chinatown Plaza

タンジョン・パガー・ヘリテージ P.126

マックスウェル・ハウス
Maxwell House

ナイロン・コーヒー・ロースターズ
Nylon Coffee Roasters

シックスセンシズ・ダクストン P.310
Six Senses Duxton

ガットパルド・リストランテ・ディ・マーレ P.211
Gattopardo Ristorante Di Mare

ローカル
The LO. KA'L

L'Entrecôte

エトナ P.219
Etna

工事中

ビノミオ
Binomio

韓国料理店が並ぶ

ポリス・カントンメント・コンプレックス
Police Cantonment Complex

バーやナイトクラブが多い

ブライダルショップが多い

バーやレストランが多い

東門昇 (骨董品)

パスタ・ブラバ
Pasta Brava

ホールアース P.211
Whole Earth

マックスウェル・チェンバーズ
Maxwell Chambers

ニール・ロード
Neil Rd.

ピナクル・アット・ダクストン P.127
The Pinnacle @ Duxton

ルカ
Luka

ブルー・ジンジャー・レストラン
The Blue Ginger Restaurant

タンジョン・パガー・センター
Tanjong Pagar Centre

ピナクル・フードコート
Pinnacle Food Court

オーキッド
Orchid

ソフィテル・シンガポール・シティ・センター P.311
Sofitel Singapore City Centre

Everett Park Rd.

Cantonment Rd.

ピナクル・アット・ダクストン
展望スペース入口

普陀寺

MRT東西線
MRT East West Line

タンジョン・パガー
Tanjong Pagar

バンダ・ミス・ジョアキム・パーク
Vanda Miss Joaquim Park

カールトン・シティ・ホテル・シンガポール P.329
Carlton City Hotel Singapore

Choon Guan St.

コミュニティ・センター
Community Centre

マリタイム・ハウス
Maritime House

タンジョン・パガー・プラザ・マーケット・アンド・フードセンター
Tanjong Pagar Plaza Market & Food Centre

オアシア・ホテル・ダウンタウン
Oasia Hotel Downtown

インターナショナル・プラザ
International Plaza

シルクロード (2F) P.203
Silk Road Restaurant

都城隍古廟

Tras St.

タニン・レストラン (2F) P.224
Thanying Restaurant

A

アマラ・シンガポール P.311
Amara Singapore

B

アイコンビレッジ
Icon Village

セブン・イレブン

Gopeng St.

Anson Rd.

エリア地図

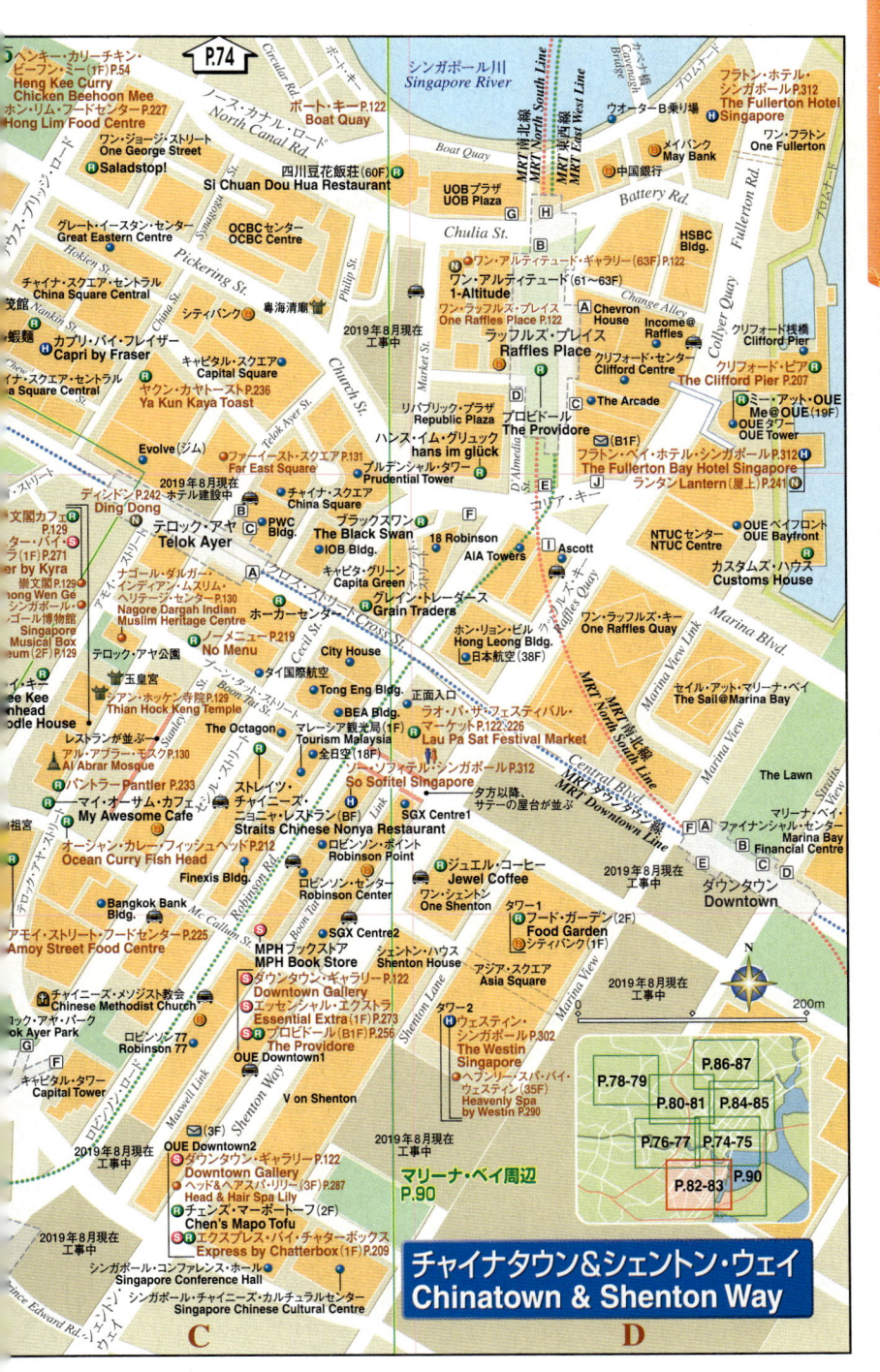

チャイナタウン＆シェントン・ウェイ

Chinatown & Shenton Way

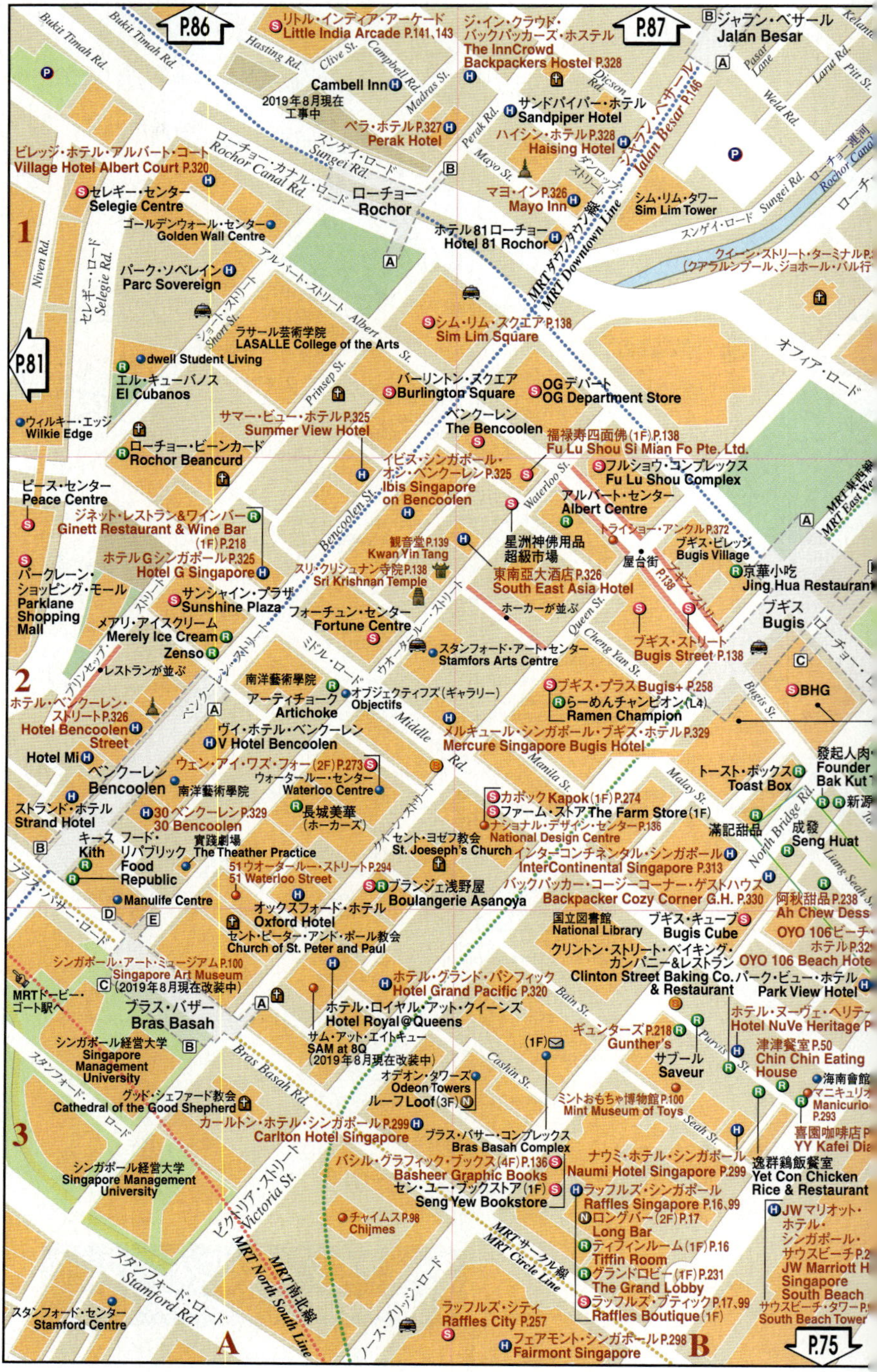
P.86
P.87
P.81
P.75
リトル・インディア・アーケード
Little India Arcade P.141、143
ジ・イン・クラウド・バックパッカーズ・ホステル
The InnCrowd Backpackers Hostel P.328
ジャラン・ベサール
Jalan Besar
Bukit Timah Rd.
Hasting Rd.
Clive St.
Campbell Rd.
Madras St.
Cambell Inn
2019年8月現在工事中
サンドパイパー・ホテル
Sandpiper Hotel
ハイシン・ホテル P.328
Haising Hotel
ジャラン・ベサール
Jalan Besar P.146
ペラ・ホテル P.327
Perak Hotel
Perak Rd.
Dickson Rd.
Weld Rd.
Larut Rd.
Pitt St.
Kelantan
Pasar Lane
ビレッジ・ホテル・アルバート・コート
Village Hotel Albert Court P.320
ローチョー・カナル・ロード
Rochor Canal Rd.
スンゲイ・ロード
Sungei Rd.
ローチョー
Rochor
マヨ・イン P.326
Mayo Inn
Mayo St.
ダンロップ・ストリート
シム・リム・タワー
Sim Lim Tower
ローチョー運河
Rochor Canal
スンゲイ・ロード
Sungei Rd.
セレギー・センター
Selegie Centre
ゴールデンウォール・センター
Golden Wall Centre
ホテル81ローチョー
Hotel 81 Rochor
MRTダウンタウン線
MRT Downtown Line
クイーン・ストリート・ターミナル P.
(クアラルンプール、ジョホール・バル行
Niven Rd.
セレギー・ロード
Selegie Rd.
パーク・ソベレイン
Parc Sovereign
アルバート・ストリート
Albert St.
ショート・ストリート
Short St.
ラサール芸術学院
LASALLE College of the Arts
シム・リム・スクエア P.138
Sim Lim Square
オフィア・ロード
dwell Student Living
エル・キューバノス
El Cubanos
Prinsep St.
バーリントン・スクエア
Burlington Square
OGデパート
OG Department Store
ウィルキー・エッジ
Wilkie Edge
サマー・ビュー・ホテル P.325
Summer View Hotel
ベンクーレン
The Bencoolen
福禄寿四面佛(1F) P.138
Fu Lu Shou Si Mian Fo Pte. Ltd.
ローチョー・ビーンカード
Rochor Beancurd
イビス・シンガポール・オン・ベンクーレン P.325
Ibis Singapore on Bencoolen
フルショウ・コンプレックス
Fu Lu Shou Complex
ピース・センター
Peace Centre
Waterloo St.
アルバート・センター
Albert Centre
MRT東西線
MRT East West
ジネット・レストラン&ワインバー(1F) P.218
Ginett Restaurant & Wine Bar
Bencoolen St.
観音堂 P.139
Kwan Yin Tang
星洲神佛用品超級市場
トライショー・アンクル P.372
ブギス・ビレッジ
Bugis Village
屋台街 P.138
ホテルGシンガポール P.325
Hotel G Singapore
スリ・クリシュナン寺院 P.138
Sri Krishnan Temple
東南亜大酒店 P.326
South East Asia Hotel
京華小吃
Jing Hua Restaurant
パークレーン・ショッピング・モール
Parklane Shopping Mall
サンシャイン・プラザ
Sunshine Plaza
ホーカーが並ぶ
Queen St.
ブギス
Bugis
ブギス・ストリート
Bugis Street P.138
メアリ・アイスクリーム
Merely Ice Cream
フォーチュン・センター
Fortune Centre
ウォータールー・ストリート
スタンフォード・アート・センター
Stamfors Arts Centre
Cheng Yan St.
ローチョー・ロード
Zenso
レストランが並ぶ
プリンセップ・ストリート
ミドル・ロード
南洋藝術學院
アーティチョーク
Artichoke
オブジェクティフズ(ギャラリー)
Objectifs
ブギス・プラス Bugis+ P.258
らーめんチャンピオン(L4)
Ramen Champion
BHG
Bugis St.
ホテル・ベンクーレン・ストリート P.326
Hotel Bencoolen Street
ベンクーレン・ストリート
ヴィ・ホテル・ベンクーレン
V Hotel Bencoolen
Middle Rd.
メルキュール・シンガポール・ブギス・ホテル P.329
Mercure Singapore Bugis Hotel
Hotel Mi
ウェン・アイ・ワズ・フォー(2F) P.273
ウォータールー・センター
Waterloo Centre
Manila St.
トースト・ボックス
Toast Box
發起人肉骨
Founder Bak Kut
新源
ベンクーレン
Bencoolen
南洋藝術學院
Malay St.
ストランド・ホテル
Strand Hotel
30ベンクーレン P.329
30 Bencoolen
長城美華(ホーカーズ)
カポック Kapok(1F) P.274
ファーム・ストア The Farm Store(1F)
ナショナル・デザイン・センター P.136
National Design Centre
滿記甜品
成發
Seng Huat
North Bridge Rd.
キース
Kith
フード・リパブリック
Food Republic
實踐劇場
The Theather Practice
セント・ヨゼフ教会
St. Joeseph's Church
インターコンチネンタル・シンガポール
InterContinental Singapore P.313
51ウオーター・ルー・ストリート P.294
51 Waterloo Street
Liang Seah St.
ブラス・バサー・ロード
Manulife Centre
ブランジェ浅野屋
Boulangerie Asanoya
バックパッカー・コージーコーナー・ゲストハウス
Backpacker Cozy Corner G.H. P.330
阿秋甜品 P.238
Ah Chew Dess
オックスフォード・ホテル
Oxford Hotel
国立図書館
National Library
ブギス・キューブ
Bugis Cube
OYO 106ビーチ・ホテル P.32
OYO 106 Beach Hote
セント・ピーター・アンド・ポール教会
Church of St. Peter and Paul
クリントン・ストリート・ベイキング・カンパニー&レストラン
Clinton Street Baking Co. & Restaurant
パーク・ビュー・ホテル
Park View Hotel
シンガポール・アート・ミュージアム P.100
Singapore Art Museum
(2019年8月現在改装中)
ホテル・グランド・パシフィック
Hotel Grand Pacific P.320
Bain St.
ホテル・ヌーヴェ・ヘリテ
Hotel NuVe Heritage P
MRTドービー・ゴート駅へ
ブラス・バサー
Bras Basah
ホテル・ロイヤル・アット・クイーンズ
Hotel Royal@Queens
ギュンターズ P.218
Gunther's
Purvis St.
津津餐室 P.50
Chin Chin Eating House
シンガポール経営大学
Singapore Management University
サム・アット・エイトキュー
SAM at 8Q
(2019年8月現在改装中)
(1F)
サブール
Saveur
海南會館
Bras Basah Rd.
Cashin St.
マニキュリオ
Manicurio P.293
スタンフォード・ロード
グッド・シェファード教会
Cathedral of the Good Shepherd
オデオン・タワーズ
Odeon Towers
ルーフ Loof(3F)
ミントおもちゃ博物館 P.100
Mint Museum of Toys
喜園咖啡店
YY Kafei Dia
カールトン・ホテル・シンガポール P.299
Carlton Hotel Singapore
ブラス・バサー・コンプレックス
Bras Basah Complex
Seah St.
シンガポール経営大学
Singapore Management University
ビクトリア・ストリート
Victoria St.
バシル・グラフィック・ブックス(4F) P.136
Basheer Graphic Books
ナウミ・ホテル・シンガポール
Naumi Hotel Singapore P.299
逸群鶏飯餐室
Yet Con Chicken Rice & Restaurant
セン・ユー・ブックストア(1F)
Seng Yew Bookstore
ラッフルズ・シンガポール
Raffles Singapore P.16、99
ロングバー(2F) P.17
Long Bar
JWマリオット・ホテル・シンガポール・サウスビーチ P.2
JW Marriott H Singapore South Beach
チャイムス P.98
Chijmes
MRT南北線
MRT North South Line
MRTサークル線
MRT Circle Line
ティフィンルーム(1F) P.16
Tiffin Room
グランドロビー(1F) P.231
The Grand Lobby
サウスビーチ・タワー P.
South Beach Tower
ノース・ブリッジ・ロード
スタンフォード・ロード
Stamford Rd.
スタンフォード・センター
Stamford Centre
ラッフルズ・シティ
Raffles City P.257
ラッフルズ・ブティック P.17、99
Raffles Boutique(1F)
フェアモント・シンガポール P.298
Fairmont Singapore
1
2
3
A
B

ブギス&アラブ・ストリート / Bugis & Arab St.

エリア地図

- ホテル・ボス / Hotel Boss P.136
- マラバル・モスク P.136 / Malabar Mosque
- 協勝隆 P.237 / Heap Seng Leong Coffeeshop
- Hill Street Tai Hwa Pork Noodle
- MRTラベンダー駅へ
- ABCバックパッカーズ・ホステル / ABC Backpackers Hostel
- シンメトリー / Symmetry
- サンタ・グランド・ホテル・ブギス / Santa Grand Hotel Bugis
- グリーンアップル・スパ P.292 / Green Apple Spa
- 亞秋南華昌魚頭米
- アー・ボーリン・ピーナッツスープ (1F) P.64 / Ah Balling Peanut Soup
- 海南福建炒蝦麺 (BF) / Fried Hokkien Prawn Mee
- ゴールデン・マイル・フードセンター / Golden Mile Food Centre
- ヴィンテージカメラズ・ミュージアム P.137 / Vintage Camera's Museum
- フラフ・ベーカリー / Fluff Bakery
- ホテル・クローバー / Hotel Clover
- アリワル・パーク・ホテル / Aliwal Park Hotel
- テキスタイル・センター / Textile Centre
- サルタンズ・キッチン(フードコート) / Sultan's Kitchen
- ハジャ・マイムナー P.214 / Hjh Maimunah
- イスラミック P.216 / Islamic
- マレー・ヘリテージ・センター P.137 / Malay Heritage Centre
- サルタン P.325 / The Sultan
- サルタン・プラザ / Sultan Plaza
- アーリーバード / Earlybird
- ホテル ヌーヴェ / Hotel NuVe
- オヴァ P.275 / Ova
- ミリラ / Mihrimah
- イスタナ・カンポン・グラム / Istana Kampong Glam
- ホテル81 ヘリテージ / Hotel 81 Heritage
- シティ・ゲート / City Gate
- ハジャ・ファティマ・モスク P.138 / Hajjah Fatimah Mosque
- 壁画アート P.294
- アル・タスニーム / Al Tasneem
- スーパーブ・ホステル / Superb Hostel
- カンポン・グラム公園
- ゴールデン・マイル・コンプレックス P.261, 357 / Golden Mile Complex
- マレーシア方面へのバス乗り場
- ビクトリー P.135 / Victory
- シンガポール・ザム・ザム P.217 / Singapore Zam Zam Restaurant
- スルタン・モスク P.137 / Sultan Mosque
- ミナン P.215 / Rumah Makan Minang
- ホテル・クローバー / Hotel Clover
- ヴィレッジ・ホテル・ブギス P.320 / Village Hotel Bugis
- グラム・ギャラリー P.133, 294 / Glam Gallery
- ジャミラ・ブティック・イン / Jamilla Boutique Inn
- トッコ・アルジュニード P.275 / Toko Aljunied
- グラム・ギャラリー P.133, 294 / Glam Gallery
- 味香園 / Mei Heong Yuen
- ヴェルデ・ライト / Verde Light
- St. John Headquarters
- ラッフルズ・ホスピタル
- ラッフルズ・ジャパニーズ・クリニック P.380
- ブルー・ジャズ・カフェ / Blu Jaz Cafe
- バグダッド・ストリート
- ゲイラン・クレイポット・ライス / Geylang Claypot Rice
- ザ・コンコース / The Concourse
- ゴールデン・マイル・タワー / Golden Mile Tower
- プロジェクター(5F) P.244 / The Projector
- ミュージアム・カフェ / The Muzium Cafe
- スーパーママ / Supermama
- ジャマール・カズラ アロマティクス P.274 / Jamal kazura Aromatics
- 釣り具店が多い
- デスティネーション・シンガポール・ビーチ・ロード / Destination Singapore Beach Road
- コンコース・スカイライン / Concourse Skyline
- フォークロア (1F) P.210 / Folklore
- パークビュー・スクエア / Parkview Square
- アトラス (1F) P.241 / Atlas
- ピエドラ・ネグラ P.224 / Piedra Negra
- サルタン・モスク南側 P.134
- パークロイヤル・オン・ビーチ・ロード P.319 / Parkroyal on Beach Road
- デュオ・タワー P.134 / DUO Tower
- デュオ・ギャレリア / DUO Galleria
- 四川豆花飯荘 (1F) P.205 / Si Chuan Dou Hua Restaurant
- ニコル・ハイウェイ / Nicoll Highway
- トノ・セビチェリア P.223 / Tono Cevicheria
- パン・パシフィック・サービスド・スイーツ・ビーチ・ロード / Pan Pacific Serviced Suites Beach Road
- セント・グレゴリー・スパ (4F) P.290 / St. Gregory Spa
- アンダーズ・シンガポール / Andaz Singapore P.313
- ミスターストーク (39F) / Mr. Stork
- ゲートウェイ / The Gateway
- ブギス・ジャンクション P.259 / Bugis Junction
- フード・ジャンクション (3F) / Food Junction
- 紀伊國屋書店 / Books Kinokuniya
- マ・メゾン (2F) / Ma Maison
- マリソン・ブギス P.326 / Marrison Bugis
- リャン・シア・ストリート P.136
- タワーズ / Towers
- ソフラ・ターキッシュ・カフェ&レストラン (2F) / Sofra Turkish Cafe & Restaurant
- ショー・レジャー・ギャラリー (1~2F) / Shaw Leisure Gallery
- サンテック・シティ・モール P.255 / Suntec City Mall
- シンガポール国際会議・展示会 P.107 / Singapore International Convention & Exhibition Centre
- ファウンテン・オブ・ウエルス P.109 / Fountain of Wealth
- MRTサークル線 / MRT Circle Line
- MRTダウンタウン線 / MRT Downtown Line

リトル・インディア
Little India

P.78-79
P.80-81　P.84-85
P.76-77　P.74-75
P.82-83　P.90
P.86-87

ペッキオ・マーケット・フードセンター
Pek Kio Market / Food Centre
華記大蝦麺
Wah Kee Big Prawn Noodle

オーウェン・ロード

オールド・ヘン・キッチン
Old Hen Kitchen

ティンカット・ペラマカン P.210
Tingkat PeraMakan
興興砂煲肉骨
Heng Heng Claypot Bak Kut Te
ABC プレミアム・ホステル
ABC Premium Hostel
和平飯店
Wo Peng Cantonese Cuisine

シンガポール・バプテスト教会
Singapore Baptist Church

タングリン
警察署

ファーラー・パーク・テニスセンター
Farrer Park Tennis Centre

スイミング・プール

カンポン・ジャワ・パーク
Kampong Java Park

ファーラー・パーク
Farrer Park

KKウィメンズ＆チルドレンズ病院
KK Women's & Children's Hospital

ムトゥース・カリー P.216
Muthu's Curry
アーユシュ・アーユルヴェーダ
Ayush Ayur P.291

スパイス・ジャンクション P.215
Spice Junction

ランド・トランスポート・オーソリティ（ハンプシャーオフィス）
Land Transport Authority (Hampshire Office)
（陸路交通管理局）

ガヤトリ
Gayatri

福州メソジスト教会
Foo Chow Methodist Church

アンジャパール
Anjappar
エベレスト・キッチン
Everest Kitchen

ブロードウェイ
Broadway

MRTダウンタウン線
MRT Downtown Line
ブキ・ティマ・ロード

バナナリーフ・アポロ P.216
The Banana Leaf Apolo
ガンディー
Gandhi

アズミ
Azm
大衆軒
Restaurant

ジャギーズ P.215
Jaggi's
マスタード
Mustard

ヒルトン・ガーデン
Hilton Gar
Inn Singap
セラングーン
Serangoon

Parc 22 Hotel Little India

スリ・ヴィラマカリアマン寺院
Sri Veeramakaliamman
Temple P.143

壁画アート P.294

リトル・インディア
Little India

スリ・ラクシュミー・ナラヤン寺院
Sri Lakshmi Narayan Temple

コマラ・ヴィラス
Komala Vilas

ニュー・パサールバル・エンタープライズ P.277
New Pasar Baru Enterprises

タン・テンニ氏の邸宅跡 P.142
Residence of Tan Teng Niah

マドラス・ニュー・ウッドランズ P.2
Madras
New Woodlan

ワイン・アーケード
Wine Arcade

ルピニ's (2F) P.290
Rupini's

ナリ P.277
Nalli

テッカ・センター P.140, 226
Tekka Centre

ミュージアム・レーベル P.268
Museum Label
インディアン・ヘリテージ・センター
Indian Heritage Centre P.144

プロジェクトオアシス
リトル・イン
壁画アート

ラサ・ラジャ・ボジュン
Rasa Raja Bojun
アル・ラーマン・ロイヤル・プラタ P.140
Ar-Rahman Royal Prata
アラーディンズ・ビリヤニ
Allauddin's Briyani

パンジャブ・バザール
Punjab Bazaar P.277
リトル・インディア・アーケード P.141, 145
Little India Arcade

シンガプーラ・クラブ
The Singapura Club
セレブレーション・オ
Celebration of A P.276

エル・イー・カフェ P.239
LE Cafe

2019年8月現在
工事中

キャンベル・イン
Cambell Inn

マウント・エミリー・パーク
Mount Emily Park

オールド・チャンキー・コーヒーハウス
Old Chang Kee Coffee House
Q ロフト・ホテルズ・アット・マッケンジー
Q Loft Hotels @ Mackenzie

2019年8月現在工事中

ビレッジ・ホテル・アルバート・コート P.320
Village Hotel Albert Court

ザ・グレート・マドラス
The Great Madras
ペラ・ホテル P.3
Perak Hot

G4ステーション P.330
G4 Station
セレギー・センター
Selegie Centre

ローチョー
Rochor

86

エリア地図

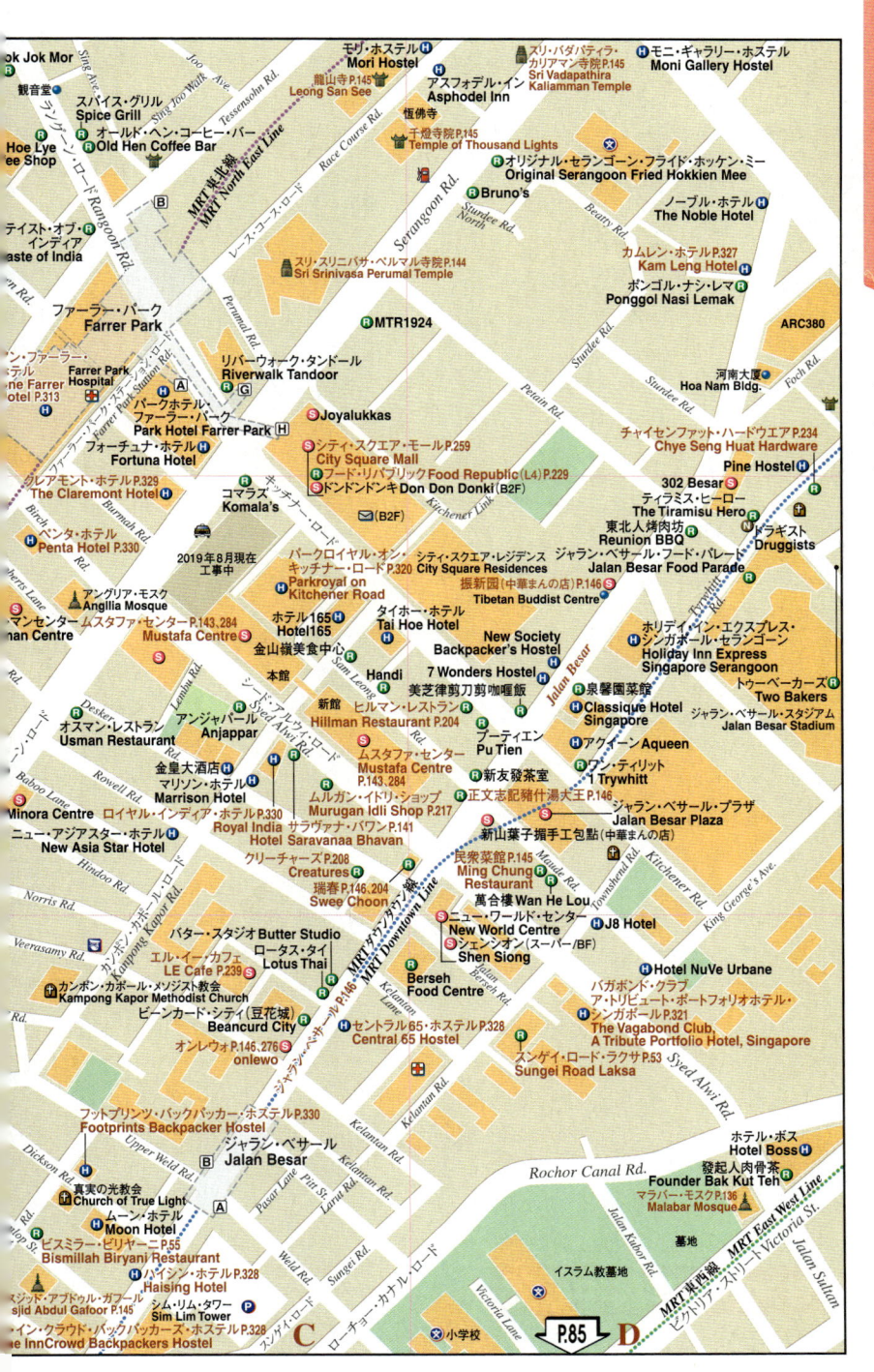

リトル・インディア

セントーサ島中心部

- マウント・フェーバーへ
- ケッペルベイ・タワー
- ハーバーフロント・タワー2 P.153
- ハーバーフロント・タワー1
- ハーバーフロント・ステーション
- ハーバーフロント・センター
- シンガポール・クルーズセンター P.356
- 国際旅客ターミナル P.357
- **ハーバーフロント駅周辺 P.171**
- ケッペル島 Pulau Keppel
- マリーナ・アット・ケッペル・ベイ
- ロイヤル・アルバト（クルーズ船）P.33
- アドベンチャー・コーブ・ウォーターパーク P.33
- シー・アクアリウム P.32
- マリタイム・エクスペリエンシャル・ミュージアム P.32
- 入口
- ビーチ・ヴィラ Beach Villas
- エスパ・アット・リゾート・ワールド・セントーサ P.288 ESPA at Resorts World Sentosa
- エクアリウス・ホテル P.316 Equarius Hotel
- シロソ砦 P.159
- シロソ砦スカイウオーク
- スカイウオークへのエレベーター
- シロソ・ポイント・ステーション
- シロソ・ロード
- ハードロックホテル・シンガポール P.315 Hard Rock Hotel Singapore
- フェスティブ・ホテル Festive Hotel
- キャセロール(L3) Casserole
- シャングリ・ラ ラサセントーサ リゾート＆スパ P.315 Shangri-La's Rasa Sentosa Resort & Spa
- メガ・アドベンチャーパーク P.156
- ケーブルカー（セントーサ）
- バタフライ・パーク＆昆虫王国
- セントーサ・4Dアドベンチャーランド P.156
- セント・サ・ネイチャー・ディスカバリー P.155
- クロックフォードタワー Crockford Tower
- トラピッツァ
- コスタ・サンズ・リゾート Costa Sands Resort
- セントーサ・ステーション（ケーブルカー駅）
- ホテル・マイケ Hotel Michael P.75
- メガ・アドベンチャー・チケット・カウンター
- インビア・ルックアウト・ステーション
- スカイライン・リュージュ・セントーサ P.156
- イメージ・オブ・シンガポール・ライブ P.155
- マダム・タッソー・シンガポール
- タイガー・スカイ・タワー
- AJ(AJハケット・セントーサバンジージャンプ) P.158
- メガジップ着地点
- ウェイブハウス・セントーサ P.158
- エスカレーターのある歩道
- シロソ・ビーチ・リゾート P.330 Siloso Beach Resort
- シロソ・ビーチ P.157 Siloso Beach
- コ・ナッツ・イン マンボ・ビーチ・クラブ
- ル・メリディアン・シンガポール、セントーサ P.317 Le Méridien Singapore, Sentosa
- インビア・ステーション
- マーライオ ステーション
- オラ・ビーチクラブ P.157
- ゴーグリーン・セグウェイ・エコ・アドベンチャー P.158
- レストラン、バーが並ぶ一
- ビキニ・バー
- コーステス
- スカイライン・リュージュのスカイライド乗り場
- グッドオールドデイズ
- ウイングス・オブ・タイム P.159
- ビーチ・ステーション
- ビーチ・アライバル・プラザ
- ビレッジホテル・セントーサ Village Hotel Sentosa
- アウトポスト・ホテル・セントーサ The Outpost Hotel Sentosa
- アイ・フライ P.159
- ゴーグリーン・セグウェイの チケット売り場

パラワン島 Palawan Island

パラワン・ビーチ Palawan Be

0 — 300m

エリア地図

セントーサ島

RWS8（リゾート・ワールド・セントーサ行きバス）
Telok Blangah Rd.
West Coast Highway

Prima

セントーサ・ステーション
ウォーターフロント駅

- Ⓢ ビボ・シティ P.259 **Vivo City**
- Ⓡ マルシェ **Marché**（3F）
- Ⓡ フード・リパブリック **Food Republic**（3F）
- Ⓡ プーティエン **Pu Tien**（2F）P.205
- Ⓢ ファブインディア **Fabindia**（1F）P.279
- Ⓢ フェア・プライス・エクストラ（B2F、1F）P.72 **FairPrice Xtra**

セントーサ島中心部

- シロソ砦 P.159
- リゾート・ワールド・セントーサ P.30
- ソール・ポモドーロ・トラットリア・ピッツェリア
- インビア・ルックアウト
- ユニバーサル・スタジオ・シンガポール P.34
- キーサイド・アイル Ⓢ
- シロソ・ビーチ
- セラポン・ゴルフコース
- パラワン・ルックアウト
- セラポン山
- パラワン・ビーチ
- ソフィテル・シンガポール・セントーサ・リゾート&スパ P.317
- タンジョン・ゴルフコース
- セントーサ・ゴルフクラブ
- タンジョン・ビーチクラブ
- Ⓦ シンガポール・セントーサ・コーブ P.316
- タンジョン・ビーチ P.157
- セントーサ・コーブ（コンドミニアム群）

セントーサ島
0 ──── 1km

- サ・ボードウオーク P.153
- レーン・ダンス P.31（ショー）
- マレーシアン・フード・ストリート P.31
- トリック・アイ・ミュージアム P.31
- ート・ワールド・セントーサ P.30 **...rts World Sentosa**
- オーターフロント・ステーション
- ニバーサル・スタジオ・シンガポール P.34
- セントーサ・ガントリー（料金所）
- グループ・アライバル・センター
- ーティラリー・アベニュー
- バラックス・ホテル・セントーサ **The Barracks Hotel Sentosa**
- Ⓗ アマラ・サンクチュアリー・リゾート・セントーサ P.316 **Amara Sanctuary Resort Sentosa**
- Ⓡ シャッターズ **Shutters**
- ッツェリア・シンガポール P.152
- ラワン・キッズシティ
- アニマル・アンド・バード・エンカウンターズ P.157
- Ⓡ シェフズ・テーブル P.232 **Chef's Table**
- Ⓗ カペラ・シンガポール P.314 **Capella Singapore**
- ソー・スパ P.288 **So Spa**
- セントーサ事務所
- Ⓡ マカン・ストラ・シーフード・シーショア
- つり橋
- アジア大陸最南端の地
- ラワン・ビーチ・ウォーク
- FOC セントーサ
- ソフィテル・シンガポール・セントーサ・リゾート&スパ P.317 **Sofitel Singapore Sentosa Resort & Spa**
- Ⓦ シンガポール・セントーサ・コーブへ P.316
- セントーサ・コーブへ

Pulau Brani ブラニ島

セラポン桟橋

Serapong Course Rd

Serapong Golf Course セラポン・ゴルフコース

Mt. Serapong セラポン山

Bukit Manis Rd.

アランブルック・ロード **Allanbrooke Rd.**

マリーナ・ベイ周辺

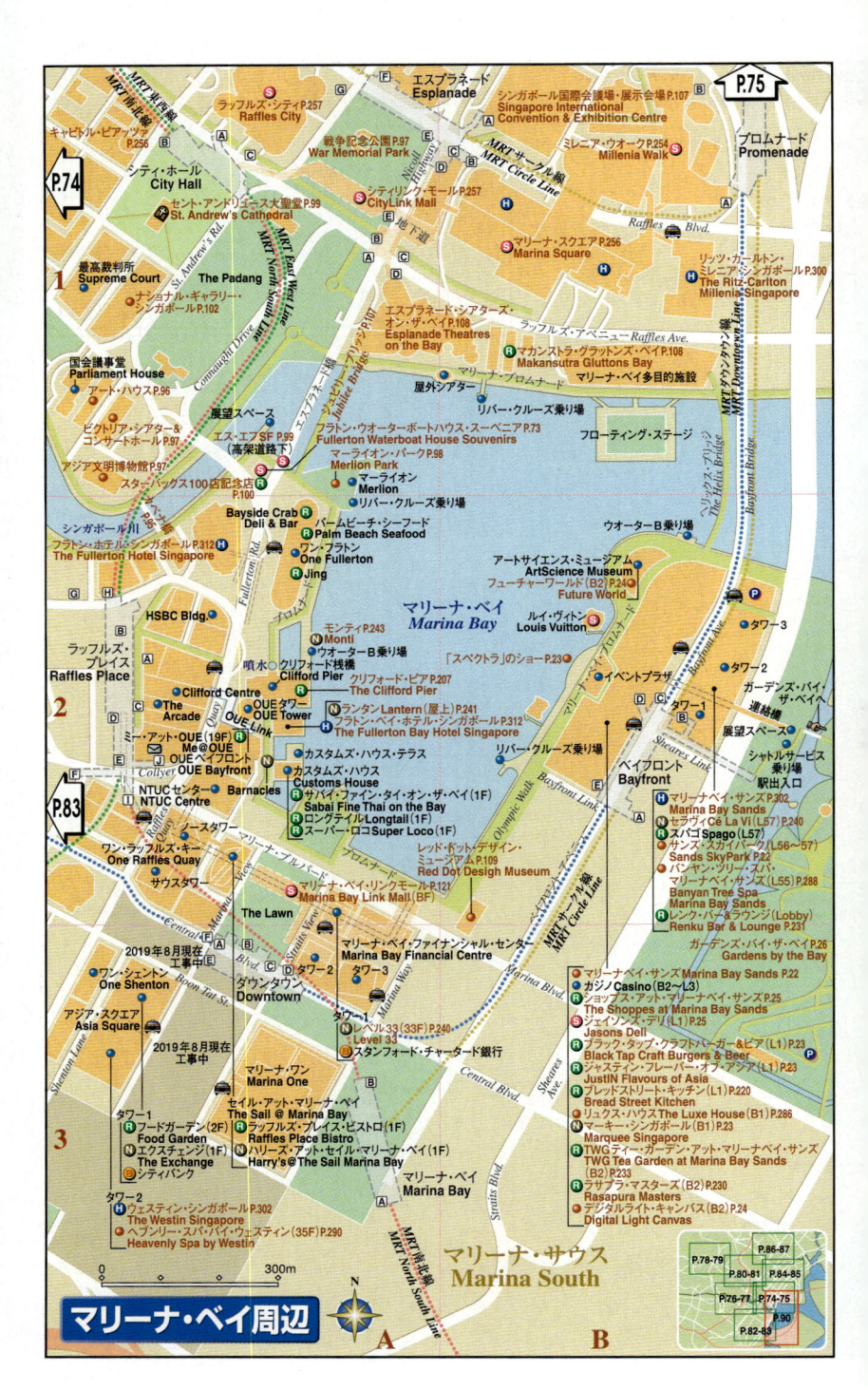

エリア地図

マリーナ・ベイ周辺／チャイナタウン中心部／ニール・ロード周辺

チャイナタウン中心部

屋台が並ぶ

- チャイナタウン・ポイント P.258
- スプリング・コート P.208
- ブリス・ホテル
- ホテル81チャイナタウン
- 北京同仁堂
- 康得美（漢方薬、乾物）
- 華安薬行（薬屋）
- 剣記油鶏麺家
- Beary Best! Hostel
- 恭和館 P.64（香港式甘味）
- ケンコー・ウェルネス・スパ
- 裕華國貨 P.271
- 美珍香
- 皇阿媽（スパ）
- ボースレン・ホテル P.324
- 錦里時尚火鍋
- ムーン
- ボヘミアン
- 剣記油鶏麺家
- 思味冒菜
- サウス・ブリッジ・ホテル（1Fにレストラン・バー）
- ウインク・チャイナタウン P.331
- 東方美食 P.205
- 中国料理店が並ぶ
- 林源記
- モスク・ストリート
- シック
- 老東北菜（水餃子）
- 密斯湘菜館 モノ
- ホテル・モノ
- 胡姫花筷子（箸の店）
- 白新春茶荘 P.271
- ジャマエ・モスク P.130
- タージ（インド料理）
- 北京同仁堂
- MRT チャイナタウン Chinatown
- チャイナタウン・ヘリテージ・センター P.128
- サワディー・タイフード
- タンタン・ショップ
- 壁画アート P.294
- キープ＆コミューン
- パゴダ・ストリート Pagoda St.
- 美珍香
- ファイブ・フットウェイ・イン
- 八道館魚蝦蟹
- 珍宝閣 P.271
- 翡翠鴿
- スリ・マリアマン寺院 P.128
- 安昌珠寶
- アドラー・ホステル P.331
- ラッキー・チャイナタウン
- マクドナルド
- 喜来聚海鮮
- ベッド＆ドリームズ・ホステル
- ジ・イン・アット・テンプル・ストリート P.324
- 廣安堂
- 寶源貿易公司（陶器店）キッチン用品の店が多い
- ファイブ・フットウェイ・イン
- 余仁生 P.272
- テンプル・ストリート
- 味香園 P.238
- イエス・チャイナタウン・ポイントホテル（2F）
- キューブ
- 黄耀南薬行
- 足浴園（足マッサージ店）
- 飲茶酒樓（2F）
- 旺徳福（フルーツ＆デザート）
- テンプル・ストリート Temple St.
- 劉再成
- 聲發
- 珍藝閣
- 安昌珠寶
- ホテル1888コレクション（3F）
- 乾物・漢方薬の店が多い
- ホテル1887 P.323
- チャイナタウン・フード・ストリート P.228
- 楠記（祭祀用具、線香の店）中国料理店が多い
- 「名探偵コナン」の壁画アート P.125
- 南洋老咖啡
- リャオファン・ホーカー・チャン・チャイナタウン P.332
- 獅小釜
- スミス・ストリート Smith St.
- 肥仔榮酒家
- チャイニーズ・シアター・サークル（チャイニーズ・オペラ・ティーハウス）P.125
- 東興 P.239（中国菓子）
- ニューブリッジ・センター
- 大有超級百貨
- チョンバル・ボーンレス・ハイナニーズ・チキンライス
- ヌードルマン（蘭州拉麺）
- 馮滿記（万能中薬油）
- CKデパートメント・ストア（1F、B1F）
- 大中國餅家
- サゴ・ストリート Sago St.
- チャイナタウン・コンプレックス P.124, 227
- 海生百貨
- 萬裕和薬行
- 胡振隆
- 八寶素老咖啡（2F）
- 長城粥品中心 P.206
- 新加坡佛牙寺龍華院 P.130
- 50m

ニール・ロード周辺

- チャイナタウン・コンプレックス P.124, 227
- スプリング・ストリート Spring St.
- 2019年8月現在工事中
- マックスウェル・フード・センター P.225
- 天天海南鶏飯 P.50
- オリエンタル・プラザ
- ファーン・ロフト（2F）
- サウス・ブリッジ・ロード
- 牛車水人民劇場
- マックスウェル・ロード
- ニール・ロード Neil Rd.
- 2019年8月現在工事中
- ルカ P.220
- The URA Centre
- シンガポール・シティ・ギャラリー（1～3F）P.131
- ハグズ・エピグラム・コーヒー・ブックショップ（1F）P.233
- Fairfield Method Church
- マックスウェル・ロード
- スリ・ラヤン・ヴィナヤガ寺院
- 2019年8月現在工事中
- ケオン・サイク・ホテル P.329
- KĒSA House
- オリビア・レストラン＆ラウンジ P.222
- ホテル1929 P.323
- ギルド P.242
- ポテトヘッド・フォーク
- ティーチャプター P.130
- 京華小吃 P.206
- オールドハウス
- バターナット・ツリー・ホテル
- バーント・エンズ
- Littered with Book
- Todamgol（韓国料理）
- シックス センシズ マックスウェル
- ガットバルド・リストランテ・ディマーレ P.220
- マレー・ロード Murray Rd.
- マックスウェル・ロード
- ペック・セア・ロード Peck Seah St.
- タラタタ・ブラッセリー
- 東亞食堂
- 國成球記飯家
- エスキーナ
- フロル
- キロ・キッチン
- ルバーブ
- Cumi Bali
- ラッテリア・モッツァレラ・バー
- ファイブオアーズ・コーヒーロースター P.310
- Bam! Tapas & Sake Bar
- テック・リム Teck Lim
- ケオン・サイク・ロード Keong Saik Rd.
- アフターグロウ
- キュア
- ホテル81 Apiary
- SGタップス
- シックスセンシズ・ダクストン P.219
- エトナ P.219 韓国料理店が多い
- ダクストン・ヒル Duxton Hill
- 準提堂
- バオ・メーカーズ
- Lime House
- ルルレモン
- カフェ＆バー・ガブロッシュ
- テオ・ホン・ロード Teo Hong Rd.
- ダクストン・プレイン・パーク Duxton Plain Park
- 舞
- フルール・ド・セル（フランス料理）
- ブラッスリー・ガヴロッシュ P.218
- ドーセット・シンガポール
- Don Ho
- チャイナタウン・プラザ
- L'Entrecôt
- バー・ナイトクラブが多い
- オーキッド
- ストレーツ・クラン（会員制クラブ）
- ギブソン（2F）P.243
- エイト・カフェ＆バー
- クレイグ・ロード Craig Rd.
- ビノミオ
- パスタ・ブラバ
- アウトラム・パーク Outram Park
- グラスルーツ・ブックルーム P.128（カフェ併設）
- P.128
- Pastaria Abate
- 東明昇（骨董品）
- メルベン・シグネチャー
- カントンメント・ロード Cantonment Rd.
- ローカル
- クレイグ・ロード Craig Rd.
- タンジョン・パガー Tanjong Pagar
- MRT 東西線
- 工事中
- ポリス・カントンメント・コンプレックス
- ピナクル・アット・ダクストン P.127
- Duxton Plain Park
- 善陀寺
- バンダ・ミス・ジョアキム・パーク
- プラザ・リンク Plaza Link
- 100m

92

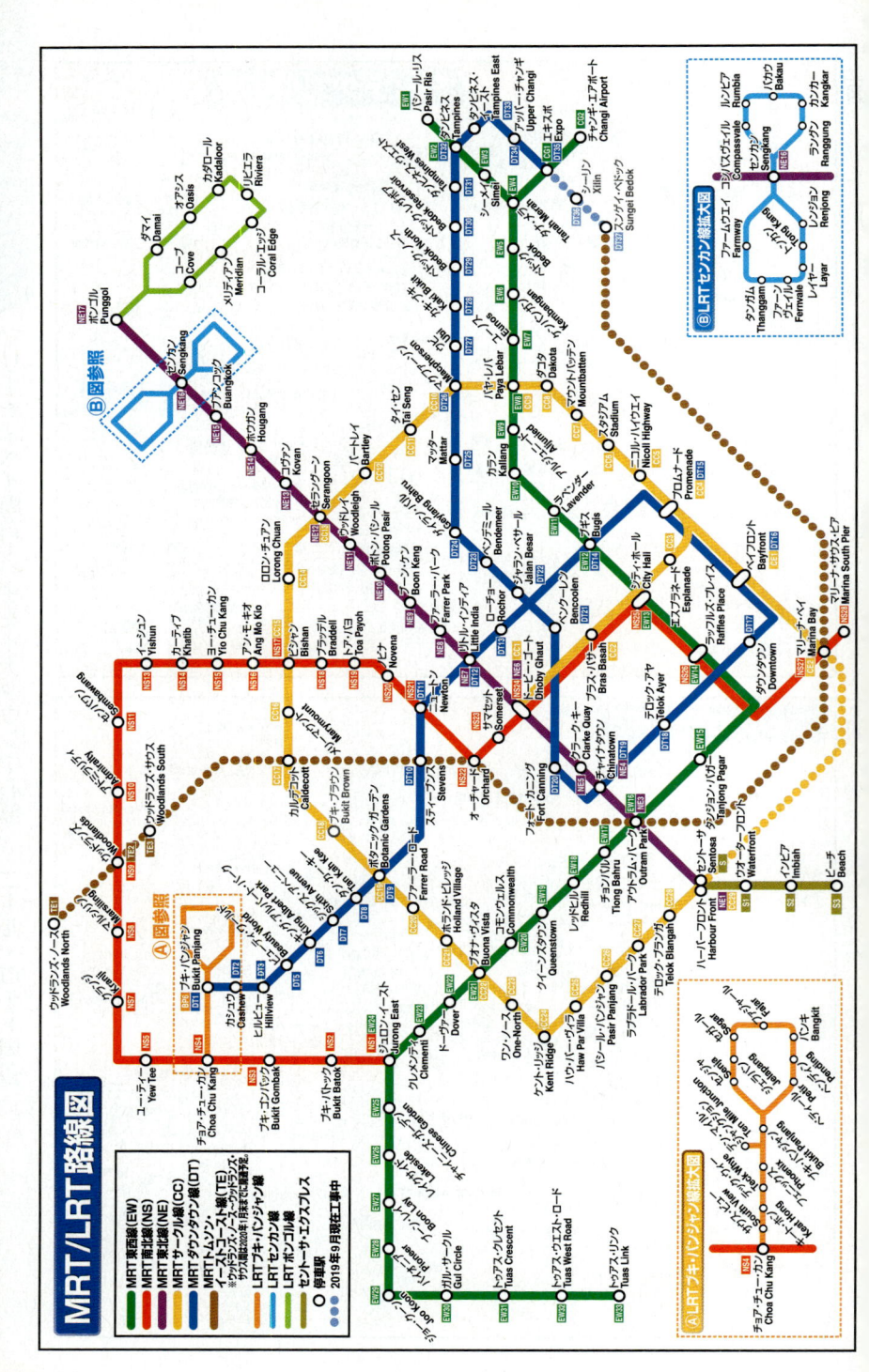

Area Guide
エリアガイド

シンガポール・ボタニック・ガーデン(→P.118)

Map P.74-75

シティ・ホール周辺

Around City Hall

ACCESS

主要部のスポットへ ▶MRTシティ・ホール駅が便利。
西部のスポット（シンガポール国立博物館など）へ ▶MRTブラス・バサー駅かベンクーレン駅を利用。
東部（戦争記念公園）へ ▶MRTエスプラネード駅かシティ・ホール駅を利用。
川沿いのスポットへ ▶MRTラッフルズ・プレイス駅を利用。

各エリア間の徒歩所要時間
● 川沿いエリア～MRTシティ・ホール駅
　セント・アンドリュース・ロードを北上して約15分。
● MRTシティ・ホール駅周辺～MRTブラス・バサー駅周辺
　ブラス・バサー・ロードを西へ約10分。

街歩きプラン
❶ マーライオン・パーク　→P.98
　徒歩約8分
❷ アジア文明博物館　→P.97
　徒歩約3分
❸ ラッフルズ上陸記念の地
　　　　　　　　　　→P.96
　徒歩約5分
❹ ナショナル・ギャラリー・シンガポール　→P.102
　徒歩約8分
❺ ラッフルズ・シンガポール
　　　　　　　　　　→P.99

新たなアートの発信地として脚光を浴びるナショナル・ギャラリー・シンガポール。ドームを冠する建物はかつての最高裁判所、隣接する建物はシティ・ホールだった。クラシックとモダンをミックスした新境地を体現

　シンガポール川の河口の北側一帯はシンガポールの歴史を物語る鍵となるエリア。

　ここに来るとアジアとは異質の光景を目にする。丸いドームが青空に映えるコリント式の列柱をもつ建物とネオクラシックの重厚な建物が連なるナショナル・ギャラリー・シンガポール（→P.102）、ステンドグラスが美しいネオゴシック様式のセント・アンドリュース大聖堂。パダンと呼ばれるグラウンドではクリケットやラグビーが行われている。シンガポールで、いやアジアで、ヨーロッパの面影をいちばん色濃く残すのがシティ・ホール周辺だ。

　このエリアの一角にラッフルズが第一歩を印した場所がある。歴史上にシンガポールが現れるのはこのときからであり、そういった意味で「近代シンガポール発祥の地」といわれている。ラッフルズが上陸してから200年の歳月が流れ、その間シンガポールは大きく様変わりした。しかし、ラッフルズがシンガポールに築いたヨーロッパは、今もここに洗練された美しさをたたえて姿をとどめている。

歩き方　Orientation

歩き方のヒント
見どころはシティ・ホール駅周辺とシンガポール川沿いに集中

シンガポール川沿いの見どころへはMRTラッフルズ・プレイス駅からアクセス。川沿い以外のスポットへはMRTブラス・バサー駅、エスプラネード駅、シティ・ホール駅を使い分けるのがコツ。

見どころが集中しているのは3つのエリア

川沿いの一画　※MRTラッフルズ・プレイス駅利用

　シンガポールに来たなら、まず訪れたいのが、シンガポール川の川沿いのエリア。**近代シンガポール発祥の地であるこのエリアは、コロニアル建築の歴史遺産が集中している。** ラッフルズ上陸記念

川沿いにプロムナードが整備されており、絶好の散歩道。ジョギングやサイクリングをする人の姿も

の地（→P.96）、アジアの芸術遺産を集めたアジア文明博物館（→P.97）、ビクトリア・シアター＆コンサートホール（→P.97）、ナショナル・ギャラリー・シンガポール（→P.102）、そしてフラトン・ホテル・シンガポール（→P.312）を経由して河口へ進むとマーライオン・パーク（→P.98）がある。見どころの多い川沿いのプロムナードをぶらぶら歩いてみよう。

左／1860年建造の歴史あるカベナ橋 **MAP** P.74-3B
下／この橋のたもとには、以前このあたりにいた猫の親子の像がある

シティ・ホール駅周辺 ※MRTシティ・ホール駅利用

駅の周りには人気のショッピングセンター、**ラッフルズ・シティ**（→P.257）、カフェやレストランなど食関連が充実した複合施設、**キャピトル・ピアッツァ**（→P.256）、2019年に新たな姿で再オープンした**ラッフルズ・シンガポール**（→P.16、99）がある。シティ・ホール駅は、地下街のシティリンク・モール（→P.257）を介してエスプラネード駅につながっている。

ブラス・バサー駅周辺 ※MRTブラス・バサー駅利用

シンガポール・アート・ミュージアム（2019年9月現在改装中）、**シンガポール国立博物館**（→P.101）があり、シンガポール経営大学の校舎も並ぶアカデミックな一画。

アイコニックなタワーが登場
サウスビーチ・タワー
South Beach Tower
MAP P.75-1C　⊞38 Beach Rd.

エスプラネード駅の真上に立つ2棟のタワー。タワー内にはオフィス、高級アパート、ホテルがあり、軍関連の施設だった4棟の歴史建築物も組み込まれている。エコ機能のある波状の張り出し屋根のほか、雨水利用や植物の植え込みなど工夫が施された都市と自然の調和を目指すグリーンなビルだ。

タワー内のホテルは規模の大きな「JWマリオット・ホテル・シンガポール・サウスビーチ」（→P.299）。

壁面が曲線を描く2棟の建物はロンドンの建築家集団の設計。低層階にはレストランやショップが入店している。写真手前が旧軍兵舎で現在はホテルのバーやボールルームになっている

アート・ハウスにあるゾウの像

パーラメント・プレイス沿いのアート・ハウス（旧国会議事堂）前（→P.96）にはブロンズでできたゾウの像が立っている。これは、1871年3月にタイの国王ラマ5世から贈られたもの。シンガポール訪問の際、盛大な歓迎を受けたラマ5世が、お返しに贈ったのだという。最初はビクトリア・シアター＆コンサートホールの前に据えられていたが、1919年に現在の場所に移された。

ひっそりと立つ黒いゾウ

エリアガイド　シティ・ホール周辺

ラッフルズ上陸記念の地

MRTラッフルズ・プレイス駅から徒歩約7分。

台座の4面に各言語で「ラッフルズ卿、1819年1月28日に初上陸」と刻まれている

スタンフォード・ラッフルズの経歴

イギリスの東インド会社の臨時職員から猛努力が実って昇進。書記官としてペナンへ渡り、ジャワ島統治を経て、シンガポールにやってきた。貿易の拠点となる中継港としてこの地を選んだ先見の明が光る。再訪した1822〜23年に都市計画を練り、自由貿易港の基礎を整えた。

2019年ラッフルズ上陸200年を記念し、この島を発見した「シンガプーラ」と名づけたとされるサン・ニラ・ウタマや1819年に来港し発展の礎を築いた人物の像を川沿いに設置している（同年12月まで）

アート・ハウス

- 1 Old Parliament Lane
- 6332-6900、6332-6919（チケット売り場）
- www.theartshouse.sg
- 10:00〜22:00（チケット売り場は10:00〜20:00、祝日休み）
- 無休
- 無料（各パフォーマンス鑑賞は有料）
- MRTラッフルズ・プレイス駅から徒歩約7分、シティ・ホール駅から約8分

演劇、映画やライブ、ギャラリーの展示案内などは上記ホームページに紹介されている。

おもな見どころ Sightseeing Spot

近代シンガポール発祥の地に立つ
ラッフルズ上陸記念の地 ★★★
Raffles Landing Site　MAP P.74-3B

1819年にサー・トーマス・スタンフォード・ラッフルズが上陸したのがここ。漁村から近代都市へと歴史の転換点となった場所だ。記念の地には白いラッフルズ像が立ち、台座にはシンガポールの公用4ヵ国語で書かれた碑文プレートがはめ込まれている。

ラッフルズ上陸150周年を記念して造られた像。ビクトリア・シアター前の黒いラッフルズ像（→P.97）の鋳型を取り同じ大きさで作製された

歴史遺産の中で楽しむ最新アート＆カルチャー
アート・ハウス ★★
The Arts House at The Old Parliament　MAP P.74-3B

1827年に建てられた、最も古い政府関連の建造物。当初はシンガポールで最初の裁判所として、後には国会議事堂として1999年まで使用されてきた。そして2004年にアートを発信し、歴史の軌跡を示す「アート・ハウス」に生まれ変わった。
2階にはミニシアターやミニシネマ、ギャラリーなどがあり、か

左／アート・ハウスは白亜のビクトリア様式の建物　右／かつての議場の調度品はロンドンから取り寄せたオリジナル。現在はコンサートやイベント、会議などに使われている

Information

リバークルーズで絶景ウオッチング

バムボートと呼ばれる木造船で、シンガポール川からマリーナ・ベイを巡る遊覧ツアー（所要約40分）は、シンガポールのハイライトを眺められる人気ツアーだ。コロニアル建築、マーライオン、マリーナベイ・サンズが次々と視界に出現。船内では周辺の歴史や観光のビデオ案内も。マリーナベイ・サンズのレーザーショー（→P.23）を観賞するクルーズもある。以下の2社が、乗り場は異なるが同様のルート、料金で運航している。

左／サンズの前に停止してショーを観賞　右上／レトロな風情のバムボート　右下／ウオーターB社は赤と白の船も使用

シンガポール・リバー・クルーズ
Singapore River Cruise
- 6336-6111
- www.rivercruise.com.sg
- 9:00〜23:00（最終は22:30発）。約15分間隔で運航、レーザーショー・クルーズは19:30、20:30にクラーク・キーの乗り場から出発。無休　通常クルーズ：大人$25、子供（3〜12歳）$15、レーザーショー・クルーズ：大人$38、子供$22

ウオーターB　Water B
- 6509-8998
- www.waterb.com.sg
- 同上（最終は22:00発）。20〜25分間隔で運航、レーザーショー・クルーズは19:30、20:30にリャン・コートS.C.前の乗り場、5分後にセントラル前の乗り場発。
※通常クルーズの乗り場は川・湾沿いにそれぞれ7〜8ヵ所ある。

つての議場はコンサートやパフォーマンスの会場に使われている。建物内には1827年当時の建築部分やインテリアがそのまま残る箇所もあり、興味深い。

1階には企画展が行われるギャラリー、チケット売り場があり、飲食施設は屋外席でライブ音楽が楽しめるバー「ティンブレ」が入店。

クラシカルな風情と最新設備を併せもつ
ビクトリア・シアター＆コンサートホール
★★　　　　　　　　　　　Victoria Theatre & Concert Hall

MAP P.74-3B

1862年にイギリス人建築家ジョン・バーネットの設計で建てられた旧市役所（左側）と、その右側に増築された高さ54mの時計台、ビクトリア女王をたたえる記念堂からなる。現在は、左を劇場に右をコンサートホールとして使用。4年間の改築工事を経て2014年に再オープンし、クラシカルな雰囲気はそのままに最新の音響設備が整備された。交響楽団や室内楽のコンサートから、海外の現代劇、能や狂言にいたるまであらゆるジャンルの公演が行われている。

ビクトリア・シアター＆コンサートホール
住 9 Empress Place
URL www.vtvch.com
営 10:00～21:00　休 無休
行き方 MRTラッフルズ・プレイス駅から徒歩約6分。

左／シンガポール最古の劇場　右／昔の姿を残す1階ホール。シアターとコンサートホールの間の通路は改装後、ガラス張りになり時計台が望める　上／正面入口の前に立つ黒いラッフルズ像。こちらが元祖オリジナル

アジア全域の文化・文明の遺産を展示
アジア文明博物館
★★★　　　　　　　　　　Asian Civilisations Museum

MAP P.74-3B

19世紀に建てられた由緒ある歴史的建造物、エンプレス・ビル内にある博物館。宗教にまつわる美術品や出土品など、アジア全域の多様な文化財を鑑賞できる。7つのギャラリーがあり、2015年の増築で加わった「唐代の沈没船Tang Shipwreck」は目玉のギャラリーのひとつだ。沈没船はまるでタイムカプセル。ジャワ海から引き揚げられた積み荷は当時の交易の様子がわかる貴重な遺産だ。古代宗教、南アジアとイスラム世界の文化、交易の美術品など充実の展示品を誇る。

アジア文明博物館
住 1 Empress Place
TEL 6332-7798　URL acm.org.sg
営 10:00～19:00（金曜～21:00）
休 無休　料 大人$8、子供、学生、60歳以上$4、6歳以下の子供は無料（2019年10月現在。展示内容によって異なる）
※金曜19:00以降は半額。
行き方 MRTラッフルズ・プレイス駅から徒歩約5分。

●無料の館内ガイドツアー
[日本語] 月～金曜の10:30、第2土曜の13:30

左／1000年以上海底に沈んでいた積み荷が1998年に引き揚げられた　中／唐代（618～907年）の陶磁器約6万枚のほか、金や銀製品も積み荷に　右／カンボジアのアンコール王朝時代の仏陀像　上／博物館オリジナル品をはじめ、デザイナー雑貨を揃えた「ミュージアム・レーベル」（→P.268）がある

戦争の悲惨さについて考えさせられる
戦争記念公園
★★　　　　　　　　　　　　War Memorial Park

MAP P.75-2C

ラッフルズ・シティの前にある小さな公園が戦争記念公園。68mの高さをもつ塔の正式名称は「日本占領時期死難人民記念碑」。1942年2月18日、シンガポールが日本軍に占領されてから10日間にわたり、数万人の華人が虐殺された（その数にまだ定数はない）。

戦争記念公園
行き方 MRTエスプラネード駅から徒歩約2分。

日本軍の降伏
1945年9月、連合軍の東南アジア方面最高司令部だったマウント・バッテン卿と日本軍の板垣征四郎大将との間で、日本軍の降伏調印式が行われた。会場は旧シティ・ホールを使用。

エリアガイド

シティ・ホール周辺

マーライオン・パーク
料 無料
行き方 MRTラッフルズ・プレイス駅から徒歩約10分。

像を正面から見られる桟橋が設けられている。隣接するワン・フラトンの1階部分にはレストランやカフェが並ぶ。また、西側のアンダーソン橋のそばにはみやげ物店がある。

マーライオンを造った人
シンガポールの彫刻家リム・ナンセンによるもの。$10万のお金をかけ、40トンものセメントを使って造り上げた。2002年に現在の場所に移動したが、その引っ越しにかかった費用は$750万。

チャイムス
住 30 Victoria St. **☎** 6332-6900
URL chijmes.com.sg
営 だいたい11:30頃～23:00頃
行き方 MRTシティ・ホール駅から徒歩約3分。

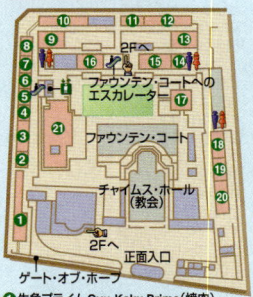

チャイムス 1F
1. 牛角プライム Gyu-Kaku Prime（焼肉）
2. グラスハウス（コーヒー＆トースト）The Glasshouse
3. フヴァーラ・ティーハウス Hvala Teahouse
4. オールモスト・フェイマス・クラフトビア・バー Almost Famous Craft Beer Bar
5. 博多一幸舎 Ikkousha Hakata Ramen
6. 達 Tatsu（寿司、鉄板焼き）
7. とんかつ・バイ・マ・メゾン Tonkatsu by Ma Maison
8. こめバー Kome Bar（居酒屋）
9. モダン居酒屋 The Modern Izakaya
10. れんが家 Rengaya（居酒屋）
11. ハリーズ Harry's（バー）
12. パブリカ・アンド・クミン（ビストロバー）Paprika & Cumin
13. 金色不如帰 Konjiki Hototogisu（ラーメン）
14. セニョール・タコ Señor Taco（メキシコ料理）
15. エル・メロ・メロ El Mero Mero（メキシコ料理）
16. インドシン・チャイムス（フュージョン料理）IndoChine Chijmes
17. プリヴェ Privé
18. ジャルディーノ Giardino（イタリア料理）
19. モア・ティキ・ニュージーランド・バー＆グリル MOA Tiki New Zealand Bar & Grill
20. カーニボア・ブラジリアン・シュハスカリア Carnivore Brazilian Churrascaria
21. レイ・ガーデン Lei Garden（広東料理）

その犠牲者の霊を慰めるため、またこのような惨事を二度と繰り返さないようにと、シンガポール、日本両政府の協力で1967年に建てられた慰霊塔である。塔は4本の柱からなっており、それぞれ中国人、マレー人、インド人、ユーラシアンを表す。4本の柱が寄り添い、空に向かって伸びている姿は、それぞれの民族が力を合わせ平和を築いていこうとしているようにも見える。

約70mの4本柱の慰霊塔。身元不明の遺骨は慰霊塔の下に埋葬されている

最高のビューポイントに立つシンガポールのシンボル
マーライオン・パーク
★★★
MAP P.75-3C
Merlion Park

1972年9月15日、当時の首相リー・クアンユーの提案で造られたマーライオン。上半身がライオン、下半身が魚の不思議な容姿の像だ。上半身のライオンはシンガポールの名前の由来であるシンガ（サンスクリット語でライオンの意味）に由来し、下半身の魚は港町シンガポールを象徴しているという。そのマーライオンの像は、ワン・フラトンの海側にあり、海に向かって勢いよく水を噴き出している。正面から見られる場所まで桟橋が延び、記念撮影する人々でにぎわっている。高さ約8mの本家マーライオンの背後にはミニマーライオンも立つ。

左／記念写真を撮る観光客で早朝から夜までにぎわっている　右／イベント開催時や9月のF1グランプリの期間はプロジェクション・マッピングでカラフルに彩られる

歴史ある教会施設にレストランが集合
チャイムス
★★
MAP P.74-1B
Chijmes

1854年にフランスの尼僧によって建てられた修道院が前身。その後1904年に孤児院と教会が増築され、現在はステンドグラスが美しい教会や回廊、芝生の中庭など当時の面影を残しつつ、レストランやバーが軒を連ねるダイニングスポットとなっている。ビクトリア・ストリート沿いの外壁には当時、育てられなくなった乳児を預けるための小さな扉「ゲート・オブ・ホープ」の複製が据え付けられている。

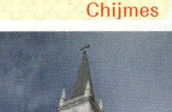

左／「ゲート・オブ・ホープ」の小さな扉。ここで命をつないだ乳児は修道院内の孤児院で育てられた　右／ゴシック様式の美しい教会

シティ・ホール周辺

ラッフルズ・シンガポール
シンガポール随一の観光名所
★★★　　Raffles Singapore
MAP P.75-1C

　1887年、アルメニア人の富豪、サーキーズ兄弟によって造られたのがラッフルズ・シンガポール。以来、シンガポールを代表するコロニアルホテルとして、多くの人々を魅了してきた。ホテルとしてはもちろん、観光スポットとしてもシンガポールを代表する場所だ。

　2年半の全館改装工事を終えて2019年8月に新生ラッフルズがお目見え（→P.16）。コロニアルな造りはそのままに、客室やレストランに機能性や先端性を加えてパワーアップ。ヒストリーギャラリーが設置されたラッフルズ・ブティックは見学を兼ねて訪れたい。

レストランやバー、ショッピングアーケード、グランドロビーでのアフタヌーンティー（→P.231）は観光客も利用できる。

左／凜とした気品をたたえるホテルのファサード　右／広いスペースで展開するラッフルズ・ブティック

セント・アンドリュース大聖堂
白亜の尖塔が印象的な
★★　　St. Andrew's Cathedral
MAP P.74-2B

　壮麗で気品あるこの教会は、シンガポール教区の主教座堂だ。創建は1834〜1837年だが、1856〜1863年に現在の姿に再建され、以後イギリス国教会に属している。

　美しいゴシック建築の外観とともに、厳かな空気に満ちた内部のステンドグラスにも注目したい。正面のものはラッフルズや歴代総督を記念するもので、正面中央のステンドグラスにはラッフルズの紋章が描かれている。

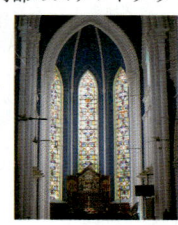

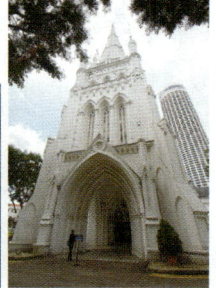

アルメニアン教会
シンガポール最古の教会
　　Armenian Church
MAP P.74-2A

　ヒル・ストリート沿い、「グランド・パーク・シティ・ホール」ホテルの向かいにあるドーリア式の柱が並ぶ白い教会。1835年、シンガポール在住のアルメニア人12家族の基金によって設立されたため、この名前がついた。別名をセント・グレゴリー教会ともいう。

　教会内部は設立当時のままに残されており、当時の様子をしのばせる。敷地内には、アルメニア人の墓や碑がいくつか並んでいる。

左／内部の造りは伝統的なアルメニア教会のスタイル
右／建物のデザインはジョージ・コールマンが行った

エリアガイド

マーライオン直近の水分補給スポット
　国内に30店以上ある人気のフルーツスタンドが、マーライオン・パーク近くの高架下にオープン。イートインスペースもあり、みずみずしいカットフルーツはもちろん、果物を贅沢に使ったフルーツジュースやスムージーを手軽に楽しめる。

●エス・エフ SF
MAP P.90-1A　住 3 Fullerton Rd., #01-05 The Fullerton Waterboat House　電 なし　営 8:30〜22:00（金・土曜、祝日前日〜23:00）　休 無休　行き方 MRTラッフルズ・プレイス駅から徒歩約10分。

日本やタイなどから空輸した果物も販売している

ラッフルズ・シンガポール
住 1 Beach Rd.　電 6337-1886
URL www.raffles.jp/singapore
行き方 MRTシティ・ホール駅、エスプラネード駅から徒歩約5分。
※ラッフルズ・シンガポール紹介記事→P.16。

●ラッフルズ・ブティック
Raffles Boutique
MAP P.75-1C
電 6337-1886　営 9:00〜21:00
休 無休　カード ADJMV
　定番人気のカヤジャムやピーナッツ、お茶のほか商品がさらに充実。ホテルの歴史資料や昔の品々を展示するヒストリーギャラリー、ケーキやコーヒーを販売するコーナーも併設されている。

左／ステンドグラスから光が差し込む祭壇。模様のなかにラッフルズの紋章がある　右／木立が生い茂る広い敷地に立つ

セント・アンドリュース大聖堂
住 11 St. Andrew's Rd.
電 6337-6104
URL cathedral.org.sg
行き方 MRTシティ・ホール駅から徒歩約3分。

アルメニアン教会
住 60 Hill St.
営 9:00〜17:00（土曜〜12:00）
行き方 MRTシティ・ホール駅から徒歩約7分。

シビル・ディフェンス・ヘリテージ・ギャラリー
- 62 Hill St.
- ☎6332-2996
- URL www.scdf.gov.sg
- 圏10:00～17:00 囚月曜
- 料無料 行き方MRTシティ・ホール駅から徒歩約5分。

休憩にいい穴場カフェ
スターバックス100店記念店
MAP P.75-3C
- 3 Fullerton Rd., #02-01/02/03 The Fullerton Waterboat House
- ☎6910-1267 圏8:00～23:00（金・土曜、祝日前日～24:00）
- 囚無休 カード AJMV
- 行き方MRTラッフルズ・プレイス駅から徒歩約10分。

1919年建造の歴史建築、フラトン・ウオーターボートハウス内にあるスターバックスはシンガポール100店目の店。マーライオン・パークから徒歩約5分のこの店は、すいていて大きな窓からの眺めもよく、休憩にぴったり。

ゆったりした店内はくつろげる

ミントおもちゃ博物館
- 26 Seah St. ☎6339-0660
- URL www.emint.com
- 圏9:30～18:30（ルーフトップバーは18:00～23:00） 囚無休
- 料大人$20、子供（2～12歳）、60歳以上$10 カード AMV
- 行き方MRTシティ・ホール駅から徒歩約6分。

消防の歴史がわかる
シビル・ディフェンス・ヘリテージ・ギャラリー ★
MAP P.74-2A
Civil Defence Heritage Gallery

ヒル・ストリートにある目立つれんが造りの建物は消防署である。この歴史ある消防署に隣接して、消防の歴史と現在の消防技術や救助活動に関する展示ギャラリーが設けられている。消火現場のビデオは迫力あり。敷地内では消火や救助のデモンストレーションが行われることもある。

1920年代建造の建物も見られる

国内で活躍した歴代の消防車が展示されている

ビンテージのおもちゃ約1万点を展示
ミントおもちゃ博物館 ★★
MAP P.75-1C
Mint Museum of Toys

昔懐かしいおもちゃコレクション（1930～1960年代のものが中心）。これらは個人のコレクションですべてオリジナル。世界25ヵ国のおもちゃがテーマ構成されて、2～5階の展示フロアに並ぶ。

2階は1840年代のドイツの木製おもちゃをはじめ、貴重な収集品の展示、3階はフェリックスやミッキーマウスといった子供時代のお気に入り。4階はポパイやバットマンなど人気フィギュアが並ぶキャラクタールーム。5階は宇宙をテーマにした漫画やSF映画のキャラクター商品などの展示。1階はショップ、地下はカフェ、屋上はバーになっている。

日本の懐かしいおもちゃもある

Information
シティ・ホール周辺の博物館が軒並み改装工事に突入

アートや文化の発展と育成、保存活動に力を入れているシンガポール。既存の博物館のさらなる規模拡大やハイテク展示を目指した改装工事が相次いでいる。シンガポール切手博物館は2020年末まで、シンガポール・アート・ミュージアムとプラナカン博物館は2021年半ば頃までの予定で工事が進行中だ。どれも歴史ある建造物を用いた博物館。どんなふうに手が加えられ、展示の仕方が工夫されるのか再オープンが楽しみだ。

シンガポール・アート・ミュージアム
Singapore Art Museum
MAP P.84-3A URL www.singaporeartmuseum.sg

プラナカン博物館 Peranakan Museum
MAP P.74-1A URL peranakanmuseum.org.sg

シンガポール切手博物館
Singapore Philatelic Museum
MAP P.74-2A URL spm.org.sg

アルメニアン・ストリートが歩行者天国に

プラナカン博物館が立つ約50mの小さな通り、アルメニアン・ストリートArmenian St.（MAP P.74-1A）が、アルメニアン・ストリート・パークとして生まれ変わった。ここはフォート・カニング・パーク（→P.105）に属する9つの庭園のひとつで、歩行者天国になったストリートには、プラナカン料理に使われるスパイスやニョニャの髪飾りに使用される花など、プラナカンゆかりの植物が植えられている。1900年代初頭のコロニアル建築が多く、撮影スポットとしても話題。

フランス料理店「ル・ビストロ・デュ・ソムリエ」などが入っているショップハウスに描かれた壁画アート

古代遺産からデジタルアートまで盛りだくさん

シンガポール国立博物館
National Museum of Singapore

ビクトリア女王在位50年を記念して建てられたドームを有する白亜の建物が国立博物館だ。2016年にできた「ストーリー・オブ・ザ・フォレスト」は体感型のデジタルアート展。1階の「シンガポールヒストリーギャラリー」を見れば、この国がもっと身近になるはず。進化した博物館を楽しもう。

左／新アート「ウィングス・オブ・ア・リッチ・マヌーヴァ」。1万4000個以上のスワロフスキーのクリスタルとLEDライトで飾られた8つのシャンデリアが15分ごとに振り子のように動く（2階）　右／建物自体が歴史遺産。1887年に建てられ、改装を経て現在の姿に

ストーリー・オブ・ザ・フォレスト
Story of the Forest

2階のドーム型のガラスロタンダに設置された、日本のデジタルアート制作集団、チームラボによる常設展。館内の展示品である19世紀初頭の動植物画「ウィリアム・ファーカー・コレクション※」が題材。シンガポールの自然界をデジタルアートで体験できるというものだ。観賞者の数や立ち位置で次々自然が変化し、幻想的で神秘に満ちた世界にはまり込んでしまう。

回廊を下りきるとドーム空間へ。人がスクリーンに近づくと種が降ってきて木が生え、森になる。花の香りや鳥の鳴き声、雨音と臨場感たっぷり

下／らせん状の回廊に投影された動植物が生息するシンガポールの森　上／専用のアプリをダウンロードしてスマホを動物にかざすと、その動物の情報が得られ、撮影して取り込むこともできる

シンガポールヒストリーギャラリー
Singapore History Gallery

メインの展示室。歴史と文化を、時代やテーマに沿って紹介している。

この地に人が住み始めたのは約1000年前。写真は中国人貿易商の記述から再現した14世紀中頃の当地の生活再現映像

自由貿易港、さらには近代化の基礎を築いたスタンフォード・ラッフルズ。努力家でマレー語を習得し歴史も学んだうえで、町づくりや法の制定を行った

フォート・カニングの丘から出土した王族の金のイヤリングとアームレット。14世紀中頃のもので、アームレットにはヒンドゥー教の神様が彫られており、インドネシアのジャワ島との関連がうかがえる

1965年マレーシアからの追放という形で独立を余儀なくされた初代首相のリー・クアンユーが、涙ながらに独立発表する記録映像

無料で見られる
「アート・オブ・ザ・リハーサル」

さまざまな民族のダンサーとその舞台裏を描くビデオインスタレーション（ギャラリー10にあり入場券不要）。

「シンガポール・ストーン」に注目

シンガポール川河口に存在した石碑の破片。1843年にイギリス人が港建設のため爆破し、残った唯一の破片がこれ。石碑には古代の文字でこの地の歴史が記されていたとされるが、判読不能で謎に包まれたまま。

MAP P.74-1A　93 Stamford Rd.　6332-3659、6332-5742
URL nationalmuseum.sg　10:00～19:00（最終入場「ストーリー・オブ・ザ・フォレスト」は18:15、それ以外は18:30）　無休　大人$15、学生、60歳以上$10、6歳以下は無料　MRTプラス・バサー駅、ベンクーレン駅から徒歩約4分。
●無料の日本語ガイドツアー：月～金曜、第1土曜の10:30。※祝日は行われない。

※：ラッフルズ統治下、駐在官だったウィリアム・ファーカーがマレーシアやシンガポールの動植物を中国人画家に記録させた477点の貴重な資料。

アート・絶景・食が楽しめる！

ナショナル・ギャラリー・シンガポール
NATIONAL GALLERY SINGAPORE

大解剖

シンガポールが総力を挙げて築いたアートの殿堂、ナショナル・ギャラリー・シンガポール。2015年のオープンから注目度は高く、目玉の観光スポットのひとつとなっている。珠玉のアート作品もさることながら、さすが先進とエンタメの国と思わせる造りや趣向に驚嘆。歴史建築とのコラボ、すばらしい眺望、洗練のダイニングなど楽しみと魅力が詰まっている。

ふたつの建物の間にある空間はナショナル・ギャラリーの象徴的空間「パダン・アトリウム」。天井には日よけ効果のある約1万5000枚のアルミ板が使われている

見どころと攻略法

とにかく広い（6万4000㎡）！ 最短でも2～3時間、じっくり見ると1日でも足りないほど。ざっと構造を頭に入れ、見たいスポットを絞ろう。入館料不要でアクセスできるレストランやショップ、屋上展望デッキだけでも壮麗な雰囲気に触れられる。

石造りの壮麗な建物。手前が旧裁判所

ふたつの歴史遺産が合体
1939年建設の旧最高裁判所（スプリームコート）と1929年建設の旧市庁舎（シティ・ホール）をつなぎ、それぞれウイングと称してギャラリー展開。ふたつの建物を行き来できるのは地下と3階、4階のブリッジのみ。シティ・ホール・ウイングの6階（屋上）にルーフガーデン・ギャラリーと展望デッキ、バーがある。

屋上のバー「スモーク＆ミラーズ」から望む摩天楼の夜景。バー隣の展望デッキは入場券なしでも景色を楽しめる

必見のギャラリーはここ
◆**DBSシンガポールギャラリー**（ローカルアーティストの作品、シンガポールに関連のある作品約400点。全3室）：シティ・ホール・ウイング2階全域を占めるこのギャラリーはぜひ見たい。
◆**UOB東南アジアギャラリー**（東南アジア全般の作品約400点。全15室）：スプリームコート・ウイング3階、旧法廷に隣接するギャラリー2の絵画『Forest Fire』（→P.104①）がいちばんの見もの。時間がなければここだけ鑑賞。

こんな楽しみもあり！

☞ **作品のデータを入手できる**
シティ・ホール・ウイング2階のソーシャルテーブルには全作品のデータが収納されており、作品のコピーを自分のメールアドレスに送信することも可能。

好きな作品のコピーをゲットできる

☞ **屋上デッキで絶景観賞**
屋上ガーデンは入場券不要。オープンスペースの展示ギャラリーもあり、展望デッキからは街のパノラマが楽しめる。

屋上の「ソー・テン・フォン・ルーフガーデン・ギャラリー」
★ギャラリー（展示室）以外の建物内部、レストランやバー、カフェ、屋上ガーデンは入場券不要。

ナショナル・ギャラリー・シンガポール 断面図

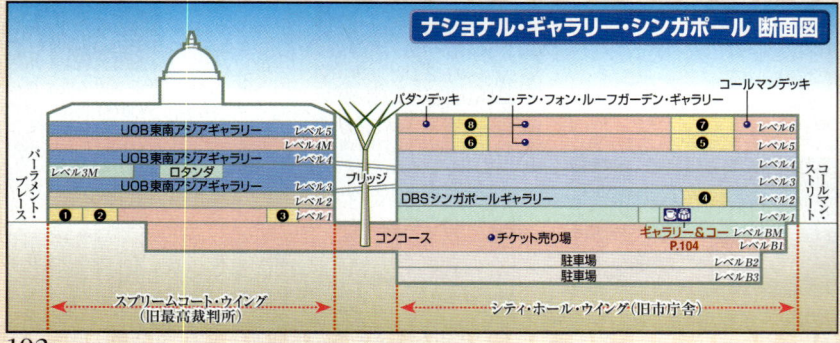

	スプリームコート・ウイング（旧最高裁判所）		シティ・ホール・ウイング（旧市庁舎）	
パーラメント・プレース	UOB東南アジアギャラリー（レベル5／レベル4M／ロタンダ レベル3M／レベル4／レベル3）①② ③ レベル1	パダンデッキ／ブリッジ／コンコース	ソー・テン・フォン・ルーフガーデン・ギャラリー／DBSシンガポールギャラリー／チケット売り場／ギャラリー＆コー P.104／駐車場	コールマンデッキ／レベル6／レベル5／レベル4／レベル1／レベルBM／レベルB1／レベルB2／レベルB3 コールマン・ストリート

102

昔の姿が残る 建物内部の見学ポイント

周到な配慮と最新技術でオリジナル建築を保護再生。建物内も鑑賞しよう。以下の見学ポイントはすべてスプリームコート・ウイングにある。

A スプリームコート・ホワイエ（裁判所ロビー）1階の床に礎石がある。この下に新聞とコインの入ったタイムカプセルが埋められており、西暦3000年に開封予定。

B 1階に旧裁判所の拘置施設がある。被告人が判決を待つ間収容された拘置部屋が見学可能。

C 3階中央にある円形ドームのある部屋「ロタンダ」。以前は法律図書館だった。現在はその造りを生かし、アジアのアート関連の資料本等を展示。

D 3階の旧裁判所法廷。荘厳で重厚、趣のある内装が見もの。判事席、被告席、2階に傍聴席があり、昔は赤い絨毯が敷かれていた。

E 5階に上がれば、ロタンダのドームが見える。緑色の大ドームは外からよく見えるが、このロタンダドームは背後に隠れていて見えづらかった。今回の改修で多くの人が第2のドームの存在を知ることとなった。

※Ⓐ～Ⓔはフロアマップのアルファベットに対応しています。

左／礎石、床のタイルも昔のもの 右／礎石のあるスプリームコート・ホワイエ。アール・デコ調の建築様式が美しい

簡素な独房

書棚は裁判所時代のもので、細かい中国風のモチーフが彫刻してある

円形の部屋に書棚が並ぶ（ロタンダ）

左／アジアの王族などの絵画が展示されている（旧法廷） 右／大ドームと同じデザインのロタンダドーム

ナショナル・ギャラリー・シンガポール フロアマップ
National Gallery Singapore

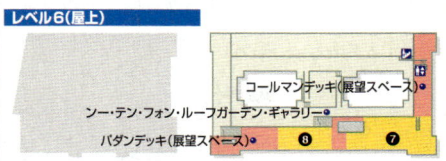

レベル6（屋上）
- コールマンデッキ（展望スペース）
- ソー・テン・フォン・ルーフガーデン・ギャラリー
- パダンデッキ（展望スペース）
- ❽ ❼

レベル5（5階）&4M（中4階）
- スプリームコート・テラス
- ロタンダドーム Ⓔ
- UOB東南アジアギャラリー
- ソー・テン・フォン・ルーフガーデン・ギャラリー
- 6階へ
- ❻ ❺

レベル4（4階）
- UOB東南アジアギャラリー

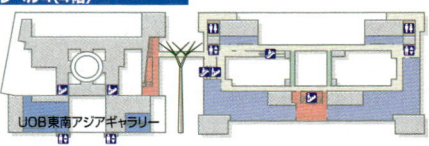

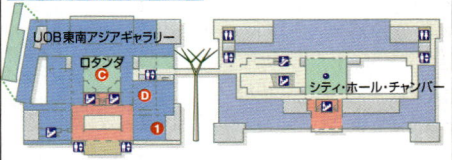

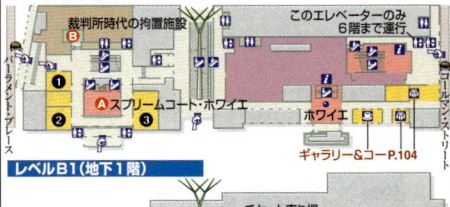

レベル3（3階）&3M（中3階）
- UOB東南アジアギャラリー
- ロタンダ Ⓒ
- Ⓓ
- シティ・ホール・チャンバー
- ❶

レベル2（2階）
- DBSシンガポールギャラリー
- ソーシャルテーブル
- ❷ ❸ ❹

レベル1（1階）
- 裁判所時代の拘置施設 Ⓑ
- このエレベーターのみ6階まで運行
- Ⓐ スプリームコート・ホワイエ
- ホワイエ
- ❶ ❸
- ギャラリー&コー P.104

レベルB1（地下1階）
- ロッカールーム
- チケット売り場
- コンコース

※Ⓐ～ⒺはP.103の本文に、❶～❹はP.104で紹介の作品番号に対応。

- インフォメーションカウンター
- エレベーター
- エスカレーター
- 階段
- トイレ
- ショップ
- カフェ
- タクシー乗り場
- ギャラリー（展示室）
- 歴史遺構
- 子供向け教育施設
- ロビー、テラスなど
- レストラン、バー

❶ コートヤード・カフェ&ラウンジ
❷ 八 Hachi Restaurant（日本料理）
❸ オデット（フランス料理）
❹ ナショナル・キッチン・バイ・バイオレット・ウン P.104,213
❺ アウラ・レストラン（イタリア料理）
❻ ヤン（広東料理）
❼ アウラ・スカイラウンジ
❽ スモーク&ミラーズ P.104,240

名作をチェック！ 鑑賞したいアート作品

19世紀以降の現代アート、約8000点を所有。絵画だけでなく、インスタレーション、パフォーマンスアート、映像など多岐にわたるのが魅力。アジアの自然や民俗、暮らしを捉えた南国的な絵画が多く、シンガポールの歴史を垣間見る作品も興味深い。

①『Forest Fire』(1849年)
オランダ王室から「王の画家」の称号を得たインドネシア人画家Raden Salehが、同王室へ献上した絵画。西洋と東洋両方の技法を用い、火事で断崖に追われた動物を迫力あるタッチで描いている。

②『National Language Class』(1959年)
Chua Mia Teeの作品。1959年イギリスから独立し、国語となったマレー語を学ぶシンガポールの華人の様子が描かれている。シンガポールのアイデンティティを象徴するような絵画。

③『Artist And Model』(1954年)
作者のLiu Kangは上海とパリで美術を学んだ「南洋スタイル」の代表的油彩画家。バリ島の風俗や人々を好んで題材にした。

④『Journey Of A Yellow Man No.11 : Multi-Culturalism』(1997年)
体を黄色くペイントして水桶に入るというパフォーマンスアート(Lee Wen)を撮影した映像は衝撃的。

※①〜④の番号はP.103のフロアマップ内の番号と対応しています。

えりすぐりの ダイニング＆ショップ Dining & Shop

ナショナル・キッチン・バイ・バイオレット・ウン
National Kitchen by Violet Oon

トップクラスの各国料理店が顔を揃えるなか、いちばん人気があるのがここ。著名な料理研究家のバイオレット・ウンさんが経営するファインダイニングだ。多民族ならではのローカル料理をモダンにアレンジ。創作を加えたプラナカン料理も繊細な味わいに仕上げている。DATA→P.213

オーナーシェフのバイオレット・ウンさん

プラナカンのスイーツが味わえるアフタヌーンティーセット(2人用$56)もある

スモーク＆ミラーズ
Smoke & Mirrors

近隣オフィスの勤め人にも観光客にも人気の屋上テラスバー。見事なパノラマとアーティスティックなカクテルが楽しめる。DATA→P240

ギャラリー＆コー
Gallery & Co.

世界各国のデザイン雑貨が揃うハイセンスなショップ。雑貨、文房具、本などの売り場のほか、カフェもある。

スペインのデザイン集団「Hey Studio」のマーライオンシャツ($39.9)

センスのよい商品が揃っている

地元アーティストとのコラボポーチ($24.9)

眺めを存分に楽しめるよう に設計されたバー

デザイン性も保温力も高い水筒($39.9)

カフェは屋外にも席がある

Information
ナショナル・ギャラリー・シンガポール National Gallery Singapore
MAP P.74-2B　**住** 1 St. Andrew's Rd.　**☎** 6271-7000
URL www.nationalgallery.sg　**営** 10:00～19:00（金曜～21:00、最終入場は閉館30分前）　**休** 無休　**料** $20（7～12歳、学生、60歳以上 $15）※一部の祝日は無料。※常設展のみ。企画展込みはプラス$5。
カード A D J M V　**行き方** MRTシティ・ホール駅から徒歩約5分。※建築や展示物を案内する各種無料ガイドツアー（英語、中国語がメインで日本語は毎月最終土曜13:30）がある。

古代からパワーを秘めた神聖な場所
フォート・カニング・パーク
★★

MAP P.74-1A、77-1D

Fort Canning Park

シンガポール川北側の標高163mの小高い丘は、シンガポール史をひもとく重要なキーワードを秘めた場所。美しい植物が生い茂る中に歴史遺産がひっそりとたたずんでいる。

14世紀初めにはマレーの君主の居住地で、庶民は立ち入りを禁じられ「フォービドンヒル」（禁制の丘）と呼ばれた。その後ラッフルズが上陸してこの丘に住居を構え、代々総督の住まいとなったことから「ガバメントヒル」と呼び名を変えた。さらに英国植民地時代には軍司令部がおかれ「フォート・カニング」と再度名称が変わり、日本軍占領時にも軍事目的で使われた。

丘に点在する見どころや庭園を巡るトレイルが整備されているので、散策してみよう。

フォート・カニング・グリーンに立つ白亜の建物はフォート・カニング・センター

フォート・カニング・グリーン周辺

公園北側の広大な芝生エリアがフォート・カニング・グリーン。高みに立つ白亜の建物は1926年建造の英国軍兵舎で、現在はフォート・カニング・センターと名づけられ、インド料理やフランス料理の店、カフェなど数軒のレストランが入店している。スパイス・ガーデンSpice Garden、マレー君主の墓、古代遺跡の発掘現場、地下の旧英国軍指令本部を再現したバトル・ボックスThe Battle Box（→欄外）、要塞跡のフォート・ゲートなどがおもな見どころだ。

左／フォート・ゲートは1859〜1861年間に造られた要塞の一部　中／14世紀にこの地を治めていたマレーの最後の君主、イスカンダル・シャーがここに埋葬されたとされる　右／14世紀のマレーの王族の宝飾品が多数出土した発掘現場。一部は国立博物館に展示されている

南側の見どころ、ラッフルズ・テラス（ラッフルズ・ハウス）

南側の丘の上にラッフルズが住居として建てた平屋の建物があり、この一画をラッフルズ・テラスと称する。1820年代に造られた情報伝達ツールが復元されているのがおもしろい。地上の人に時間を知らせるタイムボール、入港した船の情報を旗で伝えるフラッグスタッフ、そして灯台があり、当時の情景がしのばれる。

左／情報伝達手段だったフラッグスタッフが立つラッフルズ・テラス。当時はここから町や港が見渡せた　右／正面の赤い屋根の建物がラッフルズ・ハウス。現在はイベントなどに使用されている

エリアガイド

シティ・ホール周辺

フォート・カニング・パーク
FREE 1800-4717300（ナショナルパーク・オフィス）
URL www.nparks.gov.sg
行き方 MRTプラナカン・バサー駅から徒歩約8分、シティ・ホール駅から徒歩約10分。フォート・カニング駅からは徒歩数分（フォート・カニング・センターまで徒歩約10分）。

●フォート・カニング・グリーン周辺の入口
　パーク東袖いの道路、カニング・ライズCanning Rise沿いに2ヵ所ある。シンガポール国立博物館東側に設置されたエスカレーターを上り、カニング・ライズを渡ったゴシック・ゲート付近。もうひとつはYWCAフォート・カニング・ロッジ付近。

●南側の入口
　ヒル・ストリートのカラフルなビル「Old Hill Street Police Station」脇、クラーク・キー近くのリバー・バレー・ロードにある。

●南北を縦断するように歩く
　フォート・カニング・グリーンのあたりから南のラッフルズ・テラスまで徒歩10〜15分。

バトル・ボックス
MAP P.74-1A、77-1D
住 2 Cox Terrace　TEL 6338-6133
URL www.battlebox.com.sg
開 ツアー：火〜日曜9:45、11:00、13:30、14:45、16:00（月曜は13:30、14:45、16:00のみ）　休 無休
料 大人$20、子供（7〜12歳）$10
　英語ガイドと回る約1時間のツアーで、地下指令部跡を見学する。

ツアーのチケットはバトル・ボックスビジターセンターで購入

スパイス・ガーデン
　ローカル料理に多用されるパンダンリーフやレモングラス、ナツメグ、シナモン、ジンジャーなどが植えられている。もともとはラッフルズが植物園を創設した場所。　MAP P.74-1A

料理やスイーツの香りや色づけによく使われるパンダンリーフ

キューポラという遺跡。著名な建築家ジョージ・コールマン（1795〜1844年）のデザインで、休憩所だったと推測されている

105

Map P.75、90

マリーナ・エリア

Marina Area

ACCESS

西側の見どころへはMRTエスプラネード駅、東側の見どころとマリーナベイ・サンズへはベイフロント駅、マリーナ南側へはダウンタウン駅を利用。
MRTダウンタウン線が開通し、ブギス、チャイナタウンの両駅からマリーナ・エリアへのアクセスが便利になった。

街歩きプラン

① ガーデンズ・バイ・ザ・ベイ →P.26

▼ 徒歩約10分

② マリーナベイ・サンズ →P.22

▼ 徒歩約12分、またはタクシーで約5分

③ シンガポール・フライヤー →P.108

▼ 徒歩約2分

④ シンガポール・フード・トリート →P.108

新スポットが続々と登場するシンガポールで、最も劇的な変化を遂げ、パワーとエネルギーみなぎるエリアがここ。マリーナ・ベイを取り囲むこの一帯は、観光でもビジネスにおいても世界中から熱い視線が注がれている。

特異な建物が目を引くマリーナベイ・サンズ。マリーナ・ベイをクルーズ船が行き交う

今やシンガポールのアイコンとなったマリーナベイ・サンズMarina Bay Sands（→P.22）は、あらゆる楽しみを網羅したオールラウンドの観光施設。その東隣には人工植物園のガーデンズ・バイ・ザ・ベイGardens by the Bay（→P.26）が造られ、開発の勢いはとどまるところを知らない。

湾の北側の一画には、大型ショッピングセンターやホテルが集まっており、それらの施設とエスプラネード駅をつなぐ地下街や連絡通路が張り巡らされ、一大観光エリアを形成している。

マリーナ・ベイに沿って、プロムナードがぐるりと設けられているので、散策してみるのもいいだろう。ここは迫力ある夜景が楽しめるエリアでもある。毎晩マリーナベイ・サンズではレーザーショー（→P.23）が行われ華やか。

歩き方 Orientation

歩き方のヒント 連絡通路を利用するのがコツ

このエリアにはショッピングセンターが集まっており、それらを迷うことなく、効率よく回るには連絡通路、地下道を利用しよう。ショッピングセンターを見て回るには、意外に時間が必要。目当てのショッピングセンターや店を絞り込んでから出かけるとよい。

エスプラネード駅の地下街

エスプラネード駅は各見どころへの核となる駅。以下のアクセス図を参考に、目指す場所へ向かおう。

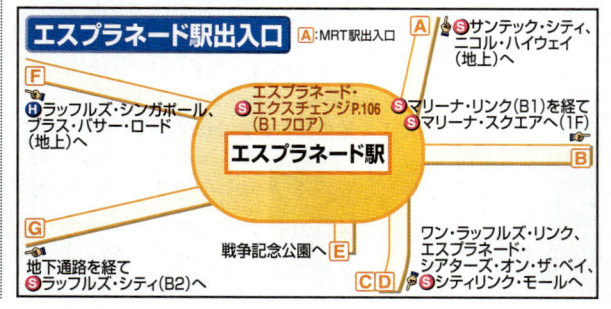

ドーム状のエスプラネード・シアターズ・オン・ザ・ベイ（左）の東側は高級ホテルが集まる一画

エスプラネード・エクスチェンジ Esplanada Xchange
MAP P.106

エスプラネード駅の地下街。サンテック・シティとマリーナ・スクエアなどの地下通路の起点となっている。フードコートやファストフード、スナック店、カフェなど約30の店が入店。

エスプラネード駅の地下1階にあるエスプラネード・エクスチェンジ

```
エスプラネード駅出入口     Ⓐ:MRT駅出入口
 Ⓐ  Ⓢ サンテック・シティ、
      ニコル・ハイウェイ（地上）へ
 Ⓕ  Ⓗ ラッフルズ・シンガポール、
      ブラス・バサー・ロード（地上）へ
    Ⓢ エスプラネード・エクスチェンジ P.106（B1フロア）
    Ⓢ マリーナ・リンク（B1）を経て
    Ⓢ マリーナ・スクエアへ（1F）
         エスプラネード駅                       Ⓑ
 Ⓖ            Ⓔ     ワン・ラッフルズ・リンク、
地下通路を経て 戦争記念公園へ   エスプラネード・
Ⓢ ラッフルズ・シティ（B2）へ  Ⓒ Ⓓ シアターズ・オン・ザ・ベイ、
                              Ⓢ シティリンク・モールへ
```

プロムナード駅から各スポットへのアクセス

B出口を出るとミレニア・ウオークに、C出口はサンテック・シティのタワー4の近くに出る。また、A出口からはシンガポール・フライヤーへ、**歩行者専用橋「ヘリックス・ブリッジThe Helix Bridge」**を通ってマリーナベイ・サンズにも行ける。

ヘリックス・ブリッジはマリーナベイ多目的施設脇からサンズへと続く約280mの歩行者専用の橋。ユニークなデザインはDNAのらせん構造から着想したもの

おもな複合ビル

サンテック・シティを構成するのは
- シンガポール国際会議場・展示会場Singapore International Convention & Exhibition Centre
- サンテック・シティ・モール（→P.255）
※幸運をもたらすといわれる噴水ファウンテン・オブ・ウエルス（→P.109）がある。

マリーナ・スクエアと同じ建物内のホテルは
- マリーナ・マンダリン・シンガポール（→P.301）
- マンダリン・オリエンタル・シンガポール（→P.300）
- パン・パシフィック・シンガポール（→P.301）

連絡通路利用術

複数のショッピングセンターや、隣接するホテルは地下か2階に連絡通路があるので、うまく活用しよう。
- サンテック・シティ・モール（→P.255）←→マリーナ・スクエア（→P.256）←→ミレニア・ウオーク（→P.254）：2階の連絡通路で行き来できる。
- マリーナ・スクエア←→エスプラネード・シアターズ・オン・ザ・ベイ：マリーナ・スクエア南側の出口から出て、ラッフルズ・アベニューを横断して行ける。また、マリーナ・スクエア地下1階からマリーナ・リンク、エスプラネード駅、シティリンク・モールを経由する地下道でもつながっている。

エリアガイド
マリーナ・エリア

マーライオン・パーク（→P.98）からマリーナ・エリアへ

マーライオン観光のあと、マリーナ・エリアのショッピングセンターに行くには、マリーナのジュビリー・ブリッジ（MAP P.75-3C）が便利。眺めもよく、約5分でエスプラネード・シアターズ・オン・ザ・ベイに到着。館内を突っ切り、ラッフルズ・アベニューを横断すればマリーナ・スクエア。

建国50周年を記念して造られた橋。観光エリアを結ぶとあって多くの観光客が利用する

シンガポール国際会議場・展示会場

MAP P.75-1C
住1 Raffles Blvd., Suntec City
☎6337-2888
行き方MRTエスプラネード駅から徒歩約2分。

エスプラネード・シアターズ・オン・ザ・ベイ（→P.108）

住1 Esplanade Drv.
☎6828-8377
URL www.esplanade.com
行き方MRTエスプラネード駅から徒歩約8分。シティ・ホール駅からシティリンク・モール経由でも行ける（徒歩約10分）。

●エスプラネード・モール
住1 Esplanade Drv., 1〜3F Esplanade Mall
営ショップはだいたい12:00頃〜21:00頃、レストランは11:30頃〜22:30、23:00頃
※午前中は閉まっているところがほとんどなので、注意。

屋外シアターでは金〜日曜の夜に無料ライブを開催。ローカルのバンドやシンガーが熱唱。席は約450ある

Information

エスプラネード・シアターズ・オン・ザ・ベイ内のおもな施設

◆**シアター　Theatre**
イタリアのオペラハウスを模した2000人収容可能な劇場。重厚な空気に包まれている。

◆**コンサートホール　Concert Hall**
最新の設備と音響装置を誇る。どんな音楽にも適応するアコースティック・カーテンもそのひとつだ。1600人収容可能。

◆**ライブラリー　Library**
3階。アート関連の書物が充実し、CDやDVDなどマルチメディアを網羅。カフェもある。

◆**ルーフテラス　The Roof Terrace**
4階。全方位の展望が楽しめる。バーレストランの「オルゴ」（→P.241）がある。
営9:00〜翌2:00（または最終演目の終了30分後）

◆**チケット売り場**
Mezzanine Levelボックスオフィスでチケットを購入できる。ウェブサイト、またはSISTIC
☎6348-5555でも予約が可能。

おもな見どころ　Sightseeing Spot

ドリアンに似た形状は、日よけの役目を果たす工夫

エスプラネード・シアターズ・オン・ザ・エイのデータ→P.107

マカンストラ・グラットンズ・ベイ
MAP P.75-2C
営17:00〜翌2:00（日曜〜翌1:00）
休無休　カード不可
行き方エスプラネード・シアターズ・オン・ザ・ベイと同じ。

シンガポール・フライヤー
住30 Raffles Ave.
☎6333-3311
URL www.singaporeflyer.com
営8:30〜22:00（ラストフライト22:00）※ショップ・レストランは10:00頃〜22:00頃　休無休
料通常料金：大人$33、60歳以上（シンガポール市民、永住者のみ）$24、子供（3〜12歳）$21　シンガポール・スリング・フライト：大人$69、子供$31（3〜17歳はモクテルをサーブ）
カード ADJMV
行き方MRTプロムナード駅から徒歩約7分。

L2には飛行機の操縦シミュレーションを体験できる「フライト・エクスペリエンス」、仮想体験アトラクション「XDシアター」、プロムナード沿いのテラスレストランもある。

上／360度、見飽きることのない絶景に感動　下／シンガポール・スリング・フライト仕様のカプセル。シャンパンやオリジナルカクテルが飲めるフライトプログラムがある

ジャーニー・オブ・ドリームス
営8:30〜22:00　休無休
料シンガポール・フライヤーの入場料金に含まれる

注目度大の文化、芸術の発信地
エスプラネード・シアターズ・オン・ザ・ベイ ★★
MAP P.75-2C
Esplanade Theatres on the Bay

文化、芸術の浸透を目指して造られた文化複合施設。シアターとコンサートホールのふたつの巨大ドームを中心にクリエイティブなスペースが展開しており、世界クラスの公演や地元アーティストの幅広い芸術活動を観ることができる。

おもな施設はP.107の囲み内を参照。ショップやレストランが入ったエスプラネード・モール、屋外にあるホーカーズのマカンストラ・グラットンズ・ベイは、観光客もチェックしたい。

マカンストラ・グラットンズ・ベイ
Makansutra Gluttons Bay

エスプラネード・シアターズ・オン・ザ・ベイ内の屋外ホーカーズ。12店のストールは写真付きメニューでわかりやすく、観光客に人気だ。チリ・クラブやサテー、ロティ・プラタ、甘味など人気メニューを網羅している。席によってはマリーナ・ベイが望める。

規模は大きくない。週末は混み合うので、早めの時間に訪れたい

世界最大規模を誇る観覧車
シンガポール・フライヤー ★★★
MAP 折込裏-2D
Singapore Flyer

日本の建築家も開発に加わった巨大で美しい形状の観覧車。エアコン完備の28人乗りカプセルが最高165mの高さまで上がり、約30分かけて1周する。市中心部はもちろん、空港方面からセントーサ島、はるかインドネシアの島々まで見渡せる。観覧車の基部に立つ3階建てのビルには、中央部の熱帯植物ガーデンを囲むようにショップやレストラン、足マッサージ店など約30店が入店。夕方から夜にかけて夜景もすばらしく、カクテルやモクテルが用意されたカクテルフライトを楽しむのもよい。さらに以下の2ヵ所の見どころにも、注目だ。

ジャーニー・オブ・ドリームス
Journey of Dreams

シンガポール・フライヤーの乗車口手前にある展示ギャラリー。映像やコンピューターを駆使し、ゲーム感覚で楽しめる。おもなコーナーは、観覧車の構造、建設方法などを詳細に展示した「ディスカバリー」、シンガポールの今と昔を対比して見せる「フラグメント・オブ・ドリームス」、アート作品が並ぶ「リザブワー・オブ・ドリームス」など。

L2とL3の2フロアある

シンガポール・フード・トリート
Singapore Food Treats（新加坡美食汇）

1960年代の食と暮らしを再現したテーマホーカーズがフライヤ

人気があるのはサテービーフン、バクテー、ハイナニーズカレーなど

一階にある。当時の人気ホーカーフードを販売する約10店のストールが営業。おもしろいのは、細部まで造り込まれた昔のスタイルの店舗やインテリアだ。

年代物のかき氷「アイス・ボール」もある

世界最大の噴水は特別なパワーがある!?
ファウンテン・オブ・ウエルス ★★
Fountain of Wealth　MAP P.75-1D

サンテック・シティ・モールにある噴水、ファウンテン・オブ・ウエルスは中国語で「財富之泉」という。中国の五行思想のなかで水は財力、金運の象徴とされ、それは風水の考えにも表れている。この噴水には風水の教えが生かされており、噴水と周りのビルの配置によって、ここは常によい「気」があふれる場所とされている。噴水にタッチできる時間帯も設けられており、願掛けをすることもできる。（→P.109欄外）。

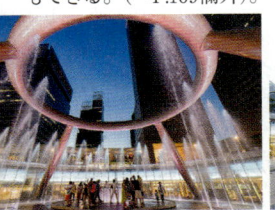

モールの地下には、噴水を囲んでレストランが並んでいる。

左／ライトアップされた19:00以降に訪れるのがおすすめ。1998年にギネス世界記録に認定された噴水は高さ13.8m、直径21m
右／噴水で願掛けする人々

マリーナの堰堤にある展望スペース
マリーナ・バラージ ★★
Marina Barrage　MAP 折込裏-3D

マリーナ・ベイと外海をつなぐ水路には堰がある。9つの水門をもつ長さ350mの堰堤には、排水量を調節する施設があり、その中に飲食店、ギャラリー、展望スペースなどが設けられている。ここは湾内を淡水化し将来的に飲料水を供給する役目も担っている。また、芝生が一面に敷かれた広い屋上は、レクリエーションに活用。

2階にはこの施設の特徴や環境保護への取り組みなどを展示したサスティナブル・シンガポール・ギャラリーがある。

シンガポールのスカイラインが眺められる
ベイ・イースト・ガーデン ★
Bay East Garden　MAP 折込裏-2D

ガーデンズ・バイ・ザ・ベイ（→P.26）は、ベイ・サウスとイースト、セントラルの3つのガーデンからなり、ベイ・イーストはマリーナ・バラージの堰堤を越えた対岸に広がる。ヤシの木の群生や池、休憩所などが整備され、湾沿いに延びる約2kmのプロムナードが圧巻。マリーナベイ・サンズから高層ビル群、シンガポール・フライヤーまで、見事なスカイラインが目の前に広がる。バラージから足を延ばしてみてもいい。

湾沿いのプロムナードは、散歩やジョギングの場となっている

エリアガイド

マリーナ・エリア

シンガポール・フード・トリート
MAP 折込裏-2D
住 Level 1, #01-09/10/11/12 Singapore Flyer　☎なし
営 10:30〜22:30（金・土曜〜23:30）
休 無休　カード 不可
行き方 シンガポール・フライヤーと同じ。

ファウンテン・オブ・ウエルス
住 3 Temasek Blvd.　☎ 6337-3803
営 9:00〜22:00　料 無料
行き方 MRTエスプラネード駅から徒歩約5分。
●噴水に触れられる時間帯
10:00〜12:00、14:00〜16:00、18:00〜19:30
願い事をしつつ右手で噴水の水を触りながら周囲を3周すると、願いがかなうという。

サンズの南側にある
レッド・ドット・デザイン・ミュージアム
Red Dot Design Museum
世界中の傑出した製品デザインに与えられる権威ある「レッド・ドット・デザイン賞」の受賞作品約1000点を展示。1階のショップは受賞作品の一部を販売している。カフェとバーも併設。
MAP P.90-2B
住 11 Marina Blvd.　☎ 6514-0111
URL www.museum.red-dot.sg
営 10:00〜20:00（最終入場19:00）
休 無休　料 13歳以上 $11.8、7〜12歳 $6.4（6歳以下無料）
行き方 MRTダウンタウン駅、ベイフロント駅から徒歩5〜7分。

湾沿いにある

マリーナ・バラージ
住 8 Marina Gardens Drv.
☎ 6514-5959
URL www.pub.gov.sg/marinabarrage
営 24時間　休 無休
行き方 MRTマリーナ・ベイ駅前からSBS No.400のバスを利用。中心部からタクシーで約15分。
●サスティナブル・シンガポール・ギャラリー
Sustainable Singapore Gallery
営 9:00〜18:00　休 火曜　料 無料

貯水池（左側）と外洋（右側）を仕切る堰堤

ベイ・イースト・ガーデン
住 Bay East Drv.　☎ 6420-6848
URL www.gardensbythebay.com.sg
営 24時間　休 無休　料 無料
行き方 マリーナ・バラージから徒歩約5分。

クラーク・キー周辺

Around Clarke Quay

Map P.76-77

クラーク・キーにはレストラン、バー、クラブなど50店以上が集まっている

ACCESS

クラーク・キー東側へはMRTクラーク・キー駅が便利。西側のリャン・コートS.C.やロバートソン・キーへはMRTフォート・カニング駅が近い。

スコッツ・ロードからリバー・バレー・ロードを通るNo.54のバスはオーチャード方面からのアクセスに使える。

街歩きプラン

① セントラル（ショッピングセンター）　→P.258

↓ 徒歩約5分

② クラーク・キー　→P.110

↓ 徒歩約3分

③ リャン・コートS.C.　→P.112

フォート・カニング駅前に誕生したジュビリー・パーク
Jubilee Park

MAP P.77-1D　住31 Jubilee Rd.　料無料

フォート・カニング・パークの西側斜面を利用した子供のプレイグラウンドが2019年に完成。ブランコや滑り台、丸太歩きなどユニークなデザインの遊具が設置されている。駅や観光スポットに近い遊び場として家族旅行の際はチェック。

上／駅B出口の目の前にある。週末は子供たちの歓声が響く　下／斜面を利用した滑り台

クラーク・キー

住River Valley Rd.　☎6337-3292
URL www.capitaland.com/sg/malls/clarkequay/en.html
行き方 MRTクラーク・キー駅、フォート・カニング駅から徒歩約5分。

クラーク・キー、ロバートソン・キーを中心に、川沿いに観光スポットが集まっている。核となるのは、エンターテインメントの殿堂、クラーク・キー。さらに西のロバートソン・キーも近年開発が進み、新しいビルや店、ナイトスポットが増えている。川沿いの観光は夜景もきれいで、にぎわう夕方以降がおすすめ。クラーク・キー駅の真上のショッピングセンター「セントラル」（→P.258）は日本関連の店が多く、地元客に人気だ。

このあたりは19世紀以降、貿易の拠点として発展したシンガポールの礎となった場所であり、当時の倉庫街を彷彿させる建物も残っている。そんな歴史を秘めた川沿いにプロムナードが整備されており、ぶらぶら歩いてみるのもいい。

シンガポール川に架かるアルカフ橋はカラフルなペイントが施されている

歩き方　Orientation

歩き方のヒント　ディナーやナイトライフを楽しみに訪れるのがよい

余裕があればサンセット前の夕刻から訪れ、川の向こうに沈む夕日を眺めつつ散策。ライトアップがきれいな夜までゆっくり過ごすのがおすすめ。夜景撮影の人気ポイントはリード橋の上。

おもな見どころ　Sightseeing Spot

旬のレストランとエンターテインメントがめじろ押し

クラーク・キー
★★★

MAP P.77-2D

Clarke Quay

一大観光スポットとして注目のクラーク・キー。レストランやバーがメインで、世界のあらゆる料理が揃っている。ビール醸造所

エリアガイド / クラーク・キー周辺

併設のバー「ポンプルーム・マイクロブルワリー」やチリ・クラブの「小紅樓」、ペルシア料理やブラジル料理店、クリームチーズをトッピングした中国茶が人気のティースタンド「喜茶」などがある。

また、ライブスポットやクラブ、エンターテインメントスポットも多く、ナイトシーンをリードするエリアでもある。ここは夕方以降、雰囲気が一変し、にぎわいも増す。

川を挟んで向かい側には、**リバーサイド・ポイント Riverside Point** があり、こちらのテラスレストランも夜になると活気づく。

上／鮮やかに輝く天井のシェードが気分を盛り上げる。縦横に延びる通路沿いにレストランやバーがズラリ 左下／ライブ演奏を行うバーもある 右下／1870年代に建てられた建物を利用した「リバーハウス」は中国料理店、バー、クラブを併せもつ

クラーク・キーにある絶叫アトラクション
ジーエックス・ファイブ・エクストリーム・スイング&トランポリン・バンジー ★★
GX-5 Extreme Swing & Trampoline Bungy　MAP P.74-2A

エクストリーム・スイングは、フリーフォールと空中ブランコが合わさったアトラクション。後ろ向きに高さ40m地点に引き上げられ、一気に下降したのち左右にスイングする。急降下はスリルがあるが、上空からは眺めがよく爽快。2020年に逆バンジータイプの「スリングショット」を導入予定。

ジーエックス・ファイブ・エクストリーム・スイング&トランポリン・バンジー
- 3E River Valley Rd., Clarke Quay
- ☎6338-1766
- URL www.gmaxgx5.sg
- 16:30～23:30　休無休
- 料エクストリーム・スイング$45(学生$35)、トランポリン・バンジー5分$15　カードJMV
- 行き方クラーク・キーと同じ。

※エクストリーム・スイングは12歳以上＆身長120cm以上、トランポリン・バンジーは体重10～90kgという規定がある。

左／スタートすると後ろ方向へ引き上げられる　右／空中に放り出されたのち、楕円形の乗り物は回転しながらゆらゆらと振られる

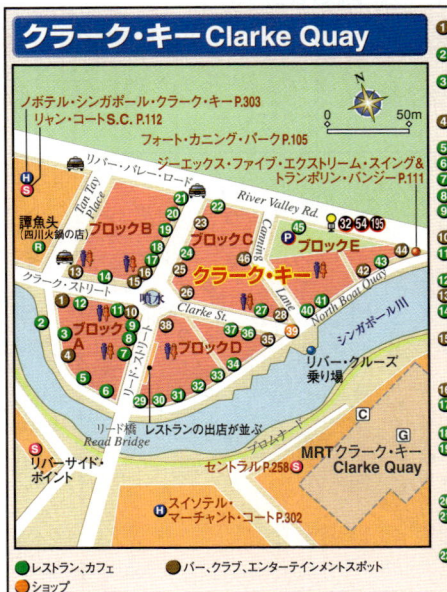

クラーク・キー Clarke Quay

- ノボテル・シンガポール・クラーク・キー P.303
- リャン・コート S.C. P.112
- フォート・カニング・パーク P.105
- ジーエックス・ファイブ・エクストリーム・スイング&トランポリン・バンジー P.111
- 譚魚頭（四川火鍋の店）
- ブロック B
- ブロック E
- クラーク・キー
- クラーク・ストリート
- ブロック A
- ブロック D
- Clarke St.
- North Boat Quay
- シンガポール川
- リバー・クルーズ乗り場
- リード橋 Read Bridge
- レストランの出店が並ぶ
- スイソテル・ザ・マーチャント・コート P.302
- セントラル P.258
- MRT クラーク・キー Clarke Quay
- リバーサイド・ポイント

1. マクゲティガンズ（アイリッシュパブ）McGettigan's
2. キーサイド・シーフード Quayside Seafood
3. ピオニー・ジェイド・レストラン（中華料理／2F）Peony Jade Restaurant
4. イン・バー＆ラウンジ Yin Bar & Lounge
5. 翠華 Tsui Wah（香港カフェ）
6. 居酒屋 Tomo
7. バヤン Bayang（インドネシア料理）
8. 喜茶 Hey Tea（タピオカティー）
9. セニョール・タコ（メキシコ料理）Señor Taco
10. ヤン Yan（クラブ）
11. チュアン・グリル＆ヌードルバー Chuan Grill & Noodle Bar
12. 串カツ田中
13. チュピトス・バー Chupitos Bar
14. 香天下火鍋 Spice World Hot Pot
15. ポンプルーム・マイクロブルワリー・ビストロ・クラブ The Pump Room Microbrewery Bistro Club
16. ハイランダー The Highlander
17. ドイチュレンダー（ドイツ料理）Deutschlander
18. クーバ・リブレ Cuba Libre（キューバ料理）
19. ランチ・ステーキハウス・バイ・アストンズ The Ranch Steakhouse by Astons
20. 東寶 East Treasure（中国料理）
21. バイオレット・ウン・サテーバー・アンド・グリル P.213 Violet Oon Satay Bar And Grill
22. 小紅樓（海鮮料理）Red House Seafood
23. レッド・テイル・バー・バイ・ズーク Red Tail Bar by Zouk（バー）
24. ラーメンけいすけ・ロブスターキング Ramen Keisuke Lobster King
25. ウェアハウス（レストラン・バー）Warehouse
26. プリヴェ Privé（バー）
27. 大妙火鍋 Dai Mia Hot Pot
28. ルノアール Le Noir（バー）
29. オクタパス（スペイン料理）Octapas
30. 胡同 Hu Tong（中国料理）
31. ホット・ストーンズ Hot Stones
32. ラス・ザ・エッセンス・オブ・インディア Ras the Essence of India
33. レン・タイ Renn Thai（タイ料理）
34. ムチョス Muchos（メキシコ料理）
35. フーターズ・オブ・シンガポール Hooters of Singapore
36. EN 酒場（居酒屋）EN Sakaba
37. アレグロ・チュロス・バー（スパニッシュ・ストリートフード）Alegro Churros Bar
38. ウィングス・バー Wings Bar（テーマレストラン＆バー）
39. トルコ・アイスクリーム（出店）
40. tcc（コーヒーショップ）
41. リトル・サイゴン（ベトナム料理）Little Saigon
42. クレイジー・エレファント（ライブ・バー）Crazy Elephant
43. フリーマントル・シーフード・マーケット Fremantle Seafood Market
44. ロディツィオ・ド・ブラジル Rodizio Do Brazil
45. 小陳油事肉骨茶 Xiao Chen Gushi Bak Kut Teh
46. ズーク Zouk（クラブ）

- ● レストラン、カフェ
- ● バー、クラブ、エンターテインメントスポット
- ● ショップ

リャン・コートS.C.
★★

🏠 177 River Valley Rd.
☎ 6336-7184
URL www.liangcourt.com.sg
🕐 店によって異なるが11:00頃～21:30頃
🚶 MRTフォート・カニング駅から徒歩約3分。

STPI-クリエイティブ・ワークショップ＆ギャラリー
STPI-Creative Workshop & Gallery
MAP P.77-2C

🏠 41 Robertson Quay
☎ 6336-3663
URL www.stpi.com.sg
🕐 10:00～19:00（土曜9:00～18:00、日曜～17:00）
🚫 祝日　💰 無料
🚶 MRTフォート・カニング駅から徒歩約7分。

印刷・紙作りのプロとアーティストがタッグを組んで、技術の可能性を探り、最先端のアートを創り出すという取り組みを行っている。併設のギャラリーで作品を展示しており、見学可能。日本人の専門職人も在籍する。

建物も趣がある

ロバートソン・キー
🚶 MRTフォート・カニング駅から徒歩約5分。

日本のモノが恋しくなったらここへ
リャン・コートS.C.
★★
MAP P.77-2D
Liang Court S.C.

クラーク・キーに隣接するショッピングセンター。ここは昔から日本人御用達のS.C.として知られており、日本関連の店が充実。1階のユニクロ、地下のスーパーの明治屋をはじめ、1～2階にはラーメンやうどんの店、地下には弁当や総菜、スイーツの店、ラッフルズジャパニーズクリニック（2階）と何でも事足りる。3階には中国茶の茶藝館もある。同じ建物内にはノボテル・シンガポール・クラーク・キー（→P.303）も入っている。

左／地元客も多い人気のショッピングセンター　右／1階にフードコート「Let's Eat」がある

話題のリバーテラスレストランが連なる
ロバートソン・キー
★★
MAP P.76-2B
Robertson Quay

クラーク・キーの西側、ロバートソン・キーもレストラン街になっており、ちょっとしたブームだ。川沿いに連なる高級アパート群の低層階に、レストランやバーが建ち並び話題をふりまいている。場所柄、外国人向けの店が中心で、クラーク・キーほど派手さはないが、ゆったりと各国料理とお酒が楽しめる。

左／川沿いはサイクリングやジョギングする人も行き交う　右／インターコンチネンタル・シンガポール・ロバートソン・キーのレストラン＆バー「パブリコ」のテラス席

※周辺図はP.76～77

オーチャード・ロード
Orchard Rd.

Map P.78-79/80-81

エリアガイド / オーチャード・ロード

イルミネーションが輝き、夜はいっそう華やぐ。写真はウィスマ・アトリア前。オーチャード・ロードは22:00頃までにぎわう

　美しい街路樹の歩道を世界各国の観光客が行き交うオーチャード・ロード。新陳代謝を繰り返し、超絶デザインのショッピングセンターがひしめき最も華やいだエリアだ。

　19世紀までのこのあたりはナツメグなどを栽培する果樹園があった場所だ。このことからオーチャード（果樹園）という名前がついたといわれている。今でこそメインストリートになっているものの、その頃は小さな市街地の郊外で、裕福なヨーロッパ人や中国人が屋敷を構える高級住宅地だった。広い庭をもつコロニアル様式の屋敷、そしてその周りには緑豊かな果樹園が広がる、そんな当時の様子を今のオーチャード・ロードから思い浮かべることはできない。

　40年ほど前、リー・クアンユー首相（当時）がオーチャード・ロードを一大ショッピングセンターにすることを唱える。このときから果樹園が消え、コロニアルな屋敷が消えた。代わりに世界中の品物を集めたショッピングセンターが軒を並べ、巨大なホテルが林立した。「すべてのものを新しく」――そんな政府の政策をものの見事に実現してみせたのが、ここオーチャード・ロードだ。

　近年はマリーナ・エリアに負けじと迫力ある規模とデザインのショッピングセンターが次々出現。一気にヒートアップしたオーチャードは、シンガポールの今を体感させてくれる。

歩き方 Orientation

歩き方のヒント
オーチャード・ロードは全長約3km。オーチャード駅の真上にあるアイオン・オーチャード（→P.249）を街歩きの起点、目印にするとよい

最旬スポットはサマセット駅周辺にある。人気S.C.はアイオン・オーチャード、髙島屋S.C.、パラゴン、マンダリン・ギャラリー、313・アット・サマセット。

ACCESS

オーチャード・ロード沿いには3つのMRTの駅がある。西からオーチャード駅、サマセット駅、ドービー・ゴート駅。目的地に合わせて下車駅を選ぼう。

オーチャード・ロードは西から東へ向かう（一方通行）多数のバス路線が通っており、バス停も複数ある。オーチャード・ロード内の移動にバスを使ってもいい。

オーチャード・ロードの1本南側のオーチャード・ブルバードは、東から西へ一方通行で、この道もバス路線が通っている。

街歩きプラン

1. ボタニック・ガーデン→P.118
   ↓ バスかタクシーで約10分
2. アイオン・オーチャード→P.249
   ↓ 徒歩約5分
3. シンガポール髙島屋S.C.→P.248
   ↓ 徒歩約12分
4. グッドウッド・パーク・ホテルの「レスプレッソ」でハイティー→P.232

地下道をうまく活用

横断歩道が少なく、地下道を使わないと横断できない箇所が多々ある。おもな地下道は以下のとおり。

- アイオン・オーチャード（B2F）⇔ウィーロック・プレイス
- オーチャード駅地下⇔タングス、ショー・ハウス
- シンガポール髙島屋S.C.（B1F）⇔ラッキー・プラザ

国際色豊かな人々が行き交う

オーチャード・ロードに出るアイス屋台。食パンにサンドしたアイスクリームは昔ながらの名物

シンガポール・ビジター・センター
Singapore Visitors Centre
MAP P.80-2A
216 Orchard Rd.
FREE 1800-736-2000
URL http://www.visitsingapore.com
8:30〜21:30 無休 MRTサマセット駅から徒歩約1分。

観光案内のほか、ツアーの申し込み、ホテル予約、アトラクションやイベントチケットも販売。2階にシンガポールの伝統文化などの展示スペースがあり、毎日10:30、11:30、16:00のガイドツアーで見学できる。

（建物内にあるプラナカンハウスを改装した）

シンガポール・ツーリズム・ボード
Singapore Tourism Board
MAP P.78-3A
1 Orchard Spring Lane
6736-6622
9:00〜18:00 土・日曜、祝日 MRTオーチャード駅から徒歩約15分。

観光局本局オフィス。1階に展示や観光情報のコーナーを設置。また、政府公認のマーライオン6頭のうち、1頭がここの庭にいる（左写真）。

オーチャード・ロードの注目ショッピングセンター

アイオン・オーチャード前は人気の記念撮影ポイント

大型ブランド店の出店が相次ぐオーチャード・ロード。人気のショッピングセンター（S.C.）は、オーチャード駅の東側に集まっている。
　オーチャード・ロードの中心核ともいえる巨大S.C.が**アイオン・オーチャード**。**マンダリン・ギャラリー**（→P.250）は少数精鋭のモール。サマセット駅に直結する**313・アット・サマセット**（→P.251）は、若い女性に人気の駅ビル的S.C.。その東隣には個性派ブランドを集めた**オーチャード・セントラル**（→P.251）がある。
　夜になるとイルミネーションがきらめき、散歩するだけでもワクワクする。ショッピングに興味がなくても、近未来的な建築物が林立するこの通りをウオッチしてみたい。

ズラリ林立するショッピングセンターや見どころを、西から東へ順を追ってご紹介。

西端からスコッツ・ロードの交差点まで

オーチャード・ロード北側：**デルフィ・オーチャードDelfi Orchard**（エステ、ヘアサロンが多い）➡**オーチャード・タワーズOrchard Towers**（古めかしい。テーラー、レストランなどローカル度高し）➡**パレ・ルネッサンス**（高級感あ

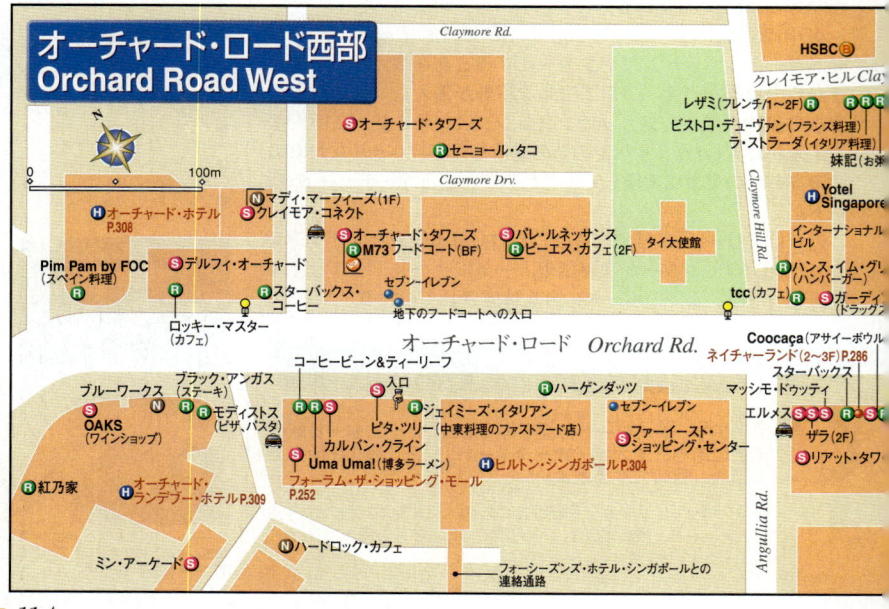

イセタン・スコッツが入ったショー・ハウス

オーチャード・ロード西部
Orchard Road West

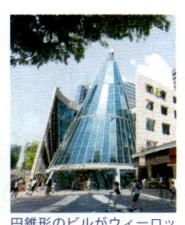

円錐形のビルがウィーロック・プレイス

り）➡**イセタン・スコッツ**（スーパーは食料品みやげの品揃えよし。5階は映画館。→P.253）。

オーチャード・ロード南側：**フォーラム・ザ・ショッピング・モール**（子供用品が充実。→P.252）➡**ヒルトン・ショッピング・ギャラリー**（高級ブランド店が集合）➡**ウィーロック・プレイスWheelock Place**（個性派ショップ多数）。

オーチャード・ロードの中心部

地下通路を通ってスコッツ・ロードを越えると、最もにぎわう一画。

スコッツ・ロードに寄り道：**スコッツ・スクエア**（高級S.C.）➡**ファーイースト・プラザ**（ストリートファッションの宝庫。→P.252）

オーチャード・ロード北側：**タングス**（根強い人気を誇るデパート。→P.252）➡**ラッキー・プラザ**（アジアのカオスを感じる老舗S.C.。地下の両替店はレートがよい。安服・安靴店多数。→P.261）➡**パラゴン**（おしゃれ度高し。→P.250）

オーチャード・ロード南側：**アイオン・オーチャード**（大型S.C.。→P.249）➡**ウィスマ・アトリア**（流行のファッション店が揃う。→P.249）➡**シンガポール髙島屋S.C.**（最大規模のS.C.。ブランド品からみやげ物まで幅広い。→P.248）。

カジュアル服の路面店が並ぶラッキー・プラザ

シンガポール髙島屋S.C.が入ったニー・アン・シティ

ファーイースト・ファイン・アーツ（チョーさんの店）
Far East Fine Arts
MAP P.79-2D
住304 Orchard Rd., #03-50 Lucky Plaza ☎6235-1536
営11:00〜18:00（日曜、祝日12:00〜16:00）休旧正月2日間
カードAJMV 行き方MRTオーチャード駅から徒歩約5分。

雑貨から食べ物まで幅広くみやげ物を揃え、なおかつ良心的な価格で人気。店主のチョーさんは日本語が堪能。3階にある。

新感覚ドリンクが飲める1872クリッパー・ティー
The 1872 Clipper Tea
MAP P.79-3C 住2 Orchard Turn, #B4-07 ION Orchard ☎6509-8745 営10:00〜22:00 休無休
カードAJMV 行き方MRTオーチャード駅から徒歩約2分。

シンガポール発祥のお茶ブランド。もとは1872年に開業した宝石店で顧客に紅茶を振る舞ったのがルーツで、現在は国内に6つの茶葉専門店をもつ。アイオン・オーチャード店は、キッチンカウンターで作るお茶と果物をミックスしたティーモクテルや紅茶入りのシュークリーム「ティーパフ」を販売。

お茶に果汁や果実を加え、シロップと窒素を注入して混ぜ合わせる。人気はお茶で作るシンガポール・スリング（$5.7）

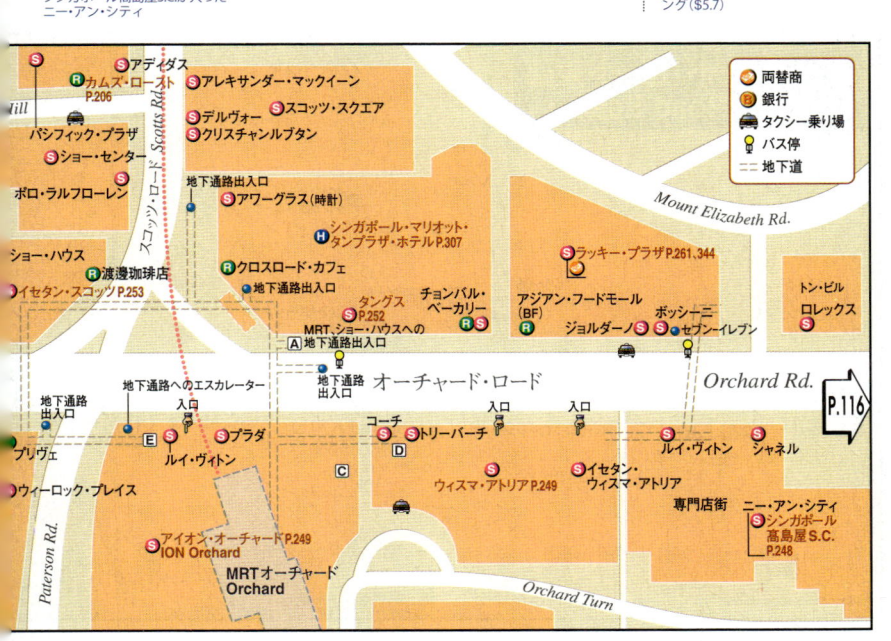

エリアガイド

オーチャード・ロード

115

ライブラリー・アット・オーチャード　Library @ Orchard
MAP P.80-2A
住 277 Orchard Rd., #03-12/04-11 Orchardgateway ☎6332-3255
URL www.nlb.gov.sg 営 11:00～21:00（12/24、12/31、旧暦12/31は～17:00）休 祝日、1/1、旧正月
行き方 MRTサマセット駅から徒歩約3分。

おしゃれな進化型図書館。幅広い分野の蔵書は約10万タイトル。ディスプレイやレイアウトもスタイリッシュで、広々とした閲覧スペースが魅力。

大盛況の「ドンドンドンキ」Don Don Donki
MAP P.80-2B
住 181 Orchard Rd., B1 & B2 Orchard Central ☎6834-4311
営 24時間（北海道マルシェ11:00～22:00）休 無休 カード ADJMV
行き方 MRTサマセット駅から徒歩約3分。

日本の「ドン・キホーテ」のシンガポール1号店。オーチャード・セントラルの地下1階～地下2階に生鮮食品＆食料品を中心に展開。安さと日本製品の品揃えのよさをウリに24時間営業。地下2階に北海道の名店を集めた食エリア「北海道マルシェ」もある。

B1Fのお菓子のコーナー

MRTサマセット駅周辺

オーチャード・ロード南側：➡ **マンダリン・ギャラリー**（話題のカフェや雑貨ショップに注目。→P.250）➡ **313・アット・サマセット**（ファストファッション店が集合。→P.251）➡ **オーチャード・セントラル**（個性派揃い。→P.251）。

オーチャード・ロード北側：**プラナカン・プレイス**（装飾したプラナカン〈→P.36〉の住居を再現した2階建てショップハウス。バーやレストランが入店。MAP P.80-2B）➡ **センターポイント**（ローカル人気が高いS.C.）。

カッページ・テラスCuppage Terrace：ショップハウスに入った各国レストランが連なる一角。南国植物を配したテラス席は、夕方以降にぎわう。MAP P.80-2B。

以上がおもなショッピング＆グルメスポットだ。このあと、さらに東へドービー・ゴートのほうへ向かってみよう。

サマセット駅近くにできたデザインオーチャード（→P.264）は注目店

レストランとバーが約10店連なるカッページ・テラス

MRTドービー・ゴート駅周辺

オーチャード・プラザを通り過ぎると、**コンコルド・ホテル・シンガポールConcorde Hotel Singapore**（→P.309）がある。このホテルからバヨン・ロードBuyong Rd.を渡った左側一帯は大統領官邸Istanaだ。特別な日以外、中には入れないが（→P.117欄外）、敷地内には立派な建物と広々とした庭園がある。

そのまま真っすぐ行くと左側に見えてくるのが、**プラザ・シンガプーラPlaza Singapura**（→P.253）。その地下が、MRTのドー

ビー・ゴート駅だ。

　駅から数分東に進んだ所には、**キャセイThe Cathay**（→P.117欄外）というシネコンがある。前身は1939年に建てられたキャセイビルで、当時の外観を再現し、さらにハイテク感を加味した建物は存在感がある。

　この先からオーチャード・ロードは、ブラス・バサー・ロードBras Basah Rd.と名前を変え、ラッフルズ・シンガポール方面に続く。北上する道（セレギー・ロードSelegie Rd.）は、リトル・インディアへといたる。

おもな見どころ Sightseeing Spot

スコッツ・ロードに彩りを添えるコロニアルホテル
グッドウッド・パーク・ホテル　Goodwood Park Hotel
★★　　　　　　　　　　　　　　　　　MAP P.79-1D

　ラッフルズ・シンガポールと並ぶ、シンガポールのコロニアルホテル。1900年、在住ドイツ人のためのクラブハウスとして建てられたもので、とんがり屋根をもつ外形はドイツ、ライン川沿いの城をイメージしたものだという。夜、照明に浮かび上がるその姿は、特に美しい。

　現在では、高級エレガントホテルとしてハネムーナーなどに人気があるほか、各種レストランが充実していることでも知られている。特に中庭に面した「レスプレッソ」（→P.232）のハイティーは有名だ（ホテルの紹介は→P.305）。

宿泊客のみならず、記念撮影で訪れるツーリストもいるグッドウッド・パーク・ホテル

エリアガイド / オーチャード・ロード

大統領官邸に入れる日
普段は一般公開されない大統領官邸だが、毎年旧正月2日目、レイバー・デー、ハリ・ラヤ・プアサ、ナショナル・デー前の土曜日か日曜日、ディーパヴァリの年5日（開8:30～18:00、圏$2）は特別に入ることができる。機会があったらぜひ見学してみよう。
大統領官邸 MAP P.81-1C

ドービー・ゴートって？
変わった名前だけど、これはタミール語で洗濯男、または洗濯場の意味。昔インドから渡ってきた人々がこのあたりに多く住み、洗濯場がたくさんあったことに由来する。丘の斜面にはズラリと洗濯物が干されていたそうだ。

キャセイ
The Cathay
MAP P.81-2D
住2 Handy Rd.
URL www.thecathay.com.sg
行き方MRTドービー・ゴート駅から徒歩約2分。
　地下1階から4階まではショップとレストランが入り、5、6階には最新設備が整った8つのシネマルームがある。

個性が際立つユニークな雑貨やウエアの店が多い

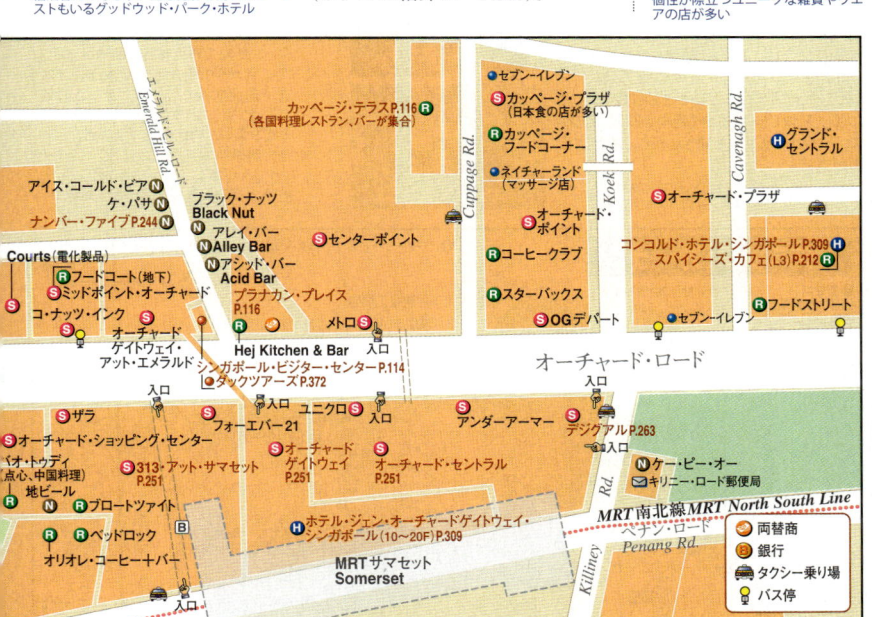

117

シンガポール初の世界遺産
シンガポール・ボタニック・ガーデン

150年を超える歴史があり、シンガポールの発展にも深い関わりをもつシンガポール・ボタニック・ガーデン（以下ボタニック・ガーデン）は、2015年、世界遺産に登録された。園内のナショナル・オーキッド・ガーデンが有名だが、実はシンガポールの歴史の断片を秘めた場所。知られざるスポットや希少な植物が数々ある。歴史遺産や古木にも注目して園内を散策してみよう。

植物をデザインしたタングリン・ゲートの門

①おもしろい形のヘリコニアはバナナの仲間　②ひっそりと茂みに咲くトーチジンジャー　③クエ（餅菓子）やココナッツライスの色づけに使われるバタフライピーも園内で見られる　④ガーデンのランドマーク「バンドスタンド」。1860年代初めに小高い丘を整地し、ここでバンド演奏が行われていたことから命名。写真の八角形のガゼボは1930年代に建造。イエローレインツリーに囲まれた景勝スポットだ　⑤52ヘクタールの広大な園内を一周するには3〜4時間かかるので、ポイントを絞って訪ねよう。早朝がおすすめ　⑥さまざまな珍しいランが見られる

ボタニック・ガーデンはこんな場所

南北に細長い52ヘクタールの広さは、ひと回りすると3〜4時間はかかる。熱帯固有の枝ぶりの見事な木々が生い茂り、なかでも47本が国が保護するヘリテージツリーに指定されている。

地元の人々にとっては散歩やジョギングに訪れたり、休日はピクニックをしたりと憩いの場である。シンフォニー・レイクの池の中のステージでは週末にコンサートが開かれることも。

ナショナル・オーキッド・ガーデンやジンジャー・ガーデンなど見どころも盛りだくさん（→P.120）。なるべく早朝early時間に訪れて、小鳥のさえずりを聞きながら、散歩するのが気持ちいい。

上/体操や太極拳など運動をする人も多い
下/希少なダブルココナッツの木

豆・知・識

150年を超えるヒストリー
開園は1859年。植物の研究に熱心だったラッフルズ卿が造ったフォートカニング・パークの植物園が前身。その遺志を受け継ぎ、熱帯雨林の研究の場として現在にいたっている。

世界遺産登録の理由は？
- ランの交配の研究は有名だが、ここでゴムノキから樹液を効率よく採取する方法が開発された。このことがゴム産業を躍進させ、シンガポールの経済発展の礎を築いた功績が大きな理由。
- 歴史建築物や英国式の庭園、ヘリテージツリーがあること、絶滅に瀕している植物の保護、育成なども認められた。

ボタニック・ガーデン

❶ガゼボ
❷5ドル紙幣の木
❸丸い石の噴水
❹サガの木（サガの実）
❺タイガーオーキッド
❻プラントハウス
❼プルメリアの群落
❽シンガポールの国花

※地図内の❶〜❽はP.119に掲載の注目ポイントに対応してます。

注目すべきポイントはココ！

タングリン・ゲートからナショナル・オーキッド・ガーデンへの道沿いには、世界遺産登録の決め手となったスポットや植物が点在。

5ドル紙幣

① スワン・レイクのガゼボ
白鳥が泳ぐ池のそばに立つビクトリア様式の美しい展望亭。1850年代に別の場所に建造されたものが1969年に移築された。

池が見渡せる

② 5ドル紙幣の木
5ドル紙幣の裏に描かれたテンブスの大木がある。この木は下方の枝が地を這うように横に伸びていて、その特異な姿が昔から有名。枝に座って記念写真を撮るのが人気だったとか。150年前の開園以前からここにあったといわれる。

シンガポールで最も有名な木。樹齢150年以上の見事な大木

③ 丸い石の噴水
水の上でくるくる回る石。手で押すと回転方向が変わる

④ 幸せを招くサガの実
サガ（Saga）のヘリテージツリー。このサガの木の赤い小さな実は昔から幸せを呼ぶ実といわれ、100個集めると願いがかなう、恋愛のお守りなどさまざまな言い伝えがある。1〜2月頃、7〜8月頃に実がなる。

左／マメ科の巨大木　右／実は宝石のようにきれいなので、雑貨やアクセサリーにも使われる

⑤ 世界最大のラン
花がトラの模様に似ているので「タイガー・オーキッド」と呼ばれ、ランのなかではひと株の大きさが世界一。昔はシンガポールに自生していたが、今ではガーデン内2ヵ所に残るのみ。

野性味あふれるラン。道の脇、囲いで覆われている。長い茎は2mにもなる

⑥ プラントハウスのれんがの階段
このれんがは日本統治時代、外国人捕虜が造らされたもの。れんがの表面に彫られた無数の矢印は、抵抗の証を刻んだものという。

左／プラントハウスへ続く階段に注目　右／プラントハウスはハス池のある小さなガーデン

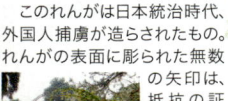

⑦ プルメリアの群落
香りのよいプルメリアが群をなす一画。1年を通して白やピンクの花が咲く。木々のそばにはブランコがあり家族連れが集う 

⑧ シンガポールの国花
可憐に咲く国花のランも見もの。1893年、アグネス・ジョアキムさんが発見した新種の自然交配種のランで、当時の園長によって彼女の名前を冠した「バンダ・ミス・ジョアキム」と名づけられた。

意外に小さくて可憐なラン

🍴 ガーデン内のレストラン

ハリア Halia
ジンジャー・ガーデンに隣接したヨーロッパ料理の店。ショウガを用いた飲み物が名物（詳細→P.222）。

熱帯植物に囲まれた屋外席

ハーブ入りのフルーツドリンクでリフレッシュ

コーナー・ハウス Corner House
歴史的建造物にある創作料理レストラン。
☎6469-1000　⏰12:00〜15:00(日曜11:30〜)、18:30〜23:00
休月曜、旧正月3日間
カード AMV

カーサ・ベルデ Casa Verde
ナッシム・ゲートを入ってすぐのカフェ。朝食メニューもある。
☎6467-7326
⏰7:30〜11:00、12:00〜18:00、18:30〜21:30
休無休　カード AJMV

※掲載のレストラン MAP P.118

園内散策ガイド

おもなゲートは南のタングリン・ゲート（オーチャード・ロードのタングリン・モールから徒歩7〜8分）と、東のナッシム・ゲート、MRTボタニック・ガーデン駅そばのブキ・ティマ・ゲート。

タングリン・ゲート

徒歩所要時間
● タングリン・ゲート〜ナショナル・オーキッド・ガーデン：約12分(800m)
● タングリン・ゲート〜ナッシム・ゲート：約20分(1.6km)
● ナッシム・ゲート〜ナショナル・オーキッド・ガーデン：約8分(660m)
● ナッシム・ゲート〜MRTボタニック・ガーデン駅：約10分(1.1km)

日本語ガイドツアーもある
毎月第1土曜の10:00から所要約2時間。当日9:45からナッシム・ゲートのビジターセンター脇のカウンターで参加受付。定員30名。料 無料

野生動物にも遭遇！

オオトカゲ

リス

おもな見どころ

ナショナル・オーキッド・ガーデン
National Orchid Garden

世界のランの展示場のなかでも最大規模を誇り、700を超える原種と約2100種の交配種のラン、計6万株が集められている。2019年8月現在、園内のミストハウス、クールハウスが改装工事中。工事終了まで、入口近くのエンチャンテッド・ガーデンに規模を縮小したミスト・ガーデンがあり、ランの希少種を展示している。

黄色いオンシジューム・ゴールデンシャワーで飾られたアーチ状のトンネル

エンチャンテッド・ガーデンには胡蝶蘭やカトレアなどもあり、写真スポットになっている

ミスト・ガーデンにはバンダ属の香りのよいランが多い

随所に写真スポットがある

花弁のひとつが袋状になったランを発見(ミスト・ガーデン)

コロニアル調のバーキル・ホール。ランの交配についての展示がある。庭には著名人の名をつけたランの花が植えられている

色とりどりのランで彩られた入口

🕐 8:30〜19:00(最終チケット販売18:00)
🈚 無休 💰 大人$5、学生、60歳以上$1、子供(12歳以下)無料 カード AMV($30以上の場合のみ使用可能)

ジンジャー・ガーデン
Ginger Garden

中南米から東南アジアまで熱帯地方に分布する1000種以上のジンジャー(ショウガの仲間)を栽培。ここで1859年からジンジャーの研究が行われていたのが発端となっている。独特の形状の種類豊富なジンジャーは興味深い。

ジンジャー・ガーデンで見られるジンジャーの仲間のイラスト画。種類が多いことが一目瞭然

左/ソフトクリームのような白い花のジンジャーは中米の固有種
右/花のように見えるのは苞(つぼみを包む葉)で、その中に小さい黄色い花が咲いている

ろうそくのような見た目のジンジャー

熱帯雨林の森
Rain Forest

ナッシム・ゲートの近くに約6ヘクタールの熱帯雨林の森があり、原生林も部分的に残っている。高木からシダやハーブまで約300種類の植物が生い茂る森の中に遊歩道が設置されていて、散策できる。

樹木の密度がすごい。高さ50mまで伸びる木もある

ヒーリング・ガーデン Healing Garden

おもに東南アジアで伝統的に薬に使われる植物を約400種類、説明文とともに展示栽培している。循環器系、消化器系など効能のある部位ごとに分けられた6エリアで構成。植物の秘められたパワーに驚かされる。

🕐 5:00〜19:30 🈵 火曜 💰 無料 
発熱、下痢などの薬に使用されるクラウンフラワー(英名)

※データの記載のない所はボタニック・ガーデンのデータと同じ。

ガーデン内のショップ

ガーデン・ショップ Gardens Shop
タングリン・ゲート、ナッシム・ゲートの各入口付近にある。植物をテーマにした雑貨のほか、植物関連の書籍や写真集もある。
タングリン・ゲート店:☎6475-1155 🕐8:30〜14:30、15:30〜19:00(金・土曜8:30〜19:00)、ナッシム・ゲート店:☎6467-0380 🕐8:30〜19:00 🈚無休 カード AJMV
MAP P.118

シンガポール・ボタニック・ガーデン
Singapore Botanic Gardens

MAP 折込裏-1A、P.118 📍1 Cluny Rd.
☎6471-7138、6471-7361 URL www.sbg.org.sg 🕐5:00〜24:00
🈚無休 💰無料(園内のナショナル・オーキッド・ガーデンのみ有料)
行き方 オーチャード・ブルバードからNo.7、77、105、106、123のバスで約5分。MRTならボタニック・ガーデン駅利用(駅からナショナル・オーキッド・ガーデンまで徒歩約20分)。オーチャード・ロードからタングリン・ゲートまでは徒歩約10分。

※上記の見どころのほか、チルドレンズ・ガーデンやヘリテージ・ミュージアムなどもある。

Map P.83、90

シェントン・ウェイ

Shenton Way

エリアガイド
シェントン・ウェイ

金融関係の高層ビル群が連なるシェントン・ウェイ。手前は歴史遺産の桟橋「クリフォード・ピア」

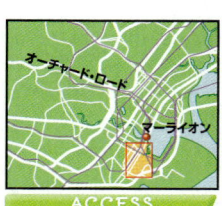

ACCESS
MRTラッフルズ・プレイス駅の利用が便利。東側のアジア・スクエアへはダウンタウン駅を利用。オーチャード・ロードからバスを使うなら、No.167、700で約10分。クリフォード桟橋前のバス停下車。

街歩きプラン
1. ラオ・パ・サ・フェスティバル・マーケット →P.226
   ↓徒歩約7分
2. ワン・アルティテュード・ギャラリー →P.122欄外
   ↓徒歩約3分
3. ボート・キー →P.122

　どこまでも広がる南国の空を、無機的な建物が四角く切り取っている。アジアの金融センター、シェントン・ウェイの空だ。シンガポールというと、どうしてもビルの林立するさまを思い浮かべてしまう。まさにそのイメージと合致するのが、シェントン・ウェイだ。しかもこのエリアのビル群は、互いにくっつき合い、あたかもそれ全体で巨大なビルのコラージュを作り上げているようだ。

　近年、金融街はマリーナ・ベイの南岸に沿って東側に拡張されている。その核となっているのが3つのタワーをもつマリーナ・ベイ・ファイナンシャル・センターMarina Bay Financial Centreだ。それにともなうかのように、2019年9月現在シェントン・ウェイ界隈では改装工事中のビルが多々見受けられる。

左の3つのタワーが、マリーナ・ベイ・ファイナンシャル・センター

歩き方 Orientation

歩き方のヒント　注目はウオーターフロントを彩るスポット
再開発されたコリア・キー東側の湾岸には、レストランやホテル、プロムナード、オフィスビルなどが次々と登場。夜景もすばらしいこのあたりを散策するのがおすすめ。

シェントン・ウェイのエリア範囲
　一般にシェントン・ウェイと呼ばれる場所は、本来の通りとしてのシェントン・ウェイを指すものではない。ラッフルズ・プレイス駅周辺から南へ向かう幹線道路のラッフルズ・キーRaffles Quay〜シェントン・ウェイShenton Wayを中心にした一帯を指す。このエリアは企業や銀行の高層ビルが建ち並ぶオフィス街だ。

ラッフルズ・プレイスで空を見上げる
　MRTラッフルズ・プレイス駅がシェントン・ウェイの玄関口だ。駅出口のあるその名も**ラッフルズ・プレイスRaffles Place**という広場の周りには、シンガポールで1、2を争う超高層ビルがそびえ

マリーナ・ベイ・リンクモール　Marina Bay Link Mall
MAP P.90-2A
8A Marina Blvd.
6634-0888　10:00〜22:00
MRTダウンタウン駅から徒歩約3分、ラッフルズ・プレイス駅からなら徒歩約8分。
マリーナ・ベイ・ファイナンシャル・センター地下から西側に広がるショップ＆ダイニング街。モールからラッフルズ・プレイス駅まで地下道が延びている。

121

ワン・ラッフルズ・プレイス

旧名はOUBセンター（OUB Centre）。丹下健三氏の設計として知られるビル。隣接して38階のタワーが完成し、複合ビルとなり、名称が現名に変更された。地下1階から地上5階までショッピングモールになっている。

●**ワン・アルティテュード・ギャラリー　1-Altitude Gallery**

ワン・ラッフルズ・プレイスの61～63階にはバー＆レストランの「ワン・アルティテュード」が入っており、その屋上バーが昼間は展望ギャラリーに。360度の眺めが楽しめる。

MAP P.83-1D
住 1 Raffles Place, 63F One Raffles Place　☎6532-5003　営8:30～17:30（最終入場17:00）　休無休
料大人$25、6～11歳$15、65歳以上$20（すべて1ドリンク付き）
カードJMV　行き方MRTラッフルズ・プレイス駅から徒歩約3分。

ラオ・パ・サ・フェスティバル・マーケット

MAP P.83-2C、2D
住 18 Raffles Quay
行き方MRTラッフルズ・プレイス駅から徒歩約7分。

ラオ・パ・サ・フェスティバル・マーケットは、ビジネスマンのランチ処でもある

ボート・キー

行き方MRTラッフルズ・プレイス駅から徒歩約5分。

ボート・キーからクラーク・キーへの道

ボート・キーからクラーク・キーへは徒歩約10分。ボート・キーの西端、サウス・ブリッジ・ロードの下の随道をくぐり、川沿いの遊歩道を西へ進むとショッピングセンター、セントラルに出る。目の前がクラーク・キーだ。

ダウンタウン・ギャラリー

住 6 Shenton Way　☎6513-7727
URL downtowngallery.com.sg
営10:00～21:00　行き方MRTタンジョン・パガー駅から徒歩約2分。

上／「四川飯店」の姉妹店「チェンズ・マーポートーフ」（2F, #02-29）は、カジュアルに楽しめる　右／1階で大々的に展開するバイシクルカフェの「Autobus」

立っている。なかでもひときわ目を引くのが63階建て、280mという高さをもつ、**ワン・ラッフルズ・プレイス One Raffles Place**（**MAP** P.83-1D）だ。そのすぐ脇、川沿いの**UOBプラザUOB Plaza**（66階建て、279.8m）とともにラッフルズ・プレイスのシンボルになっている。

中央の高層ビルがワン・ラッフルズ・プレイス。すぐ右側がUOBプラザ

ラッフルズ・プレイスからシェントン・ウェイへ

ラッフルズ・プレイス駅東側のクリフォード桟橋前のコリア・キーCollyer Quayを南にワンブロック進むと、ラオ・パ・サ・フェスティバル・マーケットLau Pa Sat Festival Market（→P.226）がある。時計塔をもつビクトリア調の目立つ建物で、内部は巨大なフードコートだ。

コリア・キーはラッフルズ・キー、シェントン・ウェイと名前を変えて南へ続く。新設のモール「ダウンタウン・ギャラリー」を過ぎて、交差するマックスウェル・ロードを右に行くとMRTタンジョン・パガー駅へ、左方向は開発中のマリーナ・サウスへ続いている。

おもな見どころ　Sightseeing Spot

人気のディナーエリア
ボート・キー ★★
Boat Quay　**MAP** P.74-3A、3B

ラッフルズ・プレイス駅G出口からUOBプラザを通り抜けたシンガポール川の川岸には、改修された色鮮やかなショップハウスが並んでいる。ここがボート・キーだ。中国、インド、イタリアなどバラエティに富んだレストランや、英国風パブ、ライブバー、スポーツバーなどのナイトスポットが入っており、夕方からにぎわい始める。

さらにボート・キーの裏手のサーキュラー・ロードCircular Rd.沿いにもパブやレストランが建ち並び、にぎわっている。

川沿いのテーブル席は気持ちがよい

ヒップなショッピングモール
ダウンタウン・ギャラリー ★★
Downtown Gallery　**MAP** P.83-3C

2棟のタワーからなる「OUEダウンタウン」。上階はオフィスや高級アパートが占め、地下1階から5階が「ダウンタウン・ギャラリー」になっている。オーガニック系のカフェやスキンケア店、ヨガスタジオなどヘルシー系が充実。1階のエクスプレス・バイ・チャターボックス（→P.209）や2階の四川飯店系列の「チェンズ・マーポートーフ」などのレストラン、地下1階の食のコンセプトストア「プロビドール」（→P.256）に注目。

チャイナタウン

Map P.82-83、91

Chinatown

エリアガイド / チャイナタウン

みやげ雑貨の露店が連なり、観光客でにぎわうパゴダ・ストリート

ひと昔前なら、シンガポールはどこを歩いてもチャイナタウンの雰囲気を感じることができた。だが「都市再開発」という名の下で街は大きく変貌を遂げ、「チャイナタウン」という名前は、シンガポール川の南側、ニュー・ブリッジ・ロードNew Bridge Rd.とサウス・ブリッジ・ロードSouth Bridge Rd.を中心とする一画だけになってしまった。一時は、この一画でさえ「開発」「保存」の声が入り乱れ、それこそチャイナタウンという名前のつくエリアが、シンガポールから消えるのではないかとの危惧もあった。が、観光資源としてチャイナタウンは「保存開発」されることになり、整備が進められている。

ケオン・サイク・ロード（→P.127）とテック・リム・ロードの角に立つ1939年建造のランドマーク的建物

今、訪れるチャイナタウンでは、古い朽ちかけたショップハウスは取り壊され、色鮮やかな彩色を施した観光用のショップハウスが目につく。この街で生活してきた人たちは、高層住宅へ移り住み、チャイナタウン独特の生活臭も薄れた感はある。とはいえ、やっぱり中国パワーや文化をどこよりも体感できるのはこの街だ。数はわずかだが100年近く続く老舗も、今なお歴史を刻んでいる。

ACCESS

MRTチャイナタウン駅の利用が便利。チャイナタウンの南西部へはアウトラム・パーク駅、東部へはテロック・アヤ駅、タンジョン・パガー駅を利用。

街歩きプラン

① シアン・ホッケン寺院→P.129
 ↓ 徒歩約7分
② トレンガヌ・ストリート、パゴダ・ストリート散策 →P.125
 ↓ 徒歩約3分
③ スリ・マリアマン寺院→P.128
 ↓ 徒歩約3分
④ 新加坡佛牙寺龍華院→P.130

ピープルズ・パーク・センター
People's Park Centre
MAP P.82-1B
住 101 Upper Cross St.
営 10:00頃～20:30頃
行き方 MRTチャイナタウン駅から徒歩約3分。

チャイナタウンのなかでは中規模の地味なS.C.。ローカル度は高く、中国色濃厚だ。1～2階には安さで勝負の洋服、靴、かばん屋、それに旅行会社が多い。2～3階にはマッサージ店（なかには風俗マッサージ店もあるので注意）、漢方薬店、地下1階にはフードコートがある。

天仁茗茶のティースタンド
Ten Ren's Tea
MAP P.82-1B
住 133 New Bridge Rd., #01-07 Chinatown Point ☎6593-4333
営 10:30～22:00 休 無休
カード 不可 行き方 MRTチャイナタウン駅から徒歩約1分。

台湾の中国茶専門店がアレンジティーのスタンドを開き、ブームになっている。ウーロン茶やプーアル茶とミルクのブレンドティー（$3～）が人気。茶葉の販売コーナーも併設。

左／チャイナタウン・ポイント1Fにある 右／砂糖や氷の量を指定できる

歩き方 Orientation

歩き方のヒント

見どころのポイントとなるのはこの3ヵ所
① ニュー・ブリッジ・ロードとサウス・ブリッジ・ロードに挟まれた屋台や老舗が多いエリア ② レストラン・バー街のクラブ・ストリート周辺 ③ シアン・ホッケン寺院

**チャイナタウン・
コンプレックス
Chinatown Complex**
MAP P.82-2B
⌂ Blk.335 Smith St.
⏰ 8:00頃～生鮮食品店は昼過ぎ、商店は夕方、ホーカーは21:00頃
🚇 MRTチャイナタウン駅から徒歩約4分。

おすすめ店
●1階の台所用品店
　1階には衣類や日用雑貨、祭祀用具、翡翠や玉石の店などがある。掘り出し物が潜んでいる台所用品店はのぞいてみたい。同様の店は歩道を挟んだ市場南側の商店の並びにもある。

普段使いの中国陶磁器が豊富

●地下のアンソニー・ザ・スパイス・メーカーAnthony The Spice Maker
　市場では珍しいモダンなスパイス専門店。潮州系のオーナーが厳選したスパイスはすべて無添加。ホールから粉にひいたもの、特製ブレンドやペーストと多種揃っている。日本のカレーにおすすめというカレー粉もあり、チキンカリーの日本語レシピもくれる。コブミカンの葉やレモングラスなどのドライハーブも料理好きにおすすめ。
⌂ #B1-169 Chinatown Complex
☎ 9117-7573　⏰ 10:00～13:00
休 月曜、旧正月　カード 不可

アンソニーさんの調合によるスパイス類がズラリ

**チャイナタウン・
ビジターセンター
Chinatown Visitor Centre
（牛車水游客詢問中心）**
MAP P.82-2B
⌂ 2 Banda St.　☎ 6534-8942
URL www.chinatown.sg
⏰ 9:00～21:00　休 旧正月
🚇 MRTチャイナタウン駅から徒歩約6分。
　チャイナタウンの民間団体が運営。観光情報を提供するとともに、チャイナタウンやその文化にちなんだおみやげ品を販売。

牛車水の名前の由来
　牛車水とはこの地区を表す名前で、その昔、このあたりの路地は牛車を引きながら水をまいて掃除したことからこの名前がついたといわれている。大廈はビルの意味。

駅周辺にはショッピングセンターが建ち並ぶ

　街のど真ん中にMRTチャイナタウン駅があり、それぞれの出口はショッピングセンターや露店街の近くにある。
　A出口を出ると、パゴダストリートPagoda St.だ。両サイドには色鮮やかなショップハウスが並び、路上まで商品があふれている。
　C出口を出た所はショッピングセンター（以下S.C.）が集中している。通称ピープルズ・パークと呼ばれる**ピープルズ・パーク・コンプレックスPeople's Park Complex**、OGデパートOG Department Store、**ピープルズ・パーク・センターPeople's Park Centre**など。なかでも規模の大きなローカル向けS.C.、ピープルズ・パーク・コンプレックスは衣料品、靴、かばん、電気製品、カメラ、時計、CD、さらに漢方薬や中国グッズを売るテナントがぎっしり入っている。買い物客も圧倒的に地元の人が多い。
　E出口を出ると**チャイナタウン・ポイントChinatown Point**（→P.258）の正面だ。

チャイナタウン・ポイントは、チャイナタウンのランドマーク。中国系の老舗が多数入店

チャイナタウン・コンプレックスは生活感いっぱい

　チャイナタウンの核ともいえる存在がチャイナタウン・コンプレックス（牛車水大廈〈→P.124欄外〉）だ。この付近の路上で営業していた屋台を1ヵ所に集めて造ったのが、この巨大市場＆ホーカーセンターの始まり。造りは整然としているが、生活臭が色濃く漂う場所だ。地下は生鮮食料品を扱うマーケットで、早朝から昼くらいまでの営業、地下は生鮮食品、1階は衣料品や日用雑貨など。2階の中国系屋台が並ぶホーカーズ（→P.227）にはさまざまな料理やスナックが揃い、食文化の奥深さが実感できる。
　チャイナタウン・コンプレックスに隣接するビルは**ニュー・ブリッジ・センターNew Bridge Centre**で、1階と地下は格安衣料品百貨店のCKデパートメント・ストア、2階には中国雑貨を扱うスーパー、大有超級百貨が入店。

左／チャイナタウン・コンプレックス正面入口　右／地下の市場は午前中が盛況

チャイナタウンのカオスを体感

　チャイナタウン・コンプレックスの周辺はチャイナタウンのなかでも、最もにぎわう一画。歴史を感じさせる老舗も点在し、街と華人のパワーが伝わってくる。そんな活気あふれるストリートを歩いてみよう。

レストランや食堂、みやげ物店、マッサージ店などが密集している

エリアガイド チャイナタウン

●トレンガヌ・ストリート Trengganu St.

観光政策上、例外的に認められたみやげ物の路上商店がズラリと並んでいる。ハンコ彫りや嗅ぎたばこの小瓶の絵付けなどの実演販売もあり、見て歩くだけでも楽しい。南側には果物や甘味などの店もあり、夜もにぎやか。

左／パゴダ・ストリート～トレンガヌ・ストリートは電飾が輝き夜もにぎわう　右／ドリアンの有名店もある

●パゴダ・ストリート Pagoda St.

MRTチャイナタウン駅の出入口があるこの通りには、骨董やチャイナシックな雑貨の店が多く、路上にも出店がズラリ。エスニック小物やウエア、アクセサリーと多様な品揃えだ。

多くの商品が「3つで$5」といった複数で安くなるパターン。まとめ買いならお得

●テンプル・ストリート Temple St.

西側にはみやげ物や骨董の店が比較的多く、東側には台所用品や陶器の店が集まっている。

骨董品や漢方薬、甘味店、食堂など中国色の強い店が並ぶテンプル・ストリート

●スミス・ストリート Smith St.

濃厚な中国色が漂う通り。西側には漢方薬や涼茶と呼ばれる漢方茶の立ち飲みスタンド、乾物の卸商、点心レストランなどが見られる。通りの東側はレトロ感を演出した食の屋台街「チャイナタウン・フード・ストリート」（→P.228）だ。さらに道沿いに中国料理店も軒を連ね、観光客でにぎわっている。

左／チャイナタウン・フード・ストリートにはローカル料理の屋台が20軒ほど並ぶ
右／スミス・ストリートの漢方茶のスタンド。苦いけれど体によい

●サゴ・ストリート Sago St.

漢方薬や中国菓子などの老舗があり、こちらにも中国みやげ物や雑貨の屋台が出ている。

●アッパー・クロス・ストリート Upper Cross St.

ニュー・ブリッジ・ロードとサウス・ブリッジ・ロードに挟まれた一画には老舗店が多く、漢方薬、広東料理、広東式甘味などの店が軒を連ねている。

各ストリートへのアクセス
トレンガヌ・ストリート周辺のP.125～126に掲載の各ストリートへは、MRTチャイナタウン駅から徒歩1～5分。

トレンガヌ・ストリート、パゴダ・ストリートの商店街
MAP P.82-1B、2B
営10:00頃～21:00頃　休無休

チャイニーズ・シアター・サークル／チャイニーズ・オペラ・ティーハウス
Chinese Theatre Circle／Chinese Opera Teahouse
MAP P.91上図
住5 Smith St.
☎6323-4862、9630-2886
URL www.ctcopera.com/our-tea-house/tea-house
営広東オペラのパフォーマンスは金・土曜に開催。変更になることもあるのでHPで要チェック。19:00～21:00（ショーのみなら19:50～21:00。12:00～17:00はカラオケタイム）　休月曜
料ディナー&ショー$40、ショーのみ$25　カードA　※要予約。
行き方MRTチャイナタウン駅から徒歩約6分。

広東オペラのパフォーマンスでは、美しい衣装や独特の情感ある歌や動きが楽しませてくれる。

「名探偵コナン」が壁画アートに登場！
MAP P.91上図
2019年6月、シンガポールを舞台にした映画『名探偵コナン 紺青の拳』のシンガポール公開を記念した壁画アートがチャイナタウンに出現。イップ・ユーチョン氏（→P.294）が描くノスタルジックな世界とコナンのコラボレーションは必見だ。

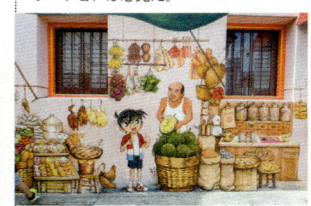

チャイナタウン・フード・ストリートの一角にある壁画。コナンがドリアンを食べる姿が描かれている

サゴ・レーン
Sago Laneの歴史
MAP P.82-2B
昔、この通りには死を迎える人のための施設があった。中国系移民の多くは貧しく、大人数で暮らしていたので、病人は行き場がなく、この施設を頼った。当時の中国人社会のなかで重要な役目を担った場所だったという。現在の街並みからは知るよしもない歴史の断片だ。

おしゃれなレストランが並ぶクラブ・ストリート周辺

サウス・ブリッジ・ロードの1本東側の**クラブ・ストリートClub St.**から**アン・シアン・ロードAnn Siang Rd.**にかけては、大人の雰囲気のレストランやバーが並ぶ。年々、イタリアやスペイン料理などの新店が登場し、注目度がアップしている。この勢いを反映して、金・土曜の19:00〜翌1:00まで歩行者天国となり、道路にもテーブル席が並んでにぎわいを見せている。

また、アン・シアン・ロードには中国各地の郷土会館だった建物が多く、歴史の一端を垣間見る。

上／ショップハウスを利用したレストランやバーが軒を連ねるクラブ・ストリート　下左／金・土曜の夜は熱気に包まれる　下右／中国の郷土会館として今も使われる建物もある

歴史あるアン・シアン・ヒル

クラブ・ストリートとアン・シアン・ロードがあるあたりの小高い丘はアン・シアン・ヒル(安祥山)と呼ばれる。アン・シアン・ヒルという歩道があり、上り詰めると丘の上に出る。この一帯では昔はクローブやナツメグが栽培されていた。その後、移民してきた華人の裕福な商人の居住地となり、商業、コミュニティ活動の中心としてにぎわった。現在でも郷土会館が多く残るのも、歴史の断片だ。1889年には華人のエリートたちによってエンターテインメントクラブと呼ばれる社交クラブが丘の上に創設され、これがクラブ・ストリートの名前の由来となった。

タンジョン・パガー・ヘリテージ

パゴダ・ストリートの突き当たり、スリ・マリアマン寺院からサウス・ブリッジ・ロードを南へ5分ほど歩くと、**マックスウェル・ロードMaxwell Rd.**との交差点に出る。ここからサウス・ブリッジ・ロードは**タンジョン・パガー・ロードTanjong Pagar Rd.**、**ニール・ロードNeil Rd.**と二手に分かれる。このふたつの通りに挟まれた一画が、改装されたショップハウスの建ち並ぶ場所、**タンジョン・パガー・ヘリテージ**だ。パステルカラーに塗り分けられたショップハウスには、レストラン、バーなどが入っている。

●タンジョン・パガー・ロードは韓国料理街

以前からこの通りには韓国料理のレストランが点在していたが、近年さらにパワーアップ。老舗からおしゃれな内装の店、カフェ風の店までさまざまなタイプの韓国料理店ができ、人気を呼んでいる。

エリアガイド　チャイナタウン

●バーやレストランが並ぶ　トラス・ストリート　Tras St.

タンジョン・パガー・ロードの1本東のトラス・ストリートは、フレンチやイタリアンの店、バーなどが続々オープンし、秘かなグルメ街となっている。

正統派フレンチの「ブラッスリー・ガヴロッシュ」（→P.218）

トラス・ストリート沿いにあるユニークな建物はオアシア・ホテル・ダウンタウン

レストランやバー、婚礼衣装の店が並ぶタンジョン・パガー・ロード

タンジョン・パガー・ヘリテージ
MAP P.82-2A、2B、3A、3B
行き方 MRTタンジョン・パガー駅から徒歩約5分。

ダクストン・ヒル
MAP P.91下図

ダクストン・ヒルは旬のナイトスポット

タンジョン・パガー・ロードの西から、**ダクストン・ヒルDuxton Hill**には、ショップハウスを改装したおしゃれなレストランやバーがズラリ。さらにこの通りの先の細い道にまで店が進出し、バーや各国レストランが並ぶ隠れ家エリアといった雰囲気。

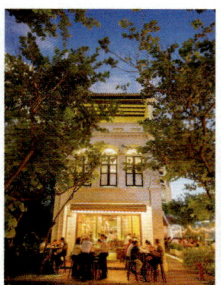

左／ダクストン・ヒルのメキシコ料理が人気のバー「ルチャ・ロコ」
右／モダンに改装されたショップハウスが目を引く

高層団地の展望スペース　ピナクル・アット・ダクストン
MAP P.82-3A
住 The Pinnacle @Duxton, Cantonment Rd. ☎6772-6415
URL www.pinnacleduxton.com.sg
営 9:00〜21:00　休 無休　料 $6
行き方 MRTアウトラム・パーク駅から徒歩約10分。

ユニークなデザインのHDB（公営団地）。7つのブロックタワーを結ぶ50階のスカイブリッジが一般公開されており、眺望を楽しめる（1日200人まで）。

入場にはイージー・リンク・カード（→P.360）が必要。1Gブロック1階の管理オフィスで入場料$6を現金で支払い、イージー・リンク・カードにアクセスコードを登録してもらう。50階に上がり、ブリッジ出入口のカードリーダーにイージー・リンク・カードをタップして入退場する（登録有効時間1時間）。

ニール・ロード周辺も散策してみよう

サウス・ブリッジ・ロードの南の**ニール・ロードNeil Rd.**周辺には、歴史が感じられるショップハウスが比較的多く残っている。

●新店ラッシュのケオン・サイク・ロード　Keong Saik Rd.

変化が著しいのが、この通り。ショップハウスが連なる200mほどの通りの店が、次々と新しい店に替わっている。もともと中級クラスのホテルが多い通りだったが、世界各国のレストランやバーなどが通りを彩っている。この周辺に宿泊して、新旧のチャイナタウンを散策するのもいいだろう。

ビストロやカフェ、ベーカリーなど次々新しい店ができるケオン・サイク・ロード。後方に見えるのはピナクル・アット・ダクストン

1Gブロック1階に一般客用の入口がある

ケオン・サイク・ロード
MAP P.82-2A

Information

テンプル・ストリートは台所用品街

シンガポールの「かっぱ橋道具街」がここに。とはいえ、卸問屋を兼ねた店が数軒並ぶだけだが、地元の調理器具に興味がある人は必兼。プロ用から家庭用まであらゆるキッチン用品が揃う「劉再成」や「聲發」、中国陶器の宝庫「寶源貿易有限公司」など。食器の専門店もある。MAP P.91上図

左／寶源貿易有限公司　右／劉再成の店先

左／掘り出し物が見つかるかも　右／「聲發」のマーライオンのゼリー型（$0.9）

ブキ・パソ・ロード
MAP P.82-2A、3A

ブレア・ロード
MAP 折込裏-3B

グラスルーツ・ブックルーム（草根書室）
Grassroots Book Room
MAP P.82-2A

住 25 Bukit Pasoh Rd. ☎6337-9208 営11:00～20:00（金・土曜～21:00、日曜～18:00）休火曜、旧正月 カード MV 行き方 MRTアウトラムパーク駅から徒歩約3分。

ブキ・パソ通りにある独立系書店。中国語書籍がメインでセレクションは個性的。文化やアート、サブカル関連の本もある。本に交じってカードや文具などおみやげによいグッズも並ぶ。
店の奥には昔懐かしい椅子やテーブルが置かれた手作り感あふれるカフェがある。

上／香港や台湾、中国の本も並ぶ
下／カードとノート（各$2.5）

チャイナタウン・ヘリテージ・センター

住 48 Pagoda St. ☎6224-3928 URL www.chinatownheritagecentre.com.sg 営9:30～18:30 休四半期ごとに第1月曜
料 マルチメディアガイド込みで大人$18、子供（7～12歳）$14（ガイドツアー付き入場券は大人$25、子供$20）。英語のガイドツアー：11:30、13:30、16:30（土曜は13:30のみ）カード JMV 行き方 MRTチャイナタウン駅から徒歩約3分。
※1階にはみやげ物を販売するコーナーがある。

スリ・マリアマン寺院

住 244 South Bridge Rd. ☎6223-4064 営7:00～24:00 休無休 料無料 ※お祈りの時間は11:30、18:00。行き方 MRTチャイナタウン駅から徒歩約6分。

このヒンドゥー教寺院の創建者は、ラッフルズとともに初めてこの地へやってきたインド商人だとされている。

寺院内は極彩色の宗教画で彩られている

● **グルマンが通うブキ・パソ・ロード Bukit Pasoh Rd.**

イタリアやドイツ料理の店、隠れ家風のスパやバーなどが、静かな通り沿いに並ぶ。歴史を物語る中国各地の郷土会館も点在。

隠れ家カフェやスパもある

● **プラナカン装飾が美しいブレア・ロード Blair Rd.**

ニール・ロードを西に進むと装飾がきれいなプラナカンハウスが見られる。プラナカンの文化に触れられるNUSババ・ハウス（→P.131）は、この通りにある。さらにブレア・ロードに入ると、カラフルで優美な家々が並んでいる。

左・右／繊細な装飾の家並みが続くブレア・ロード

おもな見どころ　Sightseeing Spot

昔のチャイナタウンへタイムスリップ　MAP P.82-1B
チャイナタウン・ヘリテージ・センター（牛車水原貌館）
★★★　Chinatown Heritage Centre

チャイナタウンと華人の歴史を紹介する展示館。かつて中国本土から移り住んだ華人たちが実際に暮らしていたショップハウスを改修した館内には、職業別の部屋が再現されている。テーラー、トライショーの運転手、建築工事に携わった「サムスイ・ウーマン（紅頭巾）」、家政婦などの部屋があり、部屋の造りや生活道具から当時の暮らしの様子がリアルに伝わってくる。

左／3階まであり、2階に職業別の部屋が並ぶ。写真はテーラーが家族とともに暮らした部屋　右／食器や台所用品も当時のもの

チャイナタウンにあるヒンドゥー教寺院　MAP P.82-2B
スリ・マリアマン寺院
★★　Sri Mariamman Temple

サウス・ブリッジ・ロードに立つシンガポール最古のヒンドゥー教寺院（1827年完成）。19世紀中頃まで、このあたりにインド人がたくさん住んでいた名残といわれている。本尊の女神マリアマンは、南インドの村の守り神だったという。

極彩色に塗られたヒンドゥー教の神々、動物、人などの像が彫り込まれた15mのゴープラム（高門）が、チャイナタウンのなかで異様な雰囲気を醸し出している。入口で靴を脱いで中へ入ると、そこは外の喧騒とはまったくの別世界。香がたかれ、信者が祈りを捧げている。なぜかこの雰囲気は荘厳な気持ちにさせる。

観光客もたくさん訪れる

エリアガイド / チャイナタウン

シンガポール最古の中国寺院として有名な
シアン・ホッケン寺院 ★★★
Thian Hock Keng Temple
MAP P.83-2C

1841年、中国福建省出身の華人たちが、中国から神像や彫刻を運び、建てたという道教寺院。寺院内には船乗りを守る天后が祀られている。シアン・ホッケン寺院の面するテロック・アヤ・ストリートは、昔の海岸通りで、この寺ができた頃、船乗りたちはここで航海の安全を祈り船出していったという。

どことなく、しっとりと落ち着いた感じのする寺院内は、今も1日中線香の煙がたちこめ、一心に拝む中国系の人の姿が絶えない。この寺院は人々の心のよりどころとして180年近くの間、存在し続けている。そんな歴史の重みを感じることができる。

ツアーバスが乗り付ける観光名所のお寺

シアン・ホッケン寺院
住 158 Telok Ayer St.
☎ 6423-4616　営 7:30～17:30
休 無休　料 無料
行き方 MRTテロック・アヤ駅から徒歩約3分、チャイナタウン駅から徒歩約12分。

本堂中央に航海の守り神「天后」が祀られている

クラブ・ストリートからシアン・ホッケン寺院への近道
MAP P.126
クラブ・ストリートの先のアン・シアン・ロードとシアン・ホッケン寺院のあるテロック・アヤ・ストリートを結ぶ屋根付き遊歩道がある。アン・シアン・ロードから東側に延びる脇道を進み、階段を下りるとアモイ・ストリートの仙祖宮脇に出る（徒歩約5分）。

歴史遺産が観光施設に衣替え
崇文閣 ★★
Chong Wen Ge
MAP P.83-2C

シアン・ホッケン寺院に隣接する崇文閣は、福建省から来た華人が中心になって1849～1852年に建てた3層の楼閣。初期は華人の子供の私塾の役割を担い、付随する建物は1915年から1985年まで崇福学校（女学校）だった。閉校後は福建会館の管理下に。2016年に会館内にオルゴール博物館（→P.129）や崇文閣カフェ、プラナカンタイル販売店「アスター・バイ・キーラ」（→P.271）が設けられた。

崇文閣
住 168 Telok Ayer St.
行き方 MRTテロック・アヤ駅から徒歩約3分、チャイナタウン駅から徒歩約12分。

●崇文閣カフェ
Chong Wen Ge Cafe
住 行き方 崇文閣と同じ。
☎ 8418-0223　営 11:00～17:00
休 旧正月3～4日間　カード 不可

六角形の崇文閣の天井に見事な中国画が描かれている

オルゴールを通して歴史をひもとく
シンガポール・オルゴール博物館 ★★
Singapore Musical Box Museum
MAP P.83-2C

シアン・ホッケン寺院隣の歴史遺産の崇文閣（→P.129）内にある。創設に携わった大類猶人氏はイギリスでオルゴール製作を学んだ際、師のグラハム・ウェッブ氏から植民地時代にシンガポールで作られたオルゴールを託され、当時のヨーロッパ文化との関わりなど歴史の断片を伝えるためにこの展示館を開設した。

Column
精緻な装飾の古刹、陳氏宗祠（保赤宮）

あまり知られていないが、チャイナタウンの北にひっそりとたたずむ歴史のある寺院がある。それは1878年に建立された陳（タン）氏族の福建寺院。「陳」の姓をもつ移民たちの氏族会館としての役割を果たしていただけでなく、かつてはその中に男子学校も併設されていた。典型的な福建寺院の建築様式をもつこの寺院は、きらびやかな装飾に彩られ、それらは美しさだけで

観光客は少なく、静かな境内

なく、神聖な力と権威を象徴する花と龍、忍耐と高位を象徴する蓮の花や鳳凰、悪魔よけの龍と獅子などのモチーフが用いられ、風水学上からも優れた建物として知られている。静かに線香の煙が漂う境内は時間の流れがゆったりとした別世界だ。

一歩中に入ると見事な装飾に息をのむ

陳氏宗祠（保赤宮）Tan Si Chong Su Temple（Po Chiak Keng）
MAP P.77-2C　住 15 Magazine Rd.　☎ 6533-2880
営 9:00～18:00　休 無休　行き方 MRTクラーク・キー駅から徒歩約5分。

シンガポール・オルゴール博物館
🏠 168 Telok Ayer St.
☎ 6221-0102　URL www.singaporemusicalboxmuseum.org
⏰ 10:00〜18:00　休 火曜
💰 大人$12、学生、60歳以上$6、6歳以下無料　※日本語ガイドツアー（無料）があり、日程や時間はウェブでご確認。
🚇 MRTテロック・アヤ駅から徒歩約3分、チャイナタウン駅から徒歩約12分。

新加坡佛牙寺龍華院
🏠 288 South Bridge Rd.
☎ 6220-0220
⏰ 7:00〜19:00（4階の佛牙舎利塔見学は9:00〜18:00）
💰 無料
🚇 MRTチャイナタウン駅から徒歩約7分。

中国茶館 ティーチャプター
Tea Chapter（茶淵）
🗺 P.82-2B　🏠 9&11 Neil Rd.
☎ 6226-1175、6226-1917、6226-3026　URL teachapter.com
⏰ 11:00〜21:00（金・土曜、祝日前日、祝日〜22:30）
休 旧正月3日間
💰 ミニマムチャージ$8〜。各部屋の使用料は女王座$10（1室）、韓国式$5（1室）　カード DJMV
🚇 MRTタンジョン・パガー駅から徒歩約10分。※週末は予約をしたほうがよい。
中国のティーセレモニー（茶芸）を体験できる、英国のエリザベス女王も訪れたという由緒ある店。メニューから好みのお茶を選んで自分で楽しむもよし、頼めば店の人が茶芸を実演しながら作法を教えてくれる。2階が茶館、1階は茶葉などのショップ。

ジャマエ・モスク
🏠 218 South Bridge Rd.
☎ 6221-4165
⏰ 見学可能時間10:00〜18:00（金曜10:00〜12:00、14:30〜18:00）
休 無休　🚇 MRTチャイナタウン駅から徒歩約5分。

アル・アブラー・モスク
Al Abrar Mosque
🗺 P.83-2C
🏠 192 Telok Ayer St.
⏰ 9:00〜18:00　休 無休
南インド出身のイスラム教徒の移民によって1827年に建てられた歴史のあるモスク。

ヨーロッパ各国のアンティーク品が並び、美しい細工や緻密な構造に目を見張る。1900年初頭、ヨーロッパの駅やレストランなどで音楽を楽しむために設置された大型のオルゴールは、オーケストラ仕立てになっていて壮大な音楽を奏でる。ガイドツアーに参加して、音色を聞き比べてみたい。

左／100年以上歴史のあるオルゴールが並ぶ。右はタイタニック号に載せる予定だったオルゴール　右／シンガポール製のオルゴール。シンガポールの時計職人がイギリスの技術を学んでオルゴールも作るようになった

仏教の歴史や遺産の展示ギャラリーがある
新加坡佛牙寺龍華院 ★★
Buddha Tooth Relic Temple and Museum　🗺 P.82-2B

チャイナタウンの中心部にある唐代様式の規模の大きな寺院。内部はきらびやかな仏教画や仏像が目を引く絢爛たる様相だ。寺名のとおり、4階には仏陀の歯が安置された金色のストゥーパ（佛牙舎利塔）がある。3階の龍華文物館では、仏陀の一生とその教えを仏教遺跡とともに紹介。2階の蘭若軒では仏像などの文化財を展示、1階には巨大な弥勒大仏が鎮座し、地下1階には精進料理が食べられる「五観堂」がある。また、屋上は南国植物が茂る庭園になっており、10万の小さな仏像を壁面にはめ込んだ萬佛閣の中には巨大なマニ車が据えられている。

左／ひときわ目立つ朱色の寺院　右／屋上にあるマニ車は内部に経文が書かれており、回した回数のお経を唱えるのと同じ功徳があるとされる

約180年前の姿をとどめる
ジャマエ・モスク ★
Jamae Mosque　🗺 P.82-1B

1826年、南インドのイスラム教徒によって建設。創建後すぐの1835年に改修され現在の姿に。外観は南インドスタイルだが、全体的にはさまざまな様式が合わさった特異な造り。内部も見学可能。インドのコロマンデル海岸地方出身者をチュリア人と呼び、彼らが創建者だったのでチュリア・モスクとも呼ばれる。初期の移民だったチュリア人はアル・アブラー・モスク（→P.130欄外）やナゴール・ダルガー（→P.130）も建設。

一対のミナレット（尖塔）とライトグリーンの彩色が目を引く

壮麗な建造物
ナゴール・ダルガー・インディアン・ムスリム・ヘリテージ・センター ★★
Nagore Dargah Indian Muslim Heritage Centre　🗺 P.83-2C

もとは南インドからのイスラム教徒の移民によって1828〜30年の間に建造された聖堂だった。ムスリムの聖人の偉業をたたえるとともにシンガポールに無事たどり着いた感謝を捧げるため、同聖人の霊廟を模して造られた。時を経た1990年代に閉鎖となり、

エリアガイド / チャイナタウン

修復の手が加えられ、2014年にインド人ムスリム社会や文化、彼らが携わっていた交易などを紹介するヘリテージ・センターとして開かれた。

左／美しい外観　右／写真や資料を展示

ナゴール・ダルガー・インディアン・ムスリム・ヘリテージ・センター
- 140 Telok Ayer St.
- ☎8591-5724
- URL www.ndsingapore.com
- 10:00～17:30（土曜9:00～13:00）
- 休日曜　料無料　行き方MRTテロック・アヤ駅から徒歩約3分、チャイナタウン駅から徒歩約10分。

シンガポール建国約50年の劇的な変化を展示
シンガポール・シティ・ギャラリー ★★★
Singapore City Gallery　MAP P.82-2B

先進的な都市国家へとどのように変貌してきたのかを解き明かす都市計画、街の景観や暮らしの変化など11のテーマエリアに約40の展示がある。2019年に改装を終え、ハイテク映像を用いた体験型の展示を多用し、楽しみながら見て回れる。将来の開発計画も盛り込んだ巨大ジオラマは圧巻。

シンガポール中心部を緻密に再現したジオラマ。白木で作られたビルはこれから建設予定のもの

シンガポール・シティ・ギャラリー
- 45 Maxwell Rd.　☎6221-6666
- URL www.ura.gov.sg/Corporate/Singapore-City-Gallery
- 9:00～17:00　休日曜、祝日
- 料無料　行き方MRTタンジョン・パガー駅から徒歩約8分。
- ●無料の館内ガイドツアー
  [英語] 火・木曜、第1・3土曜11:00、12:30

プラナカンの粋を集めた邸宅を再現
NUSババ・ハウス ★★★
NUS Baba House　MAP 折込裏-3B

1895年頃の創建時の姿を忠実に復元したプラナカンの住居。当時の名家ウィー一族が暮らした家を、シンガポール国立大学が修復し管理している。伝統的な建材を用い中国の職人を招いて復元された家の中は、息をのむ美しさ。2000点を超える精緻で優美な調度品や装飾品、ひときわ荘厳な祭壇、台所の調理用具などから当時の暮らしがよみがえってくる。見学、ガイドツアーとも予約が必要。

NUSババ・ハウス
- 157 Neil Rd.　☎6227-5731
- URL babahouse.nus.edu.sg
- E-mail babahouse@nus.edu.sg
- ガイドツアー：英語ツアー：火～金曜10:00、中国語ツアー：毎月第1月曜10:00、ガイドなしの見学のみ：土曜13:30、14:15、15:15、16:00（所要約1時間、各回13人まで）　休日曜・祝日
- 料$10　※ウェブから要予約。

鮮やかなブルーのファサードになっていて、奥に長い造りになっている。家の中は見応え十分

Column

新旧が交わるファーイースト・スクエア

100年以上も前の中国伝統の家屋を保存、改築し、生まれ変わったダイニング＆エンターテインメントスポット。中国の陰陽五行思想を基にしたインテリアや造りは独特だ。各国レストランやバーが入っている。

ファーイースト・スクエア　Far East Square

歴史的な見どころ
◆ 福徳祠　Fuk Tak Chi
1824年に建てられた寺院の内部はミニ博物館（料無料）になっている。
☎6532-7868　10:00～22:00　無休

ファーイースト・スクエア
Far East Square
- MAP P.83-1C、2C
- 行き方MRTテロック・アヤ駅から徒歩約1分。

上／立派なゲートがある　下／福徳祠内のミニ博物館にある、創建当時のチャイナタウンのジオラマ

約30棟ある白壁の低層団地群は、1930年代にイギリスの支配下で建てられた

おしゃれピープルが集まる *Tiong Bahru

チョンバルでカフェ&雑貨散歩

1930年代に建てられた白壁のHDB（住宅団地）とヤシの木が立ち並ぶチョンバル。地元の人々の生活の匂いが感じられるノスタルジックな街並みに、個性豊かな雑貨店やカフェがしっくりとなじんでいる。

団地のブロック番号を目印に散策

カフェ*Cafe

パリの風を感じるベーカリー&カフェ
チョンバル・ベーカリー
Tiong Bahru Bakery

フランス人の有名パン職人ゴントラン・シェリエ氏がプロデュースする店。洗練された味わいのパンはシンガポールで一躍話題になり、ラッフルズ・シティ（→P.257）にも出店。

漢字の「中峇魯（チョンバル）」がロゴマークに

チョンバルエリアのカフェ&ショップ
[行き方] MRTチョンバル駅から徒歩8～10分。
[MAP] P.132、折込裏-3A、3B

[住] 56 Eng Hoon St., #01-70　[電] 6220-3430
[営] 8:00 ～ 20:00　[休] 旧正月　[カード] AMV

パンは$3～5.5くらい。コーヒーなどドリンクは$5.5～

カジュアルなフレンチカフェ
メルシー・マルセール
Merci Marcel

朝食から食後の1杯まで、1日中気ままに楽しめるのが魅力。オーガニック野菜とレッドスナッパー（タイの仲間）のセビーチェ（$25）などワインに合うフュージョンフレンチを提供。

[住] 56 Eng Hoon St., #01-68　[電] 6224-0113
[営] 8:00 ～ 23:30　[休] 無休　[カード] AMV

左／中央右はスイスの濃厚なチーズのラビオリ（$18）、後方はシイタケやブロッコリーが入ったサラダそば（$16）、手前はオレンジジュース（$6）。オリジナルのホーローカップは$15で購入できる　中／パリのビストロのような雰囲気がすてき　右／店の前と店内奥にテラス席がある

ショップ*shop

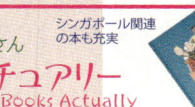

雑貨も扱う小さな本屋さん
ブックス・アクチュアリー
Books Actually

シンガポール関連の本も充実

シンガポール人オーナーが世界中から厳選した書籍と、シンガポールを中心に集めたビンテージアイテムを販売。レアな掘り出し物に出合える（詳細は→P.278）。

上／店の前に本の自動販売機を設置　右／店の奥の小部屋にアンティーク雑貨がぎっしり

1970年代のコップは$10～

3匹の看板猫がモデルのピンバッジ（各$2）

シンガポールの代表的な風景を収めた写真集

チョンバル MAP

MRTチョンバル駅へ
Tiong Bahru Rd.
ノスタルジア・ホテル
チョンバル・クラブ
ヴィスク
ネルソンズ・テーラー
チョンバル・マーケット・アンド・フードセンター P.227
オールド・チョンバル・バクテー
キャット・ソクラテス P.278
Loo's Hainanese Curry Rice
Cheng's 27
クリーミアー P.238
ブックス・アクチュアリー P.132, 278
ウッズ・イン・ザ・ブックス
ナナ＆バード
プレイン・バニラ・ベーカリー
ピンチョー P.223
チョンバル・コミュニティセンター
ピーエス・カフェ・プティ
フォーティ・ハンズ
阿昌粥・豆花
ゴールデン・スプーン P.206
バカラキ P.221
ニューケープ・イン
リンク・ホテル P.321
カンポンキン・イーティングハウス
チョンバル・パオ
チョンバル・ベーカリー P.132
ワンズ・ホテル P.321
ガリシャー・ペストリー P.239
チョンバル・ヨンタオフー
ハウス・オブ・プラナカン・プティ
齊天宮
ホテル81
オーサカ
ドリップス・ベーカリー・カフェ
メルシー・マルセール P.132
カソー P.205
Sマーケット・プレース
MRTアウトラム・パーク駅へ

※周辺図は [MAP] 折込裏-3A、3B

ブギス & アラブ・ストリート

Bugis & Arab St.

Map P.84-85

ブギス界隈は、昔は娼館やオカマバーが建ち並び、猥雑な雰囲気の漂う一画だったが、今では再開発の名の下、ショッピングセンターやしゃれた店ができ、若者や観光客が昼となく夜となく集まる繁華街へと変貌した。

一方、そんなブギスからわずか100mも離れていないアラブ・ストリート界隈は、カンポン・グラム（→P.133欄外）と呼ばれるイスラムの匂い濃い地域である。19世紀頃、アラブやブギス（インドネシアのスラウェシ島周辺を根城にしていた海洋民族）の商人たちが、香料、コーヒー豆、砂金、真珠などを運び込み、商業の町として栄えたところだ。今ではインド系やマレー系ばかり目立つようになったが、通りに残された中東風の名前や、シンガポール最大のイスラム教寺院、サルタン・モスク、マレー・ヘリテージ・センターなどに、当時の様子をしのぶことができる。

狭い通り沿いに籐製品、アラビア絨毯、バティック、ソンケット（イスラム教徒用の帽子）、布地、宝石類を売る店が並び、交渉がうまくいけば驚くほど安く買い物ができる。そんな昔ながらの店が並ぶ1本先にはハンドクラフトショップやカフェが続々と誕生している。エキゾチックな雰囲気が五感を刺激し、ムスリム（イスラム教徒）の文化や生活にも触れられる興味深いエリアだ。

このエリアの要となるサルタン・モスク。正面の通りはブッソーラ・ストリート（→P.135）

マレー文化が色濃いエリア。アラブ・ストリートにはマレーの衣装用の生地屋やテーラーが多い

ACCESS

MRTブギス駅の利用が最も便利。また、バスを使うならオーチャード・ロードからNo.7、175で約10分、サルタン・モスクの黄金のドームが右側に見えてくるのですぐわかる。チャイナタウンのピープルズ・パーク・コンプレックス前からならNo.2、61のバスを利用。所要10〜15分。

街歩きプラン

1. サルタン・モスク →P.137
   ↓徒歩約2分
2. マレー・ヘリテージ・センター →P.137
   ↓徒歩約2分
3. ブッソーラ・ストリート散策 →P.135
   ↓徒歩約2分
4. アラブ・ストリート、ハジ・レーン散策 →P.135

カンポン・グラム
Kampong Gelam
このエリアの昔の名称。カンポンは村、グラムは当地に茂っていたユーカリ属の樹木で、船の修理などに使われていた。ラッフルズがシンガポールにやってくる前からここに村があった。

壁画が連なる「グラム・ギャラリー Gelam Gallery」
モスクの前からブッソーラ・ストリートに並行する2本の路地が、アートギャラリーに。一部はフレーム入りの作品と壁画がセットで並ぶ。MAP P.85-1C、2C

上／壁一面にアートが描かれていて、観光客が写真を撮りにやってくる
下／作者と作品紹介の表示もある

歩き方 Orientation

歩き方のヒント
エスニック街を散策するか、ショッピング三昧かで、目指すエリアが変わる

異国情緒いっぱいのアラブ・ストリート界隈へは、MRTブギス駅B出口から徒歩約7分、買い物・食を楽しむなら駅の真上のブギス・ジャンクション、ブギス・プラスなどへ向かおう。

ブギスの新ランドマーク
デュオ・タワー　DUO Tower
MAP P.85-2C
7 Fraser St.　☎6329-1267
URL www.duosingapore.com/duo-tower.html

6角形のパターンが刻まれた壁面が大きく湾曲するタワーは近未来的。コンドミニアム棟とオフィスとホテル「アンダーズ・シンガポール」（→P.313）が入る棟の2棟構成。1階部分はレストランとショップを備えたデュオ・ギャラリーがお目見え。地下3階でMRTブギス駅と直結。

蜂の巣形のハニカム構造のビル。約20軒の飲食店と数軒のショップが入居

見どころ満載のエリア

MRTブギス駅周辺にはショッピングモール、映画館、インターコンチネンタル・ホテルが一体となった**ブギス・ジャンクション**Bugis Junction（→P.259）、ファッションの店や屋台が並ぶ**ブギス・ストリート**Bugis Street（→P.138）があり、観光客はもちろん、地元の若者、家族連れにも大人気だ。

ブギス駅真上に立つブギス・ジャンクション。この一画はショップハウス形式の店が並ぶ繁華街だ

ブギス・ジャンクションから**ノース・ブリッジ・ロード**North Bridge Rd.を北東へ進むと、ビレッジ・ホテル・ブギスが見えてくる。このホテルとアラブ・ストリートを挟んで斜め向かいに、シンガポール最大のイスラム教寺院、**サルタン・モスク**Sultan Mosque（→P.137）がある。巨大なドームが青空のなかに、ひときわ美しい姿を見せている。

サルタン・モスク南側周辺図

※周辺図はMAP P.85
※サルタン・モスクからビーチ・ロードまでは徒歩約5分。

注目のサルタン・モスク周辺

年々、ローカルや観光客の注目が高まっている。トルコやエジプト、モロッコなどエキゾチックな料理店やカフェが増え、夕暮れとともに歩道までテーブル席が並び、夕方以降、一段とにぎわいを見せる。

また、買い物が楽しめるのも魅力。**ブッソーラ・ストリート**にはエスニック雑貨やウエアなどの店がズラリ。アラブ・ストリートの1本西の**ハジ・レーン**には、個性的なブティックやおしゃれ雑貨の店が軒を連ねる。

色鮮やかなマレー系の民族衣装、コーランの響き、スパイスの香りなどが異国情緒を盛り上げ、グルメも買い物も楽しめる注目の場所となっている。メインとなる通りは以下の5つだ。

●アラブ・ストリート Arab St. ＊テキスタイル街
シルクやバティックの老舗生地店や仕立ての店が並び、ビーズなど手芸用品の店もある。南側には絨毯の店が多い。

左/店先の通路にまで生地やスカーフが並ぶ　右/2019年、世界中に店舗をもつ人気のコーヒーショップ「アラビカ」がオープン

●ブッソーラ・ストリート Bussorah St. ＊エスニック雑貨街
サルタン・モスクの正面、車が入ってこないので散策にぴったりの通り。ヤシの木が心地よい日影をつくっている。ショップハウスを改装した建物には、アジアの雑貨、マレーの衣料品の店、トルコや中東のレストランなどが入っており、ディナータイムもにぎわう。

エスニック度満点のトルコ料理店はテラス席も人気

●カンダハール・ストリート Kandahar St. ＊レストラン街
人気のナシ・パダン食堂「ミナン」をはじめ、安くておいしいマレー、インドネシア料理の店やカフェがある。

●ハジ・レーン Haji Lane ＊ブティック街
アラブ・ストリートの西側の小さな通り。ショップハウスの1階はもとより、2階にもファッションの店が入り、"裏アラブ"的ストリートとなっている。最近は奇抜でカラフルな壁画アートが続々登場し、フォトジェニックな場所として有名に。

左上/ビンテージ雑貨の「Spoil Market」　左下/ブティックやカフェ、バーが並ぶハジ・レーンは派手なペイントや装飾で彩られている。店の多くは午後からオープン　右/地元デザイナーの店が多い

エリアガイド　ブギス&アラブ・ストリート

日曜はダメよ！
アラブ・ストリートの店は、日曜はほとんど店を閉める。平日は9:00～18:00に営業している店が多い。なお、観光客の多いブッソーラ・ストリートの店は日曜も開いている所が多い。

アラブ・ストリート界隈
MAP P.85-1C、2C
行き方 MRTブギス駅から徒歩8～10分。

博物館並みのコレクション　マレー・アート・ギャラリー
Malay Art Gallery
MAP P.134
住 31 Bussorah St.
☎ 6294-8051
URL themalayartgallery.com
営 11:30～20:00（日曜13:00～18:30）
休 祝日　カード 不可
行き方 MRTブギス駅から徒歩約10分。

マレーの剣「クリス」のアンティークコレクションで有名な店。マレー系の客はもちろん、アメリカなどにも顧客がいる。2階は展示室になっており、クリスのほかにもマレー系工芸品のアンティークがズラリと並び、見学に訪れる客も多い。特にアンティークバティックなどは日本の古い着物のような渋みと色合いがすばらしい。

展示品には100年以上前のクリスもある。$100～1000

アラブ・ストリート界隈の名物はマレー料理とムルタバ
中東料理やカフェが増えているが、何といってもこのエリアの歴史に根付いた料理がうまい！　マレー料理のナシ・パダンと呼ばれる食堂形式の店で、現地の人が推す店は「ミナン」（→P.215）、イスラム版お好み焼きともいえるムルタバの有名店はノース・ブリッジ・ロード沿いに3店舗。「シンガポール・ザム・ザム」（→P.217）と「ビクトリー」は老舗の両雄、「アル・タスニーム」はミー・ゴレン（焼きそば）もおいしい穴場店。ぜひこのエリアならではの料理を試してみたい。
MAP P.85-1C

1910年創業のビクトリー。ムルタバを作る様子も見られる

ウワサのミルクティー
テ・タリ・ショップ
Teh Tarik Shop
MAP P.134
🏠21 Baghdad St.
なし ⏰6:00〜翌1:00
休無休　カード不可
行き方MRTブギス駅から徒歩約10分。

人気のミルクティーの店。小さい店だが、約40年の歴史をもつ。まろやかな味わいのミルクティーは＄1.1、ショウガ入りのテ・タリ・ハリアもある。グラスへの注ぎ方も見事。

ほどよい甘さで香りもよいミルクティー

シンガポールのアート基地
ナショナル・デザイン・センター
National Design Centre
MAP P.84-2B
🏠111 Middle Rd.　☎6333-3737
URL www.designsingapore.org
⏰9:00〜21:00　休無休
行き方MRTブラス・バサー駅から徒歩約5分、ブギス駅から徒歩約6分。

約120年前修道院として建てられた保存建築を改修した建物にある。デザイン産業の振興を目的にデザイナーや企業、育成機関などを集結させた国営の施設だ。ワークショップやギャラリーも数多く、イベントも開催。デザイン系のグッズのセレクトショップ「カポック」(→P.274)や「ファーム・ストア」が1階にある。

1階アトリウムでは企画展が行われることもある

バシール・グラフィック・ブックス
Basheer Graphic Books
MAP P.84-3B
🏠Blk. 231, Bain St., #04-19 Bras Basah Complex　☎6336-0810
⏰10:00〜20:00(日曜11:00〜18:30)
休ハリ・ラヤ・プアサの祝日1日、ハリ・ラヤ・ハジの祝日1日、旧正月2日間
カード A D J M V
行き方MRTブラス・バサー駅、ブギス駅から徒歩7〜8分。

世界各国の本が豊富にストックされている書店。アート、デザイン、建築、写真集、ファッション関連が充実。古い書物もあり、本好きはのぞいてみる価値あり。数は少ないが手帳やノートなど文房具もある。

● バリ・レーン Bali Lane
＊カフェや中東料理の店が多い

　カフェやビストロなど洋食やスイーツの店が多く、おしゃれな店も登場。ライブが行われる「ブルー・ジャズ・カフェ」はローカルに人気。

歩道にテーブルが並び、夕刻からにぎわいを増す

アラブ・ストリートの北・東方面

　近年、この界隈にもモダンな店が増えつつある。場所はノース・ブリッジ・ロードNorth Bridge Rd.からビクトリア・ストリートにかけて、モスク東側のアリワル・ストリートAliwal St.のあたりなど。洗練されたカフェやおしゃれホステルなどが目立つようになり、このエリアの魅力を増幅している。

　また、アラブ・ストリートの北端にはマレーシアのジョホール・バル行きのバスターミナル(Queen St. Terminal、→P.356)があり、ひっきりなしにバスが発着している。

ビクトリア・ストリートとジャラン・サルタンの交差点にあるマラバー・モスク(MAP P.85-1C)は装飾タイルが美しい

リャン・シア・ストリートは食街

ブギス・ジャンクションのすぐ南側、ノース・ブリッジ・ロードNorth Bridge Rd.とビーチ・ロードBeach Rd.に挟まれた**リャン・シア・ストリートLiang Seah St.**(→MAP右下)はレストランが集まる通りだ。200m足らずの通りの両側にローカル食をはじめ、各種中国料理、ベトナム、タイ、西洋料理の店がズラリと並び、人気のデザート店やバー、パブまで顔を揃えている。この周辺は香辛料の効いた中国四川の火鍋料理店が多いのも特徴。

比較的中国系の店、鍋料理の店が多い

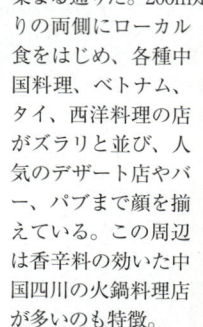

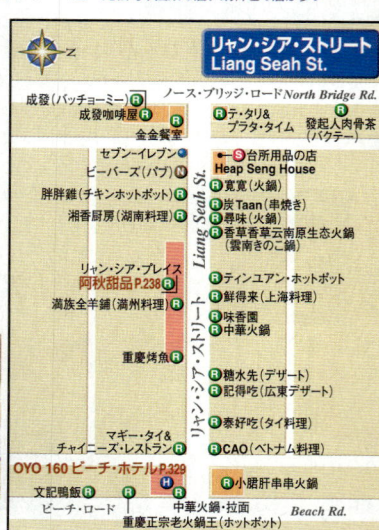

広東の甘味店も複数あり、これは「阿秋甜品」(→P.238)のスイーツ

リャン・シア・ストリート Liang Seah St.

西側(Liang Seah St.沿い)	東側
成發(バッチョーミー)R	ノース・ブリッジ・ロード North Bridge Rd.
成發咖啡屋R	テ・タリ・ブタ・タイムR
金金餐室	發起人肉骨茶(バクテー)
セブン-イレブン	台所用品の店 Heap Seng House
ビーバーズ(パブ)	寛franc(火鍋)
胖胖雞(チキンホットポット)	炭Taan(串焼き)
湘南廚房(湖南料理)	尋味R(火鍋)
	香草香雲南原生態火鍋(雲南きのこ鍋)
リャン・シア・プレイス 阿秋甜品P.238 R	ティンユアン・ホットポット
	鮮perk来(上海料理)
満南全羊鋪(満州料理)	味香園
	中華火鍋
重慶烤魚 R	糖水先(デザート)
	記得哈(広東デザート)
マギー・タイ＆チャイニーズ・レストラン R	泰好吃(タイ料理)
	CAO(ベトナム料理)
OYO 160 ビーチ・ホテル P.329	小郡肝串串火鍋
文記鴨飯 R	中華火鍋・拉面
ビーチ・ロード	重慶正宗老火鍋王(ホットポット)
	Beach Rd.

※周辺図はMAP P.84〜85

おもな見どころ Sightseeing Spot

イスラム教に触れてみる
サルタン・モスク ★★★
Sultan Mosque

ブッソラ・ストリートの突き当たりに立つのがシンガポール最大最古のイスラム教寺院、サルタン・モスク（1928年建造）。狭い通りの多いこの一画で、ひときわ大きく、そして美しく見える。

威風堂々としたサルタン・モスク

ムスリムは、庭園内にある水場で全身を清めてから礼拝堂に入ることになっており、男性は1階の大ホール、女性は2階でお祈りをする。一般の見学者は靴を脱いでの見学となるが、1階大ホールの中に入ることはできない（周囲の廊下からの見学のみ）。なお、見学に際しては、必ず長ズボンを着用のこと。短パンなどで見学に行くと、緑色のイスラム服を貸してくれるが、数に限りがある。

1日5回の礼拝があり（→P.137欄外）、最も荘厳なのが金曜正午の礼拝。この礼拝時間帯はイスラム教徒以外の入場は禁止されている。

凛とした空気が張り詰めたモスク内。旅行者も見学可能だが、服装には注意

マレー系民族の歴史や文化がわかる
マレー・ヘリテージ・センター ★★★
Malay Heritage Centre
MAP P.85-1C

マレー系の歴史や文化を紹介する当地初の博物館。サルタン（領主）の旧居であった美しいイスタナ（宮殿）を改装して造られており、2012年に展示室と一部外装を一新して内容も充実した。2階では、シンガポールにおけるマレー系民族の歴史や、ここサルタン旧居を中心とするカンポン・グラム（→P.133欄外）の歴史を紹介。19世紀後半にメッカ巡礼の港町として栄えた当地の様子や生活用品、サルタンの装飾品などが興味深い。1階には印刷・出版物、音楽、映画など文化関連の展示室がある。

上／50年くらい前のマレーの婚礼衣装。女性のものはバジュクルンと呼ばれるタイプ 下／マレー系民族は周辺の島々に分布しており、海に関わる歴史や交易についても展示されている

エリアガイド ブギス＆アラブ・ストリート

サルタン・モスク
- 3 Muscat St.
- ☎6293-4405
- 開見学可能時間 10:00～12:00、14:00～16:00（金曜14:30～）
- 休無休 料無料
- 行き方 MRTブギス駅から徒歩約6分。

●礼拝時間
ファジル：5:15、ズフル：12:30、アスル：16:00、マグリブ：18:45、イシャー：20:00

ラマダン（断食の月）時のサルタン・モスク周辺は……
モスク前にはズラリと屋台が並び、アラブ・ストリートにはイルミネーションが付けられ、夜になるといっせいに輝き出す。ラマダン中は、モスクに近いイスラム料理店は日没後のみオープン。屋台も夕方からオープンし、サテーやローストチキン、クッキーなどの食べ物、衣類や日用雑貨が売られる。これらはラマダン明け、ハリ・ラヤ・プアサ（→P.337）の必需品だ。

ビンテージカメラズ・ミュージアム
Vintage Camera's Museum

カメラの形の建物が目を引く。館内には1000台を超える年代物の希少なカメラを展示。絵の中に入り込んだ写真が撮れる「クリックアート・ミュージアム」を併設。
MAP P.85-1C
- 8C & 8D Jalan Kledek
- ☎6291-2278 URL www.vintagecamerasmuseumsg.com 開10:30～21:30 休無休 料$20（11歳以下$15）
- 行き方 MRTブギス駅から徒歩約5分。

オーナーのコレクションのカメラを展示

マレー・ヘリテージ・センター
- 85 Sultan Gate
- ☎6391-0450
- URL www.malayheritage.org.sg
- 開10:00～18:00（最終入場17:30）
- 休月曜
- 料大人$6、子供（7～12歳）、60歳以上$4
- 行き方 MRTブギス駅から徒歩約12分。

●無料のガイドツアー
[英語]火～金曜11:00（火・木・土曜は14:00もある）

サルタンが住んでいた当時と同様の黄色い外観。昔はこのすぐ前が河口だったという

ブギス・ストリート
- 昼頃〜23:00頃
- MRTブギス駅から徒歩約2分。

神様大集合！
福禄寿四面佛
Fu Lu Shou Si Mian Fo Pte. Ltd.
観音堂（→P.139）近くのタイの仏具店。店先に四面仏や観音様、布袋様、ヒンドゥーの神様までズラリと並んでいる。通行中に手を合わせて拝む人も多く、御利益ありそう(!?)。
- MAP P.84-2B
- 180 Bencoolen St., #01-11/12 The Bencoolen ☎6835-9259
- 9:00〜19:00　無休
- MRTブギス駅から徒歩約6分。

IT関連、ハイテク製品が揃うシム・リム・スクエア
Sim Lim Square
- MAP P.84-1A
- 1 Rochor Canal Rd.
- ☎6332-5839　店によって異なるが、だいたい10:00〜21:00または21:30　MRTブギス駅から徒歩約5分。

シンガポールの秋葉原と呼ばれている電脳ビル。1〜6階に大小の店がぎっしり詰まっている。1階はカメラ、テレビなどが多いが、2階から上にコンピューター関連の店が増える。近年、店とのトラブルも報告されているので注意が必要（→P.379）。

ハジャ・ファティマ・モスク
- 4001 Beach Rd.
- 9:00〜21:00
- MRTニコル・ハイウェイ駅から徒歩約3分。

スリ・クリシュナン寺院
- 152 Waterloo St.
- 6:30〜12:30、17:30〜22:00
- 無休　MRTブギス駅から徒歩約7分。

雑然としたアーケード街に東南アジアを実感！

ブギス・ストリート
★★

MAP P.84-2B

Bugis Street

　1970年代、ブギス・ストリートは風俗店の多い通りだった。しかし現在、かつてのいかがわしい雰囲気は一掃され、健全なアーケード街となっている。

　ビクトリア・ストリートとクイーン・ストリートに挟まれた部分がアーケード街で、中央付近にはティーン向けの小さなショップが集まったショッピングモールもあり、全店舗数は600余り。クイーン・ストリートと交差するあたりは、小規模な果物市場になっていて、季節の果物が威勢よく売り買いされる光景に出くわす。アーケードを出た西側は衣料品や雑貨、バッグなどを売る屋台が連なっている。なお、地元ではこのあたり一帯はブギス・ビレッジとも呼ばれている。

アーケード内はファッション店やスナックの屋台が混在する

左／4つで$10の激安バッグ。シンガポールモチーフのバッグや小物を扱う店が主流　右／カヤジャム入りの焼き菓子「カヤ・ボール」は人気スナック（8個$2.5）。店頭で焼きながら売っている

ヨーロッパとの折衷様式のモスク

ハジャ・ファティマ・モスク
★

MAP P.85-1D

Hajjah Fatimah Mosque

　1846年に建立されたこのモスクは、シンガポールの国定史跡に指定されている。英国人建築家ジョン・ターンブル・トムソン設計によるイスラム様式と西洋建築がミックスされたユニークで優雅なモスク。これを建造させたのはマラッカ出身の裕福なマレー女性、ハジャ・ファティマで、当時にしては珍しい女性実業家であり、ブギス族の王子と結婚した。彼らの娘は今も名を残すアラブ商人のアルサゴフ家に嫁ぎ、このエリアでの繁栄が続いたという。ハジャ・ファティマのお墓はこのモスク内にある。

西洋風の装飾も施されたユニークな造りの尖塔が特徴

入口上部の装飾に注目

スリ・クリシュナン寺院
★

MAP P.84-2A

Sri Krishnan Temple

　観音堂（→P.139）のすぐ近くにあるこのヒンドゥー教寺院は、クリシュナ神を祀っている。入口の上部にはヒンドゥー教の七大神が勢揃い。サイドには神々の化身や動物神が色鮮やかだ。中国寺院とヒンドゥー教寺院が近接するという、まさにシンガポールを象徴するような光景に出合える。

138

人々の信心深さを思い知る
観音堂
★★
Kwan Yin Tang

MAP P.84-2A

観音堂
🏠178 Waterloo St.
🕐6:00～18:30（毎月1日と15日は5:00～19:00、祝日4:00～19:00）
休無休
行き方MRTブギス駅から徒歩約7分。

ブギス・ビレッジ近くのウオータールー・ストリート沿いにある観音堂は、御利益のある寺院とされており、線香と花を手に一心に祈る人々の姿が絶えない。参拝の仕方を簡単に記しておこう。

参拝と占い
①入口付近にある線香を取り、燈台で火をつける。線香は3本をまとめて線香台に立てる。堂内の観音様に向かって、次に外に向き直って天空に祈る。②堂内のカウンターで占い用の筮竹の入った筒と三日月形の木片（勝杯）を借りる（小額のお布施が必要）。③ひざまずき、住所、氏名のあとに神様にうかがいたいことを唱えながら、1本だけ筮竹が出てくるまで筒を振る。④1本出たらその筮竹の番号でよいのか神様にうかがいを立てる。1対の三日月形の木片を投げて表と裏が出ればOK。お礼を唱えて、その番号のおみくじをカウンターでもらう。表と裏が出なければその番号は違うということなので、最初からやりなおす。3回やってだめなら占う時期ではないということなので諦める。

上／老若男女が真剣に祈る姿が印象深い　下／寺院前にはお供え用の花や線香売りの露店が出る

Column
ラマダン（断食月）とハリ・ラヤ

イスラム暦の9月は断食月
シンガポールに住む日本人は、毎年「ラマダン」が来ると目を見張る。お手伝いさんや会社で働くマレー人たちが、1ヵ月間も昼ご飯を食べず、必死に空腹に耐えている様子を目のあたりにするからだ。

ラマダンというのは、アラビア語で「暑熱」を意味し、イスラム暦9月（ラマダン月）に使徒ムハンマド（マホメット）が初めて神の啓示を受けたことから、とりわけ神聖な月とされるようになったという。このラマダン月の第1日から30日間、世界中のムスリム（イスラム教徒）は斎戒沐浴して断食を行う。

もちろん、断食といっても1日中何も食べないのではない。夜明けから日没までの間、飲み食いを断つわけだ。厳格な信者は、この間ツバを飲みこむこともしないといわれる。また、すべてのムスリムが断食をしなければならないわけではなく、6歳以下の子供、高齢の老人、病人、妊婦は除外され、旅人や生理時の女性はその期間断食を停止し、後日その日数分を補充してもさしつかえないことになっている。

このラマダンの断食について、西洋人は「イスラムの奇習」と笑うようだが、初期のキリスト教ではイエス・キリストが荒野で40日間の断食を行ったことを記念して、日曜を除く6週間（36日間）を断食したといわれ、ムハンマドがこれを取り入れたらしい。

では、ラマダンに断食をする目的は何なのだろうか。これについては一般に、
(1) 貧しい人への同情心を養う
(2) 砂漠などで実際に飢渇に遭遇したときの訓練となる
(3) 人間の最大の欲望である食欲にうち勝つことを通じて、自らの人間性を磨く

などが指摘されているが、本当のところは、強制的な断食によって信者個人に自分がイスラム教徒であることを自覚させながら、「共苦」による信者相互の連帯感と団結精神を培うことが一大目的のようだ。

断食明けの楽しいお祭り、ハリ・ラヤ・プアサ
さて、1ヵ月間に及ぶ苦しい断食が終わると、楽しいハリ・ラヤ・プアサ（断食明けの祝日。→P.337）がやってくる。ハリ・ラヤとはマレー語で「偉大なる日」の意味で、マレー人の家庭ではお正月のように盛大に祝う。

この日に備えて、家中の大掃除をし、カーテンを取り替え、たくさんのごちそうやお菓子を作る。友人や知人にカードを送り、晴れ着を新調し、自宅の戸口や窓に赤や青や黄色のランプをともす。最近は単なる色付き電球ではなく、光が点滅するネオンを付ける家も多く、ハリ・ラヤ前後の団地一帯は楽しげで浮き立った雰囲気に包まれる。

ハリ・ラヤの日、マレー人は一家全員で早起きし、水を浴びて身を清める。父親と息子たちはバジュクルンに身を包み、近くのモスクへ合同礼拝に赴く。彼らが帰宅すると、盛大な食事が始まる。午後からは親戚の家を回り、子供たちは「お年玉」をもらう。本当に楽しいお祝いが数日続くのだ。

ラマダンに入ると、ゲイラン・セライ（写真）やカンポン・グラムにはラマダン用の屋台街ができる。おもに日没後の食べ物を売る屋台が多い

エリアガイド　ブギス&アラブ・ストリート

リトル・インディア

Little India

Map P.86-87

ACCESS
南側の見どころや店へはMRTリトル・インディア駅かローチョー駅、北側へはファーラー・パーク駅を利用。

街歩きプラン
① テッカ・センター →P.140
　↓徒歩約1分
② リトル・インディア・アーケード →P.143
　↓徒歩約5分
③ スリ・ヴィラマカリアマン寺院 →P.143
　↓徒歩約10分
④ ムスタファ・センター →P.284

ヒンドゥー寺院が点在し、お祈りの時間には大勢の信者が祈りを捧げる

READER'S VOICE
ロティ・プラタの店
テッカ・センター1階のホーカーズ内にある「アル・ラーマン・ロイヤル・プラタ」は、現地のインド人にも人気で、順番待ちの人で行列になる。30分くらい待ったが、焼きたてのロティ・プラタにピリ辛のカレーをつけて食べると秀逸だった。散策の際のおやつにおすすめ！
（埼玉県　Aloha Kenny）['19]

アル・ラーマン・ロイヤル・プラタ
Ar-Rahman Royal Prata
MAP P.86-3B
住#01-248 Tekka Centre
営7:00～21:00 休無休 カード不可

ロティ・プラタは1枚$1～

テッカ・センター
MAP P.86-3B
住Serangoon Rd.
営6:00頃～18:00頃（ホーカーズは22:00頃まで）行き方MRTリトル・インディア駅から徒歩約3分。

ランドマークとなっているテッカ・センター

リトル・インディアを南北に貫くメインストリートのセランクーン・ロード。この通り沿いに市場のテッカ・センター、ヒンドゥー寺院、ムスタファ・センターがある

リトル・インディア駅を出ると、そこはインド系の人々が往来する場所。サリーを着た女性が横をすり抜けて行く。白いインド服に身を包んだ初老の男が路地から突然現れる。ジャスミンの花輪を持つ一団がヒンドゥー教寺院に吸い込まれ、その寺院の極彩色の神々が道行く人を見下ろす。通りを歩くと、インドの独特な音楽が聞こえ、店をのぞくと、色とりどりの香辛料が並ぶ。一瞬、自分がインドに来ているような錯覚にとらわれてしまう。

リトル・インディア――ダウンタウンの北東部、セラングーン・ロードを中心として広がるインド世界。古くは1820年代から、イギリスの植民地政策として、南インドから移住させられた人々が住み着いた街。インドの伝統・文化をかたくなに守り続けた彼らが造り上げた街だ。この街を訪れる誰もが、あたりにたちこめる香辛料の強烈な匂いに包まれ、一瞬のうちにインド世界へ迷い込むことだろう。

歩き方　Orientation

歩き方のヒント メインストリートのセラングーン・ロードを基本軸に、路地へ入り、再びセラングーン・ロードへ戻る、といった具合に歩こう

テッカ・センター（マーケット）からムスタファ・センター（S.C.）まで徒歩約15分。エアコンが効いたひと息つけるS.C.は、もう少し先のシティ・スクエア・モール（→P.259）。

最大規模のマーケット、テッカ・センター

ブキ・ティマ・ロードBukit Timah Rd.とセラングーン・ロードSerangoon Rd.がぶつかる交差点の北側にあるのが**テッカ・センターTekka Centre**だ。入ってすぐの所はホーカーズ（屋台食堂街）になっていて、その奥が通称K.K.マーケット（K.K.とはこのあたりの本来の地名カンダン・ケルバウKandang Kerbauに由来する略称）、生鮮食品の市場だ。

このK.K.マーケットは新鮮な食材を扱っていること、品揃えが種類豊富なことで知られており、車で乗りつけて買い物する人も多い。中に入ってみると、果物、香辛料、ココナッツ、肉、魚、これらのにおいが入り混じり、その数の多さに圧倒される。しばらく見ていると、においにも慣れ、活気あるマーケットの売り買いの様子や珍しい食品に興味が湧いてくるだろう。おなかがすいたらホーカーズでインド料理やムスリムフードをつまんでみよう。2階は色鮮やかなサリーやパンジャビドレスの店が並び、生活雑貨や電化製品もある。

左／整然と区画分けされた魚介と肉の売り場　右上／珍しい果物も並ぶ　右下／バナナの葉っぱを売る店もある

リトル・インディア・アーケード周辺

セラングーン・ロード沿いにある、**リトル・インディア・アーケードLittle India Arcade**（→P.143）へ行ってみよう。アーケード内にはインド音楽のCDを売る店、アクセサリー店、テキスタイル店、エスニックウエアや雑貨の店などが入っている。

リトル・インディア・アーケード周辺は、庶民の生活に密着した場所。ヒンドゥー教のお供えに欠かせないジャスミンの花輪やサリーの店、食料品店、インド料理店などが軒を連ねている。

また、リトル・インディア・アーケードの北隣にはインディアン・ヘリテージ・センター（→P.144）があり、新たな観光スポットとして注目を集めている。

次にリトル・インディアの注目のストリートを紹介しよう。

上／鮮やかなペイントでひときわ目立つリトル・インディア・アーケード　下／メインストリートのセラングーン・ロード

左／サリーやインド服の店もある　中／ヒンドゥー寺院の近くではお供え用の花売りが立つ　右／商売の神様、ガネーシャをあちこちで目にする

2階の衣類のコーナー。パンジャビドレスは＄20くらいから

リトル・インディア・アーケード
MAP P.86-3B
48 Serangoon Rd.
行き方 MRTリトル・インディア駅、またはローチョー駅から徒歩約5分。

リトル・インディア・アーケードとインディアン・ヘリテージ・センターの間の道は歩行者専用道。道沿いにインド関連の店が並ぶ

セラングーン・ロード沿いには「金行」（ゴールドショップ）が多い

人気の南インド料理店
サラヴァナ・バワン
Saravanaa Bhavan
MAP P.87-2C
84 Syed Alwi Rd.
☎6297-7755
営9:00〜23:30(金・土曜、祝日〜24:00)　休無休　カード JMV
行き方 MRTファーラー・パーク駅から徒歩約5分。

カジュアルな雰囲気の店で利用しやすい。16種類あるドーサヤ、豪華な定食ミールス（＄9.4〜）がおすすめ。

南インド料理はベジタリアン料理が基本。野菜や豆のカレー、ヨーグルトやピクルスなどの小さな器がお盆に並んだ定食のミールス

エリアガイド

リトル・インディア

日曜日はビッグ・インディア!?

日曜日には、リトル・インディアに、大勢の人々が集まってくる。彼らはシンガポールへ出稼ぎにやってきたインド人やバングラデシュ人で、休日を友と語り合うために集まってくるという。昼から夕方にかけて、その数はどんどんふくれ上がる。

タン・テンニア氏の邸宅跡
Residence of Tan Teng Niah
MAP P.86-3B

タン氏は菓子製造業で財をなした中国人ビジネスマン。この邸宅は1900年建造で、このエリアに残る最古の中国人屋敷のひとつ。中国南部とヨーロッパの建築様式がミックスされている。

カラフルに彩色されたタン・テンニア氏の邸宅跡

ジャラン・ベサール
Jalan Besar
MAP P.87-3C、2D、1D

評判のよいホーカーやローカル食の店があることで知られるジャラン・ベサール。リトル・インディアの東側を走るこの通りには、点心、潮州粥、海南式カレーライスなどの食堂が連なっている。ホステルや中級ホテルも多い通りだ。特集記事→P.146。

ジャラン・ベサールの東エリアが熱い！

ジャラン・ベサールの1本東、ティアウィット・ロードTyrwhitt Rd. 周辺に若者発信の店が出現。このあたりは20〜30年前までは五金（金属製品）の製作所や販売店、工具店が集まるエリアだった。現在ではその数は激減、代わって「チャイセンファット・ハードウエア」（→P.234）など話題のカフェやバーが次々出店し、注目が集まる。

カフェやホステルが並ぶティアウィット・ロード

●バッファロー・ロードはインドの食料品や衣料品街

テッカ・センターに接するバッファロー・ロードBuffalo Rd.沿いには、インド産の野菜や香辛料、日用雑貨の店、サリーやパンジャビドレスの店が並び、1日中にぎわっている。

左／インド料理で使われる野菜が山積み。珍しい野菜もあり、インド料理の興味が深まる　右／ヤシの実の品定めをする買い物客

●インド・カルチャーが色濃いケルバウ・ロード

セラングーン・ロードの西側、ケルバウ・ロードKerbau Rd.に入ると、アートギャラリーやブティック、スパ、ダンス教室などがある。歩を進めると歴史のある建物「タン・テンニア氏の邸宅跡」（→P.142欄外）が見えてくる。

セラングーン・ロードから西へ延びるケルバウ・ロード

●レース・コース・ロードはレストラン街

リトル・インディア駅から北に延びるこの通り沿いには、レストランがズラリと並ぶ。ここ数年、新しい店が次々にオープンし、にぎわいを見せている。どこもインド料理だが、北から南、各地の料理が揃い、そのバリエーションは、ほかにはない魅力だ。老舗店から今風のモダンな店まである。

左／評判のよいインド料理店が多い　右／レース・コース・ロードの近くで営む、お菓子や雑貨など何でもありのジェネラルストア

●バックパッカーが行き交うダンロップ・ストリート

セラングーン・ロードの東側、ダンロップ・ストリートには、旅行者御用達の店やサービスが多い。特にジ・イン・クラウド・バックパッカーズ・ホステル（→P.328）があるあたりには、インターネットサービスやマッサージの店が集まっており、バーやレストラン、カフェ、コンビニもある。

左／バックパッカーが集まるエリア　右／ダンロップ・ストリート周辺はホステルやカフェなどが増えている

メインストリートのセラングーン・ロードを北へ

改装されたショップハウスに入った商店が軒を並べている。金を売る「金行」やサリー屋、インドの流行歌をガンガン流すミュージックショップ、激安ショップなどが店開きをしている。

セラングーン・ロードを北へ約10分歩くと、右側の脇道シード・アルウィ・ロードSyed Alwi Rd.沿いに**ムスタファ・センター Mustafa Centre**（→P.284）が現れる。ムスタファ・センターはブランド化粧品からサリー、パソコンまで何でもありのメガショッピングセンター。週末ともなると大勢の人でごった返す。おみやげ買いの場所として、観光客にも人気がある。

ムスタファ・センター
MAP P.87-2C
145 Syed Alwi Rd.
6295-5855
24時間　無休
カード ADJMV
行き方 MRTファーラー・パーク駅から徒歩約3分。1階と地下1階に両替屋がある。

ムスタファ・センターの正面入口

READER'S VOICE
ムスタファ・センターの両替屋
両替レートがいいといわれているが、それほどでもなかった。空港内のほうが、レートがよかった。しかも、小銭をごまかそうとした。必ずその場で確認すること！
（北海道　ELMO）['19]

おもな見どころ Sightseeing Spot

極彩色のゴープラム、強烈な女神の姿に圧倒される
スリ・ヴィラマカリアマン寺院 ★★★
Sri Veeramakaliamman Temple
MAP P.86-2B

寺院内は厳かな雰囲気。真剣に祈る人々の姿が印象深い

テッカ・センター（→P.140）からセラングーン・ロードを北東へ3分ほど行くと、左側にヒンドゥー教寺院特有の、極彩色のゴープラム（塔門）が見えてくる。これがスリ・ヴィラマカリアマン寺院だ。この寺院はシヴァ神の妻で、殺戮と破壊の神、カーリーが祀られている。寺院

Column
リトル・インディア・アーケードでインドを体験

テッカ・センター（→P.140）の向かいにあるリトル・インディア・アーケードにはインドの手工芸品、アクセサリー、神様グッズ、テキスタイルやスパイス、インド音楽の店など、あらゆる種類の店が入っている。おみやげ探しにのぞいてみよう。

注目店
◆ アーユルヴェディック Ayurvedic
小さな店舗にインド漢方の商品がぎっしり詰まっている。インドの生命科学、アーユルヴェーダに基づく漢方薬やハーブ入りの石鹸、シャンプー、ヘアオイルなど、見てみるだけでもおもしろい。

左のふたつはヘアオイル、中央は関節や筋肉痛用のオイル、右はヘナ染料

MAP 右図
48 Serangoon Rd., #01-05 Little India Arcade
6297-5242　17:00～21:00
ディーパヴァリの祝日　カード 不可

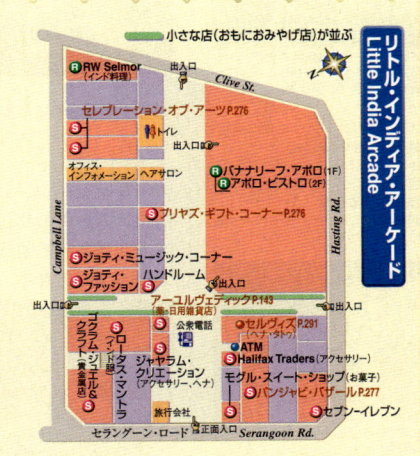

リトル・インディア・アーケード Little India Arcade
MAP P.86-3B　48 Serangoon Rd.
行き方 MRTリトル・インディア駅から徒歩約5分。

エリアガイド / リトル・インディア

スリ・ヴィラマカリアマン寺院

- 141 Serangoon Rd.
- 6293-4634
- 5:30〜12:00、16:00〜21:00（金・土曜18:00〜）
- 無休　無料
- MRTリトル・インディア駅から徒歩約5分。

寺院入口のゴープラム（塔門）はヒンドゥー教の神々や戦士、神聖な動物の像で埋め尽くされている

内にはカーリー女神やシヴァ神、ガネーシャなど多数の神像がひしめきあい、外にも小さな祠堂があるので寺院の周りを一周してみよう。
寺院内では、願い事のある信者が花や果物などの供物を捧げ、上半身裸の僧侶がどらをたたき、信者のために祈る。そんな光景が1日中続いている。

寺院外の西側には女神スリ・ペリヤッチの祠堂がある。王妃のおなかを裂き、内臓を食べる伝説の場面だという
左／中央祭壇に祀られたカーリー神　中／寺院の外、北西側に回ると屋根を飾る神々のなかに、どくろの首飾りをつけ赤い舌を出すカーリー神の姿がある　右／祭壇左側に立つ、踊るシヴァ神の像

インディアン・ヘリテージ・センター ★★

- 5 Campbell Lane
- 6291-1601
- www.indianheritage.org.sg
- 10:00〜19:00（金・土曜〜20:00、日曜、祝日〜16:00）
- 月曜　大人$6、学生、60歳以上$4、6歳以下の子供は無料
- MRTリトル・インディア駅、またはローチョー駅から徒歩約5分。

●無料の館内ガイドツアー
[英語] 火〜金曜11:00、土・日曜14:00

外壁はインドの階段井戸にヒントを得た幾何学模様。L1がロビー、L2が特別展、L3〜4が常設展

ハイテクを駆使した体験型展示
インディアン・ヘリテージ・センター
Indian Heritage Centre
MAP P.86-3B

シンガポールにおけるインド人コミュニティの歴史がわかる博物館。まずはシンガポールに来たインド系移民がたどった歴史に関する約10分間の映像を見たあと、1〜19世紀における南アジアと東南アジアの交易で流通した芸術作品、19〜21世紀の移民流入の背景、移民たちのシンガポールでの生活、社会的役割、近年における活躍の5つのエリアに分かれた常設展を見て回ろう。iPadの3Dガイドやタッチパネル式のゲーム、変身写真、無料の英語ガイドツアーなど、年齢を問わず楽しめる趣向に満ちている。

左／インドの叙事詩『マハーバーラタ』に登場するAravanの木彫りの像　右／パキスタンのムルターンより寄贈されたモスクのファサード

スリ・スリニバサ・ペルマル寺院

- 397 Serangoon Rd.
- 6298-5771
- 5:45〜12:00、17:00〜21:00
- 無休　無料
- MRTファーラー・パーク駅から徒歩約3分。

境内でお祈りの儀式が行われることもある

美しいゴープラムや天井画を鑑賞しよう
スリ・スリニバサ・ペルマル寺院 ★★
Sri Srinivasa Perumal Temple
MAP P.87-1C

セラングーン・ロード沿いにあるヒンドゥー教寺院。1855年に南インドからの移民によって建てられた。ヴィシュヌ神を祀る寺院で、極彩色の9層からなるゴープラムや塀の上には、ヴィシュヌ神の10の化身や、蛇神ナーガの上に座るシヴァ神などの彫刻がある。寺院内も色鮮やかな神像や宗教画でいっぱいだ。

天井や壁に施された神々の彫刻や像は見応えがある。この寺院はヒンドゥー教寺院では古い部類

144

メインストリートのセラングーン・ロードを北へ　　　**MAP** P.87-1C
千燈寺院
★★　　　　　　　　　　　　　　Temple of Thousand Lights

タイ仏教とシンガポールの中国仏教が調和した寺院で、正式名をシャカ・ムニ・ブッダガヤ寺院という。1927年、タイからの僧、ブティーサーサラ師によって建立された。寺院といっても、大きな堂がひとつあるだけだが、中にはお堂いっぱいに高さ15m、重さ350トンの極彩色の仏像が鎮座している。仏像の周りに、1080個もの法灯が巡らされていることから、千燈寺院の通称がついた。正面からじっくり仏像の姿を見ていると、心穏やかな気分になれるだろう。仏像の裏手に回ると、像の内部への入口がある。中へ入ると、小さいが極彩色の寝釈迦仏があり、仏陀の生涯が示されている。

左／派手な彩色を施した大仏　右／千燈寺院の正面入口には大きなトラの像がある

中国色が色濃く残る　　　　　　　**MAP** P.87-1C
龍山寺
★　　　　　　　　　　　　　　　Leong San See

千燈寺院の斜め向かいにある龍山寺にも立ち寄ってみよう。ここは1917年中国からやってきた轉武大師が開いた道教の寺院で、奥の祭壇には釈迦牟尼仏と観音像が祀られている。屋根の上には繊細な龍の彫刻が施されている。

寺院内は線香の煙が絶えない

セラングーン・ロードを北上した所にある　　　**MAP** P.87-1D
スリ・バダパティラ・カリアマン寺院
★　　　　　　　　　　　Sri Vadapathira Kaliamman Temple

1870年頃に建てられたヒンドゥー教寺院。本堂には守護神カーリーが祀られている。観光客はほとんど訪れない寺院で、ヒンドゥー教徒の厳粛な祈りの光景が印象的。ゴープラムや内部の神々の彫像が鮮やかで見事だ。

龍山寺のすぐ近くにある

コーランが響く壮大なモスク　　　　**MAP** P.87-3C
マスジッド・アブドゥル・ガフール
★★　　　　　　　　　　　　　Masjid Abdul Gafoor

壮麗な造りの規模の大きなモスク。ムーア式と南インド式が融合された建築、繊細な装飾などに注目したい。内部の見学は露出を抑えた服装で。

見学は靴を脱いで行う

千燈寺院
366 Race Course Rd.
8:00～16:30　無休
無料
MRTファーラー・パーク駅から徒歩約5分。

堂内左側にはおみくじもある。自分の干支が書かれた位置から回転板を回し（男性は右に、女性は左に回す）、止まった位置の数字の運勢が書かれた紙をもらう。$0.5。

福建家庭料理の店
民衆菜館
Ming Chung Restaurant
MAP P.87-2D
67 Maude Rd.
6296-3428　15:00～23:30
月曜、旧正月　カード不可
MRTラベンダー駅から徒歩約10分、ファーラー・パーク駅から約15分。

1933年創業。中国福建省沿岸の莆田（プーティエン）出身の家族が営む、シンガポールでも珍しい興化（莆田の昔の名）料理の食堂。名物はロー・ミー（鹵面）。エビ、イカ、アサリ、豚肉、野菜、あげと具だくさんで、白濁とろみスープのこの地方独特の麺料理だ。フライド・ビーフン（炒米粉）もおいしい。小さな店だが、ほかにはない伝統料理が食べられる。

黒いスープのものとは違うタイプのロー・ミー（$5～）。海鮮と肉のうま味が浸み込んだ優しい味だ。後方はカイランとゆば炒め（$10）

龍山寺
371 Race Course Rd.
7:30～17:00（毎月1日と15日は7:00～17:30）　無休
無料
MRTファーラー・パーク駅から徒歩約5分。

スリ・バダパティラ・カリアマン寺院
555 Serangoon Rd.
6298-5053
7:30～21:30　無休
MRTファーラー・パーク駅から徒歩約7分。

マスジッド・アブドゥル・ガフール
45 Dunlop St.
9:30～21:30　無休
MRTリトル・インディア駅から徒歩約8分。

エリアガイド　リトル・インディア

Jalan Besar

老舗名店や美景が潜む

ジャラン・ベサールをぶらぶら散策

マレー語で「大きな道(メインロード)」を意味するジャラン・ベサール。ブギスとリトル・インディアの間を南北に走る1.5kmほどの何ということのない通り。だけど町筋にローカル料理の名店があり、装飾の美しいショップハウスが数々ある。

駅のそばの美しい建物。1階に神仏用具店が入居

地下鉄のジャラン・ベサール駅前。正面のカラフルなシム・リム・タワーはこの通りのランドマーク

ジャラン・ベサールから西に延びるペタイン・ロード Petain Rdのデコラティブなショップハウス

地元の人が通う食堂が多い

鮮やかな色合いのタイルで彩られている

中国風のモチーフも見られる

かつての華やぎに思いをはせて

20世紀の初め、ジャラン・ベサールの起点近くのカラン川は、シンガポール周辺の地域との交易港としてにぎわった。湿地の中の1本の道が本格的に整備されたのは1960年代。カラン川付近に製材所や工場、住宅が造られ、ジャラン・ベサール沿いに大規模な娯楽施設やスタジアムができ、コーヒーショップ（コピティアム）やホテル、露店市場も登場した。
現在は食堂や電器・工具店、ホテルが立ち並び、中国やマレー、プラナカンの影響を受けた華やかなショップハウスに昔の面影がうかがえる。

通り沿いの名店

夜食にもいい！
正文志記猪什湯大王
Authentic Mun Chee Kee King of Pig's Organ Soup

- 住 207 Jalan Besar
- ☎ 8678-0207
- 営 10:30〜翌5:00（ラストオーダー4:45）
- 休 旧正月
- カード 不可

豚肉のあらゆる部位が入ったスープが名物。内臓や肉団子、野菜や豆腐入りで、肉のうま味とコクがあふれんばかり。

真っ赤な看板が目を引く

夜遅くまで客足は絶えない

店頭の調理場で素材をゆがいて盛り付ける

肉のうま味がしみ出しほんのり甘い猪什湯（$4〜）は、ご飯に合う

中華まん＆ローカルコーヒー
振新園
Chin Sin Huan

- 住 285 Jalan Besar
- ☎ 6906-4957
- 営 8:00〜20:00（土曜〜18:00）
- 休 日曜、祝日、旧正月
- カード 不可

シンプルな店内にテーブル席もある

人気の猪肉包（手前、$1.5）。アズキとハスの実あんに塩卵の黄身入りの鴛鴦包（後方）もおいしい

1960年代創業のコーヒーショップがルーツ。2代目が材料と手作りにこだわった包子（中華まん）で人気を得て、製法を受け継ぐ3代目がフレッシュな息吹を加えて店もおしゃれに。各種包子のほか、点心やトースト、ローカルコーヒー（コピ）があり、朝食やおやつによい。

深夜でもアツアツ点心
瑞春
Swee Choon
データ→P.204

広東と上海の点心がある（$1.4〜）

夜より昼間のほうがすいている

人気のカスタードあん入り紫イモボール

点心がおいしいことで知られる有名店。行列必至の人気で、シンガポール中からお客が詰めかける。手作り点心、麺料理、炒飯など、夕方から翌朝まで熱烈営業。

すてきな出合いがある
オンレウォ
Onlewo
データ→P.276

プラナカンタイルをデザインしたノート（$36）

シンガポールの名所やお祭りなどを散りばめたお皿（$45）

ジャラン・ベサールに来たら、立ち寄ってみたい雑貨とテキスタイルの店。今やシンガポールを代表するブランドとなった「オンレウォ」。小さい店ながら、直営店ならではの幅広い品揃えだ。

※掲載店の MAP P.87-2D、3C。 行き方 MRTジャラン・ベサール駅から徒歩5〜10分。

Map P.148

ホランド・ビレッジ

Holland Village

高級住宅街として知られるホランド・ビレッジには、アーティストや欧米人が多く住んでいる。そういった場所柄から高感度な人々が集まるバーやレストランが林立する一画が形成された。さらに欧米人好みのエスニック雑貨や家具の店が増え、ホランド・ロード・ショッピングセンターHolland Road Shopping Centreには、インテリア雑貨やファッション小物が揃っている。スパやネイルサロンなどの店舗も多く、のんびりと街歩きが楽しめるエリアである。

ホランド・ビレッジへはMRTでアクセスできる。

レストラン、バー、美容関連の店が並ぶロロン・マンボン

歩き方 Orientation

歩き方のヒント　ホランド・ビレッジへは半日くらいの予定で出かけよう
散策ポイントはホランド・アベニューを中心とした徒歩約15分圏内。

ロロン・リプとロロン・マンボンはメインの通り

まずホランド・アベニューHolland Ave.の西側、**ロロン・リプ Lorong Liput**、**ロロン・マンボン Lorong Mambong**を歩いてみよう。このふたつの通りが交わるあたりにはホランド・ピアッツァ（→欄外）が新登場。ロロン・マンボン沿いには各国料理のレストランやバーが並び、その南側のロロン・リプにはローカルな食堂や美容サロンが多い。ホランド・アベニュー沿いにはラッフルズ・ホランドV（→欄外）や**ホランド・ロード・ショッピングセンター**（→P.148）がある。

左／ロロン・マンボンは18:30以降歩行者天国になり、道路の中ほどまでテーブルが並び、にぎわう　右／エスニック系の料理が多い

ACCESS
MRTホランド・ビレッジ駅を利用。バスならオーチャード・ブルバードからNo.7、77、106で約10分。

街歩きプラン
① ホランド・ロード・ショッピングセンター →P.148
　↓徒歩約3分
② ロロン・マンボン（レストラン・バー街）を散策 →P.147
　↓MRTで約10分
③ ティンプル・プラス（ホーカー兼レストラン集合地）→P.149

医療施設と商業施設が合体
ラッフルズ・ホランドV
Raffles Holland V
MAP P.148　住118 Holland Ave.
営店によって異なるがだいたい10:00～21:00　行き方MRTホランド・ビレッジ駅から徒歩約1分。

ラッフルズ・メディカル・グループの医療ビル。上階にクリニック、地下1階から3階は健康を意識したレストランやカフェ、ショップが入店している。

5階のラッフルズ・メディカルクリニックには日本人医師、スタッフが常勤。1階にはヘルシーカフェの「ホーコン」（→P.234）がある

ホランド・ピアッツァ
Holland Piazza
MAP P.148　住3 Lorong Liput
行き方MRTホランド・ビレッジ駅から徒歩約3分。

特異な形状の建物のショッピングセンター。地下1階から2階の3フロアあり、飲食関連がメイン。1階にオーガニック食品のスーパーがある。

ホランド・ピアッツァ

台湾のタピオカドリンク店「Tiger Sugar」も入店

エリアガイド　ホランド・ビレッジ

ビアガーデン風カフェ
パーク　Park
MAP P.148
🏠 281 Holland Ave., #01-01
☎ 9721-3815　⏰ 11:00～23:00
（金曜～24:00、土曜9:00～24:00、
日曜9:00～23:00）　休 月曜
カード A M V
行き方 MRTホランド・ビレッジ駅
から徒歩約2分。

　ホランド・アベニュー沿いの小
さな緑地にある。オープンエア
の席は気分爽快。パスタやハン
バーガーなどの料理のほか、ビ
ールの銘柄も種類豊富。ランチ
や散策の休憩におすすめ。

街が見渡せる憩いのカフェ

ホランド・ロード・ショッピングセンター
🏠 211 Holland Ave.
⏰ 店によって異なるが、だいたい
11:00～19:00
行き方 MRTホランド・ビレッジ駅
から徒歩約2分。

住宅街の中のジャラン・メラ・サガ

　ホランド・アベニュー東側のジャラン・メラ・サガ
Jalan Merah Sagaにも足を運んでみよう。やはり、
各国料理などレストランが並ぶ通りで、人気のア
イスクリーム店やスイーツカフェもある。

パンやケーキが好評のカフェ「チョンバル・ベーカリー」

おもな見どころ　Sightseeing Spot

エスニック雑貨の宝庫
ホランド・ロード・ショッピングセンター　★★★
Holland Road Shopping Centre
MAP P.148

　1階はスーパーマーケットで2階から3階にかけてショップが入店。
アジア全般のインテリアや雑貨をはじめ、エスニック系のウエアや
サンダル、アクセサリーまで揃う。2階のエスニック＆インテリア
雑貨店「リムズ」は充実の品揃え。足マ
ッサージ店やネイルサロンも数多く、1
階にはスーパーマーケットの「コール
ド・ストレージ」が入っている。

アジア各国でセレクトした雑貨が揃う「リムズ」

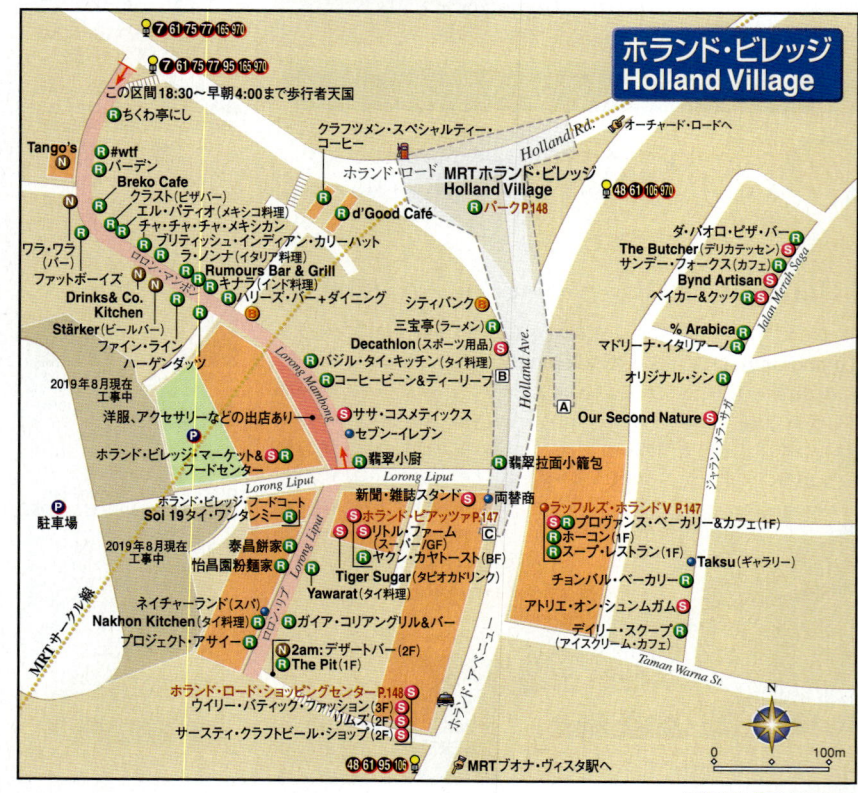

ホランド・ビレッジ　Holland Village

（地図）

※周辺図は **MAP** 折込表-2B

148

郊外の未来都市へ
ホランド・ビレッジ近辺の注目スポット

ホランド・ビレッジ南のブオナ・ヴィスタからワン・ノースにかけての一帯は学術研究機関、IT企業が集まるニュータウンが形成されている。駅前にあるユニークなショッピングセンターや屋台村にも注目。MRTサークル線で「未来都市」を巡ってみよう。

ブオナ・ヴィスタ駅の目の前
スター・ヴィスタ
The Star Vista

宇宙基地のような建物の中にショッピングモール「スター・ヴィスタ」がある。地下1階から2階の3フロアで、各国料理店を中心に展開。館内には川が流れるガーデンを配し、開放感たっぷり。タイティーの店「チャトラムー」(地下1階)、チャイナドレスの「チョンサム・ショップ」(1階)など個性派の店が多い。

上／芝生の広場の先にある　下左／カジュアルなレストランやカフェ、フードコートもある　下右／地下1階には日本の食料品店「Jマート」がある。館内の店はおもに生活雑貨の店

吹き抜けの広場ではライブや催し物が開かれる。店は約100軒入店

MAP P.149　**住** 1 Vista Exchange Green　**☎** 6694-3111
URL www.capitaland.com/sg/malls/thestarvista/en.html
営 店によって異なるが10:00～22:00　**行き方** MRTブオナ・ヴィスタ駅から徒歩約5分。

ワン・ノース駅直結
フュージョノポリス
Fusionopolis

研究機関やIT企業などが入るユニークな形状のビルは黒川紀章氏の設計。地下と低層階にレストランやショップがある。

MAP 折込表-2B、P.149
住 1 Fusionopolis Place
行き方 MRTワン・ノース駅から徒歩1分。

ふたつのタワーに挟まれた球体はシアター

シーフード店「ダンシング・クラブ・シャック」のロブスターロール($24)はビールに合う

ライブのある屋台村
ティンブレ・プラス
timbre+

ワン・ノース駅前にある話題の新スポット。以前は普通のホーカーズだったが、コンテナやレトロバスにストリートアートを施したおしゃれな屋台村に生まれ変わった。昼間はローカルフード、18:00以降は世界料理にシフトチェンジ。料理もお酒にもこだわりあり！

左／新コンセプトのグルメ屋台村。ホーカーズ同様、セルフサービス。食器は返却口に返すと$1戻るシステム　右上／コンテナ利用の店は約20店。エスニックからローカル食までユニークな顔ぶれ　右中／倉庫風の館内はコンテナアートが随所に　右下／ライブは毎晩開催。日によって異なり19:30頃から閉店まで

左／派手なペイントが目を引く倉庫風スペース　中／ビールを買うとバケツに氷とプラコップを入れて渡される　右／ボトルショップでは150種以上のクラフトビール、世界各国のお酒を販売している

MAP P.149　**住** 73E Ayer Rajah Crescent, JTC Launchpad @One North
☎ 6252-2545　**URL** timbreplus.sg　**営** 6:00～24:00（ホーカーは昼過ぎか夕方で終了。レストラン＆バーは18:00頃から、金・土曜～翌1:00、日曜11:00～22:00）　**休** 祝日　**行き方** MRTワン・ノース駅から徒歩約5分。

ワン・ノース周辺

左／緑に囲まれたガーデンカフェの「ピーエス・カフェ」右上／天井の高い平屋の建物が連なる 下左／『不思議の国のアリス』をテーマにしたレストラン「ホワイトラビット」(→P.221)は古い教会の中にある 下右／目印となるデンプシー・ヒルの噴水。夜はライトアップされてきれい

ヨーロッパの香り漂う丘陵地

タングリン・ビレッジ Tanglin Village

兵舎がおしゃれスポットに

　シンガポール・ボタニック・ガーデン(→P.118)のホランド・ロードを挟んだ南側の広大な緑地に、タングリン・ビレッジTanglin Villageがある。このあたりは、1800年代初頭には中国の潮州から来た人々が働くナツメグ農園だった。その後、英国統治時代に英軍のキャンプ地となり、兵舎が建設された。時代を経てその兵舎だった建物がショップやレストランに姿を変えた。

中心はデンプシー・ヒル

　建物の集合地はデンプシー・エリア、ミンデン・エリア、ラーベン・エリアの3つに分かれている。店やレストランが集中しているのがデンプシー・エリアだ。なかでも8〜11ブロックはデンプシー・ヒルと名づけられ、各国料理店、スパ、ワインや食料品店が集まっている。リニューアルされた18ブロックにある「ドーバーストリート マーケット シンガポール」は注目店。

タングリン・ビレッジ／デンプシー・ヒル
Tanglin Village ／ Dempsey Hill
MAP 折込裏-1A　URL www.dempseyhill.com　行き方 中心部からタクシーで約10分。オーチャード・ブルバードからNo.7、77、105、106、123、174、MRTアウトラム・パーク駅前からはNo.75のバスでデンプシークラブハウス前下車。敷地は広いので、タクシー利用の場合、目的の店やブロックを決めて行くか、デンプシー・ヒルの噴水前まで行って、散策するのがよい。

Column

シンガポールで競馬を楽しむ

熱気と歓声に包まれたゴールの瞬間

シンガポールの競馬場は、全天候型のトラック、最新の設備とデザインを誇り、国際レースも行われている。レースの開催はシンガポール、マレーシアの3都市（クアラルンプール、ペナン、イポー）で交互に行われており、シンガポール開催は月に5～9回ある（原則として金・日曜、祝日）。このときは競馬場に大勢のファンが詰めかける。

シンガポールの競馬場

クランジにある競馬場「シンガポール・ターフクラブ」は、最新設備の競馬場で、広さ81.2ヘクタールの敷地内に、1周2000mの芝コース、3万人収容のスタンド、夜間レース設備などを備えている。

スタンドは4層からなり、一般客は1階のロウワー・グランドスタンドか2階のアッパー・グランドスタンドのどちらかを利用する（ともに$8。イージー・リンク・カード使用の場合$6）。旅行者なら$30のチケットを買えば、3階のラウンジのハイビスカス・ルームに入ることもできる。なお、18歳未満は入場不可。男性は半ズボン、襟なしシャツ、ゴム草履やサンダルでの入場は断られるので注意したい。

競馬開催日・期間

月によって開催日は異なるが、だいたい金曜と日曜、祝日（不定期）に開催。出走時間は開催日によって異なるので、ホームページで確認する。

シンガポール・ターフクラブ Singapore Turf Club
MAP 折込表-1B 住1 Turf Club Ave. ☎6879-1008
URL www.turfclub.com.sg 行き方MRT利用ならクランジ駅下車。駅のすぐそばに競馬場のMRTプラザ入口がある。また、市中心部からタクシー利用だと所要20～25分、$20～25程度。

左／旅行者も入れるハイビスカス・ルーム。隣にレストランがあり、利用できる
右／芝生の緑が美しい（パドック）

日曜日に出かけよう！　クス島、セント・ジョンズ島巡り

秋には巡礼者も訪れるクス島

クス島（Kusu Island）は30分もあれば島内を一周できてしまうほどの小さな島だ。もともと「クス」とは「カメ」を意味する中国語。その昔、この沖で難破した中国人とマレー人をカメが助け、この島へ連れてきた。ふたりはカメに感謝して、この島にそれぞれ道教寺院とイスラム寺院を建てたという。これがクス島の由来であり、今でもその道教寺院はフェリーを降りてすぐ右側の橋を渡った所、イスラム寺院は島の中央部にある小高い丘を登りきった所に残っている。

また、クス島には白砂の美しいビーチがあり、遊泳も可能。島には一応、簡易更衣室やシャワー室もある。なお、レストランはないので、事前に飲み物や食べ物を用意してから出かけよう。

クス島のビーチは家族連れに人気

セント・ジョンズ島で熱帯の森を散策

セント・ジョンズ島（St. John's Island）は、かなり大きな島だ。森の中を歩くウオーキングトラックやキャンプ場もあり、学校の臨海学校にもよく利用されている。

シンガポール・アイランド・クルーズ・アンド・フェリー・サービス　Singapore Island Cruise and Ferry Services
MAP 折込裏-3D 住31 Marina Coastal Drv., #01-04 Marina South Pier ☎6534-9339 URL www.islandcruise.com.sg
料大人$18、子供（1～12歳）$12（入島料込み）
フェリー乗り場はマリーナ・サウス・ピア（MAP 折込裏-3D）にある。ここへはMRTマリーナ・ベイ駅からNo.402のバスを利用。
●フェリーの運航コース
フェリーはA（マリーナ・サウス・ピア）→B（セント・ジョンズ島）→C（クス島）→Aの順で運航。

（2019年9月現在）

クス島＆セント・ジョンズ島フェリー時刻表

	A	B	C
月～金曜	10:00	10:45	12:00
	14:00	14:45	16:00
土・日曜、祝日	9:00	9:50	10:15
	11:00	11:50	12:15
	13:00	13:50	14:15
	15:00	15:50	16:15
	17:00	17:50	18:15

A：マリーナ・サウス・ピア発　B：セント・ジョンズ島発　C：クス島発

エリアガイド　コラム

Map P.88-89

セントーサ島

Sentosa Island

海水浴やビーチバレー、ビーチバーでカクテルを楽しむなど、南国気分を満喫できるシロソ・ビーチ

街歩きプラン

1. イメージ・オブ・シンガポール・ライブとマダム・タッソー・シンガポール →P.155

↓徒歩約12分

2. メガ・アドベンチャーパークのメガジップで滑空 →P.156

↓ビーチ・トラムか徒歩約8分

3. ゴーグリーン・セグウェイ・エコ・アドベンチャー →P.158

↓徒歩約5分

4. ウイングス・オブ・タイム →P.159

島の北側のリゾート・ワールド・セントーサの紹介記事は→P.30。P.152～P.159の「セントーサ島」ではその他のレジャー＆アトラクション施設を紹介。

セントーサ島
●問い合わせ先
FREE 1800-736-8642
※緊急時はレインジャーステーション☎6279-1155～6へ。
URL www.sentosa.com.sg
入島料$1　カード AJMV

子供向け施設
パラワン・ビーチの近くに「パラワン・キッズシティ」がある。館内には職業体験施設の「キッザニア・シンガポール（1～2階）」がある。
●キッザニア・シンガポール
KidZania Singapore
MAP P.89-2C　住 31 Beach View, #01-01/02 Palawan Kidz City
FREE 1800-653-6888
URL www.kidzania.com.sg
行き方 セントーサ・エクスプレスのビーチ・ステーションから徒歩約5分。

飛行機が建物から飛び出す外観

1972年以来、シンガポール政府の観光政策で開発されてきた島、それがセントーサ島だ。豊かな自然に恵まれた島で、「セントーサ」という名前も、マレー語で「平和と静けさ」を意味している。

シンガポール本土から約600m、東西約4km、南北約1.5kmのこの島のあちらこちらに、各種レジャー施設やアトラクション、ホテルなどが配置されている。2002年から始まった再開発は、2010年にその集大成ともいえるリゾート・ワールド・セントーサ（→P.30）の開業を成し遂げ、その後も新アトラクションやスポットが次々生まれている。リゾート・ワールド・セントーサは島の北西部一帯に造られたアジア最大級の総合リゾート施設で、ユニバーサル・スタジオ・シンガポール（→P.34）もある。

島へのアクセスはセントーサ・エクスプレス（モノレール）がポピュラー。週末など混雑時はボードウオークを利用してもよい。

左／アクティビティやビーチバーが整備されたシロソ・ビーチ　右／ワイヤーにぶら下がってジャングルの上を降下するメガジップ（→P.156）

歩き方　Orientation

歩き方のヒント　セントーサ島の見どころはふたつに分けられる

1. 島全体に展開する各種レジャー施設＆アトラクション
   冒険・体験型アトラクションが多い。
2. 島の北側のリゾート・ワールド・セントーサ（→P.30）
   あらゆる施設を1ヵ所に集めたメガリゾート。
   1日で両方少しずつ楽しむこともできる。見たい、体験したいものを決めて、両方回るか、ひとつに絞るか計画を立てて行こう。

島への行き方 Access

※リゾート・ワールド・セントーサへのアクセスに便利な交通機関は RWS をチェック。なお、リゾート・ワールド・セントーサへのアクセスの詳細は→P.30 Information内。

セントーサ・エクスプレス（モノレール）RWS

MRTハーバーフロント駅に直結するビボ・シティ（→P.259）の3階にあるセントーサ・ステーションと、セントーサ島南岸のビーチ・ステーションとを所要時間8分で結ぶ。途中駅は2駅。リゾート・ワールド・セントーサへ行くなら、ひとつ目のウオーターフロント・ステーション下車。島を縦断しているので島内移動にも使える。ただし、週末の夕方はたいへん混み合い行列ができるので、要注意。

ケーブルカー（マウント・フェーバーライン）

マウント・フェーバーのフェーバー・ピーク（→P.170欄外）からハーバーフロント・タワー2を経由してセントーサ島のセントーサ・ステーションを結んでいる。8人乗りのキャビンは海上を進み、360度の展望を楽しめる。

ケーブルカーでハーバーフロントからセントーサ島まで約10分

タクシー

中心部から所要約15分、料金は＄15～20。セントーサ島の入口付近のガントリー（料金所ゲート）を通過する際に、入島料が加算される（→欄外）。タクシーで来て帰りにセントーサ・エクスプレスを利用する場合は、その旨を駅のスタッフに告げればよい（帰りのセントーサ・エクスプレスの乗車券は不要）。島内には複数のタクシー乗り場があるが、車数が多いのはビーチ・ステーション前。

バス RWS

ビボ・シティの前からハーバーフロント駅を経由し、リゾート・ワールド・セントーサを結ぶRWS8の巡回バスがある。運行時間は5:45～23:45。＄1。所要約10分。

RWS8のバスは赤と白の車体。写真はビボ・シティ前の乗り場

セントーサ・ボードウオーク RWS

本島とセントーサ島を結ぶ全長約550mのボードウオーク。トラベレーター（動く歩道）と景色が楽しめる遊歩道の2段構造になっている。途中おみやげショップやレストランも設置。所要約10分。島の北側のリゾート・ワールド・セントーサを目指す際には便利だが、南側の施設へは入島後、島内の交通機関を使うことになる。

雨天や急ぐ場合はトラベレーターで、景色を楽しむなら遊歩道

セントーサ・エクスプレス
営7:00～24:00。セントーサ・ステーション、ビーチ・ステーションともに始発は7:00、終発は24:00。5～8分間隔で運行
料＄4（入島料を含み、1日乗り放題）

上／2両編成のモノレールは赤やピンクのほか、モザイク柄などカラフル　下／土・日曜の夕方は駅の外まで行列ができる

ケーブルカー
乗車駅はマウント・フェーバーのフェーバー・ピーク（→P.170欄外）内と、中間のハーバーフロント・センター隣のハーバーフロント・タワー2（MAP P.88-1B）にある。
営8:45～22:00（最終乗車21:30）
休無休 料マウント・フェーバーライン往復のみ大人＄33、子供（3～12歳、以下同）＄22。スカイパス（マウント・フェーバーライン往復と、島内を横断するセントーサライン往復のセット券）大人＄35、子供＄25。シングルパス（セントーサライン往復のみ）大人＄15、子供＄10　※セントーサラインはプラス＄5で乗り放題になる。
問い合わせ先：マウント・フェーバー・レジャー・グループ
☎6377-9688
URL www.onefabergroup.com

タクシー
タクシーの入島料は時間帯によって細分化されている。平日は＄2～5。金～日曜、祝日は＄3～6。

セントーサ・ボードウオーク
MAP P.89-1C 営24時間、トラベレーター運行：7:00～24:00、チケットカウンター：9:00～22:00
セントーサ入島の際には島の入口にあるチケットカウンターでチケット（＄1）を購入する。

エリアガイド　セントーサ島

島内の移動手段 *Transportation*

島内の移動はセントーサ・バス、ビーチ・トラム、セントーサ・エクスプレス（モノレール→P.153）を利用する。島内の交通の中心は、これら3交通が発着する南岸のビーチ・ステーションだ。また、割高だがケーブルカーのセントーサラインは移動手段にも利用できる。

セントーサ・バス

ほぼすべてのアトラクションを結んで、A、Bの2路線が運行されている。

オレンジ色の車体のバス

ビーチ・トラム

シロソ、パラワン、タンジョンの3つのビーチを結ぶ巡回トラム。北のシロソ・ビーチから、南のタンジョン・ビーチまで約25分。

ビーチ・トラム

ケーブルカー（セントーサライン）

島内を横断するケーブルカー路線は、上空からの遊覧アトラクションだが、移動にも使える。シロソ・ビーチから丘の上の移動に便利だ。駅は3つあり、真ん中のインビア・ルックアウト・ステーションで、「マウント・フェーバーライン」のセントーサ・ステーションへ徒歩3〜5分で乗り換え可能。

ケーブルカーは8人乗り。比較的待ち時間も短くてスムーズに乗車できる

セントーサ・バス
2路線あり、緑・黄に色分けされている。Aの路線が緑、Bが黄色で、路線案内板やバスのフロントガラスの表示板なども色分けされている。
● 運行時間
セントーサ・バスA（緑）：
7:00〜翌0:10。7〜15分間隔。
セントーサ・バスB（黄）：
7:00〜翌0:10。20〜35分間隔。

ビーチ・トラム
● 運行時間
9:00〜22:30（土曜〜24:00）。約10分間隔で運行。

ケーブルカー（セントーサライン）
⏰ 8:45〜22:00（最終乗車21:30）
休 無休　※料金は→P.153欄外。片道所要約10分。

セントーサラインのケーブルカーの駅は3つあり、それぞれ凝ったデザイン。写真はマーライオン・ステーション

お得なデイファンパス
Day Fun Pass
アトラクションに乗ったり、飲食物と引き換えられるトークンをパス形式で販売。55トークン、80トークン、120トークンの3種類のパスがあり、それぞれ$51、$72、$105。通常$75のメガジップ2回分が65トークンで楽しめるなど、うまく使えばかなりお得。ただし全アトラクションに利用できるわけではなく、返金不可などの条件もあるので、購入時に確認を。チケット売り場はビーチ・ステーションやケーブルカーのセントーサ・ステーションに設置。オンラインで買うとさらにお得。

ビーチ・ステーションにあるチケット売り場

セントーサ島中心部の交通図

セントーサ・バス運行ルート

— セントーサ・バスA
— セントーサ・バスB

おもな見どころ Sightseeing Spot

おもなアトラクションやアクティビティは、中央のインビア・ルックアウトと呼ばれる丘の上のエリア周辺と、南岸西部のシロソ・ビーチ周辺にある。

丘の上、インビア・ルックアウト周辺

高度を生かしたアクティビティのメガジップやリュージュが人気。屋内の展示・シアター型アトラクションが多い。

シンガポールの200年の歴史がわかる
イメージ・オブ・シンガポール・ライブ
★★★　Images of Singapore LIVE　MAP P.88-2B

小さな漁村から奇跡の発展を遂げたシンガポールの歴史をたどるライブ・アトラクション。1819年のラッフルズ上陸、1941年の日本軍による空襲など、シンガポールの歴史における重要な7つの場面を、最新鋭の音響・映像システムと迫力あるスタントで再現。7つのシーンを徒歩で巡ったあとは、シンガポールの街並みが再現されたボートライドが待っている。

ロンドン発のろう人形館
マダム・タッソー・シンガポール
★★★　Madame Tussauds Singapore　MAP P.88-2B

「イメージ・オブ・シンガポール・ライブ」（→上記）と同じ建物内にある。映画スター、歌手、スポーツ選手、政治家などの精巧に作られたろう人形が8つのテーマゾーンに展示。60体を超えるろう人形のなかには、シンガポールの歌手や俳優の姿も。衣装や小道具が用意された撮影ポイントでは、設定場面の中でなりきり写真が撮れる。

さらに「マーベル4Dエクスペリエンス」やVRでレーシングカー走行を体験できるコーナーも加わった。前者は4Dの映像の中で、マーベル映画のヒーローたちとスリルを体感。

左／人気歌手が勢揃い。写真はマイケル・ジャクソンのコーナー　右／アジアで活躍するシンガポール出身の歌姫、ステファニー・スン

自然のなかのトレイルを歩いてリフレッシュ
セントーサ・ネイチャー・ディスカバリー
★　Sentosa Nature Discovery　MAP P.88-1B

自然探索の施設。入口にはセントーサ島の自然についての展示室があり、生息する動物、鳥、昆虫、植物を生態とともに紹介。古木も多く、自然の豊かさがわかる。屋外にボードウオークの散策路、その先にはインビア山を巡るトレイルが整備されている。

エリアガイド — セントーサ島

セントーサ・マーライオンを撤去、再開発工事へ
セントーサ島中心部に立つ高さ37mの巨大マーライオンのタワーが2019年10月に閉鎖となり、再開発工事が実施される。解体後の跡地にはセントーサ島を南北に縦断する遊歩道を建設予定。これにともないインビア・ステーション近辺の工事が予想されるので、注意が必要。

イメージ・オブ・シンガポール・ライブ
URL www.imagesofsingaporelive.com
開 月曜～金曜11:00～18:00（最終入場17:30）、土・日曜、祝日11:00～19:30（最終入場19:00）
休 無休
料 マダム・タッソー・シンガポールと共通で大人$42、子供$32
行き方 ケーブルカーのセントーサ・ステーション下車、セントーサ・エクスプレスならインビア・ステーション下車。バスはAを利用。

左／各場面にストーリーテラーが登場し、当時の空気をリアルに体感できる40分間となっている。写真©Madame Tussauds Singapore & Images of Singapore LIVE
右／約4分のボートライドは、マーライオンや寺院などの名所の模型の間を巡る

マダム・タッソー・シンガポール
開 休 料 行き方 上記のイメージ・オブ・シンガポール・ライブと同じ。
URL www.madametussauds.com/Singapore

モハメド・アリとリングでツーショット

セントーサ・ネイチャー・ディスカバリー
開 9:00～17:00　休 無休　料 無料
行き方 ケーブルカーのインビア・ルックアウト・ステーション下車、セントーサ・エクスプレスならインビア・ステーション下車。バスはAを利用。

案内板も設置されたボードウオーク

155

スカイライン・リュージュ・セントーサ
- URL www.skylineluge.com
- 10:00〜21:30　休 無休
- 料 2回乗車券$24、4回乗車券$29（1回の乗車につきスカイライド片道券を含む）。スカイライドのみの利用は片道$11、往復$18
- 行き方 ケーブルカーのインビア・ルックアウト・ステーション下車、セントーサ・エクスプレスならインビア・ステーション下車。バスはA、Bとも利用可。スカイライドの乗り場へはビーチ・ステーション下車。

メガ・アドベンチャーパーク
- ☎ 3163-6352
- URL jp.megaadventure.com
- 11:00〜19:00　休 無休
- 料 メガジップ$55、メガクライム1コース$37、メガジャンプ$18、メガバウンス(空中ブランコ)$15
- ※シロソ・ビーチにもチケットカウンターがあり、高台のパークまでバギー運行あり（メガジップ利用者は無料）。
- 行き方 ケーブルカーのインビア・ルックアウト・ステーション下車、セントーサ・エクスプレスならインビア・ステーション下車。バスはA、Bいずれも利用可。

上／メガ・アドベンチャーパークのチケット売り場　下／メガクライムは初心者コースを含む3コースある

セントーサ・4Dアドベンチャーランド
- 住 51 Imbia Rd.　☎ 6274-5355
- URL 4dadventureland.com.sg
- 10:00〜21:00（最終入場20:15）
- 休 無休　料 大人$46.9、子供$33.9
- ※「デスペラードス」以外は身長110cm以上の制限あり。
- 行き方 ケーブルカーのインビア・ルックアウト・ステーション下車、セントーサ・エクスプレスならインビア・ステーション下車。バスはAを利用。

爽快感満点！のアトラクション
スカイライン・リュージュ・セントーサ ★★★
Skyline Luge Sentosa　MAP P.88-2B

ゴーカートのような造りの小型そりで、650mのダウンヒルを一気に滑り下りる。これは東南アジア初といわれる乗り物で、ユニークなハンドル操作とブレーキシステムを駆使。終着点からはスカイライド(リフト)でスタート地点に戻れる。なお、スカイライドのみの利用も可能。

左／高台からビーチの乗り場に向かって滑り降りる　右／リュージュの乗り場とビーチ沿いの終着点を結ぶスカイライド。高台にあるチケットカウンターから乗り場まで上ることもできる

大自然のなかでスリル満点の遊びを
メガ・アドベンチャーパーク ★★★
Mega Adventure Park　MAP P.88-1B

ジャングルの丘に設置されたアスレチックパーク。高さ72mのインビアの高台とシロソ・ビーチ沖の小島までの約450m間にケーブルを設置し、滑車の付いたワイヤーにぶら下がって降下する「メガジップ」が、メインのアトラクション。最高時速50キロでジャングルの上を飛ぶように移動する。ほかに高所に張り巡らされたワイヤーの上を、安全確保しながら歩く「メガクライムMega Climb」、15mの高さからワイヤーと安全ベルトを装着して飛び降りる「メガジャンプMega Jump」など、ハラハラドキドキ体験が待っている。

森から海の上、そして小島へと約1分間のワイヤーアドベンチャーは爽快

予測不能な新感覚アトラクション
セントーサ・4Dアドベンチャーランド ★★
Sentosa 4D AdventureLand　MAP P.88-2B

3つの4Dシアターと、シューティングゲームがセットで楽しめる体験型アトラクション。動く座席や最新技術を駆使した音響効果で異次元体験ができる「ジャーニー3」、4Dローラーコースターの「エクストリーム・ログライド」と「ホーンテッド・マインランド」、シューティングゲームの「デスペラードス」は、西部開拓時代に保安官の補佐官としてならず者を退治するというもの。

デスペラードスは所要約10分。子供に人気のゲームだ

ビーチ周辺

島の南側には西からシロソ・ビーチ、パラワン・ビーチ、タンジョン・ビーチの3つのビーチがあり、波がほとんどないので、海遊びをするにはよい。自然のなかで楽しむアクティビティが充実。

アクティビティや飲食施設の充実したビーチ
シロソ・ビーチ ★★
MAP P.88-2A
Siloso Beach

施設や店が多く、最もにぎわうのがシロソ・ビーチだ。正面には4つの人工の小島が浮かんでおり、ひとつの島までは木の橋が架かっている。

左／木道でつながる小島がメガジップ（→P.156）の終着点　右／波の穏やかな水辺で海水浴もできる

子供が遊べる施設が充実
パラワン・ビーチ ★
MAP P.88-2B
Palawan Beach

ビーチバーやフードコート、ショップなどが並ぶ。名所はつり橋を渡った小島にある「アジア大陸最南端の地」。道路を挟んだ内陸には子供向けの「アニマル・アンド・バード・エンカウンターズ」（→P.157欄外）、その西側に「キッザニア・シンガポール」（→P.152欄外）がある。

シロソ・ビーチに誕生したウオータースポーツの拠点
オラ・ビーチクラブ ★★
MAP P.88-2B
Ola Beach Club

ビーチクラブ、バーレストラン、イベントスペースを備えるオールラウンドの施設。ルーツはハワイのビーチクラブで、インテリアも飲食もハワイアンだ。ウオータースポーツは国内最大の充実度で、水圧を利用して空中を舞うハイドロスポーツも完備。水の噴出装置を装着して行うジェットブレードやジェットパックなど新感覚のスポーツをインストラクターに付いて体験できる。スタンドアップ・パドルボードやカヤックも人気。

砂浜のパラソルの下、トロピカルフードを試したり、プールで遊んだり、家族連れも楽しめるビーチクラブとなっている。

ハワイのクラフトビール（各$14）

シロソ・ビーチ
行き方 ビーチ・トラム、バスはA、Bいずれも利用可。ケーブルカーならシロソ・ポイント・ステーション下車。

パラワン・ビーチ
行き方 ビーチ・トラムを利用。

つり橋を渡った所が端の地の表示がありアジア大陸最南

アニマル・アンド・バード・エンカウンターズ
Animal & Bird Encounters
MAP P.89-2C
開 14:00〜17:30の間に4回催行（最後のプログラムは17:00）
休 無休　**料** 無料
行き方 ビーチ・トラムを利用。

ショー仕立てのプログラムや餌やりなど催行時間によって内容が異なる。サルや鳥、爬虫類が登場。各プログラムは15〜30分。パラワン・ビーチ近くにある。

タンジョン・ビーチ
Tanjong Beach
MAP P.89右上図
行き方 ビーチ・トラムで終点下車。

観光客の少ない静かなビーチ。プール付きのバー、クラブ、レストランの複合スポット「タンジョン・ビーチクラブ」がある。

オラ・ビーチクラブ
住 46 Siloso Beach Walk
☎ 6265-5966（ウオータースポーツ）、8189-6601（ダイニング）
URL www.olabeachclub.com
開 10:00〜22:00（土曜〜24:00、ウオータースポーツは〜19:00）
休 無休　**料** ジェットブレード、ジェットパック各$198（45分、機材、講習料込み）、カヤック、バナナボートともに$25〜／1人。
カード AJMV　**行き方** セントーサ・エクスプレスのビーチ・ステーションから徒歩約5分。ビーチ・トラムも利用可。

生命を意味するハワイ語「ola」から命名

左／足に噴出装置を付け、水上バイクからの水流で空中へ飛び上がるジェットブレード。初心者も練習後、空中に立てるとのこと。上級者は空中ターンや宙返りもこなす。制限はないが16歳以上を推奨　右上／夕日の名所でもある　右下／湾内をカヤックで巡る

ゴーグリーン・セグウェイ・エコアドベンチャー

海辺をセグウェイで走れば気分爽快！

ゴーグリーン・セグウェイ・エコ・アドベンチャー
Gogreen Segway Eco Adventure
★★

MAP P.88-2B

☎9825-4066　■10:00～19:30（ファンライド最終受付19:15、エコアドベンチャー最終ライド18:45）　休無休　料ファンライド$17.5（約250m）、エコアドベンチャー$39.9（約30分）、レンタサイクル1時間$15、2時間$28
カード JMV
※身長105cm以上、体重120kg以下、10歳以上という制限あり。
行き方 セントーサ・エクスプレスのビーチ・ステーションから徒歩約4分。

左／海岸沿いの道を走行するエコアドベンチャー。初めてでもコツをつかめばスイスイ進む
右／スタッフが操作方法を教えてくれる。体の重心移動とハンドル操作で運転

電動の立ち乗り二輪車「セグウェイ」を体験できる。初心者向け「ファンライド」は、簡単な指導を受けたあと、敷設のコースを回る。爽快な走りを満喫するなら、ガイドと一緒にビーチ沿いを走る「エコアドベンチャー」に参加を。各種自転車のレンタルも行っている。

ヤシの木のビーチサイド、気分は西海岸

ウエイブハウス・セントーサ
Wave House Sentosa
★★

MAP P.88-2A

住36 Siloso Beach Walk
☎6238-1196
URL www.wavehousesentosa.com
■12:00～21:00（土・日曜、祝日11:00～）
※毎正時にセッションスタート。
休無休
料フローライダー：1時間$35～、フローバレル：30分$30～
※土・日曜、祝日は割増料金。
※ボディボードは身長107cm以上、立ち乗り用ボードは133cm以上。立ち乗り用ボードの使用の際にはパスポートの提示と同意書記入が必要。
行き方 セントーサ・エクスプレスのビーチ・ステーションから徒歩約5分。ビーチ・トラムも利用可。

ビーチバーがあり、トロピカルドリンクが飲める

シロソ・ビーチにある、波乗りマシンを備えたカリフォルニアスタイルの総合施設。ビーチバーやDJブース、レストランやショップを配し、メインのアトラクションは「フローボーディング」というボードスポーツ。時速約30キロで噴射される水流に切り込む形でボードを操作し、倒れなければずっと水流の上に乗っていられる。初心者用（フローライダー）と上級者用（フローバレル）があり、1セッション1時間の入れ替え制。ボディボードもある。初心者にはインストラクターが、アドバイスしてくれる。

最初はインストラクターがロープで補助してくれる。1セッション10人で転倒したら次の人と交替

海に向かってバンジージャンプ！

AJハケット・セントーサ
AJ Hackett Sentosa
★★

MAP P.88-2A

住10 Siloso Beach Walk
☎6911-3070
URL www.ajhackett.com/sentosa
■11:00～19:00（木・金曜22:00、土曜10:00～22:00、日曜10:00～）　休無休　料バンジージャンプ$159（ジャンプ中の写真＆動画$109）、ジャイアント・スイング$69、スカイブリッジ歩行$10
※アトラクションによって身長、体重制限あり。カード MV
行き方 セントーサ・エクスプレスのビーチ・ステーションから徒歩約5分。ビーチ・トラムも利用可。

施設内にはバーとプールを併設

バンジージャンプのパイオニア、AJハケット社がセントーサ島に地上50mのジャンプ台を作り上げた。アトラクションはバンジージャンプをはじめ、40mの高さから空中ブランコのように遊泳するジャイアント・スイングや、シースルー部分のあるスカイブリッジ歩行など。極めつけのスリル＆爽快感を味わえる。

左／ジャンプする前に英語で説明を受け、手首にカメラを装着。手首のカメラで撮影した映像を編集したデータは購入できる（$109）
右／ジャイアント・スイングは3名まで一緒に体験できる

室内でスカイダイビング体験！
アイ・フライ
★★
MAP P.88-2B

i Fly

　世界最大級のインドア・ダイビング施設。5階建ての建物内には、高さ約17m、幅約5mのガラス張りのトンネルがあり、その下から噴射される風に乗って、スカイダイビングのように宙を飛ぶ感覚を楽しめる。1時間の講習を受けたあと、フライトスーツに着替え、一人ひとり順番にトンネルに入ってダイブ（1ダイブ45秒）。インストラクターが付いてくれるので安心だ。慣れてくれば、空中でくるりと宙返りしたり、スーパーマンのように急上昇したりと夢のような体験ができる。見学だけでもOK。

トンネル内には最大風速150キロほどの風が吹き抜ける。見学は無料

アイ・フライ
住43 Siloso Beach Walk, #01-01
☎6571-0000
URL www.iflysingapore.com
開9:00〜21:30（水曜11:00〜）
休無休
料1ダイブ$89、2ダイブ（45秒×2回）$119　カード A J M V
※7歳以上という制限あり。同意書記入が必要（18歳未満は親の同意が必要）。
※ダイブの時間の1時間30分前までに要予約。
行き方セントーサ・エクスプレスのビーチ・ステーションから徒歩約3分。

戦争のむなしさを今に伝える
シロソ砦
★★
MAP P.88-1A

Fort Siloso

　1880年、シンガポール港の出入りを見張るために島の西端に築かれた砦。第2次世界大戦時、日本軍に対抗するイギリス軍が最後まで立てこもった場所としても知られている。小高い山の上にある砦へは、地上18.1m地点に設けられた遊歩道「シロソ砦スカイウオーク」を通ってアクセスしよう。山道を下りながら、当時の姿を残す大砲や地下トンネル、武器庫などが見学できる。山の中腹にある「サレンダー・チェンバーズSurrender Chambers」では、1942年のイギリス軍の降伏文書調印式、そして1945年の日本軍の降伏文書調印式の様子がろう人形で再現されている。

1942年製の6インチ砲に砲弾を込める兵士は等身大。発射音とともに煙が噴き上がる

シロソ砦
開10:00〜18:00（最終入場17:30）
休無休　料無料
行き方バスA、Bを利用。ケーブルカーならシロソ・ポイント・ステーション下車。
●サレンダー・チェンバーズ
開10:00〜18:00（最終入場17:30）
料無料
●シロソ砦スカイウオーク
開9:00〜19:00　料無料

迷彩柄のエレベーターでスカイウオークへアクセスする

最新技術を駆使した夜のファンタジーショー
ウイングス・オブ・タイム
★★★
MAP P.88-2B

Wings of Time

　ショーは海上のセットとビーチを舞台に繰り広げられる。水のスクリーンへの映像、レーザー光線、噴水、さらにプロジェクションマッピングも加わり、多彩でスケールの大きなショーは、セントーサ島の夜の呼び物だ。少年と少女が巨大な鳥と一緒に時空を超えた冒険の旅に出るというストーリー仕立ての展開だが、英語がわからなくても迫力ある演出に引き込まれていく。ショーは約20分間。

左／フィナーレには花火も
右／イギリスの産業革命、マヤ文明のピラミッド、深海などがプロジェクションマッピングで映し出される

ウイングス・オブ・タイム
開19:40、20:40　休無休
料$18（プレミアム席$23）
行き方ビーチ・ステーションから徒歩約3分。バスはA、Bいずれも利用可。ビーチ・トラムも利用可。チケットはビーチ・ステーションにあるチケットカウンターで購入。定員になると締め切られるので、早めに購入を。19:40のショーは混み合うので要注意。ショー会場は30分くらい前に開場。

エリアガイド　セントーサ島

Map P.161

イースト・コースト・パークと東部
East Coast Park & Eastern Suburb

休日にはサイクリングやジョギング、散歩やバーベキューを楽しみに大勢の人がやってくる

シンガポール南東の海岸線沿いに8.5kmにも及ぶひょろ長い公園がある。ここがイースト・コースト・パーク、シンガポールの一大ビーチ&パークだ。園内には各種スポーツ&アクティビティ施設が点在し、サイクリングやローラーブレードでヤシの木々の間を走り抜ける光景は、どこかアメリカ西海岸を思わせる。土・日曜には地元の若者や家族連れが大勢やってくる。シンガポール在住の、海を愛する日本人の間でもなかなかの人気だ。園内の一角にあるシーフードセンター(→P.162囲み)は、シーフード専門店が集まるダイニングスポットで、夜ともなると潮風に吹かれながらおいしい料理に舌鼓を打つ人たちでにぎわっている。

また、カトン・エリアと呼ばれる一帯にはプラナカン文化が色濃く残っており、ローカル食の老舗や評判の店が集まっていることでも知られている(→P.165〜169)。観光地化されたシティエリアを離れ、東海岸でのんびりと過ごす、そんな1日が旅の合間にあってもいいだろう。

ACCESS

土・日曜、祝日ならMRTベドック駅からNo.401のバスを利用。10:00〜20:00(土曜14:00〜22:00)の間、16〜17分間隔で運行。所要約10分。平日ならマリン・パレード・ロードMarine Parade Rd.のバス停までバスを使い、そこから歩くとよい。オーチャード・ロードからだとNo.16のバスが利用できる。所要約25分。マリン・パレード・ロードから海へは徒歩10〜15分。
タクシーなら中心部から約20分。

街歩きプラン

❶ ウビン島サイクリング →P.163〜164
↓ 船着場から自転車で約30分
❷ ウビン島チェク・ジャワ →P.164
↓ 船とタクシーで約40分
❸ イースト・コースト・シーフードセンター →P.162

海沿いのイースト・コースト・パークウェイの横断は地下通路で。写真はパークランド・グリーン前の地下道入口

イースト・コースト・パークでの移動手段

イースト・コースト・パーク内の移動は、自転車がベスト。
土・日曜、祝日のみNo.401のバスがイースト・コースト・パーク・サービスロードを走っている。(→P.160アクセス)

砂浜では思いおもいに遊ぶ人の姿がある。海はすぐに深くなっているので、水遊びをする際は十分注意を

歩き方　Orientation

歩き方のヒント
海沿いでタクシーがひろえる場所をチェックしておこう
海沿いは幹線道路から離れているので、週末ならタクシーも通るが、平日は車通りが少なくなる。タクシーをひろいやすいのはマリーンコーブ、イースト・コースト・シーフードセンター前。

おもな見どころ　Sightseeing Spot

スポーツ&アクティビティなら　MAP P.161
イースト・コースト・パーク
★★　　　East Coast Park

イースト・コースト・パークはシンガポール人にとってレクリエーションを楽しむ場所。最もポピュラーなのはサイクリングとローラーブレード。数ヵ所にレンタルショップがあり、週末は大勢の人が海沿いの専用コースを走っている。もちろん海水浴もでき、バーベキュー施設もあるので、バーベキューをしつつ海遊びというグループの姿も多い。2019年9月現在、パーク内の一部で再開発の工事が進められている。

マリーンコーブ
Marine Cove

イースト・コースト・パークの中心的存在のマリーンコーブには、レストラン街と規模の大きな子供向けプレイグラウンドがある。レストランは5店あり、プラナカン料理やビリヤーニ専門の店なども入店。

隣接する規模の大きなプレイグラウンドには、最新式の電子遊具やアスレチック遊具が種類豊富に設置されている。目玉は3つの異なる滑り台やアスレチック器具が合体した高さ8mのプレイタワー。子供たちがのびのび遊べる絶好の遊び場だ。

週末はにぎわう

プレイタワーを中心に3500m²の広さ。エリアによって遊具の対象年齢は異なる(2〜12歳)

パークランド・グリーン
Parkland Green

パーク内西側の一角にできた複合施設。東西に連なる建物にレストランを中心に11の店や施設が並ぶ。タイやメキシコ、トルコ料理などエスニック系のレストラン、ブルワリーバーなど、どこもオープンエアの席を備え開放感いっぱい。レーザータグ(サバイバルゲーム)場やヨガの施設もあり、芝生広場はスポーツを楽しむ人々が集う。

左/店の前に屋外席がズラリと並ぶ 右/店内に子供の遊び場があるビストロ

エリアガイド

イースト・コースト・パークと東部

マリーンコーブ
- 1000 East Coast Parkway
- 行き方→P.160欄外アクセス。

レンタサイクル、ローラーブレード
- だいたい8:00〜22:00　無休
- 子供用$3、シティサイクル$8〜、2人乗り用$10〜、マウンテンバイク$8〜9、ローラーブレードは$18　※すべて1時間単位の料金。

貸自転車屋はサイクリングコースに沿って数ヵ所ある。自転車の種類は豊富で、ローラーブレードも扱っている。レンタルする場合、身分証明書(パスポート、国際学生証など)の提示か保証金($20くらい)が必要。

マリーンコーブ東側にある貸自転車屋

パークランド・グリーン
- 920 East Coast Parkway
- 行き方→P.160欄外アクセス。マリン・パレード・ロード沿いのパークウェイ・パレード(S.C.)から徒歩約10分。

アロハ・シースポーツセンター
Aloha Sea Sports Centre
ウィンドサーフィンやスタンドアップパドルのボード、カヤックなどのレンタル、講習などを行っている。
- MAP P.161　1212 East Coast Parkway　6241-9212
- www.alohaseasports.com
- 10:00〜18:00 (土・日曜、祝日9:00〜)　無休　1時間$30〜
- カード AJMV
- 行き方→P.160欄外アクセス。

イースト・コースト&カトン・エリア
East Coast & Katong Area

※周辺図は MAP 折込表-2C

シンガポール・ウェイクパーク
- 1206A East Coast Parkway
- ☎6636-4266
- URL www.singaporewakepark.com/home
- 10:00～21:00（土・日曜、祝日9:00～）
- 無休
- 1時間パス$40～（土・日曜$50～）　カード AMV
- 行き方→P.160欄外アクセス。

シンガポール・スポーツ・ハブ
- 1 Stadium Drive
- ☎6653-8900
- URL www.sportshub.com.sg
- 行き方 MRTスタジアム駅から徒歩約1分、カラン駅から徒歩約10分。

●ビジターセンター
- 10:00～20:00（土・日曜、祝日前日～21:00）

●湯の森温泉&スパ
Yunomori Japanese Onsen & Spa
スポーツ・ハブ内にあるスーパー銭湯スタイルの施設。11の温浴施設とマッサージ施設やカフェなどがある。
- 1 Stadium Place, #02-17/18 Kallang Wave Mall
- ☎6386-4126
- URL www.yunomorionsen.com/singapore/menu
- 10:00～翌2:00
- 無休
- 入浴料 大人$38、15歳以下、65歳以上$28

左／ナショナルスタジアムのドームは直径約310m、収容人数は約5万5000人　右／2014年に誕生したスポーツ・ハブ。その核となるのがスタイリッシュなデザインのナショナルスタジアム

水上レジャーとして人気のウェイクボード場
シンガポール・ウェイクパーク ★
Singapore Wake Park　MAP P.161

スノーボードの水上版といえるウェイクボード。ここは人工池でケーブルに引っ張られる方法でウェイクボードが楽しめる、ケーブルウェイクボードの施設。レベルごとに3つのケーブルシステムを設置しており、初心者用の短い練習用コースもある。ボードやヘルメットなど装備一式レンタル可。カフェ＆バーも備わる。

ケーブルで誘導され池を周回する。水面を滑るように進み、経験者はジャンプや回転などにも挑戦できる

未来感あふれる巨大ドーム
シンガポール・スポーツ・ハブ ★★
Singapore Sports Hub　MAP 折込裏-1D

建設ラッシュのシンガポールで、またしてもアイコンになる巨大複合施設が誕生した。カラン川河口の35ヘクタールの敷地内はまるでひとつの町だ。中心となるナショナルスタジアムは世界最大の直径のドーム型。可動式の屋根で全天候に対応し、国際規模のスポーツ大会やイベントの舞台となる。その周辺にコンサートも開かれる屋内競技場やプール、図書館、スポーツ・ミュージアム、さらにショッピングモールの「カラン・ウエイブ・モール」、レストラン、子供の水遊び場などがある。

太陽と海とたわむれる
パシール・リス・パーク ★★
Pasir Ris Park　MAP 折込表-2C、P.163

規模ではイースト・コースト・パークに劣るが、サイクリングロードがありバーベキューができる緑豊かな公園。MRT東西線の東の終点、パシール・リス駅の近くにあり、対岸にはウビン島が見える。

Information

海辺の食スポット

◆イースト・コースト・シーフードセンター
East Coast Seafood Centre

海沿いに立つ3棟の建物内に、海鮮料理店が5軒ある。どこも屋外席を配した大型店で、人気があるのは「ジャンボ・シーフード」、「ロングビーチUDMC」。
ジャンボ・シーフードの屋外席。ディナーは17:00開店

MAP P.161　Blk. 1202 East Coast Parkway
行き方 中心部からタクシーで約20分。シーフードセンター入口にタクシー乗り場があるが、22:30以降はタクシーの数が少なくなるので、要注意。

◆イースト・コースト・ラグーン・フードビレッジ
East Coast Lagoon Food Village

ヤシの木と海が見えるトロピカルなホーカーズ。イースト・コースト・パークの遊歩道から入れるので、休憩にも便利。 
海を見ながら食事できるホーカーズ。サイクリング途中に立ち寄れる

MAP P.161　1220 East Coast Parkway
行き方 中心部からタクシーで約20分。

パシール・リス・パーク
🏠Pasir Ris Close
行き方 MRTパシール・リス駅から徒歩約15分。または、同駅からNo.403のバスで約8分。
園内には貸自転車屋や乗馬のできる施設「ギャロップ・ステイブル」（URL www.gallopstable.com）などがある

海辺に数軒のレストランやバーがあり、夕暮れとともに席が埋まる。マリンスポーツのレンタルを行うビーチハウスもある

海沿いに数軒のレストランやバーが点在。東端には複合娯楽施設の「ダウンタウン・イースト」がある。ショッピングセンター、ホテル、ウオーターパーク、レストランなどがあり、週末は家族連れや若者でにぎわう。

子供用施設が充実のウオーターパーク
ワイルド・ワイルド・ウエット ★★
MAP P.163
Wild Wild Wet

「ダウンタウン・イースト」という複合施設内にあるテーマパーク型プール。趣向を凝らしたアトラクションが充実しており、ひと味違ったプール遊びができる。335mの流れるプールや波のプール、実験室をテーマにした幼児用プール、ジャクージなどプールは全部で10種類。ウオータースライダーは1人用、2人用、6人用があり、18mの高さから垂直に落下し、高速で滑り下りる新型スライダー「トーピード」やハーフパイプ状のU型の斜面を滑走する「スライド・アップ」、丸いボートで滑り降りるウオータースライダーの「Ular-Lah」が人気。スライダーは年齢、身長制限がある。

U型の斜面を降下と上昇を繰り返す「スライド・アップ」

シンガポール最後のカンポン（マレーの村）が残る
ウビン島 ★★
MAP 折込表-1C、P.164
Pulau Ubin（Ubin Island）

シンガポール東部、ジョホール海峡に浮かぶウビン島は、シンガポールで唯一開発の手が届いていない地域として知られており、熱帯雨林に覆われた島には珍しい植物やイノシシ、ジャコウネコなどの野生動物が生息する。約40年前には3500人いた島民の多くはシンガポール中心部に移り住み、今では100人以下に激減してしまった。島民の多くはレンタサイクル屋や食堂などの観光業に従事しているが、ケロンKelongと呼ばれる漁村やマレー系の人々の住むマレービレッジで昔ながらの生活を営んでいる人々もいる。

ウビン島を回るには自転車が最適だ。おもなサイクリングコースは舗装された緩やかな坂道で走りやすく、背の高いヤシの木やランブータン、バナナなど、熱帯特有の自然植物が連なる道を自転車で走るのは何とも気持ちがいい。

ワイルド・ワイルド・ウエット
🏠1 Pasir Ris Close, Downtown East
☎6581-9128
URL www.wildwildwet.com
🕐12:00～18:00（土・日曜、祝日、小・中学校の休暇時期10:00～、最終入場17:00）🚫無休 💰大人$24～、子供（3～12歳）$18～、3歳未満は無料 カード A D J M V
行き方 MRTパシール・リス駅A出口からダウンタウン・イーストを往復する無料シャトルバスで約5分。毎日11:00～22:00の間、20分間隔で運行。公共バスなら同駅からNo.354を利用。徒歩なら駅から約10分。

チャンギ刑務所礼拝堂＆博物館
Changi Prison Chapel and Museum
MAP 折込表-2C
🏠1000 Upper Changi Rd. North
URL www.changimuseum.sg
第2次世界大戦中の日本統治時代に日本軍の捕虜になった人々が収容されていた刑務所が博物館となっている。2019年8月現在、改装工事で閉館。再オープンは2020年末の予定。

ウビン島
URL www.nparks.gov.sg
行き方 ビクトリア・ストリート沿い（MRTブギス駅A出口前）からNo.2のバスを利用。もしくはMRTタンピネス駅からNo.29のバスを利用し、終点のチャンギ・ビレッジへ。ここから北へ徒歩約2分の所にチャンギ・ポイント・フェリーターミナル（案内板あり）があり、そこから船で約10分でウビン島に到着する。船の運航時間は5:30～21:00で、12人集まり次第出航。片道$2.5（自転車を載せる場合は$4.5）。

ウビン島の船発着所

エリアガイド

イースト・コースト・パークと東部

163

ヤシの木や南国フルーツなどが生い茂る道をサイクリング。自転車は左側通行

左／チェク・ジャワの展望タワーから望む島東部の森　右／チェク・ジャワ近くの道の脇にある高さ約35mのプライの木はヘリテージツリー

その昔、開拓移民が切り開いた複数の花崗岩の石切り場の跡が、今では湖となって点在し、景勝地となっている所もある。
　また、マングローブ、海岸林、ラグーンなど異なる生態系が密集し、さまざまな植物や生物が生息する、島東部のチェク・ジャワも訪れてみたい。一般客にも公開されており、注目を集めている。

ウビン島サイクリング
🚲レンタサイクル：1時間$4、1日$8〜（パスポートの提示が必要な店もある）。貸し自転車屋は船発着所の周辺に集中している。
主要道路は舗装されているが、チェク・ジャワへの道は未舗装の箇所もある。特に砂利道の下りではスリップ事故が起きているので、要注意。また、出没するイノシシによる自転車事故も起きているので、注意が必要だ。

ウビン-HSBCボランティア・ハブ
Ubin-HSBC Volunteer Hub
MAP P.164
☎6542-4108
🕗8:30〜17:00　休無休
ナショナルパークの事務所がある。ウビン島の観光、自然について情報を得られる。

チェク・ジャワ
Chek Jawa Wetlands
マングローブ林の約500mのコースと、海岸沿いの森を囲む木道をたどる約600mのコースがある。両方をぐるりと回って1時間くらいだ。マングローブの湿地帯にはカニやトビハゼ、ムツゴロウが生息する。海岸コースでは季節にもよるが、干潮時にヒトデや貝類が見られることも。遊歩道脇には1930年代に建てられたチューダー様式の建物があり、ビジターセンターとして湿地帯の生物についての資料が展示されている。

MAP P.164
☎6542-4108（ウビン島マネジメントオフィス）
🕗8:30〜18:00　休無休
行き方 船発着所から約3.3km。自転車で約30分、徒歩約50分。

海岸コースは海上に造られたボードウオークの上を歩く

左／湿地帯に群生するニッパヤシの果実。この中の半透明の実はスイーツのトッピングにもなる　中／片方のハサミが異様に大きいカニはシオマネキ　右／湿地帯では小さな生物が観察できる

📧 READER'S VOICE
ウビン島でシーフード料理を堪能
ウビン島はサイクリングをしなければ、これといった見どころはないけれど、シーフードは安くておいしく、ボリューム満点。レンタサイクル屋のそばにある「チョン・リャン・ユエン」にはメニューもあって、注文しやすかった。おすすめは炒飯とエビのガーリック炒め（蒜头炸虾）、ペッパー・フラワー・クラブ（胡椒花蟹）。店の人も感じがよく、安心して立ち寄れる。
（神奈川県 井上綾乃）['19]

●チョン・リャン・ユエン
Cheong Lian Yuen
（瓊聯園餐室）
MAP P.164
🏠20 Pulau Ubin
☎6542-1147　🕗8:00〜19:00頃
休旧正月　カード不可

ウビン島 Pulau Ubin

カトン

Katong

Map P.169

独特の造りのプラナカングッズの店（ルマー・ビビ→P.279）

イースト・コーストのカトンと呼ばれるエリア（→P.165欄外）は、マレーと中国、ヨーロッパの文化が融合したプラナカン文化が息づく数少ないエリアだ。このあたりは高級住宅街となっており、街の雰囲気も静かで落ち着いている。そんな街を歩けば、装飾の美しいプラナカン様式の家々が目を楽しませてくれる。花柄のタイルやパステルカラーの彩色、ステンドグラスなど優雅で繊細な文化の一端がうかがえる。

また、カトンは、プラナカン料理をはじめ、おいしいローカルフード店が集まっていることでも知られており、イースト・コースト・ロードEast Coast Rd.やジョー・チアット・ロードJoo Chiat Rd.沿いには老舗や名店が並んでいる。プラナカンの風情に浸りつつ、おいしいスナックや料理を食べ歩こう。観光地化されていない普段の生活、伝統的な文化に触れられる貴重な体験となるだろう。

歩き方　Orientation

歩き方のヒント　メインストリートのイースト・コースト・ロードから歩き始める

ジョー・チアット・ロードとの交差点に立つショッピングセンター「112カトン」（→P.168）をランドマークにするといい。

イースト・コースト・ロード

イースト・コースト・ロードとジョー・チアット・ロードの交差点近くにはプラナカン・グッズのおみやげ品が買える「ルマー・ビビ」（→P.279）や「キム・チュー・クエ・チャン」（→P.279）があるのでのぞいてみたい。さらに西へ行くとラクサ（→P.53）の店が増える。カトンに来たら、ぜひ味わってみたい食べ物のひとつだ。この通り沿いにはマレー料理や中国各地の料理、スナック類の店が多く、タイやインド料理店もある。さらにカフェやケーキ店、エスニック系のレストランが次々に登場。ますます食の熱を帯び、人々を引きつけている。

イースト・コースト・ロードとジョー・チアット・ロードの交差点に立つ「112カトン」（→P.168）

ACCESS

ビクトリア・ストリートのブギス・ジャンクション向かいを経由するNo.12、ブギス駅A出口前経由のNo.32、オーチャード・ロードやラッフルズ・ホテル前経由のNo.14のバスがイースト・コースト・ロードのバス停を通る。オーチャード・ロード経由のNo.16のバスはジョー・チアット・ロードのバス停を通る。

MRT利用ならパヤ・レバ駅からジョー・チアット・ロードの北端まで徒歩約10分。中心部からタクシー利用だと所要約20分。

街歩きプラン

① イースト・コースト・ロード散策（ショップやレストラン巡り）→P.165

↓徒歩数分

② ジョー・チアット・ロード散策→P.166

↓徒歩約10分

③ クーン・セン・ロードのプラナカンの家並み→P.166

↓徒歩約10分

④ ゲイラン・セライ・マーケット→P.168

カトン・エリア

チャンギ・ロードChangi Rd.以南の、タンジョン・カトン・ロードTanjong Katong Rd.、ジョー・チアット・ロードJoo Chiat Rd.周辺とマウントバッテン・ロードMountbatten Rd.の高級住宅地エリアを指す。
MAP 折込表-2B、2C、3B

月曜は注意

このエリアの店は月曜休みの所が多いので気をつけよう。

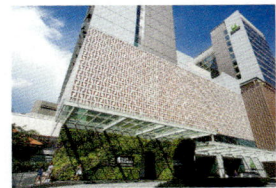

プラナカンをテーマにしたデザインホテル「ホテル・インディゴ・シンガポール・カトン」（→P.322）。低層階は各国レストランを集めたカトン・スクエアとなっている

エリアガイド　カトン

ジョー・チアット・ロード

イースト・コースト・ロードとの交差点から北へ向かい、ゲイラン・ロードGeylang Rd.にぶつかる所まで徒歩で20～25分。
MAP P.169上図

ジョー・チアット・ロードにあるマスジッド・カリッド・モスク。1917年創建時の姿を保っている

木や籐製品の老舗もある

ジョー・チアット・ロード周辺

この通り沿いには装飾のきれいなショップハウスが多いので、ゆっくり散策してみたい。イースト・コースト・ロードの交差点から北上して約5分で**クーン・セン・ロードKoon Seng Rd.**と交わる。ここを右折したあたりにペイントや彫刻が美しい家並みが見られる。

ここからテンベリン・ロードTembeling Rd.を通ってイースト・コースト・ロードに戻ってもいいし、ジョー・チアット・ロードを北上してもいい。

ジョー・チアット・ロード周辺には、プラナカン料理店や伝統菓子の店もある。そこだけ時が止まっているかのような商店も点在する。寺院やモスクなど宗教関連の施設が多いのも特徴。ゆっくり散策すれば、発見があるだろう。

クーン・セン・ロードのプラナカンの家並み

Information

カトン散策中のおすすめ店

カトンは散策にぴったりの街。食べ歩きをしつつ、買い物も楽しめるイースト・コースト・ロードとジョー・チアット・ロードをぶらぶら歩いてみよう。

ショップ

◆**エンポリアム　The Emporium**

シンガポールの女性デザイナー、シルビア・リムさんが立ち上げた店。ユニークなプリント柄の洋服は遊び心いっぱいで元気が出そう。靴やバッグ、ホームウエアなどライフスタイル全般が揃う。

左／オリジナルブランド「Triologie」のウエア　右／サンタグランド・ホテル・イースト・コーストの1階にある

MAP P.169下図　住171 East Coast Rd., #01-04　☎6241-8654
営11:00～21:00　休日正月　カード AMV

◆**キャット・ソクラテス　Cat Socrates**

猫好きの店主が開いた小粋なデザイングッズの店。看板猫のいる店内は、オリジナル商品から各国のえりすぐり品まで、思わず手に取りたくなるものが並んでいる。

左／見過ごしそうな小さな店　右／ローカルグルメの看板風マグネット

MAP P.169上図　住448 Joo Chiat Rd.　☎6348-0863
営11:00～20:30（月曜、祝日～18:00、土曜～21:00、日曜～19:30）　休日正月　カード AMV　※チョンバル店→P.278。

◆**ナイス　Naiise**

シンガポールの特色満載のデザイン雑貨が種類豊富。全4店あるなかでもここは地元志向で、生活雑貨や子供用品、絵本なども揃う。

左／おみやげによい小物雑貨が並ぶ　右／スイーツの刺繍ワッペン各$8.5

MAP P.169下図　住112 East Coast Rd., #01-31/32,112 Katong　☎なし　営10:00～22:00　休無休　カード AMV
※ウィスマ・アトリア店→P.266。

◆**アル・バラカー　Al Barakah**

インドネシアの漢方薬「ジャムー」や、ハーブ類を用いた美容用品、マレーシアやインドネシアの食品、お茶などの卸、小売りを行う店。シンガポール内に10店舗あり、ここがいちばん大きくて見やすい。

保湿効果の高いパパイヤのボディスクラブ

ハーブの美容用品が揃う　ハーブ配合の手作り石鹸

MAP P.169上図　住48 Joo Chiat Rd.　☎6344-6047
営9:00～18:45（金～日曜、祝日10:00～）　休ハリ・ラヤ・プアサの祝日、ハリ・ラヤ・ハジの祝日　カード 不可

おもな見どころ *Sightseeing Spot*

ユニークな造りの美しい寺院
スリ・センパガ・ヴィナヤガー寺院
Sri Senpaga Vinayagar Temple
★★

MAP P.169下図

イースト・コースト・ロードからセイロン・ロードに入ってすぐの所にあるヒンドゥー寺院。ここはシヴァ神の子供で人間の体にゾウの頭をもつガネーシャ神が祀られている。1875年の創建、2003年に改築されており、彫像や宗教画もきれい。入口のゴープラム（塔門）は古代南インドのチョーラ王朝の伝統様式に則った壮大なもの。寺院内部の4本の花崗岩の支柱にも注目。各柱の4面に

スリ・センパガ・ヴィナヤガー寺院
住19 Ceylon Rd. ☎6345-8176
営7:00～14:00、18:30～21:00
休無休
行き方→P.165欄外のアクセス。

左／高さ約20mのゴープラムには約160の彫刻が施されている。チェンパカという木の下から本尊となるガネーシャの像が発見されたことが、この寺院の起源だという　右／色鮮やかな天井の彫刻

カフェ＆スイーツ店

◆シンポポ　Sinpopo（新泡泡甜品小吃）
1970～1980年代のカトン地区の食をもとに現代風にひねりを効かせたメニューが斬新。特製ナシ・レマをはじめ、ローカルフレーバーのケーキも自慢。いちばん人気はグラメラカケーキ。

左／ブラウンシュガーやカヤペーストを用いたケーキ各種（$7.9～）　中／ココナッツアイスをトッピングしたチェンドル・パフェ（$10）　右／店内もレトロモダン

MAP P.169上図　住458 Joo Chiat Rd.　☎6345-5034　営12:00～22:00（金・土曜～翌1:00）　休旧正月2～3日間　カード不可

◆ドナ・マニス　Dona Manis
バナナパイがおいしいことで知られるローカルの洋菓子店。香りや食感が異なるバナナを数種類使うバナナパイは、南国の風味いっぱい。

左／ショッピングセンター地下の小さな店　右／バナナの風味が濃厚なパイ（$2.5）。遅い時間だと売り切れることも

MAP P.169下図　住865 Mountbatten Rd., #B1-93 Katong Shopping Centre　☎6440-7688　営10:30～17:00　休日曜、祝日　カード不可

◆チン・ミー・チン・コンフェクショナリー
Chin Mee Chin Confectionery（珍美真）
昔ながらのパティスリー＆コピティアム。すべて自家製で、コッペパンのカヤトースト、カリーパフ、カップケーキなどが素朴でおいしい。

左／1960年代の店構え。手前のカヤトースト（$1）はカヤジャムが逸品　右／素朴な焼き菓子は$1前後

MAP P.169下図　住204 East Coast Rd.　☎6345-0419　営8:30～16:00　休月曜、旧正月　カード不可

◆ディー・バン　D'Bun（利満）
肉まんが名物の中国菓子店。ゆで卵や鶏肉がぎっしり詰まった肉まん、大肉包（$2.2）はボリューム満点で美味。タピオカケーキ、カヤタルト、パイナップルタルトなどもおいしい。隣にローカル料理を出すカフェが新設された。

左／カフェは写真の鹵肉飯（豚バラ肉の醤油煮込みのせご飯）とポピアがおすすめ。ご飯ものとデザート、ドリンクのセットが$8.8　右／具だくさんの大肉包

MAP P.169上図　住358 Joo Chiat Rd.　☎6345-8220
営8:00～22:00　休旧正月4日間　カード不可
ディー・バン・カフェ　D'Bun Cafe
住356 Joo Chiat Rd.　☎6344-0309　営11:00～15:00、17:00～21:00　MAP 休カード同上

エリアガイド

カトン

ホーカーとバーがコラボした アリババー Alibabar
MAP P.169上図、下図
住 125 East Coast Rd.
☎ 6440-6147　営 コピティアム：8:00〜18:00、バー：18:00〜23:00
休 無休　カード J
行き方 →P.165欄外のアクセス。

昼間はホーカーが集まるコピティアム、夜はビストロ・バーに変身する。コピティアムにはチャー・クエティヤオの「榮發」をはじめ、タイ料理やバーガー店など5店が入店。

大通りの交差点にあり、休憩にいい

112カトン
住 112 East Coast Rd.
☎ 6636-2112　営 10:00〜22:00
行き方 →P.165欄外のアクセス。

計8体のガネーシャの彫刻が施され、ほかに類を見ない形状だ。

寺院内部の柱に施された躍るガネーシャの彫刻

地元密着型の便利なショッピングセンター
112カトン
★★
112 Katong
MAP P.169下図

イースト・コースト・ロードとジョー・チアット・ロードの交差点にあり、カトンエリア散策の目印であり、休憩や食事にと使える。地下1階〜地上4階まで5フロアに約140店。1階のおみやげ探しによい「ナイス」（→P.166）、ファッションや雑貨のセレクトショップ「エッグ・スリー」や中国スタイルのウエアが揃う「コットン・アムール」は要チェック。点心専門店「ティムホーワン」（1階）と創作中国料理の「Xi Yan」（2階）は香港から進出の人気ダイニングだ。

左／地元向けの店がメイン。入口にタクシースタンドがある
右／モダンなチャイナ服やアクセサリーの「コットン・アムール」

Column
ゲイラン「異国トリップ」

◆ゲイラン・セライ・マーケット
ゲイラン・セライはマレー系が集まる市場として地元では有名なところで、1階が市場、2階がホーカーセンターになっている。場内はマレー色で、よそでは食べられないインドネシア料理の屋台などもある。おすすめはナシ・レマ（→P.60）がおいしい「Sajian Mak Dara」（住 #02-108）。隣の「ゲイラン・セライ・チェンドル」（住 #02-107）のチェンドルも人気。バティックや民族服を売る店、ジャムー（インドネシアの漢方薬、またそれを用いた美容用品）を売る店、そして食品売り場にはシンガポールでもなかなか見られない珍しい食材がズラリ。

左上／規模の大きな市場。1階の食品売り場にはマレーやプラナカン料理で使われる野菜やハーブがある
左下／2階のホーカーズのマレー料理

2階の衣料品売り場。マレーの民族服やスカーフの店が多い

◆ジョー・チアット・コンプレックス
マーケットの向かいには古いショッピングモール「ジョー・チアット・コンプレックス」があり、ここもマレー一色。マレー語専門の本屋、生地屋、マレードレスのブティック、アクセサリー屋にムスリム向け雑貨屋などがぎっしりと入居している。チャンギ・ロード沿いの1階にはジャムー専門店が多い。摩訶不思議なマレーワールドを探検してみよう。（丹保美紀）

「Sajian Mak Dara」のナシ・レマ

左上／ジョー・チアット・ロードとゲイラン・ロードの交差点に立つ
左下／生地の店　右／2階はマレーの民族服の店が並ぶ

ゲイラン・セライ・マーケット Geylang Serai Market
MAP P.169上図　住 Sims Ave.
行き方 MRTパヤ・レバ駅から徒歩7〜8分。

ジョー・チアット・コンプレックス Joo Chiat Complex
MAP P.169上図　住 1 Joo Chiat Rd.　行き方 同上。

エリアガイド

カトン

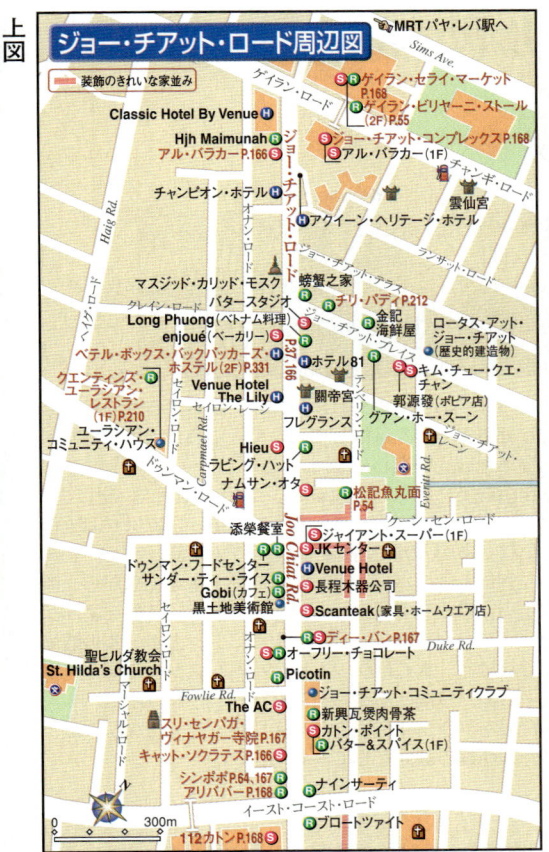

クーン・セン・ロード沿いには色彩や装飾の美しい家並みが連なる。この一帯のプラナカンの家々は1900～1940年頃に建てられたもの

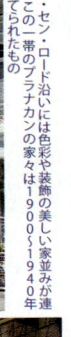

イースト・コースト・ロードの南側のかわいい家並み

左／ノスタルジックな雰囲気のヘアサロン（Ceylon Rd.）　右／マレー料理店「グローリー」では店頭でプラナカン菓子を販売

上図：ジョー・チアット・ロード周辺図

- 装飾のきれいな家並み
- MRTパヤ・レバ駅へ
- Sims Ave.
- ゲイラン・ロード
- ゲイラン・セライ・マーケット P.168
- ゲイラン・ビリヤニ・ストール (2F) P.55
- Classic Hotel By Venue
- Hjh Maimunah
- アル・バラカー P.166
- ジョー・チアット・コンプレックス P.168
- アル・バラカー (1F)
- チャンピオン・ホテル
- 雲仙宮
- アクイーン・ヘリテージ・ホテル
- ジョー・チアット・ロード
- マスジッド・カリッド・モスク
- 螃蟹之家
- バタースタジオ
- チリ・パディ P.212
- クレイン・ロード
- ジョー・チアット・テラス
- ランサット・ロード
- Long Phuong (ベトナム料理)
- ロータス・アット・ジョー・チアット（歴史的建造物）
- enjoué (ベーカリー)
- 金記海鮮屋
- ベテル・ボックス・バックパッカーズ・ホステル (2F) P.331
- ホテル81 P.37,166
- キム・チュー・クエ・チャン
- クエンティンス・ユーラシアン・レストラン (1F) P.210
- 郭源發（ポピア店）
- ユーラシアン・コミュニティ・ハウス
- 關帝廟
- フレグランス
- グアン・ホー・スーン
- Venue Hotel The Lily
- Hieu
- ラビング・ハット
- ナムサン・オタ
- 松記魚丸面 P.54
- カーペンテイル・ロード
- 添榮餐室
- ケーン・セン・ロード
- ジャイアント・スーパー (1F)
- JKセンター
- ドンマン・フードセンター
- Venue Hotel
- サンダー・ティー・ライス
- 長程木器公司
- Gobi (カフェ)
- 黒土地美術館
- Scanteak (家具・ホームウエア店)
- Duke Rd.
- ディー・パン P.167
- オーフリー・チョコレート
- 聖ヒルダ教会 St. Hilda's Church
- Picotin
- Fowlie Rd.
- The AC
- ジョー・チアット・コミュニティクラブ
- 新興瓦煲肉骨茶
- スリ・センパガ・ヴィナヤガー寺院 P.167
- カトン・ポイント
- キャト・ソクラテス P.166
- バター＆スパイス (1F)
- シンポポ P.64,167
- ナインサーティ
- アリババ P.168
- イースト・コースト・ロード
- カトン P.168
- ブロートツァイト
- 300m

下図：カトン中心部

- Fowlie Rd.
- プラティパス・カトン (1F)
- Ceylon Rd.
- サンタグランド・ホテル・イースト・コースト P.327
- スリ・センパガ・ヴィナヤガー寺院 P.167
- ガネーシュ・ヴィラス（北インド料理）
- エンポリアム (1F) P.166
- Onan Rd.
- Oanan Rd.
- キム・チュー・クエ・チャン P.37,166
- ギャラリーハウス（家具、インテリア）
- ドナ・マニス (BF) P.167
- ヘブンリー・ワン・レッドハウス
- Cheow Keng Rd.
- ファイブスター・ハイナニーズ・チキンライス
- カトン S.C.
- バーズ・オブ・パラダイス P.238
- Tembeling Rd.
- 安東醸豆腐
- オデオン・カトン
- 美園
- バーガー・オフィス
- ハーベスト
- 文東記
- Firebake
- ロウアー・イースト・サイド
- （マレー菓子店）ザフロン・キッチン
- Still Rd.
- ネイル・アーティストリー
- 328 カトン・ラクサ P.38, 168
- アリババ P.279 279
- East Coast Rd.
- ベーカーズ・ウェル
- Mooloolabar
- Katong V
- マリン・パレード・カトン・ラクサ P.53
- Mel's Place (バー&ビストロ)
- ラビット・キャロット・ガン
- カトン・スクエア
- ブロートツァイト
- 順順發（カリーパフ）
- ブリッジ・ホテル・カトン
- カトン・プラザ
- 112 カトン P.168
- Church of the Holy Family
- ブラウン＆ブレインズ・コーヒー
- ロキシー・スクエア
- エッグ・スリー (1F) ナイス (1F) P.166
- 328 カトン・ラクサ
- ホテル・インディゴ・シンガポール・カトン P.322
- ラ・ボンヌ・ターブル
- The Flow
- ホリデイ・イン・エクスプレス・シンガポール・カトン
- チン・ミー・チン・コンフェクショナリー P.167
- グランド・メルキュール・ロキシー・ホテル P.322
- Brooke Rd.
- Joo Chiat Rd.
- Sea Ave.
- Chapel Rd.
- Jago Close
- Kuan Chuan Rd.
- East Coast Rd.
- 2019年8月現在工事中
- マリン・パレード・ロード Mairne Parade Rd. P.37
- 装飾のきれいな家並み
- 2019年8月現在工事中
- HSBC
- パークウェイ・パレード
- イセタン
- マリン・パレード・コミュニティ／図書館
- 100m

※周辺図は MAP P.161

シンガポール西部

Map 折込表-2B～3B

West Coast

ACCESS
西部に向かうNo.10のバスは、サンテック・シティ前のニコル・ハイウェイ、クリフォード・ピア前、シェントン・ウェイ、ビボ・シティ前のバス停から乗車できる。

街歩きプラン
① ハウ・パー・ヴィラ →P.172
↓ タクシーで約15分
② マウント・フェーバー →P.170
↓ タクシーで約10分
③ ビボ・シティ →P.259

マウント・フェーバー
行き方 中心部からタクシーで約15分。MRT/ハーバーフロント駅下車、ハーバーフロント・タワー2からケーブルカーでも行ける。

フェーバー・ピーク
Faber Peak
MAP 折込裏-3A
住所 109 Mount Faber Rd.
TEL 6377-9688
URL www.onefabergroup.com
行き方 マウント・フェーバーと同じ。

上／セントーサ島観光の起点でもあるフェーバー・ピーク 下／同建物内のレストラン「スパッド＆エプロン」は開放的

フェーバー・ポイントのマーライオン像。晴れると眺望がすばらしい

フェーバー・ピークからの眺望。緑の森の向こうにリゾート・ワールド・セントーサが見える

　シンガポール中心部でのショッピング、食べ歩きが一段落したら、ぜひ郊外まで足を延ばしてみよう。中心部とはひと味もふた味も違った観光が楽しめる。
　郊外を目指すときに足を向けたいのがシンガポール西部。そして西部へ行くなら、No.10の2階建てバスがおすすめだ。2階のいちばん前の席に陣取って、あたりの景色を眺めながらミニバス旅行のスタート。
　バスは左側にシンガポール港、右側に住宅街を見ながら、西へ向けて走る。マウント・フェーバーとセントーサ島を結ぶケーブルカー、ハウ・パー・ヴィラと、次々にシンガポールの観光名所を通り抜ける。終点はケント・リッジ・バスターミナル。クレメンティへ向かう間、おもしろそうだな、と思う所でバスを降り、あたりをブラブラしてまたバスに乗る。そんなふうに、シンガポール西部の観光をしてみるといいだろう。

歩き方のヒント このエリアの見どころは点在
見どころ間がバス路線で結ばれていない所もあり、西部エリアに到着後はタクシー利用が便利。

おもな見どころ Sightseeing Spot

小高い丘の展望台
マウント・フェーバー
★★★
MAP 折込表-3B
Mt. Faber

　市街地の西側に位置する海抜115mの小高い丘がマウント・フェーバーだ。ここには**フェーバー・ピーク**Faber Peak（→P.170欄外）というセントーサ島とを結ぶケーブルカーの発着駅がある。建物内にはレストラン、みやげ物店があり、レストランのテラス席からは正面にセントーサ島、西にはジュロンの工業地帯まで望める。
　そこから西方向へ数分上ると、マーライオン像が立つ展望ミニ公園、**フェーバー・ポイント**Faber Pointがある。ここからの景色は360度のパノラマで、天気がよければインドネシアのリアウ諸島まで見渡せる。この公園への上り口の外壁にはシンガポールの歴史を再現したレリーフもあるので、ぐるりとひと回りしてみよう。

170

ハーバーフロント駅周辺
巨大ショッピングセンターがにぎわう
MAP P.171
Around the Harbour Front Station
★

※周辺図は **MAP** P.88〜89

MRTハーバーフロント駅の真上にはショッピングセンター、ビボ・シティ(→P.259)があり、大勢の買い物客を引きつけている。また、駅周辺には、セントーサ島への交通機関の発着場所もある。駅のE出口に直結したビボ・シティの3階にはセントーサ・エクスプレス(モノレール→P.153)の駅がある。ビボ・シティの東隣には、エンターテインメントの集合地「セント・ジェームス・パワーステーション」がある。

駅のB出口はハーバーフロント・センターとつながっている。このビルの南側はシンガポール・クルーズセンター、西側はセントーサ島へのケーブルカー駅があるハーバーフロント・タワー2という位置関係だ。A出口を出ると、ハーバーフロント・バスターミナルがある。

ホート・パーク
ガーデニングをテーマにした公園
MAP 折込表-3B
Hort Park
★★

ガーデニングと緑のあるライフスタイルを提案する公園。23ヘクタールの広大なエリアに、ガーデニングのテクニックやデザインの展示を中心に、20のテーマガーデン、娯楽施設、教育・研究施設などが設けられている。テーマガーデンは白や銀色の植物を集めたシルバーガーデン、空想の世界を植物で表現したファンタジーガーデン、種で作った作品が並ぶシードガーデン、ハーブガーデン、バタフライ(蝶)ガーデンなど。苗木や園芸用品の店やレストランもある。

約800本の樹木と4万本の低木が植えられている

樹木で作ったマーライオン

NUSミュージアム
アジアの歴史・文化・芸術関連の収集品は見応えあり
MAP 折込表-2B
NUS Museum
★

シンガポール国立大学(略称NUS)の敷地内にあるユニバーシティ・カルチュラル・センターUniversity Cultural Centreという建物内の博物館。3フロアからなる博物館には、中国陶器の歴史の変遷を扱った展示や、清代の中国絵画や書道作品の展示、マレーアートの歴史を紹介したり、ローカルアーティストのン・エン・テン氏の作品を集めたギャラリーなど、多岐にわたる展示内容で所蔵品も多数。また隣接するシアターでは、海外からの客演コンサートや演劇、学生らによる民族舞踊のパフォーマンスなどが行われる。チケットは市内SISTIC(→P.171欄外)にて販売。

LFには中国歴代の土器、陶器、磁器の展示があり、唐の三彩は見事。古代の銅鼓や銅鏡なども見られる

湾内にクルーズセンターがあり、インドネシア航路の船が行き交う

ハーバーフロント・センター
1〜2階はローカルファッションのショップ、カフェ、レストラン、両替商などが入ったショッピングセンター。3階はフードコートの「フード・ジャンクション」が入っている。

ホート・パーク
住 33 Hyderabad Rd. off Alexandra Rd. ☎6471-5601
URL www.nparks.gov.sg/gardens-parks-and-nature/parks-and-nature-reserves/hortpark
時 6:00〜23:00 休 無休 料 無料
行き方 ノース・ブリッジ・ロードのプラス・バサー・コンプレックス向かいからNo.51、61のバスでアレクサンドラ・ロード下車(所要約25分)。中心部からタクシーで約20分。

NUSミュージアム
住 50 Kent Ridge Crescent, University Cultural Centre, National University of Singapore
☎6516-8817
URL museum.nus.edu.sg
時 10:00〜18:00
休 日曜、祝日 ※月曜は教育関係者の予約対応のみ。
料 無料 行き方 MRTクレメンティ駅前のバスターミナルからNo.96のバスで約10分。中心部からタクシーで約30分。

SISTIC
☎6348-5555(ホットライン)
URL www.sistic.com.sg

エリアガイド / シンガポール西部

リー・コン・チアン自然史博物館

住 2 Conservatory Drive, National University of Singapore
☎ 6601-3133
URL lkcnhm.nus.edu.sg
営 10:00〜19:00（最終入場17:30）
休 月曜（祝日の場合は開館）
料 大人$21、学生、子供（3〜12歳）$13　カード ADMV
行き方 MRTクレメンティ駅前のバスターミナルからNo.96のバスで約10分。中心部からタクシーで約30分。

ユニークなデザインの建物にも注目

1億5000万年前の恐竜の骨格展示が見もの
リー・コン・チアン自然史博物館
★★　Lee Kong Chian Natural History Museum

MAP 折込表-2B

2015年にシンガポール国立大学の敷地内にオープンした博物館。1階には東南アジアの植物から昆虫、鳥、動物まであらゆる生物の標本を用いて、その多様性や進化の歴史を紹介。中2階には旧ラッフルズ博物館の動物に関する古い収集品、資料などが収蔵されている。

地球上の生命の歴史をたどり起源を探求するというテーマの最たる展示が、アメリカ・ワイオミング州で発掘された恐竜3体のほぼ完全な骨格化石だ。2体は頭がい骨も発見されており、たいへん希少だという。恐竜の骨格展示は1時間に2回、音響効果を交えてライトアップされる。

3体の恐竜の骨格が展示室中央に。約5分間のショーは雷雨や恐竜の鳴き声と照明で臨場感ある演出

Column

ハウ・パー・ヴィラのシュールな世界へ

モダンな建築物が建ち並ぶシンガポールで、その真逆をいく不思議混沌の世界がここ。万能薬、タイガーバームでおなじみの胡兄弟が1937年に築いた庭園テーマパークだ。中国の道教の教えや神話・伝説などを極彩色の像とジオラマで表しており、その膨大な数とあやしげな様相に度肝を抜かれてしまう。日本語の説明をたよりに、不思議世界を巡ってみよう。

左／笑う仏陀の像　右上／中国民間伝説、八仙人が繰り出す海の龍宮戦。道徳観を表した展示が多い　右下／伝説『白蛇伝』の場面。白蛇の精が幽閉された夫を救い出す

左／『西遊記』のエリア。三蔵法師襲撃をたくらむ妖女　右／謎の人魚像

タイガーバームの広告効果を狙ったトラの像があちこちに

超シュール!?

なぜか力士の像も

十大地獄
左／おどろおどろしい地獄の責め苦　右／閻魔王の裁きの場面

入口の門。広大な敷地に1000以上の像がある

ハウ・パー・ヴィラ　Haw Par Villa　虎豹別墅
MAP 折込表-3B　**住** 262 Pasir Panjang Rd.　**☎** 6872-2003
営 9:00〜19:00（十大地獄は〜18:00）　**休** 無休　**料** 無料
行き方 MRTハウ・パー・ヴィラ駅から徒歩約2分。

近未来的な建築と大自然が楽しめるトレイル
サザン・リッジを歩いてみよう

サザンリッジはシンガポール南部の丘陵地帯に広がる自然公園を、遊歩道とユニークな橋で結んだ全長約9kmの散策コースだ。熱帯雨林の中に巡らされた遊歩道では森林浴、アートな橋では写真撮影や雄大な景色を楽しめる。

見どころのハイライトが集まるのが、ホート・パーク~マウント・フェーバーの約3kmの区間。ゆっくり歩いても2時間ほどだ。街観光の合間にミニハイキングを計画してみては。

アレクサンドラ・アーチ

葉っぱの形の橋、アレクサンドラ・アーチ

出発は東西どちら側からでもいいが、ここでは西側のホート・パーク(→P.171)からスタート。ホート・パークの東端、アレクサンドラ・ロードに架かるアレクサンドラ・アーチを渡って遊歩道へ。この橋はアーチが傾斜し床面が湾曲している。

森の中は小鳥の声やセミの鳴き声が響く
ビワモドキの実 

熱帯雨林をぬうフォレスト・ウオーク

地上3~18mに設けられたメタル製の遊歩道が約1.3km続く。木の上部が見渡せ、鳥やリスを目にすることも。

フェーバー・ウオークから展望台へ

舗装道のマウント・フェーバー・ループ、または登山道を通ってマウント・フェーバーへ。途中マーライオン像が立つフェーバー・ポイント(展望台)にも立ち寄ろう。

マウント・フェーバーからはタクシーがひろえる。また、マウント・フェーバー・ロードから南に延びる林の中の道を15分ほど下ると、ハーバーフロント駅のあるビボ・シティにいたる。

ヘンダーソン・ウェイブで絶景ウオッチ

絶景が望めるヘンダーソン・ウェイブ

森の中を抜け視界が開けた先に、驚きの光景が目に飛び込んでくる。生き物のように波打つ形状のヘンダーソン・ウェイブ。船の甲板用の木材を敷き詰めた長さ274m、高さ36mの歩道橋だ。市街地から海まで景色も最高。

シンガポールでいちばん高い歩道橋

360度の眺望が楽しめるフェーバー・ポイント

サザンリッジ　The Southern Ridges
MAP 折込表-3B　住 Henderson Rd.
URL www.nparks.gov.sg
行き方 ホート・パークへは→P.171欄外

サザンリッジ [地図]

※ホート・パークからフェーバー・ピークまで徒歩約1時間30分。

Map P.175

ジュロン

Jurong

ACCESS
MRTブーン・レイ駅の駅前がバスターミナルになっており、ジュロン・バード・パーク、シンガポール・ディスカバリー・センターなどへSBSのバスが運行している。

街歩きプラン
1. ジュロン・バード・パーク →P.177
   タクシー約10分
2. サイエンス・センター →P.174
   徒歩約2分
3. オムニ・シアター →P.175
   徒歩約10分
4. ウエストゲート →P.176

郊外の有名ガーデンは改装中
中国庭園 Chinese Garden
MAP P.175
🏠 1 Chinese Garden Rd.

古代中国の仏塔や石橋、茶館を模した数々の建築物が風情をかもす庭園。MRTチャイニーズ・ガーデン駅から徒歩約3分の所にあり、市民に親しまれていたが、2019年5月から再開発の改装工事が始まり閉園に。再オープンは2021年末の予定。隣にある日本庭園も同様に改装工事中。

サイエンス・センター
🏠 15 Science Centre Rd.
☎ 6425-2500
URL www.science.edu.sg
🕐 10:00〜18:00（最終入場17:15）
休 月曜（祝日の場合は開館）、イベント開催日、保守作業の日
料 大人$12、子供（3〜12歳）$8。
カード M V
行き方 MRTジュロン・イースト駅から徒歩10分。または同駅からNo.66か335のバスを利用。タクシーで市内から約30分。

● キッズ・ストップ
🕐 9:30〜13:30、14:00〜18:00（最終入場はそれぞれ12:45、17:15）
料 カード サイエンス・センターと同じ 🔹大人$10、子供$20（土・日曜、祝日大人$13、子供$23）

工業団地が集まるジュロン・イースト。ベッドタウン化し、駅周辺にはウエストゲート、JEM、JCubeなどのショッピングセンターが肩を並べている

地価高騰で郊外にハイセンスな店が出店傾向にある。写真はアウトレットモールの「IMM」（→P.176）。中心部にある人気店のアウトレット店が多数入っている

　シンガポーリアンがジュロンについて自慢する場所が2ヵ所ある。ひとつは、シンガポールの工業化政策の尖兵として開発されたジュロン工業団地、もうひとつは世界に誇れる観光地、ジュロン・バード・パークだ。工業団地としてのジュロンは、1968年、外国企業を大量に受け入れる場所として造られた。日本からもブリヂストン、IHI（旧・石川島播磨重工業）などが、開設当初からこの地に工場を設立している。今では、7000エーカーといわれる広大な敷地を埋め尽くすように、世界各国から多くの企業がここへ集まってきている。ジュロン・ヒルと呼ばれる小高い丘からこの工業団地を眺めると、無味乾燥な建物が連なり、一種異様な雰囲気をつくり出している。
　一方、シンガポール有数の観光名所であるジュロン・バード・パークをはじめ、シンガポール・ディスカバリー・センターなどの展示施設が点在し、観光要素も併せもっている。

歩き方のヒント　MRTジュロン・イースト駅、ブーン・レイ駅が観光の起点
見どころはMRT東西線沿線にある。主要駅はジュロン・イースト駅とブーン・レイ駅。両駅前にバスターミナルもある。

おもな見どころ　Sightseeing Spot

ジュロンへ行ったら、ぜひ体験!!
MAP P.175
★★★ サイエンス・センター&オムニ・シアター
Science Centre & Omni Theatre

　サイエンス・センターは科学を軸にさまざまな体験型施設を備えた大人から子供まで楽しめる場所だ。館内は航空、バイオ、人類と環境、バーチャルリアリティなど複数のセクションに分かれており、1000以上の展示がされている。自分で触って体験して楽しめるもので、ゲームや実験形式のコーナーも。時間を忘れて科学の世界にどっぷり浸れる。

壁全面に古代の遺跡の映像が投影された部屋では、探検気分が味わえる

エリアガイド / ジュロン

左／展示は1～2階の2フロア。写真は二酸化炭素が及ぼす気候変動をゲームで学べる「クライメートマシン」　右／恐怖を科学するコーナーも人気

目玉ともいえるのが併設のオムニ・シアター。ここは東南アジア初の8Kの解像度の3Dドームシアター。高さ16m、幅23mの巨大ドームスクリーンで繰り広げられる大迫力の映像ショーは、時空を超えて別世界に入り込んだような感覚に。

敷地内には2～8歳の子供が対象の「キッズ・ストップ」もあり、多彩な知育遊具で遊べる科学館となっている。

オムニ・シアター
- カード　サイエンス・センターと同じ　12:00～18:00（土・日曜、祝日～19:00）※最終上映は閉館1時間前。
- ●3Dデジタルショー
  上映時間は約40分間で、1時間間隔で上映　大人、子供ともに$14～
  ※プログラムは数ヵ月ごとに変わる。

ハイテク・アトラクション満載のエデュテインメント施設
シンガポール・ディスカバリー・センター
★★　Singapore Discovery Centre　MAP P.175

ジュロンの外れ、シンガポール軍訓練施設（SAFTI）の一角にある巨大施設。シンガポールの歴史や発展、軍隊について、コンピューターを駆使したハイテク・アトラクションでわかりやすく紹介している。ここには、2D、3Dムービーの「アイワークス」、シートが動く4Dシアター「XDシアター」などの人気アトラクションに加え、展示コーナーやキッズ向けの体験アトラクションも設けてある。館内ギャラリーツアーや軍訓練施設内をバスで回るツアーなどのプログラムも充実している。隣に軍事博物館がある。

ドーム内部の360度の映像で、シンガポールの成り立ちについて学べる

シンガポール・ディスカバリー・センター
- 510 Upper Jurong Rd.
- ☎6792-6188
- URL www.sdc.com.sg
- 9:00～18:00（最終入場17:00）
- 月曜（祝日の場合は翌閉館）
- 入場料＋スペシャルムービー＋シンガポール軍訓練施設ツアー：大人$10、子供$6、さらに3Dムービーが付いたもの：大人$13、子供$9、アイワークス（3Dムービー）：$4～9、XDシアター（4Dムービー）：$10
- カード M V
- 行き方 MRTジョー・クーン駅から徒歩約10分。市内からタクシーで約30分。

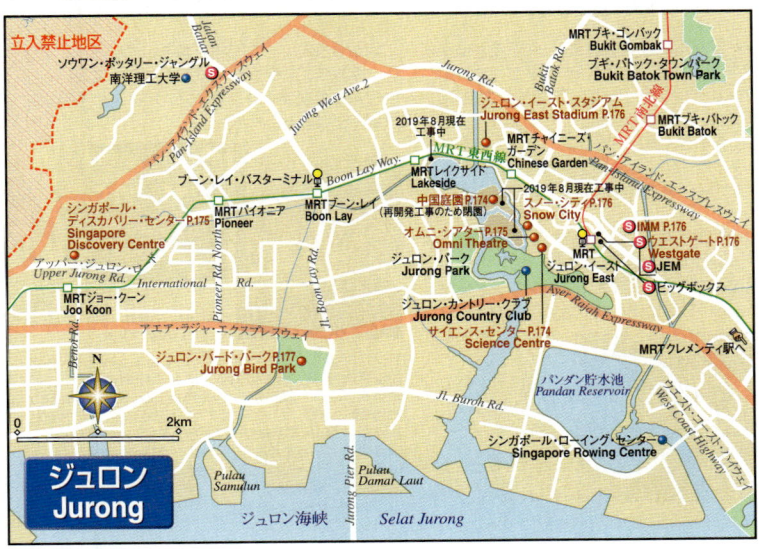

ジュロン Jurong

地図：立入禁止地区／ソウナン・ポッタリー・ジャングル／南洋理工大学／Pan Island Expressway／Jurong Rd.／Jurong West Ave 2／MRTブキ・ゴンパック Bukit Gombak／ブキ・パック・タウンパーク Bukit Batok Town Park／2019年8月現在工事中 ジュロン・イースト・スタジアム Jurong East Stadium P.176／MRT東西線／MRTチャイニーズ・ガーデン Chinese Garden／MRTブキ・パトック Bukit Batok／ブーン・レイ・バスターミナル／Boon Lay Way／MRTレイクサイド Lakeside／中国庭園 P.174（再開発工事のため閉園）／2019年8月現在工事中 スノー・シティ P.176 Snow City／シンガポール・ディスカバリー・センター P.175 Singapore Discovery Centre／MRTパイオニア Pioneer／MRTブーン・レイ Boon Lay／オムニ・シアター P.175 Omni Theatre／ジュロン・パーク Jurong Park／MRTジュロン・イースト Jurong East／IMM P.176／ウエストゲート P.176 Westgate／JEM／ビッグボックス／Upper Jurong Rd.／International Rd.／Pioneer Rd.／Jl. Boon Lay Rd.／MRTジョー・クーン Joo Koon／エアア・ラジャ・エクスプレスウェイ／ジュロン・カントリー・クラブ Jurong Country Club／サイエンス・センター P.174 Science Centre／Ayer Rajah Expressway／MRTクレメンティ駅へ／ジュロン・バード・パーク P.177 Jurong Bird Park／Jl. Burch Rd.／パンダン貯水池 Pandan Reservoir／West Coast Highway／Pulau Samulun／Pulau Damar Laut／シンガポール・ローイング・センター Singapore Rowing Centre／ジュロン海峡 Selat Jurong／0 2km

※周辺図は MAP 折込表-2A～2B

Information

スノー・シティ　Snow City
子供たちが雪体験できる屋内施設で、ソリ遊びが可能。サイエンス・センターに隣接。
MAP P.175　**住** 21 Jurong Town Hall Rd., Snow City Bldg.
☎ 6560-2306　**URL** www.snowcity.com.sg　**営** 10:00～18:00（土・日曜、祝日～19:00、最終入場は閉館の1時間前）
休 保守作業の日　**料** 大人、子供とも1時間$18
※防水パンツと手袋は有料レンタル。
行き方 MRTジュロン・イースト駅から徒歩約10分。または同駅からNo.335のバスを利用。

ジュロン・イースト・スタジアム　Jurong East Stadium
サッカーJリーグJ2所属（'19シーズン）の「アルビレックス新潟」と同オーナーで、シンガポールプロリーグ所属チーム「アルビレックス新潟シンガポール」のホームスタジアムがジュロンにある。
MAP P.175　**住** 21 Jurong East St.
URL www.albirex.com.sg/ja

Column

駅周辺に大型ショッピングセンターが集結

ジュロン・イースト駅前には特徴のあるショッピングセンター（以下S.C.）が連なっている。駅直結のウエストゲートWestgateを起点に、JEM、ビッグボックスBig Box、IMMが連絡橋で結ばれ、S.C.回遊が楽しめる。

中心部のS.C.に引けを取らない店のセレクトを誇るウエストゲート。「クリスタル・ジェイド・キッチン」（→P.203）や「328カトン・ラクサ」などレストランも注目店がめじろ押し。

倉庫型S.C.のビッグボックスには巨大なハイパーマーケットやライブホールの「Zepp」がある。

左／ウエストゲートの館内は緑がいっぱい　右／子供用のアトラクション（汽車）が1階の通路を走る（ともにウエストゲート）

国内最大級のアウトレットモール「IMM」

ジュロン・イースト駅から連絡橋経由で約5分。カジュアルラインを中心にしたアウトレット店が大集合。人気店は「マイケル・コース」、「コーチ」、「チャールズ＆キース」など。シーズン落ちの商品などが50～80%オフに。飲食店やスナックコーナーも圧巻のラインアップ。

左／有名ブランドのセレクトショップ　右／子供用品のアウトレット店もある

MAP P.175　ウエストゲート　**URL** www.capitaland.com/sg/malls/westgate/en.html
IMM　**URL** www.capitaland.com/sg/malls/imm/en/stores.html
行き方 MRTジュロン・イースト駅から徒歩1～5分。

大人の社会科見学　タイガービール工場ツアー

タイガービールの歴史は古く、1932年から現在まで90年近くの長きにわたって愛され続けている。モンドセレクションなど国際的な賞を40回以上受賞し、世界60ヵ国以上で飲まれているアジアを代表する人気ビールだ。

そんなタイガービールの製造過程を学び、できたてのタイガービールが味わえる工場見学ツアーがある。

中心部から足を延ばしてビール工場へ

ツアーは45分の工場見学と、45分の試飲タイムで構成されている。工場見学ではブランドの成り立ちからおいしいビールができるまでの過程をガイドが案内してくれる。

お待ちかねの試飲タイムは、生タイガービールはもちろん、この工場で製造しているハイネケン、ギネス、アンカー、ABC、バロンズといった缶ビールの試飲もできるので、ビールの多彩な味を飲み比べる楽しみもある。

完成までには250以上厳しい品質チェックが行われる

左／おいしいビールの入れ方をレクチャーしてくれる　中／工場敷地内のバーで試飲　右／オリジナルグッズも購入できる

アジア・パシフィック・ブルワリー　Asia Pacific Breweries
MAP 折込表-2A　**住** 459 Jalan Ahmad Ibrahim
☎ 6860-3005　**URL** www.tigerbrewerytour.com.sg
営 10:00～17:00（ガイドツアーは13:00、14:00、15:00、16:00、17:00）※事前にウェブから要予約。入場には身分証明書（パスポートか免許証）が必要。
休 月曜、祝日
料 大人$18（土・日曜は$20）、18歳以下$12、6歳以下無料
カード MV　**行き方** MRTジョー・クーン駅からタクシーで約5分。中心部からなら約30分。

楽しいエンタメ満載の
ジュロン・バード・パーク
Jurong Bird Park

カラフルなインコが間近で見られる（ロリー・ロフト）

約20ヘクタールの園内には、世界中から約380種、約5000羽もの鳥が集合。自然の姿に近い飼育環境に配慮された園内は、まさに鳥たちの楽園そのものだ。

コンゴウインコの輪くぐり（ハイ・フライヤーズショー）

ウオーターフォール・エイビアリー
2ヘクタールの熱帯雨林を囲った鳥舎の中に、アフリカ原産の約50種、1000羽以上の鳥が自由に飛び回っている。高さ30mの滝もある。写真のカンムリバトやミノバトなどが群れをなしている

人工とは思えない立派な滝

ロリー・ロフト
オーストラリアの自然を模した鳥舎内に色鮮やかなインコが放し飼いにされている。餌を持ったとたんにインコが集まってくる（餌代$3）

鳥舎内にはつり橋がある

艶めく緑の羽毛のインコ

ニューギニア島に生息するフウチョウ（ゴクラクチョウ）。オスは美しい飾り羽を広げ、求愛ダンスを踊る。鳥舎内は地上と樹上に近い所に見学歩道がある

ショー キング・オブ・ザ・スカイズ・ショー
10:00と16:00にある猛禽類のショー。空の王者と呼ばれるにふさわしい気高い姿に魅了される。ワシやタカ、フクロウなどが登場し、狩りの様子が再現される

長い歴史のある鷹狩を各国のコスチュームで紹介。写真はモンゴルの鷹匠

ショー ハイ・フライヤーズショー
ペリカン、インコ、サイチョウ、オオハシなどさまざまな鳥が出演。芸達者なインコの物まねや玉入れ、大形のインコが飛び回る姿が見られる。（11:00、15:00）

客席の声援で盛り上がるインコの玉入れ競争

観客の頭上を舞うオオハシ

オレンジのくちばしのオオハシも登場

ジュロン・バード・パーク

マップ凡例：
- インフォメーション
- レストラン
- 飲料・軽食
- キオスク
- ギフトショップ
- トイレ
- ロッカー
- バス停
- タクシー乗り場
- トラム
- トラム駅

主な場所：
- 大きな滝
- ウオーターフォール・エイビアリー
- トラム・ステーション3
- オウム・パラダイス
- 猛禽類（ワシ、タカなど）
- トラム・ステーション4
- 白鳥
- トラム・ステーション2
- 飛べない鳥達（ダチョウ、エミュー、ヒクイドリなど）
- ロリー・ロフト
- ジャングル・ジュエルズ
- ペリカン・コーブ
- サイチョウとオオハシ
- ウイングス・オブ・アジア
- バード・ディスカバリーセンター
- フウチョウ（ゴクラクチョウ）
- フラミンゴの湖
- カンムリバト
- 円形プール劇場「ハイ・フライヤーズ・ショー」
- ソングバード・テラス「ランチ・ウィズ・パロット」が行われる
- キツツキ
- ショウジョウトキ
- カワセミ
- 子供の遊び場
- ウェットランド
- ハシビロコウ
- ピザ・ハット
- 鳥の記念撮影コーナー
- クラバン池
- アフリカン・ペンギン
- カリー・ガーデン
- フラミンゴの池
- ホーク・カフェ（ローカルフード）
- ペンギン・コースト
- ホーク・アリーナ「キング・オブ・ザ・スカイズ・ショー」
- 駐車場
- 入口
- チケット売り場
- トラム・ステーション1
- ブリーディング＆リサーチセンター（繁殖研究センター）

DATA
MAP P.175、177　住所 2 Jurong Hill, Jurong　☎6269-3411　URL www.wrs.com.sg/en/jurong-bird-park.html　営8:30～18:00（最終チケット販売17:30）　休無休　料大人$30、子供（3～12歳）$20（トラム乗車料は大人$5、子供$3）※バード・パークと動物園（→P.42）、リバーサファリ（→P.45）、ナイトサファリ（→P.47）との組み合わせ入場券もある。　カード ADJMV

● 行き方　MRTブーン・レイ駅前からNo.194のバスを利用。中心部からタクシーで約30分。$20くらい。[サファリゲート]ダックツアーズ（→P.372）が運行する直行バス。サンテック・シティの乗り場発9:30、11:30、14:00の3便。片道$7、往復$12。☎6338-6877　URL www.safarigate.com

● ソングバード・テラス Songbird Terrace（ショーが行われるビュッフェ会場）　営12:30～14:00（ランチ・ウィズ・パロットのショーは13:00から約30分間）　休無休　料ビュッフェ：大人$25、子供（6～12歳）$20

177

シンガポール北部・中部
North & Central Singapore

Map 折込表-1A〜2B

シンガポール動物園（→P.42）は北部の森の中にある

街歩きプラン
1. ブキ・ティマ自然保護区 →P.179
   徒歩約5分
2. マレー鉄道の線路跡 →P.179欄外
   徒歩約10分
3. ⓟドゥルカラ
   ビューティ・ワールド・センター内 →P.180

シンガポールの中部から北部にかけての地域は、都市国家シンガポールのイメージとはおよそかけ離れた熱帯の木々の生い茂る場所だ。

赤道にほど近いシンガポールは、もともとは数百万年もの歴史をもつ熱帯雨林だった。そのため、今でも郊外には、深く緑濃い自然が残っている。シンガポール動物園やナイトサファリは、そんな森の一部に造られたものだ。また、観光地以外にも、純粋に自然に親しめるよう整備されたスンゲイ・ブロウ自然公園やブキ・ティマ自然保護区もある。このあたりまでやってくると、ビルばかり見慣れた目には緑がまぶしく、ホッとひと息という気がする。

「緑」は人の心に安らぎを与える——そんな言葉を聞いたことがある。都市国家シンガポールに残されたオアシスまで足を延ばし、安らぎを与えてくれる「緑」をゆっくり楽しんでみたい。

クランジ戦没者記念碑
Kranji War Memorial
MAP 折込表-1B

行き方 ビクトリア・ストリート沿いのブギス・ジャンクション向かいを通るNo.960のバスで、所要約45分。クランジ戦没者記念碑向かいのバス停で下車。

第2次世界大戦で、シンガポール防衛のため命を落としたイギリス兵約4000名を祀った慰霊塔が印象的な共同墓地。大戦で亡くなった人々のほかに、イギリス人約2万4000名がこの地に眠っている。

スンゲイ・ブロウ自然公園
🏠 301 Neo Tiew Crescent
☎ 6794-1401
URL www.nparks.gov.sg/sbwr
🕐 7:00〜19:00 休 無休 料 無料
行き方 MRTウッドランズ、マルシリン、クランジ各駅前からNo.925のバス（約30分間隔）が公園近くを運行。平日はクランジ・リザブワー・カーパークBで下車し、徒歩数分で公園東端のビジターセンターへ。日曜、祝日は同バスが公園入口のウェットランドセンター前まで行くのでこちらで下車。また、クランジ駅前からクランジエクスプレスというシャトルバスが8:30〜17:45に7便運行（→P.182データ欄）。平日はクランジ駅からタクシー利用が便利。

● ビデオ上映（所要約10分）
毎日9:00、11:00、13:00、15:00。

入口にあるウェットランドセンター。インフォメーションデスク、ネイチャー・ギャラリー、奥にビデオ上映の建物がある

歩き方のヒント：帰りのバスをチェックしておこう
自然保護区などバスの本数が少ない所へは、到着時にだいたいの運行時間や終発を確認しておくと安心。

おもな見どころ Sightseeing Spot

森と湿地帯で鳥や小動物をウオッチング
スンゲイ・ブロウ自然公園
★★
Sungei Buloh Wetland Reserve
MAP 折込表-1A

シンガポール最北部にある、ジョホール海峡に面した自然公園。87ヘクタールに及ぶ湿地帯では、171種類の鳥や数多くの植物が観察できる。マングローブの林を見て歩けるように造られたボードウオークや、ウミワシやサギなどの野鳥観察のための小屋もあり、誰でも手軽に自然を観察できる。主要トレイルはふたつあり（→P.182）、ともに1〜1.5時間ほど。コスタルトレイルはジョホール海峡の眺めも楽しめる。途中売店はないので、飲み物は持参しよう。

まずはウェットランドセンターでルートの確認や、ここで見られる鳥や動物に関する展示を見ておきたい。特に10〜4月にかけては渡り鳥が数多くやってくる時期なので、出かけるならその時期がベストだ。見つけやすい鳥はカワセミ、サギ、カモなど。また、同センターの一角では、スンゲイ・ブロウに関するビデオを上映しており、ネイチャー・ギャラリーには、動植物の生態の説明がイラストや模型で展示されている。

エリアガイド

シンガポール北部・中部

自然がいっぱいのシンガポール最高峰
ブキ・ティマ自然保護区
★★　　　　　　　Bukit Timah Nature Reserve
MAP 折込表-2B

シンガポール中央部に広がる自然保護区。2016年に補強・改装工事を終え、新装となったビジターセンターが開かれ、4つのウオーキングトレイルが整備された。うち3つのトレイルが標高163mのシンガポール最高峰の頂上を通っている。頂上を目指すのが目的なら最短の「ルート1」をたどろう。頂上まで約1.1km、道路は整備されており、散歩やジョギングする人の姿も多い。

トレイルが巡る山中では熱帯雨林特有の樹木の様相が見られる。木々の葉は上層部（樹冠、キャノピーという）に固まっており、下層は低木やつる植物が茂り、何層にも多様な植物が混在。大木の根元には巨大な板状根も見られる。

トレイルの出発点から少し上り、分岐を西へ5分ほど行くとハインドヒード貯水池Hindhede Quarry（花崗岩の採石場跡）の展望スポットがある

山頂まではほぼ舗装されていて徒歩30分ほど。ケラと呼ばれるサルと出合うことも

高木の樹冠はレース模様のよう

ブキ・ティマ自然保護区
住 Hindhede Drv.
FREE 1800-471 7300（ナショナルパーク事務所）
URL www.nparks.gov.sg/gardens-parks-and-nature/parks-and-nature-reserves/bukit-timah-nature-reserves
開 7:00～19:00
休 無休　料 無料
行き方 MRTビューティ・ワールド駅A出口から、アッパー・ブキ・ティマ・ロードを北へ進み、幹線道路のJalan Anak Bukitを横断してハインドヒード・ロードHindhede Rd.に入り、北東方向に直進。駅から徒歩約10分で保護区の入口へ。

山頂には休憩所がある

マレー鉄道の線路跡
2011年にシンガポール国内を走っていたマレー鉄道が廃止となり（国境のウッドランズが始発駅となった）、撤去された線路跡地の一部が遊歩道「グリーン・レール・コリドー」となっている。その中に線路や鉄橋が残されたポイントが数ヵ所あり（→P.180～181）、ブキ・ティマ自然保護区の入口近くでも線路が見られる。熱帯雨林に囲まれたトレイルはサイクリングやジョギングの場に。
MAP 折込表-2B、P.181

ブキ・ティマ自然保護区へ続くハインドヒード・ロードと交差する旧鉄橋にも数十m線路が残っている

かつてシンガポールで亡くなった日本人をしのぶ
日本人墓地公園
★　　　　　　　　The Japanese Cemetery Park
MAP 折込表-2B

第2次世界大戦以前、シンガポールで亡くなった日本人を埋葬した、東南アジア最大の日本人墓地。1895年にできた墓地で、明治42年（1909年）、ロシアでの新聞社赴任からの帰途に亡くなった文豪、二葉亭四迷の碑や、第2次世界大戦の南方軍総司令官、寺内寿一元帥の墓などに交じり、この地で人知れず死んでいった、からゆきさんの墓も多数ある。葬られた人物像やシンガポールとの関わりが、説明板に細かく日本語で記載されていて、日本とシンガポールの関係史を垣間見るようで興味深い。

左／公園内は色とりどりの南国の花に彩られている　右／シンガポールと関わりの深い日本人の碑が刻まれている

日本人墓地公園
住 825B Chuan Hoe Ave.
行き方 中心部からタクシーで約20分。日曜、祝日以外ならサンテック・シティ・モール前のバス停からNo.70のバスで約40分。バス停「アフター・セラングーン・ノース・アベニュー1」下車、徒歩約10分。

船中で死去しこの地で荼毘に付された二葉亭四迷の碑は自然石を用いたもの

179

緑が美しい郊外へ
ダウンタウン線に乗ってプチ旅行

MRTダウンタウン線の延伸で、アクセスがぐんと便利になったシンガポール中央部のブキ・ティマエリア。豊かな自然のなかに邸宅街やしれたレストラン、ローカル料理の名店があり、ひそかに注目の集まる場所だ。気になる駅で下車して、暮らす気分で散策してみよう。

ブキ・ティマ自然保護区へ続くハインドヘッド・ロードと交差する旧鉄橋にも線路が残っている（MAP P.181）

見どころ　サルや野鳥のいる
ブキ・ティマ自然保護区
Bukit Timah Nature Reserve

ビューティ・ワールド駅から徒歩約10分で自然保護区入口へ。シンガポール最高峰（標高163m）のブキ・ティマ・ヒルがあり、約30分で頂上制覇できる。DATA→P.179

住宅街にも出没するサル。餌やり厳禁！

左／左の建物はブキ・ティマ自然保護区のビジターセンター。その右側の道がハイキングロード　右／頂上から見晴らしは望めない

食　名店揃いのホーカーズ
ブキ・ティマ・フードセンター
Bukit Timah Food Centre

規模が大きく、評判のよい店が多い。P.54で紹介のキャロットケーキの「合衆菜頭粿」をはじめ、ダックライスの「捷記起骨鴨飯・麺」（#02-151）、ローストのチキンライス店「成興海南起骨雞飯」（#02-177）も人気店。
🏠 51 Upper Bukit Timah Rd.
🕐 店によって異なり、だいたい 9:00 〜 19:00
🚇 MRT ビューティ・ワールド駅から徒歩約5分。

1階がマーケットでホーカーズは2階

左上・左下／「テリー・カトン・ラクサ」（#02-194）のラクサ（$3.5）もおすすめ　右／特に土・日曜は地元住民で混み合う

Beauty World
ビューティ・ワールド駅

ローカルなショッピングセンターが集まる郊外の繁華街。ブキ・ティマ自然保護区への入口でもある。

食 ＆ 買い物　住民の憩いの場
ビューティ・ワールド・センター
Beauty World Centre 美世界中心

ビューティ・ワールド駅の真上にあるショッピングセンター。激安洋服店やマッサージ店などローカル度満点。屋上のホーカーズは名店が揃っている。
🏠 144 Upper Bukit Timah Rd.
🕐 だいたい 11:00 頃 〜 20:00 頃
🚇 MRT ビューティ・ワールド駅から徒歩約1分。

「友朋拉面餃子館」（#04-23）の大人気の焼き餃子（$6〜、ホーカーズ内）

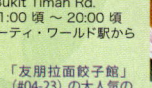

「錦利沙爹米粉」（#04-40）のサテービーフンは試す価値あり（ホーカーズ内）

左／地下から4階まである　右上／4階の屋上部分にあるホーカーズはおいしい店が多く、ぜひ試してみたい　右下／日用雑貨店の品揃えの豊富さに、ついのぞいてみたくなる

地下（スーパー）から地上4階まで5フロア

ブキ・パンジャン駅へ
鉄道跡のトレイル
ブキ・ティマ自然保護区 P.179、180
線路跡 P.179、181
頂上へ
ビューティ・ワールド・センター P.179、181、P.180
ビューティ・ワールド駅
キティマ・フードセンター P.180
高速道路
ブキティマ・プラザ
マレー鉄道 鉄橋跡 P.179、181
旧ブキ・ティマ駅
キング・アルバート・パーク駅
旧競馬場
幹線道路のブキ・ティマ・ロード
シックス・アベニュー駅
ブキ・ティマ・ロード
シックス・アベニュー駅
タン・カー・キー駅
ボタニック・ガーデン駅
クルーニー・コート P.181
スティーブンス駅
シンガポール・ボタニック・ガーデン P.118
ニュートン駅
ニュートン・フードセンター P.228
ボタニック・ガーデン、ブキ・ティマ・ゲート
リトル・インディア駅
ローチョー駅
→ブギス駅へ

MRTダウンタウン線は縦横無尽に延びる！
2013年に中心部のみ営業開始したダウンタウン線が、2015年末に北西のブキ・パンジャンまで延伸したのに続き、2017年に東西をつなぐエキスポ〜チャイナタウン間が開通した。

Downtown Line
to Bukit Panjang
to Chinatown

King Arbert Park
キング・アルバート・パーク駅
規模の大きなコンドミニアムや一軒家などが並ぶ高級住宅街。学校もある。

見どころ 人気の写真スポット
マレー鉄道の鉄橋跡
2011年にマレー鉄道のシンガポール側の終点が国境のウッドランズ駅に移り、国内路線が廃止された。撤去された線路の跡地がトレイル「グリーン・レール・コリドー」として整備され、ウオーキングやサイクリングに絶好の場所に。線路や鉄橋が残るポイントが数ヵ所あり、休日は写真を撮りに来る人も多い。
行き方 MRTキング・アルバート・パーク駅からブキ・ティマ・ロードを西へ徒歩約5分。

上/ブキ・ティマ・ロードをまたぐ鉄橋
下左/線路跡の線路に覆われたトレイル
下右/線路は50mくらい残っている

Botanic Gardens
ボタニック・ガーデン駅
A出口を出るとシンガポール・ボタニック・ガーデンのブキ・ティマ・ゲート。

買い物&食 ハイセンスな店揃い
クルーニー・コート
Cluny Court
駅そばの住宅街の一角、歴史あるショップハウス内のショッピングモール。欧米人経営のブティックやしゃれた雑貨店など感度の高い店が2フロアに約40店ある。中心部にはない個性派ショップやカフェがあるのが魅力。
501 Bukit Timah Rd. 6467-6077 店によって異なるが、だいたい10:00〜19:00
行き方 MRTボタニック・ガーデン駅から徒歩約1分。

館内はクラシック・モダン

シモーネ・イラニ（#02-17）はリゾートウエアの店。インド素材を用いたウエアは鮮やかで美しい彩り

オーナーのシモーネさん。バッグやサンダルも揃う

上・下/雑貨ショップ「レモングラス&オウバジーン」のコースター

アイスクリームにエスプレッソをかけて食べるアフォガート

左/コーヒーもアイスクリームもおいしい「アフォガート・バー」（#01-048） 右/装飾のきれいなショップハウス内にある

※P.180〜181の見どころや店の地図位置は、MAP 折込表 -2B

スンゲイ・ブロウと農園ランチを楽しむ
大自然アドベンチャー

タイヨウチョウの仲間

スンゲイ・ブロウ自然公園を散策
Sungei Buloh Wetland Reserve

スンゲイ・ブロウ自然公園（→P.178）の周辺には農場、カエルや鯉などの養殖場が多数あり、見学可能な所やツアーもある。スンゲイ・ブロウ自然公園を巡ったあとは、「ボリウッド・ベジーズ」へ。菜園を見物して、採れたてハーブやスパイスを使った料理を味わう半日ワイルド観光。どんな野生生物に出会えるかはお楽しみ！

どのトレイルも数百mごとに観察や休憩の小屋がある

観光客のティッシュを奪い逃走するサル

水辺に集まるサギなど（渡り鳥トレイル）

湿地にはジャイアントマッドスキッパー（トビハゼの一種）がいる

オオトカゲも生息

沿岸トレイルは対岸のジョホール・バルが目の前に見える

スンゲイ・ブロウ自然公園のトレイル紹介
散策道や木道が整備されており、主要コースは、以下のふたつ。
- **マイグラトリーバード・トレイル（渡り鳥トレイル）**：川辺や湿地帯エリアを巡る。サギやイソシギなどの渡り鳥、広大な湿地帯の光景が見もの。約2km。約1時間。
- **コスタルトレイル（沿岸トレイル）**：ジョホール海峡沿いの往復コース。カワセミやタイヨウチョウなどの小鳥観察。海峡の眺めがよい。片道1.3km。往復約1.5時間。

※小鳥は早朝から午前中に多く見られる。マングローブ林は、満潮時は湿地の生物の観察はできないので注意。DATA→P.178

ボリウッド・ベジーズを訪ねる
Bollywood Veggies

スンゲイ・ブロウ自然公園からシャトルバス（→下記）で約10分。農園＆レストランのボリウッド・ベジーズを訪ねてみよう。陽気でパワフルな名物主人のアイビーさんがカンポン（村）の暮らしを体験してほしいと創業。所有する7つの農場で採れた野菜やハーブ、スパイス、果実を使った料理を振る舞っている。レストラン前の菜園も見て回れる。

村の家屋を再現したシンプルな店

ウォリアーズ・プラター（$20〜）。モリンガの天ぷらやタピオカチップスなどの盛り合わせ。おすすめはチキンカレーや手作りヤシ砂糖を使ったデザートなど

オタ・オムレツ

インド系シンガポーリアンのアイビーさん

ハーブや果実などが植えられている。写真はターメリック

菜園に植えられたバタフライピー。花はお菓子の色づけなどに使用する

バナナは20種類以上あり、カレーやケーキなどに使われる

MAP 折込表-1A ／ 100 Neo Tiew Rd. ／ ☎6898-5001 ／ URL bollywoodveggies.com ／ 営7:00〜17:30（土・日曜、祝日7:00〜18:30）／ 休月・火曜、旧正月約2週間 ／ カード不可 ／ 行き方 クランジ駅前のバス停から「クランジエクスプレス」というシャトルバスが循環運行している。スンゲイ・ブロウ自然公園、ボリウッド・ベジーズなど複数の農場、フロッグファーム間を運行。クランジ駅発8:30、9:30、11:00、13:00、14:30、16:00、17:45の7本あり、大人$3、12歳以下$1　URL www.kranjicountryside.com　※クランジ駅からタクシー利用で約15分。

街の風景も違って見える!?

ユニークな乗り物ツアーが続々登場!

シンガポールの観光ツアーといえば、バスツアーやリバークルーズがメインだった。ところがこの数年、魅力的な乗り物を使ったツアーが登場している。見た目がかわいいベスパのサイドカーツアーや、セグウェイでシンガポールの絶景エリアを走行するツアーが、シンガポールの新しい体験観光を提案。どちらも特色のある地区を巡るコースを掲げており、街散策も同時に楽しめる。

注目されること間違いなし
シンガポール・サイドカー
Singapore Sidecars

1965年製造のビンテージのベスパを復元したスクーターのサイドカーに乗って街を巡るツアー。2018年にスタートし、年々注目度を上げている。目線が低くなるので、見える景色も変わり、エンジン音を体に感じながら風を切って進むと気分が上がる。

コースは1時間から3時間のものが設定されており、アラブ・ストリート界隈(カンポン・グラム)とシティ・ホール周辺を巡るものや、プラナカンの家並みがきれいなカトン地区を巡るツアーが人気。夜のツアーもあり、時間帯やコースはアレンジしてもらえる。予約はホームページから行う。

シンガポール・サイドカー
住 非公開　☎ 9620-0166　URL www.sideways.sg
ツアー開催時間: 9:00〜23:00(日によって異なるので要確認)
休 無休　料 1時間につき$160　カード MV
※10歳以上参加可能。電話かホームページから要予約。

アラブ・ストリート周辺コースは壁画のあるショップハウス街のハジ・レーンを通り抜ける

サイドカーは狭そうに見えるが、乗り心地は悪くない

ベスパはイタリアのスクーター。このツアーはシンガポール政府観光局が支援している

カランのシンガポール・スポーツ・ハブ内のカラン・ウエイブ・モール2階のツアー事務所がツアー発着点になる

ベテランドライバーが案内してくれる

運転はできないが、ベスパと記念撮影は可能

操縦するのが楽しい!
オーライド・シンガポール・ミニセグウェイ・ツアー
O-Ride Singapore Mini Segway Tours

セグウェイは重心移動で走行する電動立ち乗り二輪車。初心者でも5〜10分くらい練習すればコツがつかめる。5年以上のガイド経験のある男性が主催するオーライドは、アトラクション的要素もあって行動派の旅行者の興味を引いている。

何より魅力なのはシンガポールのスカイラインを眺められるマリーナ沿いの走行コース。カランを出発し、ガーデンズ・バイ・ザ・ベイ、マリーナベイ・サンズ、エスプラネード・シアターを通る湾沿いの絶景遊歩道を走る。

オーライド・シンガポール・ミニセグウェイ・ツアー
MAP 折込裏-1D　住 1 Stadium Place, #02-19 Kallang Wave Mall　☎ 9157-7634、9487-2175
URL www.oridesg.com　営 10:00〜22:00　休 無休
料 2時間ツアー: $80、3時間ツアー$120　カード AMV
行き方 MRTスタジアム駅から徒歩約5分。
※ひとりからツアー催行。前日までに要予約。

マリーナ・バラージからの絶景に見とれる

まず操縦方法のレクチャーを受け、練習する

ガーデンズ・バイ・ザ・ベイを走り抜ける

シンガポールから ショートトリップ

シンガポールは周りをマレーシア、インドネシアに囲まれており、それらの国々との往来も非常に盛んだ。特にマレーシアのジョホール・バル（通称JB）とは国境の土堤、コーズウェイによって結ばれており、毎日国境を越えて通勤している人も多い。またインドネシアのビンタン島やバタム島も高速船でわずか約1時間という距離にあるため、週末などシンガポールから家族連れ、若者たちがマリンアクティビティを楽しむために訪れている。

しかし、一見、似たような生活風土に見えるこれらの町や島でも、こぎれいで統制のとれたシンガポール社会に慣れた旅人には、何かが違う世界なのだ。ここに生きる人々、国の体制、宗教、言葉……。国境を越える、ただそれだけのことで違った世界が現れる。

シンガポール旅行の旅程に、隣国マレーシア、インドネシアへのショートトリップを組み込んでみてはどうだろう。

シンガポール周辺

Map P.186

マレーシアへの旅
Trip to Malaysia

ジョホール・バル ＊ Johor Bahru

シンガポールからコーズウェイを越えてマレーシアへ入ると、突然イスラム世界へ来たと実感する。サロン（マレーシアの民族衣装）をまとった女性が行き交い、町のそこかしこにイスラム様式の建物が見える。聞こえてくる物売りの声、バスや車の喧騒。わずか1km余り手前とはまったく違った光景が目の前に展開する。シンガポールから日帰り観光が十分できる町なので、早起きし、国境を越え、丸1日かけてマレー世界を体感してみよう。

ヒンドゥーやイスラム、道教などの宗教施設が点在していて、さまざまな民族が暮らす町だとよくわかる

両替と物価
駅ビルのJBセントラル内に両替商が多々くある。マレーシア・リンギットからシンガポール・ドルへの両替も可能。マレーシアの物価はシンガポールに比べて安い。ミネラルウオーター（500ml）RM2〜、食堂のカレーRM15〜。予算を考えて両替しよう。

市内のタクシー
基本的にはメーター制だが、メーターでなく料金交渉となる場合もある。乗車時に確認を。

トラベルメモ

査証（ビザ）：日本人は90日以内の観光の場合不要。ただし残存有効期間が入国時6ヵ月以上あり、未使用査証欄が2ページ以上あるパスポートを所持していること、マレーシアを出る航空券を所持していること。

通貨：マレーシア・リンギット（RM）とマレーシア・セント（M¢）。2019年11月1日現在、RM1≒¥27

税金：サービス税6％

税関：酒類1本（1ℓ）まで無税。たばこは紙巻き200本または葉巻50本、パイプたばこ225gまで無税。1万USドル相当以上の現金持ち込みは申告が必要。麻薬類の持ち込みは極刑。

言葉：公用語はマレー語。英語も比較的よく通じる。

時差：日本との時差は1時間。日本が正午12:00のとき、マレーシアは午前11:00。これはシンガポールと同じ。

国際電話の国番号：60 ※シンガポールからかける場合は(02)＋市外局番＋相手先電話番号でかけられる（→P.374）。

ジョホール・バルのエリアコード：07

歩き方 Orientation

シンガポールに比べたら小さな町だが、観光地は中心部から少し離れている。ほとんどの観光地は、コーズウェイの西側、ジョホール海峡沿いにある。時間に余裕があるなら、町の雰囲気を味わってみるとよい。繁華街はイミグレーションビル周辺の一帯だ。

JBセントラル駅。手前はタクシースタンド

メインストリートのジャラン・ウォン・ア・フックJalan Wong Ah Fookの西側、ジャラン・ドービーJalan Dhobyの周辺には、生活感のある古い店舗が多い。歴史を感じさせるたたずまいのインド系、中国系の食堂や店などが並び、このあたりで腹ごしらえするのもいい。

ジャラン・ウォン・ア・フック沿いにはショッピングセンターやホテルが林立

繁華街には、さまざまな人種や宗教が混在していて、興味深い。ヒンドゥー教寺院とシーク教寺院、中国寺院が隣り合うように存在しており、ミックスカルチャーを目の当たりにするだろう。

町の中心部にあるショッピングセンター、**シティ・スクエア City Square**には、ファッションを中心にレストランやカフェなど最新の店が入っており、若者や家族連れでにぎわっている。

ACCESS

シンガポールからはバス、鉄道で行ける（バス、タクシー→P.356〜357、鉄道→P.355）。バスを利用した場合は、イミグレーションビルで入国審査を受け、市内に出るには、JBセントラル（JB Sentral）方面という案内表示に従って長い通路を進む。JBセントラルは鉄道のJBセントラル駅の駅ビルで、マレーシア観光局や両替商が入っている。シティ・スクエアと陸橋でつながっており、そのまま進むとシティ・スクエアのL3に出る。

バス終点のラーキン・バスターミナルまで行く場合は、入国審査後、1階のバス乗り場から乗ってきたのと同じバス会社のバスで向かう。

シンガポールへ帰る場合も同様にこのビルで出国審査を受け、1階のバスターミナルからシンガポール行きのバスに乗る（入出国詳細は→P.349）。

シティ・スクエア
MAP P.186
🏠 106-108 Jalan Wong Ah Fook
☎ (60) 7-336-2668
⏰ 10:00〜22:00 休 無休

人気ファッション店が入店するショッピングセンター。L6にはフードコートがある。L3のイミグレーションビルへの陸橋出入口のそばにある「オールドタウン・ホワイトコーヒー」（#J3-25A）はイポー（マレーシアの地名）式のおいしいコーヒーの店。

週末はにぎわう。館内のカフェは街歩きの休憩によい

アブ・バカール・モスク
🏠 Jalan Gertak Merah
⏰ 9:00〜17:00
休 金曜12:00〜15:00 料 無料
交 中心部からタクシーで約10分。

入場時は、男性は長ズボン、女性は長袖長ズボンまたはロングスカート、スカーフの着用が必要。

READER'S VOICE
日本人狙いの詐欺に注意！

親日を装い話しかけてきた小柄なおじさんに誘われ、タクシーで観光案内をしてもらったところ、最後に2万円を払うように言われた。口論になったが結局半額くらいを支払う羽目に。タクシーに乗るまでに気づけばよかったと反省。この手の誘いには絶対にのらないように。
（兵庫県 匿名希望）['19]
※ジョホール・バルはトラブルの報告が多いので、十分注意を（トラブル例→P.379）。

おもな見どころ Sightseeing Spot

イスラム建築の粋を集めた
アブ・バカール・モスク ★★★
Abu Bakar Mosque MAP P.186

サルタン王宮の裏手、小高い丘の上に立つ壮麗なモスク。1892年から1900年にかけて、時のサルタン（州の君主）、アブ・バカールによって建てられた。クリームイエローの壁が、周りの緑、空の青に映える。モスクの建築様式もどことなく繊細で、女性的な雰囲気がある。ジョホールの人々は、このモスクを「マレーシアでいちばん美しいモスク」とたたえているが、その姿には、なるほどとうなずかされる。2000人は入れるという広い礼拝堂には、祈りを捧げる信者の姿が絶えない。夕方、ジョホール海峡に沈む夕日と礼拝堂から聞こえてくるコーランの音調が、旅の情緒をかきたてる。

左/2019年に改装を終えて、一段と美しい姿に
右/内部も繊細で優美

サルや鳥の種類の多さはなかなか見事
ジョホール動物園 ★
Johor Zoo MAP P.186

アブ・バカール・モスクと向かい合っているのがジョホール動物園。園内ではマレーシア固有の動物のマレーバクやマレーグマ

ショートトリップ マレーシアへの旅

185

ツーリズム・ジョホール
Tourism Johor
MAP P.186　**住** L3-24, JOTIC Bldg., 2 Jalan Ayer Molek
☎ (60)7-224-9960、(60)7-224-1432　**URL** www.tourismjohor.my　**営** 8:00～12:00、14:00～17:00（木曜15:30）
休 土・日曜、祝日
ジョホール州の観光案内所。市内地図や各種観光資料あり。

ジョホール動物園
住 Jalan Gertak Merah
☎ (60)7-223-0404
営 8:30～18:00　**休** 無休
料 大人RM2、子供（2～12歳）RM1
行き方 中心部から徒歩25分、タクシーで約5分。

アルルミグ・スリ・ラジャカリアマン・グラス・テンプル
★★
住 Jalan Tun Abdul Razak 1/1, Wadi Hana　**営** 7:30～12:00、18:30～22:00　**料** RM10（12歳以下RM5）　**行き方** 中心部から徒歩約15分、タクシーなら約5分。

ジョホール・バルのホテル
ホテルは中心部のメリンタワー周辺に多い。
● **プトゥリ・パシフィック**
The Puteri Pacific
ジョホール・バルの4つ星ホテル。
MAP P.186　**住** Jalan Abdullah Ibrahim, PO Box 293　**☎** (60)7-219-9999　**FAX** (60)7-219-9998
URL www.puteripacific.com
料 RM450～／スイートRM850～
税金 15%　**カード** AJMV
全416室　**行き方** 中心部から徒歩約10分。

光り輝くヒンドゥー教寺院

アルルミグ・スリ・ラジャカリアマン・グラス・テンプル
Arulmigu Sri Rajakaliamman Glass Temple
MAP P.186

1922年の創建時は質素な寺院だったが、2009年に寺院内部に色とりどりのガラスをモザイクのように敷き詰めて、きらびやかに改装された。以来観光名所としてその名を知られる。カーリー神、ガネーシャなどの神像が祀られており、祭壇脇にはキリストや仏陀、マザー・テレサなどの像もある。

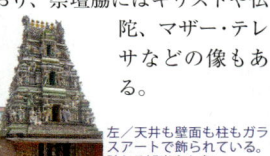

左／マレーグマの親子がじゃれあう姿がほほ笑ましい　中／バナナを買ってラクダに餌やりもできる　右／園内の池でボート遊びも

左／天井も壁面も柱もガラスアートで飾られている。訪れる観光客も多い
右／「ゴープラム（塔門）」をもつヒンドゥー教寺院

ジョホール・バル
Johor Bahru

マレーシアの伝統文化に触れられる
カンポン・モハマド・アミン マレー文化村
★★ Kampung Mohd. Amin Malay Cultural Village

MAP P.186参照

街の中心部から西へ車で約15分の所に、マレーシアの伝統文化と暮らしを紹介する施設がある。ここは経営者の自宅、農園を開放しているもので、熱帯植物が咲き乱れる庭園にはマンゴスチン、ドリアン、パパイヤ、シナモン、クローブなどの木々も植えられている。竹製の民族楽器「アンクロン」の演奏や民族舞踊の披露があり、バティックの染色体験や、スズの製造工程の見学なども可能。自家農園で収穫したカカオを使用したココアクッキーやコーヒーを販売するショップもある。

カンポン・モハマド・アミン マレー文化村
- 27 Jalan Mohd. Amin
- ☎ (60)7-222-6089
- 9:00～16:00（日曜、祝日～13:00）
- 無休
- カード JMV
- 行き方 中心部からタクシーで約15分。

左上／アンクロンや木琴の演奏。民族舞踊も披露される 右上／入口の表示は「Causeway Holidays」となっている。日本語のできるスタッフがいる 下／バティックの染色はRM20

Column
ジャラン・ドービー周辺をぶらぶら歩く

左／新旧の店が次々入れ替わる 右／ジャラン・タン・ヒョック・ニーの入口

ジャラン・ウォン・ア・フックの南西側の一帯は古い商店が残る昔ながらの商業エリア。ジャラン・トラスには生地屋、インド服の仕立て屋、金物屋、両替商などが並ぶ。この通りと交差するジャラン・ドービーとジャラン・タン・ヒョック・ニーは、おしゃれな店が軒を連ねるカフェ通りとなっている。こだわりコーヒーやココナッツアイス店、ファッション店に交じって昔ながらのパン屋や仕立屋も混在。新旧が交わる通りを散策してみよう。

おすすめ食堂＆店

◆ イッ・ルー・カフェ
  IT Roo Cafe

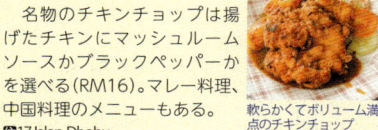

名物のチキンチョップは揚げたチキンにマッシュルームソースかブラックペッパーかを選べる（RM16）。マレー料理、中国料理のメニューもある。

軟らかくてボリューム満点のチキンチョップ

- 17 Jalan Dhoby
- ☎ (60)7-222-7780
- 12:00～21:30
- 祝日
- カード 不可

◆ 協裕麺包西果廠 Hiap Joo Bakery & Biscuit Factory

炭火のかまどで焼く昔ながらのパン屋。あんパン（4個RM4.5）、バナナケーキのほか、イカンビリス（稚魚の乾物）入りのパンもある。

焼き上がりは11:00頃

- 13 Jalan Tan Hiok Nee
- ☎ (60)7-223-1703
- 7:30～17:00
- 日曜
- カード 不可

◆ リプレースメント
  The Replacement

昔の建物を改装したナチュラルなカフェ。朝食メニューを終日提供し、豆からこだわったコーヒーやコールドプレスジュースも好評。

フレンチトーストRM24.9

- 33-34 Jalan Dhoby
- ☎ (60)16-713-2714
- 9:00～18:00（金・土曜～21:00）
- 無休
- カード 不可

◆ ジョホール・バル・チャイニーズ・ヘリテージ・ミュージアム Johor bahru Chinese Heritage Museum （新山華族歴史文物館）

中国移民の歴史とその暮らしを写真や当時の生活用品などを用いて展示。開拓時代のプランテーション、中国人が始めた商売の様子もわかる。

2～4階が展示フロア

- 42 Jalan Ibrahim
- なし
- 9:00～17:00
- 月曜
- 料 大人RM6、子供、55歳以上RM3
- カード 不可

※紹介の4店 MAP 下図

ジャラン・ドービー周辺図

- 金の店、両替商が多い
- マスジット・インディア
- リプレースメント P.187
- イッ・ルー・カフェ P.187
- Salahuddin Bakery
- Toast & Coffee
- 品苑云吞面
- Bev C
- D'Sarang（マレー料理）
- SENSO
- HSBC
- アムパワ
- ジョホール・バル・チャイニーズ・ヘリテージ・ミュージアム P.187
- Roost
- 錦華茶餐室
- 協裕麺包西果廠（パン屋）P.187
- Chaiwalla & Co.（カフェ）
- 2019年8月現在工事中
- 菁美茶餐室
- 50m

ショートトリップ　マレーシアへの旅

Map P.192

インドネシアへの旅
Trip to Indonesia

ビンタン島　Pulau Bintan

左／ホテル前は白砂の美しいビーチが広がる　右／リゾート感満点のクリスタル・ラグーン(→P.189)

シンガポール東部、タナ・メラ・フェリーターミナル(TMFT)から高速船で約50分のビンタン島に、アジア有数のリゾートがある。ビンタン島自体、シンガポール本島よりも大きな島なのだが、その北部一帯を「ビンタン・アイランド・リゾート」として開発。マリンアクティビティ施設、高級リゾートホテル、ゴルフ場などが造られている。ビンタン島で海や自然を満喫し、シンガポールでショッピングや食事を楽しむというビーチ&シティリゾートの旅も人気だ。

ACCESS

タナ・メラ・フェリーターミナル(TMFT)から、ビンタン島リゾート・フェリーターミナル(Bandar Bentan Telani Ferry Terminal、略してBBT)へ高速船が運航。片道所要約50分。フェリー内は1階がエコノミー、2階がエメラルドクラスの席。エメラルドクラスは専用のVIPラウンジ内で出国審査を受けられる。

TMFT ⇔ BBT高速船料金
●往復ともに平日
大人 $58、子供 $50
●往復ともに金〜日曜、祝日、祝日前日
大人 $70、子供 $58
●往路が平日、復路が金〜日曜、祝日、祝日前日またはその逆
大人 $64、子供 $54
　以上はエコノミーの往復料金。エメラルドクラスはプラス大人$44、子供$36（往復）。チケットは直接フェリーターミナルで購入できるが、オンライン予約のほうが確実。
☎6542-4369
URL www.brf.com.sg

フェリー時刻表
●TMFT発
[月〜金曜] 8:10、11:10、14:00、17:00、21:00
[土・日曜、祝日]月〜金曜日の便に9:10、12:10発が増便。
※TMFTへは、市内からタクシーで約20分、$15〜20。MRTベドック駅、またはタナ・メラ駅からバスNo.35（約15分間隔で運行）でも行ける。

●BBT発
[月〜金曜]（インドネシア時間）
8:35、11:35、13:35、14:35、17:35、20:15
[土・日曜、祝日]月〜金曜日の便に9:35、15:35、16:35（日曜のみ）発が増便。

ビンタン・リゾート
URL www.bintan-resorts.com

トラベルメモ

査証（ビザ）：入国時点で6ヵ月以上の残存有効期間がある日本のパスポートを所持しており、出国交通手段の証明（帰りのチケット）があれば、観光目的での30日以内の滞在に限りビザは不要。上記に当てはまらない場合、イミグレーションとは別のビザカウンターで申請すると、その場でパスポートにシールタイプのビザが貼られる。料金は30日以内の滞在ならRp.50万。残存有効期間6ヵ月以上のパスポート（未使用査証欄が連続3ページ以上あること）、出入国カード、復路または第三国への渡航チケット、十分な滞在資金を証明できるもの（これに関しては通常チェックされない）が必要。

通貨：通貨単位はルピア(Rp.)。2019年11月1日現在Rp.1000≒7.8円。2014年7月1日から外貨での料金表示、支払い・受け取りが禁止されているため、ルピアへの両替が必要。

税金：10%（ただし、ホテルでは別途サービス料10%がかかる）

税関：酒類1ℓまで無税。たばこは紙巻200本または葉巻25本（あるいは100g）まで無税。麻薬類の持ち込みは極刑。

言語：公用語はインドネシア語。観光客相手の場所では英語も比較的よく通じる。

時差：ここで紹介するビンタン島、バタム島の場合、日本との時差は2時間。日本が正午12:00のとき、インドネシアは午前10:00。つまりシンガポールとも1時間の時差があることになり、シンガポールはこのとき午前11:00となる。

国際電話の国番号：62

ビンタン島の概要

島内に公共交通機関はなく、フェリーターミナルからホテルやビーチへは、ホテルのバスや車が無料送迎を行っている。ゆえに、ビンタン島へは事前にホテル予約、あるいは1日ツアーの予約が必要だ。島内の移動は、シャトルバスやタクシー、ホテルの車をチャーターする。

治安について

2019年11月現在パプア州プンチャック、ジャヤ県およびミミカ県、中部スラウェシ州ポソ県に「不要不急の渡航は止めてください」、ビンタン島を含むその他の地域に対しても「十分注意してください」とする危険情報が発出されている。旅行計画を立てる際には、以下の諸機関から治安関連の最新情報を入手すること。

外務省
URL www.mofa.go.jp/mofaj
海外安全ホームページ
URL www.anzen.mofa.go.jp
外務省領事サービスセンター
☎ (03)3580-3311

おもな見どころ Sightseeing Spot

南国ムードたっぷりのラグーンで1日遊べる
トレジャーベイ・ビンタン ★★★
Treasure Bay Bintan　MAP P.192右図

ビンタン島リゾート・フェリーターミナルから車で約3分の場所にある、敷地面積338ヘクタールを誇る総合リゾート施設。2019年8月現在、東南アジア最大の塩水プール「クリスタル・ラグーン」、ふたつのグランピングホテル（→P.197）を有するリ

クリスタル・ラグーンは全長800m、深さ2.5m、6.3ヘクタールの巨大プール。水質管理されており1年中泳げる

ゾートエリア「チル・コーブ」がオープンしており、70種類以上の海の生物と泳げる「マリン・ディスカバリー・パーク」が2019年中に、2020年にはタイのリトリート・リゾート「チバソム」がインドネシアで初めてオープンする予定。クリスタル・ラグーンではカヤックやジェットブレード、スタンドアップパドルなど、最新マリンアクティビティに気軽にトライできるため、シンガポールからの日帰り旅行でビンタン島を訪れるなら、ここを目指すとよい。スパやレストランもある。

ウエイクボードは1ライドから可能。初心者にはインストラクターがアドバイスしてくれる

インスタ映え写真が撮れる絶景スポット
テラガ・ビル&グルン・パシール・ブスン ★★
Telaga Biru & Gurun Pasir Busung　MAP P.192左図

　フェリーターミナルから車で約40分ほど南下したブソン・エリアにある、まるで砂漠とオアシスのような写真が撮れると話題の名所。グルン・パシール・ブスンはかつての鉱山。でこぼこの岩肌がまるで白い砂丘のよう。ここから少し歩くとクリスタルブルーの湖、テラガ・ビルが姿を現す。かつての鉱山の跡地に残ったクレーターに雨水が溜まって、幻想的な湖を形成したとされる。まるで青いインクを垂らしたような澄んだブルーが観光客を魅了している。

左／テラガ・ビルとはインドネシア語で青い湖の意味。竹でできた橋やブランコなど撮影スポットが用意されている　右／グルン・パシール・ブスンは、砂の採掘が禁止されて以来、手つかずで残されていた場所。昼頃は観光客でいっぱいになる

ショートトリップ

島巡りプラン
① マングローブ・ディスカバリー・ツアー →P.191
↓ タクシー約15分
② ケロン・レストラン →P.190
↓ タクシー約15分
③ トレジャーベイ・ビンタン →P.189
↓ 徒歩約15分
④ ドゥロス・フォス・ザ・シップ・ホテル →P.192

トレジャーベイ・ビンタン
住 Jalan Raja Haji
☎ (62)770-691682
URL treasurebaybintan.com
営 9:00～18:00
休 無休　料 大人Rp.12万、子供Rp.9万
カード AJMV
● カヤック
　30分Rp.18万
● スタンドアップパドル
　30分Rp.22万
● ジェットスキー
　15分Rp.12万5000
● ウエイクボード
　30分Rp.22万

プラザ・ラゴイ
Plaza Lagoi
MAP P.192右図
営 10:00頃～22:00頃

リゾート開発が進むラゴイ・エリアの中心にある、観光客のためのショッピングビレッジ。海鮮や中国料理のレストラン、みやげ物店の「ビンタン・リゾート・スーベニア」、スパ、コンビニ、両替所など約20店が入店。

上／2階建ての建物が噴水のある広場を取り囲む　下／旅行会社もあり、自転車やバイクをレンタルできる

テラガ・ビル&グルン・パシール・ブスン
住 Busung
※ツアー(→P.191のタンジュン・ウバン・ツアー)か、ホテルで車をチャーターして訪れよう。

インドネシアへの旅

サファリ・ラゴイ・ビンタン Safari Lagoi Bintan ★★
エコファームを併設したサファリ
MAP P.192右図

サファリ・ラゴイ・ビンタン
住Baru City, Teluk Sebong
☎(62)823-8663-9665(携帯)
営8:00～17:00　休無休
料大人Rp.12万、子供Rp.6万

手作り感満載のローカルなサファリパーク。ゾウ、オランウータン、コモドラゴン、シカ、ラクダ、クマなど約200種類の動物がおり、1時間ほどで見て回れる。動物たちとの距離が近く、素の表情を間近で見られるのが楽しい。

はいつくばってトウモロコシを食べるオランウータン

左/ゾウは7頭おり、有料でゾウ乗り体験ができる　右/くつろぐ2頭のベンガルトラがほぼ笑ましい

Information

レストラン、バー、スパ

レストラン、バー

◆**ケロン・レストラン　Kelong Restaurant**
ケロン(漁や養殖のために海中に造られた高床式建築物)を模した規模の大きなレストラン。生けすで養殖している魚介を調理してくれる。ビンタン島有数のサンセットスポットとしても人気。週末は要予約。
MAP P.192右図　住Jalan Panglima Pantar, Lagoi
☎(62)770-692597、692560　営11:00～22:30 (カリプソは16:00～22:30)
休無休　カードADJMV

海に浮かぶ感覚のバー、カリプソも併設している

◆**フック・オン!!!　Hook On!!!**
トレジャーベイ・ビンタン内にあるレストラン&バー。海鮮メニューが豊富で、魚介の調理法を選んでオーダーできる。エビは2～3人前Rp.16万、カニは100g/Rp.5万。
MAP P.192右図　住Cill Cove@Treasure Bay Bintan
☎(62)822-8516-1313(携帯)　営11:00～21:00
休無休　カードMV

カジュアルな雰囲気で屋外席もある

◆**カンポン・ケロン・シーフード・レストラン　Kampoeng Kelong Seafood Restaurant**
マングローブ・ディスカバリー・ツアーのボート発着所から、セボン川をボートで約3分遡った場所にあるケロン式のローカルレストラン。エビ料理Rp.12万～。Rp.80万以上の食事でホテルまで送迎無料。
MAP P.192右図　住Jalan Langsat-Sungai Kecil, Desa Subung Lagoi, Teluk Sebong　☎(62)823-8456-7777(携帯)
営10:00～22:00　休無休　カードMV

スパ

◆**クラブメッド・スパ　Club Med Spa**
クラブメッド(→P.195)内にあるガーデン・スパ。南国ムード満点のガーデンを通って向かう南シナ海を望む個室は、まさに水辺のパラダイス。各種マッサージが組み込まれたパッケージがおすすめ。
MAP P.192右図　住Club Med Bintan Indonesia, Site A11 Lagoi
☎(62)770-692801　E-mailcmb@asmaralifestyle.com
営無休　カードMV　料トロピカル・ジャワ・ルルール150分Rp.168万、トラディショナル・マッサージ60分Rp.84万　※要予約。

◆**アロマ・リバー・スパ　Aroma River Spa**
リゾートエリアから車で約50分のムティアラ・ビーチにあるスパ。ここは手つかずの自然が残り、リゾートエリアとは違うインドネシアの原風景に出合える。リゾートエリアの各ホテルからの送迎、スパ75分、ランチ、ビーチアクティビティが含まれたデイトリップコースはRp.75万。
MAP P.192左図　住Mutiara Beach, Trikora
☎(62)821-7121-1988(携帯)　URLwww.mutiarabintan.com
営10:00～18:00　休無休　カードMV　料トラディショナル・ボディマッサージ60分Rp.32万、アロマ・フット・リフレクソロジー45分Rp.24万　※要予約。

ムティアラ・ビーチ・リゾートホテル内にあるスパ。マングローブの森の中に立つコテージでゆったりとマッサージが受けられる

Information

ツアー、アトラクション、シャトルバス・サービス

オプショナルツアー

◆ **マングローブ・ディスカバリー・ツアー**
Mangrove Discovery Tour

マングローブの森を奥へと進む

日本人に人気の高いアドベンチャーツアー。フェリーターミナル南側のセボン川をボートで遡り、マングローブの森の生態系を観察するというもの。時間帯によってサルやカワウソ、オオトカゲ、蛇などが見られる。夜のツアーではホタルが幻想的な光景をつくり出す。日本語ガイドもいる。
時間 9:00、10:30、13:00、15:00、19:30の1日5回。所要1～1.5時間。料金 大人Rp.38万、子供Rp.25万

◆ **シージプシー・ツアー**
Trail of Sea Gypsies

「シージプシー」とは海の放浪者という意味で、長らく水上生活を営んできた人々のこと。現在は陸に家をもって住むようになった

島の北東部にあるビンタン島最大の「シージプシー」のコミュニティを訪れ、彼らの暮らしを見学。その後聖母マリア像や、昔ながらの造船所を見学し、ランチには青い海を見ながら本格的なピザ窯で焼きげたピザを食べるコース。

キリスト教徒であるシージプシーのあつい信仰を集めている聖母マリア像

時間 9:00～15:00。最少催行人数は2名。料金 大人Rp.68万、子供Rp.60万

◆ **ビンタン南部ヘリテージ・ツアー**
South Bintan Heritage Tour

サルタン・モスク

五百羅漢像がある寺を訪れたあと、島の中心都市のタンジュン・ピナンの西の海上に浮かぶペニェンガット島を訪ねる。ここはサルタンが統治していた場所で歴史的遺跡も残る。その後、中国人移民の多いセンガラン村へ。
時間 9:00～17:00。最少催行人数は2名。料金 大人Rp.85万、子供Rp.70万

◆ **タンジュン・ウバン・ツアー** Tanjung Uban Tour

ツアーでは民族舞踊が見られることも

島の北西部、ビンタン第2の町、タンジュン・ウバンを訪ねる。テラガ・ビル＆グルン・パシール・プスン（→P.189）で写真撮影後は、16mの関羽像や中国寺院などに立ち寄る。
時間 9:00、15:00の1日2回。所要3時間。最少催行人数2名。料金 大人Rp.45万、子供Rp.35万

◆ **そのほかのツアー**

美しいビンタン山

タンジュン・ピナン・ショッピング・ツアー、ビンタン・トラディショナル・フィッシング・ツアー、ビンタン山（標高340m）トレッキング・ツアー、イルカと触れ合えるツアーなどがある。
※子供料金は3～12歳（2歳以下は基本的に無料）。

● **ツアー主催会社**
BRCツアーズ　BRC Tours（P.T. Bintan Resort Cakrawala）
住 Blk. A, Unit 01-08, Plaza Lagoi
☎ (62)770-692092、692917
E-mail brctours@bintan-resorts.com
カード AJMV（各ホテルで申し込む場合のみ使用可能）
プラザ・ラゴイ（→P.189）にオフィス（営 7:00～21:30）がある。各ホテルでも申し込み可能。
また、インドレント（→下記）というおもに車のチャーターを行う旅行会社も一部のツアーを組んでいる。フェリーターミナル内、プラザ・ラゴイにオフィスがある。各ホテルでも申し込み可。

アトラクション

◆ **四輪バギー（ATV）**

スリル満点のバギーライド

トレジャーベイ・ビンタン（→P.189）とビンタン・ラグーン・リゾート（→P.196）でATVのコースを設けている。バギーは1人乗りと2人乗りがあり、1時間Rp.28万5000～。

◆ **セグウェイ**

トレジャーベイ・ビンタン（→P.189）のクリスタル・ラグーンの周囲を、電動立ち乗り二輪車のセグウェイでぐるりと一周できる。1周Rp.12万。

シャトルバス・サービス

フェリーターミナルを出発して各ホテルを回るシャトルバスを運行。フェリーターミナル、ナトラ・ビンタン、マヤンサリ・ビーチリゾート、ニルワナ・ビーチ・クラブ、ニルワナ・リゾートホテル、アンサナ・ビンタン、プラザ・ラゴイを回るルートは11:30、14:30、17:30、20:00にフェリーターミナル発。無料。

タクシー

リゾートエリア内をタクシーが走っている。料金は距離によって決まっており、フェリーターミナル～ラゴイベイ・エリアまでRp.13万、ビンタン・ラグーン周辺までRp.19万など。タクシーはホテルのフロントで呼んでもらえる。

● **問い合わせ先**
インドレント　Indorent　☎ (62)770-691991

ショートトリップ　インドネシアへの旅

シンガポールからフェリーで約50分
南国リゾート、ビンタン島の贅沢な休日

シンガポールのタナ・メラ・フェリーターミナル（TMFT）から、高速フェリーで約50分の場所にあるインドネシア領ビンタン島。島の北部一帯がアジア有数のリゾート地となっている。各種リゾート施設の数はそれほど多くはないが、タイプの違うリゾートホテルが揃っている。何よりバリ島やプーケット島ほどの開発にはいたっていないので、ゆったりとしたナチュラル感いっぱいのムードに浸れる。さらにリゾートエリア内には高床式建築のケロン・レストランやショッピングビレッジもあり、各種ツアーも行われている。リゾートだけでなく、大自然のすばらしさを体感できる、そんなビンタン島の魅力を心ゆくまで味わいたい。

話題のホテルにステイ

ドゥロス・フォス号は1914年に就航し、かつて「世界最古の現役海洋客船」としてギネス記録になった歴史ある客船。客船としての役目を終えた後、シンガポール人の作家、エリック・ソウ氏が購入したドゥロス・フォス号が、2019年ビンタン島でホテルに生まれ変わった。オリジナルの造りを生かしながらも、ラグジュアリーを演出した、とっておきの空間に身を置いてみたい。レストランやバー、スパは宿泊客以外も利用可能。

1. 1.5ヘクタールのいかりの形の人工島を造り、船を引き揚げている　2.客室は、「キャビン」と称され、全室バルコニー付き　3.オーナーのエリック氏。社会貢献のためにシップ・ホテルを造ることを決めたそう　4.今後はエンジンルームなどを見学できるスタディツアーを行う予定　5.夕日がきれいなインフィニティプールのほか、スパやレストランも完備

ドゥロス・フォス・ザ・シップ・ホテル
Doulos Phos The Ship Hotel
MAP 下右図　住 Jalan Kota Kapur
☎ (62) 770-691401　FAX なし
URL facebook.com/doulosphos
E-mail reservation@doulosphos.com
料 $250〜1500　税サ 21%
カード AJMV　全104室

左図　ビンタン島
右図　ビンタン島北部

ケロン・レストランで新鮮なシーフードを味わう

海や川に突き出した高床式の建物がケロン・レストランだ（→P.190）。ケロンとはマレーやインドネシアの言葉で、海の中に生けすを造り、そこで魚介類を養殖する高床式の建物を意味する。新鮮なシーフードをおなかいっぱい味わおう。

1.ボートでアクセスするカンポン・ケロン・シーフード・レストラン（→P.190）　2.3.シーフードのほかにも本格的なインドネシア料理をぜひ味わいたい。写真はナシ・ゴレンとフレッシュジュース

オプショナルツアーでビンタン島の自然と文化に触れる

大自然の生態系の神秘に触れられる、マングローブ・ディスカバリー・ツアー（→P.191）は、マングローブの果たす役割を学びつつ、そこに生息する動植物を観察する。シージプシー・ツアーでは海の民の生活に触れ、ビンタン島東海岸の手つかずの海を満喫できる。

シージプシー・ツアーで立ち寄るトリコラ・ビーチでは島民があたたかい笑顔で迎えてくれる

癒やしのひとときに身を委ねる

リゾートホテル内にある趣向を凝らしたスパやサロンで、リュクスなスパ体験ができる。ちょっと変わったスパを味わうなら、マングローブ林の中にあるケロン式のアロマ・リバー・スパ（→P.190）がおすすめ。

バンヤン・ツリー・ビンタンのスパ専用ヴィラ「スパ・パビリオン」。バンヤン・ツリーのオリジナルプロダクツを使用したトリートメントを受けられる

アンサナ・ビンタンの海の見えるヴィラタイプのスパルーム

ゴルフを楽しむ

景観も楽しめるリア・ビンタン・ゴルフクラブのコース

ビンタン島には、バンヤン・ツリー・ビンタン（→P.194）、ビンタン・ラグーン・リゾート（→P.196）、そしてリア・ビンタン・ゴルフクラブにチャンピオンシップ・ゴルフコースがあり、ビジターでもプレイできる。どのコースも海沿いに広がる美しい景観が自慢で、フェアウエイの広い典型的なリゾートコースだ。シンガポールから日帰りや1泊でゴルフを楽しめるお得なパッケージもある。

リア・ビンタン・ゴルフクラブ Ria Bintan Golf Club
MAP P.192右図　住Jalan Perigi Raja, Lagoi Bintan Resorts　☎(62) 770-692868　FAX (62) 770-692637　URL www.riabintan.com
営7:00～18:00　休無休　カード AJMV　シンガポールからの往復フェリー代、送迎、ホテル宿泊料がセットになったデイトリップ・パッケージRp.219万～

おみやげグッズは…

バティック生地のリバーシブルの帽子Rp.9万（ビンタン・リゾート・スーベニア）

バティックを縫い合わせたクッション（アンサナ・ビンタン）

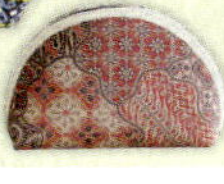

バティックのポーチ（Rp.6万5000）はおみやげの定番（ビンタン・リゾート・スーベニア）

繊細なビーズ刺繍を施したバッグ（ビンタン・リゾート・スーベニア）

華やかなハンドプリントのワンピース Rp.40万（ビンタン・リゾート・スーベニア）

ビンタン島南部のタンジュン・ビナン製のコーヒー

ビンタン島のホテル

極上のリゾートライフを過ごせる
バンヤン・ツリー・ビンタン
Banyan Tree Bintan

緑濃い熱帯の木々が生い茂る斜面に、64棟の独立したヴィラが点在する大人のリゾート。アジアンテイストをふんだんに盛り込んだヴィラ内は、優雅でロマンティックな雰囲気。6つのタイプのヴィラがあり、最も狭いシービューヴィラでも142㎡という広さを誇る。テラスにはジャクージやプールがあり、自分流にくつろぎの時間がもてる。敷地内にはふたつのプール、3つのレストラン、独立したスパ・パビリオンを完備。日本人スタッフ駐在。

上／全ヴィラに専用プールが付き、ヴィラからの眺めもすばらしい　下／ヴィラ内は天蓋ベッドと大きなソファがありオリエンタルな雰囲気。写真はシービューヴィラ

MAP P.192右図
ビンタン島

Jalan Teluk Berembang Laguna Bintan, Lagoi
☎ (62)770-693100
FAX (62)770-693200
URL www.banyantree.com/en/ap-indonesia-bintan
E-mail bintan@banyantree.com
日本の予約 0120-778187
料 プールヴィラUS$825〜1095（料金はすべてUSドル表示）　税 21%
カード ADJMV
全64ユニット

ナチュラルヒーリングのスパが自慢
アンサナ・ビンタン
Angsana Bintan

バンヤン・ツリー・ビンタンと同経営。目の前には美しいビーチが弧を描き、すべての客室から海が眺められる。最新マシンを備えたジム、ビリヤードなどが楽しめるレクリエーションラウンジ、ビーチレストランなどを配置。日本人客も多く、カップルにもファミリーにもおすすめ。海が見えるヴィラタイプのスパルームなど本格的な施設をもつ「アンサナ・スパ」も好評だ。海に面した「マリンセンター」では、ウインドサーフィンやカヤックなど各種マリンスポーツが楽しめる。

左／南国ムードのプールの向こうにはプライベートビーチが広がる　右／暖色で統一されたデラックス・ダブルルーム

MAP P.192右図
ビンタン島

Site A4 Lagoi
☎ (62)770-693111
FAX (62)770-693222
URL www.angsana.com/en/ap-indonesia-bintan
E-mail reservations-bintan@angsana.com
日本の予約 0120-778187
料 US$120〜185／スイートUS$240〜325（料金はすべてUSドル表示）　税 21%
カード ADJMV
全106室

アパートメントスタイルのポップなホテル
カッシア・ビンタン
Cassia Bintan

アパートメントスタイルを売りにするこのホテルは、全室キッチン&調理道具を完備しており、ファミリーやグループ旅行に最適。全14カテゴリーの客室があり、さまざまなニーズに対応している。ロビーには小さなマーケットがあり、食材を購入できるほか、レストランがひとつある。リクエストすれば、同グループのホテルであるバンヤン・ツリーやアンサナ・ビンタンにバギーで送迎してもらえるのもうれしいポイント。

左／プールとプライベートビーチがあり、リゾート感も満点　右／オーシャンビュー・アパートメントルーム。客室のカテゴリーごとに違う動物がモチーフになっている

MAP P.192右図
ビンタン島

Jalan Teluk Berembang
☎ (62)770-692959
FAX (62)770-692958
URL cassia.com
E-mail Reservations-Bintan@cassia.com
料 Rp.150万〜260万
税 21%
カード AJMV
全179室

キッチンとリビングルームとは別に寝室が設けられている

◆ Hotel ◆

ニルワナ・ガーデン地区最大のホテル
ニルワナ・リゾートホテル　Nirwana Resort Hotel

ビンタン島唯一のビストロ「ディノ・ビストロ」では、夜はバンド演奏があり、プールサイドレストランでは、週末にカルチャーショーやライブが催される。マリンアクティビティはすぐ近くのニルワナ・ビーチ・クラブで可能。このビーチ・クラブには50棟のシャレータイプの宿泊施設「マヤンサリ・ビーチリゾート」が、ホテル隣接地には同系列の「バンユー・ビル・ヴィラ」がある。

ニルワナ・スイートにはジャクージも完備されている

MAP P.192右図　ビンタン島
住 P.O. Box 006, Tanjung Uban-Lagoi
☎ (62)770-692505
FAX (62)770-692550
URL www.nirwanagardens.com
E-mail reservation@nirwanagardens.com
料 ガーデンビュー$120.71／シービュー$156.22／スイート$262.73／バンユー・ビル・ヴィラ$270.79～／ニルワナ・ビーチ・クラブのカバナ$61.34～
税サ 21%　カード ADJMV
全245室、シャレー50棟

民族調のバンガローでトロピカル気分
マヤンサリ・ビーチリゾート　Mayang Sari Beach Resort

ニルワナ・リゾートホテルと同系列。茅葺き屋根の伝統的スタイルのバンガローが50棟あり、全室バルコニー付き。海が目の前という絶好のロケーションで、週末はシンガポーリアンで予約がいっぱいになることも。プールはニルワナ・リゾートホテルのものが使える。ぜひ利用したいのが、「クダトン・トロピカル・スパ」。インドネシア伝統のハーブやスパイスをミックスしたマッサージが受けられる。

MAP P.192右図　ビンタン島
住 P.O. Box 006, Tanjung Uban-Lagoi
☎ (62)770-692505
FAX (62)770-692550
URL www.nirwanagardens.com
料 ガーデンビュー・シャレー$149.12～／シービュー・シャレー$177.52～
税サ 21%　カード ADJMV
全50棟

左／敷地内はトロピカルムードいっぱい　右／木を多用したナチュラルな室内は天井が高く快適

贅沢な滞在を約束してくれる
インドラ・マヤ・プール・ヴィラ　Indra Maya Pool Villa

見晴らしのいい丘の上にゆったりとしたスペースを確保したヴィラが点在する。バリスタイルを取り入れた造りのヴィラには、ふたつのベッドルームに3つのバスルーム、リビングにキッチンまで付いており、テラスにはプライベートプールが水をたたえている。広さの違う3タイプのヴィラがあり、4～9人まで宿泊可能なので、家族連れにおすすめる。移動用にバギーを貸してくれる。ニルワナ・リゾートホテル、マヤンサリ・ビーチリゾート、バンユー・ビル・ヴィラと同経営でニルワナ・ガーデンズと総称されており、この中の施設が利用可能。

MAP P.192右図　ビンタン島
住 ☎ FAX URL マヤンサリ・ビーチリゾートと同一
料 $1000～2700
税サ 21%　全14棟

左／アジアンテイストのベッドルーム　右／リクエストすればプールサイドでバーベキューもできる

アクティビティ施設の充実度はビンタン島有数
クラブメッド・ビンタン インドネシア　Club Med Bintan Indonesia

いつも何かしらアトラクションが行われているクラブメッド。休日をアクティブに過ごしたいという人には最適だ。陸上のアクティビティではテニス、空中ブランコ、アーチェリーなどが、海上ではスノーケリング、ウインドサーフィン、セーリングなどが無料で楽しめる。滞在中の食事やバーでの飲み物、チップまですべてが宿泊費に含まれるオールインクルーシブスタイルなので優雅気ままに過ごせる。日本人スタッフ駐在。クラブメッド・スパ（→P.190）も自慢の施設。

メインプールではさまざまなアトラクションが行われる

MAP P.192右図　ビンタン島
住 Site A11 Lagoi
☎ (62)770-692801
FAX (62)770-692826
URL www.clubmed.com
日本の予約先 クラブメッド・バカンスダイヤル☎0088-217006
料 会員制のため原則として日本のクラブメッド主催のツアーに参加することになる。会員費としてツアー料金とは別に入会金、年会費が必要。東京発5日間のツアーで大人1名9万5000円～。
カード ADJMV　全295室

ショートトリップ　インドネシアへの旅

◆ Hotel Guide ◆

ファミリー滞在に適したホテル
ビンタン・ラグーン・リゾート　Bintan Lagoon Resort

白砂のパシール・パンジャン・ビーチに面した300ヘクタールという巨大な敷地をもつ。ここにホテル棟、バンガロー＆ヴィラ、ふたつの大きなプール、ジム、スパ、12のレストラン、ふたつのゴルフコースを完備。マリンアクティビティも豊富で、ビンタン島ではここでしか体験できないものも多い。プライベートビーチの隣、ホテル棟からわずか徒歩約5分の場所に、シンガポール～ビンタン・ラグーン・リゾート間を運航するプライベートフェリーターミナルがある。

左／客室はオリエンタルモダンな印象で、全室バルコニー付き　右／プールはふたつあり、プールバーやトロピカルガーデンが配されている

MAP P.192右図　ビンタン島
住 Jalan Indera Segara Site A2, Lagoi
☎ (62)770-691388
FAX (62)770-691399
URL www.bintanlagoon.com
E-mail reservations@bintanlagoon.com
日本の予約 0120-557537
料 ガーデンビュー$113.08～／シービュー$127.32～／スイート$167.52～／ヴィラ$360.17～　税サ 21%
カード A D J M V
全413室、57棟

コロニアルな5つ星リゾート
サンチャヤ・ビンタン　The Sanchaya Bintan

近年開発が進むラゴイベイ・エリアのビーチサイドに位置する。コロニアル建築の香り漂うエグゼクティブな客室と、タイの伝統建築やシンガポールの英国時代の官舎「ブラック＆ホワイト」を模したヴィラタイプの客室がある。ゆっくり楽しむ大人のリゾートをテーマに、あえてビーチアクティビティ・プログラムは行わず、プライベートビーチと50mのプールで贅沢なくつろぎの時間が過ごせる。

左／グレートハウス・ジュニアスイートの客室。随所に東南アジアのエッセンスを感じる　右／チーズとワインを供するサロン＆ライブラリーやシーシャが楽しめるバー、レストランもある

MAP P.192右図　ビンタン島
住 Jalan Gurindam Duabelas, Plot 5, Lagoi Bay
☎ (62)770-692200
FAX (62)770-692200
URL www.thesanchaya.com
E-mail reservations@thesanchaya.com
料 Rp.675万～
税サ 21%
カード A M V
全30室

屋上プールからのサンセットは格別！
グランド・ラゴイ・ホテル・バイ・ニルワナ・ガーデンズ　Grand Lagoi Hotel by Nirwana Gardens

ビーチには面していないが、徒歩約3分でビーチにアクセスでき、ラゴイベイ・エリアのどの施設にも歩いて行ける好立地。ビンタン島のリゾートエリアにしてはリーズナブルな料金設定もうれしい。海を見下ろす屋上のインフィニティプールは、必ず利用したい施設。ほかにスパ、レストラン、ツアーデスク、キッズクラブがあり、ニルワナ・リゾートホテル（→P.195）へも無料のバスを運行している。

上／プールからは海とラゴイベイ・エリアが見える。プールバーあり
下／バルコニー付きのデラックスルーム。客室のカテゴリーは4つで、スイートルームはバスタブ付き

MAP P.192右図　ビンタン島
住 Grand Lagoi, Jalan Gurindam Duabelas, Plot 27 & 29, Lagoi Bay
☎ (62)770-692988
FAX (62)770-692980
URL www.grandlagoihotel.com
E-mail reservationlagoi@nirwanagardens.com
料 Rp.163万～185万（週末はRp.182万～202万5000）
税サ 21%
カード A D J M V
全195室

◆ Hotel Guide ◆

静かな時間が流れる大人の隠れ家
ホリデイ・ヴィラ・パンタイ・インダー Holiday Villa Pantai Indah

ラゴイベイの東側にある、ヴィラのみの高級リゾート。リゾート内は南国らしい素朴さとラグジュアリーな雰囲気を兼ね備えた雰囲気。ウォータースポーツでアクティブにというより、まったり静かに過ごしたい人向き。三角屋根のバリ様式のヴィラは、すべて専用プール付きで、プライベートな時間をゆっくり過ごすことができる。レストランから望む美しいサンセットも自慢。

ガゼボ付きのプライベートプール

MAP P.192右図
ビンタン島

住 Jalan Gurindam Duabelas, Lagoi Bay
☎ (62)770-692909
FAX (62)770-692908
URL www.holidayvillabintan.com
E-mail reservation@holidayvillabintan.com
料 Rp.600万～800万
税サ 21%
カード M V
全99ヴィラ

上／客室は白を基調としたインテリアでまとめられている　下／2ベッドヴィラのリビングルーム。奥にキッチンとバーカウンターがある

話題の「グランピング」が楽しめる
ナトラ・ビンタン　Natra Bintan

フェリーターミナルから車で約3分のクリスタル・ラグーン（→P.189）のほとりに立つ話題のリゾート。ここでは「ラグジュアリーなキャンプ（＝グランピング）」をテーマに、客室のすべてがサーカスのテントのような三角屋根の独立したテント形式となっている。テント内はシャワー、トイレ、エアコン、冷蔵庫、テレビなど設備も充実し、屋外にジャクージが付いたテントもある。目の前のクリスタル・ラグーンでアクティビティに興じ、スパで癒やされたあとは庭でバーベキューと、贅沢なキャンプを体験できる。

MAP P.192右図
ビンタン島

住 Treasure Bay Bintan, Jalan Raya Haji
☎ (62)770-692252
FAX なし
URL www.marriott.com/tnjtx
E-mail Tp.tnjtx.sales@marriott.com
料 Rp.190万～350万
税サ 21%
カード M V
全100室

上／各テント前のパティオではBBQを楽しむこともできる　下／最大4名まで滞在可能。かばんを模した冷蔵庫やセーフティボックスがおもしろい、ラグーンビュー・テント

砂漠をテーマにしたグランピング・リゾート
ジ・アンモン・リゾート・ビンタン　The ANMON Resort Bintan

ナトラ・ビンタン（→上記）に隣接する約2ヘクタールの敷地に、円錐型のティピーテントが100棟立つ最新リゾートがオープン。テントの内装にもインディアンスタイルを取り入れ、バスルームやパティオを完備。ベッドの上には天窓があり、星空を見ながら眠りにつくことができるなど、遊び心も味わいも満点。カジュアルにグランピングを楽しめる注目のホテルだ。

MAP P.192右図
ビンタン島

住 Jalan Raja Haji KM 01 No.88 Kawasan Pariwisata
☎ (62)770-691266
FAX なし
URL theanmon.com
E-mail iwanttostay@theanmon.com
料 Rp.130万～220万
税サ 21%
カード J M V
全100室

上／テント内にはドライヤー、セーフティボックス、ミニバー、湯沸かしポットがある　左下／ティピーテントが並ぶ光景は圧巻。クリスタル・ラグーンへも歩いて行ける　右下／全テントにバスルーム付き。洗面台はふたつあり、使い勝手がよい

ショートトリップ　インドネシアへの旅

バタム島 ✳ Pulau Batam

左／タナ・メラとノングサプラを結ぶフェリー　右／パーム・スプリングス・ゴルフ＆ビーチ・リゾート。海を望む眺めのよいゴルフ場

ACCESS

シンガポールからはハーバーフロントの国際旅客ターミナル発でセクパンへは1日9便、ハーバーベイへは1日4便、所要時間約45分。バタム・センターへは1日13便、所要約1時間。料金は往復大人$45〜49、子供$45〜46。ノングサプラへはシンガポールのタナ・メラ・フェリーターミナルから所要約30分、1日10便。料金は大人$49、子供$46。バタム島は入国ビザが必要（詳細は→P.188）。
バタム島行きフェリー問い合わせ先：バタム・ファスト
Batam Fast　☎6270-2228
URL www.batamfast.com
ほかに4社が運航している。

シンガポールから南へ約20km、高速船で約1時間のインドネシア領の島。シンガポールからマリンスポーツを楽しむために、またゴルフも安くプレイできるとあって、在住日本人も多く訪れる。島の中心となる町はナゴヤNagoya（正式名称はルブツ・バジャLubut Baja）で、リゾートホテルが多く観光客に人気があるのはノングサNongsaだ。移動手段はタクシーが基本だが、ほとんどのタクシーはペイントもメーターもない普通の車。料金設定はあるものの、なかには法外な高額料金を要求してくるドライバーもいるので、ホテルに泊まるならホテルでタクシーを手配してもらったほうがよい。

パーム・スプリングス・ゴルフ＆カントリークラブ
Palm Springs Golf & Country Club
MAP 右図
🏠 Jalan Hang Lekiu, Nongsa, Batam
☎ (62)778-761222
FAX (62)778-761223
URL www.palmspringsgolf.co
💰平日$105、週末$125〜162

Information

ノングサのホテル

◆ バタム・ビュー・ビーチ・リゾート
Batam View Beach Resort

丘の上にある5階建てオーシャンビューのメインビルと、よりプライベート感を味わえる海沿いのキッチン付きヴィラがある。ダイビングをはじめ多種多様なマリンアクティビティや、スパ、テニスコート、ディスコ、ビリヤードなどの施設、レストランも充実。グループやファミリーの利用も多い。

緑に囲まれた大きなプールがある

MAP 上図
🏠 Jalan Hang Lekiu, Nongsa, Batam
☎ (62)778-761740　FAX (62)778-761747
URL www.batamview.com　💰$150〜270／ヴィラ$310〜480　税21%　カード AJMV　全197室
行き方 ノングサプラのフェリーターミナルからタクシーで約5分。

◆ トゥリ・ビーチ・リゾート
Turi Beach Resort

浜辺へ続く斜面にバリ風のコテージが並ぶ。フロント、レストランなども自然に溶け込むように配置され、優雅なステイを満喫できる。各種マリンアクティビティも楽しめ、リゾート内にはスパ、ジャクージなどもある。

コテージ内のベッドは天蓋付きで癒やされる

MAP 上図　🏠 Jalan Hang Lekiu, Nongsa, Batam
☎ (62)778-761080　FAX (62)778-761279
URL www.turibeach.com　E-mail reservations@turibeach.com　💰$150／スイート$247〜　税21%　カード MV　全134室　行き方 ノングサプラのフェリーターミナルからタクシーで約5分。

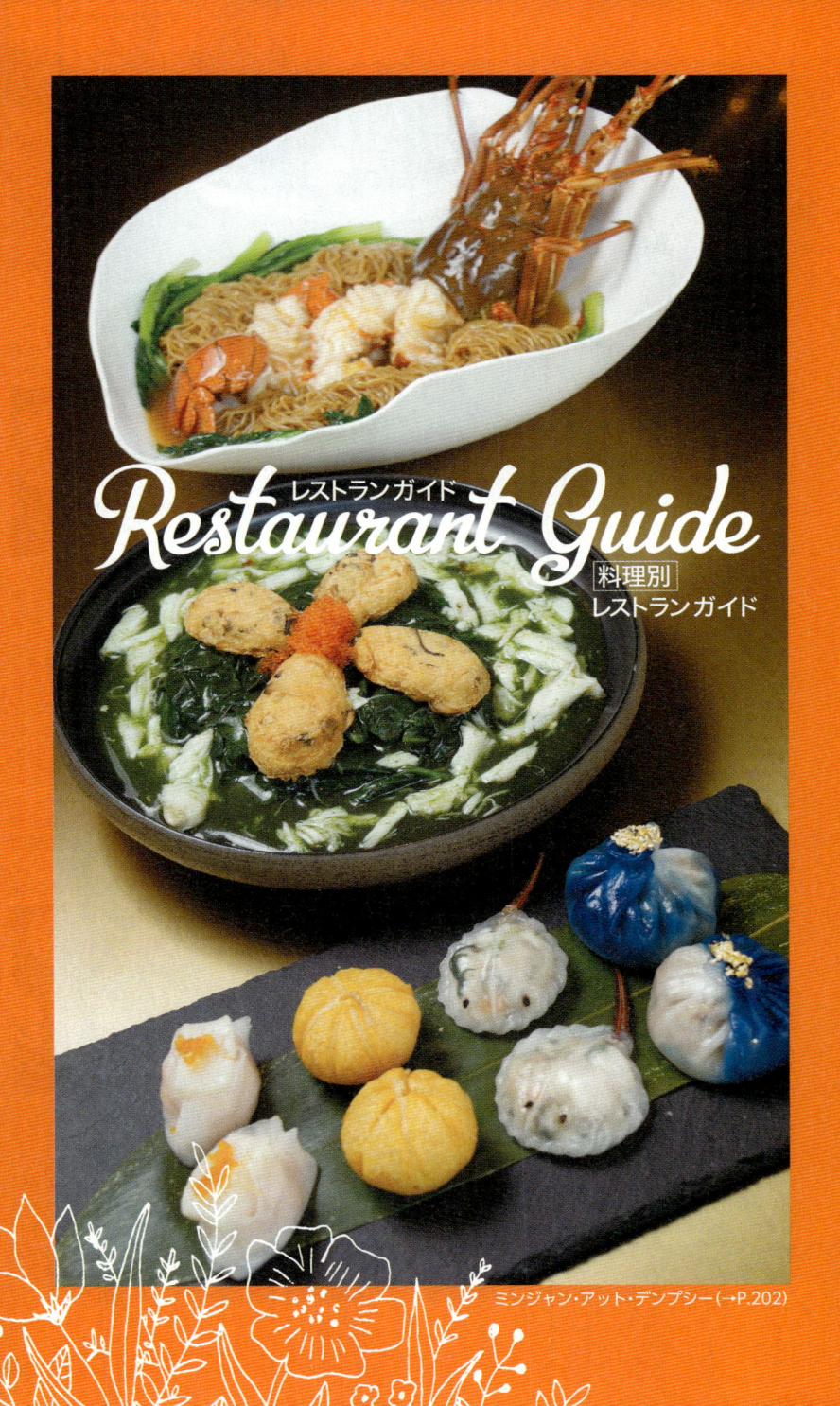

Restaurant Guide

レストランガイド

料理別
レストランガイド

ミンジャン・アット・デンプシー(→P.202)

Variety of Gourmet
食のバラエティ

世界中の料理が食べられるのがシンガポールの食の魅力だ。中国系、マレー系、インド系の料理、そして自国で進化したローカル料理の数々。日本では味わえない料理もたくさんあり、西欧料理のレベルも驚くほど高い。シンガポールのグルメを思う存分楽しもう！

中国料理

シンガポール最多人口を占める中国系の料理だけあって、その種類も多彩を極めている。

● 広東料理

「食在広州（食は広州にあり）」という言葉があるほどで、中国料理のなかでも誰もがウマイと言うのが広東料理。豊かな食材に恵まれており、鶏、鴨、豚をはじめ、蛇、カエルなども使う。海鮮料理も多い。素材の鮮度と持ち味を生かす味つけは、

ランチタイムには点心も味わいたい

日本人の口にもよく合う。調理法も変化に富んでおり、広東料理のレストランではたいてい、ランチタイムに飲茶をやっている。

● 潮州料理

潮州は中国広東省の東の外れ、韓江の下流域。温暖な気候、肥沃な土地に恵まれ、料理の素材もとても豊富な所だ。特に海産物を使った料理がおいしく、コールドクラブ（凍蟹）やダックのたれ煮込みが有名だ。味つけはあっさり味が多い。食前食後の工夫茶も潮州料理ならではのもの。これは、おちょこくらいの大きさの茶器で飲む烏龍茶で、食前に飲むと胃を刺激して食欲をそそり、食後に飲むと口をさっぱりさせ消化を助ける効果がある。

● 福建料理

中国南東部、台湾海峡を挟んでちょうど台湾と向かい合っているのが福建省だ。エビやカニ、ナマコなどを多く使い、その味は潮州料理によく似ている。スープ焼きそばが有名で、特に通称フライド・ホッケン・ミーと呼ばれるエビ入りの焼きそばは、シンガポールの定番料理となっている。

● 四川料理

中国内陸部、長江（揚子江）上流の肥沃な盆地で発達した料理。香辛料を豊富に使い、かなり辛めの料理になっている。材料には、野菜、川魚、保存食品が多く使われ、ほかにはない独特の調理法をもつ。麻婆豆腐、エビのチリソースあえなど、おなじみの料理も多い。

● 上海料理

上海料理は長江下流域の代表料理だ。甘辛味の濃い味つけで、ご飯によく合うのが特徴。また、有名な紹興酒は上海近郊、紹興で造られる老酒の逸品だ。

● 北京料理

中国北部、黄河流域を代表するのが北京料理。もともとは北京の宮廷で食べられていた料理で、モンゴル族や満州族が持ち込んだ料理と、揚

北京ダックは半羽から注文できる店もある

州料理、山東料理がミックスして発達したものだ。肉料理が多く、北京ダックや餃子などが代表メニュー。濃厚で油こく、味噌を使う料理が多い。

マレー料理

ココナッツミルクとチリをふんだんに使うのがマレー料理だ。サテー（肉の串焼き）やナシ・ゴレン（焼き飯）、ミー・ゴレン（焼きそば）が代表的なメニュー。詳細は→ P.68。

プラナカン料理

中国大陸から移住してきた人々とマレー人の婚姻により生まれた融合料理。多くのスパイスやココナッツミルク、ブラウンシュガーを使った手の込んだ料理だ。マレーシアのマラッカやペナンにも見られる。→ P.69。

香味野菜やスパイスを多用

インド料理

インド料理の特徴は、マサラと呼ばれるスパイスを使用すること。マサラとは、おもに植物の実・種・葉・根から作られたさまざまな香辛料のことで、これを店や家庭でオリジナルに配合して、食べ物に香りや味をつけるのだ。インド料理には、正式には15以上の伝統的料理法があるといわれているが、大別すれば、これらは北インド料理と南インド料理に分けられる。

● 北インド料理

ガンジス川流域の料理で、パンジャーブ料理、ムガール料理、カシミール料理などがある。とろみのあるこってりしたカレーが多く、具はチキンやマトンなど肉類がメイン。ナンやチャパティと一緒に食べる。また、インドの宮廷料理タンドーリチキン（ヨーグルトに漬けた若鶏の蒸し焼き）も、北インド料理を代表するごちそうだ。

タンドール（焼き窯）で焼く料理は北インドの名物

左／フィッシュヘッドカレーももとをたどれば南インド料理
右／インド料理にはミルクたっぷりのチャイがおすすめ

● 南インド料理

シンガポールにおけるインド系の最大多数を占めるタミール人の料理がその代表格。カレーはさらっとしていて辛くて酸味もある。エビやイカなど魚介や野菜をよく使い、ライスとともに食べるのが主流。北インド料理とはスパイスの種類と使い方が異なる。

バナナの葉を皿替わりにして食べる南インドのカレー

※ P.202 からのレストランガイドで紹介する店（ホーカーズやフードコート、ローカルな店を除く）では、税・サービス料として、通常17％が料金に加算される。チップは原則として必要ないが、よいサービスを受けたときはおつりの小銭の一部を置いていくのが一般的。

Column

シンガポールグルメQ＆A

Q：料理に添えられる調味料は何？
A：よく出てくるのは醤油にチリを入れたもの、酢漬けのチリ、オキアミを発酵させた辛味だれのサンバル・ブラチャン、甘めの濃厚醤油のダークソース（ブラックソース）など。料理とのマッチングはお好みで。迷ったらスタッフに聞こう。

左からチリ入り醤油、辛味ペーストのサンバル、チリ入りダークソース

Q：突き出しのピーナッツやお手拭きは無料サービス？
A：これらはすべて有料で、食べたり使ったりしたら、請求額に加算されるので注意。不要なら最初に言って下げてもらう。請求書が来たらチェックしよう。

ピーナッツ（上）、お手拭き（下）は$0.5～2

Q：お勘定はどこでするの？
A：日本と違って、レストランでは着席したまま自分のテーブルで行う。スタッフに「Check, please!」と言えば、請求書を持ってきてくれる。ただし、ローカルなレストランや食堂では計算書が机の上に置かれるので、それをキャッシャーへ持っていって支払う。

Q：レストランでチップは必要？
A：レストランやバーでは、請求額に10％のサービス料が加算される。請求書を見てサービス料が含まれていれば、それ以上支払う必要はない。よいサービスを受けた場合は、お礼の気持ちを込めて小銭のおつりをチップとして残すのが一般的。ホーカーズやフードコート、食堂ではチップ不要。

Q：レストランやホーカーズのWi-Fi事情は？
A：カフェやファストフード店、ショッピングセンター内のレストランではほぼ接続可能。ホーカーズは不可。通信会社提供の登録利用する「Wireless ＠ SG」（→P.340）が使えるレストラやカフェは限られている。

カフェは無料Wi-Fiを提供している所が多い

Q：予約はしたほうがいい？
A：シンガポールは「予約」が浸透しており、人気店は予約を入れたほうがよい。特に週末は混み合うので、下記の会話を参考に電話、またはメールで予約を入れたい。ハードルが高ければ、ホテルのコンシェルジュに頼んでもよい。

★予約で使う英会話例
予約者　　：Can I have a table tonight?
　　　　　　今夜予約したいのですが？
レストラン：Yes, what time?
　　　　　　はい、何時ですか？
予約者　　：At seven o'clock.
　　　　　　7時です。
レストラン：How many people?
　　　　　　何名様ですか？
予約者　　：Four people, please.
　　　　　　4人です。
レストラン：May I have your name?
　　　　　　お名前を？
予約者　　：My name is ～.
　　　　　　～です。

レストランガイド　食のバラエティ

中国料理

ホア・ティン (華廳) Hua Ting Restaurant
広東料理の巧手が振る舞う絶品中華

気品をまとう洗練された雰囲気のホテルレストラン。長年指揮を執るラップファイ料理長が得意とするのは、広東伝統料理にユニークな素材を合わせる手法。細かい手順を経てテーブルに運ばれる料理は、見た目も味わいもサプライズがいっぱい。熟成10年のプーアル茶でスモークして香りづけした北京ダックや、鶏肉をアワビとともに蒸し焼きにした鮑魚富貴鶏髀が、看板を張る。セットメニュー（ひとり用$118～）のほか、上質の中国茶とのペアリングメニューも提供。

鶏モモ肉をアワビ、キクラゲ、漢方ハーブとともにハスの葉包み焼きにした鮑魚富貴鶏髀（手前、$32）。鶏形のパンに詰めた趣向が楽しい

MAP P.78-2B　オーチャード・ロード周辺
住 442 Orchard Rd., 2F Orchard Hotel　☎ 6739-6666
営 11:30～14:30（土・日曜、祝日前日11:00～）、18:00～22:30（ラストオーダー22:00）
休 無休　カード ADJMV
行き方 MRTオーチャード駅から徒歩約8分。
※予約をしたほうがよい。

茶葉でスモークされた北京ダック（陳年普洱薫片皮鴨、1羽$88）

リーバイ・カントニーズ・レストラン (李白餐館) Li Bai Cantonese Restaurant
伝統と洗練を調和させた中国料理

クラシカルで優雅な雰囲気のなかで、本格派の料理を堪能できる。香港出身のシェフが広東伝統の料理に工夫を凝らした創作料理を生み出している。その味は繊細で上品。少人数なら量が少なめも選べる。北京や四川料理もあり、おすすめはロースト類、海鮮麻婆豆腐（シーフード入りマーボー豆腐、$26～）、魚のすり身で作った麺を上質のスープで炒めた高湯蝦球燜魚茸麺（$36～）など。広東伝統のスープや卵白とカニ肉、貝柱のチャーハンも人気。ランチタイムは点心もある。

左／手前は蜜汁麥冬焗爐魚（ハチミツ風味のタラのオーブン焼き、$18）、後方右は乾坤牛柳（フィレステーキとエノキの肉巻き、$18）　右／翡翠のテーブルウエアが豪華

MAP P.79-1D　オーチャード・ロード周辺
住 39 Scotts Rd., Lower Lobby, Sheraton Towers Singapore
☎ 6839-5623　営 11:30～14:30（日曜、祝日10:30～）、18:30～22:30（ラストオーダーは閉店30分前）　休 無休
カード ADJMV　行き方 MRTニュートン駅から徒歩約5分。
※週末は要予約、ランチタイムも予約が望ましい。

ミンジャン・アット・デンプシー Min Jiang at Dempsey
緑のなかのエレガントなレストラン

自然豊かなデンプシー・ヒル（→P.150）のイギリス統治時代の兵舎を改装。木や籐を多用し、窓の外の緑と調和する和みの空間で味わえるのは、広東や四川料理にシェフの創作を加えた繊細で上品な料理の数々。見た目が美しいだけでなく、口に運べば驚きと感動が広がる。看板料理の北京ダックは、皮は砂糖をつけて、薄切りにした肉はピリ辛白菜、酢漬けのダイコン、おろしニンニクとともにクレープで巻いて食べ、残った肉は炒め物やスープにと、さまざまな味わいが楽しめる。

上／手前は創作点心盛り合わせ（先选点心拼盘、$38）、右は手作り豆腐とカニ肉野菜あんを合わせた翡翠蟹肉付菇豆腐（$28）、左はロブスター入りあえ麺の龙虾捞面（$118）

MAP P.150　郊外のエリア
住 7A & 7B Dempsey Rd.
☎ 6774-0122　営 11:30～14:30、18:30～22:30（点心はランチタイムのみ、ラストオーダー22:00）　休 無休
カード ADJMV　行き方 中心部からタクシーで約15分。

左／北京ダックの古法木材烤北京鴨（1羽$118）。ピリ辛の野菜、酢漬けダイコンと合わせて食べるのもおいしい　右／グッドウッド・パーク・ホテル（→P.305）が運営する店

Restaurant Guide

シャン・パレス (Shang Palace)
ごちそう広東料理が勢揃い (香宮)

店内は、花のモチーフが散りばめられ、中国庭園を思わせる華やかな雰囲気。広東風チャーシュウ（$68）や薬膳スープなど伝統料理をはじめ、世界の食材を取り入れ、香港人シェフのインスピレーションが光る創作メニューも看板料理に掲げている。カニの甲羅揚げ（$28）、海鮮と鴨肉の特製炒飯（$48）、点心（ランチのみ）もおすすめ。日本語がメニューに併記されているのでわかりやすい。

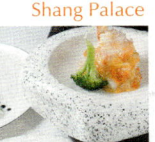

MAP P.78-1B オーチャード・ロード周辺
住 Orange Grove Rd., Lobby Level, Shangri-La Hotel Singapore
☎ 6213-4398 営 12:00〜14:30(土・日曜、祝日11:00〜15:00)、18:00〜22:00
休 無休 カード A D J M V
行き方 MRTオーチャード駅からタクシーで約5分。

スペアリブの香酢ソース煮(稲草骨、$15。手前)とロブスターとツバメの巣、カニのソースあえ(珊瑚炅龍蝦球、$72。後方右)は店自慢の創作メニュー

イースト・オーシャン (East Ocean Teochew Restaurant)
食べるのが惜しくなる動物形点心 (東海潮州酒家)

香港人が経営する人気店。点心はランチタイムのみで、土曜はトレイに数種類の点心をのせて給仕たちがテーブルを回る。約30種類ある点心（$4.8〜9.8）は味もよく、潮州蒸粉粿（エビ、肉、ピーナッツ入りの餃子）、芋絲炸春巻（ヤムイモ入り春巻）などが自慢の点心。目にも楽しい、動物をかたどった創作点心も人気を集めている。潮州料理の鹵水鵝片（ダックのたれ煮、$18）や、カキ入りのさらっとした潮州粥、方魚蠔仔粥（$8.5）もおいしい。

MAP P.79-3D オーチャード・ロード周辺
住 391 Orchard Rd., #05-08/09 Takashimaya S.C.
☎ 6235-9088 営 11:30〜15:00(土・日曜、祝日10:00〜)、18:00〜22:00(ラストオーダーは閉店30分前)
休 旧正月2日間 カード A J M V
行き方 MRTオーチャード駅から徒歩約5分。※週末は予約をしたほうがよい。

左/手前は冷やした蒸し豚の凍花蟹、後方右のローストポーク(脆皮焼腩仔)も美味 右/クマやミツバチなどの動物点心($7.2)は9種類ある。メニューは3ヵ月ごとに更新

クリスタル・ジェイド・キッチン (Crystal Jade Kitchen)
香港のローカル料理が食べられる (翡翠小厨)

髙島屋S.C.の地下2階という便利なロケーション。「クリスタル・ジェイド」グループのなかで、キッチンと名のつくこの店はカジュアルな広東料理店だ。点心や麺、ロースト類、お粥、デザートと幅広いメニューが勢揃い。味は本格派で、調理技術が問われるチャーハンもふんわりパラリとした自信作。ロースト類も外せない。点心は終日楽しめ、$5〜。デザートにはマンゴープリンを。

手前は焼鴨三拼（ダックを含むロースト3種盛り合わせ、$25.8)、後方左は鮮虾雲呑捞面（エビワンタンのせあえ麺、$9.8)

MAP P.79-3D オーチャード・ロード周辺
住 391 Orchard Rd., #B2-38 Takashimaya S.C.
☎ 6238-1411 営 11:00〜22:30(日曜、祝日10:00〜、ラストオーダー21:30)
休 旧正月2日間 カード A J M V
行き方 MRTオーチャード駅から徒歩約5分。
[他店舗] 住 3 Temasek Blvd., #B1-112 Suntec City Mall
☎ 6884-5172

シルクロード (Silk Road Restaurant)
美味なる中国各地の名物料理が大集合 (絲綢之路)

四川や北京、瀋陽、陝西、蘭州など、特色のある中国各地料理を、美食の道「シルクロード」に見立てて紹介する。盛りつけは洗練されているが、味は本格的で四川の料理は刺激的で奥深い辛さ。麻婆豆腐（$18）や干煸四季豆、川式辣子鶏（$22）などの四川料理やハネ付き焼き餃子の瀋陽冰花煎餃（$16）が人気。ほんのり甘くて体によい八宝茶とともに味わいたい。

MAP P.82-3B チャイナタウン
住 165 Tanjong Pagar Rd., 2F Amara Singapore ☎ 6879-2655、6227-3848 営 11:30〜15:00、18:00〜22:30
休 無休 カード A J M V
行き方 MRTタンジョン・パガー駅から徒歩約5分。

左/手前はしびれる辛さがあとを引く麻婆豆腐、後方左は魚香茄子(ナスのスパイシーとろみ炒め)、奥はゆで豚とキュウリをクレープに巻きニンニクソースにつけて食べる架子白肉　右/手打ち拉麺を用いた料理もおすすめ

レストランガイド / 中国料理

◆ Restaurant Guide ◆

体に優しい家庭料理でほっこり
スープ・レストラン
（三盅兩件）
Soup Restaurant

あっさりとした食事をというときには、ここでご飯とスープ、おかずを食べるのがいい。看板メニューの三水姜茸鶏（ジンジャーチキン、$19.9〜）は、かつて広東省三水からの出稼ぎ女性たちが、正月のごちそうとして食べた伝説の料理。店名にもなっている薬膳スープはメニューの効能書きを参考にしてオーダーしたい。豆腐虾（エビと豆腐のチリソース炒め、$19.5）、砂煲梅香蕃薯叶（サツマイモの葉と塩漬け干し魚の土鍋煮、$12.9）、阿婆姜茸炒飯（ショウガチャーハン、$13.5）などがおすすめ。

左／手前が蒸し鶏にショウガソースをつけレタスで巻いて食べる三水姜茸鶏。後方左のトマトチリソースの豆腐虾は中国饅頭（パン）と一緒に食べてもいい　右／ココナッツの殻に入った烏骨鶏のダブルボイルスープ、原只椰子炖烏鶏湯（$12.5）は美容によい

MAP P.79-3D
オーチャード・ロード周辺

🏠 290 Orchard Rd., #B1-07 Paragon ☎6333-6228
🕐 11:30〜22:00（ラストオーダー21:30）
休 旧正月1日
カード AJMV
行き方 MRTオーチャード駅から徒歩約5分。
[他店舗] 🏠 3 Temasek Blvd., #B1-127 Suntec City Mall ☎6333-9886

名物はペーパーチキンだけではない
ヒルマン・レストラン
（喜臨門大飯店）
Hillman Restaurant

シンガポールの名物料理のひとつ、ペーパーチキンでその名をはせる老舗。これは醤油、ゴマ油、中国酒などを混ぜたソースに6時間マリネした鶏モモ肉を特殊な紙に包んで揚げた料理。丸鶏のローストをもとに、食べやすく骨を取ってカットし、うま味を閉じ込めるため紙に包むことを思いついたという。八珍一品煲（$20〜）をはじめとする土鍋煮込みや、スペアリブとリンゴのスープ、苹果排骨湯（$7）など、広東のおかず料理もいける。日本語メニューあり。

紙袋を開くと染み出した肉汁とうま味があふれ出すペーパーチキン（脱骨紙包鶏、5個$11。手前）。中央左は双ފ豆腐、右はフカヒレ入りスクランブルエッグの炒桂花翅

MAP P.87-2D
リトル・インディア

🏠 135 Kitchener Rd. ☎6221-5073
🕐 11:45〜14:30、17:45〜22:30（ラストオーダーは閉店15分前）
休 旧正月4日間
カード AJMV
行き方 MRTファーラー・パーク駅から徒歩約3分。
※予約をしたほうがよい。

ショップハウスの2フロアが店舗

いつも大にぎわいの点心食堂
瑞春
Swee Choon

1962年創業。点心が安くておいしい、終夜営業という利点もあって、連日大盛況。香港をはじめ上海の点心や料理、手打ち麺がメニューに並ぶ。すべて手作りで、点心は注文を受けてから蒸すのがこだわり。塩漬け卵の黄身を使ったとろとろのカスタードあんが流れ出す蒸しまんじゅうや、ショーロンポー、ポルトガル式エッグタルトが人気だ。点心や炒め物（ディナーのみ）に麺料理を合わせて注文したい。平日の昼が比較的すいている。

塩漬け卵の黄身入りカスタードあんが流れ出す紫イモボール（紫蕃薯流沙球）はいち押し点心

左／カスタードあん入りまんじゅう（奶黄流沙包、手前）、極細麺を豚肉やネギとともに成形して揚げたミースア・クエ（招牌面線粿、後方右）など点心は1皿$1.4〜4.8　右／エアコン完備の屋内と半屋外のスペースがある

MAP P.87-2C
リトル・インディア

🏠 183,185,187,189,191,193 Jalan Besar ☎6225-7788
URL www.sweechoon.com
🕐 11:00〜14:30（日曜、祝日10:00〜15:00）、18:00〜翌6:00
休 火曜、旧正月　カード 不可
行き方 MRTジャラン・ベサール駅から徒歩約5分。
※月〜木曜のみホームページから予約が可能。

204

◆ Restaurant Guide ◆

レストランガイド　中国料理

本格的な四川料理が味わえる
四川豆花飯荘　Si Chuan Dou Hua Restaurant

成都出身のシェフが四川から取り寄せた香辛料を用いて、四川料理の神髄を忠実に再現。深みのあるしびれる辛さの麻婆豆腐（$18～）、辛さ控えめの四川担担麺（$8）はぜひ注文したい。回鍋肉（四川風ホイコーロウ）や青椒肉絲（肉とピーマンの細切り炒め）はご飯とともに。デザートには自家製豆腐を用いた枸杞甜豆腐（クコの実入りおぼろ豆腐）を。

MAP P.85-2D　アラブ・ストリート周辺

住 7500 Beach Rd., 1F Parkroyal on Beach Road　☎6505-5722
営 11:30～14:30、18:30～22:30（ラストオーダーは閉店30分前）
休 無休　カード ADJMV
行き方 MRTブギス駅から徒歩約8分。※予約をしたほうがよい。[他店舗] 住 80 Raffles Place, #60-01 UOB Plaza 1　☎6535-6006

左／ティーマスターが各テーブルで、長い管のポットからお湯を注ぐ八宝茶　右／手前が四川担担麺、中央右が麻婆豆腐、左が回鍋肉

珍しいヘンホア料理に舌鼓
プーティエン　（莆田）　Pu Tien

シンガポールには中国福建省の莆田市（旧名興化＜ヘンホア＞）の出身者も少なくない。この地方の料理はシンプルで素材の味を生かした調理法が特徴だ。同店はスタッフの大半が莆田出身者で、食材も現地から空輸しているほどのこだわりぶり。なかでもシルクのような繊細な食感の興化ビーフンは看板メニュー。歯応えが絶妙な九転小腸、ニガウリを薄く切って氷とハチミツに漬けた冰浸苦瓜などにトライしてみよう。

MAP P.89-1C　郊外のエリア

住 1 Harbour Front Walk, #02-131/132 Vivo City
☎6376-9358　営 11:30～15:00、17:30～22:00（ラストオーダーは閉店30分前）
休 無休　カード JMV
行き方 MRTハーバーフロント駅から徒歩約4分。
[本店] 住 127 Kitchener Rd.　☎6295-6358

興化炒米粉（興化ビーフン炒め、$10.9～、手前右）は干しエビ、アサリ、海苔など10種類の具入り。手前左が大白菜炖軟豆腐（$19.9～）

ミルキーな魚の骨スープは食す価値あり！
カソー　（家嫂）　Ka Soh

70年以上続く中国広東料理店の系列店。ここの名物は雷魚の骨を煮込んで作る白濁スープビーフン（魚片煮粉類）で、この料理といえばカソーと言われるほど有名。約6時間煮込むというスープは、コラーゲンや滋養たっぷりで、傷の回復によいとされる。まろやかさとうま味が凝縮された体に浸みわたる優しいスープだ。発酵エビ味噌でマリネした鶏のから揚げの虾醤鶏、ナチュラルビネガー使用の咕嚕肉（酢豚）などの家庭料理もおいしい。

MAP P.132　チャイナタウン

住 2 College Rd., Alumni Medical Centre　☎6473-6686
営 11:30～14:30、17:30～21:30　休 旧正月2日間
カード MV　行き方 MRTアウトラム・パーク駅から徒歩約10分。※予約をしたほうがよい。
[系列店] スゥイ・キーSwee Kee
住 96 Amoy St.　☎6224-9920

中央が魚片煮粉類（$8）。具は切り身か魚の頭をチョイス。後方右が虾醤鶏（$16）、後方左が咕嚕肉（$19）

屋台気分で楽しめる中国東北料理
東方美食　Oriental Chinese Restaurant

中国の東北地方の料理店が増えており、人気も注目も上昇中。なかでも連日連夜大にぎわいなのが「東方美食」。名物は羊や鶏肉、牛肉などの串焼き。クミン、トウガラシ、花椒などのスパイスをたっぷりまぶした串焼き（1本$1～）はビールによく合う。餃子も人気で水餃子（$6）がおすすめ。回鍋肉（ホイコーロー）や古老肉（酢豚）などもある。値段も安く、終夜営業。食堂感覚で気兼ねなく楽しめる。

MAP P.82-1B　チャイナタウン

住 195 New Bridge Rd.
☎8811-2000
営 11:00～翌7:00
休 無休
カード MV
行き方 MRTチャイナタウン駅から徒歩約3分。

上／ピリリと辛くてスパイスが食欲を刺激する串焼きは羊肉がおすすめ　下／東北料理のほか四川料理もある。店先の歩道にテーブル席が並ぶ

✦ Restaurant Guide ✦

カムズ・ロースト
香港にあるローストの名店が上陸！
(甘牌燒味) Kam's Roast

MAP P.79-2C
オーチャード・ロード周辺

広東伝統のローストで人気の香港の店が、同じ焼き窯、技術を携えてシンガポールに進出。輸入規制で名物のガチョウは使えず、ここではダックのローストが看板料理に。軟らかな肉質、うま味が凝縮した焼き汁がたまらない。サッカリング・ピッグ（仔豚のまる焼き）、赤身と脂身が絶妙のバランスのチャーシューも自慢。ローストダックやチャーシューをご飯や麺にのせた、ひとり用の皿飯は10:00～17:00にのみ提供（$9.8～）。

🏠9 Scotts Rd., #01-04/05/06/07 Pacific Plaza ☎6836-7788
🕐11:00～22:00(土・日曜、祝日10:30～、ラストオーダー21:30)
休旧正月1日　カード A M V
行き方 MRTオーチャード駅から徒歩約5分。

左／ローストダック半羽$29.8。4分の1サイズならlower（もも肉、$19.8）の部位がおすすめ　右／手前はチャーシュウとクリスピーローストポークの盛り合わせ（$27.8）

京華小吃
皮から手作りの名物餃子に舌鼓
Jing Hua Xiao Chi

MAP P.82-2B
チャイナタウン

「ここの餃子がいちばん」というファンも多い有名餃子店。創業以来20年以上守り続ける製法で作る北京風の餃子や点心、手打ち麺などを求めて客足が絶えない。海鮮のうま味たっぷりのあんをモチモチの皮で包み込み、カリッと焼き上げた三鮮鍋貼（海鮮焼き餃子、10個$9）は絶品。小籠湯包（ショーロンポー、7個$8）やアズキあん入りパンケーキ（$11）もおすすめ。

🏠21/23 Neil Rd. ☎6221-3060
🕐11:30～15:00、17:30～21:30
休旧正月　カード M V
行き方 MRTタンジョン・パガー駅から徒歩約8分。
[他店舗] 🏠159 Rochor Rd. ☎6337-7601

左／皮の両端を閉じずにあんを包む三鮮鍋貼。右は炸醬面（ひき肉味噌のせ麺、$5.5）。蒸し餃子もある　右／席数は多くないので、早めに訪れたい。国内に3店舗あり、日本にも支店がある

ゴールデン・スプーン
濃厚なカニみそ風味の黄金スープに感動
(金匙小厨) Golden Spoon

MAP P.132
郊外のエリア

天然の肉厚なスリランカ・マッドクラブで作るチリ・クラブやブラックペッパー・クラブ、ソルテッドエッグ・クラブ、潮州のコールド・クラブなどのカニ料理が自慢だが、ぜひ名物のビーフン・クラブを試してほしい。直径30cm以上の大きな器で供されるビーフン・クラブ（時価）は、カニみそのうま味たっぷりのスープと、つるんとしたのど越しのビーフンが相性抜群。ほかでは出合えない贅沢な味わいを楽しもう。

🏠62 Seng Poh Lane, #01-11 ☎6536-2218　🕐11:00～14:30、17:00～22:30（ラストオーダーは閉店15分前）
休旧正月1日　カード A J M V
行き方 MRTチョンバル駅から徒歩約12分。
※予約をしたほうがよい。

手前は1kgのカニを使ったビーフン・クラブ（$75）。カニの爪を食べつつ麺をすする。後方右のコーヒーピン（$15）や、後方左のマテ貝（$12）もおすすめ

ローカルな雰囲気のレストラン

長城粥品中心
土鍋煮込みとお粥の店
Tiong Shian Porridge Centre

MAP P.82-2A
チャイナタウン

50年以上もチャイナタウンの一角で営業する老舗で、根強い人気を誇っている。だしの効いたとろとろのお粥とカエルの土鍋煮込みが看板料理だ。土鍋料理は魚やエビなどもあるが、ほとんどの人がカエルを注文する。カエルのモモ肉は鶏肉に似ていて意外なほど淡泊。たっぷりのショウガとネギとともに甘辛い醬油味で煮込まれた姜葱田鶏がおすすめ。お粥は鶏肉や魚入りなど約10種類あり、濃い味つけの土鍋煮込みに合う。

🏠265 New Bridge Rd.
☎6222-3911　🕐8:00～翌4:00　休旧正月1週間
カード 不可
行き方 MRTチャイナタウン駅から徒歩約5分。

左／姜葱田鶏（$8～）のカエルのモモ肉はプリッとした食感。野菜や豆腐などのサイドメニューあり　右／ホーカータイプの店。夜は活気づく

ローカル料理・プラナカン料理

ノーサインボード・シーフード
街の喧騒とともに屋外で食べる絶品シーフード
(無招牌海鮮) No Signboard Seafood

屋台からスタートしたこの店は、看板のないまま評判を呼び、現在の名前にいたった。通りに面した大きな敷地にズラリとテーブルが並び、アジアの雰囲気満点。特に有名なのは、この店オリジナルのホワイト・ペッパー・クラブ。カニのうま味がたっぷりとソースに生かされた濃厚なチリ・クラブ（ともに$80/kg）も絶品。白灼象抜蚌（巨大ミル貝の刺身＆しゃぶしゃぶ、$200/kg）、咸蛋龍蝦（ロブスターの塩卵揚げ、$130/kg）など豪華料理もおすすめだが、素朴な馬来炒麺（ミーゴレン、$10～）も格別な味だ。

チリ・クラブ（手前）とホワイト・ペッパー・クラブ（後方右）、どちらもおすすめ。後方左は咸蛋龍蝦

MAP 折込表-2B
郊外のエリア
- 412-416 Geylang Rd.
- 6842-3415
- 11:00～翌1:30
- 旧正月4日間
- カード MV
- 行き方 MRTアルジュニード駅から徒歩約10分。中心部からタクシーで約15分。

エアコンの効いた屋内席もあるが、広々とした屋外席が人気

クリフォード・ピア
歴史遺産の桟橋に誕生したレストラン
The Clifford Pier

歴史的建造物として残るクリフォード桟橋は、1933年の建設当時は移民の上陸地として大勢の人々でにぎわった、まさにシンガポール発展の原点ともいえる場所。その桟橋の待合所が、上品なインテリアでレストランとして生まれ変わった。1950年代、この近くにあったホーカーの料理を再現した料理もメニューに載せている。創作を加えたローカルフードのほか、アフタヌーンティーセット、土・日曜の点心ブランチも人気がある。

MAP P.83-1D
シェントン・ウェイ
- 80 Collyer Quay, The Fullerton Bay Hotel Singapore
- 6597-5266、6877-8911
- 12:00～14:30、15:30～17:30、18:30～22:00（土・日曜、祝日前日 11:00～14:00、15:00～17:00、18:30～22:30）。バーは～24:00（金・土曜、祝日前日～翌1:00）
- 無休 カード AJMV
- 行き方 MRTラッフルズ・プレイス駅から徒歩約5分。

左／開放感があり眺めもよい。19:00からライブバンドの演奏あり
右／手前はサテーや角煮サンドの盛り合わせ、ヘリテージバイト（$26）、中央左のロブスターサラダを挟んだピア・ロブスターロール（$33）は人気メニュー。奥は和牛ビーフ・レンダン

ホワイトローズ・カフェ
ローカルフードの穴場レストラン
White Rose Cafe

「シンガポールのローカルフードといえばこの店」という在住日本人ファンも多い人気店。ホーカーズに比べると値段は高めだが、上品でマイルドにアレンジされた料理は、素材、味つけ、ボリュームともに◎。食べに行く価値のある絶品庶民派メニューが揃う。おすすめは海南チキンライス（$19）とフライド・ホッケン・ミー（$17）。毎日12:00～14:30にフィッシュヘッド・カレーを含むアラカルト・ビュッフェランチがある（大人$29、5～11歳$15、2人以上）。

手前が昔ながらの丸盆で出される海南チキンライス。中央右のラクサ（$16）もおすすめ。左はバニラアイスののった特製アイス・カチャン（$9）

MAP P.79-2D
オーチャード・ロード周辺
- 21 Mount Elizabeth Rd., Upper Lobby Floor, York Hotel Singapore
- 6737-0511
- 6:00～23:00（ラストオーダー22:30）
- 無休 カード ADJMV
- 行き方 MRTオーチャード駅から徒歩約10分。

ホテル1階にある店内はゆったりとしたテーブルの配置

レストランガイド／中国料理／ローカル料理・プラナカン料理

◆ Restaurant Guide ◆

心温まる薬膳スープが絶品！
外星食堂
ETL x Quantum Food Lab

　安心で安全な食を提供したいという考えから、無農薬・有機栽培の野菜や果物、漢方食材を使い、ヘルシーかつ栄養価の高い自然食を提供。薬膳に基づいたレシピのハーバルスープ（$9.8〜）は4種類あり、体温を下げる効果のあるパパイヤとスペアリブのスープなど、季節や食材に応じてスペシャルメニューも登場する。スープには10種類以上の漢方を使用しており、バランスよく栄養が取れるのも魅力。食後はサンザシやレモングラスのお茶（$3.8）をどうぞ。

左／フェミニンな内装。火・金曜の19:00からピアノの生演奏がある　右／奥は自家製ヨンタオフー（$12.8）、中央右はサマー・ハーバル・チキン・スープ（$13.8）。麺を入れるか別添えの玄米ライスを選べる

MAP P.82-1B　チャイナタウン
- 531 Upper Cross St., #02-55 Hong Lim Complex
- ☎6533-5018
- 営 11:00〜15:00、17:00〜21:00
- 休 土・日曜、祝日、旧正月
- カード A M V
- 行き方 MRTチャイナタウン駅から徒歩約3分。

窓にはイラストレーターの大石朗紀氏によるイラストが

ユニークなアイデアと遊び心満載
クリーチャーズ
Creatures

　若きオーナーとシェフがインテリアから料理までプロデュース。シンガポールの伝統食や文化にこだわり、自由な発想で新たな食を提供している。ベースはローカルやプラナカン料理をはじめとするアジア料理。海南チキンライスはご飯と蒸し鶏をキュウリで巻いてひと口サイズに、ラクサスープでイタリア米を煮込んでリゾットに仕上げるなど、味わいの妙とプレゼンテーションが楽しませてくれる。いちばん人気は伊勢エビをトッピングした濃厚エビだしのホッケン・ミー。スイーツもおいしいので、ぜひ試したい。

手前が巻き物状に仕上げたハイナニーズ・チキンライス・ロール（$20）、後方左はプラナカンの混ぜご飯

MAP P.87-2C　リトル・インディア
- 120 Desker Rd.
- ☎6291-6996
- 営 12:00〜22:00（金・土曜〜23:00）
- 休 月曜、旧正月2日間
- カード A M V
- 行き方 MRTジャラン・ベサール駅から徒歩約5分。※予約をしたほうがよい。

左／ホッケン・ミーの豪華版、クリーチャーズ・クレイフィッシュ・ホッケン・ミー（$30）　右／ショップハウスを斬新なデザインで彩った店内

古き時代のレシピを守るヘリテージ店
スプリング・コート
（詠春園）Spring Court

　創業は1929年。当初は創業者の故郷の中国広東の料理がメインだったが、中国各地の料理を取り入れ伝統ローカル料理の店としてチャイナタウンに根を下ろす。古い時代のレシピを大事にし、素材選びから手間のかかる下ごしらえや調理法を踏襲。多くのファンを虜にしている。ぜひ試したいのは中国とローカルの手法をミックスしたポピア（薄餅、$7.8）。16〜18種の具材の味と食感が楽しめる春巻きだ。土鍋で調理するチリ・クラブ、ハスの葉包みの蒸しご飯、エビ入りホーファンなどもおすすめ。

左／野菜や魚介、豚肉などをチリやエビ発酵調味料、ハーブなどで味をつけ手作りの皮で巻いたポピア　右／甘味と酸味が調和したソースが決め手のチリ・クラブ（$70〜80/1kg）

MAP P.82-1B　チャイナタウン
- 52-56 Upper Cross St.
- ☎6449-5030
- 営 11:00〜15:00、18:00〜22:30（ラストオーダーは閉店30分前）
- 休 旧正月1日
- カード A J M V
- 行き方 MRTチャイナタウン駅から徒歩約3分。
※予約をしたほうがよい。

ショップハウスの4フロアを有し、約200席

Restaurant Guide

チャターボックス (話匣子咖啡座)
しっとりジューシーなチキンライスが評判
Chatterbox

マンダリン・オーチャード・シンガポール（→ P.306）にある名店。厳選素材を用いた豪華版ローカルフードをゆったりと味わえる。特に海南チキンライス（マンダリンチキンライス、$27。11:00から注文可）が有名で、たれに漬け込んでゆでた鶏肉は軟らかく、スープとの相性も抜群。ほかに米麺の焼き麺、ビーフ・ホーファン（$28）、バクテー（肉骨茶、$27）なども美味。食後には自家製のココナッツアイスがおすすめ。

また、ファストフード形式の「エクスプレス・バイ・チャターボックス」ではチキンライス（$9〜）とラクサのセットもあり、カジュアルに楽しめる。

左／エクスプレス・バイ・チャターボックスのチキンライスとラクサセット($15.8) 右／手前がマンダリンチキンライス、後方は魚介たっぷりのフライド・ホッケン・ミー($28)、奥はロブスターラクサ($38)

MAP P.79-3D
オーチャード・ロード周辺
🏠 333 Orchard Rd., 5F Mandarin Orchard Singapore
☎ 6831-6291
🕐 7:00〜10:00、11:00〜23:00（金・土曜、祝日前日〜翌1:00）
休 無休
カード ADJMV
行き方 MRTサマセット駅から徒歩約6分。

［系列店］エクスプレス・バイ・チャターボックス Express By Chatterbox 🏠 6A Shenton Way, #01-04 Downtown Gallery ☎ 6220-0758
🕐 11:00〜20:30（ラストオーダー20:00）
休 日曜、祝日、旧正月
カード MV 行き方 MRTタンジョン・パガー駅から徒歩約5分。
MAP P.83-3C

マンダリン・オーチャード内の本店は広々

Column / チリ・クラブ誕生の逸話

チリ・クラブは多くのレストランがそれぞれ工夫をし、しのぎを削る一大名物料理。チリ・クラブを最初に作った一家が営む店があると聞き、訪ねてみた。イースト・コースト・パークの駐車場6/Fにある「ローランド・レストラン」。店主のローランドさんがチリ・クラブ誕生の秘話を熱く語ってくれた。

イースト・コーストの海の近くに住んでいたローランドさんの両親の若かりし1950年頃の話。夫のリムさんはよく海でカニを取ってきて潮州風に蒸して食べていたが、単調な味に飽きた妻のチャー・ヤムティン（Cher Yam Tian）さんに違う調理法を望んだ。早速チャーさんはトマトソースで炒めてみる。甘過ぎたのでチリを加えるなど試行錯誤を重ね、とうとうリムさんが「おいしい！」と認める味にいたり、近所の人にも振る舞った。このカニ料理が評判になり、皆に販売を請われ、1956年海岸近くに炭火の調理場と木のテーブルにランプをともした小屋で食堂を始め、のちに「パームビーチ」と名づけたレストランに昇格。

店は繁盛したが、1985年に家族でニュージーランドに移住することになり、店を売却。その後シンガポールに戻って来た一家の息子ローランドさんが、母の味を受け継ぐレストランを2000年に開業し、現在は40年前の常連客も再び足を運ぶ人気店になり地元に根付いている。

夫のために考えた愛妻料理。そのチリ・クラブの味はというと、トマトソースの甘味とピリッと刺激的なチリが溶け合った飾り気のないうまさ。

その昔、ヤシの木の下で皆を笑顔に変えたカニ料理に思いをはせて、味わってみたい。

左／チリ・クラブは時価で、だいたい$83/1kg 右／駐車場ビルの外壁に店主の顔のネオンサインが輝く

昔のスタイルを貫く姿勢から店内はあえてシンプルに

左／メニューには中国料理が並ぶ。写真はビールに合うカリカリの小イカ 右／店主のローランドさん（左）と息子のジャスティンさん

ローランド・レストラン Roland Restaurant
MAP P.161 🏠 Block 89, Marine Parade Central, # 06-750
☎ 6440-8205 🕐 11:30〜14:30、18:00〜22:30 休 旧正月1日
カード MV 行き方 中心部からタクシーで約20分。
※週末は予約をしたほうがよい。

レストランガイド ローカル料理・プラナカン料理

Restaurant Guide

ユニークでおいしいプラナカン料理
フォークロア
Folklore

シェフのダミアンさんはプラナカンとユーラシアンの血を引き、中華やマレー、プラナカン、ヨーロッパのエッセンスをミックスさせた料理を創作。メインは家族で味わうプラナカンの手料理。お客のほとんどが注文するというサンバル・ブアクルア・フライドライスはスモーキーな香りと奥深い味わいの逸品だ。野菜と肉、春雨炒めのプラナカン・チャプチャイ、リッチな味わいのシーフード・オタ、デザートはクエ・コスイ（ブラウンシュガーの餅菓子）もおすすめ。ランチセットもある。

左／手前がプラナカン・チャプチャイ（$18）。豚肉とエビのだしがよく効いたうま味のある炒め物。奥は、ほかにはない絶妙な風味のサンバル・ブアクルア・フライドライス（$28）　右／ホテルのロビーに隣接するレストラン

MAP P.85-1D
アラブ・ストリート周辺

700 Beach Rd., 1F Destination Singapore Beach Road
☎6679-2900
12:00〜14:30、18:00〜21:30　無休　カード AMV
行き方 MRTニコル・ハイウェイ駅から徒歩約5分。

プラナカンのひとり用セットがある
ティンカット・ペラマカン
Tingkat PeraMakan

女性オーナーシェフが仕切る定評のある店。プラナカンの真髄である家庭料理の文化を大事に、心を込めて作ることをモットーとしている。何より旅行者にもうれしいのが、いろいろな料理を一度に味わえるセットメニューが豊富なこと。メインと2種類のサイドディッシュ、デザートとドリンクをそれぞれ選んで計$10.7〜。ココナッツグレービーソースのチキン「アヤム・クレオ」やビーフ・レンダンがおすすめ。どれもよけいなものを入れていない優しい味さ。

左／デザートのチェンドル（$3.2）　右／アヤム・ブアクルア（→P.69）とチャプチャイ（野菜炒め）、ニョニャ豆腐のセット（$15）。アラカルトメニューも揃っている

MAP P.86-1B
リトル・インディア

119 Owen Rd.
☎6291-3474
11:00〜14:30、18:00〜22:00（ラストオーダー21:00）
月曜　カード 不可
行き方 MRTファーラー・パーク駅から徒歩約5分。
[他店舗] 6 Raffles Blvd., #02-223 Marina Square
☎6263-1545

ポップでカジュアルな店。ティンカットはプラナカンのランチボックスのこと

珍しいユーラシアン料理が味わえる
クエンティンズ・ユーラシアン・レストラン
Quentin's The Eurasian Restaurant

500年の昔の大航海時代、ヨーロッパ人が持ち込んだ食文化とマレーやインドの料理が混ざり合い生まれたのがユーラシアン料理。代々伝わる貴重なレシピも残っている。ユーラシアンの家系のクエンティンさんいち押しは、チキンやポークソーセージなど具だくさんのデバルカリー。ただ辛いだけでない複雑な味わいだ。マスタードシードとターメリックでオクラを炒めたFretu Bendiもおいしい。スパイスやハーブの種類と使い方が独特の料理の数々に新境地が開ける。

MAP P.169上図
郊外のエリア

139 Ceylon Rd., 1F Eurasian Community House
☎6348-0327
11:30〜14:30（土・日曜11:00〜14:00）、18:30〜22:30（ラストオーダーは閉店30分前）
月曜
カード AMV
行き方 MRTパヤ・レバ駅からタクシーで約10分、中心部からなら20〜25分。

左／ユーラシアン・コミュニティ・ハウスの1階、屋内と半屋外の席がある　右／日本では味わえない料理の数々。手前がチキンデバルカリー（$21.8）、後方左がオクラのFretu Bendi（$8.8）、後方右はエビのココナッツ＆ハーブのカレー、Cambrang Bostador（$20.8）

210

✦ Restaurant Guide ✦

本格ペナン料理が食べられる貴重な店
ペナン・プレイス
Penang Place

ペナン出身のオーナーが本場のペナン料理の数々をビュッフェ形式で提供。ラクサやロジャ（→ P.61）といったローカル食も、シンガポールのものとは異なる独特の味わいがある。おすすめはペナン名物の焼きそば、チャー・クエティヤオ。シンガポール式と違って黒糖醤油を使用していないので、食べやすい。魚介のだしをベースにタマリンドの酸味とチリの効いた甘酸っぱいスープのアッサム・ラクサや、エビスープ麺（ペナン・ホッケン・ミー）もぜひ試したい。

左／フレッシュココナッツミルクを使ったチェンドルもおいしい　右／麺類はその場で調理してくれる

MAP	P.75-1D
マリーナ・エリア	

🏠3 Temasek Blvd., #02-314〜316 Suntec City Mall, West Wing ☎6467-7003
🕐11:30〜15:00、18:00〜22:00（ラストオーダーは14:30、21:00）※土・日曜、祝日の14:30〜16:00はアラカルト料理のみで営業。 休旧正月3日間 料ランチ：月〜金曜$25.9（$15.9）、土・日曜、祝日前日、祝日$32.9（$18.9）、ディナー：月〜木曜$28.9（$16.9）、金〜日曜、祝日前日、祝日$32.9（$18.9）※（　）内は5〜10歳の料金。
カード A M V
行き方 MRTエスプラネード駅から徒歩約5分。

エビの濃厚だしのペナン・ホッケン・ミー（手前）、アッサム・ラクサ（後方右）とチャー・クエティヤオ（奥）

独自のセンスで洗練のプラナカン料理を創作
キャンドルナッツ
Candlenut

料理の質と行き届いたサービスで人気を集め、ミシュランの星を3年連続で獲得する実力派。手間を惜しまず、クリエイティブな手法をも取り入れ、伝統プラナカン料理に磨きをかけた。おすすめは、ブアクルア（チキンのブラックナッツ煮込み、→ P.69）やビーフ・リブ・レンダン（牛肉のココナッツミルク煮）、パクワン・ケペティン（カニと豚肉団子のスープ）など。ブアクルア・フライドライスも美味。辛さ抑えめでまろやかなうま味の料理の数々は、ワインにも合う。

左／歴史的建造物内のドラマチックな内装の店　右／ビーフ・レンダン（手前、$36）は口の中でほろりとほどける軟らかさ。後方はココナッツミルクとタマリンドが効いたカニカレー（$36）。おまかせセットもある

MAP	P.150
郊外のエリア	

🏠Block 17A, Dempsey Rd. FREE1800-304-2288
🕐12:00〜15:00、18:00〜22:00（ラストオーダーは閉店30分前）休旧正月
カード A J M V
行き方 中心部からタクシーで約15分。
※予約をしたほうがよい。

ブアクルアのアイスクリーム（$16）は店のスペシャルデザート

変幻自在のベジタリアン料理
ホールアース
Whole Earth

動物性の食材は一切使用せず、素材の力を巧みに引き出したヘルシーでおいしい料理が話題に。純粋に味のよさがファンを増やしている。プラナカンとタイ料理がメインというのも魅力的。手作りのサンバル（辛味調味料）でオクラやナスを炒めたペナン・サンバル・キング、シイタケをプラナカンのハーブ類でマリネしたペナン・レンダンは食欲をそそる看板料理。大豆を肉のように仕立てたタイ風スイート＆サワー炒めも、驚きの食感あり。7時間以上煮込むニョニャカレーもおすすめ。

手前はタイ・スイート＆サワー・デライト（$18）、後方左がペナン・レンダン（$22）、後方右がペナン・サンバル・キング（$17）。左奥のオリーブライスは多くの人がオーダーする人気メニュー

MAP	P.82-3B
チャイナタウン	

🏠76 Peck Seah St. ☎6221-6583
🕐11:30〜15:00、17:30〜22:00（ラストオーダーは閉店45分前）休無休
カード A M V
行き方 MRTタンジョン・パガー駅から徒歩約3分。
※予約をしたほうがよい。

2003年から続く実績をもつ店。2017年に店内をリニューアルした

レストランガイド　ローカル料理・プラナカン料理

✦ Restaurant Guide ✦

辛さは若干マイルド、中国式フィッシュヘッド・カレー （海洋咖喱魚頭）
オーシャン・カレー・フィッシュヘッド　Ocean Curry Fish Head

フィッシュヘッド・カレーはオリジナルの南インドのものが有名だが、中国系の人々がアレンジをした土鍋で煮込む魚カレーも人気だ。インドのものと比べると若干酸味が少なくよりグレービー。ココナッツミルクやスパイスのコクが濃厚で、最初は辛味が、そして甘酸っぱいうま味、また辛味が……と、味の連鎖が止まらない。魚の部位や大きさが選べ、ひとりなら切り身（$10）が適量。

左／オクラやトマト、パイナップルなどが入ったフィッシュヘッド・カレー（2〜3人前、$25）　右／カウンターに並ぶ料理（$4〜）は指さし注文OK

MAP P.83-2C　チャイナタウン
- 181 Telok Ayer St.
- ☎6324-9226
- 圏11:00〜15:00、17:00〜20:30（土曜〜14:00）
- 休日曜、祝日、旧正月8〜9日間　カード不可
- 行き方MRTテロック・アヤ駅から徒歩約5分。

プラナカン文化を愛でる華やかなレストラン
プラナカン　The Peranakan

色鮮やかなバティックや陶器、精緻な調度品が並ぶ店内はとても華やか。料理はオーナーシェフが子供の頃に食べた祖母の味を再現しており、さまざまなハーブやスパイスが織りなす未体験の味わいが楽しい。5種類の生のハーブと揚げ魚や干し魚の混ぜご飯、ナシ・ウラムはここにしかないメニュー。古来のもてなしに則ったトク・パンジャンは小皿に盛った10種以上の料理が味わえるおすすめセットだ。

トク・パンジャンは前日までに要予約。注文は2人前からでひとり$48〜。写真はナシ・ウラムを含む16種を揃えた$68の豪華版

MAP P.78-2B　オーチャード・ロード周辺
- 442 Orchard Rd.、#02-01 Claymore Connect
- ☎6262-4428　圏11:00〜22:00
- 休無休　カードAJMV
- 行き方MRTオーチャード駅から徒歩約10分。

プラナカンの調度品で飾られた店内。ショップ、プラナカンの文化を紹介するギャラリーも併設

地元客でにぎわうローカル料理ビュッフェ
スパイシーズ・カフェ　Spices Cafe

平日限定のビュッフェには、プラナカン、中国、インド、マレー料理といった多様なスパイスを使用するメニューが30品ほど並ぶ。なかでも常時10種類以上を揃えるプラナカン料理は本格的。ニョニャ・ラクサやアヤム・ブアクルア（→P.69）、イカの墨煮のソトン・ヒタムなどが人気メニュー。10種類以上のラインアップのニョニャ・クエ（お菓子）も魅力。

手前中央は酸味の効いた魚カレー、手前右がソトン・ヒタム

MAP P.80-2B　オーチャード・ロード周辺
- 100 Orchard Rd.、L3 Concorde Hotel Singapore
- ☎6734-0393、6733-8855
- 圏6:00〜22:00（ランチビュッフェは月〜金曜12:00〜14:30）
- 休無休　料ランチビュッフェ：大人$39、4〜10歳$18、55歳以上$29
- カードMV
- 行き方MRTサマセット駅から徒歩約7分。

クエ・パイティやポピアの調理実演。ランチは早めに訪れたい

伝統的プラナカン料理からオリジナル料理まで
チリ・パディ　Chilli Padi Nonya Restaurant

1997年のオープン以来、数々の賞を受賞してきた有名店。手間を惜しまずに作る伝統的な料理はもちろん、オリジナルメニューも好評。プラナカン料理の傑作といわれるアヤム・ブアクルア（→P.69、$14.1〜）、エビやカニ肉を加えた肉団子入りスープのバクワン・ケペティン（→P.69、$14.1〜）、プラナカン風フィッシュヘッド・カレーも人気だが、この店オリジナルのキャベッジ・ロール（オタオタ〈→P.61〉入りロールキャベツ、1ロール$5.5）はソースの味が絶妙で、プラナカン料理の底力を感じさせる逸品だ。

手前左がキャベッジ・ロール、手前中央はゆば肉巻きのンゴ・ヒャン

MAP P.169上図　郊外のエリア
- 11 Joo Chiat Place、#01-03
- ☎6275-1002　圏11:00〜14:30、17:30〜21:30
- 休旧正月2日間
- カードAMV
- 行き方チャイナタウンのユー・トン・セン・ストリートやシティ・ホールのビクトリア・ストリートからNo.33のバスで約20分。またはMRTパヤ・レバ駅からタクシーで約5分、中心部からなら約20分。
※予約をしたほうがよい。

Restaurant Guide

気分が上がる「ハレの日」レストラン
ナショナル・キッチン・バイ・バイオレット・ウン
National Kitchen by Violet Oon

ナショナル・ギャラリー・シンガポール（→ P.102）2階にある料理研究家、バイオレット・ウンさんの店。バイオレットさんは歌手、フードライターを経て料理研究家の道を歩んだ料理界の著名人。ルーツであるプラナカン料理と創作を加えたシンガポール料理がメニューに並ぶ。ラクサのパスタ版ともいえるドライラクサをはじめ、フィッシュヘッド・カレーやチリ・クラブもひと工夫されている。多様な文化が交錯するシンガポールそのものを体感できるレストランだ。

左／プラナカンタイルやアンティークの調度品、シャンデリアで飾られた店内　右／手前が看板メニューのドライ・ミー・シャム（$21）、後方右は甘辛スパイスソースのマリネサラダ、ロジャ（$7）、奥はパイナップルケーキ

MAP P.74-2B
シティ・ホール周辺

- 1 St. Andrews Rd., #02-01 National Gallery Shingapore (City Hall Wing)
- ☎9834-9935
- 営 12:00〜14:30、15:00〜17:00（アフタヌーンティー）、18:00〜22:30（ラストオーダー21:30）
- 休 無休
- カード AJMV
- 行き方 MRTシティ・ホール駅から徒歩約7分。※要予約。

[系列店] バイオレット・ウン・サテーバー・アンド・グリル　Violet Oon Satay Bar & Grill
- 3B River Valley Rd., #01-18 Clarke Quay
- ☎同上
- 営 18:00〜23:00
- 休 無休
- カード AMV
- MAP P.77-2D

マレー・インドネシア料理

奥深い味わいのナシ・レマに感動！
ココナッツ・クラブ
The Coconut Club

ホーカーや食堂で食べる激辛料理というマレー料理のイメージを覆したのがこの店。最良の材料とていねいな調理法で驚きの美食に仕上げている。メインは、シンプルな「ナシ・レマ」のみというスタイルが自信と心意気の表れ。素材のココナッツを産地から直接買い付け、フレッシュなココナッツミルクで炊いたご飯の周りに、レモングラスやジンジャー、ターメリックなどを衣に加えたチキンフライ、一度焼いてから揚げたイカン・ビリス（小魚）を盛りつけた、ひと皿すべてが美味。ココナッツ味が濃厚なチェンドルも試したい。

MAP P.126
チャイナタウン

- 6 Ann Siang Hill
- ☎6635-2999
- 営 11:00〜15:00、18:00〜21:30
- 休 日曜のディナー、旧正月4日間、ハリ・ラヤ・プアサの祝日1日、一部の祝日
- カード 不可
- 行き方 MRTチャイナタウン駅から徒歩約8分。

左／コクのあるブラウンシュガーたっぷりのチェンドル（$3.8）。緑色のゼリーも自家製　右／手前がナシ・レマ・アヤム・ゴレン・ブルンバ（$12.8）。サイドメニューはアッサム・ペダス（魚の酸っぱいカレー煮、$15.8。後方左）、サンバル・ソトン（イカのチリペースト炒め、$13.8。後方右）などがおすすめ

スマトラ島の西部、パダン料理が味わえる　（福樂居）
ランデブー・レストラン
Rendezvous Restaurant

西スマトラの美食、パダン料理の名店。トウガラシを使った激辛料理が多いが、ココナッツミルクで煮込んだコクとうま味たっぷりの辛くない料理もある。前身であるカフェから約80年の歴史をもつこの店には、本物の味を求めてインドネシアやマレー系の人が多く訪れる。ガラスケースに並ぶ約20種類の料理から指さし注文するシステムで、おすすめはトウガラシ、トマト、ニンニクなどのペーストとエビをあえたプロウン・サンバル（$6）や、ココナッツミルクと香辛料で牛肉を煮込んだビーフ・レンダン（$4.9）。

左／手前左がブロウン・サンバル。スープやサラダもある。大人数で行って分け合うのがよい　右／食べたいものを指さして注文しよう。料理はS・M・Lの3サイズあり、1皿＄3.8〜14.7

MAP P.74-3A
クラーク・キー周辺

- 6 Eu Tong Sen St., #02-72/73 The Central
- ☎6339-7508
- 営 11:00〜21:30
- 休 旧正月4〜5日間、ハリ・ラヤ・プアサの祝日2日間
- カード AMV
- 行き方 MRTクラーク・キー駅から徒歩約3分。

レストランガイド
ローカル料理・プラナカン料理／マレー・インドネシア料理

◆ Restaurant Guide ◆

ハジャ・マイムナー
激辛だけどクセになる、マレー料理がズラリ
Hjh Maimunah

「カンポン・クイジーン Kampong Cuisine」とうたったマレーの田舎料理を提供する、気軽な雰囲気の食堂。ガラスケースには常時50種類以上のおかずが並び、食欲をそそる。野菜料理は1人前$1.5〜、肉・魚料理は$2.5〜で、ワンプレートにするか小皿におかずを別盛りかはお好みで。クリスピーな揚げ卵豆腐 Tofu Telur Jalarta（$6）はぜひ味わってほしい名物メニュー。

MAP P.85-1C
アラブ・ストリート周辺
- 11-17 Jalan Pisang
- ☎6297-4294
- 営7:00〜20:00
- 休日曜、ハリ・ラヤ・プアサ、ハリ・ラヤ・ハジの祝日
- カード AMV
- 行き方 MRTブギス駅から徒歩10分。

中央はマナガツオの姿焼き（時価）。ビーフ・レンダン（$4〜）や牛肉とモツの煮込みSambal Goreng Pengantin（$2.5）もおすすめ。注文は指さしでOK

ライス・テーブル
「ライスターフェル」で味わうインドネシア料理
The Rice Table

「ライスターフェル」と称されるセット料理が食べられる店。ライスターフェルとは、オランダ語でライス・テーブルの意味。その昔、宗主であったオランダ人にインドネシア料理を味見させるため、たくさんの料理をテーブルに並べたのが由来といわれる。この店ではランチ15皿、ディナー20皿の料理がテーブルに並べられ、お代わり自由の食べ放題。ココナッツミルクで煮込んだビーフ・レンダンやチキンサテーがおいしい。

MAP P.79-2C
オーチャード・ロード周辺
- 360 Orchard Rd., #02-09/10 International Bldg.
- ☎6835-3782 営12:00〜14:45, 18:00〜22:00（ラストオーダーは14:15, 21:15）
- 休日曜、旧正月3日間
- 料ランチ$19.8、ディナー$30.8 カード DJMV
- 行き方 MRTオーチャード駅から徒歩約5分。※予約をしたほうがよい。

ジャワ料理やパダン料理といった多彩なインドネシア料理が一度に楽しめる。辛さは抑えめ

タンブア・マス
老舗インドネシア料理店
Tambuah Mas

辛いけど甘い、ピーナッツソースとスパイスが効いたインドネシア料理も味わってみたい。タングリンS.C. 4階の奥にあるこの店では、伝統に忠実な濃厚な味のメニューが揃っている。牛肉のココナッツジュース煮込みのビーフ・レンダンやサテー付きの特製ナシ・ゴレン（$15.5）などが人気。酸味の効いた辛いスープで魚の頭を煮込んだケパラ・イカン（$35〜）や揚げ魚のイカン・ニラ・ゴレン（$28〜）が自慢料理だ。

タイの一種の魚の頭をタマリンドやスパイス類で煮込んだケパラ・イカン

MAP P.78-2B
オーチャード・ロード周辺
- 19 Tanglin Rd., #04-10/13 Tanglin S.C. ☎6733-3333
- 営11:00〜22:00 休旧正月3日間、ハリ・ラヤ・プアサの祝日 カード ADJMV
- 行き方 MRTオーチャード駅から徒歩約10分。
- [他店舗] 290 Orchard Rd., #B1-44 Paragon ☎6733-2220

おすすめデザート3品。手前はココナッツミルクベースのアイス・テラー、後方右がチェンドル・カチャン、後方左がアボカドシェイク（各$6〜）

ワルン・ナシール
ひとりでも手軽に食事できるナシ・パダン
Warung M. Nasir

カウンターに並ぶ15種類くらいの料理から選んでオーダーするインドネシア料理店。ここはジャズが流れ、インテリアもおしゃれ。ビーフ・レンダン（牛肉のココナッツミルク煮）やアヤム・グライ（チキンのココナッツミルクカレー）、テロン・ブラード（揚げナスのチリあえ）などが人気料理だ。肉または魚料理に野菜のおかず2種、それにご飯で$7〜。ひとりなら料理とご飯をワンプレートで、ふたり以上なら各料理を小皿に盛ってもらうこともできる。

左／手前左がテロン・ブラード。後方右はデザートのブルッ・ヒタム（黒米のお汁粉、$2.5） 右／絵画が飾られた店内

MAP P.80-3B
オーチャード・ロード周辺
- 69 Killiney Rd.
- ☎6734-6228 営10:00〜22:00
- 休無休 カード不可
- 行き方 MRTサマセット駅から徒歩約4分。

◆ Restaurant Guide ◆

アレンジしていない本物の味
ミナン
Rumah Makan Minang

有名店がしのぎを削るカンダハール・ストリートでも味のよさと安さで人気のナシ・パダン（パダン地方の料理）食堂。スマトラ島パダンの伝統の味を守り、毎日20種類以上のおかずが用意される。おかずを3品ほどのせたぶっかけご飯は$5～7。ミー・ゴレン、ミー・ロブス（→P.60）などの麺類やデザートのプルッ・ヒタム（黒米のお汁粉、$2）、アボカドジュースなどのドリンク類も揃い、地元の常連客でにぎわっている。

中央はイカン・バカール（醤油ソースがけの焼き魚）、手前右はサユール・ロデ（野菜のココナッツカレー）、中央奥はタウフー・テロー（豆腐の揚げ物）。料理は1人前$3.5～6

MAP P.85-1C
アラブ・ストリート周辺

- 18/18A Kandahar St.
- ☎6294-4805 ⏰8:00～20:00（土・日曜～17:00）
- 休 ハリ・ラヤ・プアサの祝日、ハリ・ラヤ・ハジの祝日
- カード J
- 行き方 MRTブギス駅から徒歩約10分。

1階はオープンエアの席。料理はガラスケースに並ぶものを指さし注文、またはメニューブックから選んでもいい

インド料理

気軽さと本格的な味わいが評判に
ジャギーズ
Jaggi's

本場の北インド料理が味わえると、地元のインド系の客の支持を集める繁盛店。ガラスケースに並ぶ10種類ほどのカレーのなかから指さし注文するスタイル。店内の窯で焼き上げるナンやタンドーリ類が自慢。もちろんカレーも本格派で、豊かな風味が口いっぱいに広がるバターチキンカレー（$7.7）は人気の逸品。ホウレンソウとカッテージチーズのカレー、パラクパニール（$3.5）などベジタリアンメニューもある。

チャパティもある

MAP P.86-2B
リトル・インディア

- 34/36 Race Course Rd.
- ☎6296-6141
- ⏰11:00～22:30
- 休 無休
- カード A M V
- 行き方 MRTリトル・インディア駅から徒歩約3分。

左／手前左はヨーグルトやスパイスに漬け込んで焼き上げたチキンティッカ$7 右／ガラスケースにはタンドーリ類も並ぶ

知られざるインド料理との出合い
スパイス・ジャンクション
Spice Junction

ここではほかのインド料理店とは違ったテイストの料理、南インドの海に面したケララ、ゴアの料理が味わえる。ケララはアーユルヴェーダ発祥といわれる地であり、スパイスの宝庫。15～20種類のスパイスを巧みに調合、さらに自然のカロテンやビタミン豊富なヘルシー料理がたくさんある。また、魚介を多用し、ケララはキリスト教徒が多いという土地柄、牛肉を用いた料理があるのも特徴。クリスピーなプラタや米粉のクレープのアッパムとともに、珍しいインド料理を食したい。

MAP P.86-2B
リトル・インディア

- 126 Race Course Rd.
- ☎6341-7980
- ⏰11:30～15:00、18:00～22:00 休月曜
- カード A J M V
- 行き方 MRTリトル・インディア駅から徒歩約6分。
- ※週末は予約をしたほうがよい。

左／右はスパイスでマリネしたマナガツオを揚げたポンフレットフライ（$6.9/100g）。左はマトン・ココナッツ・フライ（$13.9）、後方左はケララ・フライド・プラウン（$13.9） 右／自家製のアイスクリーム、マンゴークルフィーも試したい

マレー・インドネシア料理／インド料理

◆ Restaurant Guide ◆

R フィッシュヘッド・カレーの大御所
バナナリーフ・アポロ
The Banana Leaf Apolo

シンガポール名物のひとつ、フィッシュヘッド・カレーが評判の南インド料理店。席に着くと、バナナの大きな葉の上に、ライスやカレーが盛られる。フィッシュヘッド・カレーはSサイズ（$24）で2人前。軟らかく煮込んだ白身の魚に、香辛料の効いた奥深い辛さのスープが絶妙にからみ合って美味。メニューもあるが、オープンキッチンになっているカウンターに料理が並べてあり、そこで注文することもできる。

オープンキッチンに並ぶ各種カレーは好みでオーダー。チキンマサラがおすすめ

MAP P.86-2B リトル・インディア
54 Race Course Rd.
☎6293-8682
営10:30～22:30 休無休
カードADJMV
行き方MRTリトル・インディア駅から徒歩約4分。
[支店] 48 Serangoon Rd., #01-32 Little India Arcade
☎6297-1595

左／手前がフィッシュヘッド・カレー。小皿はエビ、イカ、マトンのカレー（$9～）。右奥は基本のご飯セットで、白いご飯かサフランライスを選べる　右／食事どきは連日大にぎわい

R フィッシュヘッド・カレーの生みの親
ムトゥース・カリー
Muthu's Curry

モダンで落ち着いた雰囲気、サービスもよく、ゆったりと食事が楽しめる。創業以来の味のクオリティがしっかり維持され、値段も良心的。名物のフィッシュヘッド・カレー（$22～）は、酸味が効いたさらっとしたスープソースで辛さがあとからやってくる。マサラ・プロウン（1尾$7）など魚介を多用した南インド料理のほかに、北インドの料理もあり、タンドーリ・チキン（$14）もおすすめ。料理全般において辛さは比較的マイルド。

多種類のスパイスが混ざったスープソースの中にオクラやパイナップルが入ったフィッシュヘッド・カレー。魚はタイやスズキの仲間を用いる

MAP P.86-2B リトル・インディア
138 Race Course Rd., #01-01 ☎6392-1722
営10:30～22:30
休無休 カードADJMV
行き方MRTリトル・インディア駅から徒歩約6分。
[他店舗] 3 Temasek Blvd., #B1-109/177 Suntec City Mall ☎6835-7707

約350席の広くて明るい店内。市内に3店舗ある

R ナシ・ビリヤーニの名店
イスラミック
Islamic

1921年創業の歴史あるイスラム料理店。初期のシンガポール移民で財をなしたアラブ人のアルサゴフ家の料理人を務めた人が、この店を始めて今は3代目。当時の味を受け継いだ"元祖"ナシ・ビリヤーニが名物料理だ。チキンやマトン、魚と種類があるが、いち押しはしっとりと軟らかく煮込まれたチキンのビリヤーニ（$11）。ここにしかないというクリスピーな揚げパンケーキ、ロティ・マリアムやムルタバ（→P.59）も試したい。北インドのカレーも各種ある。

左／南インドのイスラム料理がメイン。手前がチキン・ビリヤーニ、後方は左からチキン・ティッカ（$8）、マトン・マイソール（マトンのコショウ炒め、$7～）、ブリンジャル・パチャディ（ナスの甘酸っぱいソースあえ、$5～）　右／アラビックなインテリアの店内

MAP P.85-1C アラブ・ストリート周辺
745 North Bridge Rd.
☎6298-7563
営10:00～22:00（金曜10:00～13:00、14:00～22:00）
休ハリ・ラヤ・ハジの祝日2日間　カードAJMV
行き方MRTブギス駅から徒歩約10分。
※週末は予約をしたほうがよい。

✦ Restaurant Guide ✦

ランチビュッフェが大人気
ヤントラ　　　　　　　　　　　　　Yantra

タングリン・モール（→ P.250）1階のシックなレストラン。在住インド人も太鼓判を押す料理は、スパイスの香り高く洗練の味わい。毎日ランチタイムに開かれるビュッフェには約15種類の料理のほかに、スナック類のライブキッチンも。おすすめはチキン・ダム・ビリヤーニ、黒コショウやスパイスでマリネしたチキンケバブのムルガ・カリミルチ、豆のカレーなど。アラカルト料理もバラエティ豊か。

MAP P.78-2A　オーチャード・ロード周辺
163 Tanglin Rd., #01-28/33 Tanglin Mall ☎6836-3088
12:00～15:00（土・日曜11:30～）、18:30～22:00
無休
カード AJMV
行き方 MRTオーチャード駅から徒歩約15分。
※予約をしたほうがよい。

左／ドーサ（インドのクレープ）はその場で焼いてくれる　右／チキンやラム、豆のカレーが人気。ビュッフェは平日$33、品数が増える土・日曜は$52

インドの街角の味に出合える
マドラス・ニュー・ウッドランズ　Madras New Woodlands

マドラスという地名が冠せられているとおり、南インド料理中心のベジタリアンレストラン。チーズやオニオン入りなど、全13種類ある南インド版クレープのドーサ（$3.3～）はカレーとともに。カレーの盛り合わせであるV.I.P.ターリー（$10.9）は、ダール（スパイシーな豆煮込み）やラッサム（酸味の強いスープ）、マサラカレー、ビリヤーニ（インド風炊き込みご飯）など多様な味が一度に楽しめてお得。サモサやマンゴーラッシーもおいしい。

V.I.P.ターリーはボリューム満点。膨らんだ揚げパンはプーリー

MAP P.86-3B　リトル・インディア
12-14 Upper Dickson Rd.
☎6297-1594　7:30～22:30
無休　カード 不可
行き方 MRTリトル・インディア駅から徒歩約5分。

南インドではコーヒーがポピュラー。高い位置から注いで空気を含ませると柔らかい風味に

ベジタリアンのスナック専門店
ムルガン・イドリ・ショップ　Murugan Idli Shop

イドリとは米粉で作った蒸しパン。この店は南インドで展開するチェーン店で、ほわほわのイドリが人気を博している。名物のイドリ以外のおすすめは、たっぷりの赤タマネギを加えた、お好み焼きのようなオニオン・ウッタパムで、米粉のつぶつぶ感と甘いタマネギが絶妙。チャイではなくコーヒーで締めるのが南インド流で、砂糖を自分で加えて飲むコーヒーは濃厚で美味。

MAP P.87-2C　リトル・インディア
76 Syed Alwi Rd.
☎6298-0858
9:00～23:00
無休
カード 不可
行き方 MRTファーラー・パーク駅から徒歩約5分。

左／中央の白いパンがイドリ（1個$1.75）で4種類のチャツネが付く。左がオニオン・ウッタパム（$4.7）、手前はマサラ・ドーサ　右／ミルクたっぷりのコーヒーはスパイシーな料理に合う

イスラム風お好み焼きはいかが
シンガポール・ザム・ザム　Singapore Zam Zam Restaurant

サルタン・モスクの向かい、ノース・ブリッジ・ロードに面したイスラム料理店。ここの名物は、ムルタバ（薄く延ばした生地の中に具を挟んで鉄板で焼いたもの）だ。店頭では小麦粉を油と水でこね、あっという間に薄く延ばしてしまう職人技が見られる。ムルタバの具はマトン、チキン、牛肉、サーディン（イワシ）、鹿肉の5種類からチョイス。サイズは6種類あり、$6～20。一緒に出されるカレーをつけて食べる。そのほか、各種カレーやビリヤーニもある。

MAP P.85-1C　アラブ・ストリート周辺
697-699 North Bridge Rd.　☎6298-7011、6296-7790　7:00～23:00
ハリ・ラヤ・プアサの祝日、ハリ・ラヤ・ハジの祝日
カード 不可
行き方 MRTブギス駅から徒歩約6分。

左／生地を作る調理人　右／手前がチキン、後方がマトンのムルタバ。香辛料の効いたムルタバは、ミルクティーと一緒に

レストランガイド　インド料理

フランス料理

ブラッスリー・ガヴロッシュ
オーセンティックな伝統料理にこだわる
Brasserie Gavroche

扉を開けた瞬間、パリの街角に迷い込んだような気分にしてくれる。レトロな床タイルとクラシックなライト、吹き抜けの天井から差し込む光が優しい。正統派フレンチの数々がメニューに並び、なかには100年以上前の料理もあるとのこと。パリの料理をメインに南フランス、アルザス地方など各地の名物料理を集めているので、いながらにしてフランスの食の旅が楽しめる。シェフのファミリーレシピのオニオンスープ（$16）はぜひオーダーしたい。

左／バーエリアの奥にレストランスペースがある　右／手前がポークと野菜を煮込んだポトフ、後方左が人気のアボカドとエビのカクテルソースサラダ（$26）、奥左はエスカルゴ（$31）

MAP P.91下図　チャイナタウン
住 66 Tras St.　☎ 6225-8266
営 11:30～14:00、18:30～21:30
休 土曜と祝日のランチ、日曜
カード AJMV
行き方 MRTタンジョン・パガー駅から徒歩約7分。
※土曜夜は要予約。

ショップハウスがおしゃれに変身

ギュンターズ
こだわりシェフの技ありフレンチ
Gunther's

ヨーロッパから届く新鮮な季節の食材をふんだんに使い、ミシュラン3つ星レストランで経験を積んだシェフのギュンターさんが腕を振るう。300種を有するワインとともに、モダンなフランス料理に舌鼓。ヨーロッパの一流店の味わいとスマートなサービスで、地元のエグゼクティブたちの評価も高い。おすすめ料理をセレクトした3コースのランチセット（$38）、4コースのディナーセット（$148～）がある。キャビアたっぷりの冷製パスタ、リンゴの薄焼きパイ「ドラジェ」は絶品。

左／店を仕切るベルギー人シェフのギュンターさん　上／キャビアの冷製エンジェルヘアーパスタ（$60）は開業以来の看板メニュー　下／スモーク・アラスカンキングクラブ、コンテチーズとトリュフ添え（$140）

MAP P.75-1C　シティ・ホール周辺
住 36 Purvis St., #01-03
☎ 6338-8955
営 12:30～14:30、18:30～22:00
休 土曜のランチ、日曜
カード ADJMV
行き方 MRTシティ・ホール駅から徒歩約10分。※要予約。

店内はベルギーの古い邸宅をイメージしたアール・ヌーボー調のデザイン

ジネット・レストラン&ワインバー
リーズナブルなワインリストが話題に！
Ginett Restaurant & Wine Bar

ブギスのホテルGシンガポール（→P.325）の1階にあるフレンチレストラン。ブラッスリーのような店で、手頃な料金のワインとコスパのよい料理で連日活況を呈している。約100種にも上るワインはフランスの提携ワイナリーから直輸入しており、グラスで$6～15という破格の料金で提供。料理は熟成肉の炭火ステーキをはじめ、チーズや生ハムの盛り合わせ、ビーフ・タルタルなどが人気。平日のランチセットは$15。曜日ごとのワインや料理の割引、無料サービスなどのプロモーションもチェックしたい。

MAP P.84-2A　ブギス周辺
住 200 Middle Rd., 1F Hotel G Singapore
☎ 6809-7989
営 8:00～24:00（11:00までは朝食メニューのみ、ラストオーダー22:30、金・土曜～翌1:00）
休 無休　カード AJMV
行き方 MRTベンクーレン駅から徒歩約3分、プラス・バサー駅、ブギス駅から約5分。
※木・金曜の夜は要予約。

左／開放感のある大きな店　中／手前はホタテのソテーのラ・サン・ジャッカル（$34）。木の板にチーズやハムなどが並ぶ「1メートルボード」（中央、$56）は店のスペシャル　右／オーストラリア産熟成肉のグリル

イタリア料理

ウオーターフォール・リストランテ・イタリアーノ Waterfall Ristorante Italiano
心地よいリゾートの風が吹き抜ける

シャングリ・ラ ホテル シンガポール（→P.306）内のイタリア料理店。南国植物が生い茂るプール脇にあり、コロニアル調のインテリアの店内奥からは滝が望める。ゆったりくつろげるアットホームな雰囲気のなかで南イタリアの料理を満喫。メニューはわかりやすく、奇をてらわず伝統料理をシェアできるポーションで提供。何を頼んでもハズレがなく、安定したおいしさだ。月～金曜は前菜のビュッフェ（$38）、週末はブランチビュッフェ（$55～）を開催。

うま味が詰まったトマトソースのシーフードパスタ、リングイネ・アックスコーリオ（手前、$34）はシェフのおすすめ。後方右はパルマハムとモッツァレラチーズのピザ（$32）

MAP P.78-1B　オーチャード・ロード周辺
- 22 Orange Grove Rd., L1, Garden Wing, Shangri-La Hotel Singapore
- ☎6213-4398
- 営12:00～14:30、18:00～22:30
- 休無休
- カード A J M V
- 行き方 MRTオーチャード駅からタクシーで約5分。※予約をしたほうがよい。

シックで落ち着いたインテリアの屋内と屋外のテラス席がある。夜はロマンティック

ノーメニュー No Menu
あたたかみのある店内はまるでシェフの邸宅

シンガポールで20年以上のシェフ歴を誇るオズワルドさんが家族で営むこの店は、連日満席のにぎわいぶり。シェフの故郷、イタリア北西部の山岳地帯、ピエモンテをイメージしてメニューや内装が施されている。イタリアから取り寄せた鮮度のよい食材にこだわった料理は、妥協のない本場の味だ。ブッラータチーズを使ったラビオリや生ハムと盛り合わせた前菜、3時間煮込むサフランリゾットがおすすめ。その日の最良の素材で作るシェフおまかせコース「ノーメニュー」も注文可能。

左/手前はブッラータチーズのラビオリ（$39）、後方左はオッソブーコ（牛すね肉の煮込み、$52）とサフランリゾット。チョコとヘーゼルナッツを混ぜたスイーツ「ジャンドゥーヤ」はピエモンテ発祥（後方右）　右/絨毯が敷かれ書棚が置かれたアットホームな店内

MAP P.83-2C　チャイナタウン
- 23 Boon Tat St.
- ☎6224-0091
- 営11:30～14:30、18:00～21:30（ラストオーダーは13:15、21:00）
- 休土曜のランチ、日曜、祝日、旧正月
- カード A J M V
- 行き方 MRTテロック・アヤ駅から徒歩約3分、またはラッフルズ・プレイス駅から徒歩約8分。※早めに要予約。

エトナ Etna
街角の食堂のような気軽さのリストランテ

南イタリアの食材をふんだんに使った本格料理を気取らずに味わえる。魚介からチーズ、オリーブオイル、トマトなど厳選素材を、女性シェフの繊細な手法で伝統的な南イタリアの味に仕上げている。おすすめはパスタとピザ。特にピザは絶品で、シチリア島のトマトにブッラータチーズを合わせた「ブッラータ」（$32）、モッツァレラとポルチーニ茸、ピスタチオの香りが溶け合った「エトナ」（$26）が店のいち押し。食後にはピスタチオペーストが入ったティラミスを。

ピザの「エトナ」（後方）はトマトソースを使わない軽めのホワイトピザ。手前は看板スイーツのティラミス（$14）。スパークリングワインからデザートワインまでグラスワインの種類も豊富

MAP P.82-3B　チャイナタウン
- 49-50 Duxton Rd.
- ☎6220-5513
- 営12:00～14:30、18:00～22:30
- 休無休
- カード A J M V
- 行き方 MRTタンジョン・パガー駅から徒歩約8分。※金・土曜は予約をしたほうがよい。

店内にはシチリアのタイル画や陶器などが飾られている

レストランガイド　フランス料理／イタリア料理

◆ Restaurant Guide ◆

コスパ抜群！のご機嫌イタリアン
ル カ
Lukā

日本人オーナーシェフがこだわるのは、ナポリ式ピザと、炭火で焼く肉料理。自慢の薪窯で焼くピザは生地がもっちりふわふわ、プロシュート（生ハム）とブッラータチーズのトッピング（$28）がいち押しだ。日替わりのおすすめ肉のステーキは上質の肉を安価で提供しており、例えば岩手の和牛ランプステーキは $32/100g といった具合。カジュアルに食とお酒が楽しめ、遅めのディナーにも利用できる。

MAP P.82-2B
チャイナタウン
- 16-18 Tanjong Pagar Rd.
- ☎ 6221-3988
- 営 12:00～24:00（ラストオーダー23:30、日曜18:00～23:00） 休 祝日、旧正月
- 行き方 MRTタンジョン・パガー駅、またはチャイナタウン駅から徒歩約10分。

左／ナポリの職人が造った特注の窯でピザを焼く　右／手前がプロシュートとルッコラ、ブッラータチーズのピザ、中央は和牛のランプステーキ、奥は前菜盛り合わせ

シチリアの海と太陽の恵みいっぱい
ガットパルド・リストランテ・ディマーレ
Gattopardo Ristorante Di Mare

シチリア島出身のシェフが得意とするのはシーフードを使った料理。世界中の産地から取り寄せた季節の魚介を、シチリア料理の手法でリゾット、パスタに調理する。おすすめは土鍋で煮込んだシーフードシチュー（Zuppa di Pesce、$39）。辛みの効いたソースが決め手のロブスターパスタはちょっと豪華な一品。イタリアワインのストックも数多く、料理に合わせてオーダーしたい。月～金曜のランチタイムにはセットメニュー（$38）もある。

MAP P.91下図
チャイナタウン
- 34/36 Tras St.
- ☎ 6338-5498
- 営 12:00～14:30、18:30～22:30
- 休 土曜のランチ、日曜
- カード ADJMV
- 行き方 MRTタンジョン・パガー駅から徒歩約8分。
- ※金・土曜は予約をしたほうがよい。

左のロブスターのタリアテッレ（$46）はシェフ、リノさん（写真右）のおすすめ料理

その他の西欧料理

ロンドンの著名シェフの店
ブレッドストリート・キッチン
Bread Street Kitchen

ミシュランの星を複数もつイギリス人シェフ、ゴードン・ラムゼイ氏の店。ロンドン店の雰囲気に忠実ながらも、カジュアルで小粋にデザインされている。看板メニューは衣とディップにこだわったフィッシュ・アンド・チップスと、アップルピューレをかけたポークベリー（ともに$29）。スイーツも美味。伝統に根ざしたオリジナルカクテルも飲める。月～金曜のランチセットは $39 ～。手前がフィッシュ・アンド・チップス

MAP P.90-2B
マリーナ・エリア
- 10 Bay Front Ave., L1-81 The Shoppes at Marina Bay Sands ☎ 6688-5665
- 営 11:30～16:00（土・日曜7:30～10:30、11:00～15:00）、17:00～22:00（木～土曜23:00） 休 無休
- カード AJMV
- 行き方 MRTベイフロント駅から徒歩約3分。
- ※ディナーは要予約。

ビール好きはたまらないドイツレストラン
パウラナー・ブロイハウス
Paulaner Bräuhaus

ミュンヘンのビール醸造所が経営するビアレストラン。開業以来20年余、料理の味のよさに定評がある。メニューにはバイエルン地方の料理が並び、名物のクリスピー・ポークナックル（豚のヒザ肉のグリル、$31.9）は、外はパリパリなのに中はしっとりと軟らかい絶妙の焼き加減。5種類のソーセージの盛り合わせは、ビールと相性抜群。できたてのビール（$13.3～/300㎖）とともに楽しもう。

ボリューム満点のクリスピー・ポークナックル（手前）。後方左はハムやチーズなどを盛ったブルーマスター・プラター

MAP P.75-2D
マリーナ・エリア
- 9 Raffles Blvd., #01-01 Time Square@Millenia Walk
- ☎ 6883-2572
- 営 11:00～14:30、18:30～22:30。バーは12:00～翌1:00（金・土曜、祝日前日～翌2:00） 休 土曜と祝日のランチ、旧正月1～2日間
- カード ADJMV
- 行き方 MRTエスプラネード駅、またはプロムナード駅から徒歩約5分。

店内中央に五月祭のメイポールが立つ

◆ Restaurant Guide ◆

レストランガイド

イタリア料理／その他の西欧料理

R ギリシアのスピリッツと活気あふれる
バカラキ　　　　　　　　　　　　Bakalaki

今シンガポールで注目されているのが、ヘルシーなギリシア料理。なかでも人気が高いのがこの店だ。内装も料理も現地スタイルにこだわり、地中海の太陽と海の香りを感じる店を設計。ギリシアにオリーブ農場をもつオーナーは、自家製のオリーブオイルをたっぷり用い、素材の味をシンプルに引き出した料理を振る舞う。グリルして食べるハルミチーズやピタパンにつけて食べるタラモサラタ（魚卵のスプレッド）、新鮮な魚介のグリルが代表料理。ワインやアニス風味のリキュール「ウーゾ」が、料理をいっそう引き立てる。

左／グリークサラダ（手前、$20.9）と歯応えのある鶏肉のような食感のハルミチーズ（後方右、$16.9）、タラモサラタ（後方左）　右／豪華なシーフードミックスグリル（$118.9）

MAP P.132
郊外のエリア
🏠 3 Seng Poh Rd., #01-01
☎ 6836-3688
営 18:00〜22:00（金・土曜12:00〜14:30、18:00〜22:00）
休 無休
カード AMV
行き方 MRTチョンバル駅から徒歩15分。
※予約をしたほうがよい。

白を基調にしたナチュラルな内装。ワイワイ陽気に楽しめる

R 伝説のイギリス人シェフが創るアートレストラン
イングリッシュハウス　　　　The English House

天才料理人とうたわれ、引退後はレストラン経営に手腕を発揮するマルコ・ピエール・ホワイトがシンガポールに開いた店。歴史あるショップハウス2軒を舞台に、自身のコレクションであるアンティークの調度品や芸術作品で埋め尽くされ、博物館のようだ。料理は伝統に忠実に、上質のイギリス料理を手頃な価格で提供するのがポリシー。1品1品ていねいに作られ、イギリス料理の神髄が込められている。コースメニューは2コース$55、3コース$65。

左／フィレ肉のステーキ（手前、$18/100g）、フィッシュ・アンド・チップス（後方左、$55）、スタッフト・キャベッジ（後方右、$22）は店のおすすめ　右／100年くらい前の骨董品が飾られた店内。丸テーブルはローカル食堂からインスピレーションを受けて作成したもの

MAP P.77-1C
クラーク・キー周辺
🏠 28 Mohamed Sultan Rd.
☎ 6545-4055
営 11:30〜15:00、17:30〜23:00（土曜8:30〜15:00、17:30〜20:00、日曜8:30〜20:00、ラストオーダー火〜金曜22:00、土・日曜19:00）
休 月曜
カード AMV
行き方 MRTフォート・カニング駅から徒歩8分。
※予約をしたほうがよい。

R ワンダーランドの食事会はいかが!?
ホワイトラビット　　　　　　　The White Rabbit

緑の中に立つ1930年代建造の教会を改装したレストラン。『不思議の国のアリス』をコンセプトにした、遊び心と神秘的なムードを秘めた空間が広がる。裏庭にラビットホールと名づけられたバーがある。料理はフレンチのテイストを盛り込んだヨーロピアン。伝統的な料理が多いが、油分や味つけはライトに工夫されている。ロブスターと昆布のリングイネ（パスタ、$52）やロブスタービスク（スープ、$32）がおすすめ。月〜金曜のセットランチは$38〜。

手前は和牛サーロイングリル、後方はトリュフソースのローストチキン（要予約、$78）

MAP P.150
郊外のエリア
🏠 39C Harding Rd.
☎ 6473-9965
営 11:45〜14:30（土・日曜11:00〜15:30）、18:30〜22:30
休 月曜、1/1、旧正月
カード ADJMV
行き方 中心部からタクシーで約10分。
※金・土曜のディナーは予約をしたほうがよい。

左／木製のテーブルと椅子が並ぶ店内。夜はロマンティック　右／ステンドグラスの中にアリスの王冠が隠れている

Restaurant Guide

緑の中の癒やしの空間
ハリア　Halia

シンガポール・ボタニック・ガーデン（→ P.118）のジンジャー・ガーデンにある屋外席は、緑のパワーあふれる特等席だ。すがすがしい早朝に園内を散策し、ここで朝食（月〜金曜 9:00〜11:00）を取るのがおすすめ。モダンヨーロッパ料理とひねりを効かせたアジア料理を出しており、ショウガを取り入れたユニークなメニューもある。レモングラスとジンジャードレッシングのエビのサラダやチリ・クラブソースのパスタ、ショウガやハーブ、トロピカルフルーツをふんだんに用いたドリンクやデザートも見逃せない。

左／朝食メニューのナシ・レマ（→P.60、$22）は和牛を使用。ジンジャー入りのチリペーストが絶妙　中／ライチとタイム、後方はグレープフルーツとタラゴンのハーブブレンドドリンク（各$8）　右／店名の「ハリア」はマレー語でショウガのこと

MAP P.118
郊外のエリア

📍 1 Cluny Rd., Ginger Garden, Singapore Botanic Gardens
☎ 8444-1148　営 9:00〜22:00（土・日曜、祝日10:00〜）※朝食メニューは月〜金曜のみ、土・日曜、祝日はブランチメニューとなり10:00〜17:00。
休 無休
カード A J M V
行き方 中心部からタクシーで約15分。

新進気鋭のモダンスペイン料理
オリビア・レストラン&ラウンジ　Olivia Restaurant & Lounge

ショップハウスを改装した店内は、オープンキッチンを中心にカウンター席やガーデン風のエリア、スタイリッシュなテーブル席を配置。おしゃれ過ぎずに肩ひじ張らずに楽しめる雰囲気だ。スペインのカタルーニャ料理を軸に、メニューは前菜のタパス、シェフの創作料理、伝統を重んじたメイン料理で構成されている。店のおすすめはカタルーニャ・ロブスター・アボカドロール、イカ墨のパエリア「アロス・ネグロ」。滑らかなクリームがとろりと流れ出すチーズケーキはマストトライ。

左／2019年オープンの店。スペインのアートやインテリアが随所に　右／手前は見た目も美しいカタルーニャ・ロブスター・アボカドロール（$29）、後方はマグロのほほ肉のグリル、魚介のうま味ソース仕立て（$35）

MAP P.91下図
チャイナタウン

📍 55 Keong Saik Rd., #01-03
☎ 6221-0522
営 11:30〜14:00、18:00〜22:00（金・土曜〜23:30）
休 日・月曜、旧正月1日
カード M V
行き方 MRTアウトラム・パーク駅から徒歩約5分。

クリーミーホームメイドチーズケーキ（$14）を目当てにやってくるお客もいる

唯一の本格ポルトガル料理店
ボカ　Boca

周辺国やかつての植民地の食文化が混ざり合い、多彩な材料やスパイスをふんだんに使う独自の特徴をもつポルトガル料理。オリーブオイルや塩でシンプルに味つけされた料理が多く、親しみのわく味わいだ。ポルトガル人が経営するこの店は、家庭料理から地方の名物料理まで網羅。バカリャウ（干しダラ）のコロッケ（$14）やシーフードライス（$36）などがおすすめ。充実したセラーのポルトガル各地方のワインとともに味わいたい。伝統スイーツのなかではパステル・デ・ナタ（エッグタルト）がいち押し。

濃厚カスタードクリームが入ったパステル・デ・ナタ（$4.5）

MAP P.126
チャイナタウン

📍 8 Ann Siang Hill
☎ 6221-0132
営 12:00〜14:30、18:00〜22:00　休 月曜
カード A D J M V
行き方 MRTチャイナタウン駅から徒歩約8分。※木〜土曜の夜は予約をしたほうがよい。

左／アサリのガーリックと香草入りワイン蒸し（手前、$24）、バカリャウコロッケ（後方右）、バカリャウのグリル（後方左、$38）　右／ポルトガルの著名人を描いた壁画が印象的

日本料理

酢重レストラン
日本の心がこもった滋味豊かな料理

Suju Japanese Restaurant

軽井沢にある味噌・醤油など伝統食材の店が手がける和食店。自社の味噌や調味料、漬物、信州産のお米を用いて、シンプルに素材の味を大切にした料理を出している。丹念に手間を惜しまない調理への姿勢は、少量ずつ銅釜で炊くふっくらご飯をかみしれば納得。おすすめは銀ダラの味噌漬け焼き（$42）、鶏モモ肉の黒酢炒め（$26）、特製サバ味噌（$26）。プリンやほうじ茶風味のカタラーナなどデザートまで楽しめる。昼は気軽に定食（$22〜）、夜はアラカルト料理に日本酒を。

左／特製の銅釜。玄米を店で精米してこの釜で炊いている　右／銀ダラの味噌漬け焼き（手前）、鶏モモ肉の黒酢炒め（後方左）は、ランチは定食もある

MAP P.80-2A　オーチャード・ロード周辺
住 333A Orchard Rd., #04-05 Mandarin Gallery
☎ 6737-7764
営 11:30〜22:30（ラストオーダー22:00）　休 旧正月2日間
カード A J M V
行き方 MRTサマセット駅から徒歩約6分。
※予約をしたほうがよい。

和のインテリアが施された店内

ビンチョー
ユニークな「高級ヤキトリレストラン」

Bincho

焼き鳥のイメージを一新、洗練された炭火焼き料理を創作する。熟練の日本人シェフが吟味した素材で焼きの技を駆使した料理に、シンガポール人や欧米人が足しげく通う。フランス産の鶏を使用し、希少部位も提供、そして串に刺さないのが流儀だ（胸肉 $10、モモ $15）。一品料理では四元豚の黒ニンニクソース（$45）が人気。ランチは丼やセットメニューがある。昼間は昔からここにあったミーポッ（麺）の店が店頭付近で営業するというスタイルで。

左／手前は黒豚の黒ニンニク焼き、ポルチーニ塩やゆずコショウで味わう焼き鳥の盛り合わせ（$20）　右／70年以上前のコピティアムの名残をとどめる店内

MAP 折込裏-3A、P.132　郊外のエリア
住 78 Moh Guan Terrace
☎ 6438-4567　営 12:00〜15:00、18:00〜22:00（土曜〜23:00）　休 日曜のディナー、月曜、旧正月1週間
カード A J M V
行き方 MRTチョンバル駅から徒歩約7分。※要予約。

エスニック料理・その他の料理

トノ・セビチェリア
ペルーのセビーチェ専門店

Tono Cevicheria

世界で注目のペルー料理。自然に恵まれ食材が豊かなこと、ヨーロッパや中国、日本からの移民が多く、多様な文化の影響を受けて美食が生まれた。なかでも国民食といえるのが「セビーチェ」。生の魚介をタマネギ、ライム、トウガラシ、香辛料などでマリネした料理だ。マリネの際に出るソースを「タイガーミルク」と呼んで、日本のだしのように重用するそう。セビーチェは3種類あり、ビールやブドウの蒸留酒「ピスコ」を使ったカクテルとともに味わいたい。ランチセット（$28〜）もある。

左／手前はマリネしたチキンの串焼き（$22）、後方右は魚介のシチュー（$34）
右／白身魚とイカフライのセビーチェ「Tono」（手前、$28）は店いち押し

MAP P.85-2C　ブギス周辺
住 7 Fraser St., #01-49/50 Duo Galleria　☎ 6702-7320
営 12:00〜14:30、18:00〜22:00（金・土曜12:00〜15:00、18:00〜22:30、日曜12:00〜15:00、18:00〜21:30）
休 月曜　カード A J M V
行き方 MRTブギス駅から徒歩約3分。※土曜夜は予約したほうがよい。

パーティを意味する「トノ」を冠した店は、ラテンムード満点

レストランガイド／その他の西欧料理／日本料理／エスニック料理・その他の料理

✦ Restaurant Guide ✦

R タイの宮廷料理が味わえる
タンイン・レストラン
Thanying Restaurant

アマラ・シンガポール（→ P.311）の2階にあるタイの宮廷料理を得意とするレストラン。タイ王室の料理人から学んだシェフが腕を振るう料理は、骨や種、筋などをきれいに取り除いて食べやすく調理され、洗練された味わい。クリアなスープのトムヤムクン（$10）はここのスペシャルで、辛味と酸味がまろやかに調和した逸品だ。香りのよい黒オリーブ入りフライドライスやグリーンカレーも美味。

MAP P.82-3B チャイナタウン
🏠 165 Tanjong Pagar Rd., 2F Amara Singapore ☎6222-4688 🕐 11:00～15:00、18:30～23:00（ラストオーダーは14:30、21:30）休 旧正月1日 カード AJMV
行き方 MRTタンジョン・パガー駅から徒歩約5分。

左／ココナッツミルクとスパイスの効いたカニカレー（プーテレー・パッポン・カリー、$35）　右／手前のチキンのグリーンカレー（$18）はエイのフライとともに。後方はエビや米麺炒めのパッタイ・クン・ソッド（$20）

R ベトナムの街角に紛れ込んだよう！
ナムナム・ヌードル・バー
Namnam Noodle Bar

ベトナムの二大ローカルフードのフォー（米麺）とバインミー（バゲットサンド）をフィーチャーし、洗練された味とバリエーションで一躍人気店に。多種類のスパイスや野菜、牛骨などをじっくり煮込んだフォーのスープは、しっかり味がついておいしい。北部のフォーのほか、各地の名物麺が揃っており、どれも特色があって試したくなる。

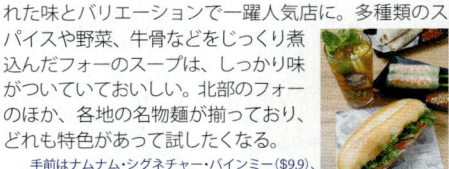

手前はナムナム・シグネチャー・バインミー（$9.9）、後方左はレモングラスジンジャー・アイスティー

MAP P.79-2C オーチャード・ロード周辺
🏠 501 Orchard Rd., #B2-02 Wheelock Place ☎6735-1488 🕐 8:00～22:00（ラストオーダー21:30）休 年によって旧正月
カード AMV 行き方 MRTオーチャード駅から徒歩約3分。
[他店舗] 🏠 252 North Bridge Rd., #B1-46/47 Raffles City ☎6336-0500

北部名物、そうめんのような米麺のブンチャー。甘酸っぱいれにつけて食べる（手前、$10.9）

R 「焼きしゃぶ」をワイワイ楽しもう
トムヤム・カンフー
Tom Yum Kungfu

ジンギスカン鍋のような鍋で、バーベキューとしゃぶしゃぶを同時に楽しむタイの鍋料理が人気。火力は炭火というのもいい。魚介と肉類、野菜などがセットになっているので、人数に応じてオーダーする。肉類、エビやホタテは鉄板で焼き、野菜や魚のつみれ、ゆばなどは鉄板の周りのスープの中に投入。インスタント麺も一緒に煮て食べるのがタイ流だ。2～3人前 $39.9～、3～4人前 $49.9～。鍋はディナーのみ提供。

MAP P.74-3A クラーク・キー周辺
🏠 16 Circular Rd. ☎6536-1646 🕐 12:00～14:30、18:00～22:30（土曜18:00～。上記はラストオーダー時間）休 日曜、旧正月
カード AMV 行き方 MRTラッフルズ・プレイス駅から徒歩約7分。

具は単品で追加注文可能。肉は牛、豚、鹿肉がある。鍋のほかに揚げ物などの料理も出す

R ザ・メキシカンな雰囲気に酔う
ピエドラ・ネグラ
Piedra Negra

ハジ・レーン（→ P.41）散策中に立ち寄りたい、陽気なメキシカンレストラン。ミラーモザイクのアートやメキシカン雑貨で彩られた店内は、メキシコムード満点。「リーズナブルに伝統的なメキシカンを」をモットーに、メキシコの家庭の味を再現。激辛のハバネロソースで味わうビーフ・ブリトー（$14.9）や、セビーチェ・デ・モルカヘテ（エビやタコと野菜のマリネ、$14.9）がおすすめ。

MAP P.85-2C アラブ・ストリート周辺
🏠 241 Beach Rd. ☎6291-1297 🕐 12:00～24:00（金・土曜～翌2:00。食事のラストオーダー22:30、ドリンクのラストオーダー23:15）休 無休
カード AMV 行き方 MRTブギス駅から徒歩約10分。

左／外壁に描かれたマヤの壁画は人気の撮影スポット　右／手前は石うすに盛りつけられたセビーチェ・デ・モルカヘテ

ホーカーズ・フードコート

人気店の多い
ホーカーズ
4店

中国系の人気店が集合！ ホーカー初心者にもおすすめ
マックスウェル・フードセンター　Maxwell Food Centre

チャイナタウンにある王道ホーカーズ。中国各地の料理やスナックの店がメインで、わざわざ食べに行く価値のあるおいしい店が多い。比較的きれいで造りもシンプル、旅行者も利用しやすい。

MAP P.82-2B　チャイナタウン

住 Maxwell Rd. & South Bridge Rd.
営 早い店は7:00頃〜、遅い店は10:00頃〜。閉店は昼過ぎに閉まる店と18:00〜22:00の間に閉まる店がある
行き方 MRTチャイナタウン駅から徒歩約10分、またはタンジョン・パガー駅から徒歩約12分。

約100軒が整然と並ぶ。新店が続々登場

チキンライスは$3.5〜。15:00頃は比較的客足が引く

おすすめ店

天天海南雞飯（No.10、11）
チキンライスの有名店（→P.50）。昼どきは行列必至。3軒隣の「阿仔海南鶏飯」（No.7 営11:00〜19:00）は天天海南雞飯で調理人を務めた人が独立して始めた店で、こちらもおすすめ。

洪家福州蠔餅（No.5）
数少ないオイスターケーキ（小ぶりのカキ入り揚げパン）の名店。
営11:00〜18:00　休旧正月

左・右／オイスターケーキは揚げたてがおいしい。円錐形で中にカキや豚ひき肉が詰まっている（$2）

同心居（No.92）
老舗の手作り餃子店。蒸しと揚げたものがあり、前者がおすすめ。
営11:30〜20:00
休月曜、旧正月

揚げ餃子の三鮮鍋貼（8個$4）

75花生湯（No.57）
老舗デザート店。看板メニューはピーナッツスープ。
営7:30〜16:00（昼過ぎに売り切れることもある）　休月曜

ピーナッツスープはピーナッツ入りの優しい甘さの温かいスープ。団子のトッピングあり

ディープな食とツウ好みの店が集まる
アモイ・ストリート・フードセンター　Amoy Street Food Centre

周辺オフィスの勤め人御用達。12:00頃〜13:30頃はたいへん混み合い、人気店は行列ができる。中国系の老舗や名店、昔ながらのローカル食に交じって、洋食やパスタ、本格的なタイ料理などもあり、地元に根ざした実用的ホーカーズだ。観光客は少なく、ランチタイムは席取り合戦も熾烈で熱気が渦巻く。

MAP P.83-2C　チャイナタウン

住 7 Maxwell Rd.
営 店によって異なるが、早い店は8:00頃〜、多くは11:00頃〜17:00頃
休 店によって異なるが土・日曜、祝日は休む店もある
行き方 MRTテロック・アヤ駅から徒歩約5分、タンジョン・パガー駅から約7分。

上／1〜2階の2フロアある。2019年のミシュランガイドのビブグルマンにここから4店選出された
下／1階の奥に中国チックな壁画がある

おすすめ店

炒粿條（1F、No.01-01）
約50年の歴史あるチャー・クエティヤオの店。味がよく具だくさん。営6:30〜20:00（土曜、祝日〜15:00）　休日曜

黒糖醤油の甘さは控えめで食べやすい（$3〜）

J2クリスピー・カリーパフ（1F、No.01-21）
皮が薄くてサクサク、ポテトがホクホクのカリーパフが人気。サーディンやヤムペーストのパフもあり（$1.4〜1.6）。営8:00〜15:00　休日曜、祝日

上・下／次々手作りされており、できたてが食べられる

咖啡快座（Coffee Break　2F、No.02-78）
ホーカーのドリンク店のニューウエイブ。1935年創業の伝統的なコピ（コーヒー）とトーストの店だが、シーソルトキャラメルやミント、スパイス入りのコーヒーや紅茶などフレーバーが豊富。営7:30〜14:30　休土・日曜、祝日

カヤトーストや黒ゴマトーストなども好評

源春馳名鹵麺（2F、No.02-79/80）
ロー・ミーの名店。とろとろあんにニンニクの効いた麺のファンは多い。営7:30〜14:30（売り切れた時点で閉店）　休木・金曜

昔ながらのロー・ミー

昼食どきは行列

レストランガイド　エスニック料理・その他の料理／ホーカーズ・フードコート

Restaurant Guide

北から南までインド料理が勢揃い
テッカ・センター
Tekka Centre

MAP P.86-3B
リトル・インディア

シンガポールの台所といわれるマーケットに隣接したホーカーズ。場所柄、北インド料理やマレーフードが充実しており、中国系の料理やスイーツもある。食事どきは混み合い、スパイスの香りと活気に満ちる。

🏠 Blk. 665 Buffalo Rd. ⏰ 早い店は7:00頃～、遅い店は10:00頃～。夕方に閉まる店と21:00頃まで営業する店がある 🚇 MRTリトル・インディア駅から徒歩約3分。

インド人やマレー人客が多い

おすすめ店

ラサ・ラジャ・ボジュン
Rasa Raja Bojun (No.01-280)
スリランカ料理店。インド料理よりマイルドなカレーや煮込みなどが試せる。⏰9:00～17:00 休月曜、一部の祝日
チキンやマトン、魚のカレーセットがある。写真は魚カレー（$5.5～6.5）

アル・ラーマン・ロイヤル・プラタ
(Ar-Rahman Royal Prata No.01-248)
ロティ・プラタの店。外はカリッと中はふんわり焼き上げている。⏰7:00～22:00 休無休

上／オリジナルのロティ・プラタは$1。チョコバナナやハニーなどスイーツ系もあり 下／オーダーを受けて次々鉄板で焼かれる

アラーディンズ・ビリヤーニ
(Allauddin's Briyani No.01-232)
インドの炊き込みご飯「ビリヤーニ」の店。軟らかく煮込まれたチキンがグレービーソースとよくマッチしている。マイルドで食べやすい。⏰9:00～19:00 休無休

上／ほろほろほぐれる鶏肉がのったビリヤーニ（$5.5）。マトンもある 下／内外メディアで紹介され外国人客も多い

歴史を刻む名物フードセンター
ラオ・パ・サ・フェスティバル・マーケット
Lau Pa Sat Festival Market

MAP P.83-2C, 2D
シェントン・ウェイ

🏠 18 Raffles Quay
📞 6220-2138
⏰ 店によって異なるが、だいたい11:00頃～21:00、22:00頃。サテーの屋台街は19:00頃～翌2:00頃（金・土曜～翌3:00）、日曜、祝日15:00～）。🚇 MRTラッフルズ・プレイス駅から徒歩約7分。

時計塔を有する八角形のビクトリア様式の建物内にある。前身は1838年建造の海沿いにあった「テロック・アヤ市場」。移転や改装を経て1970年代初めにホーカーを集めたフードセンターとなり、国指定の歴史建造物にも認定された。建物内部のエレガントな意匠にも注目したい。

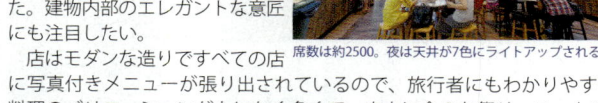

店はモダンな造りですべての店に写真付きメニューが張り出されているので、旅行者にもわかりやすい。料理のバリエーションがとにかく多くて、まさに食のお祭り。ローカル料理はもちろん、ベトナム、韓国、トルコ、日本など各国料理が揃っている。

席数は約2500。夜は天井が7色にライトアップされる

日系のパン、ケーキの店もある

おすすめ店

ブーン・タット・ストリートのサテーの屋台街
ラオ・パ・サの建物の南側、ブーン・タット・ストリートは夕方以降、路上屋台街となり、にぎわいを見せる。12軒ほど並ぶ屋台のほとんどがサテーの店。炒め物や麺料理なども注文を取りに来るので、サテー以外の料理も外席で食べられる。

左／チキン、マトン、ビーフのサテー（1本$0.7～、10本から販売）　中／ビルの谷間に出現した屋台街。このコントラストがシンガポールを象徴している　右／サテーは炭火で焼いている

✦ Restaurant Guide ✦

R 中国各地の食が集結
チャイナタウン・コンプレックス　Chinatown Complex

チャイナタウンの核となる市場がチャイナタウン・コンプレックス。その2階にあるフードセンターは規模が大きく、約150軒くらいの店が入店している。内部は赤、青、黄、緑の4色でエリア分けされているので、壁や椅子の色で位置や居場所を確認するとよい。場所柄、中国料理がメインで、広東、上海、福建、潮州などの料理やスナックが充実。チャー・クエティヤオやラクサ、ナシ・レマの店、デザートや豆乳、漢方茶の店もある。

ローカル色が濃厚。さまざまな中国系の食べ物が揃っていて圧巻だ

MAP P.82-2B
チャイナタウン

住 Blk. 335 Smith St.
営 店によって異なる。早い店は8:00頃〜、遅い店は昼過ぎ〜。閉店は18:00〜22:00の間
行き方 MRTチャイナタウン駅から徒歩約4分。

土鍋で炊き上げるクレイポットライスの店「联合本記煲飯」(#02-199/198)。広東の伝統スタイルを守る数少ない店

R 根強い地元人気
チョンバル・マーケット・アンド・フードセンター　Tiong Bahru Market and Food Centre

住宅街の真ん中にある地元密着型のホーカーズ。中国系の店が多く、老舗名店も潜む。なかでも「中荅魯海南起骨雞飯」(#02-82)のチキンライス、「鴻興炒蘇東蝦麵」(#02-01)のフライド・ホッケン・ミー、「鹵麵178」(#02-23)のロー・ミーが有名。細かく刻んだ野菜をトッピングした米の蒸し物のスナック「水粿」のおいしい店もある。行列ができている店をハシゴしてみるのもいいだろう。

MAP P.76-3A、P.132
郊外のエリア

住 83 Seng Poh Rd.
営 早い店は6:00頃〜、遅い店は10:00頃〜。夕方に閉まる店と22:00頃に閉まる店がある
行き方 MRTチョンバル駅から徒歩約10分。

左／市場の2階にある明るくきれいなホーカーズ　中／サメのフライがのったロー・ミー($3〜)が食べられる「鹵麵178」　右／「中荅魯海南起骨雞飯」の白鶏飯(チキンライス、$3〜)

水粿の店は数軒あり、写真は人気店「楗柏水粿」(#02-05)の水粿

R 中国系の老舗が集まる
ホン・リム・フードセンター　Hong Lim Food Centre

公営団地(HDB)の1〜2階にあるディープ度の高いホーカーズ。お客はほぼ地元客。きれいとは言い難く雑然とした雰囲気だが、食通の評価は高く、中国系のうまいものが潜んでいる。おすすめは「ヘンキー・カリーチキン・ビーフン・ミー興記咖喱雞米粉麵」(#01-58。→P.54)、チャー・クエティヤオの「欧南園炒粿條麵」(#02-17)。「亞九香菇肉脞麵」(#02-42)の麵と豚ひき肉、シイタケなどを黒酢とチリソースであえたバッチョー・ミーもおいしい。12:00頃〜14:00頃は混雑し、人気店は15:00前に閉店することが多いので、昼前に行くのがおすすめ。日曜、祝日は休みの店が多い。

できたてのチャー・クエティヤオ

MAP P.82-1B
チャイナタウン

住 Blk. 531A Upper Cross St.
営 早い店は7:00頃〜、遅い店は10:00頃〜。閉店は昼過ぎ、または18:00〜20:00の間
休 日曜、祝日は休む店が多い
行き方 MRTチャイナタウン駅から徒歩約3分。

左／1978年建造の老舗ホーカーズ　右／「亞九香菇肉脞麵」のバッチョー・ミー

レストランガイド　ホーカーズ・フードコート

227

◆ Restaurant Guide ◆

遠出しても行列覚悟で行く価値あり！
オールドエアポート・ロード・フードセンター
Old Airport Road Food Centre

MAP 折込表-2B
郊外のエリア

Blk. 51 Old Airport Rd.
店によって異なるが、だいたい11:00頃～22:00頃
行き方 MRTマウントバッテン駅から徒歩約5分。オーチャード・ロードからNo.16のバス、シティ・ホールのビクトリア・ストリートからNo.33のバスで約30分。

中国系の名店が多数入っていることで有名な歴史のあるホーカーズ。人気店は行列ができているのでひとめでわかる。なかでもフライド・ホッケン・ミーの「南星福建炒蝦面」（→P.52）、ロー・ミーの「チョンバル・ロー・ミー」（→P.55）、ロジャ（→P.61）の「トア・パヨ・ロジャ」（#01-108）、ワンタン・ミーの「華記」（#01-02）がおすすめ。地元の人が愛する味に出合える。食事どきは人気店の順番待ちが30分以上になることもあるので、時間帯をずらして行くとよい。

左／アパートの1階にある　中左／チリ・クラブ（$35/1kg）を出す店も　中右・右／トア・パヨ・ロジャは番号札をもらって、その番号が表示されたら注文する。ロジャは$3～

アジアの屋台街を体感できる
チャイナタウン・フード・ストリート　（牛車水美食街）
Chinatown Food Street

MAP P.82-2B
チャイナタウン

Smith St.
11:00頃～23:00頃
行き方 MRTチャイナタウン駅から徒歩約5分。

観光客でにぎわう屋台街。100mほどの路上にレトロな屋台を模した店が約20軒並び、その周辺にテーブル席がズラリと並ぶ。ロースト類や麺類など中国系の店が多いが、サテーやインド料理、シーフードなど幅広い料理が集合。通りの両側にも中国料理やローカル料理店が並んでいるので、こちらもチェックしよう。

サテーは1本$0.8～

左／19:00頃から20:30頃まではたいへん混み合う　右／屋台をかたどった店が道の中央に並ぶ

大勢でワイワイ楽しみたい
ニュートン・フードセンター
Newton Food Centre

MAP 折込裏-1B
郊外のエリア

Clemenceau Ave.
店によって異なる。開店は昼前か夕方のところが多く、閉店は深夜。24時間営業の店もある
行き方 MRTニュートン駅から徒歩約3分。

約80軒の店が広場を取り囲み屋台感覚満点。観光客に人気のホーカーズだ。ロブスターやカニなどの海鮮料理が多いことと、キンキンに冷えたビールが飲めるのがここのポイント。クラフトビール店もあり、海鮮バーベキューやローカルフードをつまみにビール！というのがおすすめ。

「興蘿卜糕」（No.28）は行列必至のキャロット・ケーキ店。自家製の大根餅を使用し、エビも入っている。

タップから注いでくれるクラフトビール店（No.71）。ピルスナーやエール、スタウトなど1パイント$10

左／キャロット・ケーキはブラックとホワイトがあり、塩味のホワイトがおすすめ（$4～）　右／興蘿卜糕は18:00～深夜まで

1971年創業のホーカーズ。屋外と屋根のある半屋外の席がある

◆ Restaurant Guide ◆

見て食べて楽しい！ おしゃれフードコート
フード・リパブリック
(大食代) Food Republic

テーマフードコートとして新境地を開いたのがここ。国内の15店をはじめ、アジア各国へも進出し、その名を広めている。店舗ごとに異なるテーマのデザインを施し、名店やユニークな料理をセレクト。主要ショッピングセンター内にあり、通いたくなる食の充実度だ。

MAP P.80-2A、P.79-2C
オーチャード・ロード周辺

[313・アット・サマセット店]
📍 313 Orchard Rd., Level 5 313@somerset ☎6509-6643
🚶 MRTサマセット駅から徒歩約3分。
[ショー・ハウス店]
📍 350 Orchard Rd., #B1-02 Shaw House ☎6235-0995
🚶 MRTオーチャード駅から徒歩約3分。

主要店

313・アット・サマセット店
約1000席、約20のストール（店）と7つのレストランを有する最大規模の店。刀削麺の「清香館」、フライド・ホッケン・ミーの「泰豊」が人気。土鍋料理の「余記」が新オープン。

左／手前が泰豊（→P.52）のフライド・ホッケン・ミー（$10～）。後方がインド料理のロティ・プラタとタンドーリ・チキン　右／スタイリッシュな内装

シンガポーリアンに人気のドリアンペーストをのせたチェンドル（$3.8）

ドリンクや点心のカート販売のある店も

ショー・ハウス店
内装にリサイクル素材を使い、エコを意識したデザイン。カリーチキンの「福翔」、漢方スープの「オーチャード・ロード・スープ・グル」がおすすめ。 
オーチャード・ロード・スープ・グルは解毒、健胃、疲労回復、美顔など効能書きも参考にして選ぼう。スープは$5.5～

MAP P.87-1C
リトル・インディア

[シティ・スクエア・モール店]
📍 180 Kitchener Rd., L4 City Square Mall ☎6636-5941
🚶 MRTファーラー・パーク駅から徒歩約3分。
※3店とも 🕙10:00～22:00
休無休　カード不可

シティ・スクエア・モール店
カラフルなプラナカンのショップハウスを再現。1920～1960年代のレトロな道具や看板などがインテリアに。 
ショップハウスに店が並び、細部まで作り込まれている。ローカル料理のほかタイ料理もある

えりすぐりの美食＆旬の店揃い
フード・オペラ
(食代館) Food Opera

アイオン・オーチャード（→P.249）の地下4階にあるおしゃれなフードコート。インテリアは1900年代のコロニアル風にリメイク。27の店とミニレストランで構成された館内で、こだわりのあるユニークな食巡りが楽しめる。

フード・オペラはフード・リパブリックの系列店。クラシックモダンな内装

MAP P.79-3C
オーチャード・ロード周辺

📍 2 Orchard Turn, #B4-03/04 ION Orchard ☎6509-9198
🕙10:00～22:00（金・土曜、祝日前日～23:00）休無休
カード不可　🚶 MRTオーチャード駅から徒歩約3分。

おすすめ店

レストラン形式で広いスペースを占める「亞華肉骨茶」（バクテー店）は、しっかり食べたいときにおすすめ。1940年創業の「スコッツ・ウーヘン・ビーフ・ヌードル（華興牛肉面）」、香港式のローストが好評の「源記香港焼腊」、フライド・ホッケン・ミーの「泰豊」などが定評のある人気店。

点心のカート販売。中身を見せてもらおう

上／亞華肉骨茶のバクテーセット（$11.5）
左／「リバーサイドBBQ」のインドネシア式チキンとイカのグリルセット（$9.5）
中／ローストご飯の源記香港焼腊
右／手前はアボカド・グラメルカ、後方はマンゴー・ヤクルト（各$5）

レストランガイド｜ホーカーズ・フードコート

◆ Restaurant Guide ◆

ペナンやプラナカン料理が食べられる穴場フードコート
タングス・マーケット   Tangs Market

オーチャードにあるデパート「タングス」(→ P.252)の地下1階にある。店舗数は14と規模は小さいが、インテリアが凝っていておしゃれ。プラナカン陶器やタイルのカラフルなインテリアが楽しい気分にしてくれる。ここではマレーシアのローカルフードが充実しており、クアラルンプールのダークソースで炒めるホッケン・ミーや、ペナンのチャー・クエティヤオなど、シンガポールとはひと味違った料理に注目。出入口脇にあるフルーツスタンド「SF」では、種類豊富なカットフルーツを手軽に食べられる。

ビビッドカラーのプラナカングッズやモチーフが散りばめられたポップでかわいいフードコート

MAP P.79-2C
オーチャード・ロード周辺
住 310 Orchard Rd., B1F Tangs
☎ 6737-5500
営 10:30〜21:30(日曜、祝日 11:00〜20:30)
休 無休　カード 不可
行き方 MRTオーチャード駅から徒歩約3分。

左上／ペナンチェンドル($2.5)も人気　左下／マレーシアのクランのバクテー($6)は漢方ハーブ入りの黒いスープ　右／ペナンのフライド・オイスター($5〜)

マリーナ・ベイを一望できる （食尚館）
クックハウス   Cookhouse

マリーナ・スクエア(→ P.256)の4階にあり、一面を占める窓にはマリーナ・ベイの絶景が広がる。サンズの光のショーを見ながら夕食というプランもあり。茶系のシックな内装で、約30ある店の造りも凝ったタイル模様やキッチン用品をインテリアに使うなどおしゃれなデザイン。中国系の店が多く、注目は土鍋料理の「クレイポット・ライス」、漢方スープの「スープマスター(老火湯)」など。チキンライスの有名店「威南記鶏飯餐室」や火鍋店の「i Steamboat」など3軒のミニレストランも入っている。

MAP P.75-2D
マリーナ・エリア
住 6 Raffles Blvd., #04-101/102 Marina Square
☎ 6336-2958
営 10:00〜22:00
休 無休　カード 不可
行き方 MRTエスプラネード駅から徒歩約5分。

食べたい具材を選ぶヨンタオフーの店もある

左／マリーナベイ・サンズも間近に。広い店内には大きなテーブルを配置し約900席ある　右／インテリアも凝っている

エスニック料理が充実の高級フードコート
ラサプラ・マスターズ   Rasapura Masters

ショップス・アット・マリーナベイ・サンズ(→ P.25)内にある約960席を有する大規模施設。通常のフードコートに比べて値段は張るが、受賞歴のあるシェフが腕を振るう店もあり、歴史と人気に裏打ちされたローカル食の精鋭約30店が集合。注目は、1950年代初頭の創業時のレシピのままのバクテーが味わえる「黄亞細肉骨茶」や、プロウン・ミーの「グッドラック・キュイジーン(好運美食)」、プラナカン料理の「ホームキッチン」、チキンライスの「東風發」など。点心の店やスイーツ店もある。

MAP P.90-2B
マリーナ・エリア
住 2 Bayfront Ave., #B2-50 The Shoppes at Marina Bay Sands ☎ 6506-0161
営 店によって異なり、開店は午前中、閉店は翌4:00。一部の店は24時間営業　休 無休
カード 不可
行き方 MRTベイフロント駅から徒歩約3分。

左／中央の点心コーナー　中／2018年にリニューアルされた。各店頭に料理と店の紹介が記されていて、店選びに役立つ　右／プラナカン料理の「ホームキッチン」で人気の鶏モモ肉のフライとバタフライピーで色付けしたココナッツライスのセット($8.8)

ハイティー

グランドロビー
ラッフルズ・ホテルで贅沢な午後時間
The Grand Lobby

不動の人気を誇るラッフルズ・シンガポールのアフタヌーンティーが場所をロビーに移して一新。ビクトリア様式の柱、クラシカルなシャンデリア、天窓から差し込む柔らかい光に包まれた歴史を刻むロビーで楽しむお茶は、シンガポールのよい思い出になるはず。3段トレイに盛られたスイーツ類は、ていねいに手作りされた逸品。カレーやイカ墨を練り込んだパンを用いたフィンガーサンドもおいしい。サーブされるお茶は、シンガポールではここのみというフランスの老舗ブランド「マリアージュフレール」の茶葉を使用。

アフタヌーンティーセットは3段トレイとスコーンの皿、マリアージュフレールのお茶かオリジナルブレンドコーヒー付き。これにシャンパンを付けることもできる(プラス$20〜)

MAP P.75-1C
シティ・ホール周辺
住 1 Beach Rd., Grand Lobby, Raffles Singapore
☎6337-1886 営12:00〜18:00 休無休 料$68
カード ADJMV
行き方 MRTシティ・ホール駅、エスプラネード駅から徒歩約5分。※要予約。

ホテルのメインエントランスを入った所がグランドロビー

ローズ・ベランダ
ランチにも使える優雅なハイティーラウンジ
Rose Veranda

各種料理からスイーツやスナック類までバラエティ豊富なハイティービュッフェが人気。ケーキ類や自家製スコーンなどのスイーツをはじめ、ローストミートや寿司まで、充実のラインアップ。ランチを兼ねて楽しむのもおすすめだ。お茶はシンガポールのグリフォン社のフレーバーティーが52種類用意されている。人気が高いので予約は早めに入れたい。

バラエティ豊富なビュッフェライン。その場で調理するラクサ、中国料理、地中海料理もある

MAP P.78-1B
オーチャード・ロード周辺
住 22 Orange Grove Rd., Mezzanine Level, Tower Wing, Shangri-La Hotel Singapore ☎6213-4398
営ハイティー11:30〜17:00(土・日曜、祝日は11:30〜14:00、15:00〜18:00の2交替制) 休無休
料ビュッフェ:大人$56、子供(6〜11歳)$28
カード ADJMV
行き方 MRTオーチャード駅からタクシーで約5分。※要予約。

スイーツにサンドイッチ、プラナカン菓子とバラエティ豊富

レンク・バー&ラウンジ
サンズのラウンジでゆったりハイティー
Renku Bar & Lounge

幾何学模様を描くモダン建築と自然光に包まれたラウンジで、種類豊富なお茶とスイーツを堪能できるハイティーが好評。特にお茶にはこだわり、ティーマスターにその日の気分を伝えると、ハーブや花を加えて特製ブレンドを入れてくれる。14:45、16:30には、カンフーの動きで長い管のポットからお湯を注ぐパフォーマンスも見られる。日替わりのペストリーやチョコレート、サンドイッチなどはワゴンで運んでくれ、好きなものを好きなだけ食べられるのもうれしい。

お茶はシンガポールブランドの「ETTE」。おすすめはサンズ限定のドリアン・ラピス

MAP P.90-2B
マリーナ・エリア
住 10 Bayfront Ave., Hotel Lobby, Tower 1, Marina Bay Sands ☎6688-5535
営ハイティー14:00〜15:30、16:00〜17:30 休無休
料$48 カード ADJMV
行き方 MRTベイフロント駅から徒歩約3分。

右/パフォーマンスは必見 左/ケーキのほか、かわいい餅などもメニューに並ぶ

◆ Restaurant Guide ◆

お値打ちのフレンチ風ティーセット
ブラッセリー・レサヴール
Brasserie Les Saveurs

セント レジス シンガポール（→ P.305）の風格あるフレンチレストラン。創業者のアスターファミリーが愛したアフタヌーンティーには格別のこだわりがあり、セット内容が盛りだくさん。サンドイッチとキッシュのトレイと、日替わりのポットパイがサーブされ、ケーキやスコーンはビュッフェテーブルからチョイスする。スコーンやジャムの種類も豊富。

左・右／大きな窓から緑が美しいガーデンとプールが眺められる。インテリアは華やかでエレガント

MAP P.78-2A　オーチャード・ロード周辺
🏠 29 Tanglin Rd., 1F The St. Regis Singapore
☎ 6506-6860　営 アフタヌーンティー15:00～17:00（日曜16:00～18:00）休 無休
料 大人$49（土・日曜は$58）、子供（4～12歳）$25（土・日曜は$29）　カード ADJMV
行き方 MRTオーチャード駅から徒歩約12分。
※平日は前日までに、金・土は1週間前までに要予約。

カナッペが種類豊富
レスプレッソ
L'Espresso

シンガポールを代表するコロニアルホテルのひとつ、グッドウッド・パーク・ホテル（→ P.305）1階にあるオープンキッチンスタイルのハイティービュッフェ。目の前のキッチンで作ったできたてが並び、その数は常時40～50種類。点心やミートローフなどの軽食や、人気のスコーン、プディング、チョコレートケーキ、クレーム・ブリュレなどバラエティ豊か。屋外のプールサイド席もある。

左／南国フルーツも充実。メニューは半年ごとに変わる　右／風が心地よいプールサイドのテラス席

MAP P.79-1D　オーチャード・ロード周辺
🏠 22 Scotts Rd., 1F Goodwood Park Hotel　☎ 6730-1743
営 ハイティー14:00～17:30（土・日曜、祝日12:00～14:30、15:00～17:30）休 無休　料 大人$45（金～日曜、祝日前日は$48）、子供（6～11歳）$27（金～日曜、祝日前日は$28.8）、5歳以下は無料
カード ADJMV
行き方 MRTオーチャード駅から徒歩約8分。
※予約をしたほうがよい。

セントーサ島のオアシスで極上の時間を
シェフズ・テーブル
Chef's Table

コロニアルとモダンが融合した5つ星リゾート、カペラ・シンガポール（→ P.314）のプライベートダイニングでは、平日限定でアフタヌーンティーを提供。最大20名までというアットホームで落ち着いた空間にオープンキッチンが配され、シェフが目の前で仕上げるスイーツを、ロンネフェルトのお茶とともに楽しめる。金曜はグルテン＆シュガーフリーのスイーツとアーユルヴェーダティーを提供する「ウエルネス・ティータイム」。

フォアグラのサンドイッチや、サーモンムースのキュウリ巻きなど手の込んだフィンガーフードも絶品

MAP P.89-2C　セントーサ島
🏠 1 The Knolls, Sentosa, 1F Capella Singapore
☎ 6591-5089　営 アフタヌーンティー月～金曜15:00～17:00
休 無休　料 $45（金曜$59）
カード ADJMV
行き方 中心部からタクシーで約15分。
※予約をしたほうがよい。

プレゼンテーションも美しい

プライベートティーサロンでお茶を
ティー・ボーン・ゼン・マインド
（茶骨禅心）Tea Bone Zen Mind

民家のインターホンを押して招き入れられると、約100年前のプラナカンの家を改装したエレガントな空間。趣の異なる3室のティールームを予約ベースで利用できる。女性オーナーが創作した東西をクロスオーバーするお茶の世界を、ティーサンプリング（3コースでひとり$68～。2人前から）という形で提供。季節に合わせたブレンドティーとそれに合うお茶菓子の組み合わせが3セット楽しめる。

MAP P.80-1B　オーチャード・ロード周辺
🏠 98 Emerald Hill Rd.
☎ 6334-4212
URL teabonezenmind.com
営 11:00～19:00　休 日曜、祝日　カード AJMV
行き方 MRTサマセット駅から徒歩約5分。※5～7日前までに要予約。（上記HPから予約可能。茶葉の購入は予約不要）

左／ラム酒を加えたアップルウーロンティーとスナック、ナッツ等のセット。内容は季節ごとに変わる　右／看板はないので98番地の表示を目印

カフェ

シンガポールを代表する一大ブランド
TWGティー・ガーデン・アット・マリーナベイ・サンズ
TWG Tea Garden at Marina Bay Sands

シンガポール発のお茶ブランド「TWG」は2019年9月現在、シンガポール内に13店舗を構える有名店。ショップス・アット・マリーナベイ・サンズ内には2ヵ所あり、この店は水の上に据えられたガーデンのようなロケーションだ。世界各国の800種以上の茶葉とフルーツや花、スパイスをブレンドした独自のお茶メニューが豊富にラインアップ。ブレンドティー（$11～）は、同店の茶葉をしのばせたスイーツとともに味わいたい。いち押しはカスタードが上品なケーキ、シンガポールサプライズ。

MAP P.90-2B　マリーナ・エリア

- 2 Bayfront Ave., B2-65/68A The Shoppes at Marina Bay Sands　☎6565-1837
- 営 日～木曜10:00～22:30（ラストオーダー22:00）、金・土曜、祝日前日10:00～24:00（ラストオーダー22:30）
- 休 無休　カード AJMV
- 行き方 MRTベイフロント駅から徒歩約3分。
- [他店舗] 2 Bayfront Ave., B1-122/125 The Shoppes at Marina Bay Sands　☎6535-1837　2 Orchard Turn, #02-21 ION Orchard　☎6363-1837

左上／開放感あふれる吹き抜けに位置する　左下／シンガポールサプライズ（$10）は、クリームとイチゴのコンフィチュールが入ったケーキ　右／14:00～18:00にはティータイムセットがある

幸せ気分に浸る極上スイーツ
パントラー　Pantler

日本人パティシエが作る繊細で上品なケーキがシンガポーリアンを虜にしている。職人肌の森田さんはグランドハイアット東京、セントーサのロブションを経て、この店へ。素材はもちろん、味、食感、見た目すべてのバランスにこだわり、妥協のない質の高いものを作り上げている。おすすめはチョコレートケーキの「ヤツラ」。ヘーゼルナッツ、クレープ生地、チョコムース、滑らかなチョココーティングと異なる食感が口の中で見事にマッチする。酸味と甘さが絶妙のレモンタルトも力作。パン、サンドイッチもおいしい。

手前のチョコケーキはグランドハイアットの人気ケーキがベース。当時のキッチンでのこのケーキの呼び名「奴ら」がネーミングの由来。ケーキは$7.8～

MAP P.83-2C　チャイナタウン

- 198 Telok Ayer St.
- ☎ 6221-6223
- 営 8:30～19:30（土曜10:30～17:30）
- 休 日曜、旧正月
- カード AJMV
- 行き方 MRTテロック・アヤ駅から徒歩約4分。

「シンガポールらしい素材を使ったケーキを考案中」とパティシエの森田さん

巨大本棚がそそり立つブックカフェ
ハグズ・エピグラム・コーヒー・ブックショップ　Huggs-Epigram Coffee Bookshop

「シンガポールの本とコーヒーをあなたの手中に」というコンセプトのもと、出版社とコーヒーショップがタッグを組んで始めた店。長さ11mの本棚に並ぶ400冊以上の本は、シンガポール関連の本、またはシンガポール人が著者の本、同国の出版社の本に限られていて、思わず手に取りたくなるような絵本や料理本、写真集もある。本格コーヒーは$5以下の値段設定。スマトラのコーヒー豆を使ったコピ（ローカルコーヒー）やスパイス入りの紅茶などメニューは多彩で、おすすめはラテ・グラ（グラメラカ・ラテ）。

手前はレインボーケーキ、後方右はブラウンシュガーを使ったオンデ・グラメラカ（ともに$6.8）。手前の飲み物はブラウンシュガー入りのコーヒー、ラテ・グラ（$5）

MAP P.91下図　チャイナタウン

- 45 Maxwell Rd., 01-01 The URA Centre　☎なし
- 営 カフェ：7:00～17:30（土曜10:00～14:00）　ブックショップ：10:00～19:00（土曜～14:00）
- 休 日曜、祝日
- カード MV（本の購入は現金不可）
- 行き方 MRTタンジョン・パガー駅から徒歩約8分、チャイナタウン駅、テロック・アヤ駅から徒歩約10分。

街歩きの休憩に便利。同じビルにシンガポール・シティ・ギャラリー（→P.131）がある

レストランガイド　ハイティー／カフェ

Restaurant Guide

コーヒーブームの火付け役
チャイセンファット・ハードウエア　(再成發五金) Chye Seng Huat Hardware

コーヒー豆や器具の販売から講座まで、コーヒー文化を発信する話題のカフェ。農家や生産処理まで特定したシングルオリジンの豆を自家焙煎し、バリスタが1杯1杯ていねいに入れるコーヒーは、シンガポーリアンの心をつかみ、連日大盛況。シンプルなコーヒーメニュー（$3〜）に加え、フードメニューやケーキもある。以前は金属製品（五金）の製作店だったショップハウスの原形を残しつつ、おしゃれカフェに変身させたセンスも見どころ。

左／左からコーヒーチェリーティー（$6）、ブラックコールドブリュー（$7）、ホワイトコールドブリュー（$7.5）。ブラックは酸味あり　右／手前はキヌアのサラダにオヒョウという白身魚のフライをのせたもの（$22）、後方左はアズキ入りの抹茶スイスロール（$4.8）

MAP P.87-2D　リトル・インディア
- 150 Tyrwhitt Rd.
- 6396-0609
- 9:00〜22:00（金・土曜〜24:00）　月曜、旧正月1〜2日間
- カード AMV
- 行き方 MRTラベンダー駅から徒歩約10分、またはファーラー・パーク駅から徒歩約15分。

シングルオリジンの豆をていねいにハンドドリップする

緑いっぱいのオアシスカフェ
ピーエス・カフェ　PS. Cafe

市内各所に店舗をもつ人気カフェ。ラッフルズ・シティ3Fの店は自然光がふんだんに降り注ぎ、緑あふれる庭園のよう。買い物の休憩、食事にぴったりだ。朝食から本格的なメイン料理、アルコール類、スイーツとメニューは万能。軽食ならノルウェージャン・スモークサーモンサンド（$25.5）、メイン料理ではバターミルク・フライドチキン（$27）がおすすめ。看板スイーツのダブルチョコレート・ブラックアウト・ケーキ（$16）は迫力満点。

左／手前はチーズフレークをかけたトリュフ風味ポテトフライ（$16）、後方左はコーヒーソースのスポンジプリン（$15）、後方右はミントとレモングラスのドリンク（Infusions、$7）　右／天井が高く開放感がある

MAP P.74-1B　シティ・ホール周辺
- 252 North Bridge Rd., #03-37 Raffles City
- 8858-8728
- 9:30〜22:00（料理のラストオーダー21:30）
- 無休
- カード AJMV
- 行き方 MRTシティ・ホール駅から徒歩約5分、エスプラネード駅から徒歩約6分。

3Fのフロア中央に広々と展開

北欧カフェで元気をチャージ
ホーコン　Håakon

ノルウェー人が開いたスーパーフードとジュースの店。強さの象徴で使われるノルウェー語を店名に冠し、体と心の健康を目指すメニューを提供している。ヘルシーでおいしいスイーツが食べられるのはもちろん、脂っこい料理に食傷気味の際に立ち寄ってみるのもいい。アサイーや野菜、果物のスムージーボウル（$7.9〜）、オールデイブランチメニューではフムスのハンバーガー（$12.9）がおすすめ。コールドプレスジュースやスムージーで手軽にビタミン補給もできる。

左／サラダのアボカド・ビーガン・ボウル（$11.9）　右／後方のホーコンズ・クラシック・アサイーボウルはオーガニックのアサイースムージーにチアシードやフルーツがたっぷり

MAP P.80-2A　オーチャード・ロード周辺
- 313 Orchard Rd., #B2-14 313@somerset　なし
- 10:00〜21:30（金・土曜〜21:45）　無休
- カード AJMV
- 行き方 MRTサマセット駅から徒歩約1分。
- [他店舗] 118 Holland Ave., #01-03 Raffles Holland V　なし

313アット・サマセットの地下2階のオープンスペースにある

◆ Restaurant Guide ◆

コーヒー好きを満足させる極上フレーバー
コモンマン・コーヒー・ロースターズ　Commom Man Coffee Roasters

産地や入れ方にこだわり、コーヒー豆本来の味わいを楽しむサードウエイブコーヒーをシンガポールに広めたコーヒー豆卸会社が開いたカフェ。厳選産地の豆を自家焙煎し、独自にブレンドしたコーヒー（$5～）は、奥深い味と香り。もっとスペシャルなものを望むなら、その日の限定コーヒー豆で入れる「バックルーム・コーヒー」（時価）を。フードは終日提供の朝食メニューがおすすめ。

MAP P.76-2B
クラーク・キー周辺

- 22 Martin Rd., #01-00
- 6836-4695
- 7:30～17:00（土・日曜～18:00、ラストオーダーは閉店30分前）
- 無休　カード AMV
- MRTクラーク・キー駅から徒歩約15分。

手前はラテ。後方はフィロ生地に包んだ半熟オーガニックエッグ、フムスとピタパンを合わせたターキッシュブレックファスト（$26）

フレンドリーで居心地のよいカフェ
キース　kith

黄色の元気カラーが目立つシンプルな造り。どこにでもありそうだけど、オーチャード界隈で貴重なリラックスできる店だ。コーヒーのブレンドにこだわり抜き、料理は質のよい素材を選んでていねいに調理。人気はコーヒーと朝食メニュー（17:00まで提供）で、サラダもそれ1品でメインになるボリュームだ。スパイスの香りが引き立つカレーも試す価値あり！

MAP P.80-2B
オーチャード・ロード周辺

- 163 Penang Rd., #01-01 Winsland House 2
- 6235-0582
- 7:30～22:00（ラストオーダー21:30）
- 旧正月1日　カード AJMV
- MRTサマセット駅から徒歩約7分。

手前がコクのあるキース・ブラックカレー（$19）

パンや卵の焼き方が選べるキース・ブレックファスト（$19）、後方右はスイカとライチのフローズンジュース（$7.5）

Column
至福のパンに出合える「ファインダイニング・ベーカリー」

2019年4月のオープン直後から、パン好きの間で話題沸騰。日本人パン職人が開いたこの店の主力は、ハード系パンと食パン。土からこだわった吸水力の高い北海道産小麦粉を用い丹精込めて焼くパンは、しっとりでももちもち。その食感がよく表れているのが、生食用の「フラッフィー食パン」（$9.5）だ。生クリームとハチミツが隠し味となり、噛めば噛むほど小麦の味わいと優しい甘味が広がる。

この小麦の品種名を冠した丸パン「マジック・オブ・ザ・ムーン」も外がカリッと香ばしく中はもっちり、シンプルなのにとても味わい深い。

旅行者にうれしいのはイートインスペースがあること。店に並ぶパンのほか、サンドイッチやサラダなどのメニューも注文でき、フラッフィー食パンを使った卵サンドは絶品。朝食やランチ、おやつタイムに訪れたい。

ホタテフライとスモークサーモンのサワードウサンド。サラダとスープ付きセットで$19.8

パンの風味とトロトロの卵サラダが相性ぴったりのサンドイッチ（$8.5）

店主の前幸地夫妻。ジョエル・ロブションのお店などで腕を磨いたアキラさん（右）がパンを作る

右が手でちぎって食べるふわふわ食パン。後方はトースト用食パン

発酵バターが香るクロワッサンはチョコバナナなど種類ある（$3.8～）

朝からお客が詰めかける

ファインダイニング・ベーカリー
Fine Dining Bakery

MAP P.77-1C
- 207 River Valley Rd., #01-59 UE Square（入口はモハメッド・サルタン・ロード沿い）
- なし
- 8:30～17:00
- 火曜、一部の祝日　カード 不可
- MRTフォート・カニング駅から徒歩約10分。

レストランガイド / カフェ

235

昔ながらのコーヒーショップ
コピティアムでお茶タイム
Kopitiam

人々に愛され続けるコピティアム。地域の中心的存在で、食文化も生まれた。常連さんに交じってテーブルを囲んでみて。

メニュー
カヤトースト
卵とココナッツミルク、砂糖を煮詰めて作ったカヤジャム※とバターを挟んだトーストサンド。これにコピ（コーヒー）と半熟卵を合わせて定番の朝食セットになる。

※カヤジャム：香り付けにパンダンリーフを加えた緑色のものと、リーフを入れずに煮詰めた砂糖を用いる茶色のタイプがある。

ヤクン・カヤトーストのセット（$4.8）。半熟卵はダークソースとコショウをかけて混ぜ合わせ、そのままでもパンにつけて食べてもいい

コピティアムってどんな店？
伝統的なドリンクと朝食の店。屋台から始まった店もあり、店の造りはシンプル。トースト類、カリーチキンやミー・シャム（麺料理）など料理も出す店も。

キリニー・コピティアム（→下記）をはじめ、現代版コピティアムはシンプルな食堂といった感じ

コピティアムの原形はこんな店
開放的な店の造りで、通常店子としてローカルフード店が同居していた。店子の店が増え、フードセンターやホーカーズと呼ばれる店に進化していった。

もともとのコピティアムの姿を保持する協勝隆（→P.237）

初心者向け！ 有名店はこの2店

ヤクン・カヤトースト
Ya Kun Kaya Toast 亞坤咖椰烤面包

1944年創業の老舗。国内に50店舗以上、海外にも進出している。カヤトーストは、パン生地にココアパウダーを練り込んだほんのり甘いパンを使うのが特徴。本店では創業時のままの炭火焼きするトーストが味わえる。

炭火で焼いたパンはクリスピーで香ばしい

カヤジャム付きフレンチトースト（$2.4）もある

カヤジャムはパンダンリーフ入りで甘さ抑えめ（$5.6）。賞味期限は開封後約1ヵ月

食堂風の店。屋外にも席がある

MAP P.83-1C **住** 18 China St., #01-01 Far East Square **☎** 6438-3638 **営** 7:30〜19:00（土曜〜16:30、日曜8:30〜15:00）**休** 祝日、旧正月 **カード** JMV **行き方** MRTテロック・アヤ駅から徒歩約3分。

キリニー・コピティアム
Killiney Kopitiam

1919年創業の伝統的スタイルの店。支店は多数あるが、キリニー・ロードの本店で食べたい。厨房で作られるカヤジャムは、カスタードクリームのように濃厚で、地元ファンが多い。フランスパンのカヤサンドもある。

カヤトースト1枚$1.3。カヤジャムは緑のタイプ

甘酸っぱくて辛いビーフン料理のミー・シャム（$4.5）

観光客も相席で

カヤジャムは着色料も保存料も無添加

MAP P.80-3B **住** 67 Killiney Rd. **☎** 6734-9648、6734-3910 **営** 6:00〜22:00（火・日曜、祝日〜18:00）**休** 旧正月3〜5日間 **カード** 不可 **行き方** MRTサマセット駅から徒歩約7分。

236

飲み物のバリエーション

※飲み物はどれも$1前後。

コピ Kopi
砂糖、コンデンスミルク入りコーヒー

コピ・オー Kopi O
砂糖のみ入ったコーヒー。砂糖、ミルクなしのコーヒーはコピ・オー・コソン

コピ・シー Kopi C
砂糖とエバミルク入りで、コピよりあっさり

テー Teh
砂糖、コンデンスミルク入りの紅茶

こだわりの豆と器具

コーヒー豆はインドネシア産のロブスタ種が多い。輸送中に香りが損なわれないように砂糖やバター(マーガリン)でコーティングしている。焙煎は深煎り、香ばしく濃厚なのがローカルコーヒーの特徴

抽出したコーヒーをじょうろのような形のポットに移してからカップに注ぐ

英国の影響を受けた花柄のカップがポピュラー

リピーターにおすすめ! 常連が集う名店2店

喜園咖啡店
YY Kafei Dian

海南系の料理店が集まる一画に2004年から続く家族経営の店。ここの海南系のカヤトーストは、厚切りパンと茶色のカヤジャムの組み合わせ。カヤジャムがとても滑らかで甘過ぎずおいしい。ふわふわの自家製パンと名コンビだ。海南名物のチキンライスやポークチョップもおすすめる。

てきぱきと注文の飲み物を入れていく手際にも注目

店は比較的広いが、朝と昼の食事どきは混み合う

カヤトースト($1.2)。カリッとトーストしたパンは、中はふんわり。コピ(コーヒー、$1.3)やテー(紅茶)も味わい深い

海南チキンライス$4.5。ほかにも中国料理のメニューが豊富

カヤジャムはまろやかでコクがある

MAP P.75-1C **住** 37 Beach Rd., #01-01 **☎** 6336-8813 **営** 7:30〜21:30 (土・日曜、祝日8:00〜) **休** 旧正月 **カード** 不可 **行き方** MRTシティ・ホール駅、エスプラネード駅から徒歩約6分。

タイムスリップしたような錯覚に。お客はほとんどが近所の常連さん

協勝隆
Heap Seng Leong Coffeeshop

モダンなフランチャイズ化のコピティアムが主流になるなか、創業時(1974年)のままの姿で静かに営業を続けるコピティアムがある。パジャマ姿のおじいさんが入れるコピがなかなかの味で、注目したいのがバターコピ(コピ・グ・ヨウ)。コピにバターをのせたもので、まろやかな味がコーヒーの風味を引き立てる。上質のバターを使っているところに店の気概が感じられる。

バターはシンガポールで100年以上続くSCSブランドを使用

カヤトースト($1.2)は素朴

バターコピ($1.2)は一瞬ギョッとするが、飲んでみるといける!

ランニングシャツにパジャマのズボン姿のおじいさんが名物店主。現在は息子さんとともに切り盛りしている

団地の1階にある。新しいものが次々登場するシンガポールで貴重な店

MAP P.85-1D **住** 10 North Bridge Rd., #01-5109 **☎** 6292-2368 **営** 5:00〜21:00 **休** 旧正月 **カード** 不可 **行き方** MRTラベンダー駅から徒歩約7分。

237

味も見た目も大満足！
スイーツ花盛り

ブラウンシュガーやココナッツミルクたっぷりのローカルスイーツはぜひ味わいたいもの。自然派ジェラート、ローカル風味のアイスクリームなど、話題のスイーツをリストアップ！

自然の恵みを生かして創作

南国ならではのボタニカル・ジェラート
バーズ・オブ・パラダイス
Birds of Paradise

素材まるごとのジェラートです！

果物や植物、ハーブ、スパイスを用いて手作りするジェラートが大人気。すべて新鮮な素材からていねいに作られた濃厚な味わいに女性ファンが急増。タイムを練り込んで手作りしたコーンで食べるのがおすすめ。

席はないがイートインスペースはある

「カカオニブ入りの白菊」は優しい花の香り

タイムの葉を練り込んだ焼きたてのコーン($1)は絶品

左はマンゴーシャーベット、右はライチラズベリー（シングル$5〜、ダブル$8〜）

MAP P.169下図　63 East Coast Rd., #01-05
☎9678-6092　営12:00〜22:00（金・土曜〜22:30）
休月曜　カード不可　行き方中心部からタクシーで約20分。

ローカルフレーバーのアイスクリーム
クリーミアー
Creamier

手作りアイスと豆から厳選した本格コーヒーの店。アイスクリームは人気のシーソルトグラメラカをはじめ、ブラックグルーティナスライス（黒米＆ココナッツミルク）など伝統甘味の素材や風味を取り入れたものを創作。ワッフルと合わせたメニューもある。

ワッフルのせトリプルスクープ($15.9〜)

ナチュラルでシンプルな店

トップのアイスはマンゴーパッションフルーツソルベ（シングル$3.8、ダブル$6.6）

シングルオリジンのハンドドリップコーヒー($6.5)

新鮮素材で作られたアイスクリームは12種〜

MAP P.132　78 Yong Siak St.　☎6221-1076　営12:00〜22:00（金・土曜〜23:00）　休月曜、旧正月　カードMV　行き方MRTチョンバル駅から徒歩約8分。

広東スタイルの甘味
阿秋甜品
Ah Chew Desserts

中国広東の伝統甘味をメインに創意工夫を加えたオリジナルのスイーツも出す人気店。厳選した素材をアジア各国から取り寄せ、時間と手間を惜しまず作り上げた甘味は根強い人気。

レトロモダンなインテリア。店は夕方18:00頃が最も混む

手前は黒糯米粥（ココナッツミルク入り黒もち米のお汁粉、$2.7〜）、中央左は仙草加雑果（ミックスフルーツ入り仙草ゼリー、$5)、中央右は鮮奶炖蛋（ミルク入り卵プリン、$3.3）

MAP P.84-2B
住1 Liang Seah St., #01-10/11 Liang Seah Place　☎6339-8198
営12:30〜24:00（金〜日曜13:30〜翌1:00）
休旧正月5日間　カード不可　行き方MRTブギス駅から徒歩約5分。

スノーアイスが人気
味香園　Mei Heong Yuen

香港で食べ歩きをして味の研究をしたという芝麻糊（黒ゴマの汁粉）、生磨核桃糊（クルミ汁粉）などの広東式デザートと、フルーツを凍らせて薄く削った濃厚なかき氷「スノーアイス」やチェンドルなどの冷たいスイーツが楽しめる。

生磨花生糊（ピーナッツ汁粉）は濃厚でおいしい

チョコレート・スノーアイス$5.5。チョコレート風味の甘い氷の上からさらにチョコレートソースをかけた甘党におすすめの一品

マンゴー＆ストロベリーのスノーアイスは$6.5。トッピングのボール状のゼリーの中から果汁がはじけ出す

MAP P.82-1B　住63-67 Temple St.
☎6221-1156　営12:00〜21:30（ラストオーダー21:00）
休月曜（祝日の場合は翌日）、旧正月3日間
カード不可　行き方MRTチャイナタウン駅から徒歩約3分。[他店舗] 住2 Orchard Turn, #B4-34 ION Orchard　☎6509-3301

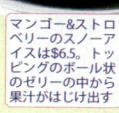

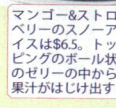

南国の恵みいっぱいの名菓
老舗の逸品菓子

おみやげ買いにも食べ歩きにもおすすめのローカル菓子店を3店ご紹介。

ガリシャー・ペストリーの
クエと洋風菓子

シンガポールで一番！という熱烈ファンもいるペストリー店。創業約60年。現在は3代目が祖父のレシピを守って菓子作りにいそしむ。海南島出身の初代がイギリス人直伝の洋菓子やクエ（餅菓子）を売り始め、現在はニョニャ（プラナカン）のクエがメインの商品に。自家製のブラウンシュガー、新鮮なココナッツを使ったクエは、あとを引くおいしさ。本家イギリスの製法に基づくオールドスタイルの洋菓子も種類豊富。クッキー類やパン、カヤジャムも売っている。

チョンバルにある店

ガリシャー・ペストリー Galicier Pastry
MAP P.132 Blk.55, Tiong Bahru Rd., #01-39
6324-1686 10:00～20:00 月曜、旧正月各10日間 カード不可 MRTアウトラム・パーク駅から徒歩約10分。

グラメラカの芳醇な香りと濃厚な味わいのニョニャ・クエ。人気はクエ・ダダー（ココナッツフレークのクレープ巻き、上段中央）。各$0.7～1.3

クリームパフやココナッツタルトなど。後方左右のスイートポテト入りブラウンシュガーの蒸しケーキが美味

パイナップルタルト（右）とアーモンドチェリータルト（各$1.4）

見た目がかわいいパフライアーモンドケーキ（1個$2）

エル・イー・カフェの
パイナップルタルト

50年以上の歴史と伝統をもつ、シンガポールで最も古いパティスリーのひとつ。小さな菓子店は、職人が手仕事で作る洋風菓子が放つ甘いバターの香りに包まれている。ここの名物は「ゴールドボール」という別名をもつパイナップルタルト。薄いタルト生地にぎっしりと新鮮なパイナップルジャムが詰まっていて、まさに黄金の名にふさわしい。ほかにもハスの実やゴマなど8種類のあんが楽しめるムーンパイや、とろけるような舌触りの豆乳タルト、ちょっぴりビターなコーヒークッキーなど、おみやげにもホテルでのおやつにもぴったりのスイーツが勢揃い。

豆乳タルトは甘さ控えめで、外皮はしっとり（8個入り$10）

たっぷりのジャムが詰まったパイナップルタルト（10個入り$11.5～）

アズキやゴマ、タロイモなどのあん入りムーンパイ（$16）

エル・イー・カフェ LE Cafe
MAP P.86-3A 31/33 Mackenzie Rd., #01-01 6337-2417
10:30～19:00（日曜、祝日～16:00） 無休 カード不可 MRTリトル・インディア駅から徒歩約3分。[支店] MAP P.87-3C Blk. 637, Veerasamy Rd., #01-111 6294-8813 13:00～16:00

東興の
エッグタルト

東興は1930年代にチャイナタウンのスミス・ストリートに創業した老舗。創業当時シンガポールではまだ少なかった広東菓子の専門店だ。今でも家族で菓子作りから経営を切り盛りしている。一番人気はエッグタルト。この店独特のひし形をしており、サクッとした生地に、できあいのカスタードクリームではなく本物の卵液を流し込んで焼き上げたもの。生地はパイを作る要領でラードを練り込み、それを型の中に薄く伸ばす。この製法がほかとは違うおいしさの秘密だ。チャーシューパイやカヤジャムなどのほか、季節限定の月餅も販売。2018年に改装してテーブル席が増え、おしゃれに変身。

中秋名月の季節限定の月餅も数種類ある。日持ちするのでおみやげにもおすすめ

1日4000個も出るというエッグタルト。生地の型入れからすべて手作業で作られている

手前のエッグタルトはサクサクの皮に濃厚な卵風味のクリームがたまらない（1個$1.9）。後方はチャーシューパイとチキンカリーパフ

東興 Tong Heng
MAP P.82-2B 285 South Bridge Rd. 6223-3649
9:00～21:00 旧正月5日間 カード不可 MRTチャイナタウン駅から徒歩約5分。
テーブル席があり、中国系の甘味が食べられる

ナイトライフ

スモーク&ミラーズ
カクテル・イリュージョン！
Smoke & Mirrors

ナショナル・ギャラリー・シンガポールのルーフトップにある先端をゆくバー。金融街からマリーナ・エリアの夜景の新スポットとしても注目。ここではアート作品とも呼べるカクテルの数々を試したい。自らを「シェフ」にたとえるバーテンダーの面々が研鑽を積み、ストーリー性のあるカクテルを創作。例えば映画『キャスト・アウェイ』にインスパイアされた手紙を詰めた小瓶のカクテル「スモーク・アップ」、日本庭園を表現したカクテルなど、見て驚きが、飲むとさらなる感動が広がる。

左／テラスと室内は仕切りがなくパノラマが眼前に　右／無人島に漂着した主人公を連想する「スモーク・アップ」はスモーキーなチャーラカクテル（左、$20）。右はグラスの内側にチョコでペイントしたシャンパンカクテル（$25）

MAP P.74-2B
シティ・ホール周辺

住 1 St. Andrew's Rd., #06-01 National Gallery Singapore
☎ 9380-6313　営 15:00〜翌1:00（土・日曜12:00〜翌2:00）
休 無休　カード ADJMV
行き方 MRTシティ・ホール駅から徒歩約5分。※ドレスコードがあり、ビーチサンダルでは入場不可。

造園家の名を冠した緑茶のアロマが香る「ナカジマズ・ダンス」は扇子の飾り付き

セラヴィ
光の海に浮かぶスカイオアシス
Cé La Vi

最もホットで注目を集めるスポットがここ。マリーナベイ・サンズ（→P.22）の展望デッキ「スカイパーク」の真上、プールに隣接する複合エンターテインメント施設だ。スカイバー、レストラン、クラブラウンジなどのエリアに分かれており、気分や時間帯によって楽しみ方もさまざま。ファミリーならレストランで優雅なランチもいい。絶景を楽しむベストタイムは日没から夜のとばりが下りる頃。クラブラウンジでは17:00からDJが登場する。

左／手前は韓国風フライドチキン（$26）、後方はシンガポール・フリング（$17）　右／夜の特等席、スカイデッキ。デッキはスタンディングスタイル

MAP P.90-2B
マリーナ・エリア

住 1 Bayfront Ave., L57 Sands SkyPark, Tower 3, Marina Bay Sands　☎ 6508-2188
営 レストラン12:00〜15:00、18:00〜23:00。スカイバー、クラブラウンジ12:00〜（閉店は深夜、最後のお客が帰るまで）　休 無休　※クラブラウンジのみ以下の曜日はカバーチャージ（1ドリンク付き）あり。金・土曜の21:00以降（$28）、水曜の21:00以降（男性のみ$28）
カード AJMV
行き方 MRTベイフロント駅から徒歩約3分。※水・金・土曜の18:00以降ドレスコードあり（タンクトップ、ビーチサンダル、短パンは入店不可）。

レベル33
高層階のブルワリーで爽快ビールタイム
Level 33

できたてのクラフトビールを飲みながらマリーナ・ベイを一望できるビアダイニング。マリーナ・ベイ・ファイナンシャル・センターのタワー1の専用エレベーターで33階まで昇ると12個のビアタンクがお出迎え。ラガー、ペールエール、スタウト、ポーター、ウィート・ビール、季節のビールの6種類を醸造しており、300mlのグラスが$9.5〜（20:00以降は$12.5〜）。ビアモヒートやビアカクテルも揃い、各ビールに合う料理も本格的でおいしい。

MAP P.90-2A
マリーナ・エリア

住 8 Marina Blvd., #33-01 Marina Bay Financial Centre, Tower 1　☎ 6834-3133
営 11:30〜24:00（金・土曜、祝日前日〜翌2:00、日曜、祝日12:00〜）　休 無休
カード ADJMV
行き方 MRTラッフルズ・プレイス駅、またはマリーナ・ベイ駅から徒歩約8分。
※屋外の席は予約したほうがよい。

左／ビア・テイスティング・パドル（$23.5）で飲み比べてみるのもいい　中／屋外の席からはマリーナ・ベイをぐるりと見渡せる　右／左は一番人気のブロンドラガー、右はイチゴが入ったビアモヒート（$23）。手前のフィッシュ&チップスは根強い人気

♦ Night Life ♦

エスプラネードの屋上で南国果実のカクテルを
オルゴ　　　　　　　　　　Orgo

ハーバーのきらめく夜景を一望しながら、ミクソロジーのカクテルが楽しめる。ミクソロジーとは旬の果物やハーブなどをミックスしてカクテルを作る手法。シンガポールでこのカクテルの先駆けとなったのがここ、仕掛けたのはミクソロジー界第一人者の日本人だ。斬新な組み合わせから生まれるハーモニーは感動もの。リンゴとシソ、パイナップルとレモングラスなどのフレッシュマティーニは＄22～。タパスや本格フレンチの料理もある。

左／屋外の席からはシンガポールのスカイラインが眼前に　中／ミクソロジストが1杯1杯ていねいに作る　右／ザクロやパイナップル果汁、オレンジビールなどを使ったシンガポール・スリングは国内の大会で受賞歴のある傑作。右はパッションフルーツとバニラのマティーニ

MAP P.75-2C
マリーナ・エリア
🏠 8 Raffles Ave., #04-01 Esplanade Theatres on the Bay
☎ 6336-9366
営 18:00～翌1:00（木～土曜～翌2:00）
休 旧正月1日　カード AJMV
行き方 MRTエスプラネード駅から徒歩約8分。

リラックス気分でくつろげるガーデンバー
ランタン　　　　　　　　Lantern

フラトン・ベイ・ホテル・シンガポール（→P.312）屋上のプールと緑豊かなガーデンに囲まれたバー。マリーナ・ベイがぐるりと見渡せる絶好の立地だ。ミクソロジストが作るフレッシュな果物をふんだんに使ったカクテルもここの自慢。ドラゴンフルーツとパッションフルーツ、ピーチなどを使ったオリジナルのシンガポール・スリングも人気。毎日11:00～18:00のハッピーアワーは、一部のビールやワイン、カクテルが割引価格となる。スタッフのサービスも行き届いている。

左／正面にマリーナベイ・サンズの夜景が輝く。ランタンという店名は近くのクリフォード・ピアにあった灯台から発想　右／左は人気のインペリアル・ベリー・モヒート（＄28）、中央は赤い灯台をイメージしたスイカとキュウリ、テキーラを合わせたレッド・ランタン

MAP P.83-1D
シェントン・ウェイ
🏠 80 Collyer Quay, Rooftop The Fullerton Bay Hotel Singapore　☎ 6877-8911
営 10:00～翌1:00（金・土曜、祝日前日～翌2:00）、食事は11:00～、カクテルは17:00～。
休 無休　カード ADJMV
行き方 MRTラッフルズ・プレイス駅から徒歩約5分。

右はトリュフフライを添えたバターポーチド・ロブスターロール（＄35）、左はミニ和牛ビーフバーガー

ジンを極めた洗練のカクテル
アトラス　　　　　　　　　Atlas

1920年代のパリをイメージした壮麗なアール・デコ調のインテリア。真っ赤な絨毯のフロアの正面に1000本以上のジンが収まったジンタワーがそびえる店は、非日常の空間。インテリアだけでなく、ジンベースのカクテルのおいしさも感動だ。ストックしている世界中のジンから最上のカクテルを調合し、フレッシュで香り高い1杯を届ける。試したいはマティーニとジントニカ（ジントニック）。イタリア人シェフが作る料理も本格的で、ランチやアフタヌーンティーのセットもある。

左／左のアトラス・マティーニ（＄25）はレモンの香りがさわやか。右のジントニカ（＄22）は日本のクラフトジンにユズトニックを配合　右／中央にそびえるのがジンタワー

MAP P.85-2C
ブギス周辺
🏠 600 North Bridge Rd., 1F, Parkview Square　☎ 6396-4466　営 10:00～翌1:00（金曜～翌2:00、土曜15:00～翌2:00）
休 日曜、一部の祝日、旧正月　カード AMV
行き方 MRTブギス駅から徒歩約3分。※17:00以降はドレスコードがあり、タンクトップやビーチサンダル不可。

ジンを知り尽くしたバーテンダーのシムさん

ナイトライフ　バー・パブ

241

◆ Night Life ◆

熟成カクテルが楽しめるアメリカンバー
マンハッタン　　　　　　Manhattan

リージェント・シンガポール（→P.307）内のバーは、1920年代のニューヨークをイメージして造られている。大理石のテーブルに重厚な革張りのソファ、舞台のようにせり上がったバーカウンター。さらに目を見張るのは、店内にウイスキーやジン、ウオッカ、ブランデーなどの樽が並ぶ貯蔵庫があること。ここで熟成させた約100種類のオリジナル酒をもとに作ったクラシックカクテルは、上品な香りと奥深い味わいの1杯に。バーテンダーの腕も一流。

左／黄金時代のニューヨークを再現した店内　右／左はチェリーブランデーベースのマンハッタン（$27）、中央はジンとカンパリ、ベルモットを合わせたソレラ・エイジド・ネグローニ（$25）

MAP P.78-2A　オーチャード・ロード周辺
住 1 Cuscaden Rd., Level 2, The Regent Singapore
☎ 6725-3377
営 17:00〜翌1:00（金・土曜〜翌2:00、日曜のカクテルブランチ12:00〜15:00）
休 無休　カード ADJMV
行き方 MRTオーチャード駅から徒歩約12分。

不純物を取り除いた純水で作った氷を使用している

クラフトビールもハイボールもタップからグラスへ
ギルド　　　　　　The Guild

香港最大のクラフトビール会社「ヤングマスター」が経営するバー。同社のビールを中心に各国のクラフトビール、創作料理を提供している。ユニークなのは、20以上あるタップ（サーバーの注ぎ口）は、生ビールのほか、あらかじめブレンドされたジントニックやハイボールにも対応していること。ビールはレギュラー以外随時変わるので、スタッフに好みを伝えておすすめを聞いてみよう。タップドリンクのほかオリジナルカクテルもある。ローカルの素材や手法を用いた料理もおいしく、女性客も多い。

左／タップからジントニックを注ぐ　右／生ビールは$8〜/200mℓ。右からピルスナー、オーク材のスモーキーな香りをつけたライ・オン・ウッド、ジントニック（いずれも$16）

MAP P.91下図　チャイナタウン
住 55 Keong Saik Rd., #01-01
☎ 9042-3900　営 12:00〜24:00（日曜15:00〜）
休 無休　カード AMV
行き方 MRTアウトラム・パーク駅から徒歩約7分。

手前はスモークト・シーバスを用いたカクテルのパンダン・プディング（$12）、奥はジンやウイスキー後

ノスタルジックなアジアがテーマ
ディンドン　　　　　　Ding Dong

レトロポップなポスターやカラフルな色彩で埋め尽くされた店内は、とてもチャーミング。東南アジアの食や食材をモダンに変身させた創作料理やカクテルを楽しめる。独創的で遊び心たっぷりのカクテル（$22〜24）はプレゼンテーションも凝っている。料理はタパス形式で大と小にサイズ分けされていて、ディナーにもお酒のつまみにもなる。和風のものやローカルフードをアレンジした料理など、どれも素材の組み合わせが独創的。

左／女性に人気の店　右／左はジンとリキュールにサンザシ、キュウリ、レモン、卵の白身を合わせた「ホーカー」。右はラズベリーやライチの入ったディンドン・ダイキリ

MAP P.83-2C　チャイナタウン
住 115 Amoy St., #01-02
☎ 6557-0189　営 12:00〜15:00、18:00〜24:00（料理のラストオーダー22:30）
休 日曜、12/25、旧正月2日間　カード AMV
行き方 MRTテロック・アヤ駅から徒歩約3分。

ココナッツ、海ぶどうをトッピングした北海道産のホタテタルタル（$22）

✦ Night Life ✦

モンティ　Monti
マリーナ・ベイの絶景が手の届くところに

マリーナ・ベイに浮かぶガラス張りのドーム「フラトン・パビリオン」内、屋内のレストラン＆バーとルーフトップバーからなる。ハッピーアワーが17:00〜20:00なので、夕刻からカクテルと夜景を楽しんだあとディナーをゆっくりというのもいいだろう。イタリア人シェフの得意料理は、トスカーナ地方のＴボーンステーキ、自家製スパゲティやラビオリなど。

MAP P.90-2A　マリーナ・エリア
住 82 Collyer Quay　☎ 6535-0724　営 11:00〜22:30（バーは17:00〜）　休 無休
カード A J M V
行き方 MRTラッフルズ・プレイス駅から徒歩約5分。
※予約をしたほうがよい。

左／カクテルは$22〜　右／ルーフトップのバーはマリーナ・ベイをぐるりと見渡せ、気分爽快

ギブソン　Gibson
お酒のツウも女性グループも楽しめる

カクテルの世界大会にシンガポール代表として出場経験のある日本人バーテンダー、江口氏が仕切るバー。すべて素材から手作りすることにこだわる姿勢が、繊細で美しいカクテルを生み出している。店名にもなっているギブソン（オニオンを飾りつけたマティーニ）がいちばんの人気。吟醸酒を用いたり、飾りには酢漬けのタマネギとショウガ、燻製のウズラ卵を添えるなど独創的なアイデアにあふれている。

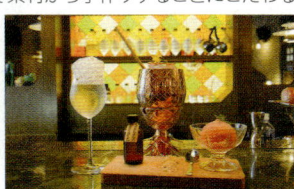

MAP P.82-2A　チャイナタウン
住 2F, 20 Bukit Pasoh Rd.　☎ 9114-8385
営 18:00〜翌1:00（金・土曜〜翌2:00）　休 日曜、一部の祝日、12/31、1/1　カード A J M V
行き方 MRTアウトラム・パーク駅から徒歩約3分。
※週末は要予約。平日も予約が望ましい。

カクテルはすべて$23。手前がビーチサイド・ボードウオーク。ボトルに入ったカクテルをスイカのシャーベットにかけて味わうスイーツのようなカクテル

28ホンコン・ストリート　28 Hong Kong Street
グルメなカクテルが飲める秘密のバー

入口に看板はなく、扉を開けると熱気に満ちている。バー業界人の投票で選ぶベストバーで世界7位に選ばれ、シンガポールのカクテルブームの火付け役となった。カクテルはすべてオリジナルで6ヵ月ごとにメニューが変わる。アメリカのクラシックカクテルをベースにひねりを加えたものや、ココナッツやパンダン、スパイスなどを用いたシンガポールらしいものもある。素材のハーモニーが見事。

MAP P.74-3A　クラーク・キー周辺
住 28 Hong Kong St.
☎ なし　（※予約は E-mail findus@28hks.com で）
営 18:00〜翌2:00（金・土曜〜翌3:00）　休 日曜　カード A J M V
行き方 MRTクラーク・キー駅から徒歩約5分。

左／店内は、くだけた雰囲気。金・土曜は混む　右／カクテルは$24〜。ダークラムにマンゴーやライムを加え、ココナッツパンダンクリームをのせた「ファイブ・フット・アサシン」はシンガポールをイメージしたカクテル

ポスト・バー　Post Bar
コンテンポラリーなデザインが心憎い

歴史的建築物のフラトン・ホテル・シンガポール（→P.312）において、以前中央郵便局だった場所にあるのがこのバー。その当時の面影が長いカウンターや柱などに残っている。鏡やガラス、ライティング、調度品などには風格すら漂う。人気はライチやココナッツなどを使ったシンガポール・スリングのアレンジカクテル8種。平日は20:30まで、土曜は17:00〜24:00が、ビールがお得なハッピーアワー。

MAP P.74-3B　シェントン・ウェイ
住 1 Fullerton Square, 1F The Fullerton Hotel Singapore
☎ 6877-8135
営 15:00〜24:00（木〜土曜〜翌1:00）　休 日曜
カード A D J M V
行き方 MRTラッフルズ・プレイス駅から徒歩約3分。

左／手前の長いカウンターは郵便局の名残　右／のシンガポール・スリングは、マーライオンの飾り付きグラス（ギフトショップで販売）で出てくる。左はライムやジンジャージュース入りのカクテル「ザ・マーライオン」（$24）

ナイトライフ　バー・パブ

243

Night Life

古色漂うショップハウスのバー
ナンバー・ファイブ　　　　　　　　　No.5

1910年代に建てられたプラナカン様式のショップハウスを改造したバー。1991年開業というシンガポールでは老舗のバーで、おつまみのピーナッツの殻は床に捨てるという昔ながらのスタイルを踏襲しているのもおもしろい。ヨーロピアンスタイルのウッディな店内は、中国風の古い鏡や透かし彫りなどの装飾品で飾られ、新旧東西が混在する独特の趣がある。全23種類あるマティーニグラスを傾けながら、常連客とワイワイ飲むのもまた一興。

MAP P.80-2A、2B
オーチャード・ロード周辺

住 5 Emerald Hill Rd.
☎ 6732-0818　営 12:00〜翌2:00（金・土曜、祝日前日〜翌3:00、日曜、祝日14:00〜）
休 無休　カード AJMV
行き方 MRTサマセット駅から徒歩約3分。

左／客層は常連客が多い　右／手前はモヒート。後方にあるマティーニで左がピーチサプライズ、右がライチマティーニ（すべて$17）。一部のマティーニは21:00〜翌1:00の間、2杯で$20になる

プラナカン様式の建物をうまく生かした店。屋外席もある

Column

古くて新しい映画館「プロジェクター」

ここはただの映画館ではない。映画を介してさまざまなイベントを企画し、新たなスタイルの娯楽を発信している。前身は1973年創業のゴールデンシアター。当時シンガポール最大規模を誇った映画館の一部を改装し、アートハウス系の映画館として復活した。

カフェ脇のらせん階段。カフェの隅には昔の映写機も保管されている

駐車場へつながる通路と階段の壁にもポップなイラストが

左／昔のままの座席を使用するグリーンルーム　右／館内の表示もアート

カフェやバーとしても使える

ロビーにはキッチンカウンターがあり、ポップアートが彩るカフェになっている。コーヒーのほか、クラフトビールに力を入れていて、タップから生ビールも提供。軽食はホットドッグやサンドイッチ、ナチョスなど。

ノスタルジックでポップな館内

5階のロビーカフェと3つの上映ルームからなる。いちばん広い240席の「グリーンルーム」は創業時の面影を残し、せり上がる急勾配の客席が目を引く。上映作品は、芸術映画、時代を超えた海外の名画、社会問題をテーマにしたもの、カルト映画などで、ときには日本の映画もかかる。

もうひとつの特徴的な「レッドルーム」は、床に腰を下ろして鑑賞できるスペースを併せもつ多目的ホールだ。映画とダンスやライブ音楽をコラボしたパフォーマンスも開催。「ブルールーム」は小規模でおもに試写会用。興味がある人はウェブで上映スケジュールをチェックしよう。

左上／昔の映画館の遺物が残るロビーにキッチンカウンターがある　左下／クリエイターたちが運営　右／グラスはメルボルン、ボトルは香港のクラフトビール（$12〜75）

ステージとクッション席、椅子席があるレッドルーム（席数200）

プロジェクター　The Projector

MAP P.85-2D　住 6001 Beach Rd., Level 5, Golden Mile Tower　☎ 非公開　URL theprojector.sg　営 チケット売場16:00〜20:30（金曜17:00〜、土・日曜、祝日13:00〜）、カフェ＆バー16:00〜21:00（土・日曜、祝日13:00〜）
休 旧正月　料 映画やイベントによって異なるが、映画はだいたい$13.5　カード MV
行き方 MRTニコル・ハイウェイ駅から徒歩約5分。

244

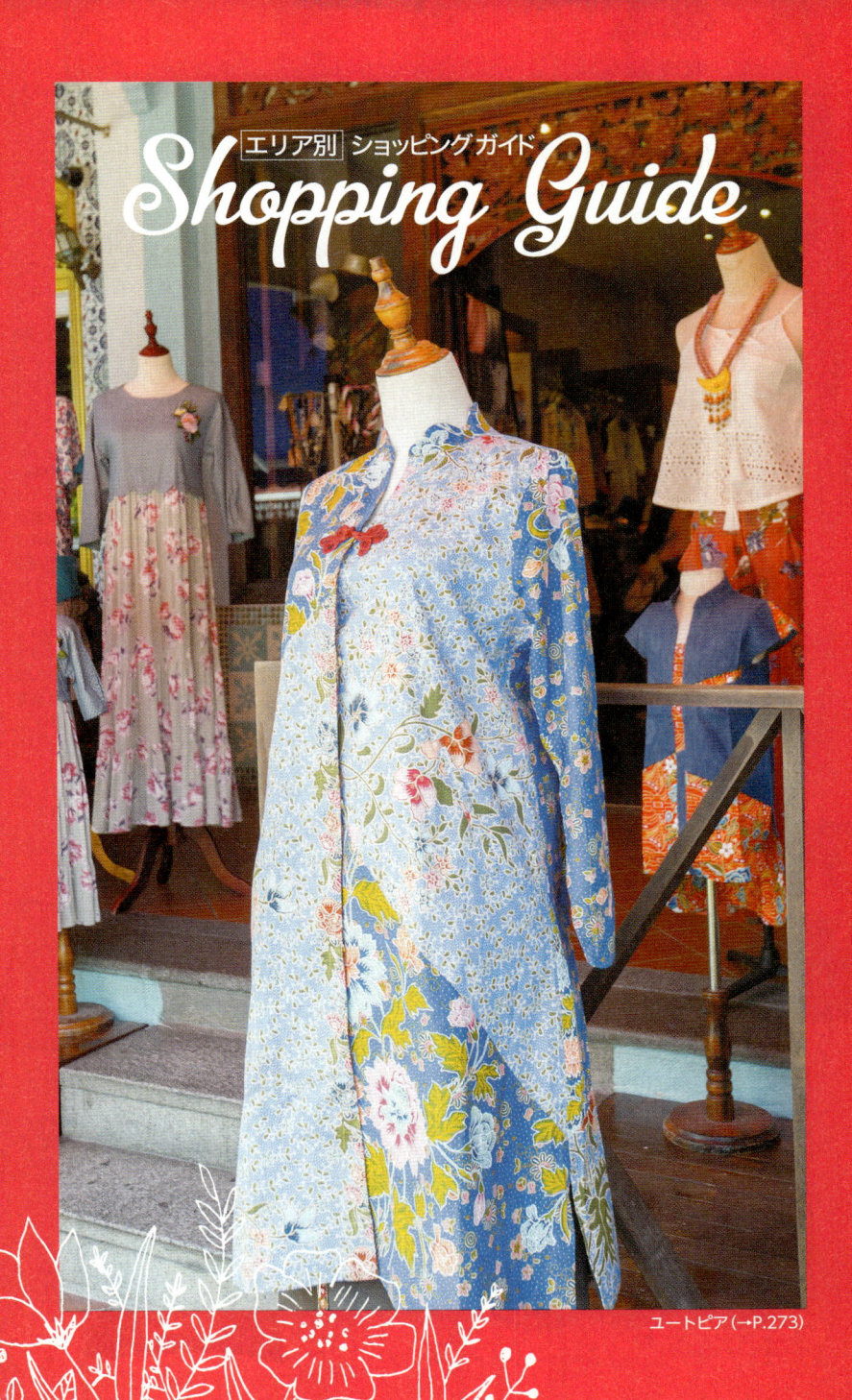

[エリア別] ショッピングガイド
Shopping Guide

ユートピア (→P.273)

♦Singapore Shopping♦
シンガポール ショッピング事情

シンガポールモチーフのアイテムにも注目したい

ショッピングの魅力

　東南アジアのハブ的存在のシンガポール。中国、タイ、インドネシア、ベトナムなどからシルクやバティック、イカット（絣織り）などの布地をはじめ、手工芸品、お茶、漢方薬や香辛料、食品品などが多種類集まってくる。これらのなかには、日本ではなかなか手に入らない物もある。最近では、アート系雑貨やステーショナリー、レトロな生活雑貨などが人気を博し、街中にこれらの店が増えているので要チェックだ。
　また、プラナカン文化（→ P.36）が生んだ優美な食器やビーズサンダルもシンガポールならではのおみやげだ。

バーゲンを狙おう

　シンガポールには2度の大きなバーゲンシーズンがある。まず1〜2月の旧正月前（毎年多少時期が変わるので出発前に観光局などでチェックする）。この時期にはチャイニーズ・ニューイヤー・セールが行われる。ただし、旧正月の2日間は休みになる店が多いので注意（2020年の旧正月は1月25日〜26日）。
　次が6月初旬〜8月初旬の約2ヵ月間（年によって多少ずれることがある）。こちらはシンガポール政府観光局主導で行われるグレート・シンガポール・セールと呼ばれるバーゲンだ。このふたつの時期は小売店はもちろん、デパートや一流ブランドブティックまでもがバーゲンを行う。なかには50〜80％割引になる物もあるので、ブランドショッピングを考えている人は、この時期を狙おう。ただし、人気の商品はすぐに売り切れになってしまうことが多い。

最近の流行グッズの傾向

　ここ数年、デザイナーが創作するアート感覚のグッズやユニークな生活雑貨が人気だ。「シンガポール雑貨」というジャンルでくくれそうなほど充実し、種類もさまざま。ライフスタイルを反映するかのように、インテリア、テーブルウエアから衣類、アクセサリーにまで及んでいる。
　ローカルのみならず、香港や日本のデザイナーの商品も人気。そんな商品を扱う店は以下のとおり。
- デザイン・オーチャード（→ P.264）
- ナイス（→ P.266）
- ミュージアム・レーベル（→ P.268）
- メリッサ（→ P.265）
- ウェン・アイ・ワズ・フォー（→ P.273）
- キャット・ソクラテス（→ P.278）

プラナカンカラーの花の絵はがき

レトロ風の雑貨を扱う店も増え、20〜30年前の文房具も再来

カラフルなプラナカンの陶器は実用性もあっておすすめ（→ P.279、ルマー・ビビ）

「新加坡煮炒」のイラスト入りタッパー。「煮炒」は中国料理のホーカー（屋台）のこと（→ P.268、ミュージアム・レーベル）

中国やプラナカンの伝統菓子を描いた布コースター（→ P.278、キャット・ソクラテス）

チャイナタウンの歴史ある建物をデザインしたクッションカバー（→ P.266、ナイス）

Column

シンガポールの消費税、GSTの払い戻し方

　シンガポールでは、ほとんどの商品やレストラン、ホテルで7%の消費税(Goods & Service Tax：GST)を加算している。ただし、旅行者(居住者は除く)は、加盟店での商品購入額が$100を超える場合、購入した商品について課された7%のGSTの払い戻しを受けることができる(レストランでの飲食代やホテルでの宿泊代など、シンガポール国内で消費されるものはGSTの払い戻し不可)。旅行者払戻制度(Tourist Refund Scheme)の加盟店には、「Tax Free Shopping (免税ショッピング)」のロゴやマークが掲示されている。購入した商品が免税の対象となるかどうかは、販売店で要確認。

　なお、シンガポールではeTRS(電子認証システムによる旅行者払戻制度)が導入されており、電子的にGST(消費税)の払い戻し手続きが行われているので、紙面の免税書類を作成する必要がない。

GST還付の条件

▶16歳以上であること。
▶シンガポール国民、または永住権保持者ではないこと。
▶過去6ヵ月間にシンガポールで就労していないこと。
▶過去2年間のシンガポールでの滞在日数が365日以下であること。
▶シンガポールから出国する航空機または船舶の乗務員ではないこと。
▶チャンギ国際空港、セレター空港から出国すること。船での出国やマレーシア陸路出国の場合は還付不可。
▶商品購入日から2ヵ月以内に免税手続きを行うこと。
▶GSTの返金手続きを終えたら、購入した商品とともに12時間以内に出国すること。

免税手続きの場所

　下記の場所に設置されたGSTリファンド・カウンター内のeTRSセルフサービス・キオスクで行う。
チャンギ国際空港 MAP P.350〜352
チェックインホール(出国審査の手前)、出発乗り継ぎラウンジ(出国審査のあと)

eTRS(電子認証システムによる旅行者払戻制度)の仕組み

　eTRSを使った免税手続きの方法は下記の2通り。
1.トークンとして使用するクレジットカードまたはデビットカードを1枚用意する。eTRS加盟店で買い物をする際は常にそのカードとパスポートを提示して、カードに購入履歴を記録していく。空港で免税手続きを行う際、eTRSセルフサービス・キオスクでトークン(カード)を読み込ませると、すべての購入履歴がリストアップされるので、キオスクのガイドに従って免税手続きを行う。
　トークンとして使用するクレジットカードやデビットカードを、買い物の支払いに使用する必要はない。現金または別のカードで支払うことも可能。
2.クレジットカードまたはデビットカードを所持していない場合、またはカードをトークンとして使用したくない場合は、買い物のたびに、店頭でeTRSチケット(免税書類)を発行してもらう。空港で免税手続きを行う際、eTRSセルフサービス・キオスクで eTRSチケットを1枚ずつ読み込ませ、その後、キオスクのガイドに従って免税手続きを行う。

免税手続きの3ステップ
1.空港で
購入品を機内預けの手荷物としてチェックインする場合：必ずスーツケースを預ける前に、出発チェックインホール(出国審査の手前)にあるGSTリファンド・カウンター内のeTRSセルフサービス・キオスクで、免税手続きを済ませる。購入品を預けてしまうと免税手続きができなくなる。
購入品を手荷物として持ち込む場合：チェックイン後に、GSTリファンド・カウンターのeTRSセルフサービス・キオスクで免税手続きを行う。
2.eTRSセルフサービス・キオスクで
　eTRS用のトークンとして使用したクレジットカード(またはデビットカード)とパスポートを読み込ませると、すべての購入履歴がリストアップされる。eTRSチケットの場合は、eTRSチケットを1枚ずつスキャンし、購入履歴を呼び出す。すべての購入履歴が呼び出されたら、eTRSキオスクのガイドに従って、免税手続きを行う。
　途中、払戻金の受け取り方法を尋ねられる。チャンギ国際空港から出国する場合は、現金またはクレジットカードへの返金のいずれかを選ぶ。セレター空港から出国する場合は、クレジットカードへの返金または銀行小切手のいずれかを選ぶ。
　免税手続きを完了すると最後に「Approved(承認)」または「Not Approved(非承認)」と書かれた受付通知票(Notification Slip)が発行される。「Not Approved(非承認)」となった場合は、税関で購入品の検査を受ける。
3.払戻金の受け取り
現金での払い戻しを選択した場合：出国乗り継ぎラウンジ(出国審査の後)にあるセントラル・リファンド・カウンター(Central Refund Counter)で受付通知票を提示すると払い戻してくれる。
クレジットカードへの返金を選択した場合：免税手続きを完了したあと10日以内に、指定のクレジットカードに入金される。
銀行小切手による払い戻しを選択した場合：受取人の氏名、郵送宛先の住所を受付通知票に記入し、指定のボックスに投函すると指定の住所宛てに14日後に発送される。

ショッピングガイド　シンガポールショッピング事情

ショッピングセンター・百貨店

シンガポールショッピングの目玉
シンガポール髙島屋S.C.　Singapore Takashimaya S.C.

オーチャードのシンボル的存在、ニー・アン・シティの中にあり、中央棟を中心に髙島屋百貨店と専門店街に分かれている。

MAP P.79-3D
オーチャード・ロード周辺

住391 Orchard Rd., Ngee Ann City ☎6738-1111
URL www.takashimaya.com.sg
営10:00〜21:30（一部のレストランは22:00、23:00まで営業）
休髙島屋百貨店は旧正月ほか不定休。※変更になる場合がある。専門店街は店によって異なる　カード百貨店はADJMV　行き方MRTオーチャード駅から徒歩約5分。※2階にタクシー乗り場あり。

髙島屋百貨店
2階にある品揃えのよい婦人靴売り場は必見。広い売り場にサンダルが1年中揃っている。地下1階の「トーキング・ホール」はお買い得商品のセールコーナー。日本にはないブランドの出品もあり、要チェックだ。地下2階の食料品売り場はおみやげ品の宝庫。髙島屋限定商品が数々あり、シンガポールらしいお茶やお菓子などのおみやげが買えるほか、食べ歩きも楽しめる。フードコートも人気で、ご飯に好きなおかずを盛り付けてもらうマレー料理の「Assam Box」など、バラエティ豊か。

3階のカスタマーサービスセンターではGST（消費税）還付手続きを行っている。

「トーキング・ホール」の取り扱いブランドは数週間ごとに変わる

TWGティーの髙島屋限定商品「ゴールデンローズティー」（地下2階）

ココナッツミルクを加えて炊いたご飯をチリソースで食べる「ナシ・レマ」

人気のおみやげ品。左／地下2階の「ヤクン・カヤトースト」で扱うミニサイズのカヤ・ジャム、カヤとコピ風味のポッキー　右／神戸風月堂のマーライオン柄のミニ缶ゴーフル（手前）と山本海苔店の海苔チップス（後方）は髙島屋限定商品

クッキーや伝統菓子の人気店「ブンガ・ソロ」もある（地下2階）

専門店街
1階はルイ・ヴィトンやシャネル、フェンディなどの高級ブティックがゆったりしたスペースで展開。なかでもシャネルとルイ・ヴィトンは2フロアを擁する広さだ。注目店は中国深圳発のフルーツとお茶のブレンドティーの店「NAYUKI」（地下1階）。台湾生まれのパイナップルケーキの店「微熱山丘SunnyHills」（地下2階）もある。4階には紀伊國屋書店（→P.266）やレストランが入っている。

左・右／ベーカリー、飲食スペースもある「NAYUKI」。スペシャルドリンクのスプリーム・チーズ・ストロベリー（$8.3）

髙島屋ショッピングセンター

髙島屋百貨店
専門店街
i インフォメーション
R レストラン、カフェ
エスカレーター
エレベーター
トイレ

2F
DC スーパーヒーローズ・カフェ
婦人靴　タクシー乗り場　フェラガモ　タクシー乗り場　ダミアーニ
バッグ売り場　ボッテガ・ヴェネタ　キム・ロビンソン
婦人服　ロエベ　ピアジェ
エルメス　カルティエ
パオパオ　イッセイミヤケ　ティファニー
DKNY　シャネル　ルイ・ヴィトン
ダイアン・フォン・ファステンバーグ
TWGティーサロン＆ブティック　ヴァンクリーフ＆アーペル

地下1階
アルマーニ・エクスチェンジ
KFC　セフォラ　スティーブ・マデン
食器売り場　キッチン用品売り場　バス・アンド・ボディ・ワークス　ザラ
ディーグッド・カフェ
マッシモ・ドゥッティ
インテリア用品売り場　クラブモナコ
MRTオーチャード駅へ
Nayuki
キールズ　ラッキー・プラザ地下連絡通路

1F
ティファニー　ディオール
ブルガリ　ベルルッティ
香水　マイケル・コース　ボス
化粧品・アクセサリー売り場　エルメス・カルティエ　ゴヤール
コーチ　フェンディ　セリーヌ
ケイト・スペード　シャネル　ルイ・ヴィトン
ボロ・ラルフローレン　セブン-イレブン

オーチャードのランドマークとなるS.C.
アイオン・オーチャード　ION Orchard

　オーチャード駅の真上に位置する巨大S.C.。L1～L4の地上部分は高級感あふれるブランド店街、B1～B4にはトレンドを意識した手頃な価格帯の店が入店。B1の「イングッド・カンパニー」（→P.262）は仕事にも遊びにも重宝する地元ファッションブランド。B2には規模の大きな「H&M」、「ザラ」、北欧デザインの文房具店「キッキ・ケー」（→P.264）がある。L3に新登場の「バイオレット・ウン・シンガポール」（創作プラナカン料理）やL2の「TWGティーサロン＆ブティック」は注目度の高い人気店。気軽な食事なら、ローカル食のテーマパークのような「フード・オペラ」（B4、→P.229）へ。L56には展望スペースがある。

MAP P.79-3C　オーチャード・ロード周辺
2 Orchard Turn
☎6238-8228　URL www.ionorchard.com　営10:00～22:00　行き方MRTオーチャード駅から徒歩約2分。B2でMRTオーチャード駅と直結。ウィーロック・プレイスにつながる地下通路がB1にある。

左／1階吹き抜けの中央にインフォメーションカウンターがある
右／海外コスメのセレクトショップ「セフォラ」（B2）も要チェック
中／入口付近にはルイ・ヴィトン、ティファニー、カルティエなど堂々のラインアップ

流行のショップ、レストランがめじろ押し
ウィスマ・アトリア　Wisma Atria

　地下1階から地上3階まで、中央の吹き抜けを囲むように店が並ぶ。ファッションの店、特にカジュアル系のブティックが多く、女性客に支持されている。地下1階にはサンダルの「プリティ・フィット」（→P.267）をはじめ、「チャールズ＆キース」（→P.267）、「イライザ・リッツ」、「Pazzion」といったシンガポール発レディスシューズの店が多い。3階にはデザイン雑貨店「ナイス」（→P.266）が広々と展開。4階にあるフードコートの「フード・リパブリック」（→P.229）は、旅行者にもおすすめ。日本食を含む約10店のレストランと子供が遊べるスペースを有する「ピクニック」（3階）はファミリー向けのスポット。

MAP P.79-3C　オーチャード・ロード周辺
435 Orchard Rd.
☎6235-2103
URL www.wismaonline.com
営店舗により異なるが、だいたい10:00～22:00　行き方MRTオーチャード駅から徒歩約3分。

左／地下1階はオーチャード駅、高島屋S.C.につながっている
中左・中右／人間工学に基づき歩きやすさを追求した「フィットフロップ」もある（1階）。サンダルは$100くらいから　右／ガラスの壁面が近未来的な外観

日本の食文化を発信する「ジャパン・フード・タウン」

　4階には日本のレストランや食堂、居酒屋を集めた一角がある。本物の日本食と食材、背景の文化も知ってほしいというコンセプトのもと、そば、うどん、から揚げ、お好み焼きなど16店が営業している。お米マイスター厳選の金芽米を使ったおにぎりやどんぶりを出す「ぼんたぼんた」、とろサバ料理専門店「サバー」など、旅行者ものぞいてみたくなるラインアップだ。

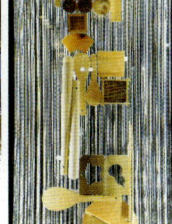

ジャパン・フード・タウン
Japan Food Town
4F, #04-01 Wisma Atria
☎6694-6535
営11:30～23:00（土・日曜11:00～。15:00～17:00は閉店する店もある）　休無休

左／「北海道居酒屋」のおすすめは鮭料理わり脂ののったサバ料理を出す「サバー」
中／青森近海産のとろサバにこだわり
右／食関連の伝統工芸品がインテリアになっている

垂れ下がる和紙で湯気を表現。共有スペースには畳席も設置

ショッピングガイド
ショッピングセンター・百貨店

◆ Shopping Guide ◆

高感度でハイセンスなショップが集合
マンダリン・ギャラリー　　Mandarin Gallery

　マンダリン・オーチャード・シンガポール（→ P.306）併設のモール。L1からL4に約100店あり、センスのよい店が多い。L1～L2はインターナショナルブランド、L3にはエッジの効いたカジュアルブランド、L4はレストランが充実。特にスイーツやカフェ、雑貨の店に注目したい。チーズ＆ワインバーやデリもある「プロビドール」（→ P.256、L2）、L4の「アーティースティック」は買い物途中に立ち寄ってみたいカフェ。雑貨店はL4の「メリッサ」（→ P.265）、バッグ＆アクセサリー店「クインテセンシャル」（→ P.263、L3）など。

MAP P.80-2A
オーチャード・ロード周辺

- 333A Orchard Rd.
- 6831-6363
- www.mandaringallery.com.sg
- 店によって異なるが、だいたい11:00～21:00
- MRTサマセット駅から徒歩約5分。

左／「プロビドール」併設のベーカリーでは、ケーキやジャムも販売
右／休憩エリアにはゆったりしたソファを配置

ランジェリーや美容用品の「ヴィクトリアズ・シークレット」がL1～L2の2フロアに入店

ブランドブティックをはじめ旬の店をセレクト
パラゴン　　Paragon

　有名ブランドショップの充実度が高いパラゴン。メインの建物とその西側に増設された部分があり、規模の大きなグッチ、プラダをはじめ、フェラガモ、ミュウミュウと人気どころを網羅している。5階には子供服のブランド店が多く、スパやネイルサロンもある。2階の「ポール」や3階の「ピーエス・カフェ」（→ P.234）、5階の「マヌカ・カフェ」はひと休みに使える。地下には薬膳スープで知られる「スープ・レストラン」（→ P.204）、インドネシア料理の「タンブア・マス」（→ P.214）、「ヤクン・カヤトースト」（→ P.236）などが並ぶレストラン街がある。

MAP P.79-3D
オーチャード・ロード周辺

- 290 Orchard Rd.
- 6738-5535
- www.paragon.com.sg
- 店により異なるが、だいたい10:00～21:00
- MRTオーチャード駅から徒歩約5分。

西側の棟の各階にオープンスペースのカフェがある

左／入口には人型のオブジェがある　右／食事メニューも充実の「ピーエス・カフェ」

雑貨ハンティングならこのモールへ
タングリン・モール　　Tanglin Mall

　ここは欧米人向けの店が多く、客層も国際的。おしゃれな雑貨や子供服の店が多いのが特徴だ。東南アジアの植物がモチーフのクッションカバーなど、センスのよいインテリア雑貨が並ぶ「ガヤ・アレグリア」（3階）や、ビストロを併設したインテリア雑貨店「ハウス・オブ・アンリ」（3階）は注目店。リゾート着が豊富な「ファイアフライ」（→ P.262、2階）や「シモーネ・イラニ」（→ P.181、2階）、インドネシア雑貨の「アカモティフ」（→ P.265、1階）、アクセサリーの「ハンナ・リー」（→ P.265、2階）も要チェックだ。

MAP P.78-2A
オーチャード・ロード周辺

- 163 Tanglin Rd.
- 6736-4922
- www.tanglinmall.com.sg
- 10:00～22:00
- MRTオーチャード駅から徒歩約15分。

左／正面がフランスの老舗ブーランジェリー「ポール」。地下にはスーパーやフードコートがある　右／規模は小さいが注目店多数

250

◆ Shopping Guide ◆

ショッピングガイド

トップ人気店を集めたパワフルS.C.
313・アット・サマセット
313@somerset

サマセット駅メイン出入口とB2で直結しており、駅を起点にした人の流れを独占、オーチャードの新たな核となっている。注目すべきはファストファッションの大型店の多さ。2フロアで多彩なライン展開の「フォーエバー21」をはじめ、「ザラ」（B1〜L2）、「マンゴ」（L2）が勢揃い。L3には中国上海のアパレル店「ホットウィンド」が大規模出店。シンガポール発の「エディターズ・マーケット」（→P.263）もチェックしたい。L4の「オンマ・スプーン」は韓国かき氷スイーツ店。L5には「フード・リパブリック」（→P.229）があり、B3のレストラン&フード街にも旬の店が集まる。

カラフルなパッケージが目を引くオーストラリア発のティーブランド「T2 tea」（L1）は日本未上陸

韓国の人気ファッション店「TWEE」（L3）

MAP P.80-2A
オーチャード・ロード周辺
住 313 Orchard Rd.
☎ 6496-9313
URL www.313somerset.com.sg
営 店によって異なるが、だいたい10:00〜23:00
行き方 MRTサマセット駅から徒歩約1分。

地下1階から地上5階の8フロアに約180店の店がある

ショッピングセンター・百貨店

トレンド先駆け店を集めた個性派ショッピングセンター
オーチャードゲイトウェイ
Orchardgateway

オーチャード・ロードの両サイドをブリッジで結ぶショッピングセンター。B2からL4までの6フロアが映像やアート作品で彩られている。各フロアでオーチャード・セントラル、L1で313・アット・サマセットとつながっており、地下でMRTサマセット駅と連結。ここにしかない店が多く、L4のメンズフロアが充実。雑貨は「アーバン・デ・ファイン」（L2）、「トータリーホットスタッフ」（L3）など。L3〜L4には「ライブラリー・アット・オーチャード」（→P.116欄外）がある。

左/L3のビューイングデッキは休憩に便利　右/L1の通路はファッションショーのランウェイをイメージ

MAP P.80-2A
オーチャード・ロード周辺
住 277&218 Orchard Rd.
☎ 6513-4633
URL www.orchardgateway.sg
営 10:30〜22:30
行き方 MRTサマセット駅から徒歩約1分。

連結ブリッジはライトアップされる。ブリッジの先は家具店

アートと融合したS.C.
オーチャード・セントラル
Orchard Central

ユニークな造りや眺望を楽しみつつ買い物ができる。B2からL2まで随所にアート作品を配し、フロアごとに違ったデザインで展開。外壁に取り付けた3階分を一気に昇るスーパーエスカレーター、最上階のL11〜L12には緑や水辺を配したルーフガーデンを造るなど、アイデア満載だ。カニを豪快に食べられる「ダンシング・クラブ」（L7）や、ミルクレープが有名な「レディM」（L1〜L2）など旬の飲食店も多い。B1〜B2に日本の「ドンドンドンキ」（→P.116欄外）がオープンし、ブームを巻き起こしている。

左/L1の吹き抜けには巨大ハイヒールのアートがそびえる
右/生鮮食品や食料品がメインの「ドンドンドンキ」

MAP P.80-2B
オーチャード・ロード周辺
住 181 Orchard Rd.
☎ 6238-1051
URL www.orchardcentral.com.sg
営 11:00〜22:00（レストランは〜22:30）
行き方 MRTサマセット駅から徒歩約3分。

L11〜L12にはレストランが7店あり、L10のルーフガーデンには草間彌生氏のアート作品を展示

251

◆ Shopping Guide ◆

ハイセンスな品揃えの老舗デパート
タングス　　　　　　　　　　　　Tangs

創業は 1932 年、根強い人気を誇るオーチャードの大御所だ。注目は地下1階にあるギフト・ショップ（→ P.264）。ローカルデザイナー作の雑貨やさまざまなフードみやげが集められており、おみやげ探しに立ち寄ってみたい。同フロアのフードコート「タングス・マーケット」（→ P.230）は、マレーシアのローカルフードが充実。2 階もしゃれたファッションや雑貨がコーナー展開。「アイランド・ショップ」（→ P.262）もあり、子供用品も充実している。L4 にはクアラルンプール発のインドネシア料理店「ダンシング・フィッシュ」がある。

MAP P.79-2C
オーチャード・ロード周辺

310 Orchard Rd.
6737-5500
URL www.tangs.com
10:30〜21:30（日曜、祝日 11:00〜20:30）
無休
行き方 MRTオーチャード駅から徒歩約3分。

2階のレディス売り場に隣接のキッズコーナーは見やすく、商品も充実。同フロアにはお茶ができる「プロビドール」（→P.256）がある

左／デザイン雑貨、手工芸品、アクセサリー、フードみやげなどを集めたタングス・ギフト・ショップ　右／プラナカンのモチーフをデザインした小物入れ。ランチボックス型は$158〜

子供用品が充実
フォーラム・ザ・ショッピング・モール　Forum The Shopping Mall

ゲス・キッズ、DKNYキッズなどの子供服から子供用美容室まで、子供に関するショップが大集合。2階のセレクトショップ「kids 21」では、輸入物のしゃれた子供服が揃う。子供の遊具設備も整い、3階は「トイザらス」がワンフロアを占める。ネイルサロンやヘアサロンなど、美容関連の店も多い。また、1階にイギリスの人気シェフ、ジェイミー・オリバーの「ジェイミーズ・イタリアン」が、地下1階にはオーガニックや自然食品に特化した店「SuperNature」がある。

MAP P.78-2B
オーチャード・ロード周辺

583 Orchard Rd.
6732-2469
URL forumtheshoppingmall.com.sg
店により異なるが、だいたい10:00〜20:30
行き方 MRTオーチャード駅から徒歩約7分。

子供の遊び場も完備されており、親子連れで訪れる買い物客が多い

Column

最先端の若者カルチャーを発信するファーイースト・プラザ

流行に敏感な若者たちでにぎわうショッピングセンター（S.C.）がここ。ウエア、靴、バッグ、雑貨、レストラン、カフェ、マッサージ、ビューティサロン、テーラー、両替などの小さな店が6フロアにギュッと詰まっている。大型S.C.ではお目にかかれない掘り出し物を発見できるかも。

左／商品を見るだけでも楽しい「雑貨店」　右／人気のタイ料理店「Kra Pow」

◆スペルバウンド　Spellbound

エスニック調のバッグやカラフルなチープアクセサリーなどの雑貨が、小さな店にぎっしりと詰まっている。大半は香港などからのインポート物。

#03-90 Far East Plaza　6887-0331
12:00〜21:00　旧正月2日間　カード DMV

◆雑貨店　The Corner Shop

世界中の個人デザイナーやオリジナルブランドの雑貨や洋服を販売するショップ。おもしろ雑貨も多いので、雑貨好きは必見。

#03-16 Far East Plaza　6235-7614
13:30〜21:00　旧正月4日間　カード MV

ファーイースト・プラザ　Far East Plaza
MAP P.79-2C　14 Scotts Rd.　6732-6266
店により異なるが、だいたい11:00〜21:00
行き方 MRTオーチャード駅から徒歩約6分。

左／おもちゃ箱のような、個性的なウェアが見つかる

◆ Shopping Guide ◆

日本の百貨店感覚で買い物しやすい
イセタン・スコッツ
Isetan Scotts

オーチャード・ロードとスコッツ・ロードの交差点にある。地下1階から地上4階にファッションから家庭用品、スポーツ用品までコンパクトにまとまっている。旅行者がチェックしたいのは2階の「リ・スタイル Re-Style」と地下1階のスーパーマーケット。前者はシンガポールブランドのファッションや雑貨やコスメを1ヵ所に集めたコーナーで、おみやげ探しにぴったり。スーパーにも食品みやげの棚があり、調味料やお菓子、お茶などが勢揃い。品質がよく日本人観光客の嗜好に配慮した商品がセレクトされているので、おみやげのまとめ買いに役立つ。1階カスタマーサービスでは、免税手続きなどの日本語対応が可能。

MAP P.79-2C オーチャード・ロード周辺
住 350 Orchard Rd., Shaw House
☎ 6733-1111
URL www.isetan.com.sg
営 11:00～21:00（金・土曜、祝日前日～21:30、スーパーマーケットは10:00～）
休 旧正月1日
カード ADJMV
行き方 MRTオーチャード駅から徒歩約5分。

老舗の調味料やトレンドのお茶やジャムなど厳選された品が並ぶ地下1階スーパーのみやげコーナー

左／雑貨やウエア、シンガポール製のナチュラルコスメが並ぶ「リ・スタイル」 中／イラストが楽しい大きめショッピングバッグ（$18.9） 右／プラナカン柄のスカーフ（$80）

ラグジュアリーな魅力が詰まった
T ギャラリア
T Galleria

世界のブランド品を求めて観光客が続々やってくる人気免税店。1階には化粧品と香水、2階には「TWG ティー」（→P.233）などのみやげ物、時計と宝石、3～4階はブティック街になっており、セリーヌ、トッズ、グッチ、コーチ、ヴィトン、プラダ、マーク・ジェイコブス、チャールズ＆キースなど約40のブランドが入っている。ブティック各店が広々としていて買い物がしやすいのがポイント。物によるが、日本の2割程度リーズナブルに購入できる。また、酒、たばこも免税価格で購入できる。

MAP P.79-2C オーチャード・ロード周辺
住 25 Scotts Rd.
☎ 6229-8100
URL www.dfsgalleria.com
営 11:00～21:00 休 無休
カード ADJMV
行き方 MRTオーチャード駅から徒歩約6分。
※日本でのアフターサービス：
☎ 0120-194407

1～3の各階にあるフードコーナーではチョコレートや紅茶が割安。日本語可能なスタッフも常勤している

拡張されて注目度アップ
プラザ・シンガプーラ
Plaza Singapura

本館とその隣のオフィスビル「アトリウム@オーチャード」の新館からなる。ドービー・ゴート駅の真上ということもあり、さらなるにぎわいを見せている。新館の1階にはキールズやロクシタン、イニスフリーなど自然派コスメ店がズラリ。なかでも注目は、行列ができる香港の飲茶店「ティムホーワン（添好運）」（1階）、休憩によいカフェ「アーティースティック」（3階）など。本館は地下2階から7階まであり、5階には$2ショップの「ダイソー」や手芸用品の「スポットライト」がある。日本食も充実。

MAP P.81-2C オーチャード・ロード周辺
住 68 Orchard Rd.
☎ 6332-9298
URL www.plazasingapura.com.sg
営 店舗により異なるが、だいたい10:00～22:00
行き方 MRTドービー・ゴート駅から徒歩約3分。

左／本館は吹き抜けを囲む造り。地下にはアジアのスナック類やファストフード店が多数ある 右／新館は1階、3階、4階というフロア構成。写真は入口付近のスキンケア＆化粧品店の並び

253

◆ Shopping Guide ◆

巨大セレクトショップのような高感度のデパート
ロビンソンズ・ザ・ヒーレン　Robinsons The Heeren

　ロビンソンズはシンガポールに3店舗を有す老舗の英国系デパート。ヒーレン店はシンガポール旗艦店だ。地下1階〜地上5階の6フロアあり、約280のブランドが集結。内外の新鋭ブランドが揃っているのが魅力だ。L1は化粧品や香水のビューティフロア、L2の靴・バッグの売り場は圧巻の品揃え。レディスウエア（L3）は日本未上陸のブランドもある。
　B1はヨーロッパのキッチンウエアが並び、コーヒーやお茶、ローカル菓子など地元ブランドのおみやげ品を集めたコーナーもある。

MAP P.80-2A
オーチャード・ロード周辺

🏠260 Orchard Rd.
☎6735-8838
URL www.robinsons.com.sg
🕐10:00〜22:00　休無休
カード ADJMV
行き方 MRTサマセット駅から徒歩約5分。
［他店舗］🏠252 North Bridge Rd., 1-3F Raffles City
☎6216-8388

左／中央吹き抜けには自然光と光のアートが降り注ぐ　右／L5のヘリテージをテーマにしたビンテージ商品のコーナー。写真はトロピカルモチーフのポーチやクッション、小物雑貨など

色使いがかわいいレトロポップなランチボックス。食器やテーブルウエアもしゃれている

スキンケアやフードのオリジナル商品は要チェック！
マークス&スペンサー　Marks & Spencer

　シンガポールに8店舗を展開する英国系デパート。ウィーロック・プレイス1階の店はいち早く新商品が入荷するシンガポール旗艦店だ。レディス&メンズファッション、コスメ、ホームウエア、食料品と幅広い品揃え。ウエアはベーシックなデザインが多く、大きなサイズもある。下着も種類、サイズともに豊富。おみやげにおすすめなのは、パッケージのセンスもよいバス用品やスキンケアグッズ。ベーカリー併設の食料品売り場では、グルテンフリーの食品も扱っている。

MAP P.79-2C
オーチャード・ロード周辺

🏠501 Orchard Rd., #01-01 Wheelock Place
☎6733-8122
URL www.marksandspencer.com
🕐10:00〜22:00（金・土曜は22:30）　休無休
カード ADJMV
行き方 MRTオーチャード駅から徒歩約3分。
［他店舗］🏠252 North Bridge Rd., #02-06/07 Raffles City
☎6339-9013
🏠290 Orchard Rd., #03-33/40 Paragon　☎6732-9732
🏠68 Orchard Rd., #02-16/20 Plaza Singapura
☎6835-9552

左／入口付近にあるレディスファッションのコーナー　中／花やハーブ、ロイヤルゼリーを使った自然派ケア用品が人気　右／イギリスの食品を中心にワインや焼きたてパンまである食料品売り場

おしゃれカフェが続々登場
ミレニア・ウオーク　Millenia Walk

　2フロア吹き抜けの通路に沿ってショップが並ぶ。1階は紳士服の「ロッシ」、アクセサリーの「アレキサンドリア・メゾン」、ビンテージウエアの「デジャブ・ビンテージ」などがある。札幌から出店の「プルマンベーカリー」は人気店。「キース」（→P.235）、コーヒーがおいしい「Joe & Dough」などカフェも高レベル。
　2階にはラーメンや北海道カレー、豚カツなどの日本料理店8軒が連なる「日本フードストリート」がある。「Joe & Dough」の隣にはタピオカドリンクの「KOI Cafe」がある。

MAP P.75-2D
マリーナ・エリア

🏠9 Raffles Blvd.
☎6883-1122
URL www.milleniawalk.com
🕐店により異なるが、だいたい10:00〜21:00
行き方 MRTプロムナード駅から徒歩約2分。

左／カラフルなペイントの吹き抜けが華やいだ気分にしてくれる　右／コーヒーがおいしく使い勝手のよいカフェ「キース」

◆ Shopping Guide ◆

サンテック・シティ・モール
Suntec City Mall

シンガポール国際会議場・展示会場、サンテックタワー1～5の下層部分にある巨大ショッピングセンター。

タワー5、タワー1と2、タワー3と4にそれぞれ隣接する3つのエリアに約350店舗。端から端まで歩くと10分以上かかる広さなので、目的を決めて訪れたい。

MAP P.75-1D
マリーナ・エリア

- 3 Temasek Blvd.
- ☎6822-1537
- URL www.sunteccity.com.sg
- 店により異なるが、だいたい11:00～21:30
- 行き方 タワー5、1の近くへはMRTエスプラネード駅下車（徒歩5～8分）、タワー3、4、2の近くへはMRTプロムナード駅下車（徒歩約3～5分）。

アトラクション的見どころをチェック

5つのオフィスタワーに囲まれた中央部にある噴水「ファウンテン・オブ・ウエルス」は、よい「気」があふれる願掛けスポットとして有名（詳細→P.109）。水に触って願い事をしたり、記念写真を撮ったりできる。地下1階には噴水を囲んで各国料理店が集合している。

3階のスカイガーデンには開放感いっぱいのテラス席を設けたレストランやバーが約10店ある。

タワー1とタワー2の吹き抜け部分3階は日本食グルメ街

おすすめショップ＆レストラン

内外の人気ブランドを押さえており、1階はスポーツ用品やシューズの店が充実。オーストラリア生まれのお茶専門店「T2 tea」ものぞいてみたい。2階には「東急ハンズ」が、地下1階にはスーパーの「ジャイアント・ハイパーマーケット」（→P.72）もある。

ダイニング施設ではマーケットのような造りの食のスポット「パサベラ・アット・サンテック・シティ」、フードコートの「フード・リパブリック」（→P.229）をチェック。プラナカン料理がカジュアルに楽しめる「HarriAnns」（1階）はおすすめのカフェ。

左・右／プラナカン料理とクエなどのスイーツを提供するカフェ「HarriAnns」。クエはテイクアウトできる

シンプルなカジュアルウエアが揃う「プレイドレス」

お祭り気分が楽しめる「パサベラ」。パスタやハンバーガー、タイやベトナム料理の店がある

タワー1～5が取り囲む中央に世界最大の噴水がある。夜はライトアップされる

1F

サンテック・シティ・モール

凡例:
- インフォメーション
- エレベーター
- エスカレーター
- トイレ
- 郵便局
- 両替所
- 銀行
- レストラン、カフェ
- ショップ
- タクシー乗り場

ショッピングガイド
ショッピングセンター・百貨店

◆ Shopping Guide ◆

注目度の高い複合ショッピングセンター
マリーナ・スクエア　　　　Marina Square

3つのホテルを含む複合ビルに、人気の高いショップやレストラン約300店が入店。イベント広場、ボウリング場、映画館も加わり、複合的な娯楽施設といった様相だ。2階には広いスペースのマークス＆スペンサー、ザラをはじめ、ザラの姉妹ブランド「マッシモ・ドゥッティ」やスペインの「デジグアル」（→P.263）といったファッションブランドが入店。

飲食店は2階にカジュアルな各国料理店が並ぶ一角があり、4階のフードコート「クックハウス」（→P.230）はマリーナの眺望も楽しめる。

MAP P.75-2D
マリーナ・エリア
住6 Raffles Blvd.
☎6339-8787
URL www.marinasquare.com.sg
営店によって異なるが、だいたい10:00～22:00
行き方 MRTエスプラネード駅から徒歩約5分。

左／リゾートウエアやアロマオイルなどのリラクセーショングッズを集めた「セラピー・マーケット」（2階）ものぞいてみたい　右／2～3階は催事場を中心に十文字に売り場通路が延びる

ラグジュアリーな複合施設
キャピトル・ピアッツァ　　　Capitol Piazza

歴史保存建築のふたつの建物と新設のスタイリッシュなビルを統合した施設。1904年建造のスタンフォード・ハウスを改装した「ギャラリア」、その道路側の「アーケード」、新設の建物内「ノイエ」の3エリアからなる。

「ギャラリア」は飲食施設。1960年代のアメリカのダイナーをテーマにした「キャピトル・ミルクバー」、ドイツ＆オーストリア料理の「フリーダ」など。一角に再オープンした歴史的な劇場もある。「アーケード」に並ぶのはギャラリーや時計・洋食器店、美容サロン。

「ノイエ」は地下1階の「フード・リパブリック」、地下2階の「ハウス・オブ・プラナカン」などが注目店。地下2階でシティ・ホール駅に直結している。

MAP P.74-1B
シティ・ホール周辺
住13 Stamford Rd.
☎6499-5168
URL www.capitolpiazza.com
営10:30～22:30（一部のバーは～深夜）
行き方 MRTシティ・ホール駅から徒歩約2分。

左／ギャラリアにあるドイツのデリカテッセン「Berthold」　右／コロニアルなスタンフォード・ハウスの原形をとどめている

Column
おみやげ買いにも休憩にも大活躍の「プロビドール」

ダウンタウン・ギャラリー（→P.122）内のフラッグシップ店は広くて食のテーマパークのよう。買い物もカフェも楽しめる旅行者にも魅力の店だ。自社製のコーヒーやお茶、ジャムやチョコレートは、センスのよいグルメみやげに。

デリでサンドイッチをつまんだり、ゆっくりしたいときはカフェで人気のヘルシージュースやチャイラテを味わったりと、休憩やランチにもおすすめ。

左／植物を配したカフェスペース　右／カフェのフルーツサラダやプレスジュース（$8.5）など

左／オリジナルのお茶はウーロンミルクが根強い人気（$24.5/100g～）　右／スパイス入りチャイとチョコレートドリンク用のパウダー（各$9.5）。温めたミルクと混ぜて飲む

プロビドール　The Providore
MAP P.83-3C　住6A Shenton Way, #B1-07 Downtown Gallery　☎6431-7600　営7:30～22:30（カフェは8:00～。ラストオーダー22:00。土・日曜、祝日9:00～18:00）
カード ADJMV　休1/1、旧正月　行き方 MRTタンジョン・パガー駅から徒歩約6分。［他店舗］住333A Orchard Rd., #02-05 Mandarin Gallery　☎6732-1565

♦ Shopping Guide ♦

駅や観光地を地下でつなぐモール
シティリンク・モール
CityLink Mall

シティ・ホール駅とエスプラネード駅をつなぐ地下のショッピングモール。途中にエスプラネード・シアターズ・オン・ザ・ベイ方面の出口、エスプラネード駅からはマリーナ・スクエアやサンテック・シティへも通路が延びる、まさに地下大動脈だ。端から端まで約15分の通路に旬の店が60以上並んでいる。レディスシューズの「チャールズ＆キース」や「プリティ・フィット」（ともに→P.267）は要チェック。台湾発の「デューク・ベーカリー」では、ユニークなパンが見つかる。

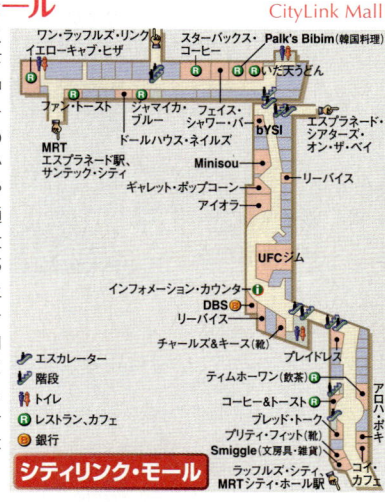

MAP P.75-2C シティ・ホール周辺
☎6339-9913
URL www.citylink.com.sg
営 店によって異なるが、だいたい10:00～22:00
行き方 MRTシティ・ホール駅から徒歩約1分、エスプラネード駅から徒歩約5分。

上／「チャールズ＆キース」は規模の大きな店　下／シティリンク・モールは、シティ・ホールからマリーナ・エリアへの移動に便利な地下街だ

流行のツボをおさえた人気ショッピングセンター
ラッフルズ・シティ
Raffles City

1～2階はウエアや靴、アクセサリーなどの人気ブランドがめじろ押し。3階には緑を配したナチュラル志向のカフェ「ピーエス・カフェ」（→P.234）があり、休憩するのにぴったり。同フロアにはモダンなフードコートもある。地下1階は迷路のような造りの楽しいフロア。スナックやスイーツの小さな店や、クラフト素材が揃った「ペーパーマーケット」などユニークな雑貨店をのぞいてみたい。パリのブーランジェリーと提携した「チョンバル・ベーカリー」（→P.132）は、連日大盛況。

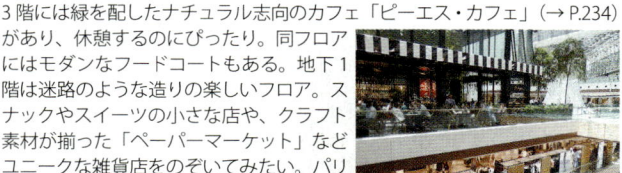

MAP P.74-1B シティ・ホール周辺
住 252 North Bridge Rd.
☎6318-0238
URL www.rafflescity.com.sg
営 店によって異なるが、だいたい10:00～22:00
行き方 MRTシティ・ホール駅から徒歩約2分、エスプラネード駅から徒歩約3分。

天井から光が差し込む明るい館内。3階にある「ピーエス・カフェ」は開放感いっぱい。このS.C.はシティ・ホール駅真上にあり、地下2階のリンクウエイでエスプラネード駅にもつながっている

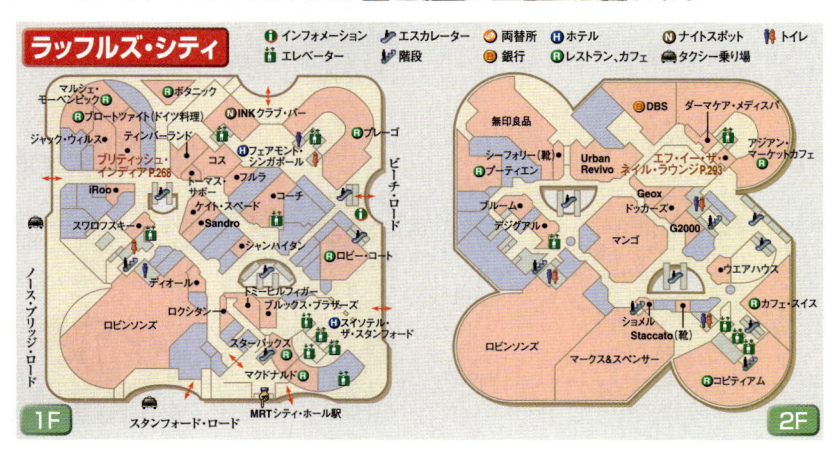

ショッピングガイド

ショッピングセンター・百貨店

◆ Shopping Guide ◆

日本の原宿をコンセプトにした
セントラル
The Central

クラーク・キーの対岸、シンガポール川に面したビルの地下1階から4階。東側（ユー・トン・セン・ストリート側）「イエローゾーン」、隣接する西側「ブルーゾーン」の2エリアある。ファッションがメインで約280店が集合。2階は「ルミネ・シンガポール」がスペースを占める。また、日本関連の店が多く、ラーメンの人気店「まる玉らーめん」（3階）や「山頭火」（2階）をはじめ、日本食レストランが充実。地下には日本食材専門のスーパーもある。

MAP P.77-2D クラーク・キー周辺
住 6 Eu Tong Sen St.
☎ 6532-9922
URL www.thecentral.com.sg
営 11:00頃～22:00頃（レストランは～22:30または23:00）
行き方 MRTクラーク・キー駅から徒歩約2分。

左／老舗菓子店「オールド・センチョーン」がリブランディングして登場（→P.270）。ローカル風味のクッキーが好評　右／写真はイエローゾーン。ブルーゾーンの地下でクラーク・キー駅と直結している

子供と一緒に家族で楽しめるS.C.
グレート・ワールド・シティ
Great World City

規模が大きく、バランスよく人気店をセレクト。1階には品揃えのよいローラアシュレイをはじめ、「ザラ」や「エスプリ」、「ブリティッシュ・インディア」（→P.268）、2階にはフランスやイギリスなど世界の食器や小物雑貨のセレクトショップ「ドリームズ＆コンフェティ」がある。3階には、子供の遊び場があるテーマレストラン「アマゾニア・ビストロ」がある。地下1階にはスーパーやフードコートも完備。オーチャード・ロードのラッキー・プラザ前、チャイナタウン駅前を結んで循環する無料シャトルバスが出ている。

MAP P.76-1A クラーク・キー周辺
住 1 Kim Seng Promenade
☎ 6737-3855
URL www.greatworldcity.com.sg
営 店により異なるが、だいたい10:00～22:00
行き方 オーチャード・ロード周辺からタクシーで約7分。

地下2階から地上3階の5フロアに約170店ある

チャイナタウンのランドマーク的なショッピングセンター
チャイナタウン・ポイント （唐城坊）
Chinatown Point

地下2階から地上3階まで吹き抜けを囲むように店が並ぶ。約70年の歴史がある月餅など中国菓子専門の「泰茂栈」（1階）では、潮州の伝統菓子を販売。スーパーマーケットの「NTUC フェア・プライス」もある。レストランや食べ物系の店が多く、バクテーの名店「松發肉骨茶」（→P.51）が1階に出店。入口脇にある台湾の「天仁茗茶」のティースタンド（→P.123）も大人気。「ユニクロ」（地下1階）、「ダイソー」（地下2階）なども入っている。

MAP P.82-1B チャイナタウン
住 133 New Bridge Rd.
☎ 6702-0114
URL www.chinatownpoint.com.sg
営 店によって異なるが、だいたい10:00～22:00
行き方 MRTチャイナタウン駅から徒歩約1分。

自然光が降り注ぐ中央の広場では催し物が行われる。2～3階には旅行会社が多い

日系のショップが数多く入店
ブギス・プラス
Bugis+

L1～L5まで5フロアあり、吹き抜けを取り囲むように店を配置。規模が大きいのは2フロアを占める「ユニクロ」、L1のスペイン発のカジュアルブランド「プル・アンド・ベア」や「エディターズ・マーケット」（→P.263）など。ブギス・ジャンクションとの連絡通路にあるユニークな雑貨の「トータリー・ホットスタッフ」や靴の「イライザ・リッツ」は注目店。
また、日本食の店が多く、L4には日本のラーメン店6店が入った「らーめんチャンピオン」がある。

MAP P.84-2B ブギス周辺
住 201 Victoria St.
☎ 6634-6810
URL www.bugis-plus.com.sg
営 店により異なるが、だいたい10:00～22:00
行き方 MRTブギス駅から徒歩約4分。

左／ファストファッションが充実　右／外観はオブジェのような造形

✦ *Shopping Guide* ✦

遊び感いっぱいのテーマパークのようなS.C.
ブギス・ジャンクション
Bugis Junction

デパートのBHG、ファッション＆フード専門店街、ホテルのインターコンチネンタル・シンガポールで構成されている。ブギス駅に直結しており、アクセスも便利。

ガラス張りの天井をもつ通りに沿って並ぶ、プラナカンスタイルのショップハウスを模した造りの専門店街には100余りの店がある。1～3階には人気のファッション店が並び、2階にはアジア各国レストランが勢揃い。3階にはフードコートがあり、地下は食べ歩きスナックやカジュアルレストランが充実している。4階は映画館。

MAP P.84-2B　ブギス周辺
- 住 200 Victoria St.
- ☎ 6557-6557
- URL www.bugisjunction-mall.com.sg
- 営 店によって異なるが、だいたい10:30～22:00
- 行き方 MRTブギス駅から徒歩約2分。

左／通路中央の露店で小物やアクセサリーを販売　中／通路沿いにショップハウスが並ぶ造り　右／種類豊富な料理が揃ったフードコートの「フード・ジャンクション」

駅直結で旅行者も利用しやすいS.C.
シティ・スクエア・モール
City Square Mall

ファーラー・パーク駅に直結しており、散策途中に立ち寄るのに便利。ここは省エネ、CO_2排出削減など環境保護をコンセプトにした造りになっている。B2からL5に約200店、規模が大きいのは百貨店の「メトロ」。ファッションは定番の人気店が揃っている。

おすすめはプラナカンのショップハウスを模したフードコートの「フード・リパブリック」（→P.229、L4）。同フロアのL4には$2ショップの「ダイソー」が広々。L5は日本食レストランや映画館、B2には、「ドンドンドンキ」（→P.116欄外）がある。

MAP P.87-1C　リトル・インディア
- 住 180 Kitchener Rd.
- ☎ 6595-6565
- URL citysquaremall.com.sg
- 営 10:00～22:00
- 休 無休
- 行き方 MRTファーラー・パーク駅から徒歩約1分。

左／ビジュアルが楽しい「フード・リパブリック」　中／地元で人気の店がラインアップ　右／地下2階でファーラー・パーク駅につながっている

グルメ関連の店が充実の国内最大級のS.C.
ビボ・シティ
Vivo City

セントーサ島を目の前に望むシーサイドに立ち、ショップやダイニングのほかに人工ビーチ、映画館、子供の遊び場などが備わる。波をイメージした設計は日本人建築家によるもので、地下2階（地下1階は駐車場）、地上1～3階の4フロアで構成。注目したいのは巨大スーパーマーケット「フェア・プライス・エクストラ」（→P.72）。1階と地下2階の2フロアを有し、飲食スペースもある。手頃で味のよいレストランが多く、フードコートの「フード・リパブリック」（3階）は食のテーマパーク。地下2階でハーバーフロント駅と直結、3階にセントーサ・エクスプレスの駅がある。

MAP P.89-1C　郊外のエリア
- 住 1 Harbour Front Walk
- ☎ 6377-6860、6377-6870
- URL www.vivocity.com.sg
- 営 10:00～22:00
- 行き方 MRTハーバーフロント駅から徒歩約2分。

左／食品みやげも充実のスーパー「フェア・プライス・エクストラ」　中／モールの天井は波形のシェイプ　右／3階中央部は人工ビーチのあるスカイパークになっていて水遊びができる

Funan

エッジの効いた新スタイルのS.C.「フナン」

約3年の再開発工事を終えて2019年6月に誕生した「フナン」。電気製品やパソコン店が中心という以前のコンセプトも引き継ぎ、さらにハイテク化を遂げた。最新の電気製品、ほかにはないファッションやアクセサリーの店、菜園レストランなど硬軟取り合わせたユニークな店が勢揃い。

ライティングやミラーを多用した斬新なデザイン。B2からレベル4まで6フロア(屋上にレストランあり)

レベル3は電化製品のフロア。人型ロボットなどIoTをテーマにした商品も目につく

フナン Funan
- MAP P.74-2B
- 109 North Bridge Rd.
- http://www.capitaland.com/sg/malls/funan/en/stores.html
- 店によって異なる
- MRTシティ・ホール駅から徒歩約5分。

「Think」(レベル2)は規模の大きな文房具店

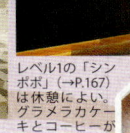

レベル1の「シンポポ」(→P.167)は休憩によい。グラメラカケーキとコーヒーがおいしい

台湾発の「ミルクシャ Milksha」(レベル2)はフレッシュミルクとハチミツ入りタピオカを使ったドリンク店。タロミルクがいち押し($4.6〜)

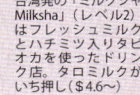

あっと驚く 注目 ポイント

① 館内にサイクリングロードがある！

フナンの周辺はオフィス街。スポーツサイクルで通勤する人の利便性を考え、館内は朝の時間帯のみ自転車で通り抜けられる。自転車の修理スポットやシャワー設備も完備。

左・右／レベル1の赤いラインが自転車道。7:00〜10:00のみ通行可能。ただし、自転車から降りて押して歩くこと

② ボルダリングに挑戦！？

地下2階から地上2階まで館中央にクライミングウオールが設置されている。初心者用のコースもあり。

クライム・セントラム　Climb Central
- #B2-19/21 Funan
- 6906-3918
- 11:00〜23:00(土・日曜、祝日9:00〜21:00)
- 無休

短い距離のボルダリングから高みまで上るクライミングまでコースはさまざま

③ ハイテクフードコートの実力は？

コピとテクノロジーを合わせて「コピテック」と命名。タッチパネルでオーダーし、料理ができると表示板に注文番号が出るシステムだ。料理の質にこだわって選ばれた13店が入店。

コピテック KOPIteck
- #B2-24 Funan
- 店によって異なるが、だいたい10:00〜22:00
- 無休
- カード AJV

おしゃれな造り。ローカルフードがメイン

各店にあるタッチパネルで注文。現金、クレジットカードが使える

昔ながらのコピ

④ 屋上菜園から素材を調達

「NÔKA」は屋上菜園や自家農場で育てた野菜を用いて、日本人シェフが腕を振るう店。和食をベースにひねりを効かせた料理が目も舌も楽しませてくれる。

NÔKA
- #07-38/39 Funan
- 6877-4878
- 11:30〜14:30、18:00〜22:00(ラストオーダー21:30)
- 日正月
- カード ADJMV
- ※予約をしたほうがよい。

シェフの堰さん

屋上菜園はハーブや果物、キノコも栽培。屋上、NÔKAへはロビーAのエレベーターを利用する

「NÔKA」はコース料理($150)のほか寿司がメイン。写真手前はスイートチリソースをからめたタラの揚げ物($18)

屋上菜園のハーブやエディブルフラワー

シンガポールの中の異国
エスニックな ショッピングセンター

アジアの人々が大勢暮らし、その国に特化したショッピングセンターがある。アジアの言葉が飛び交い、珍しい商品、独特のにおいであふれ返っている。シンガポールに居ながらにしてディープな世界をのぞいてみよう。

別名「リトル・タイ」
ゴールデン・マイル・コンプレックス
Golden Mile Complex

濃密な空気が漂う館内はタイそのもの。食料品や日用品店、お菓子やお供え物の出店、美容サロンにカラオケ店、食堂などタイ人御用達の店がズラリ。2階のスーパーマーケットは品揃えがよく必見。

MAP折込裏-1D、P.85-1D　住5001 Beach Rd.　営店によって異なるが、11:00頃～21:00頃　行き方MRTニコル・ハイウェイ駅から徒歩約10分。

上／夕方になると通路にテーブルが並び、バーベキュー鍋の店が大盛況　左下／食料品店には丸ナスやマンゴー、干し魚や発酵食品などが大量に並ぶ　右下／食料品、美容アイテム、台所用品と何でもあり。スナックや軽食も食べられる

Information
1973年建造の複合施設。タイからのバスの発着所であったことから、旅行会社や両替商、タイ人の需要を満たす店がどんどん増えた。現在もタイやマレーシア行きの長距離バスの会社や乗り場があり(→P.357)、バックパッカーの姿も見かける。

珍しいタイ食品がザクザク
タイ・スーパーマーケット Thai Supermarket

食品から台所用品、日用品まで膨大な商品数。麺料理やスナックコーナーもあり。

MAP折込裏-1D　住#02-64 Golden Mile Complex　予なし　営9:30～21:30　休無休　カード不可

トウガラシやニンニク、エシャロットなどをすり潰した調味料「ナムプリック」($3.8)　グリーンカレー、トムヤムスープの調味ペースト(各$1.8) 　一角にサラダや串焼き、麺の店がある

安くてうまいレストラン
ディアンディン・レラック Diandin Leluk

レストラン形式で観光客も入りやすい。おすすめは卵包みの焼き麺、オムレツパッタイやスパイスが効いたトムヤムスープ。

外国人観光客も多い

MAP折込裏-1D　住#01-67/68/69 Golden Mile Complex　☎6293-5101　営24時間　休無休　カードJMV

左／オムレツパッタイ($7～)　右／とても辛いがうま味たっぷりのトムヤムスープ($12～)

民族料理が有名なショッピングセンター

ラッキー・プラザ
Lucky Plaza

MAP P.79-2D　住304 Orchard Rd.　営店によって異なるが11:00頃～21:00頃　行き方MRTオーチャード駅から徒歩約5分。

3～4階にフィリピンの食料品や雑貨店、レストランやカフェ多数

フィリピン料理店
イナサル Inasal

看板料理はチキンやポークベリー、魚のグリル焼きで、タマリンドスープの「シニガン」は家庭の味。

住#04-49/51 Lucky Plaza　☎6776-0953　営10:30～20:30　休無休　カード不可

バナナを春巻きの皮で巻き、砂糖をまぶして揚げたおやつの「トゥロン」($1)

店頭でパンやスイーツを販売

魚や野菜など具だくさんの酸っぱいスープ「シニガン」。味噌入りが店のおすすめ(2～3人用$15)

ペニンシュラ・プラザ
Peninsula Plaza

MAP P.74-2B　住111 North Bridge Rd.　営店によって異なるが11:00頃～21:00頃　行き方MRTシティ・ホール駅から徒歩約3分。

ミャンマー製品全般を揃えたミニマート

ミャンマー料理店
インレー・ミャンマー Inle Myanmar

中国やインド、タイの影響を受けたミャンマー料理は独特。スパイスは少なめで油多めのカレー風煮込み料理がメイン。

手前中央はチキンカレー($8.5～)、後方中央のモヒンガー($8.5)は魚のだしスープ仕立ての代表的麺料理

住#B1-07 Peninsula Plaza　☎6333-5438　営11:00～22:00　休無休　カードAJMV

地下にある

ミャンマービールもある

エリア別ショップガイド

着やすくてセンスもよい高機能ウエア
イングッド・カンパニー
In Good Company

現地の働く女性の支持を集める、勢いのあるシンガポールブランド。7年前にレーベルを立ち上げ、ライフスタイル全般、さらにメンズやキッズへと商品の幅を広げている。ウエアのデザインはシンプルでミニマル。アクセント的に凝ったあしらいを施しているところがおしゃれ。生地のクオリティや縫製の仕上げの美しさにこだわり、流行に左右されない服作りを心がけている。個性的なアクセサリーや香水、インテリア小物などもあり、マリーナベイ・サンズ店は子供服も扱う。

左／アースカラーのウエアが並ぶ広い店内　右／ストレッチコットンや麻など着心地のよい素材使い。写真は袖を折り返すと雰囲気が変わるコットンのロングブラウス($179)

MAP P.79-3C
オーチャード・ロード周辺
2 Orchard Turn, #B1-06, ION Orchard　6509-4786
10:00～21:30　無休
カード AJMV　行き方 MRTオーチャード駅から徒歩約3分。

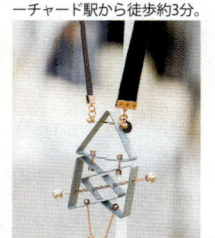

ロボットをイメージしたアート感覚のネックレス($99)

都会派カジュアルリゾート服
アイランド・ショップ
Island Shop

店内にはコットンや麻など、ナチュラル素材の南国らしいリゾートアイテムがいっぱい。ちょっぴりエスニックを効かせた洋服は、チープさを感じさせず、欧米人にも人気が高い。ほとんどがインドネシアや中国製だが、生地はヨーロッパのものを使用。コットンのトップスは$80前後～、ワンピースは$109～。また、民族調のインドやタイ製アクセサリーもあり、ウエアとコーディネートするのもいい。

左／ボヘミアンプリントのトップス($119.9)　右／ヤシの葉をデザインしたリネン100%のショートドレス($149.9)

MAP P.78-2A
オーチャード・ロード周辺
163 Tanglin Rd., #02-11/12 Tanglin Mall　6904-4020
10:00～21:00
12/25、旧正月2日間
カード AJMV
行き方 MRTオーチャード駅から徒歩約15分。
[他店舗] 310-326 Orchard Rd., L2 Tangs　6734-8037

左／シフォン素材のトロピカルなドレス($209.9)　右／コットンやリネンのナチュラルウエアをセンスよくディスプレイ

リゾート&ビーチウエアならこの店
ファイアフライ
Firefly

太陽と海と相性抜群のウエアが店内を彩る。オーストラリア発のブランドで、ウエアはインド製。ほとんどがコットン生地で着心地がよく、着脱しやすい作りだ。カラフルでエスニック調のパターン柄が多く、リゾートで活躍するのはもちろん、アクセサリーや小物をアレンジすればおしゃれな街着にもなる。ワンピースは$80前後～。水着やパレオ、タオルなどビーチアイテムも豊富。キッズアイテムもあるので、親子で揃えることもできる。

バッグや靴は各国のセレクト品。写真は親子ペアのフランスのサンダル(大人用$109、子供用$99)

MAP P.78-2A
オーチャード・ロード周辺
163 Tanglin Rd., #02-24/25 Tanglin Mall　6887-3079
10:00～20:00　12/25、旧正月　カード AJMV
行き方 MRTオーチャード駅から徒歩約15分。
[他店舗] 501 Bukit Timah Rd., #02-24 Cluny Court　6464-6028

左／肌触りのよいコットンのワンピース($89)　中／チュニック風のトップス($89)は、胸のリボンにビーズのあしらいが　右／欧米人に人気の店

◆ Shopping Guide ◆

バルセロナの街から飛び出した個性派ウエア
デジグアル　　　　　　　　　　Desigual

スペイン語で「ほかとは違う」という名をもつスペインブランド。1984年の立ち上げ以来、ファストファッションとは一線を画した独創的なデザインと、XS～XLという幅広いサイズ展開で、世界中に約200の店舗をもつ人気ブランドに。「人生を楽しく彩る」というコンセプトのもと、オリエンタルな刺繍やサイケな花柄、パッチワークが絶妙に混ざり合い、一着一着がアート作品のよう。

MAP P.80-2B
オーチャード・ロード周辺
住 181 Orchard Rd., #01-11/12/13/14 Orchard Central
☎6509-9805
営 10:00～22:00
休 無休　カード A J M V
行き方 MRTサマセット駅から徒歩約3分。
[他店舗] 6 Raffles Blvd., #02-110 Marina Square
☎6334-5117

左／旅行に便利なミニサイズのバッグ（$84）右／裏地付きワンピース（$164）

着回しの効くベーシックウエアをまとめ買い
エディターズ・マーケット　　The Editor's Market

ファストファッションのローカルブランド。シンプルなデザインのオリジナルウエアは、仕事にも遊びにも使える。平日でも仕事帰りの女性客でにぎわい、人気ぶりをうかがわせる。値段のタグには1点購入時の値段、3点、6点の場合の値段が併記されていて、複数買えば割安になるシステム。トップスは1点$29～。ウィーロック・プレイス店のほか、313・アット・サマセットに規模の大きなショップがある。

MAP P.79-2C
オーチャード・ロード周辺
住 501 Orchard Rd., #B2-09/10 Wheelock Place
☎6238-6208　営 10:00～22:00　休 無休　カード M V
行き方 MRTオーチャード駅から徒歩約2分。
[他店舗] 313 Orchard Rd., #03-01～06 313@somerset

左／流行をほどよく取り入れたナチュラルカラーのアイテムが並ぶ　右／コットンのブラウス$35、デニムスカート$45

エキゾチックで個性的な手作りバッグ
クインテセンシャル　　　　　Quintessential

ビビッドカラーの大胆なデザインのバッグに引かれて店内をのぞくと、着物の帯を用いたユニークな商品に遭遇。店主はシンガポール人の女性デザイナーで、商品の8割がオリジナル、残りの2割はアジア各国からセレクトした物だという。ビーズやスパンコール、革や籐など、その素材使いと独創性が際立つデザインが特徴。南国フルーツや花、鳥などの絵柄のビーズ刺繍バッグやコインケースはおみやげに要チェック。

MAP P.80-2A
オーチャード・ロード周辺
住 333A Orchard Rd., #03-15 Mandarin Gallery
☎6738-4811
営 11:00～20:00（日曜～19:00）
休 旧正月2～3日間
カード A J M V
行き方 MRTサマセット駅から徒歩約5分。

左／とても軽い本革バッグ（各$189）右／色使いもデザインも遊び心満点のビーズ刺繍のクラッチバッグ（各$159）はハンドメイド。アクセサリーも置いている

モダンチャイナの定番
シャンハイタン　　　　（上海灘）Shanghai Tang

チャイナテイストにビビッドカラーの配色が映える香港の世界的ブランド。雑貨やホームウエア、メンズにキッズ用品と、幅広く展開しており、どの商品も凝ったデザインと高品質が魅力。特にウエア類が充実しており、伝統的な柄やモチーフにモード感のあるデザインを施したチャイナドレスは一見の価値あり。バッグも人気商品。食卓を華やかにするチャイナシックなテーブルウエアやジュエリーボックス、ルームフレグランスなどはおみやげにいい。

MAP P.79-3D
オーチャード・ロード周辺
住 391 Orchard Rd., #03-06/07 Singapore Takashimaya S.C.
☎6737-3537　営 10:00～21:30
休 旧正月2日間
カード A D J M V
行き方 MRTオーチャード駅から徒歩約5分。
[他店舗] 252 North Bridge Rd., #01-28/29 Raffles City S.C.　☎6338-6628

シンガポールに3店舗あり、ここは最大の面積を誇るフラッグシップストア

ショッピングガイド　オーチャード・ロード周辺

263

◆ Shopping Guide ◆

シンガポールのスターブランドが集結
デザイン・オーチャード　　　Design Orchard

　2019年、オーチャード・ロードの一角に気鋭のデザイナーの作品販売とクリエイティブな才能育成を目的として誕生。1階は「ナイス」（→P.266）が運営するファッション、コスメ、食品、雑貨などの販売スペースで、約70のシンガポールブランドが集められている。注目ブランドのウエア、製法や材料にこだわったスキンケア用品が充実の品揃え。アイコニックなデザインの「オンレウォ」（→P.276）のアイテムや、歩きやすさを追求した「アナザーソール」の靴は見逃せない。カカオの特性を生かした「Benns」のチョコ、「廣和興 Kwong Woh Hing」の伝統製法の醤油や調味料もおすすめ。

柔らかい牛革を用いた「アナザーソール」のフラットシューズ（$119～）は旅行にぴったり

MAP P.80-2A
オーチャード・ロード周辺

250 Orchard Rd., #01-01
☎6513-1743
10:30～21:30（金・土曜～22:30）　旧正月
カード A J M V
行き方 MRTサマセット駅から徒歩約4分。

左／パイナップル柄のチャイナドレス風ワンピース（$212.93）　中／アジアの特定産地のカカオの風味が楽しめる「Benns」のチョコ（各$6、手前）とカカオ豆を抽出したカカオティー（$10.5、後方右）。後方左はココナッツミルクとブラウンシュガーたっぷりのクッキー　右／1階のショップ。2階はデザイナーのコワーキングスペース、屋上はカフェ建設予定

おみやげ探しの穴場
タングス・ギフト・ショップ　　　Tangs Gift Shop

　オーチャードのタングス（→P.252）地下1階に設けられたおみやげコーナー。シンガポールのアイコン雑貨をはじめ、バティックやビーズ細工などの手工芸品、地元デザイナー作のアクセサリー、お菓子や人気メーカーの調味料まであり、おみやげを一気に調達できる。プラナカンの縁起のよいモチーフをデザインした漆器の小物入れやコースターは、部屋を明るく華やいだ空気に変えてくれる。パステルカラーのプラナカン陶器も置いている。

微小のビーズで花モチーフを編み込んだ「EDEN+ELIE」のネックレス（$183～）

MAP P.79-2C
オーチャード・ロード周辺

310 Orchard Rd., B1F Tangs ☎6737-5500
10:30～21:30（日曜、祝日11:00～20:30）　無休
カード A D J M V
行き方 MRTオーチャード駅から徒歩約3分。

左／ローカルフードの絵柄が楽しいプラスチック皿（小$13.9～）　中／ランチボックス入りクッキーはチリ・クラブ、ラクサ、チキンライスの3種類の風味（$26.8）　右／インスタント麺や調味料、お菓子と幅広い品揃えの食品みやげコーナー

北欧生まれのラブリーな文房具
キッキ・ケー　　　kikki.K

　スウェーデン人女性がオーストラリアで始めたステーショナリー店。シンプルかつキュートなデザインやカラーが店全体を包んでおり、見ているだけで楽しい気分になる。北欧の影響を受けた文房具は、機能性や使い勝手も工夫されていて、自分用はもちろん、おみやげにもよい。ノートひとつ取っても、キッチン、ベビー（育児記録）、夢ノート、トラベル用など種類豊富（$12.9～）。オフィスのデスク回りの小物もおしゃれで、仕事が楽しくなりそう。

種類豊富なカードは$5.9～

左から刺繍飾りクリップ（$16.99）、トラベル用ノート（$39.99）、ミニ文房具セット（$19.99）、ハリネズミ形のメモパッド（$19.99）

MAP P.79-3C
オーチャード・ロード周辺

2 Orchard Turn, #B2-53 ION Orchard ☎6509-3107
10:00～22:00
無休　カード A J M V
行き方 MRTオーチャード駅から徒歩約2分。
[他店舗] 1 Harbour Front Walk, #01-K32 Vivo City
☎6873-9891

シーズンごとにテーマに沿った新作が登場

◆ Shopping Guide ◆

シンガポール感いっぱいのオリジナルみやげ
メリッサ　　　　　　　　　　　　　　Melissa

アジアの手工芸品を用いた独自の"シンガポールみやげ"が種類豊富に並ぶ。日本人オーナーのこだわりとアイデアで、おしゃれでかわいい商品が次々生まれている。マーライオンのグッズはバリエーション豊富な人気商品。プラナカンをモチーフにしたグッズも人気が高く、天然成分配合のハンドクリームや石鹸、アロマバームなどの美容アイテムもラインアップ。クッキーやカヤジャム、ローカルコーヒーなどフードみやげもアイデア満載で、見ているだけで楽しくなる。

MAP	P.80-2A

オーチャード・ロード周辺

- 333A Orchard Rd., #04-30 Mandarin Gallery
- ☎6333-8355
- 11:00～20:00　休旧正月5日間
- カード AJMV
- 行き方 MRTサマセット駅から徒歩約6分。

アザラシの「しろたん」とコラボしたマーライオンのぬいぐるみ（$14～）。小サイズはチェーン付き

左／レモングラスやマンゴーなどの香りのハンドクリーム（各$8）　中／プラナカンモチーフの刺繍入りミニタオル（各$8）は5種類ある　右上／メインショップの隣にプラナカングッズを集めた売り場がある　右下／クリップ付きのゴルフマーカー（2個セットで$12）

インドネシア製品の品揃えは随一
アカモティフ　　　　　　　　　　　　AkaMotif

エスニックな色と香りに満ちた店内には、伝統の手工芸品がところ狭しと並ぶ。まず、注目したいのは種類豊富なバティック製品。アンティークのバティックサロンからウエア類、バティックアートの雑貨までバティックの宝庫。布製品や小物好きは必見のショップだ。木彫りの置物やアタ（植物）を編んだ雑貨、ガラスやビーズのアクセサリー、ばらまきみやげにいい小物類なども揃っている。

MAP	P.78-2A

オーチャード・ロード周辺

- 163 Tanglin Rd., #01-01/02 Tanglin Mall
- ☎6738-2996
- 10:30～21:00　休12/25、旧正月2日間
- カード AJMV
- 行き方 MRTオーチャード駅から徒歩約15分。

左／インドネシアの民族衣装を着た人々が描かれたコインケース（各$14）　右／タイ製のピアス（$19）は存在感抜群

左／シルクシフォンの手描きバティックショール（$239）　右／タングリン・モールの1階にある

お手軽価格のキュートなアクセサリー
ハンナ・リー　　　　　　　　　　　　Hanna Lee

ロンドン発のアクセサリーショップ。天然石やビーズを組み合わせたおしゃれなアクセサリーは、高級ブランドの装いにもカジュアルウエアにも合う優れ物。奮発しなくても手の届く価格帯なのもうれしいところ。オリジナルのほかセレクトアイテムが並び、巻き方次第でブレスレットにもネックレスにもなるビーズアクセサリーが人気商品だ。カラフルな色味の半貴石やスターリングシルバー、クリスタルなどを用いたほかにはないデザインが見つかる。

MAP	P.78-2A

オーチャード・ロード周辺

- 163 Tanglin Rd., #02-01 Tanglin Mall　☎6737-0698
- 10:00～21:00
- 休旧正月1日　カード AMV
- 行き方 MRTオーチャード駅から徒歩約15分。
- ［他店舗］
- 501 Bukit Timah Rd., #02-15 Cluny Court
- ☎6463-2698

左／何重にも巻けばブレスレットに、一重にすればネックレスになる（$79）　右／繊細な作りのガーリーなネックレス（$49）と房飾りのピアス（$59）

日本人在住者にも人気の店

ショッピングガイド　オーチャード・ロード周辺

◆ Shopping Guide ◆

デザイン雑貨のコンセプトストア
ナイス　　　　　　　　　　　Naiise

シンガポールのデザイングッズを発信する大規模ショップ。200〜300人の地元デザイナーの商品を扱い、ホームウエア、文房具、アクセサリー、洋服をはじめ、食品や地元歌手のCDまでコーナー展開している。プラナカンタイルをデザインしたグッズ、センスのよいシンガポールのアイコン雑貨などは、ぜひチェック。スパイス入りのユニークなジャムやお茶、ローカルフードの調味素材などの食品品や、シンガポール製のナチュラルコスメもある。

左／シンガポールの歴史が学べるノート（$17.9）　右上／ソルテッドエッグ＆トリュフ風味のポテトチップス（$8）　右下／アイスを食パンでサンドしたローカルスイーツをかたどったマスコットキーホルダー（$10.9）
上／チキンライスやバティックの柄をモチーフにしたアイテムの数々　左下／ドリアンをデザインしたミニノート（$4）　右下／シンガポールのアイコンを盛り込んだマグカップ（$18.6）

MAP P.79-3C オーチャード・ロード周辺
住 435 Orchard Rd., #03-24〜29 Wisma Atria
営 11:00〜22:00　☎ なし
休 無休　カード AMV
行き方 MRTオーチャード駅から徒歩約3分。

上／シンガポールに3店舗あるうち、ウィスマ・アトリア店はオーチャード駅近くで立ち寄りやすい　下／レトロなコピティアムのポストカードとマグネットセット

人気の大型化粧品店
ササ・コスメティックス　　　Sasa Cosmetics

アジア各地に出店する香港発のコスメショップで、シンガポールには19店舗ある。インポート物やローカルブランドのコスメ、スキンケア用品、ヘアケア用品、香水などに加え、ディスカウント商品やトライアルサイズの商品も揃い、旅行中にも重宝する存在だ。3種類のササハウスブランドがあり、なかでも美白やエージレス効果をうたう自然派スキンケア「スイス・プログラム」はおすすめ。フェイスパックやリップバームはおみやげにもよい。

左／アメリカの人気ブランド「ザ・バーム」のコーナー。口紅やリップグロス、アイシャドウなどパッケージもおしゃれ　右／ハウスブランドの「サイバーカラー」はお手頃価格

MAP P.79-3C オーチャード・ロード周辺
住 435 Orchard Rd., #B1-06〜08 Wisma Atria
☎ 6738-8232
営 10:30〜22:00
休 旧正月2日間
カード AMV
行き方 MRTオーチャード駅から徒歩約3分。
[他店舗]
住 200 Victoria St., #02-26/27, Bugis Junction
☎ 6336-9180
住 133 New Bridge Rd., #01-38 Chinatown Point
☎ 6702-0131

東南アジア最大級のフロア面積を誇る
紀伊國屋書店　　　　　　　Books Kinokuniya

広い売り場には日本語、英語、中国語を中心として、あらゆるジャンルの本が揃っている。日本語の書籍や雑誌も充実。新刊本や雑誌は日本とのタイムラグもほぼなしで入荷する。もうひとつのおすすめはコミックコーナー。日本の漫画は日本語、中国語、英語で読むことができ、アメコミのコレクションは通をうならせるほど。シンガポールの文化や歴史、料理の本もあり、長居してしまいそう。

シンガポールの料理本や写真集、絵本なども要チェック

MAP P.79-3D オーチャード・ロード周辺
住 391 Orchard Rd., #04-20/20A/20B/20C Takashimaya S.C.
☎ 6737-5021
営 10:00〜21:30（土曜〜22:00）
休 旧正月2日間
カード ADJMV
行き方 MRTオーチャード駅から徒歩約5分。
[他店舗]
住 200 Victoria St., #03-09 Bugis Junction　☎ 6339-1790

◆ Shopping Guide ◆

エッジの効いたおしゃれ靴
チャールズ＆キース　　　　　　　　　　　Charles & Keith

　1996年に創業し、今や世界各国でショップ展開するシンガポールブランド。リーズナブルな価格で、トレンドを取り入れた都会的なデザインが多くの女性に支持されている。オリジナルレーベルと高級感のあるシグネチャーレーベルの2ラインがあり、幅広い年齢層とシーンに対応しているのも強み。ビビッドカラーのサンダルやフラットシューズ、おしゃれなウエッジソールやブーツまで揃う。サンダルは$45～、パンプスは$50～。バッグも手頃な価格で使いやすそうなものがあるので要チェック。

左／トレンドを取り入れながらも、オーソドックスで飽きのこないデザイン　右／足首で結ぶスタイルのレースアップサンダル（$53.9）

MAP	P.79-3D
オーチャード・ロード周辺	

391 Orchard Rd., Ngee Ann City, #B2-12/14 Singapore Takashimaya S.C.
☎6737-0152
営10:00～21:30
休旧正月旧日　カードADJMV
行き方MRTオーチャード駅から徒歩約5分。
［他店舗］313 Orchard Rd., #02-46/47/48/49 313@somerset ☎6509-5040

レモン形のポーチがかわいいバッグ（$85.9）はストラップ付き

リーズナブルでトレンド感たっぷり
プリティ・フィット　　　　　　　　　　　　　Pretty Fit

　サンダルを中心に、キュートでファッショナブルな靴が人気のショップ。毎月20～30足の新作が並ぶ店内は、いつも若い女性客であふれている。ディテールや素材に凝ったデザインが多く、リゾートからオフィス仕様まで幅広いタイプが揃う。気軽に履けるカラフルなサンダルやフラットシューズは、種類が多くておすすめ。$59.9～89.9と手頃な価格帯も人気の理由。旅行中に活躍してくれるアイテムも見つかる。

左／ラインストーンがきらめくトングサンダル（$63.9）　中／折りたためるポケッタブルシューズ（$59.9）は旅行に重宝　右／サンダル、ヒール、スニーカーまで豊富な品揃え

MAP	P.79-3C
オーチャード・ロード周辺	

435 Orchard Rd., #B1-30/31 Wisma Atria
☎6732-5997　営10:30～22:00
休旧正月2日間
カードAJMV
行き方MRTオーチャード駅から徒歩約3分。
［他店舗］68 Orchard Rd., #03-76 Plaza Singapura
☎6338-9613

メンズシューズやバッグもある

中国テイストのおしゃれ着をおみやげに
シー　　　　　　　　　　　　　　　　　　（喜）Xi

　チャイニーズ・アート・コレクターのオーナーが開いたローカルブランド。オリジナルデザインの商品は中国の伝統物を題材にセンスよくアレンジされている。縁起のいいダブルハピネスをモチーフにしたTシャツ、刺繍を施したデニム、チャイナドレス風ワンピースやブラウスなどアイテムも種類豊富。人気のデザインTシャツは$60くらいからあり、タイプが揃っているのでおみやげにもよい。

左／香港製刺繍スリッパもある（$59～）　中／プリント柄からシンプルなものまでTシャツは種類豊富　右／デニム地に金魚の刺繍のワンピース（$179）

MAP	P.74-1B
シティ・ホール周辺	

252 North Bridge Rd., #03-33A Raffles City
☎6338-1383　営10:30～21:30
休旧正月2～3日間
カードAMV
行き方MRTシティ・ホール駅から徒歩約5分。
［他店舗］333A Orchard Rd., #03-06 Mandarin Gallery ☎6333-8220

チャイナボタンがアクセントのトップスは上質のコットン素材を使用（各$69）

ショッピングガイド　オーチャード・ロード周辺／シティ・ホール周辺

◆ Shopping Guide ◆

ブリティッシュ・インディア
ナチュラルでおしゃれなエスニック服　British India

　エスニックなフレーバーをまとう上質のウエアで、アジア各国に40店舗以上を展開するマレーシアのブランド。シンガポールには5店舗あり、ここラッフルズ・シティ店は規模が大きく、シックなエスニック調の「クラシック」、旅行に適した「トラベラー」、手刺繍製品の「ピュア」、カジュアルでナチュラルな「アドベンチャー」などラインも豊富。シンプルなデザインと体になじむ着心地が、広い年齢層に人気。普段着からリゾート着、大人カジュアルまで活躍の場面も多彩。メンズウエアも充実している。

左／ビーズ刺繍のエスニックブラウスは$150くらいから　右／刺繍がゴージャスなトップス($379～)

MAP P.74-1B
シティ・ホール周辺
🏠 252 North Bridge Rd., #01-20/21 Raffles City
☎ 6337-0350　🕙 10:00～22:00
休 無休　カード AJMV
行き方 MRTシティ・ホール駅から徒歩約5分。
[他店舗]
🏠 163 Tanglin Rd., #02-04/06 Tanglin Mall
☎ 6735-3466

メンズの品揃えも豊富。シャツは$159、ハーフパンツは$179

ミュージアム・レーベル
愛すべき日常のワンシーンがテーマの雑貨たち　Museum Label

　シンガポール国立博物館(→P.101)、アジア文明博物館(→P.97)、インディアン・ヘリテージ・センター(→P.144)、マレー・ヘリテージ・センター(→P.137)の4つの博物館内にあるミュージアムショップ。各博物館のオリジナル商品をはじめ、ローカルアーティストとコラボしたグッズを製作・販売している。シンガポールの文化や暮らし、身近な習慣などを題材に、アイデアとデザインを凝らした味わい深い品々が続々と誕生しており、おみやげにもぴったりだ。シンガポールの歴史や文化をひもとく書籍も充実している。
　国内ではインディアン・ヘリテージ・センターのショップでしか扱っていないインドブランドのデザイン雑貨にも注目だ。

MAP P.74-1A、P.86-3B
シティ・ホール周辺
🏠 93 Stamford Rd., National Museum of Singapore
☎ なし
E-mail NHB_MUSEUMLABEL@nhb.gov.sg
🕙 10:00～18:30
休 無休　カード JMV
行き方 MRTプラス・パサー駅から徒歩約4分。
[インディアン・ヘリテージ・センター店]
🏠 5 Campbell Lane
☎ 6291-4162　🕙 10:00～19:00(金・土曜～20:00、日曜、祝日～16:00)　休 月曜
カード MV　行き方 MRTリトル・インディア駅から徒歩約5分。

シンガポール国立博物館店

左／オリジナルスカーフ($70～)
右／クリアファイル($3.9)とノート(各$6)、ボールペン(各$5)はオリジナル商品

シンガポール建国時、実質的な統治を行ったウィリアム・ファーカーが動植物の生態を記録するため中国人画家に描かせた画を「ファーカー・コレクション」として館内に展示。このコレクションを題材にしたグッズも多彩。右と左下はヒヨケザルとマレーバクのキーチェーン(小サイズ$10)。左上は4枚セットのコースター($75)

インディアン・ヘリテージ・センター店

2枚セットのクッションカバー「ハズバンド&ワイフ」($40)は「Mad in India」の商品。「Play Clan」とともにインド文化が色濃く反映されたブランドで、ここでのみ入手可

左／インド人デザイナーが手がける「Play Clan」のマグカップ(各$23)　右上／ショップはチケットカウンター脇にある　右下／限定商品のゾウの置物($79)

268

♦ Shopping Guide ♦

急成長のシンガポールブランド
ラブボニート
Love, Bonito

ネット通販からシンガポール女性の支持を集め、店舗展開を始めた後はアジア各国にまでその勢いを広めている。人気の秘密は、シンプルで着やすいこと。素材使いやカッティングのセンスがよく、何気ないおしゃれ感を醸し出している。ドレッシーなものからカジュアルまで多彩なラインアップで、幅広い年齢層に対応していることも特徴。トップスは$35くらいから、ワンピースも$50前後からと、比較的リーズナブルな価格にも購買欲をくすぐられる。

MAP P.74-2B
シティ・ホール周辺
- 107 North Bridge Rd., #02-09 Funan ☎なし
- 10:00～22:00 無休
- カード A J M V
- 行き方 MRTシティ・ホール駅から徒歩約5分。
- [他店舗] 313 Orchard Rd., #02-16/21 313@somerset

左／新ショッピングセンターの「フナン」2階の店（写真）と313・アット・サマセット内にある　中／サラッと肌触りのよいワンピースは$49.9、ジャケットは$51.9　右／流行を取り入れたシンプルでナチュラルカラーのオフィスウエアがメイン

アジア雑貨の品揃えは随一
リムズ
Lims

シンガポール人オーナーが、インド、インドネシア、ラオス、ベトナム、中国、タイなど、アジア各国でセレクトした雑貨とインテリアがところ狭しと並ぶ。エスニック雑貨店としては国内最大級の品揃えを誇り、シンガポールのプラナカン陶器のレプリカやタイのお香といったおなじみのおみやげから、ハンドペイントのバティックやラオスの竹製フードカバーといった民芸品まで、味わい深いアイテムがざくざく。宝探し感覚でのぞいてみたい。

MAP P.75-2D
マリーナ・エリア
- 6 Raffles Blvd., #02-23/24 & 324/325 Marina Square
- ☎6837-0028　11:00～21:00　旧正月2日間
- カード A J M V
- 行き方 MRTエスプラネード駅から徒歩約6分。
- [他店舗] 211 Holland Ave., #02-02 Holland Road Shopping Centre ☎6467-1300

左／ベトナムの刺繍巾着バッグ（$14.9）　中／こちらもベトナム製のカゴバッグ（$11.9）　右／バティックの生地がアクセントのクッションカバー（$49）

マリーナ・スクエアに2店舗あり、Shop23/24のほうがおみやげ向きの物が揃う

シンガポールメイドの自然派ケア用品
ハイシス
Hysses

化学薬品は一切使用せず天然成分と品質にこだわったケア用品を製造販売。ヨーロッパやアジア各国の厳選素材を用い、アジアの香りを大事にした商品のなかでも、マッサージオイルやボディローション、バス用品が人気だ。レモングラスやジンジャー、ペパーミント、ラベンダー、ヒノキなど効能が異なるアロマを配合しており、肌質に合った物をスタッフに聞きつつ選びたい。アロマディフューザーやキャンドルなども充実している。

MAP P.75-2D
マリーナ・エリア
- 6 Raffles Blvd., #02-211 Marina Square
- ☎6338-8977
- 10:30～22:00　旧正月1日
- カード A M V
- 行き方 MRTエスプラネード駅から徒歩約6分。
- [他店舗] 2 Orchard Turn, #B3-48 ION Orchard ☎6884-6001

左／100%ナチュラルのエッセンシャルオイル。10mlのボトルで$25.9～　中／乾燥肌には保湿力の高いボディオイルがおすすめ（小$15.9～）　右／主要なショッピングセンター内に14店ある

ショッピングガイド

シティ・ホール周辺／マリーナ・エリア

Shopping Guide

クッキー・ミュージアム　The Cookie Museum
クッキーでシンガポールのフードカルチャーを体感！

チキンライスやラクサ、パンダンにドリアンまで、シンガポール名物を再現したスペシャルなクッキーがズラリと並ぶ専門店。一番人気はカニがまるごとのったチリ・クラブクッキー。卵を使用せず、手作りでていねいに作られたクッキーは、サックサクの歯触りとスパイスの風味があと引く味わい。3～4ヵ月ごとに新商品が登場し、常時15～25種類。ローカルフレーバー以外にフルーツやナッツのクッキーもおいしい。試食してお気に入りを見つけよう。

MAP P.75-2D　マリーナ・エリア
6 Raffles Blvd., #02-280 Marina Square　6333-1965, 6749-7496　11:00～21:30
無休　カード A J M V
行き方 MRTエスプラネード駅から徒歩約6分。
[他店舗] 252 North Bridge Rd., #B1-49 Raffles City
391 Orchard Rd., #B209-3 Takashimaya S.C.

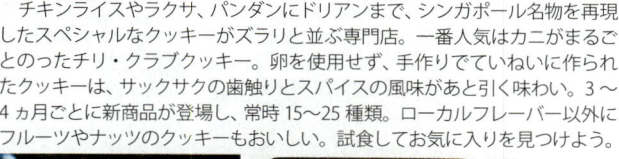

左・右／チリ・クラブクッキーは24枚入りの缶が$38。割れやすいので手荷物で持ち帰りたい。賞味期限は2～3ヵ月

左／ナシ・レマのクッキー（$48）は小魚が入っていたりと目にも楽しい　右／宝石ショップのように高級感あふれる店内

オールド・センチョーン　Old Seng Choong（老成昌）
中国菓子店のローカルフレーバーのクッキー

1965年に創業し約30年間、人々に親しまれたセンチョーン菓子店の2代目が、先代の伝統を受け継ぎ新たに立ち上げたブランドが「オールド・センチョーン」。ペストリーシェフとして腕を磨いた2代目のダニエルさんが店の目玉に据えたのは、フレンチの技術を生かしたローカル風味のクッキーだ。バクテーやサテー、ラクサ風味のセイボリークッキーはスパイスがアクセントとなりユニークな味に。おすすめはグラメラカ（ヤシ砂糖）とパンダンココナッツ。プラナカンモチーフの缶もしゃれている。

MAP P.74-3A　クラーク・キー周辺
6 Eu Tong Sen St., #01-48 The Central
6282-0220（オフィス）
11:00～22:00
旧正月2日間　カード J M V
行き方 MRTクラーク・キー駅から徒歩約3分。

左／クッキーは全12種類あり、1缶$19.8～　中／バター風味と地元の味がミックスしたクッキーがズラリ。バターケーキや季節のお菓子もある　右／試食ができる

クンスト　Kunst
アメリカンインディアンのジュエリーが豊富

ショッピングセンターのセントラル（→P.258）にあるこだわりのショップ。ドイツとシンガポールを行き来するオーナーが選ぶアメリカンインディアンのズーニー族のアクセサリーは、非常に珍しい品揃えを誇る。ブローチ、バングル、ペンダントなど、トルコ石やアカサンゴを用いたカラフルで独特な色の組み合わせが魅力的。これだけのコレクションはシンガポールでもここだけ。手頃な価格のシルバーリングも見逃せない。

MAP P.74-3A　クラーク・キー周辺
6 Eu Tong Sen St., #01-42 The Central
8233-7243
11:00～21:30
旧正月2日間
カード A D J M V
行き方 MRTクラーク・キー駅から徒歩約3分。

左／ヘアピン（$19～）やバレッタなどヘアアクセサリーもある　右／ズーニー族手作りの精緻なアクセサリー。手前のブレスレットは$125～、指輪は$65～160くらい

手頃な値段のものもあり、ブレスレットは$32～、ネックレスは$95～

✦ Shopping Guide ✦

センスのよいアジアの手工芸品に出合える
珍藝閣　　　　Zhen Gallery LLP

約100年前の建物を改装した店内はオリエンタルカラーの雑貨や家具がところ狭しと並んでいる。カラフルな色と素材使いが斬新なベトナム漆や繊細なタッチのミャンマーの漆製品が充実。インドネシアのバティックアートも種類豊富。ジャワ島中部が発祥で300年くらいの歴史があるというバティックマスクから、バングルやうちわなどの小物まで、興味深い品揃えだ。チャイナタウン散策の際に立ち寄ってみたい。

MAP P.82-1B　チャイナタウン
- 1 Trengganu St.
- ☎6222-2718
- 営 10:00～21:00
- 休 旧正月3日間
- カード AJMV
- 行き方 MRTチャイナタウン駅から徒歩約3分。

真珠母貝にシルバー細工を施した飾り物（$88）。トレイとしても使える

左上／ベトナム、インドネシア、ミャンマーの漆製品がメイン。中国の布小物もある　左下／ぬくもりのあるミャンマーの漆の小物入れ（$40～）　右／マーライオンの石鹸とタオルのギフトセットは根強い人気商品（各$7）

アンティークからみやげ品までプラナカンタイルの宝庫
アスター・バイ・キーラ　　　　Aster by Kyra

プラナカンハウスを彩る陶製タイルの収集家、ビクター・リムさんのギャラリー兼ショップ。プラナカンタイルのルーツは19世紀イギリスで量産された彩色タイルの「マジョリカタイル」。ヨーロッパのタイル製造減少で日本でも「和製マジョリカタイル」が作られ、それらがシンガポールにも輸出され家々の装飾に盛んに使用されたという。ビクターさんは再開発で取り壊された家屋から集めたタイルを修復し展示するとともに、自社工場で作った複製タイルを販売している。タイルをモチーフにしたおみやげ品も並ぶ。

MAP P.83-2C　チャイナタウン
- 168 Telok Ayer St.
- ☎6684-8600
- 営 12:00～17:00
- 休 旧正月1週間　カード JMV
- 行き方 MRTテロック・アヤ駅から徒歩約3分。

19世紀に流行したアール・ヌーボー調の花柄が多い。アンティーク物は日本、イギリス、ベルギーやドイツ製があり$28～。手前左と中央の複製品は$7～

左／ビクターさんのアンティークタイルのコレクションは約2万点にも及ぶ　右／約100年前の日本製タイル。浮き彫りされているのはヒンドゥーの神「ガネーシャ」で、インド向けに作られたもの

レトロなパッケージの中国茶をおみやげに
白新春茶荘　　　　Pek Sin Choon Pte. Ltd.

1925年創業の中国茶葉の卸と小売りを営む店。中国福建省や台湾、インドネシアなどの茶葉を独自にブレンドした銘柄が、創業時と変わらないレトロなパッケージで販売されている。どれも伝統に則ったやや濃いめのお茶を置いており、おすすめは香りのよい安溪佛手神（$49.8）やまろやかな風味の不知香（$10.5）。また、この店は多くのバクテー店に中国茶を卸していて、業務用の小さい包みのお茶が50包入った缶入りの商品もある。

MAP P.82-1B　チャイナタウン
- 36 Mosque St.
- ☎6323-3238
- 営 8:30～18:30
- 休 日曜、祝日、旧正月4日間
- カード 不可
- 行き方 MRTチャイナタウン駅から徒歩約5分。

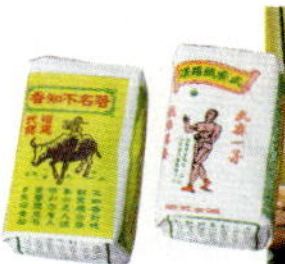

左／150g入りの紙包装のお茶。左が不知香、右は羅漢果入りで体によい武夷鉄羅漢　右／2代目店主のケンリーさん

左／棚にはパッケージ買いしたくなる絵柄の缶入り茶がズラリと並ぶ　右／歴史遺産ともいえる老舗の中国茶店

ショッピングガイド　マリーナ・エリア／クラーク・キー周辺／チャイナタウン

◆ Shopping Guide ◆

中国みやげなら何でも揃う
裕華國貨
Yue Hwa Chinese Products

中国系デパートのなかでは規模が大きく、おみやげ品が揃っているのが裕華だ。1階から5階まである館内は2019年8月現在改装が行われており、部分営業となっている（2020年終了予定）。1階にお茶や漢方薬のコーナー、スーパー形式の食料品売り場があり、改装中はこのフロアに目玉商品が集約されている。中国やシンガポール、アジア各国の調味料や乾麺、お菓子など多種多様な食品は健在だ。2階は工芸品、3階はヒスイや宝飾品。

上／中国各地の調味料や食材がズラリと並んでいる　下／アジア各国で家庭薬として親しまれている万能オイルも種類豊富

MAP P.82-1B　チャイナタウン
住 70 Eu Tong Sen St.
☎ 6538-4222　営 11:00～21:00（土曜～22:00）　休 旧正月2日　カード AJMV
行き方 MRTチャイナタウン駅から徒歩約2分。
※工事終了まで売り場が変更されることもあるので注意が必要。

塊のプーアル茶の中に乾燥金柑を入れたフレーバーティー

プラナカンのお宝が潜む骨董店
グアン・アンティーク
（源古物店）
Guan Antique

プラナカンのコミュニティがあったチャイナタウンのブレア・ロード（→P.128）近くにあるこの店は、プラナカンのアンティーク品を豊富にストックする貴重な店。100年以上前の陶器やケバヤ（衣装）、サンダル、宝飾品から装飾タイルにいたるまで華麗な文化の名残が店の奥に詰まっている。プラナカンに限らず、往時の洋風陶器やランプ、家具などもあり、時間が止まったような店内は、プラナカンや骨董好きには、たまらない空間だ。

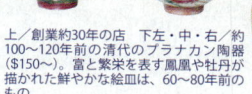

上／創業約30年の店　下左・中・右／約100～120年前の清代のプラナカン陶器（$150〜）。富と繁栄を表す鳳凰や牡丹が描かれた鮮やかな絵皿は、60～80年前のもの

MAP 折込裏-3B　チャイナタウン
住 31 Kampong Bahru Rd.
☎ 6226-2281
営 11:00～19:00（日曜、祝日14:00～）
休 旧正月　カード 不可
行き方 MRTアウトラム・パーク駅から徒歩約10分。

プラナカンの正装用のイヤリング

信頼を集める老舗の漢方薬店
余仁生
Eu Yan Sang

1879年創業の規模の大きな漢方薬店。マレーシア、香港にも店舗をもち、シンガポール内には約45店舗を有する。漢方医が常駐し、簡単な生薬（漢方薬材）を処方してもらうこともできる。隣にあるクリニックには英語のできるスタッフがいるので、旅行者でも漢方医の問診を受けて生薬を調合してもらったり、針灸や刮痧（カッサ）を受けることが可能。手軽なものを望む人には錠剤や丸薬のパッケージがおすすめ。滋養が高く美肌効果があるというツバメの巣のドリンクや、排毒作用のあるカメゼリーも種類豊富に揃っている。漢方を用いたスキンケア、バス用品のZingブランドの商品もコーナー展開している。見やすい店なのでじっくり見て回ろう。

左／効能別の漢方スープの素は$6.9～　中左／デトックス、リラックス、便秘解消などの生薬を配合した漢方茶スティック（各$15）　中右／薬材の調合をするスタッフ。のどが痛いといった簡単な症状であれば診断書がなくても調合してもらえる　右／ショールームのような店内。奥には余仁生の歴史を学べる資料館がある

MAP P.82-2B　チャイナタウン
住 269 South Bridge Rd.
☎ 6223-6333　営 9:00～18:30（祝日10:00～17:00）
休 日曜、旧正月2日間
カード AJMV
行き方 MRTチャイナタウン駅から徒歩約6分。
[他店舗]
住 290 Orchard Rd., #B1-16/17 Paragon　☎ 6836-3565

♦ Shopping Guide ♦

誰かに贈りたくなるアイテムがいっぱい
エッセンシャル・エクストラ
Essential Extra

ダウンタウン・ギャラリー内にある小さな雑貨店。シンガポールの若手デザイナーのバッグやポストカードをはじめ、香港や台湾、タイなどから仕入れた約20ブランドのデザイングッズを販売しており、個性的な掘り出し物が見つかる。なかでも、シンガポーリアンの女性オーナー自身の名を冠したアクセサリーブランド「WoonHung」は要チェック。ウッドビーズを使ったハンドメイドの優しい風合いのアクセサリーは街でもリゾートでも活躍してくれそう。

左／「Little Oh!」の動物シリーズのピアス（$32）　右／「WoonHung」のネックレスはフィリピンのセブ島で自然素材のみを使って手作りされる

MAP P.83-3C
シェントン・ウェイ
住 6 Shenton Way, #01-40 Downtown Gallery
☎なし
営11:00～20:00（土曜11:30～16:30）　休日曜、祝日
カード A M V
行き方 MRTタンジョン・パガー駅から徒歩約6分。

ポップアップストアのような開放的な店舗

エスニックなおしゃれ着をゲット
ユートピア
Utopia

インドネシアのバティック地やカラフルなエスニックプリントの生地を、自在に組み合わせたオリジナルウエアがズラリと並ぶ。アジアの文化と伝統を大事に、着やすさと流行を取り入れたウエアは毎週新作が登場。チャイナドレスやプラナカンの伝統衣装をアレンジしたものもある。子供服も揃っており、親子でお揃いも楽しめる。エスニックファッションに合うアクセサリーもチェックしたい。

小花模様のレトロ感漂うロングワンピース（$118）

左／5サイズあり、試着も可能。右はバティック地のチャイナテイストのロングジャケット　右／天然石とチャイナモチーフのネックレスもオリジナル商品（$168～）

MAP P.134
アラブ・ストリート周辺
住 50 Bussorah St.
☎6297-6681　営10:00～19:00
休無休　カード A D J M V
行き方 MRTブギス駅から徒歩約8分。
[他店舗]　住133 New Bridge Rd., #02-51 Chinatown Point
☎6538-4030

ノスタルジックなシンガポール雑貨
ウェン・アイ・ワズ・フォー
wheniwasfour（小时候）

今やポピュラーになったシンガポールの文化や食のデザイン雑貨。その先駆けとなったブランドがここ。約10年前にデザイナーの女性3人で立ち上げ、2016年に店を開いた。子供時代の記憶をグッズに、ほんわかしたローカルフレーバーの商品を次々製作。ホーカーズのテイクアウト用ビニール袋入りコーヒーを模したバッグやシングリッシュをユーモアたっぷりに表現するなど、アイデアが秀逸でおもしろい。ローカルフードをモチーフにしたものはおみやげに人気。

左／チキンライスやチリ・クラブのクッションカバー（各$28）　右／ドリアンや餅菓子のノート（各$14.9）

MAP P.84-2A
ブギス周辺
住 261 Waterloo St., #02-18
☎なし
URL www.wheniwasfour.com
営12:00～14:00、15:00～19:30（土曜12:30～18:30）
休日曜、祝日、旧正月
カード不可　行き方 MRTベンクーレン駅から徒歩約3分、ブギス駅から徒歩約5分。

店は団地（HDB）の2階。一部の商品はナイス（→P.266）などの雑貨セレクトショップでも扱っている

ショッピングガイド

チャイナタウン／シェントン・ウェイ／アラブ・ストリート周辺／ブギス周辺

◆ Shopping Guide ◆

香港発のハイセンスなセレクトショップ
カポック　　　　　　　　　　　　　　Kapok

シンガポールのデザイン振興の中枢を担うナショナル・デザイン・センターの1階にあるショップ。ここは香港がベースの雑貨やウエアのセレクトショップで、デザインや機能性の優れた物を世界中から集めている。約50%がローカルデザイナーが手がけるアイテムで、フランスをはじめアメリカ、日本の物もある。インテリア雑貨やウエア、アクセサリーと幅広いセレクションで、メンズウエアも揃う。カフェスペースもあるので、休憩もできる。

左／リネンのポーチ（$34〜54）
右／コミカルなイラストのキャンバストート（$45）

MAP P.84-2B
ブギス周辺
111 Middle Rd., #01-05 National Design Centre
☎9060-9107
営11:00〜20:00　休12/25、旧正月
カード AJMV
行き方 MRTプラス・バサー駅、またはブギス駅から徒歩約5分。

左／レトロなタッチのオリジナルブランド「Future Classics」のブラウス（$129）　右／値は張るが、クオリティの高い商品が揃う

アラビアン・パフューム専門店
ジャマール・カズラ・アロマティックス　Jamal Kazura Aromatics

植物性でノンアルコールのムスリム用の香水とエッセンシャルオイルを扱う1933年開業の老舗。ブッソーラ・ストリート店には約200種類の製品が並び、いちばん小さな6mℓ入りのボトルで$12〜。アルコールを使用しないため香りが長続きする香水は、体につけるほか、コットンにひと吹きしてルームフレグランスとして使ってもいい。手作りのエジプト製ガラスの香水瓶や、チェコ製のボヘミアガラスのコレクションも見もの。

左／サイズも形も色味もさまざまな種類を揃えたエジプトの香水瓶（$12〜50）
右／動物の形の香水瓶はユニーク

MAP P.134
アラブ・ストリート周辺
21 Bussorah St.　☎6293-3320　営9:30〜18:30（金曜9:30〜13:00、14:00〜18:30）
休ハリ・ラヤ・プアサの祝日2日間、ハリ・ラヤ・ハジの祝日2日間
カード AJMV
行き方 MRTブギス駅から徒歩約10分。
[他店舗] 39 Bussorah St.
☎6295-1948

ブッソーラ・ストリートに2店あるが、日本語のできるスタッフがいるのは角の21番の店

トルコの手工芸品が種類豊富
スーフィズ・トレーディング　　　　Sufi's Trading

トルコカラーに彩られた絨毯＆雑貨ショップ。天井には膨大な数のモザイクランプが極彩色の光を放ち、手描きの伝統絵皿やコースター、シーシャ、手織りの絨毯などの鮮やかさに目を奪われ、まるで中東の市場に迷い込んだよう。目玉をかたどったトルコのお守り「ナザール・ボンジュウ」のオーナメントや、絨毯の生地を使ったバッグなどもある。

左／手描きのデザインが美しいトルコ製のマグカップ（各$25）　右／イラン製のキリムのポシェット（$70）

MAP P.134
アラブ・ストリート周辺
52 Arab St.　☎6291-2123
営10:00〜21:00　休無休
カード ADJMV
行き方 MRTブギス駅から徒歩約8分。

左／モザイクランプはソケットを取り換えれば日本でも使用できる（$40〜）　右／伝統手法の手描きの絵皿は1枚$20〜

◆ Shopping Guide ◆

ショッピングガイド

ブギス周辺／アラブ・ストリート周辺

おしゃれなマレー服のブティック
オヴァ　　　　　　　　　　　　　　Ova

　イスラム教徒が多いマレーの民族服は、体がすっぽり隠れるゆったりしたデザインが特徴。マレーの人々の伝統や生活に根差した独特のスタイルという印象だが、この店のマレー服は女性デザイナーによるモダンなデザインが魅力。マレーブラウス（$49〜79）はジーンズにもマッチし、ロング丈のマレードレスも外国人客に人気がある。

MAP P.85-1C
アラブ・ストリート周辺
- 727 North Bridge Rd.
- ☎6291-2136
- 10:30〜19:00（日曜12:00〜17:00）
- ハリ・ラヤ・プアサの祝日1週間、ハリ・ラヤ・ハジの祝日3日間
- カード 不可
- 行き方 MRTブギス駅から徒歩約8分。

左／ブラウスからひざ丈のトップスにロングスカートのバジュクルンまでさまざまなスタイルのマレー服がある　中／コットン製マレーブラウス（$59）。商品はほとんどが一点物　右／スカーフ留めのブローチ（$1.9〜）

バティック製品を探すなら必見
トッコー・アルジュニード　　Toko Aljunied

　現在ではアラブ・ストリートのほとんどの店がインド人経営でアラブ人の店は数少ないが、そのうちの1軒であるトッコー・アルジュニードは老舗のバティック専門店だ。インドネシアやマレーシア各地のバティックを多数取り揃えている。特におみやげにいいランチョンマット、ナプキンセット、ハンカチなど小物類（$3〜）が充実している。パイナップルの繊維を用いたパイナップルシルク製の高級品もある。

MAP P.134
アラブ・ストリート周辺
- 91 Arab St.
- ☎6294-6897
- 11:00〜19:00（日曜〜18:00）
- ハリ・ラヤ・プアサの祝日1日、ハリ・ラヤ・ハジの祝日1日
- カード AMV
- 行き方 MRTブギス駅から徒歩約7分。

左／伝統柄を染めつけたテーブルランナー（$18〜）　右／ばらまきみやげにいい巾着袋は小サイズ$6〜。小物類のほか、バティックのシャツや伝統衣装のケバヤもある

バティック地の洋服が種類豊富
バシャラヒル・ブラザーズ　　Basharahil Bros.

　アラブ・ストリートにあるバティック専門店。ここはインドネシア製の花を描いたバティックがきれいで、種類も数多く揃えている。柄のデザインもしゃれたものが多く、メガマンドンと呼ばれる雲をモチーフにした模様は珍しいタイプ。それらの生地を使ったシャツ（男性用もあり）やサロン、巻きスカートもある。生地は2.5m $20〜、手描きのものは$50〜。テーブルクロスや小物類もある。

MAP P.134
アラブ・ストリート周辺
- 101 Arab St.
- ☎6293-6569
- 10:00〜18:00（日曜11:00〜17:00）
- 1/1、8/9、一部のイスラムの祝日
- カード AMV
- 行き方 MRTブギス駅から徒歩約7分。

左／バティックの生地は模様が細かいほど高級。左のフラワーバティックは繊細で色目もきれい（$350、右は$280）　右／巻きスカートは旅行にも重宝しそう（$20）。普通のスカートもある

プラナカン伝統の技に驚嘆
リトル・ショップハウス　　Little Shophouse

　チャイニーズとマレー文化が融合したプラナカン文化（→P.36）をこよなく愛するオーナーが営む、プラナカン伝統工芸品の店。店内に並ぶ1mmほどのビーズで刺繍された靴（$480〜1200）は、まるで絵のように繊細で美しく、ため息が漏れてしまう。完成までに約1ヵ月を要するものもあり、値段にも納得だ。プラナカン陶器のレプリカのスプーン（$6）やアクセサリー（$3〜）など、みやげ物も豊富。

MAP P.134
アラブ・ストリート周辺
- 43 Bussorah St.
- ☎6295-2328
- 10:00〜17:00
- 日正月1日
- カード AMV
- 行き方 MRTブギス駅から徒歩約8分。

左／店内のビーズサンダルコレクションは必見　右／小物入れに使えるアンティークのプラナカンのカゴ（$32〜）

275

◆ Shopping Guide ◆

とっておきのグッズが見つかる小粋な店 (安楽窩)
オンレウォ　Onlewo

趣味で思い出のシンガポールの場所や物の写真を撮りためたことから始まり、その写真をもとにデザインしたテキスタイルを作成。その洗練されたデザインは国外からも注目を浴び、シャツや文具、小物なども作るようになった。「絵柄の中に個人の記憶と物語が込められている」と語るデザイナーのユージンさん。ボタニック・ガーデン、チョンバルの団地、プラナカンタイルなどをパターンにしたデザイン商品は、旅行者にとっても魅力的。ノートや名刺入れ、バッグなどギフトにもぴったり。

おみやげによいグッズ。手前はコースター各$22、後方右のマグカップは$23、後方左はプラナカンタイル柄のノート$36

MAP P.87-3C　リトル・インディア
住129 Jalan Besar
☎9112-4685　營11:00〜18:00
休日・月曜、12/25、祝日、旧正月　カード AJMV
行き方 MRTジャラン・ベサール駅から徒歩約1分、リトル・インディア駅から徒歩約8分。

テキスタイルでディスプレイされた店内。店名の「オンレウォ」は中国語で平穏で幸せな隠れ家という意味

インドの文化が香る伝統工芸品
セレブレーション・オブ・アーツ　Celebration of Arts

隣接して2店舗を構える規模の大きな店。みやげ物中心の店と、大型の美術工芸品やアンティーク雑貨を中心に扱う店が並ぶ。前者はラクダの革を用いたサンダル（$38〜）やミラーワークのタペストリーなど、インドを中心にパキスタン、タイ、ベトナムなどから多彩なエスニック雑貨を仕入れている。もう一方は、ブロンズや石製のヒンドゥーの神々、数十年前の手工芸品やファブリック製品といった珍しい品々が並ぶ。

MAP P.86-3B、P143　リトル・インディア
住48 Serangoon Rd., #01-71/72 Little India Arcade
☎6392-0769
營9:00〜21:00
休ディーパバヴァリの祝日3日間
カード AJMV
行き方 MRTリトル・インディア駅から徒歩約5分。

左／インドのグジャラート州のミラーワーク刺繍のバッグ$148
中／パキスタン製のラクダ革シューズは$28〜38
右／インドのクラフト雑貨がところ狭しと並ぶ

インド製の「おみやげ」が充実
プリヤズ・ギフト・コーナー　Priya's Gift Corner

リトル・インディア・アーケード内で営業するインド製品のみやげ物店。メインの商品は刺繍のタペストリーやクッションカバー。ハンドペイントのインド更紗のベッドカバーやテーブルクロスも種類豊富なストック。じっくり探せば掘り出し物が見つかる。もうひとつの主要グッズは置物など装飾用品やバッグ＆袋小物。一見小さな店に見えて、通路にもたくさんの商品が並んでいる。種類と数は多種多彩なので、宝探し気分で見て回ろう。

MAP P.143　リトル・インディア
住48 Serangoon Rd., #01-62 Little India Arcade
☎6298-7165
營9:00〜21:00
休ディーパバヴァリの祝日1日
カード ADMV
行き方 MRTリトル・インディア駅から徒歩約5分。

左／アクセサリーやスパイスなどを入れる引き出し式のボックス（$58）　中／カシミヤシルク製のティーポットウオーマー。これも緻密なハンドメイド（$58）　右／タペストリーやベッドカバーは$168〜238

Shopping Guide

ナリ Nalli
現地インド人御用達のインド服飾店

リトル・インディアには数多くのサリーやパンジャビドレスの店があるが、ここは種類とデザインすべてにおいておすすめの店。パンジャビドレスはゆったりとした上衣とパンツ、スカーフが1セットのインドの民族衣装。ここの商品はオーソドックスなものが多いが、品があり素材もよい。女性用のクルティー（トップス）はジーンズにも合う。男性の民族衣装のクルターパジャマやナイトウエアまであり、アクセサリー類も豊富。

左／南インド製をはじめ、北インドの製品もある。パンジャビドレスは＄59〜、サリーは＄12〜　右／種類豊富なクルティーは＄14〜

MAP P.86-3B　リトル・インディア
10 Buffalo Rd.
☎6299-3949
10:00〜21:30（日曜〜19:30）
休ディーパヴァリの祝日
カード ADMV
行き方 MRTリトル・インディア駅から徒歩約3分。

パンジャビ・バザール Punjab Bazaar
日本でも着られるインド服が見つかる

パンジャビドレスをはじめ、サリーやインドブラウス、スカーフなどインド各地の工場で製造されたウエアや生地を販売。素材や刺繍のクオリティのよいものがセレクトされている。派手過ぎず、ワンポイントの飾りがおしゃれなインドブラウスやゆったりしたサルエルパンツは、日常のファッションにも取り入れたくなるアイテム。店の入口付近に並ぶシンプルなトップスは＄10からある。インドのボディペイントの「ヘナ・タトゥ」も描いてくれる（＄5〜）。

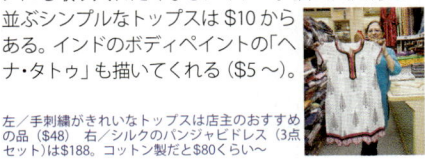

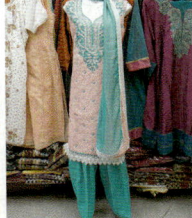

左／手刺繍がきれいなトップスは店主のおすすめの品（＄48）　右／シルクのパンジャビドレス（3点セット）は＄188。コットン製だと＄80くらい〜

リーズナブルなコットンブラウス（＄15）

MAP P.86-3B、P.143　リトル・インディア
48 Serangoon Rd., #01-17 Little India Arcade　☎6296-0067
10:00〜20:00（日曜、祝日〜18:00）
休ディーパヴァリの祝日1日
カード AMV
行き方 MRTリトル・インディア駅から徒歩約5分。

Column

キッチン用品店でお宝探し

小さな台所用品店の狭い店内には、おもしろい商品がズラリ。中国料理やインド料理に必要な道具はもちろん、オーナーはインドネシアゆかりの人なので、インドネシア菓子を作る道具やロンボク島の竹籠なども揃っている。ココナッツ製のスプーンやビニールカゴなど、ちょっとしゃれた雑貨も見つかる店だ。

左・中／ビニールカゴは丈夫で実用性あり（各＄11.8）　右上／レトロなホーローポット（＄13.9）　右下／コピティアムのカップ＆ソーサーもある（＄3.3）

左／豊富な品揃え　右／ココナッツ製スプーン＆フォークは＄9.8〜

◆**ニューパサールバル・エンタープライズ　New Pasar Baru Enterprises**
MAP P.86-3B　68 Buffalo Rd.　☎6296-5389　8:00〜18:00（日曜、祝日〜15:00）　休旧正月2日間　カード 不可　行き方 MRTリトル・インディア駅から徒歩約1分。

ショッピングガイド　リトル・インディア

◆ Shopping Guide ◆

心くすぐる雑貨が詰まったおもちゃ箱
キャット・ソクラテス
Cat Socrates

店の顔ともいえるアイドル猫がいる雑貨店。2019年7月にチョンバルに移転し、商品がさらに充実。シンガポールの物を中心に中国、韓国などからセレクトしたグッズが並ぶ。猫好きのオーナーだけあって、猫関連や動物をデザインしたものが多い。プラナカンタイルや家並みをプリントしたオリジナル商品にも注目。シンガポール製のスパイス入りのチョコレートやローカルデザイナーのアクセサリーなどもある。店はチョンバルのほか、カトンにあり、散策途中に買い物を楽しもう。

MAP 折込裏-3A（P.132）　郊外のエリア
住78 Yong Siak St., #01-04
☎6333-0870　営10:00〜19:00（月曜、祝日〜18:00、金・土曜〜20:00、日曜9:00〜18:00）休旧正月2〜3日間
カード A M V　行き方 MRTチョンバル駅から徒歩約8分。

看板猫のチェスナット

左／プラナカンプリントのランチョンマット（$4.9）とティッシュボックスカバー（$9.9）は店のオリジナル　中／動物イラストのお皿（$32）は部屋のインテリアに　右／シンガポールのアイコン・キーホルダー（各$13.9）

おしゃれな本とアンティーク雑貨で、つい長居
ブックス・アクチュアリー
Books Actually

店に入ると、シンガポール人男性オーナーがセレクトした本がズラリと並ぶ本のコーナー。フィクションや文学作品を中心に音楽や映画、旅行に関連する書籍までバラエティに富んだラインアップで、北欧や東欧の珍しい本や、同店の出版部門が発行した本も扱っている。書店奥のショップには1950〜1980年代の文具や食器などのビンテージアイテムがまるで博物館のように陳列されていて、マニアならずとも必見だ。トークショーやワークショップを行うなど、文化の発信基地としても若者に注目されている。

MAP 折込裏-3A（P.132）　郊外のエリア
住9 Yong Siak St.
☎6222-9195
営9:00〜19:00（日・月曜〜18:00）休12/25、旧正月1日
カード A D J M V
行き方 MRTチョンバル駅から徒歩約8分。

左上／奥行きのある店内。本のコーナーの奥が雑貨コーナー　左下／ビンテージのお宝はおもにシンガポールで入手しているそう　右／ノートは$4〜。色鉛筆はドイツのビンテージ品（$24）

極上アジアン織布のギャラリー
エムギャラリー
em gallery

ラオスやカンボジアを中心とした東南アジアの手作り織布を日本人が現代風にプロデュース。アースカラーの優しい色合いの布は、街なかで羽織ってもイブニングに用いても上品でエレガント。ショールだけでなくクッション、テーブルランナー、袋物など小物も充実。商品を売るだけでなく、各民族の伝統の手仕事や文化をトータルに紹介する取り組みにも精力的だ。また、天然の実やシルクで作ったアクセサリー類もナチュラルな装いにぴったり。

MAP P.150下図　郊外のエリア
住Blk. 26 Dempsey Rd., #01-03A　☎6475-6941
営10:00〜19:00（土・日曜、祝日11:00〜）休12/25、年末、旧正月　カード A D J M V
行き方 中心部からタクシーで約15分。

ラオスの手織りのショールは$100くらいから

左／カンボジアの手織りシルクを天然染料で染め上げた一点物のウエアは着心地抜群。トップス$200〜、ワンピース$250〜　右／おしゃれに進化した民族アイテムが揃う

◆ Shopping Guide ◆

伝統服からおしゃれウエアまで揃うインド発の店
ファブインディア　Fabindia

約150のインド国内の店をはじめ、各国に店舗展開する有名ブランド。伝統的な素材やデザインをベースに手作りのナチュラルなアイテムを打ち出している。描画や染め、織りや刺繍まですべて手作業にこだわったウエアやスカーフ、クッションカバーなどは、どれも味のある風合い。レディスのブラウスで$50くらいから。メンズ用品も豊富に扱っている。エスニックな装いに興味があれば、のぞいてみる価値ありだ。

左／奥行きのある広い店内にレディス、メンズともに充実　右／シルクオーガンジーの製品は$89〜

MAP P.89-1C　郊外のエリア
住 1 Harbour Front Walk, #01-141 Vivo City
☎ 6376-9355
営 10:00〜22:00
休 無休
カード AJMV
行き方 MRT／ハーバーフロント駅から徒歩約3分。

ウエア以外にも雑貨やホームウエア、食器など幅広い品揃え

ビーズや刺繍で彩られたプラナカンの店
ルマー・ビビ　Rumah Bebe

中国とマレーの融合、そしてヨーロッパ文化の影響も受けたプラナカン（→ P.36）の女性は、料理や手芸に長けていた。優雅で美しいファッションアイテムに注目だ。ケバヤと呼ばれる薄手のブラウス風の伝統衣装に施されたレースや刺繍、びっしりとビーズで埋め尽くされたサンダルやパーティバッグは一見の価値がある。ケバヤにはボタンではなくゴージャスなブローチを3つ付けるのがプラナカン流とのことで、アクセサリー類も揃っている。ケバヤは$80〜1500と刺繍やクオリティによって値段が異なり、ビーズの靴は$150〜1500。ともにオーダーメイドも可能。また、おみやげによいニョニャ菓子も販売している。

MAP P.169下図　郊外のエリア
住 113 East Coast Rd.
☎ 6247-8781
営 9:30〜18:30
休 月曜、12/25、旧正月
カード AJMV
行き方 中心部からタクシーで約20分。

左／ビーズのサンダルは伝統的な絵柄からモダンなものまである。写真のサンダルは$500　中／プラナカン女性オーナーがセレクトした美しいアイテムが揃う　右／プラナカンの調度品にも注目したい

1945年の創業以来、プラナカン文化を発信
キム・チュー・クエ・チャン　Kim Choo Kueh Chang　（金珠肉粽）

プラナカン・ファミリーが経営するニョニャちまきの専門店。ちょっと甘めのニョニャちまき、カヤジャムをつけて食べるデザートタイプ、中華風ちまきなど数種類あるほか、ニョニャ菓子も豊富にある。ここでは併設するプラナカングッズのショップものぞいてみたい。カラフルでかわいい陶器や小物類はおみやげにぴったり。プラナカンの衣料品やアクセサリーも興味深い。刺繍の作業が見られることもある。

ビーズ刺繍をあしらった革製品は$38〜

MAP P.169下図　郊外のエリア
住 109A/111 East Coast Rd.
☎ 6741-2125
営 9:00〜21:00
休 旧正月1日
カード JMV
行き方 中心部からタクシーで約20分。

左／ニョニャ陶器は種類豊富に揃う。手前のカムチェンと呼ばれる器は蓋付きで使い道は工夫次第（$22〜）　右／1階にお菓子や食料品、陶器や雑貨、2階にウエアや小物類が並ぶ

ショッピングガイド　郊外のエリア

Zakka melissa SINGAPORE

日本人オーナーの店 メリッサ雑貨
オリジナル土産とおもてなしの店

在住日本人や観光客の方々に支持されて16年
小分けの袋ご提供
メリッサ本舗 隣接 プラナカンハウス

- メリッサでしか買えないオリジナル土産の圧倒的品揃え
- お子様〜ご年配の方までご家族皆様で楽しんで頂けるお土産専門店
- 日本語で安心してお買い物 シンガポール情報入手可

しろたん × まーらいおん
© CREATIVE YOKO

メモパッド S$6
和紙テープ S$4
ぬいぐるみ
(M) S$22
(S) S$14
(L) S$30
世界中でメリッサだけで販売

メリッサの大人気・マーライオン木彫りシリーズ・第20弾まで発売中
メリッサのオリジナル 人気NO.1
大人気！
マーライオン木彫(S) 各S$4
マーライオンバーム S$6
YOUTUBE
マーライオンインセンススタンド S$35
三角お香8個入り +BOX付き！
店長一押し！

MERLION GOODS マーライオン
〜ぜーんぶ、メリッサのオリジナル〜

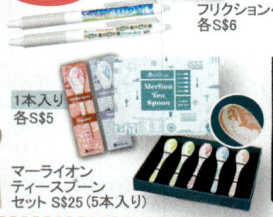

足ツボマップ付き！
足ツボマッサージ棒 各S$5
エレファントマーライオン S$9.5
シンガポール スカイラインマグカップ +BOX付き！ S$10
4色設定

シンガポール背景台紙付き！
MBS編 バブルティー編
MERLION CHOPSTICK REST
マーライオン5色！
マーライオン箸置 各S$4
人気！
マーライオンカレンダー S$11
店長一押し
NEW 新作
シンガポールすごろくゲーム S$25
ベイビーマーライオンぬいぐるみ 各S$7

文房具セクション

全13種
NEW 新作
シンガポールツアー
シンガポールリバー
シンガポールナイト
マーライオンファミリー
シンガポールナイト
人気！
マーライオンファミリー
メモパッド 各S$6

4つのデザイン
マスキングテープ 各S$4
シンガポールのスカイライン
シンガポールコーヒー
シンガポールマーライオン
ワンちゃん和紙テープ

全5種
フリクションペン 各S$6
1本入り 各S$5
マーライオンティースプーンセット S$25 (5本入り)

全4種
Merlion Tea Spoon
BUBBLE TEA LAND
プラナカン
NEW 新作
バブルティートートバッグ 各S$16

ASIAN GOODS アジアン雑貨

職人さんが一つ一つビーズを刺繍したバッグ＆小物
累計7万枚以上販売！

ビーズ刺繍グッズ
バッグや小物種類多数
コインポーチ 各S$13
ペンケース S$18

ココナッツ石鹸 各S$7
ピンクプルメリア
マーライオン

ビーズ刺繍ミニトートバッグ S$26
カフェエプロン S$15

バティック
バティック巾着(小) 各S$6
ナマコ石鹸 各S$7
アタグッズ
ポータブルエコバッグ S$16
丸型アタバッグ S$55

メリッサ × ハローキティー
メモパッド S$6
裏も可愛い！
A4クリアファイル 各S$3.5

MEN'S GOODS メンズグッズ

会社の上司や同僚、お父さんに喜ばれるメンズグッズ！

全2種
マーライオンゴルフマーカー 各S$12

メリッサ流ビジネスキーワード満載のメモパッドです。
マーライオンビジネスメモパッド S$8

サイズ M, L, XL
NEW 新作
出張者にも人気！

バティックボクサーパンツ S$10

サイズ S, M, L
プレミアムアロハシャツ S$35

ゴルフボールセット S$16『Srixon』球使用

NEW 新作
Tシャツ 各S$20
XS, S, M, L, XL, 2XL & 3XL

NEW 新作
ラッフルズ卿マグカップ 各S$12 ｜ セットS$24

PERANAKAN GOODS
プラナカン

オーチャードでプラナカングッズをご購入頂けます

刺繍 ♡
巾着全6色
お摂め
ブラナカン刺繍巾着 各S$8
ティンカット＆クエ、カムチェン、ティーポット
ブラナカン刺繍巾着 大:S$26 小:S$14

ブラナカンハンドクリーム 各S$8
ラベンダー｜マンゴー｜パッションフルーツ｜ローズ｜レモングラス

マスキングテープ S$4

NEW 新作
ブラナカンフェイスタオル 各S$8
店長一押し！

NEW 新作
ブラナカンフェイスマスク
バイオセルロースマスク
5つのデザイン

プラナカンクラシックメモパッド S$6

プラナカン陶器 ♡

ギフトに！
カムチェン小皿セット（2個入り） S$22

ブラナカンプレート(M) ボックス付き 各S$30
+BOX付き！

ブラナカンカムチェンポット(S) S$22
+BOX付き！

ブラナカンリボン付き刺繍ミニトート S$22
3種：スプーン、ティーカップ、ティンカット

チャーム付き

ブラナカン箸置き＆箸セット
1膳：S$9 ｜ 2膳：S$19

ブラナカン箸置き 2個セット S$6
7個ギフトセット：S$22

ブラナカンスプーン S$6 10色

ELLIPSヘアオイル（4種）

ブラナカンビューティーセット S$10
石鹸(4種) ジャスミン、オレンジヨーグルト、オレンジパパイヤ、ピンクフランジパニ

あぶらとり紙
単品売り可
爪磨き
石鹸(4種)

キャンバス刺繍ミニトート S$18
（バティック内布付き）

お菓子
SINGAPORE SNACKS

全てご試食頂けます

美味しくて、アジアンテイストなお菓子をお求めなら

NEW 新作
Merlion Pineapple Cookies
個包装 12個

マーライオンパイナップルクッキー S$10
個包装 18個

店長一押し！
シンガポールで人気 洗腦中
SALTED EGG Fish Skin 100g
新作
ソルテッドエッグのフィッシュスキン S$8.5
個包装 18個

カヤジャム S$15
シンガポールコーヒー S$8
Singapore Kay 個包装 3個

パイナップルタルト 各S$23
タルト ボール

ビールのお供に！
男性に人気！
ブラウンロール S$5.5

タマリンド
パッションフルーツ
タマリンド＆パッションフルーツのバナナサンド 各S$5

14個入り

チョコレート味
飛び出すマーライオン 個包装 6個
バスクッキー S$5

窓が開きます！
ブラナカンクッキー S$6.5 個包装 18個

ブラナカンチョコレート S$14
三種の味：マンゴー、ミルク、パイナップル

ココナッツチョコロール S$7
個包装 11～13個

マンゴーチョコディップ(90g) S$8
個包装 12個

SunnyHills
個包装 5個
パイナップルケーキ S$14.5

NEW 新作
Merlion Durian Chocolate
個包装 12個
マーライオンドリアンチョコレート S$10

Singapore Merlion Chocolate
マーライオンチョコレート S$10

本物のカカオを使用！
カカオ 35.5%
個包装 10個
マーライオンチョコレート S$10
プロモーション価格 S$7 **30% OFF!**

本紙でご紹介の商品は、数点を除き全てメリッサのオリジナル商品です！ 毎月新作を続々発売中ですので、ウェブもご活用下さい。

ギフトプレゼント A5 File (1枚)
お買い上げのお客様にギフト進呈！
メリッサオリジナル
予告なくギフト内容が変更になる場合がございますのでご了承ください。

マップ
Orchard Road オーチャードロード
ION Orchard / 同ORCHARD
高島屋 シティ
313サマセット サマセットMRT
SOMERSET
マンダリンギャラリー
マンダリンオーチャードホテル
サマセットロード

メリッサ雑貨 （マンダリンギャラリー4階）
Melissa Zakka Int'l Pte Ltd
333A Orchard Road #04-30 Mandarin Gallery **4階**
Singapore 238897
11:00 AM - 8:00 PM (中国正月のみ休み)
shop@melissazakka.com | +65 6333 8355
オンラインストア: www.melissazakka.com

チャーターボックス（5階）の真下です。

※玄関入って奥のマンダリンギャラリー専用リフトにて4階までお越し下さい。

フルーツ天国を満喫しよう
FRUITS PARADISE

日本では高価なトロピカルフルーツが近隣諸国から集まるシンガポールは夢のフルーツ天国だ。あの高級フルーツたちが日本の市価の10分の1程度で味わえるのだから、いろいろトライしない手はない。スーパーマーケットでは無理だが、果物屋ならたいてい試食もOKなので、あれこれ食べてお気に入りを見つけよう。

市場や屋台前などの果物屋をのぞいてみよう

マンゴー MANGO

タイ、フィリピンなど季節によって各国産が現れるが、いちばんおいしいといわれるのはインド産(リトル・インディアの店にあり)。写真のものはインドネシアのハルマニスという品種でシーズンは8～10月頃。表面は緑色のままだが、茶色いシミが表皮に出れば熟れている証拠。ジューシーで甘味が強いのにほどよい酸味があり、特にマンゴープリンには最適。

左/緑色のマンゴー、ハルマニス 右/重さを量っているのがインドのマンゴー。大ぶりなのが特徴

ランブータン RAMBUTAN

毛むくじゃらの皮をむくと、ライチーのような白い実がある。ライチーほどジューシーさはないが、甘くて弾力性の強い実が好きな人も多い。6月と12月の2回のシーズンがあり、原産はマレーシアといわれるが現在は東南アジア一帯などに広く分布する。外殻に細い毛が無数に生えているものが主流だが、毛ではなくトゲトゲになっているものもある。

表面に毛があるもの(左)とトゲトゲになっているもの(右)

ドゥクー DUKU

薄い外皮の下には半透明の白い実が入っている。実は房に分かれ、食感はブドウに似ており、ほんのりとした甘味が楽しめる。ドゥクー・ランサーと呼ばれるものはやや風味が異なり、形も小さめ。タイ、マレーシアなど東南アジアに分布し、特にシンガポールから近いマレーシアのククップ付近のものが有名。8～9月が旬。

意外にジューシーなドゥクー

スターフルーツ STARFRUIT

横からスライスすると切り口が星の形に似ていることから名づけられた果物。さっぱりとしていてみずみずしく、甘く熟したものならそのまま食べるのもいいし、ジューススタンドでジュースにしてもらうのもよい。

マンゴスチン MANGOSTEEN

「果物の女王」と呼ばれるこの果物は、ごつい外殻は裏腹に中には白くて桃のように柔らかな実が入っている。ジューシーで、ほんのりと甘酸っぱい上品な味が特徴。外殻は厚みがあるが、柔らかいので手で開くことができる(両手の親指の付け根のあたりで挟んで持ち、手をそれぞれ逆方向にひねるようにしてつぶすとむける)。産地によって微妙に時期がずれるが、それぞれ年に2回シーズンがある。

上品な味わいのマンゴスチン

パパイヤ PAPAYA

ローカル物として安く出回っている大きなものは、見た目は悪くても熟れていればジューシーで味もなかなか。ただ大き過ぎるので食べるのが大変だ。上質のものとして人気のあるのは小ぶりのハワイ産で、上品な甘さがいい。スライスしたり、縦半分に割った実をスプーンですくって食べるのが一般的で、牛乳や豆乳と合わせてジュースにするのも人気。

パパイヤは1年中ある

パイナップル PINEAPPLE

マレーシア産は酸っぱいだけで、果物としてそのまま食べるにはあまりおすすめできないが、タイ産があればぜひトライ。まるでシロップ漬けのように甘くてジューシーな味わいは日本ではなかなか食べられない。

ジャンブー JAMBU

東南アジアに広く分布する果物。マレーシアやインドネシア産はあまり甘味がなく、酸味が強いものはサラダなどに用いられるくらいだが、タイ産は甘くてジューシーで、のどの渇きを潤すには最高。食感はシャキシャキとしていて、さっぱりとした甘さがいい。

ロンガン RONGAN

干したものが漢方薬としても用いられるロンガンは中国語で「龍眼」と書く。実はライチーに似ていて、ジューシーで甘い。中国華南が原産といわれるが、東南アジアやインドにも分布する。種類も豊富で、福建を産地とするものが最高といわれる。

ロンガンは小粒で、枝ごと売られている

チェンパダック CEMPADAK

目にしみるような臭いがつんと鼻をつく果物で、その悪臭ぶりはドリアンをしのぐかも。中には世界最大の果物、ジャックフルーツに似た房に分かれた実がぎっしりと入っている。しっかりとした食感とほどよい甘味がおいしい果物で、ジャックフルーツよりも独特の風味がある。これもドリアン同様、ホテルには持ち帰らず、店先で食べるようにしたい。

臭いはすごいが美味

リトル・インディアには普通のバナナに交じってオレンジ色のバナナも売られている

一度は食べたい ドリアン DURIAN

ドリアンはその場で食べるのがベスト

選んだ物を割ってもらって、入念にチェックするシンガポール人

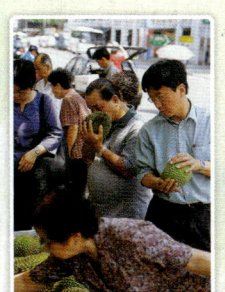

香りのよいものがおいしいとされる。上下でなく、側面のにおいをかぐとよい

日本のバラエティ番組では罰ゲームに使われるドリアン。確かにドリアンの悪臭はそのおいしさを知らない外国人にとっては生ゴミのような臭さがある。しかもその悪臭は非常にパワフルで、どんなに何重にもラップや袋で包んでも、しばらくすると臭いが外に沁み出してくる。だが、一度ドリアンの魅力にとりつかれてしまうと、そんな臭いが気にならなくなるという実に不思議な果物です。

おいしいドリアンと出合うために

ドリアンは現地の発音ではデューリェンという。おいしいものはまったりと濃厚なカスタードクリームにリキュールか何かを加えたような味わいがあり、ケーキ好きの甘党ならはまる確率は大きい。ドリアンはシンガポールならスーパーでもパック詰めで売られているが、おいしいものを味わいたいならドリアン専門店に行こう。自分で選べるようになるには年季が必要で、店員に選んでもらうか、勇気を出してシンガポール人客に協力してもらう手もある。彼らは外国人がドリアンを食べるのがうれしいのできっと協力してくれるはずだ。値段もさまざまに分かれているが、安いのはとりあえず避けて、中レベルのドリアンから試してみよう。できるだけお腹をすかせて大人数で行き、いろいろなグレードのドリアンを試食するのがおすすめ。ドリアンは非常に高カロリーで血糖値が上がりやすいため、ドリアンを食べたあとにはアルコールは控えたほうがよい。

ドリアンの種類

ドリアンのシーズンはまちまちで天候によって左右されるが、マレーシアではだいたい6月頃と11月頃の年2回。今は栽培もされており、産地もさまざまなので、シンガポールにいればほぼ1年中どこかしらのドリアンが食べられるようになった。銘柄もあり、別名サルタン・ドリアンという"D24"やそれよりも上質とされる"XO"などがもてはやされてきたが、ここ数年の改良の結果、今は"マウンテン・キャット（猫山王）"というのが注目株です。甘さの中にも心地よい苦味があり、種も小さくて肉厚だ。最近は天候不順や中国の需要拡大で値上がりしており、1kg$20以上、ときには$30以上の値段がつくこともある。

濃い黄色の果肉が特徴のマウンテン・キャット（猫山皇）

注意点
● できるだけ地元客が集まっている店を選び、必ず価格が明記されているものを買うこと。
● 買い手は好きなものを選んで、割って中を見せてもらうことができる。熟していなかったり、虫がいた場合は返せるが、開けてもらったらそれを買わなければならない。

Column

ゲイランでフルーツ三昧

ゲイラン地区のシムズ・アベニュー Sims Ave.（MRTアルジュニード駅付近。MAP 折込表-2B）には、果物屋が並ぶエリアがある。1年中さまざまなフルーツがところ狭しと並んでいる。深夜まで営業している店が多く、夜遅くまで果物を求める客足が絶えない。地元の人たちは断りもせずに果物を試食しているが、店員は何も言わない。マンゴーなども頼めばどんどんカットして試食させてくれるので、自分の嗜好に合うものを選んで買うことができる。

ここはドリアン・ストリートとしても有名で、ドリアンの季節になると、ドリアン目当ての客が夜な夜な集まり、用意されたテーブルに座って仲間でわいわいとドリアン三昧を楽しむ光景が見られる。

また市内中心部ならブギス・ストリートの裏にも果物屋やドリアン専門店が集まっているが、観光客の多いエリアなのでぼられないように注意。

行き方 MRTアルジュニード駅から徒歩約5分。中心部からタクシーで約10分。

通称ドリアン・ストリート。年2回のシーズンにはものすごい量のドリアンが並ぶ

迷宮のS.C.
ムスタファ・センターにハマる

リトル・インディアにある有名ショッピングセンター。広大な売り場に積まれた大量の商品とその種類に度肝を抜かれる。インド製品のほか、マニアックな商品が多く、カオスの匂いがムンムン。値段も安く、24時間営業。見るだけでも楽しくお得な売り場をピックアップ！

週末の夜は混みます

フロア紹介

4階	文房具、書籍、雑貨
3階	女性物衣料品、食器、台所用品、寝具
2階	食料品、おみやげ品、バッグ・スーツケース
1階	携帯・ゲーム機、時計、アクセサリー、化粧品、薬
地下1階	衣料品、サリーやサロン、靴・サンダル
地下2階	カメラ、オーディオ機器、おもちゃ、スポーツ用品など

※1階と地下2階に両替所、1階にカフェ、新館屋上にインド料理店がある。

4階
イギリスの「Helix Oxford」の数学セット($5.9)。コンパスや定規、分度器入り

雑貨コーナーに並ぶ手のスタンドは、指輪ホルダー($8.9)

3階
パンジャビドレスをはじめ、インドのウエアが種類豊富($45〜)

2階
バティック柄のパッケージのコーヒーパウダーのセット($6.5)

プラナカンハウスの箱入り紅茶はおみやげによい($3.9)

ココナッツミルクたっぷりのビスケット($0.5)はおいしい

盗難防止のため買い物袋の口をバンドで縛って渡される

ペタだけど愛着がわきそうな商品の数々。マグネット($2〜)

マサラ入りのセイロンティー($3.8)。ミルクを加えればマサラチャイに

インドらしいイラストにひかれる。白コショウ$4.5

スリランカの有名なお茶メーカー、ムレスナ社のフレーバーティーは圧巻の品揃え。カラフルな絵柄の木箱入りの物が数十種類ある

新館2階
スパイスやインド料理の素などは新館2階の広いスペースをしめる

イギリスの会社「NATCO」がインドで製造するチリやスパイス類はパッケージがおしゃれ。袋入り各種$1.1〜

1階
ニームやザクロを配合した100%ナチュラルなヒマラヤ・ハーバルズの練り歯磨き(2箱セット$4)

インド服に合うブレスレットが多彩(セットで$2.5〜)

カプセルタイプのヘアトリートメントは優秀、まとめ買いしたい商品(各$1.5)

おみやげに大人気のメディミックスの100%天然成分のアーユルヴェーダ石鹸(各$1)

アーユルヴェーダ製品が充実。1930年インドで創業のヒマラヤ・ハーバルズの商品は品質もよくお手頃価格

ムスタファ・センター Mustafa Centre
MAP P.87-2C　145 Syed Alwi Rd.　6295-5555　www.mustafa.com.sg　24時間　無休
カード ADJMV　行き方 MRTファーラー・パーク駅から徒歩約3分。

Relaxation Guide

スタイル別 リラクセーションガイド

ネイル・ソーシャル(→P.293)

エステ＆マッサージ

デイスパ、サロン

ネイチャーランド
オーチャードの一等地にある規模の大きなマッサージ店

Natureland

　地元人気が高く、2019年現在、国内に7店舗を展開。同年7月にオープンしたオーチャードのリアット・タワー店は最大規模を誇り、高級感のあるオリエンタルなムードで観光客の利用も多い。衛生面、サービス、技術の3点を徹底して追い求める姿勢が好評を博している。メニューは足マッサージとボディマッサージで、足をメインに頭、首、肩、背中のコンビネーション「5 in 1 テラピー」がおすすめ。各人のコリや疲れている箇所を見極め、ほぐしてくれる。深夜まで営業しているのも、旅行者にとって便利。

MAP P.79-2C
オーチャード・ロード周辺

- 541 Orchard Rd., #02-01 & 03-01 Liat Towers
- ☎6767-6780
- 営9:00～翌4:00（最終予約翌3:00）
- 無休
- 足マッサージ、5 in 1テラピーともに60分$51、ボディマッサージ60分$65
- カード AMV
- 行き方 MRTオーチャード駅から徒歩約5分。

※予約をしたほうがよい。金～日曜は数日前までに要予約。

上／2フロアあり、足マッサージのチェアは約30台完備。テラピストは熟練者を揃え、お客のリクエストに合った力加減でもみほぐす　下／ボディはオイルマッサージのほか中国式の推拿（すいな）がある

リュクス・ハウス
中国伝統療法に西洋の技術をミックス

The Luxe House

　マリーナベイ・サンズのショッピングモール内にあり、旅行者も利用しやすい。施術はすべて人の手で行い、こまやかな工夫と気配りで疲れや調子の悪い箇所を改善へと導くことを重視。いち押しの「ロイヤルメリディアン・フット＆バックテラピー」は、フットバスの後、毒素排出を促すカップを用いて足マッサージ。その後適温に熱した小石を詰めた枕でおなかや腰を温め血行をよくしながら指圧マッサージを全身に施していく。血流をよくするカッサ（刮痧）やリンパマッサージもある。短い30分のケアメニューも用意。

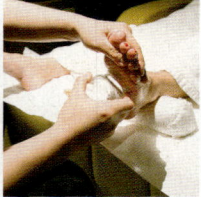

MAP P.90-2B
マリーナ・エリア

- 2 Bayfront Ave., B1-149/150/01D, B1, The Shoppes at Marina Bay Sands
- ☎6688-7247
- URL www.theluxehouse.com
- 営10:00～翌1:00（最終予約は施術により異なり23:00～24:00）
- 無休
- ロイヤルメリディアン・フット＆バックテラピー100分$198、トータルテンション・ボディテラピー60分$178、ヘッド＆ショルダー・クイックリリーフ30分$78
- カード AJMV
- 行き方 MRTベイフロント駅から徒歩約3分。

※1～2日前までに要予約。

趣向を凝らしたインテリアや調度品はインテリアデザイナーのオーナーがプロデュース

真空にしたカップを足の裏に吸着させ血行や代謝をよくするカッピングのメニューもある

アラムサ・ザ・ガーデン・スパ
緑に癒やされる都会のサンクチュアリ

Aramsa The Garden Spa

　中心部から少し離れたビシャン・パーク2にある本格ガーデン・スパ。敷地内の5つの庭園には約2000種の花々や植物が生い茂り、南国ムードを盛り上げる。庭園内をぬうように設けられたスパルームの数は13室と多くはないが、すべて小さな庭付きのスイートルームとなっている。人気メニューは東西のマッサージ技術を駆使した「アラムサ・タッチ」や、ホットストーンを用いたマッサージの「サーマル・アース」など。敷地内にはヘルシーな食や飲み物を提供するカフェとレストランも設置。

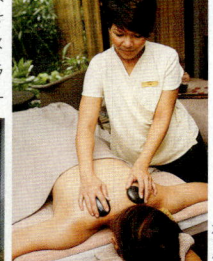

MAP 折込表-2B
郊外のエリア

- Bishan Park 2, 1384 Ang Mo Kio Ave. 1
- ☎6456-6556
- URL aramsaspas.com
- 営11:00～22:00（金～日曜10:00～22:30）
- 旧正月
- アラムサ・タッチ60分$148～、サーマル・アース90分$228
- カード AJMV
- 行き方 中心部からタクシーで約20分。MRTアン・モ・キオ駅前のバスターミナルからNo.133、136のバスで約10分。

※前日までに要予約。

左／各施術室の窓から緑のガーデンが望める　右／デトックス効果もあるホットストーン・マッサージ（サーマル・アース）

✦ Relaxation Guide ✦

リラクセーションガイド　エステ & マッサージ

日本の技術を駆使した極楽クリームバス
ヘッド&ヘアスパ・リリー　　Head & Hair Spa Lily

ダウンタウン・ギャラリー内にあるヘッドスパ専門の店。インドネシア伝統のトリートメントであるクリームバスに、日本人スパニストがさらに磨きをかけたこまやかな施術が評判を呼び、人気店に。通常クリームバスは座って行うが、ここはシャンプーチェアに寝た状態でより深いリラクセーションへ導く。シャンプーをした後、クリームをつけて美容成分を浸透させ、頭皮をほぐすようにマッサージ。オプションで頭皮スクラブも付けられる。うとうとしてしまう心地よさで、髪がつやつや、頭皮もすっきり、疲れも取れる。

左／クリームの成分を髪と地肌に浸透させるようにマッサージ。男性も利用可　右／髪を濡らさないで手軽に試せるデトックス・ヘッドマッサージ（15〜45分）用のチェア

MAP P.83-3C　シェントン・ウェイ

- 6A Shenton Way, #03-16 Downtown Gallery
- ☎6222-7551
- 営10:00〜20:00（土曜〜18:00。最終予約は閉店1時間前）
- 休日曜　料クリームバス45分$80、スカルプスクラブ$20、デトックス・ヘッドマッサージ30分$40
- カード AJMV
- 行き方 MRTタンジョン・パガー駅から徒歩約7分。※予約をしたほうがよい。

ヘアサロンを併設している

都会のオアシスのような複合サロン
ウオーキング・オン・サンシャイン　　Walking on Sunshine

韓国から進出を果たした新コンセプトの店。植物で埋め尽くされたフラワーガーデンのような広い店内はヘアサロン、ネイルサロン、カフェの3セクションで構成されている。仕切りのないオープンスペースになっているので、ネイルやペディキュアをしたあと、ランチやお茶も楽しめる。スカルプトリートメントやヘアタトゥーも行っており、ネイルサロンのメニューも最新技術を取り入れている。オーチャードのショッピングセンター内にあり、気軽に利用できる。

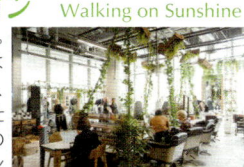

上／緑に包まれた店内　下／ネイルのセクション。手や足のスクラブや角質取りなどのトリートメントメニューもある。男性も利用可

MAP P.80-2B　オーチャード・ロード周辺

- 181 Orchard Rd., #03-07 Orchard Central
- ☎8877-8800
- 営10:00〜20:00（最終予約19:30。カフェ9:00〜21:00）
- 休12/25、1/1　料クラシックネイル$45、ヘアスパ・スカルプトリートメント$140
- カード AMV　行き方 MRTサマセット駅から徒歩約5分。※予約をしたほうがよい。

カフェではパンケーキや、サンドイッチ、パスタなどを提供

健康ランドのような大型施設
ジー・スパ　　g.spa

以前はスポーツ施設だった建物内にある総合健康施設。男性・女性用に分かれてジャクージ、サウナ、マッサージルーム、休憩室などが備わっている。マッサージは体の奥からデトックスを促すディープティシュー・マッサージをはじめ、背中と肩、足裏など各種ある。料金は飲食代込みの施設使用料を基本にオプションでマッサージやトリートメント料を設定。ゆっくりするなら施設使用料と60分のマッサージがセットになったパッケージを。深夜発の帰国便の際に、空港へ向かう途中で利用するのもよい。

左／女性用のジャクージ。男性用のほうが規模は大きい　右／モニター付きのチェアが並ぶリラクセーションラウンジ。食事の提供は12:00〜22:30

MAP 折込表-2B　郊外のエリア

- 102 Guillemard Rd., #02-02
- ☎6280-8988
- URL www.gspa.com.sg
- 営24時間
- 休旧正月2〜3日間
- 料施設使用料（飲食代込み）$68、全身マッサージ60分のパッケージ$155〜
- カード AJMV　行き方 中心部からタクシーで約20分。※施設使用は予約不要。トリートメントは要予約。

入口は2階にある。滞在の時間制限はない

287

◆ Relaxation Guide ◆

ホテル・スパ

アジア最大規模を誇るセレブなスパ
エスパ・アット・リゾート・ワールド・セントーサ
ESPA at Resorts World Sentosa

世界50ヵ国以上で展開するイギリス発の高級スパ。約1万m²の敷地には、温泉のような趣のプールやシンガポール初のハマム（トルコ式サウナ）、海を眺めるビーチヴィラやヘルシー料理のレストラン、ヨガスタジオなどの施設があり、日常を離れて心身ともにリラックスできる。半日〜3日間の滞在中、トリートメントから食事までをトータルにサポートするリトリートプログラムが好評（$380〜）。ESPAの自社プロダクツを使用するフェイシャルや、ハマム体験付きのメニューがおすすめ。

左／緑と水がテーマのスパ。1時間以上のメニューを予約すれば、プールやサウナ、仮眠スペースなどの施設が利用できる
右／リゾート感満点のビーチヴィラはプラス$150で利用できる

MAP P.88-1B セントーサ島
🏠 8 Sentosa Gateway, Resorts World Sentosa ☎ 6577-8880
URL www.rwsentosa.com/en/espa
🕐 9:00〜22:00（トリートメントは10:00〜） 無休
料 エスパ・タイム120分$400、ハマム・リチュアル45分$175〜
カード A D J M V
行き方 中心部からタクシーで約20分。
※要予約（リトリートプログラムは2週間前までに）。

トルコ式サウナのハマムも体験してみたい

マリーナベイ・サンズ55階の絶景スパ
バンヤン・ツリー・スパ・マリーナベイ・サンズ
Banyan Tree Spa Marina Bay Sands

アジアの高級リゾート＆スパの代名詞であるバンヤン・ツリーがマリーナベイ・サンズにある。世界におよそ30のホテル、60以上のスパをもつバンヤン・ツリーの集大成ともいえるこのスパでは、静謐な空間と55階からの絶景、そしてスウェディッシュ、バリニーズなど多様なトリートメントメニューがリラクセーションへ導いてくれる。シンガポールの国花、ランのスクラブが組み込まれたハーモニー・バンヤンはここでしか体験できないスペシャルメニュー。

広々としたカップルルームは、2面がガラス窓で眺めもすばらしい

MAP P.90-2B マリーナ・エリア
🏠 10 Bayfront Ave., Tower 1, Level 55 Marina Bay Sands
☎ 6688-8825
URL www.banyantreespa.com
🕐 10:00〜23:00（金・土曜〜翌1:00、最終受付23:00）
無休
料 シグネチャー・マスターテラピスト・エクスペリエンス90分$427、バリニーズ・マッサージ60分$298、ヘッド＆ショルダー・リリーバー30分$194 カード A D J M V
行き方 MRTベイフロント駅から徒歩約5分。
※平日は前日、週末は2日前までに要予約。

左／木や花がデザインテーマで、受付の壁の「命の木」のアートが印象的
右／シャンプーやスキンケア用品も買える

緑の楽園の中でスパタイムを満喫
ソー・スパ
So Spa

ソフィテル・シンガポール・セントーサ・リゾート＆スパ（→P.317）の敷地内に立つ。約6000m²の広大な敷地にガーデン、ふたつのプール、瞑想のためのラビリンス、屋外・屋内の20のトリートメントルームといった施設が整っている。建物はコロニアル建築だが、館内は一転してモダンでスタイリッシュ。おすすめはソフトなマッサージでリラックスへと導く「ソー・イグジラレイティング・マッサージ」。中国、マレー、インドに西洋の技法が合わさった「セントーサ・マッサージ」は解毒を促して、体のバランスを整えてくれる。

MAP P.89-2C セントーサ島
🏠 30 Allanbrooke Rd., Sentosa
☎ 6708-8358
URL www.sofitel-singapore-sentosa.com 🕐 10:00〜21:00（最終受付20:00） 無休
料 ソー・イグジラレイティング・マッサージ60分$190〜、セントーサ・マッサージ60分$180〜、フェイシャル60分$190〜 カード A J M V
行き方 中心部からタクシーで約20分。※平日は1〜2日前、週末は3〜4日前までに要予約。

左／屋内のトリートメントルームも明るい雰囲気 中／施術後にはプールも使える 右／ジャクージ付きの屋外ヴィラは6室ある。庭にはプルメリアやバナナなどの南国植物が生い茂り、リゾート感いっぱい

◆ Relaxation Guide ◆

ホテル・スパ

「気」の流れを改善し内面から美しく
チー・ザ・スパ
CHI, The Spa

「チー」とは「気」。中国思想や漢方医学でいう生命のエネルギーのこと。体の内部の気の流れが滞ると不調を来すと考えられている。ここでは熟練テラピストが、気の流れをよくするケアを各自の体調に即して行っている。マッサージ法は中国をはじめアジア各地の伝統技法をミックス。おすすめはココナッツの成分やオイル、フレッシュジンジャー、レモングラスなどを用いたトリートメントの数々。ヒマラヤのホットソルトストーンマッサージと頭皮マッサージを組み合せたメニューもある。

左／ナチュラルなインテリアのレセプション。スパは男性も利用可能
中／室内にはお香が香る　右／イギリス製のオーガニックのケア用品を使用。左はスクラブに使うヒマラヤ産ピンクソルト

MAP P.78-1B
オーチャード・ロード周辺

住 22 Orange Grove Rd., Level 1, Garden Wing, Shangri-La Hotel Singapore ☎6213-4818
URL www.shangri-la.com/singapore
営 10:00～22:00（最終予約20:30） 休無休
料 ディープティシュー・マッサージ、シグネチャー・エイジアンブレンド・マッサージともに60分$165～　カード ADJMV
行き方 MRTオーチャード駅からタクシーで約5分。
※2日前までに要予約。

技術の高さに定評のある
ザ・スパ
The Spa

マンダリン・オリエンタル・シンガポール（→P.300）5階にあるこのスパは、優雅な雰囲気のなか、五感を通して隅々まで癒やしてくれる。すべて人の手による巧みな施術は、このスパオリジナルのもの。タイやバリ、中国、インドなどアジアのマッサージのよいところを取り入れた独自の手法で行われる「オリエンタル・エッセンス」がおすすめだ。キャビアのケア製品で行うフェイシャルや真珠パウダーのボディラップといったメニューもある。男性客も歓迎。

英国のアロマセラピーアソシエイツのアイテムも販売

MAP P.75-2D
マリーナ・エリア

住 5 Raffles Ave., 5F Mandarin Oriental Singapore
☎6885-3533
FAX (65)6885-3542
URL www.mandarinoriental.com/singapore
営 10:00～23:00 休無休
料 オリエンタル・エッセンス、アロマストーンともに90分$270、エイジリペア・フェイシャル90分$300
カード ADJMV
行き方 MRTプロムナード駅から徒歩約7分。
※平日は2～3日前、週末は1週間前までに要予約。
上／全6室のスパルームは雲をモチーフにデザインされている　下／アロマテラピー・マッサージは個人に合わせたカスタムオイルを使用

セレブがお忍びで立ち寄るリュクスなスパ
ルメードゥ・スパ
Remède Spa

東西の伝統療法を取り入れた施術や、最新のスパ設備を用いたユニークなテラピーが揃う。中東のカッサという手袋と、オリーブとユーカリのソープを使うスクラブや、ヒスイを用いる全身マッサージなどがある。また、足専門医バスティン・ゴンザレスによるペディマニキュアスタジオも併設。自然派のオリジナル製品と卓越した技術によるトリートメント、医学的なマッサージを施すバスティン・ペディキュアは、驚くほどソフトな素足と宝石のように光る爪にしてくれる。男性も施術可能。

左／バスティン・ペディマニキュアスタジオ。フランス人の足専門医が常駐する
右／ジェット水流のハイドロ・マッサージプール

MAP P.78-2A
オーチャード・ロード周辺

住 29 Tanglin Rd., 2F The St. Regis Singapore
☎6506-6896
FAX (65)6506-6788
URL www.remedespasingapore.com
営 9:00～22:30
休無休
料 ウオームジェイドストーン・マッサージ90分$310、リラクシング・マッサージ60分$190～、バスティン・ペディキュア60分$200
カード ADJMV
行き方 MRTオーチャード駅から徒歩約12分。
※2～3日前までに要予約。

リラクセーションガイド　エステ＆マッサージ

◆ Relaxation Guide ◆

ホテル・スパ

茶葉を使ったプロダクツで磨きをかける
ヘブンリー・スパ・バイ・ウェスティン　Heavenly Spa By Westin

ウェスティン・シンガポール（→ P.302）の35階にあるスパは、設備のよさとスパプロダクツで注目を集めている。女性用、男性用に分かれたホワールプール（ジャクージ）やアロマテラピースチームサウナ、ラウンジがあり、トリートメントの前後に使える。試したいのはヘブンリー・マッサージやエイジリバース・フェイシャル。シンガポールではここのみが使用するフランスの「テマエ」の製品は、抗酸化作用や鎮静作用のある4種の茶葉エキスを配合。肌に活力と輝きを与えてくれる。

左／雄大な景色が望めるホワールプール　右／クローゼットやシャワールームの付いたトリートメントルーム

MAP P.90-3A
マリーナ・エリア

住 12 marina View, Asia Square Tower 2, Level 35 The Westin Singapore
☎ 6922-6977
営 10:00～22:00（最終予約は60分のメニューの場合20:30、90分の場合20:15）　休 無休
料 ヘブンリー・マッサージ60分$160～、エイジリバース・フェイシャル90分$250
カード ADJMV
行き方 MRTダウンタウン駅から徒歩約8分。
※2～3日前までに要予約。

各国のトリートメントを体験
セント・グレゴリー・スパ　St. Gregory Spa

世界中に支店をもつスパ業界のパイオニアは、高級ホテル内にあり安心で腕も確か。インドのアーユルヴェーダ、中国のスイナやカッサ（刮痧）、カッピング、インドネシアのバリニーズ・マッサージなどホテルのスパではなかなか体験できない多国籍なメニューから、熟練のアロマ・マッサージし、「Thalion」や「Elemis」など高品質なプロダクツを使用するフェイシャルまで、幅広いトリートメントで癒やしてくれる。利用客は誰でもホテルのプールが無料で使えるのもうれしいポイント。

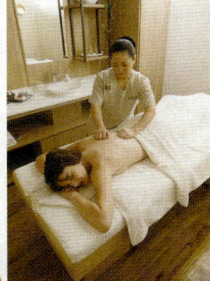

左／自然素材を使ったトリートメントもある　右／老廃物を流し、血流をよくするバリニーズ・マッサージがおすすめ。トリートメントルームは全8室

MAP P.85-2D
アラブ・ストリート周辺

住 7500 Beach Rd., 4F Parkroyal on Beach Road
☎ 6505-5755
FAX (65) 6392-3872
URL www.stgregoryspa.com
営 10:00～22:00（土・日曜、祝日10:00～21:00）　休 無休
料 インドネシアン・バリニーズ・マッサージ60分$160、トラディショナル・チャイニーズ・スイナ・マッサージ60分$180、シロダーラ45分$180
カード AJMV
行き方 MRTブギス駅、ニコル・ハイウェイ駅から徒歩約8分。

インディアン・トリートメント店

インドのヘアテラピーはまどろみの心地よさ
ルピニス　Rupini's

古代インドの伝統療法に起源をもつヘアテラピー「シルピニ」を体験できるスパ。ココナッツオイルやヘナなど約20種類のスパイスやオイルを配合して作った特製のオイルを少量ずつ頭のてっぺんから流し、もみ込んでいく。髪や頭皮の不純物を取り去り、滋養を与えるとともに、脳に回る血の巡りを整えたり、心を落ち着かせる効果もある。1本の糸で眉毛を抜いて形を整えるアイブローも人気メニュー。

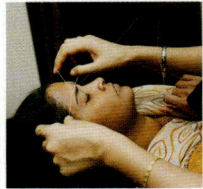

左／糸を巧みに使って眉毛を整えるアイブロー　中／最初にオイルを浸み込ませたクジャクの羽で、おでこから頭皮をなぞり、リラックス効果を高める　右／シルピニに使用するオイルやスパイス各種

MAP P.86-3B
リトル・インディア

住 24/26 Buffalo Rd., 2F
☎ 6291-6789
営 10:30～20:00　休 日曜
料 シルピニ90分$99～、ルピニス・ハーバル・ヘナ・ヘアケア$50、アイブロー$10
カード MV
行き方 MRTリトル・インディア駅から徒歩約3分。
※ヘナ、オイルマッサージのメニューは要予約。

290

◆ Relaxation Guide ◆

リラクセーションガイド　エステ＆マッサージ

インディアン・トリートメント店

アーユシュ・アーユルヴェディック　Ayush Ayurvedic
インドの本格的なアーユルヴェーダを体験

インド古来の伝統医学、アーユルヴェーダはサンスクリット語で「生命の科学」。生命と自然のバランスを整えることによって心身の健康が得られるという理論に基づいたケアを行う。ここはインドでアーユルヴェーダ医学を学んだドクターが駐在し、インド医学の診療所のような場所。まず、カウンセリングで各自の体のタイプを割り出し、それに合ったオイルを決め、ケアの方法もアドバイスしてくれる。施術は全身のオイルマッサージのアビヤンガ、不眠症や精神疲労、頭痛などによいシロダーラ、ヘッドマッサージのシロアビヤンガなど。

MAP P.86-2B
リトル・インディア
146 Race Course Rd.
☎6398-0415
FAX (65)6398-0405
URL ayurvedasg.com
営9:00〜22:00（最終予約21:00）　休ディーパヴァリの祝日2日間　料アビヤンガ・マッサージ60分$64.2、シロダーラ60分$85.6
カード AMV
行き方 MRTファーラー・パーク駅から徒歩5分。
※2〜3日前までに要予約。

左／規模は小さく施術室は4室なので、早めに予約を　中／インドの伝統薬も販売している　右／温めたオイルを時間をかけて額に垂らしていくシロダーラ。深いリラックスへと導かれる

セルヴィズ　Selvi's
インドのボディペイント、ヘナ・タトゥに挑戦

インドやイスラム世界における古来からの慣習、ヘナ・タトゥを体験できる店。オリジナルを含め、200以上のデザインが描けるという女性オーナーの描く模様は繊細で美しい。ヘナ・タトゥとはヘナという植物から作られるヘナ染料のペーストを使って、手足に花や幾何学模様の絵柄をつけるというもの。ペーストが乾燥するまで約20分間。乾燥し、肌が染まったら1週間から10日くらいで自然に色が消えていく。1本の糸で顔のうぶ毛を絡め取るスレッディングや頭皮のオイルマッサージができるサロンを併設。

MAP P.143
リトル・インディア
48 Serangoon Rd., #01-23/11 Little India Arcade
☎6297-5322
営9:00〜20:30（日曜〜17:00）
休無休　料ヘナ・タトゥ片手$5〜、カラー・タトゥ$7〜、ホットオイルマッサージ$45〜
カード 不可
行き方 MRTリトル・インディア駅から徒歩5分。
※敏感肌の人は施術前に必ず相談・確認を。

左／左は数分で仕上がるシンプルなデザイン（$5）、右の複雑なデザインは$15　右／店頭にヘナペイントのコーナーがある。ヘナ・タトゥは慶事に欠かせないインドの伝統的おしゃれ。ヘナには皮膚や髪の毛を保護する成分が入っている

足・全身マッサージ店

フットワークス　Footworks
ヒマラヤ産岩塩を使ったスクラブが好評

自分の体調や重点的にマッサージしてほしいところを事前に記入するカウンセリングカードを導入している。足マッサージの前にフットバスやスクラブを行うコースがあり、スクラブコースがおすすめ。ヒマラヤのピンクソルト（岩塩）を用いるスクラブは、古い角質をきれいに落とし、驚くほど足がつるつるに。血行もよくなるためマッサージの効果が高まるという。マッサージはていねいかつ的確に足ツボを刺激。コースには腕、肩、背中のマッサージも付き、全身をほぐしてくれる。

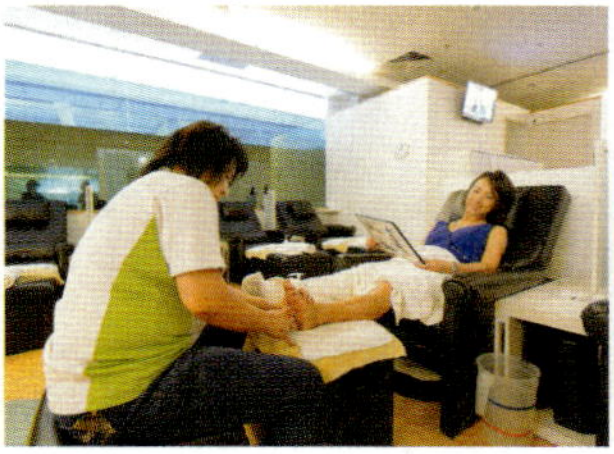

MAP P.79-2C
オーチャード・ロード周辺
360 Orchard Rd., #01-04/05/06 International Bldg.
☎6737-3555
営10:00〜22:00
休旧正月3日間　料足マッサージ30分$42.8〜、フットバス付き足マッサージ45分$64.2〜、岩塩フットバス＆スクラブ付き足マッサージ50分$80.25〜
カード ADJMV
行き方 MRTオーチャード駅から徒歩5分。
※要予約（当日でも可能）。
[他店舗] 1 Scotts Rd., #03-22 Shaw Centre
☎6463-0555

左／マッサージの強弱は調整してくれる。店内は約20台のマッサージチェアをゆったりと配置　右／約10分スクラブすると、古い角質が取れ皮膚も柔らかくなる

◆ Relaxation Guide ◆

きめ細かいサービスで日本人に人気
ラブ・デ・フット　　　　　　　　Love de Foot

オーチャードにある小さいが静かで落ち着いた雰囲気のマッサージ店。最初に各人の体調などをチェックし、つらい箇所を重点的にマッサージしてくれる。中国伝統のリフレクソロジーで血液の循環をよくし、体調改善を促す。衛生面にも気配りされていて、ポンプ式容器のマッサージオイルを使用。足と頭や肩、背中などの部位を組み合わせたマッサージ（$78～）がおすすめ。

左／心地よい空間造りに徹している　右／片言の日本語でコミュニケーション可能

MAP P.78-2B
オーチャード・ロード周辺
402 Orchard Rd., #05-29 Delfi Orchard ☎6235-5012
10:30～19:00（最終予約18:15）
月曜、旧暦12/31、旧正月2日間
足マッサージ30分$38、40分$48、60分$68、肩＆背中マッサージ30分$42～
カード 不可
行き方 MRTオーチャード駅から徒歩約10分。
※事前に要予約。

地元人気の高い
マイ・フット・リフレクソロジー My Foot Reflexology

オーチャード・ロードのミッドポイント・オーチャード内にあり、買い物の際に気軽に立ち寄れる。クリームをつけてツボを押す中国式マッサージで、マッサージ師の多くが視覚障害者。適確な感覚と力加減で不調箇所をもみほぐしてくれる。足と上半身のマッサージがあり、足は40分$35.5、上半身は20分$32～。足と上半身両方なら60分$55。

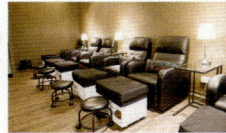

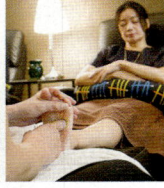

MAP P.80-2A
オーチャード・ロード周辺
220 Orchard Rd., #01-09 Midpoint Orchard
☎6736-2562　11:00～20:00
12/25、旧正月2日間
カード A J M V
行き方 MRTサマセット駅から徒歩約5分。
※事前に予約したほうがよい。
[他店舗]1 Kim Seng Promenade, #02-01 Great World City ☎6738-6235

左／特に土・日曜はお客が多い
右／歩き疲れた足が軽くなる

豪華設備が自慢
グリーンアップル・スパ　　（青苹果按摩屋）
　　　　　　　　　　　　　　　Green Apple Spa

サルタン・モスク（→P.137）のすぐ北側にあり、アラブ・ストリート散策の際に便利なロケーション。足マッサージ用のリクライニングチェアが並ぶ部屋の壁一面に映画が放映されていて、利用客はヘッドホンを付けて映画を見ながらマッサージを受けられる。足マッサージは中国式のツボ押し。フットスパ10分、頭と肩のマッサージ10分、足マッサージ60分のパッケージメニューが人気。

大きめのチェアを設置。2階は全身マッサージ用の部屋がある

MAP P.85-1C
アラブ・ストリート周辺
765 North Bridge Rd.
☎6299-1555
12:00～翌4:00　無休
足マッサージ30分$30、足と頭・肩のマッサージ60分$54、全身マッサージ60分$59　カード J M V
行き方 MRTブギス駅から徒歩約10分。
[系列店]Imperial Apple Spa
171 Tras St., #01-179 Union Bldg. ☎6225-1555

Column
ローカルな足マッサージ店

足マッサージ店はあちこちに増えており、ローカルな店はチャイナタウンのピープルズ・パーク・コンプレックス（MAP P.82-1A・1B）、ピープルズ・パーク・センター（MAP P.82-1B）内に数多く見られる。特にピープルズ・パーク・コンプレックスの3階には45分$20前後の手頃な料金の店が何軒もある。飛び込みでも利用できる気軽さはあるが、雰囲気は簡素で、リラクセーションスポットというより、マッサージ店そのもの。現地ではマッサージはある程度の刺激があってこそ効くとされており、技術的なことは別にしてこの手の店のマッサージは、マッサージに慣れていない日本人には刺激が強いこともある。ローカルな店がすべてそうというわけではないし、個人によって好みも感じ方も違ってくるので（ある人にはイタ気持ちいいが、ある人には痛くてたまらなかったということもある）一概には言えないが、痛いのが嫌な人は、あらかじめその旨を伝えておくといい。

足・全身マッサージ店

ネイルケア

マニキュリオス Manicurious
ナチュラルカラーのおしゃれな隠れ家サロン

カフェの店内を通り抜け、奥の扉を開けると小さなネイルサロンが出現する。開業して6年余、常連客はもとより旅行者も訪れる人気サロンに。甘皮のカットなど細部までていねいに行い、仕上がりがきれいと技術に定評がある。ビンテージ風のチェアでペディキュアとマニキュアの同時施術も可能。ジェルネイル（$50～）が人気で、ネイルパックやマッサージでケアするネイルトリートメント（$25）も合わせると美しさアップ。

左／その人に合ったネイルアートをアドバイスしてくれる　右／4席あるペディキュア用チェアはゆったりくつろげる。こぢんまりとした店なので、予約をしたほうがよい

MAP P.75-1C　シティ・ホール周辺
住41 Beach Rd.
☎6333-9096　営11:00～21:00（日曜～20:00）
休旧正月　料エクスプレスマニキュア$18、エクスプレスペディキュア$20、クラシックマニキュア$30
カードADJMV　行き方MRTシティ・ホール駅、エスプラネード駅から徒歩約7分。
※予約をしたほうがよい。

カフェの入口。この店の奥にマニキュリオスがある

エフ・イー・ザ・ネイル・ラウンジ Fe the Nail Lounge
現地OLに人気のサロン

ラッフルズ・シティ2階にある黒と紫がテーマカラーのサロン。規模は小さいが、ロケーションの便利さと手軽さから、ローカルや外国人客が次々とやってくる。爪も甘皮もきれいにしてくれるクラシック・マニキュア（30分$28）、スクラブやトリートメントが組み込まれたレッドカーペットシグネチャー・トリートメント（60分$68）が基本的なメニューで、ネイルアート、ジェルネイルも可能。男性用のメニューも用意されている。

MAP P.74-1B　シティ・ホール周辺
住252 North Bridge Rd., #02-27B Raffles City
☎6337-7595
URLwww.fethenailounge.com
営10:00～20:00　休無休
料ジェリッシュ50分$58、メンズ・マニキュア30分$33～
カードADJMV
行き方MRTシティ・ホール駅から徒歩約3分。
※前日までに要予約。
[他店舗]住252 North Bridge Rd., #B2-18/19 Raffles City
☎6337-7596

左／ネイルカラーはアメリカのOPIのほか、化学薬品を含まない「バリエル(Barielle)」の製品も使用　右上／同じラッフルズ・シティ地下2階にも店がある　右下／昼休みや仕事帰りに立ち寄る女性客が多い

ネイル・ソーシャル The Nail Social
プライベート感のある小さなサロン

派手なペインティングとしゃれたブティックが並ぶことで、注目を集めるハジ・レーンのショップハウス内にある。自然光が差し込み、木の床や窓枠、しゃれたインテリアが心地よいリラックス空間を生み出している。施術チェアは3台と小規模ゆえ、落ち着いてゆったりできる。ここは環境や社会問題に取り込む女性が始めた店で、恵まれない女性の雇用、エコやサスティナビリティに尽力。ネイル用品は動物実験を行わず、毒性のないものを使用している。

左／チェアにタブレット端末が付いていて、施術中に映画や音楽が楽しめる　右／キューティクルケア、マッサージを含むシグネチャーマニキュアがおすすめ

MAP P.134　アラブ・ストリート周辺
住42A Haji Lane, 2F
☎6717-3221
営11:00～21:00（土曜10:00～20:00、日曜10:00～16:00）
休月曜、12/25、12/26、旧正月4日間　料シグネチャーマニキュア$35、ペディキュア$45　カードMV
行き方MRTブギス駅から徒歩約7分。※2～3日前までに予約をしたほうがよい。

体に優しいマニキュアを使用

リラクセーションガイド　エステ&マッサージ／ネイルケア

街歩きがいっそう楽しくなる
壁画アートが花盛り！

アート熱が高まり、ストリートに次々新作壁画が登場している。アーティストのイップ・ユーチョン（下記）が描く1970～1980年代の暮らしを丹念に再現した壁画をはじめ、リトル・インディアやチャイナタウンには民族色あふれる壁画も。クスッと笑える絵から、つい見入ってしまう作品まで多彩だ。2019年には裏通りを壁画で埋め尽くした「グラム・ギャラリー」も登場。映える写真が撮れる場所としても注目を集めている。

伝統的な中国のお面や操り人形を自転車に積んでチャイナタウンで売り歩いた実在の人物を描いた壁画（サウス・ブリッジ・ロードとモハメド・アリ・レーンの角。MAP P.91上図 ★

リトル・インディアのレストランのダイナミックな壁画（Clive St. MAP P.86-3B）

モスク前のグラム・ギャラリー

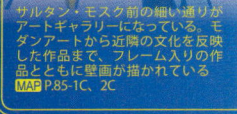

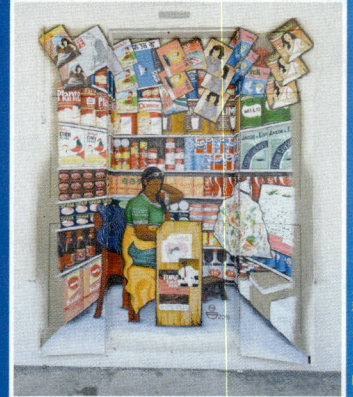

サルタン・モスク前の細い通りがアートギャラリーになっている。モダンアートから近隣の文化を反映した作品まで、フレーム入りの作品とともに壁画が描かれている MAP P.85-1C、2C

カラフルで楽しい作品が延々と壁を彩る

獅子舞の獅子頭や祭祀用のお面を作る店の壁画は、1980年代にアン・シアン・ロードに実際にあった店をモデルにしたもの。左上の壁画の隅に描かれている MAP P.91上図 ★

インド人移民がもたらした特色のある職業を描写。供え物の花輪作り、オウム占い、洗濯屋など、今は姿を消したものもある（Chander Rd.近く、MAP P.86-3B）

インド人経営の便利店「ママショップ」。アートビル「51ウオータール・ストリート」の「ヘリテージ・ミューラル Heritage Murals」から MAP P.84-2A ★

イップ・ユーチョン Yip Yew Chongの壁画

経理士のかたわら2015年からストリートアートの世界へ。国の急速な変貌を憂い、昔を忘れず遺産として伝えたいという思いでノスタルジックな壁画を次々制作。情感たっぷりに過去を鮮やかによみがえらせた。壁画は壁の所有者と関係機関の許可を得て制作されている（写真説明文末の★印がイップ氏の壁画アート）。

サルタン・モスク近くのジャラン・ピナン（MAP P.85-1C）の壁画。メッカ巡礼の旅の荷作りを行う店舗を描写 ★

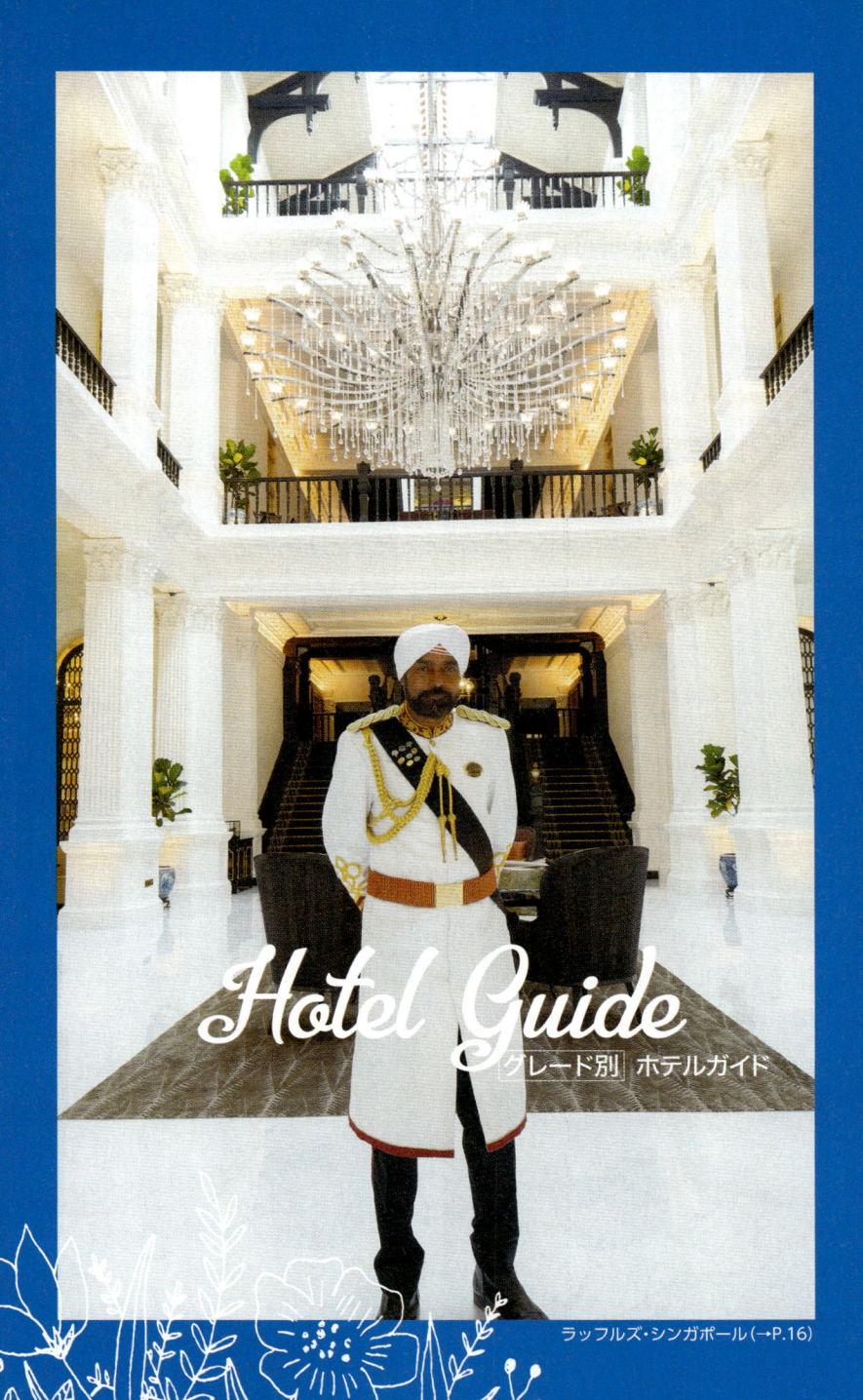

Hotel Guide

グレード別 ホテルガイド

ラッフルズ・シンガポール（→P.16）

✦ Hotel Guide ✦
シンガポールの ホテル事情

最新ホテル事情

●国際会議や見本市の時期は要注意

　観光ばかりではなく、多くの国際会議が開かれるシンガポール。それだけにホテルの客室稼働率は1年を通じて高く、巨大会議場のあるサンテック・シティ周辺の高級ホテルやオーチャード・ロード周辺のホテルは、季節を問わず満室になることが多くなっている。
　ほかのエリアのホテルについても、大規模な国際会議や見本市が開催されると、その前後はホテルの予約が難しくなる。また、そういった時期にはホテルの一時的便乗値上げも多いので要注意。
　ちなみに毎年9月に行われるF1グランプリ（→P.338）の期間中は、レースサーキットがおかれるマリーナ周辺のホテルは軒並み満室状態。特にF1グランプリの期間中やシンガポール・エア・ショー、コミュニケイシアなどの大型見本市や国際会議に旅行日程が重ならないよう、政府観光局のサイトなどでイベント・スケジュールの事前チェックが必要だ。

●タイプ別の料金の目安

　気になる料金だが、ラッフルズ・シンガポール、リッツ・カールトン・ミレニア・シンガポールなどの最高級ホテルで、ツイン1泊＄500～1000、ヒルトンやマンダリンなどの高級ホテルで＄350～480、ヨークやアルバート・コートなどの中級ホテルで＄200～350、YMCA、ベンクーレンといったエコノミーホテルでも＄150～200する。最近はデザインホテルや客室数の少ないブティックホテルが急増しており、これらは＄200～600と幅がある。
　もっと安いところとなると、ドミトリーがメインのホステルや旅社（中国式旅館）になり、相場は、ツイン＄70～100、ドミトリー＄20～となっている。安宿の個室は窓なしで狭い部屋も珍しくない。
　最近の傾向として、チャイナタウンやリトル・インディア、アラブ・ストリート周辺におしゃれなホステルが増えている（→P.331）。

上／シンガポール伝統文化を色濃く反映させるホテルが増えた。写真は「プラナカン」をテーマにしたホテル・インディゴ・シンガポール・カトン（→P.322）のラウンジ　下／リゾートホテルはセントーサ島に多い。写真のハードロックホテル・シンガポール（→P.315）のプールには砂浜もある

●ホテルのインターネット・電話について

　ほとんどのホテルで無料のWi-Fi（インターネットの無線LAN接続）環境を整えている。安宿やホステルでもWi-Fi接続が可能。
　市内電話は、ほとんどのホテルが外線用のダイヤル"9"のあとに相手の番号をダイヤルするようになっている。また、国際ダイレクト通話（IDD）も可能な場合が多い。
　最近では各部屋に国際電話もかけられるスマートフォン（使用料は無料）を配備するホテルが増えている。

中級～高級ホテルで無料スマートフォンのサービスを採用している。無料でかけられる国際電話の規定は各ホテルで異なるが、日本への電話も無料という所もある

シンガポールには歴史遺産の建築物を改装したホテルが多い。石造りのオフィスビルを改装したソー・ソフィテル・シンガポール（→P.312）はモダンとクラシックをミックスさせている

シンガポールのホテル事情

ホテルガイド

ホテルの予約方法

中級以上のホテルは、大部分が日本に予約事務所をもっている（各ホテル紹介記事データ欄にその電話番号を記している）。この予約事務所を通す場合は原則として正規料金での宿泊となる。ただし主要ホテルの正規料金は、決して安くはない。そこで割引料金で予約する方法をいくつか紹介しよう。

●インターネットのホテル予約サイトを利用する

シンガポールの高級ホテルから格安ホテルまで主要ホテルが、大手ホテル予約サイトで割引料金で手配できる。ネット割引料金やキャンペーン料金など、マメにチェックしているとかなり安い料金が出ていることも。最低価格を保証している予約サイトもある。同じホテルでも、サイトによって多少料金に差があるので、いろいろなサイトを比較するのが賢い利用法。

おもなホテル予約サイト

●エクスペディア
☎(03)6362-8013
URL www.expedia.co.jp

●Booking.com
URL www.booking.com

●ホテリスタ
URL hotelista.jp

●ジェイエッチシー（JHC）
☎(03)3543-7010
URL www2.jhc.jp

●地球の歩き方
URL hotels.arukikata.com

ショップハウスを改装したファッショナブルなホステルが急増中

カフェのような共有スペースを設けるホステルも登場（→P.331ウインク・チャイナタウン）

●正規の割引を利用する

次に日本の予約事務所を通しての割引。原則正規料金のみしか扱っていないが、シーズン、宿泊数などの条件によっては割引料金を出していることもある。積極的には教えてくれないので、問い合わせの際に「割引料金があったら教えてください」とひとこと付け加えること。ただし、いつも割引があるとは限らない。

また、各ホテルのウェブサイトにアクセスするのもひとつの方法だ。時期によっては、ホテルが設定するプロモーションに当たる場合もあり、ホテル予約サイトの料金よりもお得なレートで泊まれることもある。

大手のホテルではまずないが、中級以下のホテルの場合、オンライン予約フォームから予約してもなかなか予約確認書（コンファーム）が届かない場合もある。返事が来ない場合は、フォームではなく、オフィスに直接eメールで問い合わせをしたほうがよい。

●その他の割引

主要旅行会社では、航空券を購入した客に、自社の団体用に仕入れたホテルを安く提供してくれることもある。航空券を予約したときに、ホテルを安く取ってもらえないかどうか尋ねてみるのもいい。

●クレジットカード会社のホテル予約サービスを利用する

クレジットカード会社のホテル予約サービスを利用するのも手だ。海外のホテルを割引料金で手配する会員向けサービスを行っていることがあるからだ。自分が会員になっているカード会社に、そうしたサービスがあるかどうか問い合わせてみよう。

※宿泊料金には通常、7%の消費税（GST）、10%のサービス料（合計17%）が加算される。
※P.298からのホテル紹介記事のなかで記載したホテル料金は、2019年10月現在のものです。
※特に断りのない場合は、1部屋はシングル、ダブル、ツインとも同一料金です。同一料金でない場合は下記のように宿泊料金の前にアルファベットを付加しました。
Ⓢ：シングル料金／Ⓦ：ダブル料金／
Ⓣ：ツイン料金／Ⓓ：ドミトリー料金
※いずれも1室当たり（Ⓓは1ベッド当たり）の料金です。

Information

サービスアパートメントの検索サイト

長期滞在向けのサービスアパートメント探しに参考になるサイトは以下のもの。安ホテルは大手予約サイトにも紹介されている。

◆シンガポールサービスアパートメント協会
The Serviced Apartments Association
URL www.servicedapartments.org.sg
物件リストから予約も可能。

◆シンガポール・エクスパッツ
Singapore Expats
URL www.singaporeexpats.com/singapore-expats-services/service-apartments.htm
サービスアパートメントのリストがある。

高級ホテル

市内で群を抜く高層ホテル
スイソテル・ザ・スタンフォード Swissôtel The Stamford

地上約226m、72階建ての高さは、シンガポールのホテルのなかで最高峰。高層階からのマリーナ・ベイやシティの眺望は想像以上だ。レストランやプール、スパなどのすべての施設をフェアモント・シンガポールと共有しており、ショッピングセンターのラッフルズ・シティ（→P.257）と連結しているため、食事、買い物にはたいへん便利だ。

このホテルに宿泊したなら、すばらしい眺め、夜景を存分に楽しみたい。70階のグリルレストラン＆バーの「スカイ」は、巨大な窓から息をのむ眺めが広がり、ドラマチックなひとときを過ごすことができる。

左／シティ・ホールのランドマーク的存在　右／全室バルコニー付き。写真はベーシックな客室

MAP P.75-1C
シティ・ホール周辺

住 2 Stamford Rd.
☎ 6338-8585
FAX (65)6338-2862
URL www.swissotel.com/hotels/singapore-stamford
E-mail singapore-stamford@swissotel.com
料 ⓈⓌ $420～／スイート$780～810　税サ17％
カード AJMV
全1267室
設備 プール、テニスコート、フィットネスセンター、スパ、ヘアサロン、レストラン＆バー×13、ショッピングセンター
行き方 MRTシティ・ホール駅から徒歩約3分。

スタイリッシュな都会派ホテル
フェアモント・シンガポール Fairmont Singapore

スイソテル・ザ・スタンフォードと対をなす複合ビルの一角を占めるホテル。館内は上品で落ち着いた雰囲気。客室はシンプルモダン、すべての部屋にバルコニーが付いているので開放感もある。バスルームは斬新な造りで目を引く、アート感覚のデザインがユニークなスペースだ。26階建てとスタンフォード・ホテルより低層で、客室数もずっと少ないため、全体的に静か。くつろいだ滞在ができる。また、6階の「ウィロー・ストリーム・スパ」は、シンガポールで最大規模を誇るスパである。

MAP P.75-1C
シティ・ホール周辺

住 80 Bras Basah Rd.
☎ 6339-7777
FAX (65)6337-1554
URL www.fairmont.com/singapore
E-mail singapore@fairmont.com
料 ⓈⓉ $670／スイート $1600　税サ17％
カード AJMV
全769室
設備 スイソテル・ザ・スタンフォードと共有
行き方 MRTシティ・ホール駅から徒歩約3分。

上／8階にあるプール。正面がホテルの建物　下／ビジネス客を意識した造りのデラックスルーム。ナチュラルな色合いのインテリア

中心部に誕生したクラシックモダンなホテル
キャピトル・ケンピンスキー・ホテル・シンガポール The Capitol Kempinski Hotel Singapore

2018年、MRTシティ・ホール駅前のキャピトル・ピアッツァ内に誕生。歴史遺産のキャピトルビルとスタンフォードハウスの原形を残して修復し、静かで落ち着いた滞在ができる隠れ家のようなホテルに生まれ変わった。上質な木のぬくもりとシックな色調、研ぎ澄まされた意匠で別世界へといざなう。飲食施設が充実しているのも自慢で、館内のメインダイニングのほか、キャピトル・ピアッツァのアーケード内にもドイツ料理やタイ料理など6軒のレストランを設けている。

MAP P.74-1B
シティ・ホール周辺

住 15 Stamford Rd.
☎ 6368-8888　FAX (65)6384-1929
URL www.kempinski.com/en/singapore/the-capitol-singapore
E-mail reservations.singapore@kempinski.com
料 ⓈⓌ $400～／スイート$740～　税サ17％　カード AJMV
全157室　設備 プール、フィットネスセンター、スパ、レストラン＆バー×9、ブティック
行き方 MRTシティ・ホール駅から徒歩約3分。

左上／ブラウンとバニラカラーの色調の客室。全室バスタブ付き。写真はスイートルームの寝室　左下／「バー・アット・15スタンフォード」はラム酒のコレクションが充実しており、創作カクテルがおすすめ　右／アットホームなホテルのロビー

Hotel Guide

クラシカルとモダンが交錯する
JWマリオット・ホテル・シンガポール・サウスビーチ JW Marriott Hotel Singapore South Beach

シティ・ホール駅の真上に誕生したタワー内にある JW マリオットは、最新鋭の設備とアートを凝縮したデザインホテルだ。敷地内にある 1930 年代の歴史遺産（軍の施設）は宴会場やバーに姿を変え、新旧が交錯するシンガポールの魅力を映し出している。ハイライトは 18 階の「Flow18」。360 度のダイナミックな展望が楽しめるスペースに浮遊感のあるプールやジム、テーブル席を配置したリラックスエリアだ。予約時に希望すれば女性向けのアメニティが充実したレディスルームも用意される。

フェイススチーマー、ネイルケアセットなどレディスルームの備品の数々

MAP P.75-1C　シティ・ホール周辺
住 30 Beach Rd.　☎ 6818-1888
FAX (65) 6822-2621
URL www.marriott.com/hotels/travel/sinjw-jw-marriott-hotel-singapore-south-beach
E-mail jw.sinjw.contactus@marriott.com
料 ⑤ Ⓦ Ⓣ ＄700〜／スイート＄950〜　税サ 17％
カード Ⓐ Ⓓ Ⓙ Ⓜ Ⓥ　全634室
設備 プール、フィットネスセンター、スパ、レストラン＆バー×5　行き方 MRTエスプラネード駅から徒歩約3分、シティ・ホール駅から約5分。

左／クラブプレミアルーム
右／風景の中に溶け込んだプール。夜景もすばらしい

アートに囲まれて優雅なステイを満喫
ナウミ・ホテル・シンガポール Naumi Hotel Singapore

ツタが這い、グラフィティアートが描かれたスタイリッシュな外観が目を引く、5 つ星ブティックホテル。ココ・シャネルやポップアートの巨匠アンディ・ウォーホルをフィーチャーした客室など、ユニークな世界観が広がっている。客室のミニバーやスナック類は無料。屋上には街を一望できるインフィニティプールがあり、都会のど真ん中にありながらリゾート気分を味わえる。

屋上のインフィニティプールにはバーも併設

MAP P.75-1C　シティ・ホール周辺
住 41 Seah St.　☎ 6403-6000
FAX (65) 6333-0053
URL naumihotels.com/singapore　E-mail aide@naumihotels.com
料 Ⓦ ＄250／スイート＄350（朝食付き）　税サ 17％
カード Ⓐ Ⓙ Ⓜ Ⓥ　全73室
設備 プール、バー、フィットネスセンター、レストラン
行き方 MRTシティ・ホール駅、またはエスプラネード駅から徒歩約6分。

ココ・シャネルがテーマの部屋。ベッドやリネンにも心配りが行き届く

シャープな輝きを放つ大型ホテル
カールトン・ホテル・シンガポール Carlton Hotel Singapore

どこへ行くにも便利なロケーションに立つ規模の大きなホテル。客室はモダンで都会的。ビジネス客の利用が多く、人間工学に基づいた椅子や可動式の机などの機能性にも配慮されている。2 階には本格広東料理の「ワーロック・カントニーズ・レストラン」、1 階には日本酒の豊富な「ジョージ・バー」がある。

プレミアルームは赤のインテリアが効いたシックモダンなデザイン（プレミアウイング）

MAP P.74-1B　シティ・ホール周辺
住 76 Bras Basah Rd.
☎ 6338-8333　FAX (65) 6339-6866
URL www.carltonhotel.sg
E-mail mail@carltonhotel.sg
料 Ⓢ Ⓦ Ⓣ ＄260〜750／スイート＄520〜3800　税サ 17％
カード Ⓐ Ⓓ Ⓙ Ⓜ Ⓥ　全940室
設備 プール、フィットネスセンター、スパ、ビジネスセンター、レストラン＆バー×5
行き方 MRTシティ・ホール駅から徒歩約7分。

リニューアル工事を経て生まれ変わった
グランド・パーク・シティ・ホール Grand Park City Hall

2017 年に改装を終え、客室やレストランは、新旧の調和を表現し、気品が漂うデザインに一新された。予約後、専用アプリをダウンロードすればスマホがモバイルキーになり、ホテルの外から電子機器のコントロールなどが可能になる最新鋭のシステムを投入。モダンヨーロッパ料理のレストラン「テーブルスケープ」（L3）は注目店。

プラナカンタイル、シーリングファン、モノクロ写真などレトロなアクセントが効いた客室

MAP P.74-2B　シティ・ホール周辺
住 10 Coleman St.　☎ 6336-3456
FAX (65) 6339-9311
URL www.parkhotelgroup.com/en/cityhall　E-mail Info.gpch@parkhotelgroup.com
料 Ⓢ Ⓦ ＄250〜／スイート＄500〜　税サ 17％
カード Ⓐ Ⓓ Ⓙ Ⓜ Ⓥ　全343室
設備 プール、フィットネスセンター、レストラン＆バー×2　行き方 MRTシティ・ホール駅から徒歩約6分。

ホテルガイド　高級 ◆ シティ・ホール周辺

♦ Hotel Guide ♦

静謐な時間を過ごせる歴史遺産ホテル
ホテル・フォート・カニング
Hotel Fort Canning

フォート・カニング・パーク内にある、1926年建造の英国軍の司令本部だった建物を用いたホテル。コロニアル様式の壮麗な建物を舞台に、洗練されたアート家具やインテリアを配したブティックホテルとなっている。天井の高い客室内にはオープンコンセプトのバスルーム、豊かな緑を望むバルコニーが備わり、ロマンティックで安らぎの空間を生み出している。森に囲まれたふたつのプールや、西洋料理のエッセンスを加味したアジア料理や本格ピザが楽しめる「ザ・サロン」などホテルステイを楽しめる施設も整っている。

左／バルコニーにバスルームを配したデラックスルーム。ガーデン付きの部屋もある　中／屋外プールはミネラルウォーターを使用　右／歴史をたたえる外観。窓や柱の位置は建造当時のまま

MAP P.74-1A　シティ・ホール周辺
住 11 Canning Walk
☎ 6559-6770
FAX (65)6338-8915
URL www.hfcsingapore.com
E-mail contact@hfcsingapore.com
料 ⑤⑩⓪ $305〜／スイート $485　税サ 17%
カード ADJMV　全86室
設備 プール、フィットネスセンター、スパ、レストラン&ラウンジ×2　行き方 MRTドービー・ゴート駅、ブラス・バサー駅から徒歩約10分。

アートも楽しめるラグジュアリーホテル
リッツ・カールトン・ミレニア・シンガポール
The Ritz-Carlton, Millenia Singapore

マリーナ・エリアの高級ホテルのなかでも、ワンランク上の贅沢さが味わえるのがリッツ・カールトン。館内には絵画やアートオブジェが展示されており、これら芸術作品を見て回るアートツアーも行っている。ホスピタリティあふれるサービスが定評で、日本語のホテル案内のほか、日本人専用のチェックインデスクも設けられている。客室は木を多用し、ナチュラルな雰囲気。大きな窓からすばらしいパノラマが望める。「チフリー・ラウンジ」のハイティーも人気。日本人スタッフ駐在。

上／マリーナ・ベイ側の客室のバスルームは窓付き　下／広いスペースを確保したデラックスルーム。眺めを楽しめるようにベッドが配置されている

MAP P.75-2D　マリーナ・エリア
住 7 Raffles Ave.
☎ 6337-8888
FAX (65)6338-0001
URL www.ritzcarlton.com/Singapore
E-mail sinrz.leads@ritzcarlton.com
日本の予約 ☎☎ 0120-853201
料 ⑤⑩⓪ $1153.46〜／スイート $1506.56〜　税サ 込み
カード ADJMV
全608室
設備 プール、フィットネスセンター、スパ、ビジネスセンター、レストラン&バー×4、ギフトショップ
行き方 MRTプロムナード駅から徒歩約5分。

伝統とホスピタリティを大事にする
マンダリン・オリエンタル・シンガポール
Mandarin Oriental, Singapore

1987年創業以来、数々の賞を受賞してきたシンガポールを代表する高級ホテル。海に面した扇形の構造で、海側の部屋からはマリーナ・ベイの迫力ある眺めをひとり占め。重厚感のあるロビーに足を踏み入れると、優雅であたたかい空気に満ちた別世界。客室は「オリエンタル」をコンセプトにアジアンテイストのインテリアを配し、居心地のよさを追求している。中国料理の「チェリーガーデン」、プールサイドのイタリア料理の「ドルチェ・ヴィータ」などレストランも名店揃いだ。5階のスパ「ザ・スパ」（→P.289）もエレガント。日本人スタッフ駐在。

上左／プールはリゾート感があり、開放感に溢れる　上右／壮麗なアトリウムの天井から柔らかい光が差し込む　下／人気のプレミアハーバールーム。窓からはマリーナ・ベイの全景が見渡せる

MAP P.75-2D　マリーナ・エリア
住 5 Raffles Ave., Marina Square
☎ 6338-0066　FAX (65)6339-9537
URL www.mandarinoriental.com/singapore
E-mail mosin@mohg.com
日本の予約 ☎☎ 0120-663230
料 ⑤⑩⓪ $670〜／スイート $930〜　税サ 17%
カード ADJMV　全527室
設備 プール、フィットネスセンター、スパ、ビジネスセンター、レストラン&バー×7
行き方 MRTプロムナード駅から徒歩約7分。

◆ Hotel Guide ◆

館内にアート作品が飾られた
コンラッド・センテニアル・シンガポール Conrad Centennial Singapore

エレガントな高級感あふれるホテル。ホスピタリティを重視し、禁煙フロアや身障者用客室、ペットと一緒に泊まれるサービス、15種類の枕のメニューを用意するなど、ゲストのさまざまな要望に対応している。ホテルマスコットのテディベアのプレゼント、靴磨きの無料サービスも実施。ビジネス客の利用が多く、550人収容可能の会議・宴会場を備え、エグゼクティブラウンジのサービスも充実。「ゴールデン・ピオニー」では本格的な広東料理が味わえる。

左／写真はデラックスルーム　右／天井の高いロビー。金色のライトは雨のしずくが落ちるさまを表しており、下に置かれたオブジェはその雨を受けて幸運を館内に巡らせるという風水の教えに基づく

MAP P.75-1D　マリーナ・エリア
住 2 Temasek Blvd.
☎ 6334-8888
FAX (65) 6339-2854
URL www.conradsingapore.com
E-mail conrad_singapore@conradhotels.com
日本か予約 ☎ (03) 6864-1633、東京23区以外 0120-489852
料 ⓈⓌⓉ $370〜／スイート $570〜　税込 17%
カード ＡＤＪＭＶ　全512室
設備 プール、フィットネスセンター、スパ、ビジネスセンター、レストラン＆バー×4、ギフトショップ
行き方 MRTプロムナード駅から徒歩約7分。

落ち着いた雰囲気の部屋が自慢
マリーナ・マンダリン・シンガポール Marina Mandarin Singapore

開放感あふれる吹き抜けのアトリウムをもち、メインレセプションは4階にある。4階のエレベーターを降りた所にある階段は、マリーナ・スクエアの3階に直結しており、ショッピング、ビジネスに便利。客室は全体的にモダン・チャイニーズな雰囲気で、最新の機器を備えている。使い勝手のよいデスク回りはビジネスマンにも好評だ。25mプールの水にはミネラルウオーターを使用。高級ステーキの「ルース・クリス・ステーキハウス」が4階に、5階には「エスティバ・スパ」がある。※ 2020年に改装予定。

左／シンプルな色合いの調度品が配されたプレミアルーム　右／21階までのアトリウム。4階のアトリウム・ラウンジはホテル自慢のスペース

MAP P.75-2D　マリーナ・エリア
住 6 Raffles Blvd., Marina Square
☎ 6845-1000
FAX (65) 6845-1001
URL www.meritushotels.com/marina
E-mail marina@meritushotels.com
日本か予約 0120-984430
料 ⓈⓌⓉ $285〜／スイート $585〜　税込 17%
カード ＡＤＪＭＶ
全575室　設備 プール、フィットネスセンター、スパ、ビジネスセンター、レストラン＆バー×6
行き方 MRTエスプラネード駅から徒歩約7分。

ドラマチックなロビーが印象的
パン・パシフィック・シンガポール Pan Pacific Singapore

足を踏み入れると、まずロビーの斬新さに驚く。22mの長いカウンターをもつバー「アトリウム」がロビーを貫き、シェードで飾られたテーブル席が南国情緒を演出。客室はハイテクを駆使し、機能性に富む。約7割がビジネス客で、エグゼクティブフロアの客室数、施設も充実。4階のホスピタリティラウンジは、早い時間にチェックインした際やチェックアウト後などに荷物を預けたり休憩したりできる。レストランは広東料理の「ハイティエンロウ」、4階に高級和食の「欅」などがある。

バルコニー付きのデラックスルーム

MAP P.75-2D　マリーナ・エリア
住 7 Raffles Blvd., Marina Square　☎ 6336-8111
FAX (65) 6339-1861
URL www.panpacific.com/ja/hotels-resorts/singapore/marina.html
E-mail enquiry.ppsin@panpacific.com　日本か予約 0120-001800　料 ⓌⓉ $300〜／スイート $500〜　税込 17%
カード ＡＤＪＭＶ　全769室
設備 プール、フィットネスセンター、スパ、ビジネスセンター、レストラン＆バー×7
行き方 MRTエスプラネード駅、またはプロムナード駅から徒歩約8分。

上／水辺に浮かぶように配置された「アトリウム・バー・アンド・グリル」

ホテルガイド　高級　◆　シティ・ホール周辺／マリーナ・エリア

◆ Hotel Guide ◆

大人の休日を満喫できる高層ホテル
ウェスティン・シンガポール
The Westin Singapore

再開発が進むマリーナ・サウスに誕生。オフィスビルの32階から46階がホテルになっており、隣接するチャイナタウンの街並み、マリーナ・ベイから外海まで見渡せる眺めは申し分ない。最低でも40m²の広さを誇る客室には特注のヘブンリーベッドをしつらえ、快適さを追求。35階のインフィニティプールは夜景もすばらしい。ニューヨークスタイルのバー「クック＆ブリュー」では100種を超えるビールと厳選ワインをストック。種類豊富な料理がライブキッチンとビュッフェで楽しめる「シーズナルテイスト」も自慢のダイニング。

MAP P.90-3A
マリーナ・エリア

住 12 Marina View, Asia Square Tower 2 ☎6922-6888
FAX (65) 6922-6899
URL www.thewestinsingapore.com
E-mail westin.singapore@westin.com
日本の予約 無料 0120-925956
料 S/W/T $450〜／スイート$750〜
税サ 17%
カード ADJMV
全305室 設備 プール、フィットネスセンター、スパ、ビジネスセンター、レストラン＆バー×4 行き方 MRTダウンタウン駅から徒歩約6分。

上／エグゼクティブフロアのデラックスルーム。客室や館内はシックで都会的なインテリア 下／海に溶け込むプールの向こうに絶景が広がる

ラスベガス・サンズ系列のホテル
マリーナベイ・サンズ
Marina Bay Sands

いまやシンガポールのアイコン的存在になったホテル。強烈なインパクトの建築デザインは、ボストンの著名建築家モシェ・サフディによるもの。会議展示場、ショッピングモール、カジノやシアターとともに構成される複合施設の中のホテルだ。3つのタワーで構成され、南側のタワー1にあるメインロビーは、国際色豊かな華やぎに満ちている。随所にアート作品や植物が配置され、建物と見事に調和。客室はモダンでシンプル、眺めがいいのは言うまでもない。下層階のショッピングモールや57階のルーフトッププールなど、ホテル内で十二分に楽しめる施設が揃っている。

MAP P.90-2B
マリーナ・エリア

住 10 Bayfront Ave.
☎6688-8888
URL jp.marinabaysands.com
E-mail inquiries@marinabaysands.com
日本の予約 無料 0800-2220602
料 S/W/T $400〜／クラブルーム$600〜 税サ 17%
カード ADJMV
全2561室
設備 プール、フィットネスセンター、スパ、ビジネスセンター、レストラン＆バー×8（ショッピングモールやカジノにダイニング施設多数）
行き方 MRTベイフロント駅から徒歩約3分。

上／開放感のあるアトリウム構造のタワー1メインロビー　下／デラックスルーム。明るい茶系のモダンなインテリア、タワー1と2にはバスタブ付きの客室があるので、予約の際に希望を

シンガポール屈指のアーバンリゾートホテル
スイソテル・マーチャント・コート
Swissôtel Merchant Court

天井の高いロビーは開放感があり、プラナカン様式のインテリアや美術品が目を楽しませてくれる。プールの広さが自慢で、しかもメインプールには子供用のウォータースライダーも付いている。2フロアあるフィットネスジムも自慢の施設。また、ローカルフードが充実した「エレンボロウ・マーケット・カフェ」もある。客室には日本語表記の案内があり、ダイレクトに日本へコレクトコールがかけられるなどこまやかな気配りがされている。目の前はクラーク・キー、駅にも近くて便利。

MAP P.77-2D
クラーク・キー周辺

住 20 Merchant Rd.
☎6337-2288
FAX (65) 6334-0606
URL www.swissotel.com/hotels/singapore-merchant-court
E-mail singapore-merchantcourt@swissotel.com
料 S/W/T $420〜／スイート$1200〜
税サ 17%
カード ADJMV
全476室
設備 プール、フィットネスセンター、スパ、ビジネスセンター、レストラン＆バー×3、ギフトショップ
行き方 MRTクラーク・キー駅から徒歩約3分。

左／ロビーにあるクロスロード・バーは重厚な趣　右／広いプールエリアにはウォータースライダーも備わる

✦ Hotel Guide ✦

クラーク・キーに立つクラシックモダンなホテル
パーク・ホテル・クラーク・キー Park Hotel Clarke Quay

クラーク・キーとロバートソン・キーの間の一角という、観光、食事、買い物などの要望を満たしてくれる立地。コロニアル調のモチーフとモダンなデザインが調和し、明るくおしゃれな雰囲気を醸し出している。客室からの眺望もすばらしい。1階のモダンヨーロピアンの「ポルタ」では、グルメ食材の販売コーナーも併設。緑のガーデンにはスパもあり、ビジネスファシリティも充実している。主要MRT駅やオーチャード・ロードへの無料シャトルバスが運行。

シックな内装のデラックスルーム。眺めもよい

MAP P.77-2C クラーク・キー周辺
住 1 Unity St. ☎6593-8888
FAX (65)6593-8899
URL www.parkhotelgroup.com/jp/clarkequay
E-mail info.phcq@parkhotelgroup.com
料 ⓈⓌⓉ $330〜／スイート $550〜 税サ 17%
カード AJMV 全336室
設備 プール、フィットネスセンター、ビジネスセンター、会議室、レストラン×2 行き方 MRTフォート・カニング駅から徒歩約5分。

リバー沿いに立つラグジュアリーホテル
インターコンチネンタル・シンガポール・ロバートソン・キー InterContinental Singapore Robertson Quay

館内は黒や茶系で統一されたシックで洗練されたインテリア。サービスもスマートでくつろぎの宿泊を約束してくれる。ビジネスの利用客が多いが、静かなロケーションを望む旅行者にも好評だ。客室はモダンでコンパクト。若干広さに乏しいが、設備は万全でアメニティも高級感がある。ダイニング施設は、イタリアンレストランやデリ、バーなど。無料のレンタサイクルも用意。

デラックスルーム。ダブルのほかツインの客室もある。スイート以外はバスタブはなくシャワーのみ

MAP P.76-2B クラーク・キー周辺
住 1 Nanson Rd.
☎6826-5000
FAX (65)6826-5055
URL robertsonquay.intercontinental.com
E-mail info.sinic@ihg.com
料 ⓈⓌ $350〜530／Ⓣ $400〜530／スイート $580〜1450 税サ 17%
カード ADJMV 全225室
設備 プール、フィットネスセンター、レストラン&バー×5 行き方 MRTフォート・カニング駅から徒歩約5分。

観光に便利なロケーションにある
ノボテル・シンガポール・クラーク・キー Novotel Singapore Clarke Quay

グルメやナイトスポットが集まるクラーク・キーが目の前、スーパーマーケットや日本食レストランが入店するリャン・コート S.C. に直結という便利なロケーション。部屋は広く、明るい間取りで快適に過ごせる。ベッドは、日本人好みの低めのタイプだ。また、機能的なデスクを配備するなど、ビジネス使用に優れた面も併せもつ。7階にインターナショナルビュッフェの「スクエア」がある。日本人スタッフ駐在。

大きなサイズのベッドを配したスーペリアルーム。客室は8〜25階にある

MAP P.77-2D クラーク・キー周辺
住 177A River Valley Rd.
☎6338-3333
FAX (65)6339-2854
URL www.novotelclarkequay.com
E-mail H5993@accor.com
料 ⓈⓌⓉ $250〜／スイート $400〜 税サ 17%
カード ADJMV 全403室
設備 プール、フィットネスセンター、ビジネスセンター、レストラン&バー×2 行き方 MRTフォート・カニング駅から徒歩約5分。

日本人ビジネス客の利用が多い
グランド・コプソーン・ウォーターフロント Grand Copthorne Waterfront

シンガポール川に面して立ち、喧騒とは無縁のリラックスムード。客室はモノトーンで都会的なインテリア。アメニティを客室へ運ぶデリ・ロボットや、レストランでオムレツを作るロボットを導入するなど目新しい試みにも注目が集まる。ビジネス客への対応にも力を入れ、長期滞在向けのサービスアパートも完備。オーチャード・ロードやチャイナタウン行きの無料シャトルバスも運行。

左／吹き抜けのロビー 右／ビジネス客の利用が多いクラブ・デラックスルーム

MAP P.76-2A クラーク・キー周辺
住 392 Havelock Rd.
☎6733-0880 FAX (65)6737-8880 URL www.millenniumhotels.com/en/singapore/grand-copthorne-waterfront
E-mail enquiry.gcw@millenniumhotels.com 料 ⓈⓌⓉ $500〜／スイート $800〜
税サ 17% カード ADJMV
全574室 設備 プール、テニスコート、フィットネスセンター、レストラン&バー×3
行き方 MRTチャイナタウン駅からタクシーで約5分。

ホテルガイド — 高級 ✦ マリーナ・エリア／クラーク・キー周辺

◆ Hotel Guide ◆

緑いっぱいの立地、窓の外の大きな滝が印象的
フラマ・リバーフロント　Furama RiverFront

緑に囲まれたリゾート的雰囲気をもつトロピカルウイングと、ビジネス機能が充実したタワーブロックの2棟からなる。海底や城の壁画が楽しいテーマルームは、子供向けの備品を揃えたユニークな客室。レストラン内に子供の遊び場を備えるなどファミリー対応にも力を入れている。伝統的スマトラ・インドネシア料理のレストラン「キンタマーニ」、夜にはライブも催される「ウオーターフォール・ラウンジ」などがある。

トロピカルウイングのデラックスルーム。窓はウッドブラインドを使用

MAP P.76-3B
クラーク・キー周辺
住 405 Havelock Rd.
☎ 6333-8898
FAX (65) 6733-1588
URL www.furama.com/riverfront
E-mail riverfront@furama.com
料 S/W/T $450〜／スイート $1250　税9 17%
カード A D J M V　全615室
設備 プール、フィットネスセンター、ビジネスセンター、レストラン&バー×3
行き方 MRTチャイナタウン駅から徒歩約18分。

堂々としたたたずまいのアトリウム型ホテル
ホリデイ・イン・アトリウム・シンガポール　Holiday Inn Atrium Singapore

ハブロック・ロードとアウトラム・ロード交差点に立ち、全面黒ガラス張りの外観がひときわ目立つ27階建のホテル。中央に大きな吹き抜けがあり、それを囲むように客室が環状に並ぶ。客室は落ち着いたトーンで統一されており、シンプルな造りだが、室内設備、アメニティは充実している。レストランはローカルビュッフェが楽しめる「アトリウム・レストラン」やレベルの高い広東料理、飲茶が定評の「シン・キュイジーン」がある。主要エリアへの無料シャトルバスを運行。

27階までのアトリウムはホテルの自慢

MAP P.76-2A
クラーク・キー周辺
住 317 Outram Rd.
☎ 6733-0188　FAX (65) 6733-0188
URL singaporeatrium.holidayinn.com　E-mail hiatrium@ihg.com
日本の予約 ☎ 0120-455655　料 S/W/T $250〜／スイート $340〜
税9 17%　カード A M V
全512室　設備 プール、フィットネスセンター、ビジネスセンター、レストラン&バー×3、ギフトショップ
行き方 MRTチャイナタウン駅から徒歩約20分、タクシーで約5分。

ビジネス客向けの設備が整った
コプソーン・キングス・ホテル・シンガポール　Copthorne King's Hotel Singapore

ビジネス客の長期滞在者に人気のホテル。コインランドリー、ゴルフレンジ、サウナなどの施設も充実している。デラックスルームのあるタワー側とバルコニー付きのプレミアムルーム側に分かれており、客室は落ち着いた色調で居住性を重視している。レストランは、本格的な四川料理が味わえる「ティエン・コート」、ペナン料理のビュッフェが有名な「プリンセス・テラス・カフェ」、西洋料理の「スターズ・カフェ」などがある。オーチャード・ロードやチャイナタウン行きの無料シャトルバスあり。

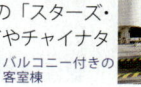

バルコニー付きの客室棟

MAP P.76-2B、3B
クラーク・キー周辺
住 403 Havelock Rd.
☎ 6733-0011　FAX (65) 6732-5764
URL www.millenniumhotels.com/en/singapore/copthorne-kings-hotel
E-mail rooms.cks@millenniumhotels.com　料 S/W/T $400／スイート $800　税9 17%
カード A D J M V　全310室
設備 プール、ビジネスセンター、レストラン&バー×4
行き方 MRTチャイナタウン駅から徒歩約15分。

買い物、観光に便利なロケーション
ヒルトン・シンガポール　Hilton Singapore

併設の高級ショッピングギャラリーでも知られるヒルトンは、オーチャード・ロード西側に立つシンガポールの老舗高級ホテルのひとつだ。日本語のホテル説明書や日本茶のサービスなど、日本人客への配慮もなされている。ビジネス客の利用も多く、客室のデスクも大きめサイズを設置。飲食施設は、モダンヨーロッパ料理の「イギーズ」（3階）、24階の屋上プールに隣接する「スカイ・バー」に注目。1階の「D9ケーカリー」は自家製のチーズケーキとマカロンがおいしい。

ツインのデラックスルーム。ライティングが凝っている

MAP P.78-2B
オーチャード・ロード周辺
住 581 Orchard Rd.
☎ 6737-2233　FAX (65) 6732-2917
URL hiltonhotels.jp/hotel/singapore/hilton-singapore
E-mail sinhi@hilton.com
日本の予約 ☎ (03) 6864-1633、東京23区以外 ☎ 0120-489852
料 S $380〜／W/T $400〜／スイート $740〜
税9 17.7%　カード A D J M V
全422室　設備 プール、フィットネスセンター、スパ、レストラン&バー×7　行き方 MRTオーチャード駅から徒歩約6分。

◆ Hotel Guide ◆

歴史を秘めたヘリテージホテル
グッドウッド・パーク・ホテル
Goodwood Park Hotel

ラッフルズ・ホテルと並ぶ代表的コロニアルホテル。この建物は1900年、ドイツ人の社交クラブとして建てられ、その後コルカタ（カルカッタ）の貿易商、マナッセ兄弟が買い取り、1929年、結婚式場やダンスホールを併設するホテルとなった。以来、優雅で美しいたたずまいは、多くの旅行者をひきつけている。

客室はとんがり屋根をもつタワーウイング、バリをイメージしたガーデンプールを囲むように立つロビーウイング、静かな小プールの前に立つメイフェアウイングに分かれている。なかでもガーデンプールに面したプールサイド・スイートは人気が高い。ダイニング施設も充実している。

MAP P.79-1D　オーチャード・ロード周辺
- 住 22 Scotts Rd.
- ☎ 6737-7411
- FAX (65)6732-8558
- URL www.goodwoodparkhotel.com
- E-mail enquiries@goodwoodparkhotel.com
- 料 ⓈⓌⓉ $300〜／スイート$450〜　税+17%
- カード ADJMV　全233室
- 設備 プール、フィットネスセンター、スパ、ビジネスセンター、レストラン＆バー×6、ケーキ・ペストリーショップ
- 行き方 MRTオーチャード駅から徒歩約8分。

上／6ヘクタールの広い敷地を有し、整備されたガーデンの中に立つ建物は120年の歴史を刻んでいる　下／独立したリビングルームがあるヘリテージルーム

伝統のもてなしとモダンな感覚が調和
セント レジス シンガポール
The St. Regis Singapore

ニューヨークで創業した名門ホテル、セントレジス。古き時代の魅力と上質のホスピタリティを提供するというコンセプトを受け継ぎ、ここシンガポールでもラグジュアリーできめ細かなサービスを提供している。館内には貴重な芸術品が飾られ、どの施設やダイニングもエレガントでおしゃれ。全室に24時間態勢のバトラーサービスを付けているのも、わが家のようにもてなすというモットーゆえだ。ブラッディ・マリーを生んだセントレジスならではのカクテル「チリ・パディ・マリー」を、「アスターバー」で楽しむのもいい。

左／ピカソの版画「Toro」シリーズが迎える格調高い「アスターバー」　右／上質な家具やジム・トンプソンのシルク使いがひときわ洗練されたデラックスルームの室内

MAP P.78-2A　オーチャード・ロード周辺
- 住 29 Tanglin Rd.
- ☎ 6506-6888
- FAX (65)6506-6788
- URL www.stregissingapore.com
- E-mail stregis.singapore@stregis.com
- 日本の予約 0120-922334
- 料 Ⓦ$900〜／Ⓣ$940〜／スイート$1200〜　税+17%
- カード ADJMV　全299室
- 設備 プール、フィットネスセンター、スパ、ビジネスセンター、テニスコート、レストラン＆バー×6
- 行き方 MRTオーチャード駅から徒歩約12分。

ラグジュアリーな大人のホテル
フォーシーズンズ・ホテル・シンガポール
Four Seasons Hotel Singapore

重厚なインテリアが配された館内にはシックで上品な雰囲気が漂う。バトラーサービスをはじめ、バスローブの代わりに浴衣をリクエストできたり、ロビー横のリビングルームで早朝にモーニングコーヒーとパンをサービスするなど、きめ細かな配慮が行き届く。アースカラーで統一された客室は天井や窓が広く、バスルームにはダブルシンクとバスタブ、独立シャワーを完備。薪オーブンで焼き上げるステーキやシーフード料理の「ワン・ナインティ」や広東料理の「ジア・ナン・チュン（江南春）」など名店が揃う。日本人スタッフ駐在。

上／静寂のロビー。オーチャード・ロードへはホテルに直結するヒルトン・ショッピング・ギャラリーを通るのが便利　下／広々としたデラックスルーム。カップルフロアもある

MAP P.78-2B　オーチャード・ロード周辺
- 住 190 Orchard Blvd.
- ☎ 6734-1110
- FAX (65)6733-0682
- URL www.fourseasons.com/singapore
- E-mail reservations.sin@fourseasons.com
- 日本の予約 0120-024754
- 料 ⓈⓌⓉ$400〜／スイート$650〜　税+17%
- カード ADJMV　全255室
- 設備 プール、テニスコート、フィットネスセンター、スパ、ビジネスセンター、レストラン＆バー×3、ギフトショップ
- 行き方 MRTオーチャード駅から徒歩約10分。

ホテルガイド　高級　◆　クラーク・キー周辺／オーチャード・ロード周辺

Hotel Guide

都会のリゾートを満喫
グランド・ハイアット・シンガポール Grand Hyatt Singapore

スコッツ・ロードに面したシンガポールを代表するホテル。美しく洗練されたロビーと、そこから優雅に弧を描く階段に続くメザニン・フロア（中2階）は、日本人空間デザイナーの手によるものだ。客室は、スイートルーム仕様のグランドウイングと、パステル調の色使いの部屋にテラスが付いたテラスウイングに分かれている。プールサイドにはバリニーズガーデンが緑をたたえ、その向かいには「ダマイ・スパ」がある。滝を望むラウンジの「10 スコッツ」ではアフタヌーンティーができ、9つのテーマエリアを配した「メッザ9」も注目のレストランだ。

左／リビングとベッドルームが分かれているグランドデラックスルームはビジネス客の利用が多い　右／リゾートの雰囲気満点のプール

MAP P.79-2C　オーチャード・ロード周辺
住 10 Scotts Rd.
☎ 6738-1234
FAX (65)6732-1696
URL singapore.grand.hyatt.com
E-mail singapore.grand@hyatt.com
日本の予約 無料 0800-2220608
料 Ⓢ Ⓦ Ⓣ $700〜／スイート$1500〜
税別 17％　カード Ⓐ Ⓙ Ⓜ Ⓥ　全677室
設備 プール、テニスコート、スパ、フィットネスセンター、ビジネスセンター、レストラン＆バー×8、ショッピングアーケード
行き方 MRTオーチャード駅から徒歩約5分。

閑静な高台に立つ世界クラスの名ホテル
シャングリ・ラ ホテル シンガポール Shangri-La Hotel, Singapore

創業約50年の風格を感じる館内は、タワーウイング、ガーデンウイング、バレーウイングの性格の異なる3棟に分かれ、希望に応じた滞在ができる。タワーウイングは2017年に改装を行い、モダンに一新。中庭やプールを囲むように立つガーデンウイングはトロピカルな雰囲気が味わえるリゾート派。バレーウイングは、各国VIPもシンガポール滞在時に指名するというエグゼクティブタイプ。ロビーラウンジではホーカー（屋台）料理やローカル料理をサーブしており、好評を博している。

改装されたタワーウイングの客室。この棟には新たに子供用設備が充実のファミリールーム5室が設けられた

MAP P.78-1B　オーチャード・ロード周辺
住 22 Orange Grove Rd.
☎ 6737-3644
FAX (65)6737-3257
URL www.shangri-la.com/jp/singapore/shangrila
E-mail sls@shangri-la.com
日本の予約 無料 0120-944162
料 Ⓢ Ⓦ Ⓣ $480〜／スイート$840〜　税別 17％
カード Ⓐ Ⓓ Ⓙ Ⓜ Ⓥ　全792室
設備 プール、テニスコート、スパ、フィットネスセンター、ビジネスセンター、レストラン＆バー×8
行き方 MRTオーチャード駅からタクシーで約5分。徒歩で約15分。

上／ロビー天井の数千の葉っぱを模したアートは巨木をイメージ

観光の拠点に便利な大型ホテル
マンダリン・オーチャード・シンガポール Mandarin Orchard Singapore

客室棟はオーチャードウイングと、よりモダンな造りのメインタワーの2棟からなり、レセプションのあるロビーは5階にある。天井からつるされたファブリックアートが印象的なこのフロアには、屋外プール、ローカル料理で有名な「チャターボックス」（→P.209）やバーがある。ロビーフロアからは連絡通路を経て、併設のショッピングモール「マンダリン・ギャラリー」（→P.250）に行け、買い物に食事にと便利。日本の「四川飯店」が35階にあり、人気を集めている。日本人スタッフ駐在。

上／広いスペースをもつ5階のレセプション

MAP P.79-3D　オーチャード・ロード周辺
住 333 Orchard Rd.
☎ 6737-4411
FAX (65)6732-2361
URL www.meritushotels.com/mandarin-orchard-singapore
E-mail orchard@meritushotels.com
日本の予約 無料 0120-984430
料 Ⓢ Ⓦ Ⓣ $600〜750／スイート$800〜4500　税別 17％
カード Ⓐ Ⓓ Ⓙ Ⓜ Ⓥ　全1077室
設備 プール、テニスコート、フィットネスセンター、ビジネスセンター、レストラン＆バー×5、ショッピングモール
行き方 MRTサマセット駅から徒歩約5分。

メインタワーのデラックスルーム。落ち着いた色調で統一。日本人客の利用も多い

Hotel Guide

オーチャード・ロードのシンボル的存在
シンガポール・マリオット・タンプラザ・ホテル Singapore Marriott Tang Plaza Hotel

オーチャード・ロードとスコッツ・ロードが交差する角に位置し、緑色の中国風瓦屋根の独特な外観が目を引く。MRTオーチャード駅の真上にそびえ立つホテルで、イセタンや高島屋と地下道でつながっており、立地のよさは抜群。上質な雰囲気とサービスに定評があり、喫煙ルームと禁煙ルーム、身障者用のハンディキャップルームが完備されるなど、さまざまなニーズに対応するこまやかな配慮が感じられる。また、3階にある「ワンハオ」はフュージョンタッチの広東料理が好評。

MAP P.79-2C
オーチャード・ロード周辺
- 320 Orchard Rd.
- ☎6735-5800
- FAX (65) 6735-9800
- URL www.marriott.com/sindt
- 日本の予約 0120-142536
- 料 ⑤ⓌⓉ $380／スイート $600　税サ17%
- カード ADJMV　全388室
- 設備 プール、フィットネスセンター、スパ、ビジネスセンター、レストラン＆バー×7
- 行き方 MRTオーチャード駅から徒歩約2分。

上／客室からプールへアクセスできるプールテラスルームは、リゾート感を満喫できる　下／5階にあるプール

こまやかなサービスが好評
シェラトン・タワーズ・シンガポール Sheraton Towers Singapore

コンセプトは世界各地にあるシェラトンのビジネス客用のフロア、タワーウイングのサービスを、すべてのお客に提供しようというもの。そのため全室でバトラーサービスを行っている。

客室の窓は出窓風になっており、落ち着いたグレー、茶系で統一。質のよいアメニティを揃えている。また、世界の都市名がついたスイート23室は、その都市にちなんだインテリアと調度品がしつらえられている。広東料理の老舗「リーバイ・カントニーズ・レストラン」（→P.202）は、レベルの高い料理を提供。宿泊せずとも利用したいレストランだ。スコッツ・ロードの北側にあり、ニュートン駅まで徒歩約5分、静かな環境に立つ。

MAP P.79-1D
オーチャード・ロード周辺
- 39 Scotts Rd.
- ☎6737-6888
- FAX (65) 6737-1072
- URL www.sheratonsingapore.com
- E-mail sheraton.singapore@sheratonsingapore.com
- 日本の予約 0120-003535
- 料 ⑤ⓌⓉ $340～／スイート $650～　税サ込み
- カード ADJMV　全420室
- 設備 プール、フィットネスセンター、スパ、ビジネスセンター、レストラン＆バー×4
- 行き方 MRTニュートン駅から徒歩約5分。

左／1階の「ダイニングルーム」は西洋料理からローカルフードまで提供　右／客室にはアート作品が飾られ気品が漂う

大人の女性客に支持される
リージェント・シンガポール Regent Singapore

開放感あふれる吹き抜け建築のすばらしさは、シンガポール有数だ。館内のパブリックスペースは静かで、オーナーが収集したアンティークがさりげなく置かれている。観光、ビジネスともに人気だ。客室は広々としており、シックで上品な調度品。随所に施された伝統的モチーフがシノワズリな雰囲気を漂わせている。レストランは、広東料理の「サマー・パレス」、ランチビュッフェが人気のイタリアンの「バジリコ」など、どこも高評価。「ティー・ラウンジ」でのアフタヌーンティーも優雅な雰囲気。

MAP P.78-2A
オーチャード・ロード周辺
- 1 Cuscaden Rd.　☎6733-8888
- FAX (65) 6732-8838
- URL www.regenthotels.com/regent-singapore
- E-mail reservation.rsn@fourseasons.com
- 日本の予約 0120-486100
- 料 ⑤Ⓣ $245～／スイート $405～　税サ17%
- カード ADJMV　全440室
- 設備 プール、フィットネスセンター、レストラン＆バー×5、ショッピングアーケード
- 行き方 MRTオーチャード駅から徒歩約12分。

左／プレミアムルーム。シックで落ち着いた雰囲気で広さも十分　右／吹き抜けのアトリウムを囲むように客室を配置。アトリウム中央にエレベータータワーがある

高級　オーチャード・ロード周辺

◆ Hotel Guide ◆

ヒップなデザインが話題
ロイヤル・プラザ・オン・スコッツ・シンガポール　Royal Plaza on Scotts Singapore

ドラマチックなロビーから客室のシャワーにいたるまで心憎いデザインや趣向が施されている。メインの客層はビジネス客だが、ロケーションもよく、魅力的なダイニングを備えているので女性客にも好評だ。また、ミニバーの飲み物は無料。1階のレストラン「カルーセル」は国内でベストビュッフェレストランに選ばれた実績ある店。世界の料理が楽しめる。

客室は全室禁煙。写真はデラックスルーム

MAP P.79-2C　オーチャード・ロード周辺
住 25 Scotts Rd.
☎ 6737-7966
FAX (65) 6737-6646
URL www.royalplaza.com.sg
E-mail royal@royalplaza.com.sg
日本の予約 0120-984450
料 S W T $530／スイート$980　税 17%
カード A J M V　全511室
設備 プール、フィットネスセンター、レストラン
行き方 MRTオーチャード駅から徒歩約6分。

オーチャードの繁華街のど真ん中に立地
グランド・パーク・オーチャード　Grand Park Orchard

ヘリンボーン模様のグラスビルが目を引く、スタイリッシュで都会的なセンスにあふれたホテルだ。L4にレセプション、アーバンリゾートを提唱するプールがあり、下層階はショッピングモールの「ナイツブリッジ」。客室もファッショナブルな雰囲気。オーチャード・ロードを見下ろすオープンテラスの「バー・キャナリー」も利用してみたい。平日のみシティ・ホールやクラーク・キーを巡回する無料シャトルバスを運行。

デラックスルーム。各室異なるファッション写真がヘッドボードに飾られている。

MAP P.80-1A　オーチャード・ロード周辺
住 270 Orchard Rd.
☎ 6603-8888　FAX (65) 6603-8899
URL www.parkhotelgroup.com/orchard
E-mail info.gpor@parkhotelgroup.com
料 S W T $230〜／スイート$1200〜　税込み
カード A D J M V　全308室
設備 プール、フィットネスセンター、ビジネスセンター、レストラン&バー×2
行き方 MRTサマセット駅から徒歩約6分。

居心地のよさとホスピタリティを追求
ホテル・ジェン・タングリン・シンガポール　Hotel Jen Tanglin Singapore

木目を生かした茶系の客室は落ち着きと機能性を備える。コンセントやUSBポートもあらゆるタイプに対応し、無料で使えるWi-Fiは各室独立したアクセスポイントをもつ。ソフト面でも、もてなしの心配りが随所に感じられる。4階のプールサイドの「アー・ホイズ・キッチン」は人気店。プラナカン料理やローカル料理の「JE5」(1階)は新登場のレストラン。近年、全館改装をしている。

木のフローリングが気持ちよい。ヘッドボードの上にはアートが施されている

MAP P.78-2A　オーチャード・ロード周辺
住 1A Cuscaden Rd.
☎ 6738-2222
FAX (65) 6831-4314
URL www.hoteljen.com/singapore/tanglin
E-mail hjts@hoteljen.com
日本の予約 0120-944162
料 S T $290／W $310／スイート$580　税 17%
カード A D J M V　全565室
設備 プール、フィットネスセンター、スパ、ビジネスセンター、レストラン&バー×4　行き方 MRTオーチャード駅から徒歩約13分。

ハイレベルなダイニングに注目
オーチャード・ホテル　Orchard Hotel

オーチャード・ロードに面したオーチャードウイングと、その裏手に立つワンランク上のクレイモアウイングのふたつの客室棟からなる。クレイモアウイングは、部屋が広く、バスルームもバスタブとシャワーブースが別にある。禁煙ルームも設けており、広いプール、フィットネスセンター、サウナのほかにスパのトリートメントもある。シンガポール屈指の広東料理店の「ホア・ティン」(→P.202)、プラナカン料理がビュッフェに並ぶ「オーチャード・カフェ」など、注目ダイニングが多い。

モダンなインテリアのクレイモアウイング、デラックスルーム

MAP P.78-2B　オーチャード・ロード周辺
住 442 Orchard Rd.
☎ 6734-7766　FAX (65) 6733-5482
URL www.millenniumhotels.com/en/singapore/orchard-hotel-singapore
E-mail Enquiry.OHS@millenniumhotels.com
料 S W $199〜／スイート$369〜
税 17%　カード A D J M V
全656室　設備 プール、フィットネスセンター、レストラン&バー×6、ショッピングアーケード　行き方 MRTオーチャード駅から徒歩約10分。

◆ Hotel Guide ◆

設備の整った家族向けホテル
オーチャード・ランデブー・ホテル
Orchard Rendezvous Hotel

2018年にホテル名も客室も一新された。近くにシンガポール・ボタニック・ガーデンがあること、昔はプランテーションがあった場所であることから、随所に南国植物を配置。客室はヨーロッパ風のデザインで、茶系の落ち着いた雰囲気。多種類のファミリールームもある。ホテル直営ではないが、1階に日本料理やイタリア料理など6軒のレストランが入居していて便利。

左／3ベッドのファミリールーム
右／ガーデンも楽しめるプール

MAP P.78-2B
オーチャード・ロード周辺
住 1 Tanglin Rd.
☎ 6737-1133　FAX (65)6733-0242
URL rendezvoushotels.com.sg/Orchard
E-mail info.orh@fareast.com.sg
料 ⓈⓉ $360〜、ファミリールーム（トリプル）$460〜、スイート$545〜　税サ17%
カード ＡＤＪＭＶ　全388室
設備 プール、フィットネスセンター、ビジネスセンター、レストラン＆バー×7、ショッピングアーケード
行き方 MRTオーチャード駅から徒歩約10分。

おしゃれで機能性の高いエコホテル
ホテル・ジェン・オーチャードゲイトウェイ・シンガポール
Hotel Jen Orchardgateway Singapore

ロビーは10階、11〜20階までが客室で、屋上に眺めがすばらしいインフィニティプールを設置。デザイン性の高いインテリアやアイデアあふれる趣向でゲストを迎える。室内や館内のモニターからあらゆる情報がチェック可能。トイレは洗浄機能付き。ミニバーはないが、14階以上の各フロアに自動販売機を完備。手荷物運搬用のトロリー貸し出しやレンタサイクルのサービスもある。

上／モニター画面でフロントからのメッセージや請求金額などがチェックできる
下／スーペリアルーム。シティビューの部屋はオーチャード・ロードが望める

MAP P.80-2A
オーチャード・ロード周辺
住 277 Orchard Rd., #10-01
☎ 6708-8888
FAX (65)6831-4332
URL www.hoteljen.com/singapore/orchardgateway
E-mail hjog@hoteljen.com
日本の予約 ☎0120-944162
料 ⓈⓌⓉ $290〜490
税サ17%　カード ＡＪＭＶ
全499室　設備 プール、フィットネスセンター、ビジネスセンター、レストラン＆バー×4
行き方 MRTサマセット駅から徒歩約3分。

アットホームなサービスを提供
コンコルド・ホテル・シンガポール
Concorde Hotel Singapore

オーチャード・ロードの東側という立地のよさ、きめ細かなサービス、落ち着いた雰囲気が自慢のホテル。客室はゆったりとしたスペースを確保。オーチャードの繁華街に隣接しているのに、静かな環境というのも魅力だ。プラナカン料理が豊富な「スパイシーズ・カフェ」（→P.212）、日本料理の「野川」といったダイニングのほか、L1にはフードコートも入店している。

エグゼクティブフロアの客室はビジネス客の利用が多い

MAP P.80-2B
オーチャード・ロード周辺
住 100 Orchard Rd.
☎ 6733-8855
FAX (65)6732-7886
URL singapore.concordehotelsresorts.com
E-mail singapore@concorde.net
料 ⓈⓌⓉ $538〜／スイート$678〜　税サ17%
カード ＡＤＪＭＶ　全407室
設備 プール、フィットネスセンター、ビジネスセンター、レストラン＆バー×5、ショッピングセンター　行き方 MRTサマセット駅から徒歩約7分。

のんびりリラックスした滞在に最適
ホリデイ・イン・シンガポール・オーチャード・シティセンター
Holiday Inn Singapore Orchard City Centre

オーチャード・ロードから1本北側に入った静かなロケーションにある。暖色系で統一された客室はシンプルながらも、DVDプレーヤーやiPodドックなどの設備が整い、アイロンやワークデスクなども設置。ビジネス客の利用が多いのもうなずける。ツインにはダブルベッドがふたつ並ぶ広さや、ルーフトップの屋外プールがホテルの自慢だ。北インド料理の「タンドール」やロビーラウンジ＆バーがある。

広々としたプレミアツインルーム

MAP P.80-2B
オーチャード・ロード周辺
住 11 Cavenagh Rd.
☎ 6733-8333　FAX (65)6734-4593
URL www.holidayinn.com/hotels/us/en/singapore/sinpv/hoteldetail
E-mail info.hisinorchard@ihg.com
日本の予約 ☎0120-455655
料 ⓈⓌⓉ $288〜368／スイート$388〜468　税サ17%
カード ＡＤＪＭＶ　全324室
設備 プール、フィットネスセンター、スパ、ビジネスセンター、レストラン＆バー×3　行き方 MRTサマセット駅から徒歩約8分。

◆ Hotel Guide ◆

クラシカルな外観が目を引く
ランデブー・ホテル・シンガポール・アット・ブラス・バサー
Rendezvous Hotel Singapore at Bras Basah

昔からある3階建てショップハウスの外観をそのまま残してロビーやレストランなどを配し、その裏手に14階建ての客室棟が立っている。モダンななかにも歴史が息づいており優雅な雰囲気。ロビーの一角には図書館風にデザインしたラウンジ「ザ・ライブラリー」があり、「ストレイツ・カフェ」のローカル料理のビュッフェも人気。入口脇にはレストラン街「ランデブー・ギャラリー」もある。

客室はシンプルでシックな内装。写真はデラックスルーム。

MAP P.81-3D オーチャード・ロード周辺
住 9 Bras Basah Rd.
☎ 6336-0220
FAX (65) 6335-1888
URL rendezvoushotels.com.sg/BrasBasah
E-mail info.rhs@fareast.com.sg
料 ⑤①$320〜／スイート$445〜　税サ17%
カード ADJMV　全298室
設備 プール、フィットネスセンター、レストラン&バー×3
行き方 MRTドービー・ゴート駅、またはブラス・バサー駅から徒歩約5分。

スタイリッシュな庭園ホテル
パークロイヤル・オン・ピッカリング Parkroyal on Pickering

「ガーデン・シティ・シンガポール」にふさわしい緑に包まれたホテル。庭園とハイテクが融合した3つのタワービルがチャイナタウンの一角にそびえ立つ。特徴的な波打つような曲線デザインはバリ島の棚田をイメージしたもの。1万5000㎡にも及ぶ庭や壁面に南国植物を植え込み、滝やインフィニティプール、4フロアに300mのガーデンオーク（遊歩道）を設置。エコにも配慮しており、太陽光発電を実践。客室も最大限に自然光を取り入れ、アースカラーでセンスよくデザインされている。

左/棚田をイメージした波状の曲線デザインが随所に　右/3つのホテルタワーをつなぐように庭園が巡る。ユニークな造りが各国の旅行客の注目の的

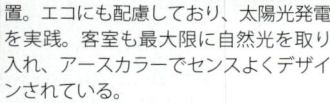

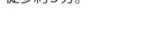

MAP P.82-1B チャイナタウン
住 3 Upper Pickering St.
☎ 6809-8888
FAX (65) 6809-8889
URL www.panpacific.com/en/hotels-and-resorts/pr-pickering.html
E-mail enquiry.prsps@parkroyalhotels.com
日本の予約 0120-001800
料 ⑤⑩①$380〜／スイート$550〜　税サ17%
カード ADJMV
全367室　設備 プール、フィットネスセンター、スパ、ビジネスセンター、レストラン&バー×1　行き方 MRTチャイナタウン駅から徒歩約5分。

エレガントな中洋折衷のブティックホテル
シックスセンシズ・ダクストン Six Senses Duxton

世界クラスの高級リゾートを手がけるシックスセンシズ初の都市型ホテル。19世紀に建てられたショップハウス内に、中国やアジアの要素を取り入れたスタイリッシュなデザインが目を引く。黒とゴールドのロビーに足を踏み入れると別世界の空間が始まる。シンプルなモノトーンの「ショップハウスルーム」から四柱式ベッドや中国風の調度品で演出した「オピウムルーム」まで全49室。漢方の専門家による問診、中国茶を学ぶティーセッション、ヨガなどのプログラムも無料で体験できる。1階にあるモダンチャイニーズの「イエローポット」は話題のレストラン。
2018年12月に同経営の「シックスセンシズ・マックスウェル」も開業した。

MAP P.82-3B チャイナタウン
住 83 Duxton Rd.　☎ 6914-1428　FAX なし　URL www.sixsenses.com/hotels/duxton/destination　E-mail reservations-duxton@sixsenses.com
日本の予約 0120-921324
料 ⑤⑩$438.57〜／スイート$583.57〜　税サ17%　カード A DJMV　全49室　設備 レストラン&バー　行き方 MRTタンジョン・パガー駅から徒歩約10分。

左上/オリエンタルムードのスカイライトスイート。タイガーバームや老舗のエッセンシャルオイルなどをアメニティとして配備
左下/人気のパールスイート
右/デザインは著名なイギリス人女性デザイナーが担当

Hotel Guide

シックでセンスのよいデザイン
アマラ・シンガポール　Amara Singapore

タンジョン・パガー駅に近い繁華街にある。レストランやスナック店が充実したショッピングセンター「100AM」に直結していて、便利なロケーションだ。全体がシックなダークブラウンとベージュで統一され、都会的なデザイン。部屋はナチュラルウッドとダークウッドが混じり合い、落ち着いた雰囲気が漂う。各階にアイスボックスが設置されているのも、うれしいサービスだ。ローカル料理の「カフェ・オリエンタル」、タイ宮廷料理が味わえる「タンイン・レストラン」（→P.224）、中国料理の「シルクロード」（→P.203）など、ダイニングも充実。

左／デラックスルームはやや狭いが、アメニティやアイロンなど設備は充実　右／南国植物に囲まれたプール

MAP P.82-3B　**チャイナタウン**
- 住 165 Tanjong Pagar Rd.
- ☎ 6879-2555
- FAX (65)6224-3910
- URL singapore.amarahotels.com
- E-mail singapore@amarahotels.com
- 料 ⓈⓌⓉ $300〜380／スイート$530〜
- 税サ 17%
- カード ＡＤＪＭＶ
- 全392室
- 設備 プール、フィットネスセンター、ビジネスセンター、レストラン＆バー×9、ショッピングセンター
- 行き方 MRTタンジョン・パガー駅から徒歩約5分。

2017年誕生のラグジュアリーホテル
ソフィテル・シンガポール・シティセンター　Sofitel Singapore City Centre

タンジョン・パガー駅の真上に完成したタワービル内にフランス発のホテル「ソフィテル」がオープンした。洗練されたエレガントな雰囲気の館内に、伝統的なフランス庭園とシンガポールをイメージした植物モチーフのインテリアが散りばめられている。シックな華やぎのある客室は38m²以上の広さ。メインダイニングの「ラシーヌ」はフランス料理をメインに中国料理も提供。ロビーラウンジの「1864」は、夜はカクテルバーに。

左／メインダイニングの「ラシーヌ」は広いスペースを有し、オープンキッチンでできたてを振る舞う　右／観光はもちろんビジネス対応も万全のホテル。客室は上品で落ち着いた雰囲気

MAP P.82-3B　**チャイナタウン**
- 住 9 Wallich St.　☎ 6428-5000
- FAX (65) 6428-5001
- URL www.sofitel-singapore-citycentre.com
- E-mail HA152@SOFITEL.COM
- 日本の予約 ☎ (03) 4455-6404
- 料 ⓈⓌⓉ $296〜／スイート$504〜　税サ 17%
- カード ＡＤＪＭＶ　全223室
- 設備 プール、フィットネスセンター、会議室、レストラン＆バー×4
- 行き方 MRTタンジョン・パガー駅から徒歩約3分。

スタイリッシュな都会派ホテル
エム・ホテル・シンガポール　M Hotel Singapore

シェントン・ウェイの金融街へアクセス抜群の、洗練された4つ星ホテル。広々とした客室は機能的にまとめられ、全室ワークデスクや無料のWi-Fi設備など、ビジネスユースにも対応。観光客の利用も多く、フロントデスクでは椅子に座ってチェックインができ、宿泊者と同じ目線で対応するなど、あたたかみのあるサービスを提供している。インターナショナルビュッフェが楽しめる「ザ・ビュッフェ」、ローカル料理がおいしい「カフェ2000」、ハイティーが楽しめる「ティー・バー」などレストランのレベルも高い。

上／11階には最新機器を備えたジムとアウトドアプール、スパハッチがある　下／デラックスルームには大きなワークデスクやリラックスチェアがあり、ビジネス利用に対応

MAP 折込裏-3B　**チャイナタウン**
- 住 81 Anson Rd.
- ☎ 6224-1133
- FAX (65) 6222-0749
- URL m-hotel.com
- E-mail Enquiry.MHS@millenniumhotels.com
- 料 ⓈⓌ $243〜270／スイート$558　税サ 17%
- カード ＡＤＪＭＶ　全415室
- 設備 プール、フィットネスセンター、スパ、ビジネスセンター、レストラン＆バー×5
- 行き方 MRTタンジョン・パガー駅から徒歩約8分。

ホテルガイド　高級　オーチャード・ロード周辺／チャイナタウン

♦ Hotel Guide ♦

歴史的要所に立つヘリテージホテル
フラトン・ホテル・シンガポール The Fullerton Hotel Singapore

1928年の創設以来、役所、郵便局と変遷を経てきた建物を保存する約束で、内部のみ改装して造られたのがフラトン・ホテル・シンガポール。当時の構造を90%残したうえで、優雅で贅沢な演出がなされている。部屋によってマーライオンや、シンガポール川沿いの風景など、すばらしい眺めが広がる。トップフロアにあった灯台は、フランス料理の「ライトハウス」に、1階の郵便局だった場所はバー「ポスト・バー」(→P.243)に姿を変え、人気を博している。歴史を紹介するヘリテージ・ギャラリーものぞいてみたい。日本人スタッフ駐在。

上／シンガポール川に面して造られた開放感いっぱいのプール

MAP P.74-3B (P.83-1D) シェントン・ウェイ
- 1 Fullerton Square
- ☎ 6733-8388
- FAX (65) 6735-8388
- URL www.fullertonhotels.com/the-fullerton-hotel
- E-mail tfs.info@fullertonhotels.com
- 日本の予約 0120-984450
- 料 SWT $560～／スイート $820～ 税サ 17%
- カード ADJMV 全400室
- 設備 プール、フィットネスセンター、スパ、レストラン＆バー×5、ショップ
- 行き方 MRTラッフルズ・プレイス駅から徒歩約5分。

下／自然のカラーがくつろぎ感を生む客室。いびつな形状は昔の造りを生かしているから。この部屋はキールーム

ウオーターフロントのラグジュアリーホテル
フラトン・ベイ・ホテル・シンガポール The Fullerton Bay Hotel Singapore

以前、国際航路が発着していたクリフォード桟橋の歴史ある建物がホテルエントランス。海上にガラスの箱が浮かんだような外観、内部は中心部の空洞部分を取り囲んで客室が並ぶ斬新な造りだ。ガラスやミラー、シャンデリアなどきらめく素材を多用したゴージャスな雰囲気。全室エスプレッソマシン、モルトンブラウン社のバスアメニティを完備。バスローブの生地にまでこだわる気遣いだ。ラウンジの「ランディング・ポイント」はアフタヌーンティーで、ルーフトップのプールサイドにあるバー「ランタン」(→P.241)は絶景で有名。

MAP P.83-1D シェントン・ウェイ
- 80 Collyer Quay
- ☎ 6333-8388
- FAX (65) 6386-8388
- URL www.fullertonhotels.com/the-fullerton-bay-hotel
- E-mail fbh.info@fullertonhotels.com
- 日本の予約 0120-984450
- 料 SWT $550～／スイート $1580～ 税サ 17%
- カード ADJMV 全100室
- 設備 プール、フィットネスセンター、レストラン＆バー×4
- 行き方 MRTラッフルズ・プレイス駅から徒歩約5分。

左／高い天井のシャンデリアから光が降り注ぐロビー　右／客室のインテリアはシック＆ゴージャス。写真はクリフォード・スイート

ホテルの枠を超越したエキサイティングなデザイン！
ソー・ソフィテル・シンガポール So Sofitel Singapore

1927年建造の建築遺産を舞台に、フランスのホテルブランド「ソフィテル」が、洗練とモダンを融合させたドラマチックな宿泊体験のできるホテルを創造。フランス人の著名デザイナー、うちひとりはシャネルやフェンディのデザインを手がけるカール・ラガーフェルドが務めている。オリジナルの建物部分を生かしたヘリテージウイングと、遊び心いっぱいのヒップウイングからなり、ライティングからクローゼット、アメニティボックスにいたるまでアート作品のようなデザインだ。バー＆レストランの「エクスペリエンス」では美食とワインが楽しめる。

MAP P.83-2C シェントン・ウェイ
- 35 Robinson Rd.
- ☎ 6701-6800
- FAX (65) 6822-8375
- URL www.sofitel-so-singapore.com
- E-mail H8655@sofitel.com
- 日本の予約 ☎ (03) 4455-6404
- 料 SWT $350～520／スイート $650～1000 税サ 17%
- カード ADJMV 全134室
- 設備 プール、フィットネスセンター、レストラン＆バー×2
- 行き方 MRTラッフルズ・プレイス駅から徒歩約8分。

上／フレンチの粋とシンガポールのアイコンのモチーフをミックスさせたSO Cozyルーム　下／ロビーの調度品やインテリアもアートの領域

◆ Hotel Guide ◆

プラナカン風インテリアがおしゃれな
インターコンチネンタル・シンガポール InterContinental Singapore

ブギス・ジャンクションの一角にあり、建物正面はショップハウスを模した印象的な造り。ロビーやラウンジには、プラナカンの優美なモチーフがおしゃれにデザインされている。客室は伝統と豪華さを併せもち、なかでもヘリテージウイングの客室はプラナカンのショップハウスのたたずまいを色濃くフィーチャー。レストランは、広東料理の「マンフー・ユアン」、ヨーロッパ料理の「ASH & ELM」など。

MAP P.84-2B　ブギス周辺
- 住 80 Middle Rd.
- ☎ 6338-7600
- FAX (65) 6338-7366
- URL singapore.intercontinental.com
- E-mail singapore@ihg.com
- 日本の予約 0120-455655
- 料 ⓈⓌⓉ $310〜／スイート $450〜　税サ 17%
- カード ADJMV
- 全403室
- 設備 プール、フィットネスセンター、サウナ、ビジネスセンター、レストラン＆バー×4
- 行き方 MRTブギス駅から徒歩約3分。

左／客室は華やかな織物を用いたインテリアが彩りを添えていて、旅行客にもビジネス客にも好評
右／優雅なロビー・ラウンジでアフタヌーンティーもできる

楽しみ満載のヒップなホテル
アンダーズ・シンガポール Andaz Singapore

2017年に誕生したハイアットグループのホテル。近隣の文化やライフスタイルがいたるところに反映されている。例えば客室やレストランは、カンポン・グラムのショップハウスの造りや色を取り入れたデザインになっている。レセプションは25階。5つのレストランがオープンに展開するグルメストリート「アレイ・オン・25」では活気あふれる食体験を。ルーフトップバーは360度のすばらしい眺めのおすすめスポット。客室はゲストの使い勝手を考えた配慮が行き届いている。

MAP P.85-2C　ブギス周辺
- 住 5 Fraser St.　☎ 6408-1234
- FAX (65) 6821-1310
- URL andazsingapore.com
- E-mail singapore@andaz.com
- 料 ⓈⓌⓉ $330〜790／スイート $480〜3300　税サ 17%
- カード AJMV　全342室
- 設備 プール、フィットネスセンター、レストラン＆バー×7
- 行き方 MRTブギス駅から徒歩約3分。

上／館内、客室ともにナチュラルトーン。写真はキングビュールーム。ミニバー内のドリンクはすべて無料　下／39階のルーフトップバー「ミスターストーク」はサンセットもきれい

インフィニティビューが自慢のプール

ビジネス客向けの設備やサービスが充実
ワン・ファーラー・ホテル One Farrer Hotel

ファーラー・パーク駅の目の前に立地。3つのカテゴリーで構成されており、低層階から順に、標準クラスの「アーバンホテル」、長期滞在者用の「ロフト・アパートメント」、高級仕様の「スカイラインホテル＆スカイヴィラ」となる。ビジネストラベル向けのホテルだが、駅やムスタファ・センターに近いので観光にも便利。派手さはないが、静かでゆったり過ごせる。館内にはオーナー所有のアート作品が説明板とともに多数飾られているので鑑賞してみたい。1階には料理教室のスタジオ「オリジンズ・オブ・フード」がある。

MAP P.87-1C　リトル・インディア
- 住 1 Farrer Park Station Rd.
- ☎ 6363-0101
- FAX (65) 6705-7856
- URL www.onefarrer.com
- E-mail enquiry@onefarrer.com
- 料 ⓈⓌ $250〜／スイート $500〜　税サ 17%
- カード ADJMV
- 全249室（うちヴィラは6棟）
- 設備 プール、フィットネスセンター、スパ、レストラン＆バー×4、ケーキ・菓子店
- 行き方 MRTファーラー・パーク駅から徒歩約4分。

左／部屋は落ち着いたトーンで、全室ミニバーは無料。写真はスカイラインホテルの客室　右／6階にあるプールは全長50m。後方の建物11階から上がホテルで、下の階はメディカルセンターになっている

ホテルガイド　高級◆シェントン・ウェイ／ブギス周辺／リトル・インディア

◆ Hotel Guide ◆

滑走路を望むおしゃれなホテル
クラウン・プラザ・チャンギ・エアポート Crowne Plaza Changi Airport

空港のターミナル3に直結したスタイリッシュなホテル。モダンかつリゾートを意識したデザインは、見事なまでにおしゃれ。プールサイドをはじめ、いたるところに熱帯植物を配し、水の流れや自然の風を有効に利用している。最小でも36㎡という広さの客室は滑走路を望むランウエイビューとプールビューがある。細部までデザインにこだわっているのはもちろん、文房具やバスアメニティなど備品も充実。中国料理の「クリスタル・ジェイド・パビリオン」をはじめ、各種レストラン、スパなどの施設を備える。

MAP 折込表-2C
郊外のエリア

住 75 Airport Blvd.
☎ 6823-5300
FAX (65) 6823-5301
URL changiairport.crowneplaza.com
E-mail SINCP@ihg.com
日本の予約 [フリーダイヤル] 0120-455655
料 ⓈⓌⓉ $240／スイート $460　税サ 17％
カード ＡＤＪＭＶ　全563室
設備 プール、フィットネスセンター、スパ、ビジネスセンター、会議室、レストラン＆バー×4
行き方 空港ターミナル3から徒歩数分。

上／プールはトロピカルガーデン風
下／8:00～20:00の間は8時間のデイユース（$160）が可能

森の中にあるブティックホテル
ヴィラ・サマディ・シンガポール Villa Samadhi Singapore

日常と隔絶された森の中にあるブラック＆ホワイトのヴィラ。創建時の1880年代は船舶商人の邸宅、1920年代にはイギリス軍の兵舎という歴史を経て、2017年にホテルとして再生された。熱帯雨林に囲まれ、ビンテージ家具やアジアの手工芸品を設えたヴィラは、心も体も癒やされる大人のリゾート。滞在型の旅を楽しむのもいいだろう。ホテルが経営するタイ料理店「タマリンド・ヒル」が徒歩数分の一軒家にあり、こちらもすてき。ハーバーフロント駅から車で約10分。

左／2階のラウンジ。コロニアル建築とアンティークの調度品が見事に調和している
右／4本柱のベッドがある「ラックス・クリブ」

MAP 折込表-3B
郊外のエリア

住 30 Labrador Villa Rd.
☎ 6274-5674
FAX (65) 6276-0968
URL www.villasamadhi.com.sg
E-mail fo@villasamadhi.com.sg
料 $395～605、スイート $990　税込み
カード ＡＤＪＭＶ　全20室
設備 レストラン、ラウンジ
行き方 空港からタクシーで30分。最寄りのMRT駅はラブラドール・パーク駅（徒歩約10分）。※12歳以下は宿泊不可。

歴史ある建物を用いたホテル

伝統と最新デザイン、大自然が調和したリゾート
カペラ・シンガポール Capella Singapore

カペラ・シンガポールは、世界各国の著名アーティストたちの「仕事」が結集した壮大な規模のリゾートだ。1880年代に英国軍が使用していたコロニアルの建物を復元してメイン棟とし、その背後に曲線を描くスタイリッシュな客室棟、さらに熱帯植物が茂る敷地内にはヴィラもある。ロビーは邸宅のような調度品と雰囲気でゲストを迎えてくれる。客室は全室シービュー。プールを望む「ボブズ・バー」は、ロマンティックな空間。「シェフズ・テーブル」（→P.232）のアフタヌーンティーもおすすめだ。月の満ち欠けに同調したテラピーを行う「アウリガ・スパ」も注目施設だ。

MAP P.89-2C
セントーサ島

住 1 The Knolls, Sentosa
☎ 6377-8888
FAX (65) 6337-3455
URL www.capellasingapore.com
E-mail gr.singapore@capellahotels.com
料 ⓈⓌ $1050／スイート $1800
税サ 17％　カード ＡＤＪＭＶ
全112室（うちヴィラは38棟）
設備 プール、スパ、ビジネスセンター、会議室、レストラン＆バー×4
行き方 中心部からタクシーで約15分。

上／セントーサの自然のなかにあるユニークなデザインのホテル。プールは3つある　下／客室棟のプレミアルーム。ベッドから海が望める

◆ Hotel Guide ◆

ファミリーに人気の本格ビーチリゾート
シャングリ・ラ ラサセントーサ・リゾート&スパ Shangri-La's Rasa Sentosa Resort & Spa

プールを取り囲む11階建ての建物が大きく弧を描き、絵はがきのようなシロソ・ビーチの眺めを満喫できる。大部分の客室がシービューで、全室バルコニー付き。ファミリールームもある。アジアの伝統的なマッサージを行う「チー・ザ・スパ」、水遊びスペース併設の子供用プールといった施設にも注目だ。マリンスポーツの手配も可能だ。4つのユニークなレストランとバーを集めた「ダイン・オン・スリー」では各国グルメが楽しめる。日本人スタッフ駐在。

左／白木とモスグリーンのインテリアがフレッシュ。写真はプールに行きやすい1階にあるファミリールーム
右／ヤシの木に囲まれ広々としたメインのプール

MAP P.88-1A セントーサ島
住101 Siloso Rd., Sentosa
☎6275-0100
FAX (65) 6275-0355
URL www.shangri-la.com/jp/singapore/rasasentosaresort
E-mail sen@shangri-la.com
日本の予約先 ☎0120-944162
料⑤⑩①$355〜／スイート$1200〜（朝食付き）
税サ17％　カード ADJMV
全454室
設備プール、フィットネスセンター、スパ、マッサージルーム、ビジネスセンター、レストラン&バー×6、ギフトショップ
行き方 ハーバーフロントのビボ・シティから無料シャトルバスが運行。

シック&ゴージャス。ロックスター気分で宿泊
ハードロックホテル・シンガポール Hard Rock Hotel Singapore

世界各地で展開するロックをテーマにしたホテル。リゾート・ワールド・セントーサ内にあり、よりドレッシーでドラマチック、大人の雰囲気が漂う。ロビーや各所にスターの愛用品が飾られ、客室は凝ったインテリアに加え、バックステージを彷彿させる工夫も。いちばんの魅力は砂浜のある広大なプールエリア。7つの異なるタイプのプールで、リゾートライフを満喫できる。オリジナルグッズを販売する「ロック・ショップ」やDJプレイもある「ロック・バー」にも立ち寄ってみたい。

左／紫、黒、オレンジがテーマカラー。ジミ・ヘンドリックスやポリスの写真がヘッドボードのインテリアになっている　右／オーストラリアから運んだ白砂とヤシの木で演出されたプール。子供用もある

MAP P.88-1B セントーサ島
住8 Sentosa Gateway, Resorts World Sentosa
☎6577-8899
FAX (65) 6577-8895
URL www.rwsentosa.com/en/hotel/hard-rock-hotel-singapore
E-mail reservations@rwsentosa.com
料⑩①$500／スイート$900　税サ17％
カード AJMV　全364室
設備プール、フィットネスセンター、スパ、ビジネスセンター、ショップ、レストラン&バー×2
行き方 セントーサ・エクスプレスのウオーターフロント・ステーションから徒歩約5分。

元気カラーで彩られたファミリー向けホテル
フェスティブ・ホテル Festive Hotel

ポップなアートやインテリアが、"お祭り"気分を演出。リゾート・ワールド・セントーサのホテルのなかでも、家族客向けに造られているのがここ。ロビーはカラフルなアートで飾られ、楽しい雰囲気。ファミリータイプの客室が用意されており、ポップな色使いが印象的。ハードロックホテル内のフィットネスセンターやその隣にあるキッズクラブも使える。

左／ランタンが華やいだムードを演出するロビー　右／デラックスファミリールーム。ロフトベッドとソファベッドが備わり4人まで宿泊可能

MAP P.88-1B セントーサ島
住8 Sentosa Gateway, Resorts World Sentosa
☎6577-8899
FAX (65) 6577-8895
URL www.rwsentosa.com/en/hotels/festive-hotel
E-mail reservations@rwsentosa.com
料⑩①$400／ファミリールーム$690〜　税サ17％
カード AJMV　全447室
設備プール、フィットネスセンター、スパ、レストラン&バー
行き方 セントーサ・エクスプレスのウオーターフロント・ステーションから徒歩約5分。

ホテルガイド　高級　◆　郊外のエリア／セントーサ島

◆ Hotel Guide ◆

著名アーティスト、マイケル・クレイヴスの館
ホテル・マイケル
Hotel Michael

アメリカのデザイナーで建築家のマイケル・クレイヴスがプロデュースする5つ星のデザインホテル。デザインで多用されているのが円柱やブロックの組み合わせ。メープルハニーのような明るい色の木を用い、客室自体をアートそのものに仕上げている。食器やライト、椅子などすべてが作品だ。モザイクタイルで描かれたバスルームもすばらしい。潮州や湖南料理を含むモダン中国料理を出す「トンロックヒン（同楽軒）」はホテル自慢のレストランだ。

キングサイズベッドが置かれたデラックスルーム。細部までこだわりが感じられる

MAP P.88-2B セントーサ島
住 8 Sentosa Gateway, Resorts World Sentosa ☎6577-8899
FAX(65)6577-8895 URL www.rwsentosa.com/en/hotels/hotel-michael
E-mail reservations@rwsentosa.com 料Ⓦ①$500／スイート$1000
税サ17％ カード AJMV
全470室 設備プール、フィットネスルーム、スパ、ビジネスセンター、レストラン&バー×2 行き方 セントーサ・エクスプレスのウォーターフロント・ステーションから徒歩約5分。

緑が美しい自然派リゾート
エクアリアス・ホテル
Equarius Hotel

リゾート・ワールド・セントーサの中にある。全室に備わるバルコニーからは熱帯雨林の森やガーデンプールが望め、喧騒を離れて静かに過ごしたい人におすすめ。客室は国内最大規模の51㎡という広さを確保し、ファミリーでの滞在にも適している。茶色、ベージュ、白といったナチュラルカラーと自然のモチーフを多用した内装やインテリアも落ち着ける。リゾート・ワールド内のホテルや施設を結ぶ無料シャトルバスを運行。

ロビーラウンジの壁面には清涼感あふれる滝の映像が流れている

MAP P.88-1B セントーサ島
住 8 Sentosa Gateway, Resorts World Sentosa
☎6577-8899 FAX(65)6577-8895
URL www.rwsentosa.com/en/hotels/equarius-hotel
E-mail reservations@rwsentosa.com 料Ⓦ①$500／スイート$1400 税サ17％
カード AJMV 全183室
設備プール、フィットネスルーム、スパ、レストラン&バー×3 行き方 中心部からタクシーで約15分。

日本人建築家デザインのおしゃれなリゾート
アマラ・サンクチュアリー・リゾート・セントーサ
Amara Sanctuary Resort Sentosa

広大な敷地に客室棟、ヴィラが点在し、南国の花と緑、水が癒やす空間を提供してくれる。こげ茶を基調にコロニアル様式とモダンをミックスしたデザインは、シャープなのにぬくもりがある。森に水が流れ込むようなルーフトッププールをはじめ、本格的なスパ施設なども備え、贅沢な時間を過ごしたい。自然に包まれたレストラン「シャッターズ」とバーの「ティア・バー」がある

左／ヴィラはプール付き
右／ナチュラルかつモダンなロビー

MAP P.89-2C セントーサ島
住 1 Larkhill Rd., Sentosa
☎6825-3888 FAX(65)6825-3878
URL sentosa.amarahotels.com
E-mail sentosa@amarasanctuary.com 料Ⓢ Ⓦ ①$290〜330／スイート$370〜530／ヴィラⓈ①$790 税サ17％
カード ADJMV
全140室（うちヴィラは10棟）
設備プール、テニスコート、フィットネスセンター、スパ、レストラン&バー×2 行き方 ハーバーフロントのビボ・シティから無料シャトルバスが運行。

ニューヨーク発のブティックホテル
Wシンガポール・セントーサ・コーブ
W Singapore-Sentosa Cove

セントーサ島東部の高級住宅街、セントーサ・コーブに位置する。スタイリッシュなデザインやエンターテインメントに力を入れるなど、Wブランドの魅力を存分に発揮し、エキサイティングな滞在を約束。カップルやビジネス客の利用も多い。ここでの滞在はホテル施設を満喫したい。プールにはミストファンが付いたプライベートカバナやバーが設置され、スパもおしゃれ。市内やセントーサ島内への無料シャトルバスがあるが、便利とは言い難い。

規模の大きなプールはリゾート感いっぱい。後方はセントーサ・コーブのハーバー

MAP P.89右上図 セントーサ島
住 21 Ocean Way, Sentosa
☎6808-7288 FAX(65)6808-7289
URL www.wsingaporesentosacove.com E-mail whotels.singapore@whotels.com
料Ⓢ Ⓦ ①$420／スイート$670 税サ17.7％ カード ADJMV
全240室 設備プール、フィットネスセンター、スパ、レストラン&バー×4
行き方 中心部からタクシーで約30分。

◆ Hotel Guide ◆

トロピカルガーデンの中の高級リゾート
ソフィテル・シンガポール・セントーサ・リゾート＆スパ
Sofitel Singapore Sentosa Resort & Spa

セントーサ島中央の高台、木々が生い茂る自然のなかの広大な敷地にゆったりと施設が配置されている。ロビーやラウンジはスタイリッシュで自然のモチーフとも調和している。客室は、アジア原産の素材で作られた調度品があたたかな雰囲気を醸し出している。また、ガーデン・ヴィラは、家族連れに最適。通常4人利用のところ、最大6人まで泊まれる。

海を一望する屋外席を配した各国料理レストラン「Kwee Zeen」はサンセットもひときわ美しい。ガーデンの中の「ソー・スパ」（→P.288）も人気だ。

左／プールビューのテラス席のあるレストラン「Kwee Zeen」。高い天井と吹き抜ける風が心地よい　右／南国の花の香りが漂う開放感あふれるロビー

MAP P.89-2C　セントーサ島

住 2 Bukit Manis Rd., Sentosa
☎ 6708-8310
FAX (65) 6275-0228
URL www.sofitel-singapore-sentosa.com
E-mail h9474@sofitel.com
日本の予約先 ☎ (03) 4455-6404
料 Ⓢ Ⓦ ＄525／スイート＄750〜／ガーデン・ヴィラ＄2250〜　税サ 17%
カード A J M V
全211室（うちヴィラは4棟）
設備 プール、フィットネスセンター、テニスコート、スパ、ビジネスセンター、レストラン＆バー×4
行き方 ハーバーフロントのビポ・シティ、パラゴンS.C.から無料シャトルバスが運行。

大人のリゾートでセントーサを満喫
ル・メリディアン・シンガポール, セントーサ
Le Méridien Singapore, Sentosa

セントーサ島の中央、インビア・ステーションの目の前にあり、島で遊ぶにはとても便利。1940年建造の英国軍オフィスだった建物を改装しており、コロニアルな造りと現代感覚がミックス。ふたつの棟の中庭にプール、両サイドをつなぐブリッジ部分にレストランを設置。ウイスキーバー「The WOW」は居心地のよい屋外席が好評。ユニークなのは、客室テラスに温水浴槽を設けたオンセン・スイート。

上／壮麗なエントランス　下／オンセン・スイートは家族客に好評

MAP P.88-2B　セントーサ島

住 23 Beach View, Sentosa
☎ 6818-3388　FAX (65) 6818-3399
URL www.lemeridiensingaporesentosa.com　E-mail res.lemeridiensentosa@staystarwood.com
料 Ⓢ Ⓦ Ⓣ ＄650〜740／スイート＄800〜3150　税サ 17%
カード A D J M V　全191室
設備 フィットネスセンター、レストラン＆バー×2
行き方 セントーサ・エクスプレスのインビア・ステーションから徒歩約5分。

中級ホテル

歴史遺産を活用した前衛的デザインホテル
ウエアハウス・ホテル
The Warehouse Hotel

1895年建造の三角屋根が連なる独特の建物。ここはシンガポール川に係留された船から荷揚げした交易品の倉庫だった。アヘンの売買や密造酒製造など悪の温床となったが、1986年からはクラブとして利用されていた。そんな歴史と現代をデザイン技術で結びつけてホテルとして再生された。当時の建築を部分的に残すロビーや客室は、各時代を象徴する意匠が施され、シックでおしゃれ。1階のレストラン「Pó」の独創的なローカル料理は宿泊せずとも試してみたい。

左／オリジナルの造りや建材を残す客室は渋いトーン　右／倉庫だった時代を彷彿させるロビー。荷揚げ用の道具などがインテリアに

MAP P.76-2B　クラーク・キー周辺

住 320 Havelock Rd.
☎ 6828-0000　FAX (65) 6828-0001
URL www.thewarehousehotel.com
E-mail reservations@thewarehousehotel.com
料 Ⓢ Ⓦ ＄305〜／ロフトタイプ＄515〜／スイート＄675〜
税サ 17%　カード A J M V
全37室　設備 プール、レストラン、バー　行き方 MRTチャイナタウン駅から徒歩約15分。

川沿いの三角屋根の倉庫が時代を経て再生した

◆ Hotel Guide ◆

上層階からの眺めのよさは随一
ペニンシュラ・エクセルシオール・ホテル
Peninsula. Excelsior Hotel

MRT駅に近く、買い物、グルメ、娯楽、ビジネスとあらゆるニーズに応える立地のよさが自慢。ペニンシュラとエクセルシオールの2棟のタワーからなる規模の大きなホテルだ。客室はどちらのタワーも同じ。19〜22階のクラブフロア宿泊者が朝食やカクテルなどを無料で楽しめるスカイラウンジは、シティ・ホールからマリーナまで絶景が望める。下層階にはローカル向けのショッピングアーケードがある。

茶系の落ち着いた雰囲気のデラックスルーム

MAP P.74-2B シティ・ホール周辺
住 5 Coleman St.
☎6337-2200 FAX(65)6339-3847
URL www.peninsulaexcelsior.com.sg E-mail enquiries@ytchotels.com.sg
料 ⑤$500〜／⑩Ⓣ$530〜／スイート$1200〜 税サ17%
カード AĐJMV 全600室
設備 プール×2、フィットネスセンター、ビジネスセンター、レストラン&ラウンジ×3、ショッピングアーケード
行き方 MRTシティ・ホール駅から徒歩約6分。

女子旅によいブティックホテル
ホテル・ヌーヴェ・ヘリテージ
Hotel NuVe Heritage

約100年の歴史ある建物を、西洋とローカルをミックスしたインテリアで飾り、エレガントな空間にリニューアル。古い建物の天井や壁、木の床としやれた家具が調和している。エスプレッソマシンのカプセルやミニバー、Wi-Fi、朝食は無料、レセプションの脇でドリンクや菓子類のサービスもある。スイートの客室にはバルコニー付きのタイプも。入口を入るとカフェがあり、奥にレセプションがある。

中国風のモチーフを取り入れたデラックスルーム。客室はすべてダブルベッド

MAP P.75-1C シティ・ホール周辺
住 13 Purvis St.
☎6250-4024
FAX(65)6250-4016
URL hotelnuveheritage.com
E-mail contact@hotelnuveheritage.com
料 ⑤⑩$160〜180 税10%
カード AMV 全19室
設備 カフェ&レストラン
行き方 MRTシティ・ホール駅、またはエスプラネード駅から徒歩約6分。

ロフトタイプのデザイナーズホテル
スタジオ・エム・ホテル
Studio M Hotel

仕事と遊びを両方楽しむというコンセプトで、イタリア人アーティストがデザイン。全室リビングとベッドルームが2フロアに分かれたロフトタイプというのもその一貫だ。MP3プレーヤーのドッキングステーションSMH設置など、ハード面も最新。2階のプール周辺にオアシスをイメージしたガーデンテラスを設け、朝食をサーブ。1階の「Memo」は昼間はセルフサービスのデリ、夜はバーとして営業。

スタジオ・ロフト・ルーム

MAP P.76-2B クラーク・キー周辺
住 3 Nanson Rd.
☎6808-8888
FAX(65)6808-8899
URL www.millenniumhotels.com/ja/singapore/studio-m-hotel E-mail reservations.SMH@millenniumhotels.com
料 ⑤⑩Ⓣ$475 税サ17%
カード AĐJMV 全360室
設備 プール、フィットネスセンター、レストラン&バー×2
行き方 MRTフォート・カニング駅から徒歩約10分。

閑静な場所に立つエレガントなホテル
エリザベス
The Elizabeth

オーチャード・ロードから徒歩約5分の立地ながら、静かな丘の上に立つホテル。クラシックな外観の館内に、シックなインテリア。客室は、モダンな家具、柔らかい色目のファブリックで、特に女性客に人気だ。部屋のタイプによってバスタブ付きとシャワーのみの部屋があるので、予約時に確認を。イタリア料理とベトナム料理のレストランがある。

左／ロビーはコンパクトにまとまっている 右／木目がきれいなフロアにモスグリーンの家具が映えるプレミアルーム

MAP P.79-1D オーチャード・ロード周辺
住 24 Mount Elizabeth Rd.
☎6738-1188 FAX(65)6732-3866
URL www.stayfareast.com/Elizabeth
E-mail info.tes@fareast.com.sg
料 ⑤Ⓣ$175〜／ファミリールーム$275〜／スイート$300〜（朝食付き）税サ17%
カード AĐJMV 全256室
設備 プール、フィットネスセンター、レストラン&バー×2、ツアーデスク
行き方 MRTオーチャード駅から徒歩約12分。

♦ Hotel Guide ♦

グッドウッド・グループの中級ホテル
ヨーク・ホテル・シンガポール　York Hotel Singapore

グッドウッド・パーク・ホテル（→P.305）と同系列のホテル。客室はアネックス・ブロックとタワー・ブロックに分かれており、後者は全室バスタブ付きのエグゼクティブルームになっている。そのほかプールサイドにはよりプライベートなカバナルームが8室ある。ツインルームが多いので日本人にも好評。レストラン「ホワイトローズ・カフェ」（→P.207）はローカルフードがおいしい。

タワー・ブロックのプレミアルーム。最大4名まで宿泊可能

MAP P.79-2D
オーチャード・ロード周辺

住 21 Mount Elizabeth Rd.
☎ 6737-0511　FAX (65)6732-1217
URL www.yorkhotel.com.sg
E-mail enquiry@yorkhotel.com.sg
日本の予約☎ (03)5419-3741
料 ⑤ $300〜340／Ⓦ Ⓣ $340〜380／ファミリールーム$580／スイート$1020
税サ 17%　カード A J M V
全407室　設備 プール、フィットネスセンター、ビジネスセンター、レストラン&バー×2
行き方 MRTオーチャード駅から徒歩約10分。

オールインクルーシブの料金を打ち出したホテル
クインシー・ホテル　The Quincy Hotel

モダンでヒップなデザインのブティックホテル。オーチャード近くの閑静な高台という立地がよいこと、食事やカクテル、ミニバー、ランドリー（2泊以上）、Wi-Fiなどが宿泊料金に含まれていることがセールスポイント。日本への国際電話も可能な無料スマートフォンも各部屋に設置。キングサイズベッドの部屋が多いがツインの部屋もある。全室禁煙。

左／1階のレストラン　右／ステューディオ・デラックス。エスプレッソマシンやアイロンがあり、バスタブも完備

MAP P.79-2D
オーチャード・ロード周辺

住 22 Mount Elizabeth Rd.
☎ 6738-5888
FAX (65)6732-4173
URL quincy.com.sg
E-mail info.tqh@fareast.com.sg
料 ⑤ Ⓦ Ⓣ $250〜
税サ 17%　カード A D J M V
全108室
設備 プール、フィットネスセンター、サウナ、レストラン
行き方 MRTオーチャード駅から徒歩約12分。

グラマラスなブティックホテル
スカーレット　The Scarlet

クラシカルモダンなブティックホテル。外観も内装もエレガントな雰囲気が漂い、非日常的でドラマチックな空間を演出している。ホテル内の家具、調度品はすべてオリジナルのカスタムメイド。テーマ、カラーの異なる5つのスイートルームにはそれぞれ名前がつけられており、家具、ファブリックからアメニティにいたるまで各部屋のテーマに沿った趣向が凝らされている。

コンパクトにまとまったスタンダードルーム

MAP P.82-2B、P.126
チャイナタウン

住 33 Erskine Rd.
☎ 6511-3333　FAX (65)6511-3303
URL www.thescarletsingapore.com
E-mail enquiry.sg@thescarlethotels.com
料 ⑤ Ⓦ $320〜470／スイート$780〜1180　税サ 17%
カード A D J M V　全80室
設備 フィットネスセンター、屋外ジャクージ、レストラン&バー×3
行き方 MRTチャイナタウン駅から徒歩約8分。

充実した設備が人気
パークロイヤル・オン・ビーチ・ロード　Parkroyal on Beach Road

ビーチ・ロード沿いに立つホテル。「セント・グレゴリー・スパ」（→P.290）ではインドネシアスタイルのトリートメントが充実。4階のプールはバリ風の趣。規模が大きく広々としており、眺望もよい。本格的な四川料理店「四川豆花飯荘」（→P.205）には「天府茶藝館」というティーハウスもある。7階までが客室で、その上はサービスアパートメントになっている。

デラックスルーム。白木を多用し、すがすがしい

MAP P.85-2D
アラブ・ストリート周辺

住 7500 Beach Rd.
☎ 6505-5666　FAX (65)6296-3600
URL www.panpacific.com/en/hotels-and-resorts/pr-beach-road.html
E-mail enquiry.prsin@parkroyalhotels.com　料 ⑤ Ⓦ Ⓣ $450〜／スイート$580〜　税サ 17%
カード A D J M V　全346室
設備 プール、フィットネスセンター、スパ、ビジネスセンター、レストラン&バー×5
行き方 MRTブギス駅、ニコル・ハイウエイ駅から徒歩約8分。

ホテルガイド　中級　♦　シティ・ホール周辺／クラーク・キー周辺／オーチャード・ロード周辺

◆ Hotel Guide ◆

交通の要に位置し観光に便利
ホテル・グランド・パシフィック　Hotel Grand Pacific

日本人客の利用が多いホテル。周辺には観光スポットや繁華街があり、最寄りのブラス・バサー駅のほか、シティ・ホール駅、ブギス駅にも徒歩約8分という便利さが魅力。全館禁煙で客室は木の風合いをデザインに生かし、落ち着いた雰囲気が漂う。ミニバーの水やソフトドリンクは無料。館内にコインランドリーが設置されている。1階の「サンズ・カフェ」のペナン料理のビュッフェも好評。

プレミアルーム。ビジネステーブルが置かれ、アイロンも完備

MAP P.84-3A　ブギス周辺
住 101 Victoria St.
☎ 6336-0811　FAX (65)6334-0630
URL www.hotelgrandpacific.com.sg
E-mail reservations@hotelgrandpacific.com.sg
料 S W T $300～／スイート $680
税サ 17%　カード A D J M V
全240室　設備 プール、フィットネスセンター、コインランドリー、レストラン
行き方 MRTプラス・バサー駅から徒歩約3分。

モスクの近くに立つ規模の大きなホテル
ビレッジ・ホテル・ブギス　Village Hotel Bugis

サルタン・モスクやブギス駅まで歩いて約3分、周辺は異国情緒あふれるエリア。ビジネスにも観光にも便利な立地だ。部屋は落ち着いた色調でまとめられており、エレガントな雰囲気。テレビ、ミニバー、ドライヤーなどが揃っている。レストランは、3階のロビーフロアにあるローカルフードの「ムーイ・チン・プレイス」と5階のインターナショナル料理を供する「ランドマーク」がある。

キングサイズのベッドを配したデラックスルーム

MAP P.85-1C　アラブ・ストリート周辺
住 390 Victoria St.
☎ 6297-2828　FAX (65)6295-4332
URL www.villagehotels.asia/bugis　E-mail info.vhb@fareast.com.sg
料 S W T $200～／スイート $450～
税サ 17%　カード A D J M V
全393室　設備 プール、フィットネスセンター、レストラン&バー×2、ショッピングアーケード
行き方 MRTブギス駅から徒歩約3分。

快適にアジアン・エキゾチックを楽しむ
ビレッジ・ホテル・アルバート・コート　Village Hotel Albert Court

MRTリトル・インディア駅にもブギス駅にも徒歩10分圏内という便利な立地。ホテル周辺は比較的静かなローカルエリアで落ち着いた滞在ができる。ショップハウスの趣あるホテルに足を踏み入れるとたちまち重厚な空気が別世界へといざなう。客室は清潔に保たれ広さも十分。カフェとラウンジの飲食施設のほか、ジャクージもある。

客室は全室バスタブ付き。写真はデラックスルーム。ショップハウス風の客室棟と、増築された客室棟がある

MAP P.86-3B　リトル・インディア
住 180 Albert St.
☎ 6339-3939　FAX (65)6339-3253
URL www.villagehotels.asia/albertcourt　E-mail frontofc.vhac@fareast.com.sg
料 S W T $180～／スイート $425～　税サ 17%
カード A D J M V　全210室
設備 フィットネスセンター、レストラン&バー×2、ギフトショップ
行き方 MRTローチョー駅から徒歩約5分、リトル・インディア駅から約6分。

リトル・インディア散策に便利
パークロイヤル・オン・キッチナー・ロード　Parkroyal on Kitchener Road

MRT駅に近いロケーションと設備のよさが人気のホテルだ。全館モダンな造りで、客室は全室バスタブ付きで明るく機能的。ファミリー客対応にも力を入れている。このクラスのホテルでスパとプールを備えているのも高評価ポイント。長期滞在者が多く、ランドリールーム（有料）も設置されている。ムスタファ・センター（→ P.284）に隣接していて、買い物も便利。

キングサイズベッドのデラックスルーム

MAP P.87-2C　リトル・インディア
住 181 Kitchener Rd.
☎ 6428-3000　FAX (65)6297-2827
URL www.panpacific.com/en/hotels-and-resorts/pr-kitchener.html
E-mail enquiry.prskt@parkroyalhotels.com
料 S W T $350／スイート $460　税サ 17.7%
カード A D J M V　全534室
設備 プール、フィットネスセンター、スパ、レストラン&バー×4、ショッピングアーケード
行き方 MRTファーラー・パーク駅から徒歩約5分。

◆ Hotel Guide ◆

「パリの芸術サロン」がコンセプトのブティックホテル
バガボンド・クラブ ア・トリビュート・ポートフォリオホテル・シンガポール
The Vagabond Club, A Tribute Portfolio Hotel, Singapore

1950年建造のアール・デコ調のコロニアルな建物内に2016年開業。フランス人インテリアデザイナーのジャック・ガルシアがデザインを手がけたユニークなホテルだ。赤とゴールドの色彩が圧倒的なロビーはレストラン＆バー、そして自主映画やジャズの演奏などが催されるスペースでもある。7つのタイプがある客室はおしゃれシック。調度品はもとよりリネン類まで上質なものを備えている。

MAP P.87-3D　リトル・インディア
- 住 39 Syed Alwi Rd.
- ☎ 6291-6677　FAX (65)6291-2823
- URL www.hotelvagabondsingapore.com　E-mail info@hotelvagabondsingapore.com
- 料 ⓢⓌ $305〜
- 税サ 17%　カード ADJMV
- 全41室　設備 バー、レストラン
- 行き方 MRTラベンダー駅から徒歩約10分。

左／バーと合体したホテルロビー。真鍮製のサイがコンシェルジュデスクになっている　右／テラス付きクラシックルーム

ユニークなデザインが楽しい
ワンズ・ホテル
Wangz Hotel

金属板で覆われた円形の建物は、それ自体がアートのよう。館内もコンテンポラリーモダンなデザインが施されたブティックホテルだ。客室はポップな雰囲気からシックな趣まで、6つのカテゴリーがある。各部屋に空気清浄システムやすべての形状のコンセントを設置。屋上のバーラウンジからはパノラマビューを楽しめる。アウトラム・パーク駅やオーチャードへの無料シャトルバスを運行。

穴の開いた金属板外壁が印象的。各室異なる絵画が彩るキャノピールーム

MAP P.76-3A　郊外のエリア
- 住 231 Outram Rd.
- ☎ 6595-1388
- FAX (65)6595-1399
- URL www.wangzhotel.com
- E-mail inquiry@wangzhotel.com
- 料 ⓢⓌ $218〜271／Ⓣ $218〜251／スイート $268〜295（朝食付き）　税サ 17%
- カード ADJMV　全41室
- 設備 フィットネスセンター、レストラン＆ラウンジ×2
- 行き方 MRTアウトラム・パーク駅から徒歩約12分。

歴史的な建築物を用いたブティックホテル
リンク・ホテル　（華星酒店）
Link Hotel

1930年代に建てられたアパートがオリジナルの建物。チョンバル・ロードを挟んでロータスとオーチャードと名づけたブロックが渡り廊下で結ばれているのが、ホテル名の「リンク」の由来。客室は中国、マレー、インド、モダンをテーマにした4つのタイプがあり、アート作品やインテリア小物を用いた凝った造りだ。ルーフトップバー、24時間オープンのコンビニなどがある。オーチャードやアウトラム・パーク駅行きの無料シャトルバスを運行。

マレータイプのエグゼクティブ・デラックスルーム

MAP P.76-3A　郊外のエリア
- 住 50 Tiong Bahru Rd.
- ☎ 6622-8585
- FAX (65)6622-8558
- URL linkhotel.com.sg
- E-mail info@linkhotel.com.sg
- 料 ⓢⓌ $280〜460／スイート $600〜　税サ 17%
- カード ADJMV　全288室
- 設備 フィットネスセンター、スパ、ビジネスセンター、レストラン＆バー×5
- 行き方 MRTアウトラム・パーク駅から徒歩約12分。

ラマダホテルがシンガポールに初進出
ラマダ・バイ・ウィンダム・シンガポール・アット・ジョンシャンパーク
Ramada by Wyndham Singapore at Zhongshan Park

バレスティア・ロードの近くにある4つ星ホテル。シックな雰囲気の客室はすべて同サイズで同料金、ベッド数のみ異なる。30mの屋外プールやプラナカン料理を供するレストラン「ニュー・ウビン」、ロビーと直結のショッピングセンター「ジョンシャン・モール」など施設も充実。中山公園を挟んで立つ同系列の「デイズ・ホテル」はラマダより少しカジュアル。MRTノビナ駅まで無料のシャトルバスあり。

ショップハウスの写真、木や竹のインテリアなど趣のあるデザインの客室。バスタブ、40インチのテレビ、iPodプレーヤー、ミニバーなどを揃えている

MAP 折込表-2B　郊外のエリア
- 住 16 Ah Hood Rd.
- ☎ 6808-6838
- FAX (65)6808-6998
- E-mail info@ramadasingapore.com
- 料 ⓢⓌⓉ $190〜（朝食付き）
- 税サ 17%　カード AJMV
- 全382室　設備 プール、フィットネスセンター、ビジネスセンター、レストラン＆バー×2、ショッピングモール
- 行き方 中心部からタクシーで約15分。

ホテルガイド　中級　◆　アラブ・ストリート周辺／リトル・インディア／郊外のエリア

◆ Hotel Guide ◆

シンガポール東部にあり、カトンに近い
グランド・メルキュール・ロキシー・ホテル Grand Mercure Roxy Hotel

空港と中心部の中間、イースト・コーストに位置する規模の大きなホテル。日本人ビジネス客が多く、日本人向けのサービスも浸透している。チェックイン時に渡される館内案内が日本語でわかりやすく書かれているのもそのひとつ。

ショッピングセンター「ロキシー・スクエア」に隣接していて便利。空港〜ホテル間の巡回をはじめ、オーチャード行きの無料シャトルバスを運行している。

客室はタイの重厚な家具調度品が置かれダークブラウンで統一

MAP P.169下図
郊外のエリア

住 50 East Coast Rd., Roxy Square
☎ 6344-8000
FAX (65) 6344-8010
URL grandmercureroxy.com.sg
E-mail H3610-FO16@accor.com
料 ⑤ⓌⓉ $137〜／スイート$221〜　税サ17％
カード ＡＤＪＭＶ　全576室
設備 プール、フィットネスセンター、レストラン＆バー×4、ショッピングアーケード
行き方 中心部からタクシーで約20分。

「プラナカン」がテーマのおしゃれなホテル
ホテル・インディゴ・シンガポール・カトン Hotel Indigo Singapore Katong

カトンの繁華街にあり、プラナカン文化に触れ、カトン散策を楽しむには最適の立地と雰囲気だ。館内随所にプラナカンのタイルやバティック、陶器などがデザインされており、客室は遊び心あふれる趣向に満ちている。昔のゲームボードを用いたテーブル、ミシンをシンクに変身させたり、キュートなアメニティなど、女性の心をくすぐるデザインや備品の数々だ。

もうひとつの魅力は16階のルーフトッププールからの眺め。眼下に広がるカトンエリアのパノラマは圧巻だ。前身の警察署の趣を残す「ババ・チュウズ　バー＆イータリー」を併設しており、創作系のプラナカン料理が味わえる。

左／客室は3タイプある。壁一面に描かれた近隣の風景画が印象的　右／客室にはミシン台を改造したシンク、レトロな備品と楽しい趣向がいっぱい

MAP P.169下図
郊外のエリア

住 86 East Coast Rd., #01-01 Katong Square
☎ 6723-7001　FAX (65) 6723-7002
URL www.ihg.com/hotels/jp/ja/singapore/sinki/hoteldetail
E-mail info.sinki@ihg.com
料 ⑤ⓌⓉ $249〜　税サ17％
カード ＡＤＪＭＶ　全131室
設備 フィットネスセンター、プール、レストラン＆バー、ビジネスセンター
行き方 中心部からタクシーで約20分。

プールからは赤茶色の屋根瓦の家並みが連なる風景が広がる。このホテルはレストラン街の「カトン・スクエア」、同系列の「ホリデイ・イン・エクスプレス・シンガポール・カトン」に隣接している

エコノミー＆ミニホテル

好立地、充実設備でお得感あり！
ホリデイ・イン・エクスプレス・シンガポール・クラーク・キー Holiday Inn Express Singapore Clarke Quay

クラーク・キーの近くに立つ大型ホテル。全室スタンダードで、ツインとシングルのベッドタイプでカテゴライズ。Wi-Fiと朝食は無料で、客室はシンプルながら、床から天井まで届く大きな窓が開放感を与えている。屋上にある長さ40mのインフィニティプールは自慢の設備。1階には250席を有する朝食ビュッフェレストランがある。ビジネス客の利用が多いが、観光にも便利なロケーションだ。

MAP P.77-2C
クラーク・キー周辺

住 2 Magazine Rd.　☎ 6589-8000
FAX (65) 6589-8001　URL www.ihg.com/holidayinnexpress/hotels/us/en/singapore/sincq/hoteldetail
E-mail info.sincq@ihg.com
料 ⑤ⓌⓉ $230〜　税サ17％
カード ＡＤＪＭＶ　全442室
設備 プール、フィットネスセンター、朝食専用レストラン、カフェ＆バー
行き方 MRTクラーク・キー駅から徒歩約5分。

左／長さ40mのプールはガラス張り　右／客室は天井が高い造り。全室禁煙

◆ Hotel Guide ◆

余計な飾りをそぎ落とし実用本位に徹する
YMCAアット・ワン・オーチャード　YMCA @ One Orchard

国立博物館の向かいに位置し、ロケーションのよさが魅力の1984年から続く老舗ホテル。客室は広くはないが明るく清潔で、バス、トイレ、エアコン、薄型テレビ、湯沸かしポットなど設備は整っている。屋上の25mプール、ローカル料理のカフェ、アウトドアテラスなど館内設備も充実。ロビーにコンピューターがあるほか、Wi-Fiも可能。

左／客室はシンプル。写真はスーペリアルーム
右／屋上のプールは眺めがよい

MAP P.81-3D
オーチャード・ロード周辺

住 1 Orchard Rd.
☎ 6336-6000
FAX (65) 6337-3140
URL www.ymcaih.com.sg
E-mail booking@ymca.org.sg
料 S T $120〜／ファミリールーム$200〜／スイート$300　※会員以外は1泊目に会員料$3.21が必要　税サ 17%　カード AJMV　全110室
設備 プール、フィットネスセンター、ビジネスセンター、ツアーデスク、カフェ
行き方 MRTドービー・ゴート駅から徒歩約4分。

女性ひとりでも安心
YWCAフォート・カニング・ロッジ　YWCA Fort Canning Lodge

MRTドービー・ゴート駅へも近く、オーチャードのショッピングエリアへも歩いて行ける距離。また、シンガポール国立博物館やアート・ミュージアムなどの見どころも近くにあり、正面にはフォート・カニング・パークがある。

客室には電話やテレビ、エアコン、シャワーが備わる。ホテル内にはカフェやプール、コインランドリーなどの設備もある。

改装を終えた室内。Wi-Fi可能

MAP P.81-3C
オーチャード・ロード周辺

住 6 Fort Canning Rd.
☎ 6338-4222
FAX (65) 6337-1163
URL www.fortcanninglodge.org.sg　E-mail reservations@ywcafclodge.org.sg
料 S W T $245〜365（朝食付き）※会員以外は1泊目に会員料$3.21が必要　税サ 17%
カード ADJMV　全175室
設備 プール、カフェ、コインランドリー、ショップ
行き方 MRTドービー・ゴート駅から徒歩約5分。

凝ったデザインに注目
ホテル1929　Hotel1929

1929年建造のショップハウスを改装したブティックホテル。レトロとモダンの融合をうたい、32の客室すべてに異なるビンテージチェアを置くなど、遊び心あふれる趣向が随所に凝らされている。カプセルホテルほどのこぢんまりとした客室だが、白を基調にした清潔でかわいい雰囲気に統一されており、女性ひとり旅にもおすすめだ。1階に創作料理を出す「18 Hours @ Keong Saik」がある。周辺には飲食店が多く、チャイナタウン観光にも便利な立地だ。

スーペリアダブルルーム。ドライヤー、湯沸かしポット、iPodドック、傘などアメニティが充実

MAP P.82-2A
チャイナタウン

住 50 Keong Saik Rd.
☎ 6717-1929
FAX (65) 6327-1929
URL hotel1929.com.sg
E-mail reservation@hotel1929.com.sg
料 S W $190〜／スイート$350〜（朝食付き）
税サ 17%　カード AMV
全33室　設備 レストラン
行き方 MRTアウトラム・パーク駅から徒歩約7分。

チャイナタウンの中心にあるミニホテル
ホテル1887　Hotel 1887

上記の「ホテル1929」と同経営。1887年建造のチャイニーズオペラ劇場「梨春院」を改装してホテルに。最上階の3階まで吹き抜けになった1階の中央部は朝食スペース兼ワインバーで週末はライブを開催。2階の一角には共有ワーキング・スペースを設置。客室はコンパクトで、窓のない部屋、バルコニー付きの部屋など造りはさまざま。

シングルルーム。窓のない部屋もあるので要確認

劇場の構造を再利用。柱や2階の送風設備などは昔のまま

MAP P.91上図
チャイナタウン

住 25 Trengganu St., #01-01
☎ 6717-7887　FAX なし
URL www.hotel1887.com.sg
E-mail reservation@hotel1887.com.sg
料 S $110〜／W $140〜／3人部屋$200〜（朝食付き）
税サ 17%　カード MV　全80室
設備 レストランスペース兼バー
行き方 MRTチャイナタウン駅から徒歩約5分。

ホテルガイド　中級　◆　郊外のエリア　エコノミー＆ミニホテル　◆　クラーク・キー周辺／オーチャード・ロード周辺

◆ Hotel Guide ◆

中国磁器の花紋がデザインテーマ
ポースレン・ホテル
The Porcelain Hotel

中国が生んだ宝ともいえる磁器をフィーチャーし、磁器に描かれた模様や色でデザインしたモダンなホテル。客室は4つのカテゴリーがあり、それぞれブルーやグリーン、白を基調にした斬新な造りになっている。全室セーフティボックスやドライヤーなど備品も完備され、プレミアとスイートのみバスタブ付き。チャイナタウンの中心部というロケーションも便利。

左／バスアメニティも完備　右／ジャクージ付きのプレミアルーム。広くはないが凝ったデザイン

MAP P.91上図　チャイナタウン
住 48 Mosque St.
☎ 6645-3131
FAX (65) 6645-3132
URL porcelainhotel.com
E-mail reservations@porcelainhotel.com
料 S $100〜／W $120〜／T $130〜／スイート $250
税サ 17%　カード AJMV
設備 スパ　全138室
行き方 MRTチャイナタウン駅から徒歩約4分。

プラナカンスタイルのミニホテル
ジ・イン・アット・テンプル・ストリート
The Inn at Temple Street

ローカル向けの店や観光客向けのみやげ物店が多く並ぶ、チャイナタウンのトレンガヌ・ストリート近くにあるミニホテル。プラナカンスタイルと木目調で統一されたインテリアは、ほかのホテルとはひと味違う風格を見せている。客室はエアコン、テレビ、セーフティボックス完備、冷蔵庫、コーヒー＆ティーセットのサービスもあるなど、設備は充実している。

シックで落ち着いた客室。家具の彫刻やタイルなどプラナカンの特徴が見られる

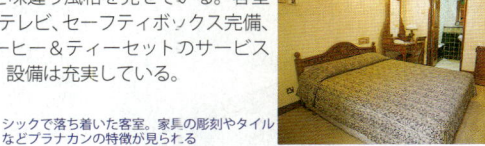

MAP P.82-1B　チャイナタウン
住 36 Temple St.
☎ 6221-5333
FAX (65) 6225-5391
URL www.theinn.com.sg
E-mail rsvn.room@theinn.com.sg
料 S $110〜／W T $120〜／ファミリールーム $168〜248
税サ 17%
カード ADJMV　全41室
行き方 MRTチャイナタウン駅から徒歩約4分。

ポップアートがはじけるブティックホテル
ホテル・リー！
Hotel Re!

緑いっぱいの環境に立つ一風変わったホテル。小学校だった建物を改装しており、1960〜1970年代の官能的な世界を再現したデザインが施されている。ピンクやパープル、ゴールドを大胆に用い、壁にはジェームズ・ボンドやマリリン・モンローのシルエットが躍動する。客室内の設備、アメニティもアート感覚。カジュアルダイニングと屋外のラウンジがある。MRTアウトラム・パーク駅への無料シャトルバスあり。

ビビッドカラーが映えるプレミアルーム

MAP P.82-1A　チャイナタウン
住 175A Chin Swee Rd.
☎ 6827-8288
FAX (65) 6827-8289
URL hotelre.com.sg
E-mail reservations@hotelre.com.sg
料 S W T $178〜／スイート $488〜588
税サ 17%　カード AJMV
全140室　設備 ジム、レストラン＆バー
行き方 MRTアウトラム・パーク駅から徒歩約10分。

クラシックモダンのすてきなインテリア
ジェイリーン1918・ホテル
Jayleen 1918 Hotel

1918年建造のコロニアル調のショップハウスがホテルに。白を基調にアンティーク風のライトや刺繍を施したベッドリネンなどチャーミングな内装だ。ドライヤーやセーフティボックスなど備品も整い、ペットボトルの飲料水は無料提供。シングルからツイン、3人用、ファミリールーム（4人用）まで、さまざまな客室が用意されているのも特徴だ。クラーク・キーまで徒歩約5分のロケーション。

左／ツインのスタンダードルーム。床は木のフローリング
右／クラシックなファサードの6階建

MAP P.74-3A　クラーク・キー周辺
住 42 Carpenter St.　☎ 6808-1918　FAX (65) 6808-1910
URL www.jayleen1918.com.sg
E-mail rooms@jayleen1918.com.sg
料 S W $140（窓なし）、$160〜216（窓あり）／T $180〜216／3人部屋 $210〜264／ファミリールーム $230〜300（朝食付き）　税サ 17%
カード AMV　全42室
設備 レストラン（朝食のみ）
行き方 MRTクラーク・キー駅から徒歩約5分。

Hotel Guide

遊び心を刺激するライフスタイルホテル
ホテルG シンガポール
Hotel G Singapore

おもに若者がターゲットの非日常感を打ち出したホテル。エッジの効いたデザインの客室はギャラリー風、かつ機能性は高い。ベーシックなクラスは狭いぶんレイアウトが工夫されている。セーフティボックス、ドライヤー、バスアメニティは揃っているが、一部の部屋のみ冷蔵庫付きで、共用のウオーターディスペンサーを利用。1階の「ジネット・レストラン＆ワインバー」（→P.218）は、活気に満ちた人気店だ。

フランスのワイナリーと提携している「ジネット・レストラン＆ワインバー」

MAP P.84-2A
ブギス周辺
住 200 Middle Rd.
☎ 6809-7988　FAX なし
URL www.hotelgsingapore.com
E-mail info@hotelgsingapore.com
料 ⑤⑩ $135〜／スイート $200〜　税サ 17%
カード AJMV　全308室
設備 フィットネスジム、レストラン×2　行き方 MRTローチョー駅から徒歩5分、ブギス駅から約7分。

上／客室は3カテゴリーあり、写真は中間クラスの部屋

カンポン・グラムの歴史を物語る
サルタン　　　　(蘇丹酒店)
The Sultan

中国とマレーの装飾とヨーロッパの要素がミックスされたショップハウスを再現したブティックホテル。その歴史は19世紀に遡り、当時の伝統的な9つのショップハウスとコーランの印刷所だった建物を修復保存する目的でホテル計画が進められた。もとの建物の姿に忠実に改装されているので、部屋によって造りが異なる。1階にレストラン「ワン・ボウル」がある。

床にマットレスを置いたオリエンタルなムードのプラットホームルーム

MAP P.85-1D
アラブ・ストリート周辺
住 101 Jalan Sultan, #01-01
☎ 6723-7101
FAX (65) 6723-7110
URL www.thesultan.com.sg
E-mail info@thesultan.com.sg
料 ⑤ $138〜／⑩⑦ $150〜／スイート $220〜
税サ込み　カード ADMV
全60室
設備 レストラン
行き方 MRTニコル・ハイウェイ駅から徒歩約10分。

シンプル、クオリティ、料金にこだわる
イビス・シンガポール・オン・ベンクーレン　Ibis Singapore on Bencoolen

世界規模のホテルグループが、ブギスエリアに建てたスタイリッシュなエコノミーホテル。538の客室すべてが、同じデザインで同サイズ、同料金。細部にいたるまでデザインや質にこだわっているのが特徴だ。ランドリールーム、無料インターネットキオスクが設置されている。ブギス駅に近く、観光やショッピングにも便利。

左／1階のレストラン「テイスト」は24時間営業で、ローカル料理や各国料理を提供
右／客室はスペースをうまく活用し、備品も充実。バスルームはシャワーのみ

MAP P.84-2A
ブギス周辺
住 170 Bencoolen St.
☎ 6593-2888　FAX (65) 6593-2889
URL www.accorhotels.com/gb/hotel-6657-ibis-singapore-on-bencoolen/index.shtml
E-mail h6657@accor.com
日本の予約 (03) 4455-6404
料 ⑤⑩⑦ $186〜　税サ 17%
カード ADJMV　全538室
設備 ランドリールーム、インターネットキオスク、会議室、レストラン＆バー×2
行き方 MRTブギス駅から徒歩約5分。

居心地のよいミニホテル
サマー・ビュー・ホテル　　(日晶酒店)
Summer View Hotel

館内は白木を多用したシンプルな内装で統一。机やクローゼットなどの配置も工夫され、すっきりとまとまっている。セーフティボックスや湯沸かしポットなど基本的な設備も揃う。ブギスの繁華街やMRTの駅に徒歩5分圏内、目の前にバス停もあるロケーションが魅力だ。1階に朝食とランチビュッフェを供する「カフェ・レストラン」がある。

左／白を基調にした明るい客室。ほとんどの部屋はシャワーのみ　右／ロビーもシンプル＆クリーン

MAP P.84-2A
ブギス周辺
住 173 Bencoolen St.
☎ 6338-1122
FAX (65) 6336-6346
URL www.summerviewhotel.com.sg　E-mail sales@summerviewhotel.com.sg
料 ⑤⑩⑦ $118〜／ファミリールーム $152〜（朝食付き）
税サ 17%　カード ADJMV
全86室
設備 レストラン
行き方 MRTブギス駅から徒歩約5分。

✦ Hotel Guide ✦

1968年創業の老舗ホテル
ホテル・ベンクーレン・ストリート Hotel Bencoolen Street

MRT 駅にも近く、アジアやオーストラリアをはじめ、日本人旅行者の利用も多い。クイーンサイズやキングサイズの1ベッドルームから3ベッドルームまでさまざまなタイプの部屋があり、ファミリー客にも人気だ。2階にはジャクージ付きスパプールがあるほか、ミーティングルームも備わる。朝食時間のみ1階にオープンテラス式のカフェを設置し、朝食ビュッフェを提供。

左／2015年に改装済みのデラックスルーム
右／2階のスパプール

MAP P.84-2A
ブギス周辺
住 47 Bencoolen St.
☎ 6336-0822
FAX (65) 6336-2250
URL www.hotelbencoolen.com
E-mail onlinereservation@hotelbencoolen.com
料 ⑤①W $150〜180／ファミリールーム$260（朝食付き）
税サ17％　カード JMV
全84室　設備 スパプール、ミーティングルーム
行き方 MRTブラス・バサー駅から徒歩約6分。

ブギス駅近くのモダン&シンプルなホテル
マリソン・ブギス Marrison Bugis

これといった特徴はないが、MRTの駅やレストラン街に近く便利なロケーションだ。日本のビジネスホテルのようにコンパクトにまとまった客室は、スタンダードとデラックスのふたつのカテゴリーがある。デラックスの部屋には窓があり、飲料水のサービスも。全室に湯沸かしポット、ドライヤーが備わり、Wi-Fi も可能。1階にはインドネシア料理のレストランがある。

デラックスルームには大きな窓がある

MAP P.85-3C
ブギス周辺
住 103 Beach Rd.
☎ 6333-9928　FAX (65) 6333-9971
URL www.marrisonbugis.com
E-mail reservations@marrisonhotel.com
料 ⑤①W $145、185（デラックスは朝食付き）　税サ込み
カード JMV
全96室
設備 レストラン
行き方 MRTブギス駅から徒歩約5分。

ローカルの活気あふれる
東南亞大酒店 South East Asia Hotel

MRT ブギス駅の近く、ウオータールー・ストリート沿いに立つミニホテル。隣には中国寺院の観音堂やヒンドゥー寺院のスリ・クリシュナン寺院が並んで立っており、ローカル色の濃いエリアだ。客室は全室エアコン、テレビ、シャワー、トイレ付き。1階にはベジタリアン中国レストラン「東南亞観音素食館」がある。ブギス・ストリートやブギス・ジャンクションが近く、ショッピングも便利。

古いが清潔感のある客室。写真はファミリールーム

MAP P.84-2B
ブギス周辺
住 190 Waterloo St.
☎ 6338-2394
FAX (65) 6338-3480
URL www.seahotel.com.sg
E-mail seahotel@signet.com.sg
料 ⑤W $100〜／3人部屋$130／ファミリールーム（4人部屋）$160（朝食付き）
税サ込み
カード 不可　全51室
設備 レストラン
行き方 MRTブギス駅から徒歩約5分。

リーズナブルな穴場ホテル
マヨ・イン (美雅旅館) Mayo Inn

1935年建造のショップハウス内にある。1995年の開業後、2011年に改装を行っている。客室はナチュラルカラーでシンプル。ベッドのある部屋と木の床にマットレスを置いた和室のような部屋の2タイプ。最上階にはルーフテラス付きの部屋もある。基本的な備品は完備。ブギスとリトル・インディアの中間に位置する。

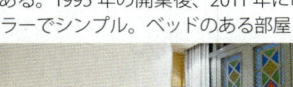

窓はステンドグラスの飾り窓になっていて開閉はできない

MAP P.84-1B
リトル・インディア
住 9 Jalan Besar
☎ 6295-6631
FAX (65) 6295-8218
URL www.mayoinn.com
E-mail reservations@mayoinn.com
料 ⑤W $130〜150／ファミリールーム$180〜210（朝食付き）
税サ込み　カード MV　全22室
行き方 MRTジャラン・ベサール駅から徒歩約4分、ローチョー駅から約5分、ブギス駅から約7分。

◆ Hotel Guide ◆

リトル・インディアの快適なミニホテル
ペラ・ホテル　　　　Perak Hotel

ショップハウスを改造したミニホテル。リトル・インディアの見どころへはもちろん徒歩圏内、ブギス界隈へも徒歩で行けるという立地。客室はエアコン、テレビ、電話、トイレ、シャワー、セーフティボックス完備と、このクラスのホテルとしては整っている。ただし、昔の建物を改造しているため、部屋はあまり広くはない。なお、スタンダードルームには窓がない部屋もあるので、予約時に確認を。ロビー脇には自然光の差し込むカフェを併設しており、朝食はここで取る。

ホテル内の造りはしゃれている。欧米人長期滞在者の利用も多い

MAP P.86-3B　リトル・インディア
住 12 Perak Rd.　☎6299-7733
FAX (65) 6392-0919
URL www.peraklodge.net
E-mail reservations@peraklodge.net
料 S/W $90〜／3人部屋$150〜／4人部屋$250〜（朝食付き）　税サ込み
カード AMV　全34室
設備 カフェ
行き方 MRTローチョー駅から徒歩約2分、リトル・インディア駅から約8分。

ノスタルジックな風情を演出　　（金陵大旅店）
カムレン・ホテル　　Kam Leng Hotel

1938年創業の宿をアート感覚でリニューアルし、ブティックホテルとして2012年に再オープンした。床、廊下、階段などは昔の部分を残し、レトロな家具や生活道具を配して、1900年代初頭の雰囲気を醸し出している。基本的な設備は備わり、ドライヤーやセーフティボックスも完備。Wi-Fiも可能。窓の有無は部屋の造りによって違うので確認したほうがよい。

エグゼクティブルーム。インテリアはシンプル

MAP P.87-1D　リトル・インディア
住 383 Jalan Besar
☎6239-9399
FAX (65) 6239-9393
URL www.kamleng.com
E-mail reservations@kamleng.com
料 S/W $200〜300　税サ17%
カード AJMV　全70室
設備 レストラン
行き方 MRTファーラー・パーク駅、またはラベンダー駅から徒歩約10分。

プラナカン文化をテーマにしたブティックホテル
サンタグランド・ホテル・イースト・コースト
Santa Grand Hotel East Coast

カトンエリアの中心部に位置し、プラナカンの文化散策やローカルグルメを食べ歩きたい人には絶好のロケーションだ。2階建てショップハウスを改装し、背後に6階建てのビルを増設。客室はプラナカンのインテリアやアートを飾ったタイプやエレガントタイプなど4つのデザインがある。屋上にプール、1階にバーを兼ねた「プラティパス・カトン」を設置。

プラナカン風のインテリアの客室

MAP P.169下図　郊外のエリア
住 171 East Coast Rd.
☎6344-6866
FAX (65) 6344-1811
URL www.santagrand.sg/santa-grand-hotel-east-coast
E-mail eastcoasthotel@santa.com.sg
料 S/W/T $280〜／ファミリールーム$450〜（朝食付き）　税サ17%
カード AJMV　全73室
設備 プール、レストラン&バー、ビジネスセンター
行き方 中心部からタクシーで約20分。

長期滞在者に人気　　（新加坡美京華大酒店）
メトロポリタンYMCAシンガポール　Metropolitan YMCA Singapore

緑の多い高級住宅街、スティーブンス・ロード沿いに立つメトロポリタンYMCAシンガポールが運営する宿泊施設。スタンダードルームは窓がないが、全室エアコン、テレビ、冷蔵庫、電話など設備は整っており、家族用の4人部屋が多いのもポイント。また、プール、ジム、レストランなど館内施設も充実。さらにキッチン付きのサービスアパートメントも隣接しており、長期滞在者向けのマンスリーレートも提示している。

オーチャード・ロード界隈からなら、No.105、132、190のバスを利用するとよい。

モダンなインテリアのデラックスルーム。バスルームはシャワーのみ

MAP 折込表-2B　郊外のエリア
住 60 Stevens Rd.
☎6839-8333
FAX (65) 6235-5528
URL www.mymca.org.sg
E-mail hotel@mymca.org.sg
料 S/W/T $170／スイート$220（朝食付き）
税サ17%　カード ADJMV
全98室　設備 プール、ジム、ビジネスセンター、レストラン、コインランドリー
行き方 MRTスティーブンス駅から徒歩約8分。

安宿＆ホステル

リーズナブルな宿は、ドミトリーなら＄20〜40、シングルやツインで＄60〜80（シャワーや窓の有無で変わる）。安宿の需要も高まっているので、予約は早めに行おう。安宿やホステルが多いのはブギス、リトル・インディア、チャイナタウン界隈だ。
　なお、安宿に泊まる場合は、荷物の管理は十分に注意したい。貴重品は肌身離さないこと。

ハイシン・ホテル　（海星旅店）Haising Hotel
MRT駅に近くてフットワークよし！

ジャラン・ベサール沿いにある小規模なホテル。部屋は簡素で狭いが、スタッフの対応、安全面の管理がしっかりしている。全室シャワー、トイレ、テレビ、電話付き。窓の有無で料金が変わる。増築された棟はきれいで、薄型テレビを装備。無料のWi-Fi接続、荷物の保管なども可能。目の前にMRTジャラン・ベサール駅と、オーチャード、チャイナタウン方面へのバス停があり、移動に便利。

緑でペイントされた2棟がホテル。周辺はローカルフードの店が多い

MAP P.87-3C　リトル・インディア
住 37 Jalan Besar
☎ 6298-1223
FAX (65)6298-6609
URL www.haising.com.sg
E-mail hs@haising.com.sg
料 S ＄55〜65／W ＄65、70／T ＄80、90／3人部屋 ＄120／4人部屋 ＄140（金〜日曜、祝日前日、祝日は＄10加算）
税サ 込み
カード M V　全56室
行き方 MRTジャラン・ベサール駅から徒歩約2分、ブギス駅から約7分、リトル・インディア駅から約8分。

増築棟の窓のあるシングルルーム

ジ・イン・クラウド・バックパッカーズ・ホステル
The InnCrowd Backpackers Hostel
フレンドリーな雰囲気が欧米人旅行者に人気

リトル・インディアのホステルが集まる一角にある。1階には旅情報掲示板が設置されていて、スタッフも周辺国情報に詳しい。男女共用のドミトリーのほか、個室もある。共用キッチンやランドリー、ロッカー、インターネットなどホステル内のほとんどの設備が無料で使える。1階のレセプションはバーカウンターになっており、スタッフも交えて夜遅くまで旅行者同士でにぎわっている。人気の宿なので要予約。周辺はコンビニやレストランなどが並んでいる。

屋上にはサンデッキがある

MAP P.87-3C　リトル・インディア
住 73 Dunlop St.
☎ 6296-9169
FAX (65)6396-6694
URL www.the-inncrowd.com
E-mail reservations@the-inncrowd.com
料 W T ＄59／3人部屋 ＄79／4人部屋 ＄99／D ＄20（エアコン、朝食付き）税サ 込み
カード M V　全85ベッド
行き方 MRTリトル・インディア駅から徒歩約8分。

レセプションには観光パンフレットが備え付けてあり、観光スポットのディスカウントチケットも販売

セントラル65・ホステル　Central 65 Hostel
クリーンな大型ホステル

1階はフロント、共用スペース、キッチン、ランドリーで、2〜5階が客室。屋上にジャクージ（有料）がある。エレベーターはない。2階は女性専用フロア、それ以外は男女共用フロアで各階にシャワー、トイレ付き。カードキーでしっかりと入室管理されている。パソコンは無料で、タオルは＄2でレンタルが可能。MRTの駅に近く、目の前にオーチャード・ロード方面行きのバス停もある。

MAP P.87-3C　リトル・インディア
住 134 Jalan Besar
☎ 6298-0015
FAX (65)6298-2566
URL central65hostel.com
E-mail reservations@central65hostel.com
料 D ＄30〜35（男女共用16人・8人・6人部屋）、＄30（女性専用12人・6人部屋）税サ 込み
カード J M V　全48ベッド
行き方 MRTジャラン・ベサール駅から徒歩約3分。

各ベッドには鍵付きロッカーが備わる

その他のホテル・ホステル

カールトン・シティ・ホテル・シンガポール　Carlton City Hotel Singapore

スタイリッシュな4つ星ホテル。ビジネス利用客が多く、客室は機能的かつシンプルにまとめられている。屋外プールや4軒の飲食施設があり、スーパーやホーカーズにも近い。

MAP P.82-3B　住1 Gopeng St.　☎6632-8888　FAX (65) 6632-8800
URL carltoncity.sg　E-mail enquiry@carltoncity.sg
料 S W T $440〜／スイート$690〜　税サ17%　カード ADJMV　全386室
行き方 MRTタンジョン・パガー駅から徒歩約2分。

ホテル・ミラマー・シンガポール　Hotel Miramar Singapore

客室は豪華さはないが、シックなデザイン。四川料理の「桃苑」ビュッフェレストラン「ファーンツリー・カフェ」がある。オーチャード・ロード、チャイナタウン行き無料シャトルバスを運行。

MAP P.76-2B　住401 Havelock Rd.　☎6733-0222　FAX (65) 6733-4027
URL www.miramar.com.sg　E-mail enquiry@miramar.com.sg
料 S W T $220〜／スイート$550〜　税サ17%　カード ADJMV　全342室
行き方 MRTチャイナタウン駅から徒歩約15分。

フラマ・シティ・センター　Furama City Centre

チャイナタウンやクラーク・キーへのアクセスに便利な立地。客室は落ち着いた雰囲気。プール、ジム、ロビーに「ティファニー・カフェ&レストラン」がある。

MAP P.82-1B　住60 Eu Tong Sen St.　☎6533-3888　FAX (65) 6534-1489
URL furama.com/citycentre　E-mail citycentre@furama.com
料 S W $275〜／スイート$430　税サ込み　カード ADJMV　全445室
行き方 MRTチャイナタウン駅から徒歩約4分。

30ベンクーレン　30 Bencoolen

2017年開業のミニマルなホテル。最新技術を使ったサービスやセキュリティを提供。家族客にも対応した客室を備え、ビジネス客にも便利な立地。コインランドリー、レストラン&バーあり。

MAP P.84-2A　住30 Bencoolen St.　☎6337-2882　FAX (65) 6338-2880
URL www.30bencoolen.com.sg　E-mail reservations@30bencoolen.com.sg
料 W $140〜／T $127.5〜／3人部屋$195.5〜／ファミリールーム$297.5〜／スイート$212.5〜　税サ17%　カード AJMV　全131室
行き方 MRTベンクーレン駅から徒歩約2分。

ケオン・サイク・ホテル　The Keong Saik Hotel

改装を経て再オープン。歴史のあるショップハウス内にあり、オリジナルを生かした趣ある造り。湯沸かしポット、コーヒー&お茶セット、冷蔵庫などを完備。窓なしの部屋は割安。

MAP P.82-2A　住69 Keong Saik Rd.　☎6223-0660　FAX (65) 6225-0660
URL www.keongsaikhotel.com.sg　E-mail reservations@keongsaikhotel.com.sg
料 S $125〜170／W $135〜180／T $145／3人部屋$205（朝食付き）　税サ込み　カード AMV　全25室
行き方 MRTアウトラム・パーク駅から徒歩約6分。

ロバートソン・キー・ホテル　Robertson Quay Hotel

円筒形のユニークな外観。部屋は狭いがテレビ、セーフティボックス、コーヒーメーカーなど設備は整う。インターネット設備も完備。クラーク・キー、リャン・コートS.C.などに近い。

MAP P.77-2C　住15 Merbau Rd.　☎6335-3333　FAX (65) 6738-1515
URL www.robertsonquayhotel.com.sg
E-mail sales@robertsonquay.com.sg
料 S W $200〜400　税サ17.7%　カード ADJMV　全160室
行き方 MRTクラーク・キー駅から徒歩約12分。

メルキュール・シンガポール・ブギス・ホテル　Mercure Singapore Bugis Hotel

ホテルから徒歩圏内にMRTの駅が3つある、便利な立地。オンライン新聞(無料)や、10ヵ国への無料国際電話が可能なスマートフォンを客室に設置するなど、各種サービスも充実。

MAP P.84-2A　住122 Middle Rd.　☎6521-6088　FAX (65) 6822-8901
URL www.mercure-singapore-bugis.com　E-mail HA0D7-RE@accor.com
料 S W T $175〜　税サ17%　カード ADJMV　全395室
行き方 MRTブギス駅から徒歩約5分。

OYO 106 ビーチ・ホテル　OYO 106 Beach Hotel

ショッピングエリアに近い好立地。1階入口のエレベーターで2階のレセプションへ。客室は古さが漂うが、広さは十分。基本的な設備も完備。向かいに同経営のサービスアパートメントあり。

MAP P.84-3B　住95 Beach Rd.
☎6336-7712　FAX (65) 6336-7713
URL www.oyorooms.com/sg/53803-oyo-rooms-oyo-106-beach-hotel-singapore　料 S W T $120〜180／3人部屋$170〜／4人部屋$190〜
税サ込み　カード MV　全33室　行き方 MRTブギス駅から徒歩約7分。

クレアモント・ホテル　The Claremont Hotel

ムスタファ・センター(→P.284)の近く。ビジネス客が多く、部屋にはシャワー、エアコン、テレビ、ミニバー、湯沸かし器などを完備。

MAP P.87-2C　住301 Serangoon Rd.　☎6392-3933　FAX (65) 6392-0139
URL www.claremont.com.sg　E-mail reservations@claremont.com.sg
料 W T $200／3人部屋$210〜／ファミリールーム$240（朝食付き）　税サ17%　カード AJMV　全90室
行き方 MRTファーラー・パーク駅から徒歩約1分。

◆ Hotel Guide ◆

ロイヤル・インディア・ホテル　　Royal India Hotel

3階建てのミニホテル。エアコン、テレビ、電話、シャワー、トイレ付き。1階はインド料理やローカルフード中心のレストランになっていて、ホテルの周りはいつもにぎわっている。

- MAP P.87-2C
- 住 88 Syed Alwi Rd., #01-02
- TEL 6297-7488　FAX (65) 6296-7833
- URL www.royalindiahotel.com　E-mail sales@royalindiahotel.com
- 料 S/W/T $75〜／ファミリールーム（3人用）$120　税サ込み
- カード ADJMV　全43室
- 行き方 MRTファーラー・パーク駅から徒歩約6分。

ペンタ・ホテル（平達酒店）　　Penta Hotel

ファーラー・パーク駅の近くにある3階建てのホテル。部屋は狭いが、明るい。大部分の部屋に窓がある（1階の部屋のみ窓なし。セラングーン・ロードの西側にあり、比較的静か。

- MAP P.87-2C
- 住 33 Birch Rd.
- TEL 6299-6311　FAX (65) 6299-9539
- URL www.pentahotel.com.sg　E-mail booking@pentahotel.com.sg
- 料 S $75〜／W $90（窓なし）、$100（窓あり）／T $110〜／ファミリールーム $130〜145　税サ込み　カード ADJMV　全48室
- 行き方 MRTファーラー・パーク駅から徒歩約1分。

ヴイ・ホテル・ラベンダー　　V Hotel Lavender

MRTラベンダー駅に直結する大型ホテル。ゴールデン・マイル・コンプレックス（→P.261、357）にも近いのでマレーシアへのバス旅にも便利。同系列のヴイ・ホテル・ベンクーレンがブギスにある。

- MAP 折込裏-1D
- 住 70 Jellicoe Rd.
- TEL 6345-2233　FAX (65) 6298-9228
- URL www.vhotel.sg/Lavender　E-mail contact@vhotel.sg
- 料 S/W/T $160〜190　税サ17%　カード ADJMV　全888室
- 行き方 MRTラベンダー駅から徒歩約1分。

クオリティ・ホテル・マーロウ　　Quality Hotel Marlow

ローカル色の強いバレスティア・ロードに立つ。シンプルな客室はあたたかみのある色調でまとめられている。1階の「クオリティ・カフェ」ではローカル＆アジア料理のビュッフェが好評。

- MAP 折込表-2B
- 住 201 Balestier Rd.
- TEL 6355-9988　FAX (65) 6255-0998
- URL www.qualityhotelmarlow.com.sg　E-mail dm@qualityhotelmarlow.com.sg
- 料 S $221.28／W T $315.44／3人部屋 $327.21／スイート $456.68　税サ込み　カード ADJMV　全240室
- 行き方 中心部からタクシーで約15分。

シロソ・ビーチ・リゾート　　Siloso Beach Resort

セントーサ島にあるリゾートホテル。シロソ・ビーチ沿いの緑に囲まれた場所に立ち、豊かな自然を感じることができる。18mの滝が流れ込む川のようなプール、レストラン、スパがある。

- MAP P.88-2B
- 住 51 Imbiah Walk, Sentosa
- TEL 6722-3333
- FAX (65) 6722-3315　URL silosobeachresort.com
- E-mail enquiry@silosobeachresort.com　料 S/W/T $310〜520／スイート $560　税サ17%　カード ADJMV　全182室、12ヴィラ
- 行き方 中心部からタクシーで約25分。

ビレッジ・ホテル・チャンギ　　Village Hotel Changi

チャンギ国際空港から車で約15分。緑に囲まれたチャンギ・ビレッジの中にある。ゴルフ場、テニスコート、スパや屋上プールなど施設も充実。空港やシティ行きの無料シャトルバスあり。

- MAP 折込表-2C
- 住 1 Netheravon Rd.
- TEL 6379-7111　FAX (65) 6546-8884
- URL www.stayfareast.com/en/hotels/village-hotel-changi
- E-mail info.vhc@fareast.com.sg　料 S/W/T $195〜305／スイート $345〜445　税サ17%　カード ADJMV　全380室
- 行き方 空港からタクシーかシャトルバスで約15分。

バックパッカー・コージーコーナー・ゲストハウス　　Backpacker Cozy Corner G.H.

世界各国からバックパッカーが集まるゲストハウス。ブギス・ジャンクションの目の前にあり、便利な立地。無料で使えるインターネットスペースあり。

- MAP P.84-2B
- 住 490 North Bridge Rd.
- TEL 6339-6128、6224-6859
- FAX 6338-8826　URL www.cozycornerguest.com
- E-mail happyjohn@cozycornerguest.com　料 W/T $55〜95／D $20〜22（男女共用）　税サ込み　カード 不可　全25室、60ベッド
- 行き方 MRTブギス駅から徒歩約3分。

G4ステーション　　G4 Station

ドミトリーの各ベッドにライトやコンセントを設置。タオルは有料（$1.5）。個人ロッカーを備え、隣にはレストランがある。

- MAP P.86-3D
- 住 11 Mackenzie Rd.
- TEL 6334-5644　FAX (65) 6334-5644
- URL www.g4station.com　E-mail info@g4station.com　料 W $80〜85／ファミリールーム $130〜240／D $28〜55（朝食付き）　税サ込み
- カード JMV　全4室、86ベッド
- 行き方 MRTリトル・インディア駅から徒歩約4分。

フットプリンツ・バックパッカー・ホステル　　Footprints Backpacker Hostel

大規模なホステル。全室エアコン、窓、ロッカー付き。無料Wi-Fi、コインランドリー、レストラン、防犯カメラを設置。10人・12人部屋は金・土曜は割増料金。

- MAP P.87-3C
- 住 25A Perak Rd.
- TEL 6295-5134　FAX (65) 6296-3817
- URL www.footprintshostel.com　E-mail booking@footprintshostel.com.sg
- 料 ファミリールーム $150〜／D $25〜29（男女共用6人・10人部屋）、$29〜32（女性専用6人・10人部屋）（朝食付き）　税サ込み　カード 不可　全20室、101ベッド
- 行き方 MRTリトル・インディア駅から徒歩約8分。

◆ Hotel Guide ◆

ベテル・ボックス・バックパッカーズ・ホステル　Betel Box Backpackers Hostel

カトンのジョー・チアット・ロード沿いのショップハウス2階。欧米人客が多い。ロッカー、キッチン、ラウンジ完備。1階はレストラン、ツアーも催行。7日以上滞在の場合は割引あり。

MAP P.169上図　**住** 200 Joo Chiat Rd.　**☎** 6247-7340　**URL** www.betelbox.com　**E-mail** info@betelbox.com　**料** Ⓦ$80／Ⓓ$20〜25(男女共用)、$23(女性専用)(朝食付き)　**税サ** 込み　**カード** 不可　全1室、男女共用52ベッド、女性専用8ベッド　**行き方** 空港ターミナル2からNo.24のバスで約30分。MRTパヤ・レバ駅から徒歩約15分、タクシーなら約5分。

Column

カプセルホテルも登場！ 進化形ホステルがトレンド

チャイナタウンやリトル・インディアを中心に、おしゃれなホステルが増加している。共有スペースが多い開放的なホステルならひとり旅でもさびしくないし、プライベート空間が確保できるホステルならビジネス滞在にも使える。

◆キューブ・ブティック・カプセルホテル・アット・カンポン・グラム
Cube Boutique Capsule Hotel @ Kampong Glam

2018年、歴史的建築に指定されているショップハウスを改装したカプセルホテルが誕生。ひとり用のシングルカプセル、ふたりで利用できるダブルベッドサイズのクイーンカプセルまで、8名でなら部屋を貸し切ることも可能。カプセル内には分厚いマットレスと柔らかいリネンの寝具、充電ポートとUSB充電ポート、折りたためるデスク、ライトなどが配され、テレビのあるカプセルも。無料ランドリーや女性専用フロアもあるので安心。エアポートシャトルサービス($9)あり。

MAP P.134　**住** 54, 55, 56 Bussorah St.　**☎** 6291-1696　**FAX** なし　**URL** cubestay.sg　**E-mail** reservationskg@cubestay.sg　**料** カプセル$69〜138／ⓈⓌⓉ$140〜535(朝食付き)　**税サ** 込み　**カード** AJMV　全7室、56カプセル　**設備** カフェ、ランドリー　**行き方** MRTブギス駅から徒歩約8分。

左／レセプション。すぐ脇にシンガポール・ビジター・センターのカウンターがある　右／自炊ができるキッチンスペースもある

左／乾燥もできるランドリー
右／圧迫感が少ない設計。カプセルの下には荷物を入れるスペースも確保。写真はシングルカプセル

◆ウインク・チャイナタウン　Wink Chinatown

ショップハウスを改装したブティックホステル。ベッドはカプセルホテルのような形状だが、ドアやカーテンの仕切りはなく開放的。2名で利用できるダブルベッドのドミトリーがあるのも斬新だ。PCスペース、ビデオルーム、キッチン、カフェエリアなど共有スペースも充実しており、シェアハウスのようなアットホームな滞在が楽しめる。

MAP P.91上図　**住** 8A Mosque St.　**☎** 6222-2940　**FAX** なし　**URL** www.winkhostel.com　**E-mail** chinatown@winkhostel.com　**料** シングルポッド$50／ダブルポッド$90(朝食付き)　**税サ** 込み　**カード** AMV　全9室、68ベッド　**設備** キッチン、ランドリー、ロッカー　**行き方** MRTチャイナタウン駅から徒歩約3分。

左／2階がレセプション　右／6〜10ベッドを有する各部屋にはヘリテージツリーの名前がついている。写真は女性専用ルーム

◆アドラー・ホステル　Adler Hostel

「ラグジュアリーホステル」がコンセプト。最大のポイントはドミトリーのベッドがゆったりサイズで、サイドには物を置けるスペースを設けるなど、個人の居住空間が広く保たれていること。バスルームにはアメニティやバスタオルをはじめ、ドライヤーも備わっている。隣に本格的なコーヒーバーを併設。

MAP P.91上図　**住** 259/265 South Bridge Rd.　**☎** 6226-0173　**FAX** なし　**URL** www.adlerhostel.com　**E-mail** contact@adlerintl.com　**料** Ⓓ$55〜100　**税サ** 込み　**カード** AJMV　全100ベッド　**設備** キッチン、ランドリー、ロッカー　**行き方** MRTチャイナタウン駅から徒歩約6分。

左／思いおもいにくつろげるロビー　右／ドミトリーキャビン。カーテンを閉めればプライベートな空間になる

その他の新コンセプトのホステル
◆ファイブ・フットウェイ・イン　5 Footway Inn

6店あり。**URL** www.5footwayinn.com

ホテルガイド

その他のホテル・ホステル

READER'S VOICE

人気のロールケーキ
アラブ・ストリート近くの店で製造販売する「リッチ＆グッドケーキショップ」。シンガポール人に大人気で、週末はロールケーキを買い求める人の列が絶えない。マンゴーロールケーキは、1本ペロリといける。コーヒー味は男性にもおすすめ。ドリアン味や、カヤ味も試す価値あり。ジュエル・チャンギ・エアポートにも支店が開業した（→P.20）。持ち帰りのみで1本$9～10。
（シンガポール在住　うさくま　'19）
Rich & Good Cake Shop MAP P.134 24 Kandahar St. ☎6294-3324 9:00～17:00（月曜10:30～） 日曜、祝日 カード不可

雰囲気がよくてお手頃のイタリアン
MRTテロック・アヤ駅から歩いて7～8分の「カフェB」は丘の上にあり、いつもすいている。雰囲気もよく記念日やデート、接待にも使える。シェフは日本人でイケメン、料理の腕もよし。
（神奈川県　進藤 武夫　'19）
Caffé B MAP P.126 64 Club St. ☎887-3211 12:00～24:00（ランチのラストオーダー 14:30、ディナーは22:45） 月曜、旧正月 カードAMV

ミシュラン1つ星のローカル麺屋
チャイナタウン・コンプレックス内の「リャオファン・ホーカー・チャン」は午後には閉まる。スミス・ストリートを挟んだ向かいに支店があり、こちらは営業時間が長く、近代的な店舗だ。ショッピングセンター「フナン」（→P.260）1階にも店舗ができ、持ち帰りする地元の人もいた。
（埼玉県　匿名希望　'19）
Liao Fan Hawker Chan Chinatown（スミス・ストリートの支店） MAP P.91上図 78 Smith St. なし 10:00～21:00 旧正月 カードMV

マリーナベイ・サンズでの宿泊
マリーナベイ・サンズ（→P.302）のシティビュー49階の部屋からは夜のショーを見物できて、快適だった。しかしプールで遊んだ後の水着を干す場所がないので、洗濯ロープなどを持参したほうがよい。
（静岡県　シュリ　'19）

MRTアルジュニード駅近くのホテル
東部のゲイラン地区にあるホテルは安くて広い。中国系、インド系のレストランや食堂がたくさんあり、食事にも困らない。中心部の観光地へも30分あれば行けるので、一考の価値あり。
（岩手県　ささのは　'19）

旧正月のシンガポール旅行
旧正月は閉店する店が多く、ガイドブックの営業時間どおりではないので、注意が必要。マリーナベイ・サンズの光のショー「スペクトラ」（→P.23）は旧正月には花火も上がる（ショーの時間は通常と変更になる）。観賞無料なのに、なかなか見応えのあるショーと花火で、一見の価値がある。
（奈良県　ゆちこ　'19）

トライショーツアーに参加
トライショー・アンクル（→P.372）主催のカンポン・グラム＋リトル・インディアの45分のトライショーツアーに参加した。交通量の多い休日の夕方、車道を走ることに不安もあったが、運転手さんはていねいな安全運転を心がけてくれ、道行く車もトライショーに気を使ってくれた。暮れなずむシンガポールの街なかを風に吹かれながらのトライショー探検は、貴重な経験になった。
（東京都　川手啓介　'19）

ナイトサファリの入場券は早めに入手
ナイトサファリ（→P.47）に7月の平日18:00過ぎに到着したら、すでに19:15の入場券は完売しており20:15の入場券になってしまった。なるべく早めに行って19:15の入場券を購入することをおすすめする。ナイトサファリの入場券は、動物園にあるチケット売り場で販売している。
（兵庫県　ゆう　'19）

チャンギ国際空港のフリー Wi-Fi
空港のインフォメーションカウンター隣にあるパソコンで、パスポートの顔写真入り部分のスキャンをしたら、数字のパスワードがもらえて3時間無料のWi-Fiに接続できる。待ち時間にうれしいサービスだった。
（奈良県　ゆちこ　'19）

便利なランドリー店
暑い国なので1日歩くと汗びっしょり。子連れだと洗濯物に困る。コインランドリーのないホテルに泊まると、たちまち洗濯物の山。そんなときは街なかのコインランドリー「ランドリー・デイ」が便利だった。洗濯・乾燥してたたんでくれて3kg$12。仕上がりまで3時間。観光の途中で出して、翌日取りに行った。（兵庫県　のんちゃん　'19）
Laundry day MAP P.80-2B 5 Koek Rd., #01-18 Cuppage Plaza ☎6734-5286 9:30～19:00（土曜～17:00、日曜～15:00） 無休

5つ星ホテルでまさかのトラブル
某5つ星ホテルに宿泊した際のこと。50ドル札2枚を10ドル札に両替してもらおうと、フロントの人に渡すと、50ドル札1枚をフロントの引き出しに隠して、10ドル札5枚を数え始めた。一瞬呆然としたが、気を取り直して猛抗議したところ、男性スタッフは100ドルと認めて事なきを得た。5つ星ホテルと安心していただけにショックは大きく、安全といわれているシンガポールも決して油断できないと思った。
対策案1：お札を両手に持って明示する
対策案2：自分から金額をはっきりと言う
（高知県　HKフリーク　'18）['19]

Travel Information

旅の準備と技術編

旅の予算……334
シーズンと服装……335
シンガポールの行事……336
旅の準備と手続き……339
お金の持っていき方・換え方……343
入出国のすべて……346
空港から市内へ……358
都市交通……359
現地観光ツアー案内……370
電話と郵便……374
旅のトラブル実例集……378
旅の英会話……383

サンテック・シティ前を出発する
ダックツアーズの
オープントップバス(→P.372)

旅の準備　旅の予算

エコノミーホテルが多いエリア
ブギスやリトル・インディア、MRTラベンダー駅周辺など、中心部から少し離れた場所にリーズナブルなホテルやホステルが増えている。

洋服や雑貨の値段は？
日本と同等の水準。お買い得なのはサンダル、エスニックやリゾート用のウエア。探せばお買い得商品も多く、ばらまきみやげはチャイナタウンのトレンガヌ・ストリート周辺(→P.125)、ブギス・ストリート(→P.138)、ムスタファ・センター(→P.284)などでまとめ買いするとよい。オーチャード周辺ではラッキー・プラザ(→P.261)が庶民派。

フリーペーパーで現地情報をチェック
日本語フリーペーパーは居住者向けの『マンゴスティン倶楽部』『パノーラ』『パルティ』『Singalife』、ビジネス情報がメインの『AsiaX』などがある。観光やビジネス旅行にも役立つ内容が載っており、日系百貨店やレストラン、旅行会社、紀伊國屋書店(→P.266)などで入手可能。

おもな日本語フリーペーパー

シンガポールの物価は日本と同等か、物によっては日本より高い場合もある。特にレストランでの食事は7％の消費税と10％のサービス料がかかり、食事料金＋17％となるので、割高に感じることが多い。とはいえ、ホーカーズやフードコートでは$10以内で食事ができ、店や食べる物のチョイス次第といえる。そのほか高いのはアルコール類とたばこ。スーパーやコンビニで缶ビール(330mℓ)が$3～4.5、瓶ビールは$7前後、たばこは1箱$12～。交通費は全般的に日本より安い。項目ごとに物価の詳細を記しておくので、予算の目安に。

宿泊費
東南アジアのなかで割高。料金はホテルのタイプ、エリアや時期によって異なり、オフシーズンで高級ホテル$400前後～、中級ホテル$250前後～、エコノミーホテルは$150前後～。F1シンガポールグランプリ(9月)や旧正月、国際会議が行われる時期は値上がりするので注意。最近はドミトリーのあるホステルも増えている。

食費
価格に幅があり、カジュアルなレストランは1食$20前後～、高級店なら$100前後。一方ホーカーズやフードコートなら$3～10で済む。ホーカーズにおいしいローカルフードが多種類あるのがシンガポールの魅力だ。ローカルドリンクのコピやテー(ミルクティー)、カヤトーストなどは$1前後～と安い。ミネラルウオーターはスーパーで$0.7～、ホーカーズで$1.5。

交通費
地下鉄($1.5～)やバスは安い。タクシーの乗車料金自体はさほど高くない(中心部だと$5～10程度)。ただし、時間帯や乗車場所、中心商業地区(→P.367)に乗り入れたときなどに加算される追加料金が高くつく場合もあるので、一概にタクシーは安いとはいえない。地下鉄やバス、タクシーを状況に応じて使いこなすのが得策。

Information

旅の情報収集

[日本で情報収集できる機関]

◆シンガポール政府観光局
住〒100-6314　東京都千代田区丸の内2-4-1 丸の内ビルディング1407　☎(03_6269-9900
FAX(03)6269-9910　URL www.visitsingapore.com/ja_jp　営9:30～12:30、13:30～17:30
休土・日曜、祝日、8/9

ツーリスト・ホットライン
FREE 1800-736-2000　営月～金曜9:00～18:00
シンガポール国内で聞けるテレホンインフォメーション。

◆日本アセアンセンター
住〒105-0004　東京都港区新橋6-17-19　新御門ビル1階　☎(03)5402-8008　URL www.asean.or.jp　営9:30～17:30　休土・日曜、祝日

[シンガポールにある関係機関]

◆シンガポール・ビジター・センター
　Singapore Visitor Centre
MAP P.80-2A　住216 Orchard Rd.
URL www.visitsingapore.com
営8:30～21:30　休無休 (詳細は→P.114)
※アイオン・オーチャード(→P.249)1階にもカウンターのみ設置されている。

旅の準備 — シーズンと服装

夏服＋上着が基本形

　常夏のシンガポールとはいえ、雨季と乾季があり、雨季には涼しい日もあるし、南国特有のスコールは乾季でもときどきあるため、長袖のジャケット、カッパや傘など雨具を持ち歩くことをおすすめする。アウトドアの見どころに行く際は特に注意したい。また、日差しが強いので、帽子や日傘などで対策を。雨傘を日傘としても使っているシンガポーリアンにならってもいいだろう。

　屋内の施設は以前ほどではないが、エアコンが強めに効いていることが多いので、冷房対策としてジャケットやカーディガン、ストールやショールを用意しておきたい。冷え性の人は足元にも気を配ろう。

　また、宗教施設の多いシンガポール。モスクはいうまでもなく、寺院見学のときは肌の露出が著しい服装は避けること。男性は短パン、サンダルの格好ではホテルの食事やアフタヌーンティーを断られることがあるので、気をつけよう。ゴルフコースに出る場合は襟付きのシャツ、そしてジーンズ以外の長ズボン着用で。

　意外に大事なのは靴。基本は歩きやすいことだが、TPOも考えたい。街歩きのときや悪天候のときはスニーカーがいいが、ドレスコードのある店やオシャレなスポットに出かけるときは、服装に即したものを選ぼう。

シンガポールはリゾートというよりシティ

　常夏の島だからといって、街なかを極度に肌を露出した格好で歩かないように。シンガポールはビジネス目的の外国人が多いコスモポリタンシティ。また、保守的なマレー人やインド人も多いお国柄。ホテルのプールサイドやビーチならOKだが、街のショッピングセンターを歩くとき、レストランで食事をするときなどは、シティ感覚の装いを心がけよう。

雨の多い時期は
　雨季の11〜2月は雨が多い。9〜10月頃から曇りの日が比較的多くなる。モンスーンの影響を受ける12〜3月頃はビンタン島の海は荒れることもあるので注意。

蚊や虫対策
　シンガポールは清潔な場所が多いし、蚊の退治も頻繁に行っているが、それでも郊外には蚊や虫が生息しており、ジカ熱やデング熱にかかることもある。マレーシア方面やビンタン島に出かける場合などは、特に虫刺されに注意して、服装を考えたり、虫よけスプレーや虫刺されに効く薬を携帯しよう。

●**サンドフライにも注意**
　ビーチではサンドフライという小さな蚊のような虫が大量に出るときがあり、これは目に見えにくいので、気がついたら全身を刺されていたということも。刺されると2〜3週間もかゆい。ビーチで日光浴する際は、虫よけスプレーもお忘れなく。

READER'S VOICE
スコールには注意！
滝のような雨とともに雷が鳴り、横風も強く、傘でしのげるレベルではなかった。1時間くらい降っていたので喫茶店で雨宿りをする始末だった。
（神奈川県 kyo）['19]

Column — チップについて

　シンガポールは基本的にチップの習慣はなく、料金に10％のサービス料がチャージされていればチップを払う必要はない。しかし、ホテルやレストランで通常のサービス以上のことをしてもらったり、特にお世話になったと思われる場合には、チップをさりげなく渡すのがマナーといえるだろう。

ホテルにて
　ホテルの宿泊料金には当然サービス料が含まれているので、それ以上の金額をチェックアウトのときに支払う必要はない。ただし荷物を運んでくれたベルボーイや部屋の掃除をしてくれたハウスキーパーに＄2前後のチップを渡すのが一般的である。特に重い荷物を運んでくれたベルボーイ、雨のなかタクシーを呼びに行ってくれたドアボーイには、チップを渡して感謝の気持ちを表したい。枕銭として置く2ドル札の持ち合わせがない場合は、最後の日にまとめて渡してもよいだろう。

レストランにて
　大きなレストランでは、普通サービス料が加算されている。請求書を確認してサービス料が表されていれば、それ以上支払う必要はない。もし特別なサービスを受けたり、特に親切にしてもらったと思うなら、その気持ちを表すために＄2、＄4という具合になるべく偶数の数字でウエートレス（ウエーター）に渡せばよい。また、小さな店でサービス料を請求されなかった場合は、金額の10％くらいを目安にチップを置いてもよいし、またはおつりが数ドル戻ってきたら、それをそのまま置いて行ってもよいだろう。しかし、アメリカなどと違ってチップの習慣があるわけではないので、それほど気にする必要はない。

　また、マネジャーや店のオーナーなどは普通、チップを受け取らないので、お世話になったとしてもお礼を言うだけでよいだろう。

シンガポールの行事

旅の準備

クリスマス・ライトアップ　Christmas Light Up
▶2019年11月16日〜2020年1月1日

　この時期は街がイルミネーションで飾りたてられる。特にオーチャード・ロード周辺はベスト・イルミネーションの賞をかけて、各ビルが華やかな飾り付けを競い合う。セールを行う店も多く、街はひときわにぎわう。なお、クリスマス・イブやクリスマス当日はレストランが混み合うので、予約をしたほうがよい。

中国正月（旧正月）　Chinese New Year
▶2020年1月25〜26日

　中国系が約75％を占めるシンガポールでは、最も盛大に行われる行事だ。農暦の1月1日を祝うもので、この時期、街中に「恭喜発財」、「新年快楽」などと書かれた赤い垂れ幕や爆竹の張りぼて（本物は危険ということでシンガポールでは禁止されている）が飾られる。特に大晦日のチャイナタウンは、さまざまな出店が出て、出し物が行われ大にぎわい。

　チャイナタウンの出店のほとんどは、松の内（元旦から15日間）はそのまま残っていて、毎夜、いろいろな行事が行われる。

チンゲイ2020　Chingay 2020
▶2020年1月31日〜2月1日

　中国正月を祝って行われるパレード。ライオン・ダンスやドラゴン・ダンス、いろいろな山車や学校のブラスバンド、各民族の踊りなどがF1ピットで開催される。

タイプーサム　Thaipusam
▶2020年2月8日

　ヒンドゥー暦10月に行われる祭り。ヒンドゥー教の神のひとり、スブラマニアムに祈りを捧げ、体の悪い部分の治癒を願って、かなえられた者が感謝の印として、自分の体に針や串を突き刺して歩くというものだ。

　タイプーサム当日は、リトル・インディアのスリ・スリニバサ・ペルマル寺院からタンク・ロードのスリ・タンダユタパニ寺院までの約3kmを、何人ものヒンドゥー教徒が練り歩く。体中、牛のフンを燃やした「聖なる灰」を塗り、針や串を刺し、背中にはカヴァディと呼ばれる孔雀の形をした貢ぎ物を背負う。

全身に針を刺し、カヴァディを背負う壮絶な祭り

清明節　Qing Ming Festival
▶2020年4月4日

　華人たちの墓参りの日。冬至の日から数えて106日目に行うことになっている。これには次のような言い伝えがある。

　中国春秋時代、晋朝に介之推という有能な役人がいた。彼は退役後、母の面倒を見るため静かな山の上へ移り住んだ。しかし、晋の皇太子はどうしても彼の力を借りたくなり、再び仕えるよう彼に使者を送った。彼は母の面倒を見ることが一番であるとし、この願いを断ったのだ。怒った皇太子は、山に火を放ち、むりやりに介之推を下山させようと試みる。が、介之推は燃えさかる火の中で、動けなくなった母をかばい、一緒に焼け死んでしまった。この日が、冬至から数えて106日目だった。皇太子は自分の犯した罪を悔やみ、介之推とその母を手厚く葬ったという。そして、毎年その日になると、家臣たちに、親を大切にした介之推の墓参りをさせるようになったという。

　この逸話が、親を、ひいては先祖を大事にしようということで、中国系の人々の墓参りの日となったという。

グッド・フライデー　Good Friday
▶2020年4月10日

　イースター（復活祭）前の金曜日で、キリストが十字架に架けられ処刑された日とされている。この日、教会では、自分たちの身代わりになって死んだキリストに感謝するための、盛大なミサが行われる。

ベサック・デー　Vesak Day
▶2020年5月7日

　釈迦生誕祭。仏教徒が果実や花、お供え物を持って寺院へ集まり、お経を唱えながら寺院の周りを行進する。そのあと、お祈りをし、親しい人同士で贈り物を交換して1日を過ごすというもの。

　リトル・インディアの千燈寺院には、毎年この日に、たくさんの仏教徒が訪れる。

＊印は祝日。2019年の一部と2020年のものを記載。

年月日	イベント	年月日	イベント
2019/11/16～2020/1/1	クリスマス・ライトアップ	5/24	ハリ・ラヤ・プアサ
2019/12/25 ＊	クリスマス	6月初旬～8月初旬	グレート・シンガポール・セール
2020/1/1 ＊	新年	6/25 ＊	ドラゴン・ボート・フェスティバル（端午節）
1月初旬～2月下旬	中国正月ライトアップ（チャイナタウン）	7月前後の約2週間	シンガポール・フード・フェスティバル
中国正月の前後、約1週間	リバー・ホン・バオ	7/31	ハリ・ラヤ・ハジ
1/25～26	中国正月（旧正月）	8/9 ＊	ナショナル・デー
1/31～2/1	チンゲイ2020	9/2	中元節
2/8 ＊	タイプーサム	9/18～20	F1シンガポール・グランプリ
4月前後の約40日間	ワールド・グルメ・サミット	10/1	中秋節
4/4	清明節	10月中旬～12月中旬	ディーパヴァリのライトアップ
4/10 ＊	グッド・フライデー	10/17～25	九皇帝祭
5/1 ＊	レイバー・デー	10～11月頃	クス島巡礼
5/7 ＊	ベサック・デー	11月予定	ティミティ（火渡り祭り）
5月下旬～6月下旬	ハリ・ラヤ・ライトアップ	11/14 ＊	ディーパヴァリ

ハリ・ラヤ・プアサ
Hari Raya Puasa
▶2020年5月24日

　イスラム教徒にとっては最大の祭りで、断食の月（イスラム暦9月でラマダンと呼ばれる）が明けたことを祝うものだ。当日、イスラム教徒は朝食にケトゥパと呼ばれるヤシの葉で包んだご飯を食べ、モスクで祈りを捧げ、知人や親類を訪ねて祝いの言葉を交わす。コーランを読むコンテストが行われ、優秀者はメッカへ行ける。

ドラゴン・ボート・フェスティバル（端午節）
Dragon Boat Festival
▶2020年6月25日

　農暦の5月5日を祝うものの。本来は、無病息災を祈る日だが、今では中国の詩人、屈原が汨羅に投身した日として、その死を悼みドラゴン・ボート・レースが行われている。毎年このレースには、シンガポール国内はもとより、日本や香港、オーストラリアなどからも参加者があり、国際色豊かなレースとなっている。

白熱のボートレースが行われる

ハリ・ラヤ・ハジ
Hari Raya Haji
▶2020年7月31日

　イスラム暦の12月10日に行われる「巡礼の祝祭日」。
　イスラム暦の12月8日に、世界各地からイスラム教徒がアラファという土地（アダムとイヴが地上で再会した場所として有名）から2日がかりでメッカへ向かって歩くというもの。シンガポールからもたくさんの人が、この巡礼に参加する。メッカ巡礼を終えた人は白い帽子（ソンケット）をかぶることを許され、男性にはハジ、女性にはハジャという称号がつけられる。
　巡礼に参加できない人は、だいたいハリ・ラヤ・プアサと同じような過ごし方をするようだ。

ナショナル・デー　National Day
▶毎年8月9日

　シンガポールの建国記念日。この日は、国会議事堂前のパダン、もしくはナショナル・スタジアムで、各民族、学生、軍隊などのパレードが行われる。

中元節
Festival of the Hungry Ghosts
▶2020年9月2日

　日本でいうお盆の行事に当たり、家の前にお供え物を置き、金紙を燃やし、先祖の霊を招き入れる。ただ日本と違うのは、子孫がなく帰る家のない霊（これを餓鬼という）も、供養するということ。寺院やマーケットに仮舞台を作り、ごちそうを並べて餓鬼たちにおなかいっぱい食べさせたりする。こうすることで、街をさまよう餓鬼たちの気を鎮め、餓鬼たちがいたずらしたり、人を不幸にしたりすることがないようにするのだ。
　また、この時期、チャイナタウンのあちらこちらでチャイニーズ・オペラ（ワヤン）の小屋がかかったり、屋台が出たりしてなかなかのにぎわいを見せる。

中秋節
Mooncake Festival
▶ 2020年10月1日

　日本の十五夜に当たるもの。華人たちは、この日に月餅を食べ、提灯に火をともし、祭台にお供え物を捧げ、月に願い事をする。
　この日、中国庭園などでは、ランタン・フェスティバルが行われ、提灯コンテストや仮装コンテスト、ライオン・ダンス、ドラゴン・ダンスなどが見られ、家族連れでにぎわう。

ランタンがともされ、幻想的な雰囲気に包まれる

九皇帝祭
Festival of Nine Emperor Gods
▶ 2020年10月17日～10月25日

　農暦の9月1日から9日間かけて行われる祭り。この期間中、天と地が合体し、九皇帝を通して神と人間が交流し、神の力により人々の悩みや苦しみが取り去られるという、華人たちにとっては大事な祭りとなっている。
　期間中最後の日は、信者たちによる荒行が行われる。

クス島巡礼
Pilgrimage to Kusu Island
▶ 2019年10～11月頃(旧暦9月)

　その名のとおり、クス島へお参りに行くもの。これにはいくつかの伝説がある。そのうちのひとつは次のようなものだ。
　今から160年ほど前、アラブのシエドと中国のヤムというふたりの聖人がクス島へ修行に出かけた。しかし、航海中にヤムが病気になり、シエドは熱心に介抱し、神に祈りを捧げた。すると不思議なことに、船には食料や水が現れ、ヤムを無事に助けることができたという。ふたりはクス島に住む神のおかげと信じ、毎年クス島へ巡礼するようになったという。これが一般の人々にも伝わり、健康、厄よけのためにクス島巡礼が始まった。

ディーパヴァリ
Deepavali
▶ 2020年11月14日

　ヒンドゥー教徒にとっては、1年で最も重要な行事。「光の祭り」とも呼ばれ、悪に対する善、暗黒に対する明かりの勝利を祝うものだ。
　この日、シンガポール各所にあるヒンドゥー寺院は、大勢の信者でにぎわう。特にリトル・インディアのスリ・スリニバサ・ペルマル寺院が最も華やかとされている。
(参考文献：『祭りと民話』——シンガポール日本人学校 編)

ディーパヴァリの1ヵ月くらい前からリトル・インディアは光のデコレーションできらめく

未定のスケジュールに関しては、直接シンガポール政府観光局☎ (03) 6269-9900へお問い合わせください。また、伝統的祭礼は日にちが変更になることもあるので事前に確認が必要。

Column

F1シンガポール・グランプリ

　2019年で12回目を迎えたF1シンガポール・グランプリは、世界では珍しいナイトレースとして開催されている。コースは全長5.065km。マーライオンやシンガポール・フライヤーなど観光名所が多いマリーナ・ベイエリアを中心に、普段は観光客や市民が歩く街中がそのままレースコースとなる。コーナー数は計23あり、なかでもターン10はドライバーをうならせる難関のカーブであるため、「シンガポール・スリング」といったあだ名がついている。決勝レースは61周、総距離は308.965km。
　2019年のシンガポール・グランプリは、セバスチャン・ベッテル(フェラーリ)が優勝した。レースが開催される週末は、世界中からF1ファンが集うほか、世界の著名アーティストのコンサートや、ナイトクラブなどで多数のパーティが企画され、街はお祭りムード一色に盛り上がる。2019年は、ミューズ、レッド・ホット・チリ・ペッパーズなどの有名ロックバンドのほか、グウェン・ステファニー、ファットボーイ・スリムのライブが目玉となった。2020年は9月18日～20日に開催予定。URL www.singaporegp.sg

F1シンガポール・グランプリのコース

旅の準備と手続き

旅の準備

今、少なくともこの本を手にしている人は、シンガポール行きを心に決めていることだろう。このあとやることは、航空券やツアーの手配ということになるのだが、これにはじっくりと時間をかけてみたい。この選択がうまくいけば、シンガポール滞在が思い出深いおもしろいものになるはずだ。

航空券の種類と手配

シンガポールへのフライトルート

日本とシンガポールをダイレクトに結ぶ航空会社は、シンガポール航空（SQ）、日本航空（JL）、全日空（NH）、デルタ航空（DL）、シルクエアー（MI）、ジェットスター・アジア航空（3K）、スクート（TR）の7社がある。ほかに東南アジア各地で乗り継ぐキャセイパシフィック航空（CX）、マレーシア航空（MH）、チャイナエアライン（CI）、タイ国際航空（TG）、ジェットスター航空（JQ）、ベトナム航空（VN）なども利用できる。

格安航空券を上手に使う

格安航空券とは、旅行代理店が独自設定価格で、おもに個人手配の旅行者向けに販売しているチケットと考えるとわかりやすい。値段は出発時期、旅行期間、航空会社、そして購入する旅行会社によって異なる。出発時期（シーズナリティ）による違いについていえば、旅行者の多い盆、年末年始、ゴールデンウイークが高く、そのほかの時期は安い。旅行期間は、シンガポールの場合、ツアーが組める最長期間として便宜上定められた4日以上11日未満（航空会社によっては10日未満）が安く、それ以上の期間は高くなる。また航空会社の営業戦略の違いや、販売する各旅行会社の儲け幅の違いによっても値段が変わる。格安航空券には定価は存在しないというわけだ。

日本からダイレクトのフライトをもつ7社の場合、値段的にはシンガポール航空が高めだが、ほとんど差はなくなってきている。出発地や出発時刻と相談して決めよう。せっかくシンガポールへ行くなら乗ってみたいのがシンガポール航空だ。世界有数のサービスのよさ、最新の飛行機（平均機体年数5年余り）、日本各地からのフライトの多さなどから人気が高い。それにせっかくシンガポールへ行くのだから、機上の人となったときからシンガポール気分を味わうのもいい。

また、ジェットスター・アジア航空やスクートは話題のLCC（ローコストキャリア）。機内サービスよりも安さを求める人はチェックしてみよう。

格安航空券利用時の注意

格安航空券はその安さばかりが強調されるが、安いなりに制約もあるので、航空券購入時に確認しよう。航空会社の変更不可、払い戻し不可、予約の変更不可などがおもだった制約だが、値段や航空会社によっても違ってくる。

日本からシンガポールへのフライト
（2019年10月現在）

●成田発
シンガポール航空と全日空の共同運航:毎日4便
日本航空:毎日1便
デルタ航空:毎日1便
スクート（バンコクか台北経由）:毎日2便

●羽田発
シンガポール航空と全日空の共同運航:毎日6便
日本航空:毎日2便

●関空発
シンガポール航空と全日空の共同運航:毎日2便
ジェットスター・アジア航空（台北かクラーク、マニラ経由）:毎日2〜3便
スクート:週3便
スクート（高雄かバンコク経由）:毎日1便

●中部発
シンガポール航空と全日空の共同運航:毎日1便

●福岡発
シンガポール航空と全日空の共同運航便:毎日1便

●広島発
シルクエアー:週3便

●札幌発
スクート:週4便

●沖縄発
ジェットスター・アジア航空:週4便

※主要航空会社のシンガポールオフィスは→P.381。
※フライトスケジュールは2019年10月現在のものです。予告なく変更が生じることがありますので、出発前に各自で確認してください。

『地球の歩き方』格安航空券専用ホームページ
「アルキカタ・ドット・コム」
URL air.arukikata.com

東京シティエアターミナル（T-CAT）
成田への所要時間はリムジンバスの利用で平均60分、羽田へはT-CATまでは都内各所から20〜30分。
リムジンバスの問い合わせ
☎(03) 3665-7220まで。
●その他のシティエアターミナルの問い合わせ先
Y-CAT（横浜）
☎(045) 459-4800
O-CAT（大阪）
☎(06) 6635-3000

ゾーンペックス運賃
問い合わせ先
●シンガポール航空
☎(03) 3213-3431
●日本航空「スペシャル運賃」
☎0570-025031
●全日空
☎0570-029222
●デルタ航空
「ベーシックエコノミー」
☎0570-077733
※上記の連絡先は一般フライト予約も受け付けている。
※各航空会社とも、前売り型ゾーンペックス運賃（いわゆる早割のこと）も設定している。前売り期日は航空会社により異なるが、料金はほぼ格安航空券並みで利用価値は高い。

航空会社各社による正規割引運賃（ゾーンペックス運賃）

ゾーンペックス運賃は航空会社が個人旅行者向けに一定幅（ゾーン）内で独自に設定した、正規割引運賃のこと。格安航空券より値段は若干高いが、場合によっては安いこともある。予約後72時間以内に発券、発券後の予約変更不可、などの規制があるが、メリットもある。まず旅行期間が2日以上21日以内（航空会社によっては1ヵ月以内、3ヵ月以内ということもある）で設定できる。また子供運賃（大人ゾーンペックス運賃の33％割引）もある。

日本〜シンガポール間でこの運賃を設定しているのは、シンガポール航空、日本航空、全日空、デルタ航空。日本航空の「スペシャル運賃」というように、航空会社によって独自の愛称をつけているところもある。購入は、各航空会社および海外旅行を扱うほとんどの旅行会社でできる。

パッケージツアーを利用する

旅行期間が4〜7日間と短く、2名以上で高級ホテルに滞在しようと考えているのなら、パッケージツアーの利用が安くておすすめだ。ホテル側は多くの観光客を送り込んでくる旅行会社には、格安の団体料金で部屋を提供している。そのため個人手配に比べ安くホテルが利用できるのだ。ただし、日本からのツアーは4〜7日と比較的短期間のものが多い。これ以上の期間になる人は、旅行会社に対して延泊希望を出すことになる。

パッケージツアーの選び方
シンガポールのパッケージツアーの大部分は、同一日程だが、滞

Column シンガポールのインターネット事情

街なかで
シンガポールは、Wi-Fi（インターネットの無線LAN接続）事情が良好で、快適にインターネットにアクセスできる。国策としてネット環境整備が推進されており、ショッピングセンター、レストランやカフェ、主要なMRT駅周辺などであれば、Wi-Fiでネットにつながる。

シンガポール政府が無料で提供する「Wireless@SG」という誰でも登録利用可能なWi-Fiサービスもあり、シングテルやスターハブをはじめとする民間企業4社で運営されている。ホットスポットはシンガポール全土に約5000ヵ所あり、公共機関や博物館、ショッピングモールなどさまざまな施設がカバーされている。ホットスポットで「Wireless@SG」に接続すると、ウェブ・ブラウザが起動し、電話番号の入力を求められる。国に日本（+81）を選択し、日本国内の電話番号の最初の0を除いた番号（国際電話番号）を入力する。ワンタイム・パスワード（OTP）がSMSで送られてくるので、そのOTPを入力してWi-Fiに接続される。

また、チャンギ国際空港では「WiFi@Changi」に接続し、ウェブ・ブラウザを起動してGoogleなどの任意のサイトにアクセスしようとすると、ログインページが表示される、Wifiロゴをクリック／タップするとWi-Fiに接続され、3時間無料でアクセスできる。

専用サイト
シングテル URL www.singtel.com/personal/i/internet/broadband-on-the-go/wireless-sg
スターハブ URL www.starhub.com/personal/mobile/mobile-phones-plans/value-added-services/wireless-services/wireless-sg.html

ホテルで
ホテルはもちろん、安宿やホステルでもWi-Fi環境を整えているところがほとんど（通常無料だが、有料の所もある）。ホテルの受付でパスワードを入手すれば、自分のパソコンでインターネットを利用することができる。パソコンを設置したビジネスセンターがあるホテルや、共用のパソコンを置く安宿もある。

在するホテルによって料金が異なる、という形を取っているものが多い。そのためホテル選びが重要になってくる。

ホテルは、ランクやロケーションなどを考えて慎重に選ぼう。4日間のツアーの場合、エコノミークラスのホテル利用と高級ホテル利用では料金差は2～3万円ほど。よほど予算が厳しい場合以外は、できれば高級ホテルの利用をすすめる。値段差以上にホテルの設備、雰囲気、豪華さ、そしてサービスが違うのだ。ロケーションは、オーチャード・ロード界隈が何をするにも便利。またMRT（地下鉄）は観光客にも利用しやすいので、シティ・ホール周辺やブギス地区のホテルに滞在すれば、ショッピング、グルメ、観光に機動力を発揮できるだろう。ショッピングエリアとしても注目を集める高級ホテル街、マリーナ・エリアに滞在するのも一案だ。小さな子供をともなう家族連れならセントーサ島に1～2泊するようなツアーを選んでみるのもいい。これらのエリア以外のホテルは、短期間のツアーだと多少不便さを感じるかもしれない。

ツアー内容のチェックも忘れてはいけない。ほとんどのツアーには、到着翌日に半日か1日の市内観光が含まれている。安いツアーほどみやげ物店巡りが中心の観光という場合もあるのでツアー内容は申し込む前に要チェックだ。もちろん観光に重点をおいたツアーもあるので、ツアー選びの際に吟味したい。また、現地での市内観光は任意で参加なのか、参加がマストなのかも確認。現地に行ってから嫌な思いやトラブルにならないよう、細部まで確認し、希望に合った内容のツアーを選ぼう。

旅券（パスポート）

パスポートは、所持者の身元国籍を証明し、渡航先国に対して安全な通過や保護を要請した公文書である。つまり政府から発給される国際的な身分証明で、旅行中は常に携行するのが基本だ。

旅の準備は、パスポートの申請から始まる。旅行会社に手続きを依頼するとスムーズに旅券申請ができるが、規定の手数料を取られる。手間ひまをいとわなければ、渡航者自身で手続きを進めることもできる。面倒がらずに自分でパスポートを申請しよう。なお、シンガポールのビザについては、14日もしくは30日以内の観光目的の滞在なら不要（→P.9）。

パスポートの申請について

日本国籍の場合、パスポートは発給日から5年／10年間有効で、自分でどちらの期間にするか選択することができる（20歳未満は5年間のみ取得可能）。有効期間内なら何度でも使える。申請は、自分の住民票のある各都道府県のパスポートセンターで行う。たとえ旅行会社に申請書類を作成してもらっても、原則として受領には自分で行くことになる。なお、学生などで現住所と住民票のある場所が違う場合、現住所の各都道府県のパスポートセンターに相談してみるとよい。2006年3月から機械読み取り式のIC旅券となったが、サイズや体裁は従来どおりで、提出写真の規格が変更になった。申請に必要な書類は欄外参照。

パスポート申請に必要な書類

1.一般旅券発給申請書1通
各都道府県のパスポートセンターでもらえる。申請書にはサイン（署名）欄があるが、サインは漢字でもローマ字でもOKだ。

2.戸籍謄（抄）本1通
6ヵ月以内に発行されたもの。本籍地のある市区町村の役所で発行してもらう。

3.住民票1通
6ヵ月以内に発行されたもの。住民登録してある市区町村の役所で発行してくれる。
※住民基本台帳ネットワーク運用済みの自治体では住民票は原則不要。

4.顔写真1枚
6ヵ月以内に撮影したもの。サイズは縦4.5cm×横3.5cm、顔の大きさ3.4cm±2mm（細かく規格設定されているので注意）。背景無地、無帽正面向き上半身。白黒でもカラーでもよい。

5.申請者の身元を確認するための書類
顔写真付きの身分証明書1点（運転免許証など）。健康保険証や国民年金証書などは2点必要（うち1点は写真付き学生証、社員証でも可）。申請時に見せるだけですぐ返してくれる。
※写真付きの「個人番号カード（マイナンバーカード）」でも可。

6.印鑑
申請自体には必要ないが、申請書などの訂正印としてあれば重宝する。

●パスポート問い合わせ
東京都パスポート電話案内センター（テープ案内とファクスサービス）
☎(03)5908-0400
大阪府パスポートセンター
☎(06)6944-6626
外務省領事局旅券課
☎(03)3580-3311（内線2325）
URL www.mofa.go.jp/mofaj/toko/passport/index.html

機械読み取り式パスポートを持っていない人への注意喚起
訂正旅券の取り扱いに注意！

2014年3月20日より前に、名前や本籍地等の訂正を行ったパスポート（訂正旅券）は、訂正事項が機械読み取り部分およびICチップに反映されておらず、出入国時や渡航先で支障が生じる場合もあるため、外務省では新規パスポートの申請をすすめている。
URL www.mofa.go.jp/mofaj/ca/pss/page3_001066.html

※現地でパスポートを紛失した際の新規発給手続きは、→P.380。

おもな保険会社の問い合わせ先
- ●損保ジャパン日本興亜
  ☎0120-666-756
- ●東京海上日動
  ☎0120-868-100
- ●AIG損害保険
  ☎0120-016-693

インターネットで保険加入
「地球の歩き方」ホームページで、海外旅行保険に加入できる。手続きは簡単で、申し込み画面の案内に従って必要事項を入力するだけ。保険料はクレジットカード決済なので、振り込みや来店の手間は一切なし。毎日24時間、日曜、祝日いつでも受け付け可能。詳しくは「地球の歩き方」ホームページで。
URL www.arukikata.co.jp/hoken

おもなカード会社の入会・サービス案内に関する問い合わせ先
- ●アメリカン・エキスプレス
  ☎0120-020222
- ●DCカード
  ☎0120-102622
- ●ダイナースクラブ
  ☎0120-041962
- ●JCB
  ☎(0422)76-1700
- ●三井住友VISAカード、三井住友マスターカード
  ☎0120-816437

- ●JCBプラザ ラウンジ・シンガポール
  MAP P.80-2A
  住230 Orchard Rd., #05-234 Faber House
  FREE 1800-7340096
  営9:00～17:30(土曜13:00～17:30は電話対応のみ)
  休日曜、祝日

- ●三菱UFJニコス ハローデスク
  MAP P.75-2D
  住7 Raffles Blvd., 2F Pan Pacific Singapore(JTB内)
  ☎6735-2315
  営10:00～18:30　休無休

申請に要する期間と受領日
申請後1週間から10日で旅券が発給される。受領日には、申請時に渡された旅券受理票、および発給手数料(5年用パスポート1万1000円、10年用パスポート1万6000円)を持って本人が受領に行く。

海外旅行保険

保険に加入するしないはすべて任意で、普通のツアーなどには保険はセットされていない。ただ、旅先で不慮の事故に遭ったりすることもないとはいえないので、できることなら加入しておこう。安心料だと思えば、決して高くはないはずだ。

保険の種類
海外旅行保険は、まず基本契約として傷害保険(死亡・後遺障害・治療費用)、さらに特約として疾病保険(治療費用・死亡)、賠償責任保険(旅行中に他人を傷つけたり、物を破損したときに支払われる)、救援者費用保険(事故に遭った際、日本からかけつける人の費用に充当される)、携行品保険(旅行用の荷物が盗難、破損されたときに支払われる)がある。

上手な加入の仕方
一般に海外旅行保険は、前記の項目がすべてカバーされたセットの形で販売されているが、加入項目や金額を自分で設定することも可能。料金は旅行期間、各項目の保険金額によって異なるので、自分の状況などを考慮して申し込むとよい。

最近、クレジットカードで海外旅行保険が付帯サービスされるケースも増えてきている。このような場合では、すべての項目がカバーされることは少ないので、別に保険に加入しておくことをすすめる。その場合、旅行会社のカウンターなどで相談すれば、上手な加入方法を教えてくれるはずだ。

クレジットカード

シンガポールでのクレジットカードの通用度は極めて高く、ほとんどのショッピングセンターやホテル、レストランで利用できる。換算レートも現地で両替する場合とほぼ同じなので、旅行中はむしろクレジットカードでの支払いをメインにするのもいいだろう。これにより、持ち歩く現金が少なくて済むなど安全面のメリットも生まれる。

また、海外でICカード(ICチップ付きのクレジットカード)を使ってショッピングをする際には、サインのほかに、暗証番号(英語でPIN、あるいはPIN Code)の入力が必要になる場合がある。暗証番号がわからない場合は、日本出発前にクレジットカード会社に確認しておこう。もうひとつ注意したいのは、店独自のレート(お客が不利なケースが多い)で日本円に換算して、日本円で請求されることもあるということ。サインをする際にしっかり確認し、不満があればシンガポール・ドルでの請求に改めてもらおう。

旅の準備 — お金の持っていき方・換え方

お金の持っていき方

日本円で持っていくのがベスト

どうも海外旅行というと「米ドルを持っていくのが一番！」と信じきっている人が多いようだ。確かに資本主義大国アメリカの通貨は、どこへ行っても両替できるしレートも悪くない。だが、日本円も国際的に決して弱い通貨ではない。何よりアジアでは安定した通貨として受け入れられており、ことシンガポールへ行く場合には、米ドルよりも日本円を持っていくほうをすすめる。それに日本円からシンガポール・ドルへ換金するだけなら、両替手数料も1回で済む（米ドルだと、日本円→米ドル→シンガポール・ドルと2回の手数料がかかる）。

クレジットカードを使用するなら

コーヒー1杯からクレジットカードが使えるシンガポールはカード社会だ。個人商店や屋台、公共交通機関を除けば、ほとんどの場所でクレジットカードが使える。空港内、市内の銀行、MRT駅、市内のショッピングセンターなど数多くの場所にATMが設置されており、クレジットカードをはじめ、デビット、プリペイドカードでシンガポール・ドルの引き出しが可能。カード使用を中心に考えれば、3泊4日の旅行なら現金は数万円あればよいだろう。

ショッピングには日本円も使える

有名店では、日本円の現金もそのまま受け取ってくれる。ただしレートは店によってさまざまなので、あらかじめ両替レートを調べてから日本円を使おう。なお、日本円を使用した場合は、通常、おつりはシンガポール・ドルで返ってくる。

シンガポールの紙幣とコイン

紙幣は$2、$5、$10、$50、$100、$1000、$10000がある。$2、$5、$10はプラスチック製

コイン各種。上の段、左から$1、¢50、¢20、下の段、左から¢10、¢5、¢1。¢1は現在ほとんど流通していない

2013年に発行となった硬貨 
左から$1、¢50、¢20、¢10、¢5。シンガポールのアイコン的スポットがデザインされており、$1にはマーライオンが描かれている

READER'S VOICE

現地係員に会う前にまず両替

パッケージツアーで行くと、税関を出た所で現地係員が待っており、迎えるなりさっさと送迎バスのほうへ連れて行ってしまう。「両替がしたい」と申し出たところ「私が持っているから」ということで、バスの中で両替したのだが……。あとで調べてわかったのだが、確かに現地係員の両替レートはホテルよりはいいが、やはり市中の両替商や空港の両替所に比べると少し落ちるようだ。空港では預けた荷物が出てくるまで少し時間があるはずなので、その間に両替してしまうのがいいと思う。
（北海道　曳地有貴）[19]

コピー商品の購入は厳禁！

旅行先では、有名ブランドのロゴやデザイン、キャラクターなどを模倣した偽ブランド品や、ゲームや音楽ソフトを違法に複製した「コピー商品」を、絶対に購入しないように。これらの品物を持って帰国すると、空港の税関で没収されるだけでなく、場合によっては損害賠償請求を受けることも。「知らなかった」では済まされないのだ。

お金の換え方

シンガポールに日本円を持っていったら、これをシンガポール・ドルに換える必要がある。一部の店を除いてホテル、レストラン、街の商店やタクシー代などは、シンガポール・ドルで支払わなければならない。両替は、空港や市内の銀行、ホテル、マネーチェンジャーと呼ばれる両替商でできる。

両替商の利用方法

一般の旅行者にとって便利で両替レートがいい、つまりお得なのはマネーチェンジャー、両替商だ。**公認両替商Authorized Money Changer**という看板が出ている。多くのショッピングセンター内にあり、簡単に両替できる。両替レートは少しずつ異なるので数軒を比較してからどこを利用するか決めるとよい。キオスクまたは旅行会社が両替商を兼ねていることもある。まとまった金額を換えるとレートを有利にしてくれるところもあるが、余ったシンガポール・ドルを再び日本円に換えると手数料が2回分かかって損が出るので、少しずつ換えたほうがいいだろう。

レートがよいのは、オーチャードのラッキー・プラザ（**MAP** P.79-2D）の地下にある両替商。ラッキー・プラザ内には両替商がたくさん入っているが、地下にある店のほうがレートがよい（⏰10:00頃～21:00頃。土・日曜は18:00頃に閉まる店もある）。オーチャード（スコッツ・ロード）のファーイースト・プラザ（**MAP** P.79-2C）内の両替商も比較的レートがよい。両替商が多いのは、オーチャード・ロード界隈、リトル・インディア、アラブ・ストリート周辺。

ホテルでの両替

これはレートが悪いのでできるだけ避けたい。深夜や早朝などに、どうしても緊急に必要となったときに使えるとだけ覚えておこう。

謎のブルネイ・ドル

両替商や銀行で両替すると、まれにシンガポール・ドルに交じって見かけない紙幣を見つけることがある。紙幣をよく見るとブルネイのお金だ。ここで「ダマサレタ！」と大騒ぎをしてはいけない。シンガポール・ドルとブルネイ・ドルは交換率1:1に固定されているため、両国でそのまま使用が認められているのだ。つまりシンガポール中どこでも、シンガポール・ドルと同様に使える。ただし、自動販売機には使えないのでそのつもりで。

また、ブルネイ・ドルを日本へ持ってきた場合、日本円への再両替は難しいので、記念に持ち帰る人以外は、早めの使用を心がけよう。

両替商

両替商を営むのはインド人が多い。計算とコンピューターに強いお国柄を証明しているようである。

日本円からシンガポール・ドルに換える際は「Buy」の欄のレートが適用される

空港の両替所（写真）と街なかの両替商とを同日レートで比較すると後者のほうがレートがよく、1万円で$1.5～2ほどの差

🗣 READER'S VOICE

少額の両替は空港で
街の両替所だと、掲示板に出ているレートで換えてくれるのは1万円分以上で、それ以下の日本円だとかなりレートが悪くなる。空港の両替所のレートは悪いとよくいわれるが、空港だと1000円でも掲示板と同じレートで換えてくれるので、少額のみの両替にはおすすめ。しかも、街の両替と空港はほぼ変わりがなかった。　　　（福岡県　みお）['19]

まとまった額で両替すると多少レートがよくなる
オーチャード・ロードのラッキー・プラザで、まとまった額（10万円単位）を両替すると言って交渉してみたら、地下にある店のいくつかは交渉に応じてくれた。極端にレートがよくなるわけではないが、グループで旅行するなら、みんなでまとめて両替してもよいと思う。
（埼玉県　twsn）['19]

クレジットカードの利用

　クレジットカードで支払う場合、通常シンガポール・ドル払いが適用されるが、円払いになると数％の両替手数料が上乗せされるので注意。また、タクシー運賃をカード払いする場合は、手数料を加算されることが多い。
　クレジットカードのメリットは紛失や盗難に遭っても、カード会社に連絡すればカードを無効にしてくれるという万一の際のフォローだ。また、カード会社によってはショッピングの割引や予約代行など、特典やサービスが付いているので、出発前に手持ちのカードにどんな特典があるのかチェックしておくとよい。

シンガポールで利用しやすいカード

　最もよく使えるのがビザ（Visa）とマスターカード（MasterCard）。ホテルや世界的なブランド店などではJCB、アメリカン・エキスプレス（AMEX）、ダイナースクラブ（Diners Club）も使える。

ATMでの現金引き出し（クレジットカードによるキャッシング）

　海外キャッシュサービスの設定があるクレジットカードを持っていれば、空港やショッピングセンター、コンビニなどに設置されているATMを利用して、シンガポール・ドルの現金を引き出しできる。日本出国前に利用限度額なども確認しておこう。
　日本で口座から引き落とされるのはおおむね1～2ヵ月後。カード会社が決めたその日のレートに規定分が上乗せされ、さらに利息（締め日までの日数により異なる）がかかる。カードのキャッシングは年利18％程度（20日で約1％）の条件が一般的。帰国後にカード会社に支払い金額を確認し、それを指定口座に振り込めば、余分な金利を払わなくて済む。

クレジットカード紛失の際は

　カード発行会社に連絡してカードを無効にしてもらう必要がある。各カード会社の緊急用の連絡電話番号、カード番号と有効期限を控えておこう。また、再発行のため、警察に届け、紛失・盗難証明書「Loss Memo」を発行してもらうこと。

海外専用プリペイドカード

　海外専用プリペイドカードは、外貨両替の手間や不安を解消してくれる便利なカードのひとつだ。多くの通貨で国内での外貨両替よりレートがよく、カード作成時に審査がない。出発前にコンビニATMなどで円をチャージ（入金）し、その範囲内で渡航先のATMで現地通貨の引き出しができる。各種手数料が別途かかるが、使い過ぎや多額の現金を持ち歩く不安もない。下記がおもなもの。
◆クレディセゾン発行「NEO MONEY ネオ・マネー」
◆アクセスプリペイドジャパン発行
　「CASH PASSPORT キャッシュパスポート」
◆アプラス発行「MoneyT Global マネーティーグローバル」
◆マネーパートナーズ発行「ManepaCard マネパカード」

ATMは24時間使える。使い方は日本のものとほぼ同じだが、操作画面は英語での案内となる

クレジットカード使用に手数料がかかることも
　多くの店やレストランではクレジットカードでの支払いが可能だが、カードの種類によって2～4％の手数料を取る店もあるということも知っておこう。

クレジットカード使用の際の注意点
　最近は少なくなったが、スキミングの被害がないわけではない。思いもよらない場所で使われていたりすることがあるので、旅行後は使用明細を必ず確認したほうがよい。

クレジットカード紛失時の連絡先
●アメリカン・エキスプレス
FREE 1800-535-2209
●ダイナースクラブ
☎ 81-3-6770-2796（コレクトコール利用）
●JCB
FREE 001-800-00090009
●マスターカード
FREE 800-1100-113
●VISA
FREE 001-303-967-1090

旅の準備と技術編　お金の持っていき方・換え方

旅の技術　入出国のすべて

eチケット（電子航空券）
従来のような紙の航空券ではなく、予約した便名などを航空会社のコンピューターに記録しておくシステムで、確認書を持ってカウンターに行けば、ボーディングパスを発券してくれる。

機内持ち込み可能な手荷物
原則として1個（縦、横、高さの合計が115cm以内のもの）。また、刃物に該当する物やスプレー類、ガスやオイルなどに加え、100mℓを超える液体物（ジェル状のものも含む）は機内持ち込み禁止。リチウムイオン電池やリチウム電池は機内預けにできず、手荷物で持ち込む場合も制限があるので要注意。

保険加入や両替
空港には複数の保険会社の加入カウンターがあるので、ここで海外旅行保険の加入手続きをしてもいい。両替を扱う銀行もある。

日本入国時の免税範囲
たばこ：紙巻き400本、または葉巻100本、または加熱式たばこ個装等20個。その他の種類と合計した総重量500gまで。
酒類：760mℓ程度の物3本。
香水：2オンス（約56cc）。
一品目ごとの海外小売価格の合計が1万円以下の物（例えば1本5000円のネクタイ2本の場合は免税）。
その他、上記以外の合計が海外小売価格で20万円以内の物。
なお、未成年の場合、たばこ、酒類は範囲内であっても免税にならない。

チャンギ国際空港
MAP 折込表-2C
URL www.changiairport.com
空港インフォメーション
☎6595-6868

空港ターミナルとその連携
チャンギ国際空港にはT1、T2、T3、T4の4つのターミナルがある。利用する航空会社によりターミナルが異なるので注意しよう。T1〜T3のターミナル間は、トランジットエリア、パブリックエリアともにスカイトレインで結ばれている。スカイトレインが動いていない深夜2:30〜5:00は、無料シャトルバスが15分間隔で運行（乗り場は2階）。T1〜T3のターミナル間も動く歩道で移動できる。T4は離れた場所にあり、T2とシャトルバス（所要約10分）が結んでいる（**MAP** P.354）。
[注]表記について
T1：ターミナル1　T2：ターミナル2
T3：ターミナル3　T4：ターミナル4
出国審査に入るまでのエリアをパブリックエリア、出国審査を終えたエリアをトランジットエリアと呼ぶ。

日本出入国

日本出国
空港へは出発時間の2時間前までに到着し、以下の順で手続きを行おう。

◆ **チェックイン**
利用航空会社のカウンターへ行き、パスポートとeチケット（→欄外）の確認書（控えの用紙）を提示して、搭乗券（ボーディングパス）を発券してもらう。大きな荷物は機内預けにする。エコノミークラスの場合、原則としてひとり総重量が20kgまでの航空会社が多いので注意したい（シンガポール航空のエコノミークラスの場合、日本〜シンガポール間のフライトでは30kgまで）。荷物を預けたら、手荷物引換え証（バゲージ・クレーム・タグ）をくれるので、目的地が合っているか確認し、保管しよう。

成田国際空港のチェックインカウンター。旅はもう、ここから始まっている

◆ **手荷物検査**
荷物はX線検査機へ、自身も検査ゲートをくぐりチェックを受ける。また、100mℓを超えるあらゆる液体物は機内へ持ち込めないので要注意。液体物は100mℓ以下の容器に入れ、1ℓ以下のファスナー付き透明プラスチック袋に入れてある場合のみ持ち込み可能（医薬品、ベビーミルクなど一部例外あり）。

◆ **税関**
外国製品、貴金属を持って出国する場合は「外国製品の持出届け」に記入し、現物を提示し申告する。帰国時にシンガポールで買った物とみなされ、課税の対象にならないようにするためだ。

◆ **出国審査**
パスポートと搭乗券を係官に差し出せば、パスポートに出国印を押して戻してくれる。※成田、羽田、中部、関西、福岡の各空港では出国・入国審査で本格的に顔認証ゲートが導入された。

◆ **出発ゲートへ**
搭乗便のゲートから飛行機に乗る。ゲートは出発時刻の30分前から10分前まで開かれている。遅れないように気をつけよう。

日本入国（帰国）
飛行機から降りると検疫があるが、シンガポールの場合は申告不要（体調不良の場合は健康相談室へ）。その後、入国審査のカウンターでパスポートを提示して、入国スタンプをもらう。ターンテーブルで預けた荷物を受け取り、税関検査へ。持ち込み品が免税範囲を超えていたり、別送品がある場合は、機内で配られる「携帯品・別送品申告書」（2枚）に数量などを記入し、赤いランプの検査台へ行き、係官に提出。免税範囲内の人も申告書（1枚）に必須事項を記入して緑のランプの検査台へ並ぶ。

シンガポール入出国

島国シンガポールへの入国の方法は、空路を飛行機でアプローチする方法、ジョホール海峡をバスまたは列車で越える方法、さらにマレーシア、インドネシアから船で海から入る方法の3通りある。

飛行機での入出国

入国

◆「空港都市」チャンギ国際空港へようこそ

チャンギ国際空港Changi International Airportは、シンガポール本島の東端のチャンギ・ビーチ近くに位置する。ハイテクを駆使した近代的な空港で、ショッピングセンター、レストラン、医療施設、ホテル、プール、サウナやジムなどの設備を備え、「空港都市──エアトロポリスAirtropolis」の概念を実現している（→P.350〜354）。

トランジットで国際線に乗り継ぐ場合は、すでに搭乗券を持っているなら、案内板を見てそのまま次の便の出発ゲートへ。搭乗券を持っていない人は、乗り継ぎ便が出発するターミナルの乗り継ぎカウンター（サインボードにカウンターA〜Fの表示あり）でチェックインする。

◆入国審査

日本を出発して7時間余り。チャンギ国際空港に着陸して飛行機を降りると、各ターミナルともエスカレーターで1階へ。**入国審査（イミグレーション）**はここにある。

入国審査官に記入済みの**入出国カードE/DCard**とパスポートを一緒に提示する。この際に親指の指紋をスキャンする(指紋認証システム→P.348欄外)。審査後14日、もしくは30日以内滞在可（状況によりどちらかになる）のスタンプがパスポートに押され、入出国カードの半券とともに返してくれる。この半券は出国時に必要となるので、なくさないように保管しよう。まれにシンガポール出国の航空券の提示を求められたり、入国目的や滞在期間を聞かれたりするが、正直に答えておけば問題はない。

各ターミナル発着の主要航空会社
（2019年10月現在）

●T1発着
日本航空、デルタ航空
アメリカン航空
ブリティッシュ・エアウェイズ
ジェットスター・アジア航空
タイ国際航空、カンタス航空
ジェットスター航空
フィリピン航空
カタール航空

●T2発着
全日空
シンガポール航空
スクート、シルクエアー
ユナイテッド航空
ロイヤル・ブルネイ航空
マレーシア航空
ルフトハンザ ドイツ航空

●T3発着
シンガポール航空
チャイナ・エアライン
中国東方航空
ジェット・エアウェイズ
アシアナ航空

●T4発着
キャセイパシフィック航空
大韓航空、エアアジア
ベトナム航空
セブパシフィック航空

入出国カード

Full Name in Passport (BLOCK LETTERS)／旅券と同じ氏名（ブロック体）
AYUMI （名、大文字で）
CHIKYU （姓、大文字で）

Sex／性別 ✓Female 女性

Passport Number／パスポート番号
TH1234567 （パスポート番号）

Place of Residence／居住地
City／市（市・区）
CHUO-KU （居住地）
State／県 **TOKYO**　Country／国名（国） **JAPAN**

Flight No/Vessel Name/Vehicle No／フライトNo./船舶名／車両番号
SQ111 （利用便名）

Address in Singapore／シンガポール国内での滞在先住所
MARINA BAY SANDS （シンガポールでの滞在先）

Postal Code／郵便番号
123456 （滞在先郵便番号）

Contact Number／連絡先
（連絡先電話番号）

Full Name in Passport (BLOCK LETTERS)／旅券と同じ氏名（ブロック体）
AYUMI CHIKYU （名前、大文字で）

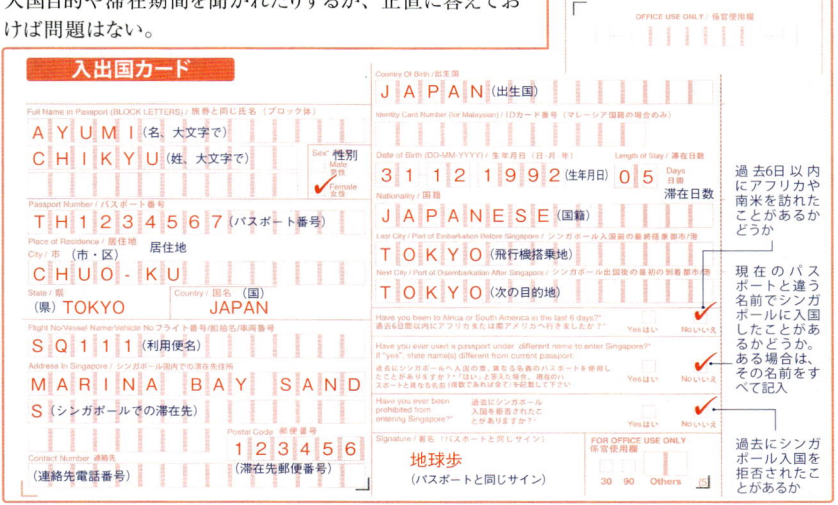

Nationality／国籍
JAPANESE （国籍）

Identity Card Number (for Malaysian)／IDカード番号（マレーシア国籍の場合のみ）

OFFICE USE ONLY／保管使用欄

Country Of Birth／出生国
JAPAN （出生国）

Identity Card Number (for Malaysian)／IDカード番号（マレーシア国籍の場合のみ）

Date of Birth (DD-MM-YYYY)／生年月日（日・月・年）
31　12　1992 （生年月日）
Length of Stay／滞在日数
05 Days 日 滞在日数

Nationality／国籍
JAPANESE （国籍）

Last City/Port of Embarkation Before Singapore／シンガポール入国の最終目的地（都市/港）
TOKYO （飛行機搭乗地）

Next City/Port of Disembarkation After Singapore／シンガポール出国後の最初の到着都市（都市/港）
TOKYO （次の目的地）

Have you been to Africa or South America in the last 6 days?／過去6日以内にアフリカまたは南アメリカへ行きましたか？
Yes はい　✓No いいえ

Have you ever used a passport under different name to enter Singapore? If "yes", state name(s) different from current passport／過去のパスポートへ入国の際、異なる名前のパスポートを使用、またスポートと異なる名前、もし"はい"と答えた場合、現在のパスポートと違う名前をすべて記入
Yes はい　✓No いいえ

Have you ever been prohibited from entering Singapore?／過去にシンガポール入国を拒否されたことがありますか？
Yes はい　✓No いいえ

Signature／署名（パスポートと同じサイン）
地球歩 （パスポートと同じサイン）

FOR OFFICE USE ONLY／保管使用欄
30　90　Others

過去6日以内にアフリカや南米を訪れたことがあるかどうか

現在のパスポートと違う名前でシンガポールに入国したことがあるかどうか。ある場合は、その名前をすべて記入

過去にシンガポール入国を拒否されたことがあるか

※入出国カードは飛行機内、入国審査場の記入デスクにある（上の例のように、日本語説明が併記された用紙もある）。
記入欄の滞在先郵便番号が不明の場合、空欄でも差し支えない。

スカイトレイン
T1～T3間を相互に結ぶモノレール型の乗り物。どのターミナルも2階に乗り場がある。運行時間は5:00～翌2:30の間、2～3分間隔で所要1～4分。無料。

スカイトレインは1～3両編成で運行

自己申告で税金を払う機械
税関の近くにある「Tax Payment Kiosk」というもの。課税対象となる酒、たばこ、贈答品など、その持ち込み量を入力してクレジットカードで支払う。発行されたレシートを税関の係員に渡して検査を受け入国する。

シンガポール入国時の免税範囲
無試と認められるものは、身の回りの品やおみやげなど新たに購入した物で、総額が$500（滞在48時間以内は$100）を超えない量。成人が持ち込める酒類の量は、蒸留酒1ℓ＋ワイン1ℓ、蒸留酒1ℓ＋ビール1ℓ、ワイン1ℓ＋ビール1ℓ、ワイン2ℓ、ビール2ℓの5通りの組み合わせ以内の量なら免税となる。たばこは1本から申告が必要で、1g（または1本）につき¢42.7、目安としてメビウス1カートンで約$85.4課税されるが、数本の場合は課税免除されることも多い（ただし申告は必ず行うこと）。申告した場合、税金の領収証を保管し、いつでも証明できるようにしておきたい。シンガポール国内で流通するたばこ1本1本に「SDPC」のマークが印字され、持ち込みたばこにこの規制が強化されている。

電子たばこはシンガポールにおいて輸入・販売が禁じられており、所持も罰金の対象になるため、持ち込まないように。

また、$2万（または外貨相当額）以上の通貨は申告が必要。

◆シンガポール税関
URL www.customs.gov.sg

入出国の指紋認証システム
入国時に指紋のスキャンをすると出国時に自動出国ゲートを1度だけ使用可能になる。自動出国ゲートを使用して出国すると出国スタンプは押されず、出国カードも回収されない。

市内通話無料の公衆電話がある
到着ゲートから入国審査までのエリアに、数ヵ所設置されている。現地通貨を持っていなくてもかけられる。

◆荷物の受け取り
入国審査後に免税店があるので、ここで購入してもよい（日本円も使える）。次は荷物の受け取りだ。到着ホール中央にターンテーブルがいくつか設置されているので、自分が乗ってきた飛行機の便名が表示されている所で荷物が出てくるのを待つ。

荷物を待っている間に、必要なら両替所Money Changerでシンガポール・ドルを入手しておくと時間の無駄がない。レートは市中の両替商とほぼ変わらない。なお、両替所は税関を出た所、到着ロビーにもある。

◆税関
荷物をピックアップしたら**税関Custom**へ。免税範囲（→欄外）を超えている人は赤の通関路で申告、超えていない人は緑の通関路を進む（自己申告で税金を支払う機械もある。→欄外）。申告がない場合は、荷物検査を受けることはほとんどない。しかし、シンガポールは麻薬の取り締まりが厳しく、たとえ誰かに頼まれた荷物であっても、中から麻薬類が出てくると厳罰が科せられる。

◆バス停またはタクシー乗り場へ
税関を抜けて自動扉を出ると到着ロビー。いよいよシンガポールだ。ツアーで来た人はここで現地ガイドが出迎えてくれる。到着ロビーには中央にインフォメーションカウンター、左右にシンガポール・ビジター・センターやホテル予約カウンターがある。各種インフォメーション、地図や観光案内などを入手しておくとよい。ホテルが決まっていない場合、中級以上のホテルならここで予約できるし、エコノミーホテルを紹介してもらうことも可能だ。さあ、ここからバスやタクシー、またはMRT（→P.359）でシンガポールの市内へ移動しよう。

市内への行き方は「空港から市内へ」（→P.358）を参照。

出国

チャンギ国際空港の出発ホールDeparture Hallは各ターミナルの2階にある。まずは飛行機の**チェックインCheck In**を行おう。チェックインカウンターは航空会社ごとに分かれており、それぞれに番号が付いている。航空会社によっては複数のカウンターをもっている。電光掲示板（サインボード）でこれから乗る飛行機の便名とカウンターの番号を確認しておこう。チェックインカウンターはさらにファーストクラス、ビジネスクラス、エコノミークラス（団体と個人に分かれていることもある）の窓口に分かれている。チェックインの際に座席の希望（窓側や通路側など）があればリクエストしてみよう。すいていれば希望の席を確保してくれる。ここでボーディングパス（搭乗券）をもらえばチェックインは終了。空港使用税$34は、通常、航空券に含まれている。

次は**出国審査Immigration**。パスポートと入出国カードの半券を提出し、指紋認証のため入国同様指紋をスキャン。審査後パスポートに出国スタンプを押して返してくれる。この審査を終えたら、出発ゲートへ。**ゲート入口で手荷物検査が行われる**。トランジットエリアで購入した飲み物や開封した液体物の免税品は検査で没収されるので要注意。

出発ゲートの番号はボーディングパスに明記されている。飛行機への搭乗は出発約30分前ということになっているので、それまで時間がある場合は、ショッピングを楽しむことができる。免税店、ギフトショップ、

書店、コーヒーショップなどあらゆる種類の店がある。また、まれに出発ゲートが変更されることもあるので、構内アナウンスにも注意したい。

バスでの入出国

入国

マレーシアからバスでジョホール海峡を越える場合、国境の町、ジョホール・バルのイミグレーションで出国手続きをする。当地のイミグレーションビルはL1にバス乗り場、L2にオフィス、L3に入国、出国両方の審査場があり、JBセントラル駅（→欄外）、さらにショッピングセンターのシティ・スクエアと陸橋でつながっている。

マレーシア各地からやってきたバスはイミグレーションビルのL1で停車。L3へエスカレーターで上がり、外国人用のカウンターで出国審査を受ける。出国審査を終えたら、前方に進み、バス乗り場のプラットホームA、プラットホームB（利用するバスによる）のどちらかにエスカレーターで下りる。

また、シンガポールからジョホール・バルに来てシンガポールに戻る場合は、シティ・スクエアL3の陸橋（OLD Town White Coffeeのそばにある）を通ってJBセントラル駅へ行き、さらにそこから陸橋でイミグレーションビルへ。同様に出国審査を終え、バス乗り場からシンガポール行きのバスに乗る（詳細は→P.356）。

バスに乗車し、コーズウェイを渡り終えると、すぐにシンガポールの入国審査。入出国カードは、入国審査のカウンターに並ぶ手前にある。カードを記入したら、入国審査のカウンターへ並ぶわけだが、ここは3つに分かれていて、"Singapore Passports"、"Malaysia Passports"、"Other Passports"となっている。日本人は**"Other Passports"**の列に並ぶ。ここでは、パスポート、入出国カードのほか、シンガポール出国のための航空券が必要となる。航空券がない場合は所持金の提示が求められ、USドルで換算してUS$300～500を持っていることが、シンガポール入国の最低の目安となっている。もっとも、日本人の場合は信用があるためか、何も聞かれないで通過できることが多い。

入国審査の次は税関。ここではX線チェックなどの荷物検査がある。

なお、バスを使って来た場合、バスのチケットは最終地点までなくさないように。入国審査の前でバスを降り、入国審査を終えて再びバスに向かう間に、自分の乗ってきたバスは出発してしまう。入国審査を終えたあとに乗るのは、同タイプ（同会社）の別のバスで、その際、車掌にチケットを見せる必要があるからだ。ここから市内までは所要30～40分。

出国

入国の場合と同様にカウンターが分かれており、日本人は"Other Passports"の列に並ぶ。出国審査は飛行機の場合と同じように、パスポートを提示し入出国カードの半券を提出する。当然ながら陸路での出国には空港使用税はない。出国審査を済ませたら、階下に下りて再度同じ番号のバスに乗り込み、ジョホール・バル側のイミグレーションへ向かう。ジョホール・バルの入国詳細はP.185欄外を参照。シンガポールからマレーシア各都市へのバスはP.356の「マレーシアへの長距離バス」を参照。

旅の準備と技術編 ▶ 入出国のすべて

シンガポール持ち込み禁止品

チューインガム、噛みたばこの類、電子たばこ、ピストル型のライター、花火や爆竹、わいせつな雑誌やビデオ等、麻薬は持ち込みが禁止されている。麻薬所持はトランジットであろうと裁判なしに死刑に処される。他人の荷物は預からないように、また、手荷物も管理には注意したい。

リコンファーム

シンガポールに乗り入れている航空会社は、原則的にリコンファーム不要。ただし、航空券の種類などによっては必要な場合もあるので、出発前に確認のこと。

出国の際の消費税（GST）払い戻し

GSTの払い戻し方の詳細はP.247を参照のこと。
空港ではGSTリファンドに行き、eTRS（自動認証システムによる払戻制度）のセルフサービス・キオスクの機械で、eTRS用のトークンとして使用したクレジットカード、またはeTRSチケット（免税書類）とパスポートを読み込み、手順に従って操作する。その後必要に応じて隣の税関検査のカウンターで購入品の検査を受ける。GSTリファンドは2ヵ月以内、機内預けの荷物に購入商品を入れる場合は、出発チェックインホール（出国審査の手前）で。機内持ち込み手荷物にする場合は搭乗手続き後、出国乗り継ぎラウンジ（出国審査の後）で行う。

GSTリファンドにあるeTRSセルフサービス・キオスク

JBセントラル駅
JB Sentral Station

2010年、旧ジョホール・バル駅の北側にできた駅。JBセントラル駅の開業にともなってジョホール・バル駅は閉鎖された。駅内には両替商、レストラン、観光局などがある。

JBセントラル駅の鉄道切符売り場

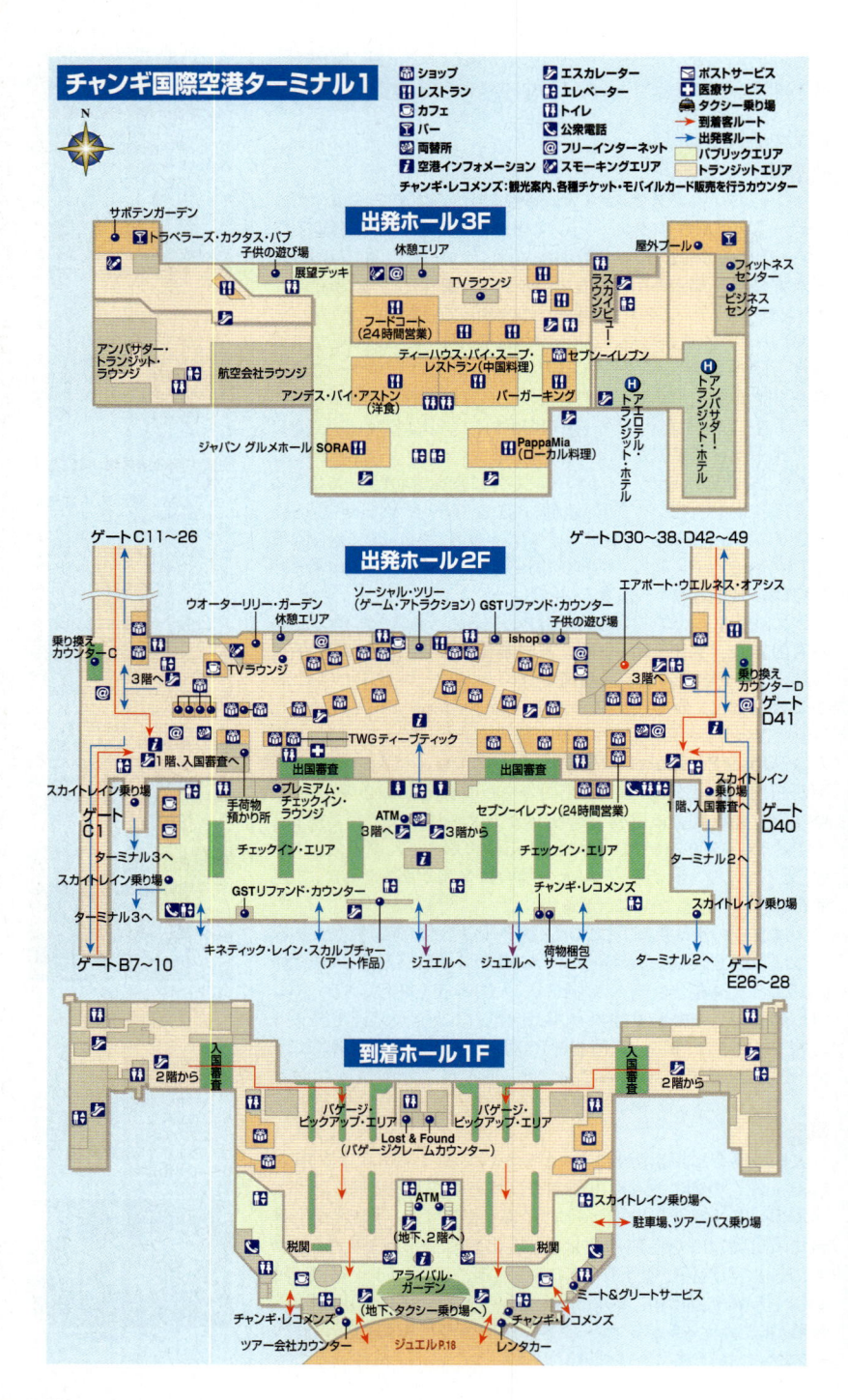

チャンギ国際空港ターミナル1

- ショップ
- レストラン
- カフェ
- バー
- 両替所
- 空港インフォメーション
- エスカレーター
- エレベーター
- トイレ
- 公衆電話
- フリーインターネット
- スモーキングエリア
- ポストサービス
- 医療サービス
- タクシー乗り場
- 到着客ルート
- 出発客ルート
- パブリックエリア
- トランジットエリア

チャンギ・レコメンズ：観光案内、各種チケット・モバイルカード販売を行うカウンター

出発ホール3F

- サボテンガーデン
- トラベラーズ・カクタス・バブ
- 子供の遊び場
- 展望デッキ
- 休憩エリア
- TVラウンジ
- 屋外プール
- フィットネスセンター
- ビジネスセンター
- アンバサダー・トランジット・ラウンジ
- 航空会社ラウンジ
- フードコート（24時間営業）
- ティーハウス・バイ・スープ・レストラン（中国料理）
- スカイビューラウンジ
- セブン-イレブン
- アンバサダー・トランジット・ホテル
- アンデス・バイ・アストン（洋食）
- バーガーキング
- アエロテル・トランジット・ホテル
- ジャパン グルメホール
- SORA
- PappaMia（ローカル料理）

出発ホール2F

ゲートC11～26　　ゲートD30～38、D42～49

- 乗り換えカウンターC
- ウオーターリリー・ガーデン 休憩エリア
- ソーシャル・ツリー（ゲーム・アトラクション）
- GSTリファンド・カウンター
- 子供の遊び場
- エアポート・ウエルネス・オアシス
- TVラウンジ
- 3階へ
- ishop
- 3階へ
- 乗り換えカウンターD
- ゲートD41
- TWGティーブティック
- 1階、入国審査へ
- 出国審査
- 出国審査
- スカイトレイン乗り場
- スカイトレイン乗り場
- ゲートC1
- ターミナル3へ
- スカイトレイン乗り場
- ターミナル3へ
- 手荷物預かり所
- プレミアム・チェックイン・ラウンジ
- ATM
- 3階へ
- 3階から
- セブン-イレブン（24時間営業）
- チェックイン・エリア
- 1階、入国審査へ
- ターミナル2へ
- ゲートD40
- チェックイン・エリア
- GSTリファンド・カウンター
- チャンギ・レコメンズ
- スカイトレイン乗り場
- ゲートB7～10
- キネティック・レイン・スカルプチャー（アート作品）
- ジュエルへ
- ジュエルへ
- 荷物梱包サービス
- ターミナル2へ
- ゲートE26～28

到着ホール1F

- 2階から
- 入国審査
- 入国審査
- 2階から
- バゲージ・ピックアップ・エリア
- バゲージ・ピックアップ・エリア
- Lost & Found（バゲージクレームカウンター）
- ATM（地下、2階へ）
- スカイトレイン乗り場へ
- 税関
- 税関
- 駐車場、ツアーバス乗り場
- アライバル・ガーデン（地下、タクシー乗り場へ）
- ミート＆グリートサービス
- チャンギ・レコメンズ
- チャンギ・レコメンズ
- ツアー会社カウンター
- ジュエルP.18
- レンタカー

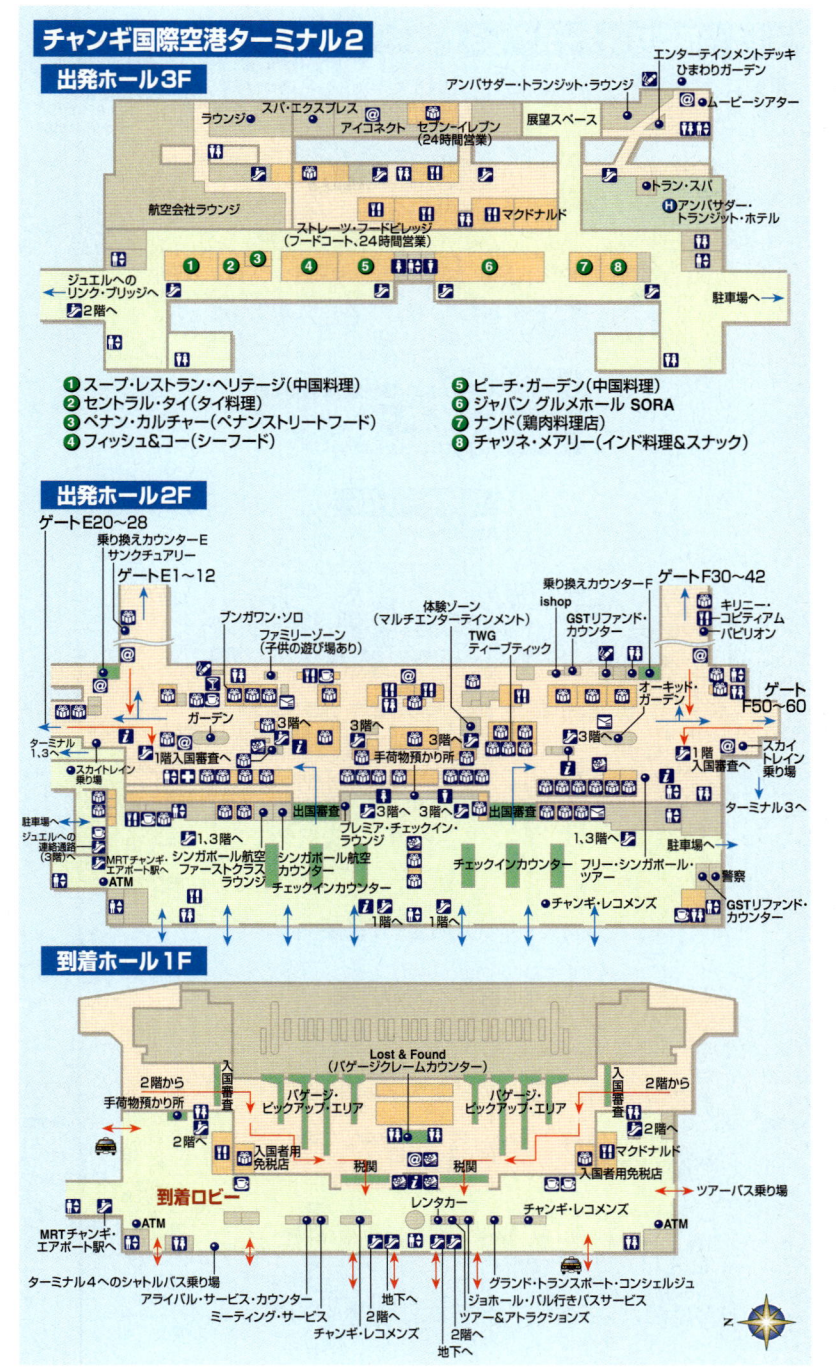

チャンギ国際空港ターミナル2
出発ホール3F

- ❶ スープ・レストラン・ヘリテージ(中国料理)
- ❷ セントラル・タイ(タイ料理)
- ❸ ペナン・カルチャー(ペナンストリートフード)
- ❹ フィッシュ&コー(シーフード)
- ❺ ビーチ・ガーデン(中国料理)
- ❻ ジャパン グルメホール SORA
- ❼ ナンド(鶏肉料理店)
- ❽ チャツネ・メアリー(インド料理&スナック)

出発ホール2F

到着ホール1F

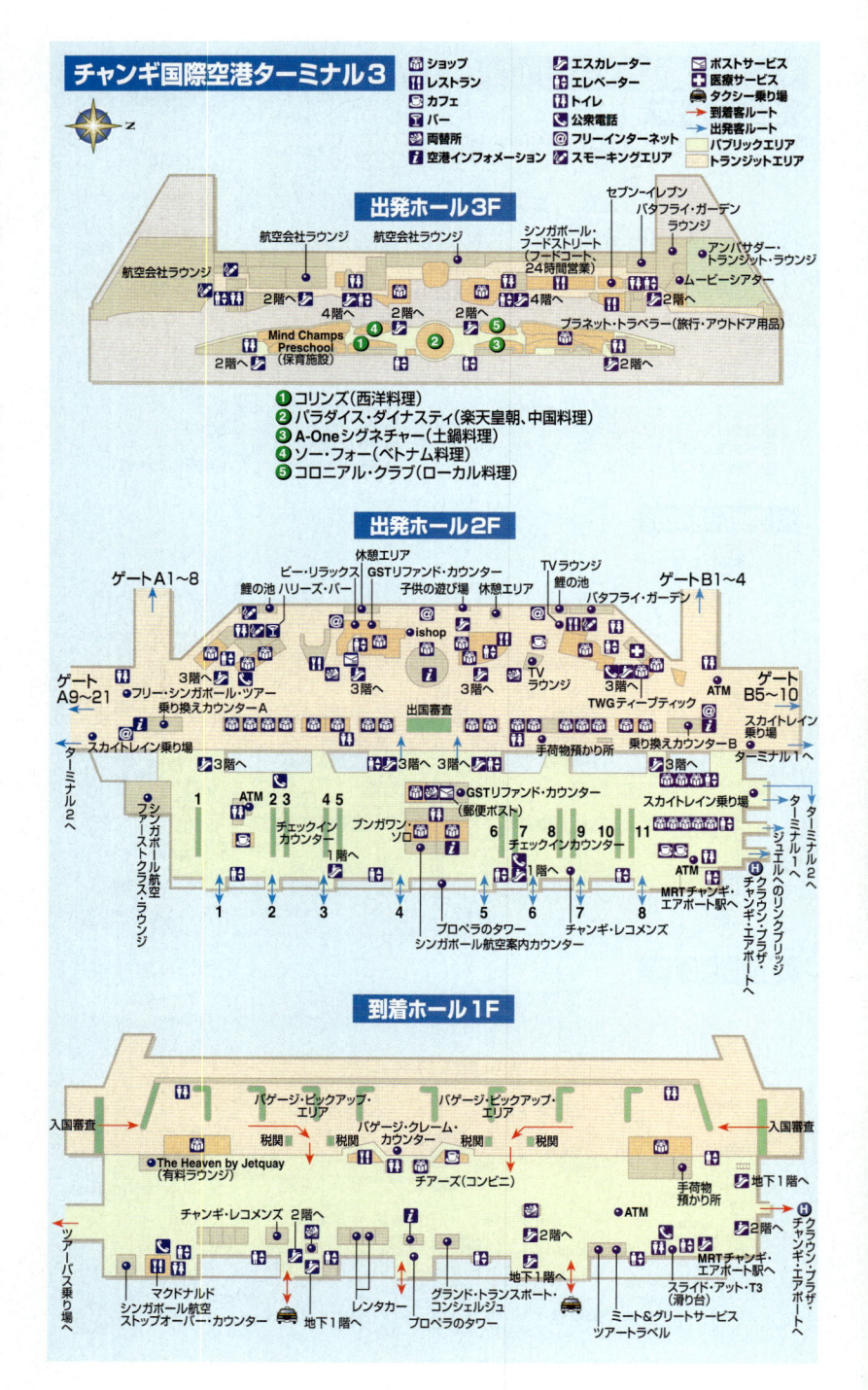

チャンギ国際空港ターミナル3

- ショップ
- レストラン
- カフェ
- バー
- 両替所
- 空港インフォメーション
- エスカレーター
- エレベーター
- トイレ
- 公衆電話
- フリーインターネット
- スモーキングエリア
- ポストサービス
- 医療サービス
- タクシー乗り場
- → 到着客ルート
- → 出発客ルート
- パブリックエリア
- トランジットエリア

出発ホール3F

航空会社ラウンジ　航空会社ラウンジ　シンガポール・フードストリート（フードコート、24時間営業）　セブン-イレブン　バタフライ・ガーデンラウンジ
航空会社ラウンジ　　　　　　　　　　　　　　　　　　　　　　　　　　　　　　　　　　　アンバサダー・トランジット・ラウンジ
2階へ　4階へ　2階へ　　　2階へ　　4階へ　　　　　　　　　　　　2階へ　ムービーシアター
　　　　　　　　　Mind Champs Preschool　　　　　　　プラネット・トラベラー（旅行・アウトドア用品）
2階へ　　　　　　　　　　　1　4　　　　　2　5
　　　　　　　　　　　　　　　　　　　　　　　　　　　　　　　　　2階へ
　　　　　　　　　　　　　　　　　　3
　　　　　　　　　　　　　　　　（保育施設）

1. コリンズ（西洋料理）
2. パラダイス・ダイナスティ（楽天皇朝、中国料理）
3. A-Oneシグネチャー（土鍋料理）
4. ソー・フォー（ベトナム料理）
5. コロニアル・クラブ（ローカル料理）

出発ホール2F

ゲートA1～8　　　　鯉の池　ビー・リラックス　休憩エリア　　TVラウンジ　　　　　　　　　　　ゲートB1～4
　　　　　　　　　　　　　ハリーズ・バー　GSTリファンド・カウンター　鯉の池　バタフライ・ガーデン
　　　　　　　　　　　　　　　　　子供の遊び場　休憩エリア
　　　　　　　　　　　　　　　　　　　　ishop
ゲートA9～21　3階へ　　　　　　　　　　　　　　　　　TVラウンジ　　3階へ　　　　ATM　ゲートB5～10
　　　　　フリー・シンガポール・ツアー　　　3階へ　　　　　　　　　　　　　　　　TWGティーブティック
　　　　　乗り換えカウンターA　　　　　出国審査
　　　スカイトレイン乗り場　　　　　　　　　　　　　　　手荷物預かり所　乗り換えカウンターB　スカイトレイン乗り場
ターミナル2へ　3階へ　　　　　　3階へ　3階へ　　　　　　　　　　　　　3階へ　　　　　　　ターミナル1へ

　　　シンガポール航空　1　ATM　2 3　4 5　　GSTリファンド・カウンター　　　　　　　ターミナル1へのリンクブリッジ
　　　ファーストクラス・ラウンジ　チェックイン　プンガワン　　（郵便ポスト）　　　　スカイトレイン乗り場
　　　　　　　　　　　　　カウンター　ソロ　　6 7　8 9 10 11　　　　　ジュエル・チャンギ・エアポートへ
　　　　　　　　　　　1階へ　　　　　　　　　チェックインカウンター　　　　　ATM
　　　　　　　　　　　　　　　　　　　　　　　　　　　　　　　　　MRTチャンギ・　クラウン・プラザ・
　　　　　　　　1　2　3　　　　4　　　5　　　6　7　　　　8　　　エアポート駅へ　チャンギ・エアポートへ
　　　　　　　　　　　　　　　　プロペラのタワー　　　　チャンギ・レコメンズ
　　　　　　　　　　　　　　　シンガポール航空案内カウンター

到着ホール1F

　　　　　　　　　　バゲージ・ピックアップ・エリア　　バゲージ・ピックアップ・エリア
入国審査　　　　　　　　　税関　バゲージ・クレーム・カウンター　税関　　　　　　　　　　　　入国審査
　　　　　　　　　　　　　　税関　　　　　　　　　税関
　　　　The Heaven by Jetquay　　　　　　チアーズ（コンビニ）　　　　　　　　　　　　　地下1階へ
　　　　（有料ラウンジ）　　　　　　　　　　　　　　　　　　　　　手荷物預かり所
　　　　　チャンギ・レコメンズ　2階へ　　　　　　　　　2階へ　　ATM　　　　2階へ　　　　クラウン・プラザ・
ツアーバス乗り場　　　　　　　　　　　　　　　　　　　　　　　　　　　　MRTチャンギ・　チャンギ・エアポートへ
　　　　　マクドナルド　　　　　　　　　　　　　　　　　　　　　　　　　エアポート駅へ
　　　　　シンガポール航空　　レンタカー　グランド・トランスポート・　ミート＆グリートサービス　スライド・アット・T3（滑り台）
　　　　　ストップオーバー・カウンター　地下1階へ　コンシェルジュ　ツアートラベル
　　　　　　　　　　　　　　　　　　　　プロペラのタワー

352

Column

チャンギ国際空港徹底ガイド

左/自動チェックイン機が並ぶT1の出発ホール 中/T3は自然光をふんだんに取り入れ、エコを重視した造り 右/T4の出発ホール（トランジットエリア）にはプラナカンの家並みを模した店の並びがあった

ターミナルは4つある

　国際空港ランキングで上位をキープする、設備もサービスも評価の高いアジアのハブ空港。従来の3つのターミナルに加えて、ターミナル4（T4）が2017年に開港した。さらなる旅客輸送量アップを目的としたもので、T2の南、シャトルバスで約10分の所に建設された。すべての航空会社が自動チェックイン機と自動手荷物預け機を使っての搭乗手続きをとり、効率化を図っている。2階建てで22万5000m²。シンガポールの文化や伝統遺産を投影したデザインだ。

◆最大規模のターミナル3

　4つのターミナルのなかでも2008年開業のT3は38万m²と広く、設備も最新鋭。地下3階から地上4階の7階建てで、5フロアの高さまでそびえるグリーンウオール（植物の壁）が圧巻。地下2階にはショッピングモールがある。

※以下は、エリア名を記載したもの以外、トランジットエリアにある。

チャンギ国際空港のエンタメ&家族向け施設

◆ムービーシアター Movie Theatre (T2：3階、T3：3階)

　T2とT3には大型スクリーンの本格ミニシアターがある。T2では最新映画のラインアップ、T3では異なるジャンルの映画が24時間楽しめる。
☎24時間（メンテナンスのためT2は木曜22:00～翌4:00、T3は木曜13:00～18:00の時間帯は閉鎖）　料無料

◆エンターテインメント・デック Entertainment Deck (T2：3階)

　エックスボックス360やプレイステーション3などで遊べるほか、プラズマテレビで音楽番組MTV放送が楽しめる。カフェテリアもある。

◆スライド・アット・T3　Slide@T3 (T3：1階)

　1階パブリックエリアにあるらせん形の巨大滑り台。ビルの4階に相当する12mの高さから、秒速6メートルの速度で滑り下りる。ビル1.5階分の高さの滑り台も併設。チャンギ空港の商業施設の$10分のレシートで1回滑れる。
☎12:00～22:30　※身長制限があり、130cm以上。ステンレス板で作られた巨大滑り台

◆ファミリーゾーン Family Zone (T2：2階)

　オムツ交換室、授乳室、プレイエリアなど幼児を連れての旅行に最適な施設。

◆プレイグラウンド Playground (T1：2階、3階、T3：B2階、2階、T4：2階)

　1～12歳の子供を対象にしたキッズスペース。T1、T3はパブリックエリア、トランジットエリア両方にある。☎24時間

◆ジャパン グルメホール SORA JAPAN Gourmet Hall SORA (T1：3階、T2：3階)

　マグロ丼や天丼、ラーメン、カツカレー、お好み焼きなどの店がフードコート状に展開し、気軽に利用できる。
☎6242-9087(T1)、6386-7005(T2)　営T1：10:00～23:00（金・土曜、祝日前日～翌2:30）、T2：10:00～23:00（ラストオーダー 22:00） 
T1、T2ともパブリックエリア内。写真はT2の店

リラクセーション施設

◆プール、フィットネスセンター (T1：3階)

　屋外プールがあり、空港とは思えないリゾート気分が味わえる。ジャクージやプールサイドバーも完備。すぐ近くにフィットネスセンターもある。
営6:00～24:00　料プール、フィットネスセンターとも各$17

◆有料ラウンジ

プラザ・プレミアム・ラウンジ Plaza Premium Lounge (T1：3階)
　飲み物や食べ物が用意されたラウンジのほか、仮眠室やくつろげるソファ、シャワーなどもある。
☎6443-2730　営24時間

アンバサダー・トランジット・ラウンジ Ambassador Transit Lounge (T2：3階、T3：3階)
　T2ではマッサージ、ヘアカットなども可能。
T2☎6214-1778　T3☎6507-9798　営ともに24時間

◆スパ・マッサージ

トラン・スパ TranSpa (T2：3階)
　アンバサダー・トランジット・ホテル（→P.354）内にある総合サロン。全身マッサージ、足マッサージ、ネイルケアやフェイシャルなどもできる。男性も利用できる。
T2☎6542-2849　営11:00～21:00

旅の準備と技術編 ▶ チャンギ国際空港ガイド

◆リフレッシュできる屋外ガーデン

T1：3階のサボテンガーデンCactus Gardenは規模が大きい。北南米に分布するサボテンとその仲間の植物約40種類が見られる。T2の3階にはひまわりガーデンSunflower Gardenがあり、ともにスモーキングエリアが隣接している。T3の2＆3階にはトロピカルガーデンの中に蝶が飛ぶバタフライ・ガーデンButterfly Gardenがある。

乗り継ぎ客専用のホテル

◆アンバサダー・トランジット・ホテル
Ambassador Transit Hotel (T2、T3ともに3階)

バスルーム付きのスタンダードルームとシャワー、トイレ共同のバジェットルームがある。使用する人数で料金が設定されている。基本料金は6時間使用で、それ以上は延長料金となる。予約は2〜3週間前に。

T2：☎6542-8122　FAX (65) 6542-6122　全54室
T3：☎6507-9798　FAX (65) 6242-8342　全66室
URL www.harilelahospitality.com
🛏スタンダードルーム：Ⓢ$100／Ⓦ$120／3人部屋$145、使用人数が1人増えるごとに$30、1時間延長するごとに$25加算。バジェットルーム：Ⓢ$60、1時間延長するごとに$25加算。シャワー利用のみなら1人$20。税サ込み

◆アエロテル・トランジット・ホテル
Aerotel Transit Hotel (T1：3階)

屋外プールをもつホテル。
☎6808-2388　URL www.myaerotel.com　全70室

ユースフルスポット＆インフォメーション

◆フリーインターネット

各所に設置。ウェブサイトを検索したり、メールをチェックしたり自由に使える。

左／パソコンが設置されている　右／無料の充電スポットもある

◆24時間営業のコンビニ
（T1：2階、T2：2階、3階、T3：3階、T4：1階、2M階）

セブン‐イレブンはT2、T3のトランジットエリアに、チアーズはT2、T3、T4のパブリックエリア、T4のトランジットエリアにある。食料品、日用品、医薬品、トラベルグッズ、おみやげ品まで揃い、便利。🕐24時間

また、T3の地下2階にはスーパーマーケットがあり、食品みやげの買い物に。

T3：フェアプライス・ファイネスト Fairprice Finest
🏠#B2-10　☎6242-6653　🕐7:00〜23:00

◆手荷物預かり所　Baggage Storage

T2、T3ともにトランジットエリア2階にある。パブリックエリアならT1は3階、T2は1階、T3は1階にある。料金は荷物の大きさによって異なり1日$3.21〜。　🕐24時間

◆チャンギ・レコメンズ　Chaigi Recommends

全ターミナル、到着と出発のパブリックエリアに計8ヵ所ある。観光案内（地図やパンフレットあり）、観光ツアーやチケット販売、携帯電話のチップを購入できる。
🕐6:00〜24:00（T2、T3、T4は24時間）

写真のメインブースのほか、小規模なブースもある

◆乗り継ぎ客用の無料市内ツアー Free Singapore Tour (T2、T3ともに2階)

5時間30分以上待ち時間があれば参加可能。専用バスで市内観光地を巡る、約2時間半の無料ツアーを1日6回催行。出発時間によって2種類のツアーがある。申し込みはツアー開始の1時間前まで。ガイドは英語のみ。
🕐7:00〜19:00（T3は18:30、ツアーは9:00〜19:30発）

フリー・シンガポール・ツアーのカウンターはT2とT3のみ

◆医療サービス

救急救命士や医療専門家が常駐。T1は2階、T2は2階と地下、T3は2階と地下2階にある。
☎6543-2223 (T1：2階)、☎6543-1118 (T2：地下)、☎6241-8818 (T3：地下2階)、6543-2223 (医療救急ホットライン)

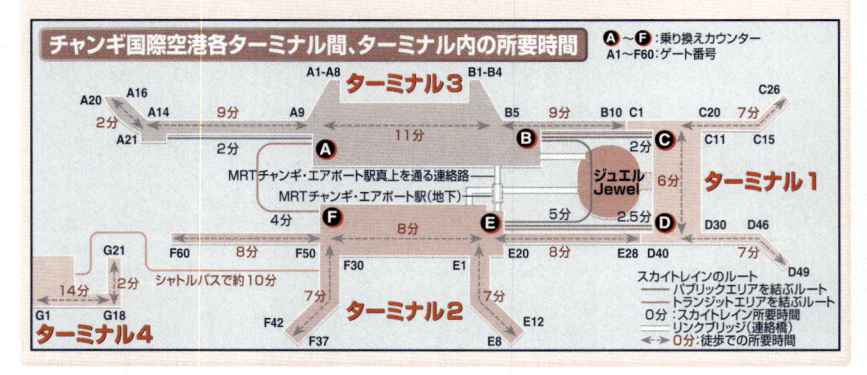

列車での入出国

入国

ここではマレーシア側の国境の町、ジョホール・バルからマレー鉄道（KTM）での入国方法を説明しよう。2011年にタンジョン・パガーにあったシンガポール駅が閉鎖されたため、マレー鉄道のシンガポール側の終着駅はウッドランズ・トレイン・チェックポイントWoodlands Train Checkpoint（MAP 折込表-1B）となった。

ジョホール・バルのJBセントラル駅～ウッドランズ・トレイン・チェックポイント間は列車で約5分。列車は遅れることも多いので、ジョホール・バルからシンガポールへ入国を考えているなら注意が必要。手順は、まずJBセントラル駅構内の切符売り場（3階）でウッドランズ・トレイン・チェックポイントへの切符を購入する。切符は出発時刻の30分前から購入できる。切符を購入したら専用のゲート（出発の約10分前にゲートが開く）を通って2階に下り、マレーシアの出国審査を受ける。その後、1階のプラットホームから列車に乗り込み、約5分ほどでコーズウェイを越えた場所にあるシンガポール側の終着駅、ウッドランズ・トレイン・チェックポイントに到着。そこでシンガポールの入国審査、および手荷物のX線検査、税関検査を済ませる。シンガポールの入出国カードは入国審査カウンター手前にある。

すべての審査を終えてウッドランズ・トレイン・チェックポイントから出て、南方向へ徒歩数分、ウッドランズ・センターロード沿いにタクシースタンドやバス停があるので、そこからタクシーかバスで市内へ向かおう。

出国

シンガポールからの列車での出国は、北部にあるウッドランズ・トレイン・チェックポイントからとなる。まずはシンガポールの出国審査を受け、その後、マレーシアの入国審査および税関検査を受け、列車に乗り込むという手順だ。なお、マレーシア入国審査時に、パスポートにマレーシアの入国スタンプを押してもらえないことが多く、帰りのマレーシア出国時にトラブルが起こることがあるので、必ず行きの鉄道チケットをとっておくこと。

マレー鉄道の運行スケジュール

●JBセントラル駅→ウッドランズ・トレイン・チェックポイント
チケットはイミグレーションビルに隣接するJBセントラル駅（MAP P.186）のチケットオフィスで購入する。ウッドランズ・トレイン・チェックポイント行きの列車は、5:00、5:30、6:00、6:30、7:00、7:30、8:45、10:00、11:30、12:45、14:00、15:15、16:30、17:45、19:00、20:15、21:30、22:45発の1日18本。料金はRM5。

●ウッドランズ・トレイン・チェックポイント→JBセントラル駅
ウッドランズ・トレイン・チェックポイント発の列車は、8:30、9:45、11:00、12:30、13:45、15:00、16:15、17:30、18:45、20:00、21:15、22:30、23:45発の1日13本。料金はRM16。なお、時間や料金は頻繁に変更されるので、マレー鉄道のホームページで事前に確認したほうがよい。（2019年10月現在）

マレー鉄道（KTM）ホームページ
URL ktmb.com.my

ウッドランズ・トレイン・チェックポイントからシンガポール中心部へのバス
No.170：リトル・インディア、ブギス方面（終点はクイーン・ストリート・ターミナル）。

MRTとバスを乗り継いでジョホール・バルへ
MRT南北線で、北部のクランジ駅へ出て、そこからSBSのNo.170か160のバスを利用する方法もある。

Column

マレー鉄道を走る夢の豪華列車　オリエント・エクスプレス

シンガポールからマレー半島を抜けタイのバンコクへいたるマレー鉄道を、あのオリエント・エクスプレスが走っている。車両はニュージーランドで使われていたものを全面改装して造られ、イースタン＆オリエンタル・エクスプレスと命名された。料金は、シンガポールからバンコクまで2泊3日（バンコクからは3泊4日）でプルマンキャビン（2人部屋）1人3025US$～となっている。

現在、1ヵ月に1～3回の割合でシンガポール～クアラルンプール～バンコクを往復している。列車はマレーシアのクアラ・カンサー、映画『戦場にかける橋』の舞台となったタイのカンチャナブリーに立ち寄り、ローカルツアーを楽しむことができる。全線乗車以外に区間ごとの乗車も可能だ。詳しいスケジュール、料金は下記まで。

株式会社ベルモンド・ジャパン
☎6395-0678（シンガポール予約オフィス。英語のみ）
URL www.belmond.com/ja/collection/trains/eastern_and_oriental_express
E-mail reservations.japan@belmond.com

船で入出国、その他のルート

ハーバーフロントに発着するのは、バタム島（バタム・センター、セクパン、ハーバーベイ、ウォーターフロント）やタンジュン・バライ島の各ルート。TMFT発着はビンタン島（ビンタン島リゾートBTT、ローバム、タンジュン・ピナン）とバタム島のノングサプラの各ルート。

●シンガポールクルーズセンター
Singapore Cruise Centre Pte. Ltd.
MAP P.171
住 1 Maritime Square, #07-01 Harbour Front Centre（オフィス）
☎ 6513-2200
URL www.singaporecruise.com.sg
（→次ページへ続く）

船での入出国

　船での入出国はシンガポール〜インドネシア、シンガポール〜マレーシアの場合がある。玄関となるのはシンガポール・クルーズセンターで、ハーバーフロント・センター内の国際旅客ターミナルと、タナ・メラ・フェリーターミナルのふたつがある。ここではビンタン島からの船が発着する後者を例に説明しよう。

入 国

　ビンタン島から約1時間でシンガポールのタナ・メラ・フェリーターミナルTanah Merah Ferry Terminal（以下TMFT）に到着する。TMFTはシンガポール東部、チャンギ国際空港のすぐ近くに位置している。ここでの入国審査はバスや列車同様、入出国カードとパスポートを提示するだけでOK。税関ではX線チェックなどの荷物

Column

マレーシアへの長距離バスとタクシー

バス

　シンガポールからマレーシア各都市へのバス路線網は、よく発達しており、鉄道に比べ便数も多く料金も安いので利用者も多い。

◆両替は出発前に
　長距離バスは、途中で食事や休憩のためのレストストップがある場合もある。ただしRM（マレーシア・リンギット）を持っていなければ、何も買えないし、何も食べられないので、出発前に銀行や両替商でRMを手に入れておこう。

◆長距離バスは全席指定 ※ジョホール・バル行きを除く
　チケットは当日でも入手可能なことが多いが、ホリデイ期間は混み合うので（料金も最大50%ほどアップする）、早めに手配したい。

ジョホール・バル行きのバス

◆クイーン・ストリート・ターミナル
Queen St. Terminal
シンガポール・ジョホール・エクスプレス、コーズウェイ・リンク

　シンガポール・ジョホール・エクスプレス（星柔快車）とコーズウェイ・リンク（Causeway Link）のバス（CW2）がコーズウェイを通ってジョホール・バル郊外のラーキン・バスターミナルまで結ぶ。市内へ行きたい場合はジョホール・バルのイミグレーションで下車する。毎日6:00〜23:45の間に15〜30分間隔で運行。所要40分〜1時間、$3.3〜。
　コーズウェイ・リンクのバスはMRTクランジ駅〜ラーキン・バスターミナル（CW1）、ニュートン・サーカス（MRTニュートン駅前）〜ジョホール・バルの

イミグレーション（CW5）を結ぶ路線も運行。

SBSバス
　SBSのNo.170のバスがブキ・ティマ・ロードを北上して、コーズウェイを通ってジョホール・バルのラーキン・バスターミナルへ向かう。途中の各バス停からも乗車できるので、このバスに乗る場合はわざわざターミナルへ出向く必要はないが、北上するにつれて混雑していくので注意が必要。毎日5:20〜翌0:10の間に12〜20分間隔で運行。所要約1時間40分、$2.6。

　ほかにMRTジュロン・イースト駅発のNo.160、ウッドランズ駅発のSMRTバスNo.950がジョホール・バルのJBセントラル駅隣接のJBセントラル・バスターミナルへ行く。ここからはジョホール・バルにあるスナイ国際空港へ行くシャトルバスが発着している。※ラーキン・バスターミナル、JBセントラル・バスターミナル MAP P.186

クイーン・ストリート・ターミナル
MAP P.84-1B
住 Queen St. 営 6:00〜24:00
休 無休 行き方 MRTブギス駅から徒歩約10分。

◆ジョホール・バルからシンガポールへの帰り方

　クイーン・ストリート・ターミナル行きのシンガポール・ジョホール・エクスプレス、コーズウェイ・リンクかSBSのNo.170のバスを利用する。マレーシアのイミグレーションビルは、JBセントラル駅（→P.349欄外）に直結しており、同ビルL3にアクセス通路が設けられている。建物のL3で出国審査を済ませ、L1に下りた所にバス乗り場がある。ツアーバス、No.160、170のバスを利用する場合はプラットホームAへ、シンガポール・ジョホール・エクスプレス、コーズウェイ・リンク、No.950のバスはプラットホームBから発車。チケットは乗り場で購入。または乗車時に

コーズウェイ・リンク（左）とシンガポール・ジョホール・エクスプレス（右）のバス

ジョホール・バル、イミグレーションビル真下のバス乗り場。表示板を確かめ、乗車するバスの列に並ぼう。週末は混雑する

検査がある。

TMFTから市内への行き方は、公共交通機関を利用するなら、まずNo.35のバスでMRT東西線ベドック駅へ出て、そこからMRTに乗り換えることになる。バスの本数が15〜20分ごとに1本と少ないことや、乗り換えの手間などを考えると、やはりタクシー利用が便利だろう。市内までは$25〜28。ただしフェリー到着時に客待ちしているタクシーの数は十分ではないので、入国手続きを早めに済ませないと、タクシーがやってくるのを待つことになるので要注意。

出国

TMFTの出国審査は、ほかの場合と同じく簡単。パスポート提示と入出国カードの半券を提出するだけで終了だ。

(→前ページから)
● 国際旅客ターミナル
International Passenger Terminal (SCC @ Harbourfront)
MAP P.171
住 1 Maritime Square, Harbour Front Centre
☎ 6513-2200
● タナ・メラ・フェリーターミナル
Tanah Merah Ferry Terminal (SCC@Tanah Merah)
MAP 折込表-2C
住 50 Tanah Merah Ferry Rd., #01-01
☎ 6513-2100
● マリーナ・ベイ・クルーズセンター・シンガポール
Marina Bay Cruise Centre Singapore
MAP 折込表-3B
住 61 Marina Coastal Drv.
URL mbccs.com.sg

料金を支払って入手。シンガポール・ジョホール・エクスプレス、コーズウェイ・リンクはクイーン・ストリート・ターミナルまでRM3.4。両バスはラーキン・バスターミナル、No.170のバスはJBセントラル駅からも乗れる。出発後、シンガポールのイミグレーションで入国審査を済ませ、再びバスに乗り込むと30〜40分で終点到着。(ジョホール・バルの地図は→P.186)

マラッカ、クアラルンプール行きのバス
◆ ゴールデン・マイル・コンプレックス
Golden Mile Complex

ビーチ・ロード沿いにあるゴールデン・マイル・コンプレックスの1階に、マレーシア行きのバス会社のチケットオフィスが並ぶ。バスはエアコン付きで、所要時間はマラッカが約4時間、クアラルンプールは約6時間、その他ペナンやゲンティン行きのバスもある。ティオマン島への船が出航するメルシンへは約3時間30分（3〜10月の乾季限定）。チケットは前日までに買っておけば大丈夫だが、週末は混み合うのでもう少し余裕をもったほうがよい。

ザ・ワン・トラベル&ツアーズ
The One Travel & Tours

ゴールデン・マイル・コンプレックス内のバス会社。シンガポール〜マラッカ、クアラルンプールなどを結ぶ。マラッカ行きは8:45、9:15発の1日2本で$28.7〜33.9（保険込み）。クアラルンプール行（3列シートのVIPコーチ）は1日15本あり、$23.5〜33.9（保険込み）。
住 #01-27 Golden Mile Complex　☎ 6240-6888
URL www.theone.travel　営 7:00〜21:30　休 無休

スリ・マジュ・トラベル&ツアーズ
Suri Maju Travel & Tours

ゴールデン・マイル・コンプレックス内にある。1978年に設立されたマレーシア最大のバスオペレーターのひとつで、128台のバスを所有するスリ・マジュの支社。マラッカ行きは毎日8:00発で$20、ペナン行きは毎日9:00発で$43、クアラルンプール行きは1日5本あり、$20。

住 #01-17 Golden Mile Complex　☎ 6294-8228
URL www.srimaju.com　営 7:00〜23:00　休 無休

その他、クアラルンプールへは、ハーバーフロントから8:00〜20:00の間にエアロライン(Aeroline)社が4〜5本(片道$50)、ノベナ・スクエアから7:30〜18:30の間にファーストコーチ(First Coach)社が6本(片道$36)運行している。

ゴールデン・マイル・コンプレックス
MAP P.85-1D
住 5001 Beach Rd.　行き方 MRTニコル・ハイウェイ駅から徒歩約8分、タクシーなら中心部から約10分。

ジョホール・バル行きのタクシー

クイーン・ストリート・ターミナルとジョホール・バルのラーキン・バスターミナルを結ぶ専用タクシーもある。乗合制で1人一律$12(ジョホール・バルからはRM20)、または1台$48(ジョホール・バルからはRM80)と設定されている。タクシー利用のメリットは速さだけでなく、車内で座ったまま越境できること(入国審査はバスの場合と同じビルで行う)。両ターミナルに専用スタンドがあるので、そこの窓口で申し込む。基本的にターミナル以外では乗り降りできないが、1台料金に上乗せしてターミナル以外での降車を交渉することは可能、ただし、乗り場は各ターミナルのみ。

シンガポール・ジョホール・タクシー・オペレーターズ・アソシエーションに電話をすれば、島内どこからでもピックアップするアレンジが可能。タクシー1台(4人乗り)$70。

シンガポール・ジョホール・タクシー・オペレーターズ・アソシエーション
Singapore Johor Taxi Operator's Association
☎ 6296-7054(オフィス)、6535-3534(予約専用電話)
※クイーン・ストリート・ターミナルのバス乗り場の隣にオフィスとタクシー乗り場がある。

シンガポール〜ジョホール・バル間の専用タクシーは黄色の車体。写真はクイーン・ストリート・ターミナルの乗り場

旅の技術

空港から市内へ

空港から市内への交通手段は、MRT東西線、バス、タクシーなどがある。

エム・アール・ティーMRT

MRT空港線のチャンギ・エアポート駅は、空港のターミナル2とターミナル3を連結するように位置する。東西線に接続している**タナ・メラ駅で乗り換えて市内へ入れる**。空港からシティ・ホール駅間は約30分、$2.4。9〜11分間隔で運行。空港発の運行時間は早朝5:31（日曜、祝日5:59）〜翌0:06だが、タナ・メラ駅からシティ方面への東西線最終電車は23:18発。

バス

ターミナル1、2、3は空港地下にバスターミナルがあり、ターミナル4は到着ホール（1階）を出た道沿いにバス停がある。空港発着の路線は5系統あり、旅行者によく利用されているのは、空港、マリーナ・エリア、オーチャード・ロードを結んで主要ホテルを経由するSMRTのNo.36の巡回バスで、8〜12分間隔で運行（$2.6）。No.24はMRTタナ・メラ駅、ベドック駅、パヤ・レバ駅を経由して、アン・モ・キオ駅へ。No.27はニュータウンのホウガン・セントラル行き。No.53はパシール・リス、セラングーン駅を経由するビシャン駅行き。SMRTのNo.858はイーシュン駅を経由してウッドランズ・バスターミナルへ運行している。どのバスも運行時間はだいたい6:00〜23:00。10〜15分間隔で運行。おつりは出ないので、あらかじめ空港内の両替所で小銭を用意しておこう。

タクシー

空港到着ロビーを出ると、そこがタクシー乗り場になっている。乗り場には、タクシー係の人がいるので、指示に従う。

タクシーは日中から**市内まで$20〜30**（このうち$3〈金〜日曜の17:00〜24:00は$5〉は空港加算料。市内から空港へ向かう場合は不要）。深夜やピーク時だと割り増しになるので（→P.366）、だいたい$30〜45くらいだ。所要時間は20〜30分。なお、タクシーを利用する場合、必ずメーターを作動させているかどうかを確認すること。まれだが、慣れない旅行者とみると、メーターを作動させないで走り、あとで法外な料金を要求してくるドライバーもいるので要注意だ。

エアポート・シャトル・サービス

7人乗りのタクシー（Maxi Cab）が、セントーサ島、チャンギ・ビレッジのホテルを除く市内のホテルと中央商業地区（Central Business District）の任意の場所まで運行。10〜15分間隔で24時間運行している。運賃は大人$9、子供（12歳以下）$6。チャーターの場合は1台$60（最大7名）。各ターミナルの到着ロビーにあるカウンターにて申し込む。また、市内の任意の場所まで4人乗りリムジン・タクシー・サービス（$55）もある。

チャンギ・エアポート駅ターミナル2の改札手前にパッセンジャーサービスがあり、イージー・リンク・カードやツーリスト・パスの販売、デポジットの返金を行っている

ターミナル1に到着した際にMRTを利用したいときは
スカイトレイン（→P.348欄外）でターミナル2へ行き、案内板に従って、地下のMRTの駅へ。

READER'S VOICE
空港のMRT駅
チャンギ・エアポート駅はターミナル2と3の両方から直接乗車できるが、チケットオフィスがあるのは、ターミナル2だけ。ツーリスト・パスの購入やデポジットの返金などの際には注意しよう。
（群馬県 ライダー '18）['19]

MRT問い合わせ
FREE 1800-3368900
URL www.smrt.com.sg
※シティ・ホール駅からタナ・メラ駅行きの運行時間は6:01（日曜、祝日6:29）〜翌0:11で、タナ・メラ駅からのチャンギ・エアポート駅行きの最終は23:24着。

空港のタクシー乗り場

空港からジョホール・バルへ
「トランスター・クロス・ボーダー・サービス」の利用が便利。チャンギ国際空港ターミナル2、4のバスターミナルからジョホール・バルのラーキン・バスターミナルまで、8:15〜23:15の間に1〜2時間間隔で運行している。$10。

エアポート・シャトル
Airport Shuttle
☎6241-3818
市内のホテルから空港への便は、電話で予約するか、ホテルのレセプションでも予約できる。予約は出発時間の4時間前までに行うこと。

都市交通

旅の技術

シンガポールの交通機関は高度なシステムで整備されている。電車、バスはほとんどの見どころを網羅していて、旅行者にも利用しやすい。街の概要をつかむためにも乗り物を活用しよう。

左／交通の要となるMRT。郊外は高架を走り、駅の間隔も長くなる　右／緑の背景に黄色のロゴマーク。この看板がMRTの出入口の目印

エム・アール・ティーMRT(Mass Rapid Transit)

中心部では地下を走るMRTは、市民の足として人気がある。便利で乗り心地快適、駅名もあるのでわかりやすい。道路は朝晩の通勤時には車とバスで一時渋滞するが、MRTは時間どおりに目的地に着くことができる。都市中心部を抜けると高架を走るため眺めもよく、郊外へ出かける手段としてもおすすめだ。

MRTには**東西線（East West Line）**と**南北線（North South Line）**、**東北線（North East Line）**と、**サークル線（Circle Line）**、**ダウンタウン線（Downtown Line）**の5路線がある。東北線はポンゴルからハーバーフロントを結ぶ路線で、リトル・インディア、チャイナタウン、クラーク・キーへのアクセスに便利な路線だ。**空港へは東西線を利用し、タナ・メラ駅で東西線の支線、空港線に乗り換える。**

サークル線は中心部の外縁を巡る路線で、ホランド・ビレッジやハウ・パー・ヴィラへ行くのに便利。始発駅のドービー・ゴート駅は、南北線・東北線と交わる乗り換え駅である。また、プロムナード駅で分岐して南北線のマリーナ・ベイ駅を結んでおり、途中ベイフロント駅はマリーナベイ・サンズに隣接している。

ダウンタウン線は、2017年にチャイナタウン駅からフォート・カニング駅を経由して空港近くのエキスポ駅まで開通し、16駅が開業した。さらに2020年にトムソン・イースト・コースト線が完成予定。

またブキ・パンジャンやセンカン、ポンゴルの郊外のニュータウンにはLRT（Light Rail Transit）と呼ばれる小型トレインが走っており、大型ニュータウンの貴重な足となっている。これらの線はそれぞれMRT南北線チョア・チュー・カン駅、MRT東北線センカン駅、ポンゴル駅に連結している（路線図→P.92）。

MRTの運行時間(5路線)
(2019年9月現在)

路線名	駅名	始発（日曜、祝日）	最終（日曜、祝日）
MRT南北線	マリーナ・サウス・ピア	6:10(6:38)	0:04(0:04) ※クランジ駅止まり
	ジュロン・イースト	5:16(5:35)	0:17(0:17) ※アン・モ・キオ駅止まり
MRT東西線	トゥアス・リンク	5:19(5:49)	23:20(23:20)
	パシール・リス	5:28(5:54)	23:23(23:23)
MRT東北線	ハーバーフロント	5:30(5:51)	23:55(23:55)
	ポンゴル	5:42(6:03)	23:28(23:28)
MRTサークル線	ドービー・ゴート	5:37(6:05)	0:10(0:10) ※タイ・セン駅止まり
	ハーバーフロント	5:30(5:51)	0:04(0:04) ※バートレイ駅止まり
	マリーナ・ベイ	5:59(6:24)	23:55(23:55) ※スタジアム駅止まり
MRTダウンタウン線	ブキ・パンジャン	5:30(5:50)	23:35(23:35)
	エキスポ	5:36(5:54)	23:40(23:40)

※全路線2～12分間隔で運行。

MRT、イージー・リンク・カードに関する問い合わせ先
FREE 1800-3368900
FREE 1800-2255663
URL www.smrt.com.sg

ダウンタウン線延伸で2017年に開業したフォート・カニング駅。クラーク・キーの北西側、リャン・コートS.C.の隣に出入口がある

上／路線が複数乗り入れている駅では表示板を見ながら進もう　下／改札を出ると各出口の案内板がある。目的地に最短の出口を確認

MRTの運行時間
(2019年10月現在)
●**空港線**
タナ・メラ駅発チャンギ・エアポート駅行き
平日の始発5:20、最終23:50
日曜、祝日の始発5:47、最終23:50
チャンギ・エアポート駅発タナ・メラ駅行き
平日の始発5:31、最終翌0:06
日曜、祝日の始発5:59、最終翌0:06

東西線←→南北線の乗り換え

市中心部ではラッフルズ・プレイス駅とシティ・ホール駅が乗り換え駅（インターチェンジ）となっている。降りたホームの向かい側で乗り換えできるのは次のとおり。
- ●ラッフルズ・プレイス駅
  東方面行←→北方面行
  西方面行←→南方面行
- ●シティ・ホール駅
  東方面行←→南方面行
  西方面行←→北方面行

また、ジュロン・イーストでも東西線と南北線の乗り換えが可能である。
※東北線と接続する各駅（南北線と東西線）の乗り換え駅（ドービー・ゴート駅、アウトラム・パーク駅）では、乗り換えに構内を数分歩かなければならない。

チケットには有効時間があるので注意

チケットには有効時間があるので不必要にホームに長居しないこと。同じ駅での出入りでは改札を通ってから20分以内、4駅以内の移動では40分、9駅以内は60分、15駅以内は75分、15駅以上は90分といった具合です。

イージー・リンク・カードとシンガポール・ツーリスト・パス

購入は現金のほか、ビザとマスターカードが使える。ただしカードでの購入は$0.5ほど手数料がかかる。現金、カードどちらで支払っても残額やデポジットの返金は現金で行われる。
シンガポール・ツーリスト・パスは通勤用エクスプレスバスやナイトバスには使用不可。

イージー・リンク・カードの利点

トランク・サービス（距離によって料金を加算する）により、バス＋MRTと乗り継ぐ際は、1回の乗車として通しの料金になる。現金で支払うと、乗り換えのたびに初乗り料金がかかる。

チケットオフィスの営業時間

駅によって営業時間は異なるが、主な駅は次のとおり。
- ●オーチャード駅
  営8:00～21:00　休無休
- ●サマセット駅
  営10:00～14:00、15:00～18:00
  休祝日
- ●シティ・ホール駅
  営9:00～21:00　休無休
- ●ブギス駅
  営10:00～21:00　休無休
- ●ラッフルズ・プレイス駅
  営8:00～21:00（土曜～17:00）
  休日曜、祝日
- ●チャイナタウン駅
  営8:00～21:00　休無休
- ●チャンギ・エアポート駅
  営8:00～21:00　休無休

シンガポール・ツーリスト・パス ホームページ

URL thesingaporetouristpass.com.sg

切符の種類

乗車のつど運賃をチャージするカードタイプの**スタンダード・チケットStandard Ticket**、プリペイド式の**イージー・リンク・カードEZ Link Card**、旅行者向けの**シンガポール・ツーリスト・パスThe Singapore Tourist Pass**がある。

◆スタンダード・チケット　Standard Ticket

通常の切符は1回ごとの券タイプではなく、6回の乗車に使えるカードタイプのものとなる。乗車のつど、このカードに乗車料金をチャージする形で使用する（有効期間は30日間）。初回のチケット購入時は、¢10のデポジット（保証金）を加算した運賃となるが、3回目の乗車時に運賃から¢10が引かれる形でデポジットが返金され、6回目の乗車時には¢10のディスカウントがある。運賃は$1.5～2.6。

スタンダード・チケット

◆イージー・リンク・カード　EZ Link Card

バスとMRTのどちらにも利用可能なプリペイド式カード。改札機のセンサーにカードをかざすだけで自動的に料金が引き落とされる。カードは$12で使用可能額は$7（$5はカード代）。最少で¢83、最高で$2.08と、スタンダード・チケットでの料金に比べ、¢50～60ほど安い料金設定になっている。使うたびに残高が表示され、残額が$3を切ったら、自動券売機で$10単位で最高$500まで増額することができる。カードは駅構内のチケットオフィスやパッセンジャーサービス、またはセブン-イレブンで買える。有効期限はなく使い切れなかった場合は、チケットオフィスで残額の払い戻しが可能（カード代$5は返金不可）。

イージー・リンク・カード

◆シンガポール・ツーリスト・パス　The Singapore Tourist Pass

旅行者向けのMRTとバス共通の乗り放題パス。1日用（$20）、2日用（$26）、3日用（$30）の3種類がある。MRT駅構内のチケットオフィス（オーチャード、サマセット、シティ・ホール、チャイナタウン、ブギス、ベイフロント、ハーバーフロント、チャンギ・エアポート駅などの主要16駅）で購入できる。このパスは乗り放題の期間にかかわらず$10のデポジットが含まれている。5日間まで所持が可能（パス・カードをレンタルする形になる）。例えば乗り放題期間は1日だけとしても、残りの4日間は増額すれば通常のイージー・リンク・カードとして使える。また5日間を超える日数で乗り放題パスとして使用したい場合は、窓口に申し出ればさらに5日のレンタル権を延長してもらえる。シンガポール・ツーリスト・パスは、購入後5日以内に返却すれば、デポジットが返金される（※カードに残った金額の払い戻しはない）。このほかにデポジットなしの3日間乗り放題パス「SGツーリスト・パス」（$25）もある。

上／シンガポール・ツーリスト・パス
下／オーチャード駅のチケットオフィスは混むことが多い

自動券売機General Ticketing Machineの使い方

スタンダード・チケットの買い方

自動券売機で購入できるのはスタンダード・チケットのみ。

▶**初回乗車時**：①操作スクリーンの左画面「Buy Standard Ticket」（スタンダード・チケットを買う）の「Map（路線図）」か「Station Name（駅名）」かを選ぶ
②「Map」を選ぶと路線図が出る。目的地の駅名をタッチ。
③ ¢10のデポジット込みの片道料金が表示される。複数枚買う場合は、料金下の「1 Ticket(s)」で枚数設定する。
④「Single Trip（片道）」、「Return Trip（往復）」のどちらかを選択。
⑤ 表示された金額を投入。

チケットが出てくる。次回からこのカードにチャージして使うので保管しよう。

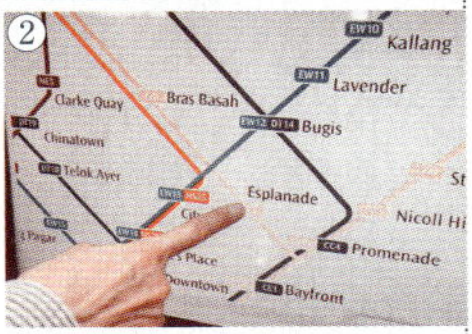

▶**2回目以降の乗車時**：自動券売機の操作スクリーン（①写真）の右画面「Place Card or Standard Ticket on Reader(カードまたはスタンダード・チケットをカードリーダーの上に置く)」を選び、リーダーの上にカードを置き（⑥写真）、行き先を指定して金額を投入すると、カードにチャージされる。

イージー・リンク・カードの増額方法

操作スクリーンで「Add Value」を押し、カードをリーダーの上に置く。操作スクリーンにある「CASH」ボタンを押し、紙幣を投入する。金額を確認し、OKボタンを押せば金額がカードに追加される。イージー・リンク・カードのデポジットの払い戻しは改札隣のチケットオフィスでできる。※シンガポールでは増額のことを「Top Up（トップアップ）」という。

スタンダード・チケットの券売機。スクリーンの指示に従って操作

①券売機はスタンダード・チケットの購入とイージー・リンク・カードの増額ができる
③「1 Ticket(s)」横の「＋」をタッチして操作。1枚購入なら「1 Ticket(s)」のままでOK
④片道か往復かを選択

紙幣は$2か$5しか使えない

2回目以降乗車時は、リーダーの上にスタンダード・チケットを置いて案内に従い操作する

Column

MRT禁止事項あれこれ

車内や構内には禁止事項が張り出されており、監視カメラの数も多い

何事も罰金で取り締まるシンガポール。当然のようにMRTにもある。次の禁止事項に触れると最高＄5000の罰金を徴収される。
●緊急時以外にロックを外してドアを開けてはいけない。
●車内、駅構内でたばこを吸ったり、物を食べたり飲んだりしてはいけない。またツバをはいたり、ゴミを捨てたりしてはいけない。
●可燃物、ドリアンを持ち込んではいけない。
●車内、駅構内へ動物を連れてきてはいけない。
●無効な切符で列車に乗ってはいけない。
●切符を折り曲げたり、はじいて音をたてたりしてはいけない。
●座席の上に足を投げ出してはいけない。
●車内、駅構内でギャンブルをしたり、行商したり、ビラを張ったりしてはいけない。
●車内、駅構内をブラブラ歩き回ってはいけない。
●MRTの各装置にダメージを与えてはいけない。

このほか、常識で考えると当然と思われることがたくさん禁止事項としてある。つまり、日本での一般的なモラルやエチケットを守っていれば、何らとがめられることはない、というわけだ。

ホームの行き先掲示版。異なる行き先の電車が交互に来る駅もあるので要確認

各駅にあるパッセンジャーサービス。チケット全般について、また困ったことがあればこの窓口で問い合わせを

MRTとバスの子供料金

MRT、バスともにスタンダード・チケット、現金での利用の場合は、大人と子供は同一料金。身長90cmまでの未就学児は、料金を支払う大人の付き添いがあれば無料である。90cm以上の場合、子供用のイージー・リンク・カードを使用すれば7歳未満まで無料。年齢を証明する書類をもって窓口へ行き、カードを発行してもらう。

MRTの改札の所に身長計がある

ここでも使える イージー・リンク・カード

バスやMRTの交通機関の運賃支払いのほかに、電子マネーとして使用できる場所が増えている。セブン-イレブンやコールド・ストレージなどのスーパーマーケットや一部のフードコート、スターバックス・コーヒーやマクドナルドでもイージー・リンク・カードで支払いができる。また、セブン-イレブンや一部の銀行で$500まで増額できる(手数料$0.5がかかる)。

駅構内でスマホの充電ができる

MRTの主要駅(オーチャード駅、シティ・ホール駅、タンジョン・パガー駅など)、改札付近にスマートフォンやタブレットの充電ポイントがある。

LRTの車両。車内は生活感がいっぱい

電車の乗り方

▶**改札を通過**：改札機の通り方は、スタンダード・チケットもイージー・リンク・カードも改札機上部にあるセンサーにカードをかざすだけ。青いランプがつけば、通過することができる。無事通過したらホームへ向かおう。

▶**ホームにて乗車**：改札を抜けたら、自分の乗る電車のホームを確認しよう。5色で色分けされた路線表示があるので、わかりやすい。表示に従い、ホームに行く。ホームの掲示板には次に来る電車の行き先が表示されている。駅にはホーム側にもスクリーンドアがあり、電車が着くと電車のドアと一緒にこのスクリーンドアが開く仕組みになっている。地下の駅ホームはエアコンがよく効いて涼しい。

MRTの改札機。チケットはセンサーにかざす

▶**下車したら**：目的地の駅でも改札機の上部にあるセンサーにカードをかざして改札を通過する。万一、センサーの不良などで改札を通過することができない場合は改札横のパッセンジャーサービスでカードを点検してもらおう。料金不足もここで追加払いできる。

MRTの駅と列車

MRTの駅舎は各駅ごとに特徴をもたせたデザインとなっている。チャイニーズ・ガーデン駅には中国風の屋根がしつらえてあり、レッドヒル駅はピンクで統一されているという具合で、なかなか楽しい。

また駅名にも英語、中国語(アン・モ・キオ〈紅毛橋〉など)、マレー語(タンジョン・パガーなど)、タミール語(ドービー・ゴート)とあり、こんなところにもお国柄が表れている。

車内はエアコンが効いていて快適

車両は川崎重工、日本車輌などの日本製が多く、アルミ製のシルバーカラーのボディに赤いラインが入っている。もちろんエアコン完備で涼し過ぎるくらいだ。多くは6両編成。車内の椅子はカラフルなプラスチック製。東北線、サークル線にはさらにハイテクを駆使した車両が使われている。

エル・アール・ティーLRT(Light Rail Transit)

ブキ・パンジャンやセンカンなどのニュータウンにはLRTが走っており、MRT駅と連絡している。1〜2両編成の高架を走る無人車両で、ニュータウンをぐるっと循環している。郊外の団地(HDB)に住む人たちの便利な足として団地の間をぬうように走り、途中、団地の部屋の窓に近づくと、プライバシー保護とセキュリティのため、窓に自動的にカバーがかけられる。チケットはMRTと共通。

バス Bus

移動しながら外の景色を眺めたり、土地勘を養ったりできるという点ではバスの右に出るものはない。シンガポール中を網の目のように結んでいるため、バスを乗りこなせれば、ほとんどの場所へ行くことができる。バス停には名前がなく、車内アナウンスもないため不安

左上／SBSもSMRTも緑の車体のバスが増えている　左下／ダブルデッカーもある　右上／SMRTの新しいタイプのバス　右下／SMRTは以前のTIBSのバスが使われていることもある

バスの運行時間
路線によって違うが、多くは始発が5:30～7:00の間、終発が23:00～翌0:30くらい。

深夜バス
23:30～翌早朝までの間に運行する深夜バスは、日中と同じルートでも$4.5の一律料金となる。深夜バスはナイトライダーNight Riderと呼ばれ、バス番号にNが付く。

郊外の主要MRT駅前には規模の大きなバスターミナルがあり、多くの路線が発着する

に感じるかもしれないが、小さな国なので乗り間違えてもそれほど遠くに行ってしまうことはない。バスにはお年寄りや子供も多く、ローカルの人々の暮らしぶりを垣間見ることもできる。

シンガポールのバス会社

シンガポールには**エス・ビー・エス・トランジットSBS Transit（SBS）**、**エス・エム・アール・ティ・バスSMRT Bus（SMRT）**などのバス会社がある。

このなかで最もバスの台数が多く目につくのがSBSである。シンガポール最大手のバス会社で、オリジナルの車両は赤と白のツートンカラーだが、最近はさまざまな広告に使われており、車両全体に広告のデザインが施されているものも多い。エアコン完備で、ダブルデッカー（2階建て）もあり、2階席からの眺めは一段とよい。

また、SMRTも市中心部と郊外を結ぶ路線が充実している。車両はSBSに似た赤と白のツートンカラーだが、このバス会社の前身であるTIBS社のバスが、今もなおそのまま使われていることもある。やはりエアコン完備。

バスの料金システム

◆料金は$1.5から

市内を運行しているバスは最低$1.5、その後¢10～20きざみで$2.6まで。ワンマンカーなので乗車時に行き先を運転手に伝えて料金を教えてもらう。わからない場合は最高料金を払えば間違いない。距離によって料金が異なるタイプのバスは、各バス会社では**トランク・サービスTrunk Service**と呼ばれている。

また、郊外のバスターミナルから、その付近のみを走るようなバスは一律料金になっている。このタイプは**フィーダー・バスFeeder Bus**や**タウン・リンクTown Link**と呼ばれ、バス乗車口脇に料金が表示されている。料金は一律$1.5。

さらに注意したいのは、ハイウエイを通って市内に入るエクスプレス・サービスと呼ばれるバス。これは普通のバスより少し高めに料金設定されていて、市内で乗っても最低運賃が$2.3かかる。

READER'S VOICE
プリペイド式カードについて
おもにMRTを移動に使おうと考えている人には、ツーリスト・パスよりイージー・リンク・カードのほうが使い勝手がよくおすすめ。また、チャンギ・エアポート駅のチケットオフィスは、長蛇の列なのでカード購入やデポジットの返金で利用する際は要注意。
（奈良県　19ちゃん）['19]

トランク・サービス（距離によって料金が異なるバス）の料金

バス料金は、料金区間（Fare Stageと呼ぶ）によって次のように決まっている。

- ●　　～3.2料金区間　　$1.5
- ● 3.3～6.2料金区間　　$1.7
- ● 6.3～9.2料金区間　　$1.9
- ● 9.3～11.2料金区間　 $2.1
- ●11.3～15.2料金区間　$2.3
- ●15.3～19.2料金区間　$2.4
- ●19.3～23.2料金区間　$2.5
- ●23.3料金区間以上　　$2.6
- ●エクスプレス・サービスのバス
$2.3～3.1

※SBS、SMRT共通。

なお、料金区間はバス停の数とは無関係で、1料金区間は900mとなっている。目的地までの料金は、バス停にあるボードを参照するか、運転手に聞くとよい。

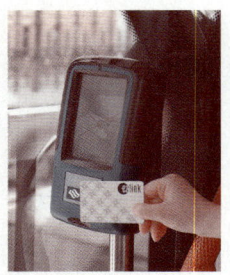

バス内のイージー・リンク・カードの
センサーは乗降口に各1機ある。乗
車時と降車時の2回カードをかざす

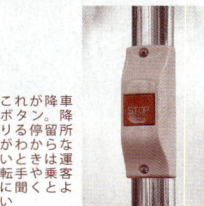

これが降車
ボタン。降
りる停留所
がわからな
いときは運
転手や乗客
に聞くとよ
い

**バス会社、バス路線の
ホームページ**
●SBS
URL www.sbstransit.com.sg
●SMRT
URL www.smrt.com.sg
●トランジットリンク
URL www.transitlink.com.sg

**2階建てバスでは
2階の最前列に**
　この席の見晴らしのよさは抜
群。バスの楽しさを実感できる
席はここしかない。もしこの席
がいっぱいだったら、どこでも
いいから2階の窓側へ。1階に
比べたら、やはり見晴らしは段
違いにいい。なお、2階での立
ち席は禁じられている。

◆**イージー・リンク・カードが使える**
　イージー・リンク・カードなら料金は最低¢83で、1回ごとに払うより割安。気をつけたいのは乗車時と降車時の2回、センサーにかざすこと。バスの場合、降車時に忘れる人が続出している。忘れると最終地点まで乗ったものとして、その相当額が差し引かれてしまう。

バスの乗り降りの仕方
◆**バスの停め方**
　乗りたいバスが来たら、手を挙げて停める。もし誰も手を挙げていなければバスは停まらずに通り過ぎるので注意すること。乗車前にバス前方の番号、車の横に書いてある通りの名前などを確認したい。不安なら運転手に行き先を確認するとよいだろう。

◆**料金先払い**
　バスは前乗り、後ろ降りで料金は乗車時に支払う。通常は運転手に行き先を告げて料金を聞き、支払う。フィーダー・バスの場合は均一料金なので、乗車口に表示されている料金を支払う。どちらの場合もおつりはもらえないので、小銭を用意しておくこと。均一料金のバス以外ではチケットをもらうのを忘れずに、降りるまでなくさないように持っておく。
　イージー・リンク・カードを利用する場合はドアのそばに取りつけられているセンサーにカードをかざす。

◆**バスの降り方**
　車内のポールに付いている赤いボタンを押すと「ピンポン」という音がして、次のバス停で停まってくれる。バス停には名前がないので、どこが目的の停留所かわからないような場合はあらかじめ運転手に、目的地に着いたら知らせてくれるよう頼んでおくとよい。バスがどこを走っているか、通りの名前や目立つビルの名前を見て地図でたどりながら行くと土地勘も養うことができるだろう。周りの乗客に聞いてみるのも一案だ。イージー・リンク・カード使用の場合は、降車時にもカードをセンサーにかざすこと。

オーチャード・ロード〜主要観光地バスサービス一覧

(2019年9月現在)

目的地	オーチャード・ロードからの直通バスNo.	オーチャード・ロードからその他の一般的な行き方
マーライオン・パーク	128、162、167、700	MRTラッフルズ・プレイス駅下車徒歩
シンガポール国立博物館	7、14、36、77、106、111、124、162、167、171、174、190	MRTブラス・バサー駅下車徒歩
ピープルズ・パーク・コンプレックス チャイナタウン・コンプレックス	124、143、190	MRTチャイナタウン駅下車徒歩
スリ・マリアマン寺院 チャイナタウン・ヘリテージ・センター	124	MRTチャイナタウン駅下車徒歩
リトル・インディア（セラングーン・ロード）	64、65、139	MRTリトル・インディア駅下車徒歩
アラブ・ストリート（サルタン・モスク）	7、175	MRTブギス駅下車徒歩
マリーナベイ・サンズ	106、502、518	MRTベイフロント駅下車徒歩
ジュロン・バード・パーク		MRTブーン・レイ駅下車。駅前のバスターミナルからNo.194利用
シンガポール動物園		MRTアン・モ・キオ駅下車。駅前の1番乗り場からNo.138利用

バス路線について

◆バス停の路線ボードで確認

　バスの路線は数が多く入り組んでいるので全部を覚えるのは無理だが、主要なバス停に付いている目的地別バス路線ボードをよく見ていると、けっこう動き回れるようになる。このボードにはそこに停まるバスの番号と、その運行ルートが記されている。まず目的地の通りの名前がわかれば、何番のバスを使えばよいかわかるだろう。料金表示をしてあるバス停もある。主要な観光地については本書でも、見どころの項（欄外）に行き方、アクセスとして何番のバスを使えばよいか記してある。

バス停の路線ボード。上部にバス停に停まるバス番号、下部には運行ルートが表示されている

◆バスガイドやアプリを利用

　バスを自由自在に乗りこなしたい人、長期滞在する人は、書店でバスガイドを購入しておくと便利だ。何種類か出ているが、『シンガポール・パブリック・トランスポート・マップ』という小冊子や『バスガイド＆バス・ストップ・ダイレクトリー』などが有効。スマートフォンの無料乗り換えアプリは、「My Transport.SG」をはじめ、数種類ある。

バス番号はバス会社ごとに色分けされて表示

各バス停には、そのバス停を通る路線の運行経路と運行地図が掲示されている

タクシー　Taxi

気軽に利用できる交通手段

　タクシースタンドやホテル、観光地のほか、一般道路沿いでもつかまえることのできるタクシーは、シンガポール市民の間でも気軽に利用されている。何といっても急いでいるときやバス停、MRTの駅から遠い場所では便利な乗り物である。運賃自体は安いが追加料金が割高だ。
　なお、タクシー乗車時には全シートでシートベルト着用が義務付けられている。違反した場合、運転手、乗客ともにそれぞれ$120の罰金が科せられるので注意したい。

青い車体のコンフォート社のタクシーは台数が多い

主要なバス停では、電光掲示板で各路線の到着までの時間（あと何分で到着か）を掲示している

タクシーを電話で呼ぶ
（オン・コールon call）
一般的なタクシー会社
●Comfort Transportation, City Cab
☎6552-1111
●SMRT Taxi
☎6555-8888
●Prime Taxi
☎6778-0808
●Premier Taxis
☎6363-6888
●Trans Cab
☎6555-3333
※予約の会話例は→P.368

ベンツのタクシー。運賃は少し高いが乗り心地はよい

料金はメーターで確認

　タクシー料金はメーター制で、初乗りは$3.2～3.9（高級車のタクシーもあり、ベンツ$3.9、クライスラー$5）、その後10kmまでは400mごと、10km以降は350mごとに¢22～23加算される。また渋滞などのために45秒以内に単位距離（350m/400m）を進めない場合はそのつど¢22～23加算される。このほかにもP.366の表のような追加料金がある。追加料金は別のメーターに表示されるが、ERP（自動課金システム、→P.367）など時間、場所によっても異なるため、わかりにくいことがある。さまざまな追加料金があるため、時間帯やルートによっては倍額近くになることも。追加料金一覧表を参考に、タクシーの利用方法を検討することをすすめる。
　また、ほとんどのタクシーでクレジットカードが使える。ただし、10%（手数料）＋消費税（GST）がかかる。

📣 READER'S VOICE
タクシーがひろいにくいときは
　タクシー乗り場に行列ができ、なかなかタクシーが来ないときは電話で予約（オン・コール）すると5分程度でタクシーがやってくる。旅行者の場合は、ホテルが近くにあればフロントで代わりに電話をしてもらい、タクシーを呼んでもらうとよい。
（兵庫県　いちまつ）['19]

看板に付いているボタンを押して、待ち客人数をアピールする方式のスタンドもある

タクシーのひろえない場所
道路の端（歩道脇）に引かれた線は何種類かあり、通りでタクシーをひろう場合に気をつけたいのはジグザグの線。黄色の1本のジグザグ線は「1日中車の停止禁止」。ただし、車の乗り降りはできる。黄色の2本のジグザグ線は「車の一時停止禁止」という意味で、ここではタクシーを停めることはできない。

タクシーでトラブルがあったときは
助手席の前に掲示してある運転手名と車の番号を控えておき、タクシー会社に電話する。ただし措置は状況次第。一方通行や交通規制が多いシンガポールでは、遠回りをせざるを得ないこともあり、土地勘のない旅行者には判断が難しい場合があるが、想像以上に運賃が高かった場合など、納得がいかない場合は、タクシー会社に申し立てるといいだろう。タクシーの番号や名前を控える行為そのものが、運転手がへたなことをするのを抑止するはず。

また、忘れ物をした際には足取りがつかめる可能性もあるので、タクシーの番号とともに、乗車時間帯など状況を詳しく説明するとよい。頼めばレシートを発行してくれるので、何かあったときのために、もらっておくとよい。

会社名のないタクシーは
これは個人営業のタクシー。黒い車体の上に黄色のランプが付いた車で、車体には社名が入っていない。料金体系などはほかのタクシーと同じ。トラブルがあった場合は車の番号を控え、警察に通報する。

タクシーの一般的な料金
●チャンギ国際空港から
- オーチャード・ロード　＄23〜26
- ブギス＆アラブ・ストリート　＄20〜25
- シティ・ホール周辺　＄20〜25
- マリーナ・エリア　＄18〜22
- ハブロック・ロード　＄20〜25
- チャイナタウン　＄20〜25

●オーチャード・ロードから
- シティ・ホール周辺　＄6〜10
- マリーナ・エリア　＄7〜11
- ブギス・ジャンクション　＄5〜10
- チャイナタウン　＄7〜11
- セラングーン・ロード　＄6〜10
- イースト・コースト・パーク　＄12〜15
- ジュロン地区　＄18〜24
- マウント・フェーバー　＄10〜13

タクシーの乗り方
◆空車かどうかの見分け方
車の屋根の表示灯がついていれば空車。タクシー会社によっては「TAXI」と電光表示されていれば空車、「HIRED」なら乗客を乗せている。「ON CALL」（→P.368）と表示されていたり、行き先の地名の札がフロントガラスに貼り付けてある場合は、乗客が乗っていなくても停まってくれない場合がある。ただし、そのタクシーが向かっている方向に行きたい場合は乗せてくれる可能性もあるので、もしタクシーが停まったら行き先を言って聞いてみるとよい。携帯電話でタクシーを予約する人が増え、タクシースタンドに並んでいても「ON CALL」のタクシーが来て、列の後ろのほうの人（そのタクシーを呼び出した人）が乗って行く、というケースが多く見られる。

◆タクシースタンド、またはホテルで
シンガポールのタクシーは日本と同様、通りで手を挙げれば停められるが、ホテルやショッピングセンターにあるタクシースタンドで待つほうが確実である。なお、中央商業地区（CBD）内では、通りでタクシーを停めるのは違法なので、タクシースタンドを利用する。

タクシースタンドが近くにない郊外では通りで停めることになるが、めったにタクシーが通らないような場所では電話で呼んだほうがいい。その際、どの地区のどの通りにいるのか、近くに目印になる建物などがあ

乗車料金のほかERP通行料や時間帯追加料金も表示される

緑色の電光で「TAXI」と出ていれば空車

赤色で「HIRED」「ON CALL」は先客あり

タクシー追加料金一覧
※コンフォート社／シティ・キャブ社の場合。2019年9月現在

内　容	追加料金
深夜（0:00〜5:59）に乗車したとき	メーター料金の50％増し
ピーク時（月〜金曜6:00〜9:29、月〜日曜18:00〜23:59）に乗車したとき	メーター料金の25％増し
CBD（中央商業地区）から月〜日曜の17:00〜深夜に乗ったとき	＄3
チャンギ国際空港および空輸貨物センターから乗ったとき	＄3
チャンギ国際空港および空輸貨物センターから金〜日曜の17:00〜深夜に乗ったとき	＄5
セレター空港から乗ったとき	＄3
リゾート・ワールド・セントーサから乗ったとき	＄3
ガーデンズ・バイ・ザ・ベイから乗ったとき	＄3
シンガポール・エキスポ・センターから乗ったとき	＄2
マリーナ・ベイ・クルーズセンターから乗ったとき	＄3〜5
月〜金曜の6:00〜9:30、月〜日曜18:00〜24:00の利用直前に電話で呼んだとき	＄3.3
上記の時間外に直前に電話で呼んだとき	＄2.3
30分以上前に予約したとき	＄8
ERPゲートを通過したとき	＄0.5〜6

※1：追加料金はメーターのすぐ脇に乗車料金とは別に自動表示。ERP料金は専用リーダーに表示されること。乗車料金＋自動表示されている追加料金＋ERP料金の合計額以上に請求されたら、内訳を確認すること。　※2：タクシー会社により料金は多少異なる。
注：追加料金の詳細はタクシーの後部座席の窓ガラスあたりに貼り出されているので目を通しておくとよい。

れば、そのことをきちんと伝えること。コンピューターで手配しているため、たいてい10分以内でタクシーを手配してくれる。電話で知らされたタクシーナンバーをしっかり覚えておこう。

週末や雨天の日はタクシースタンドに列ができる

◆環境に配慮した電気自動車タクシー

2016年、全車両電気自動車を使用する「HDTタクシー」が営業を始めた。約10台からスタートし、年々台数を増やしており、2022年までに800台を目指している。初乗りは$3.9（10kmまでは400m、それ以降は350mごとに¢25加算）と若干高いが、静かで滑らかな乗り心地だ。タクシー業務のほか、コンシェルジュサービス（迎車、チャーター）も行っている。

エコカラーの緑の車体（車は中国製）。運転手は全員訓練と試験をクリアした正社員

リバー・タクシー　River Taxi

リバー・クルーズを運営するシンガポール・リバー・クルーズ社とウオーターB社が、シンガポール川からマリーナ・ベイを巡回するリバー・タクシーを運航している（ウオーターB社は「リバー・シャトル」という名称）。乗船場所は各社別々に5ヵ所あり、川沿いやマリーナ・エリアの移動に便利で、景色

READER'S VOICE

道路の横断は要注意
シンガポールの信号は青になったとたん、点滅し始める。信号機の横に秒が表示されているものもあり、20秒くらいから点滅する。また、信号無視をする現地の人につられて出ていくと、危ない思いをするので要注意。
（東京都　マーライオン・マー）['19]

HDTタクシー
HDT taxi
☎6258-8888
URL hdt.com.sg

シンガポールの駐車場
公共駐車場での料金支払いは、カードリーダー式が増えている。シンガポールでは各車にカードリーダーを取り付けることが義務付けられており、ここにキャッシュカード（電子マネーとして使えるICカード）を差し込んでおき、そこから自動的に駐車料金が引かれるシステム。このカードはERPの課金システムにも使われるもので、コンビニで購入可。

リバー・タクシーの船はリバー・クルーズでも使用される木造船

Column　交通渋滞減少を目指す「ウルトラC」の車規制

中央商業地区の車乗り入れ制限

シンガポールはほかのアジア諸国に比べると、渋滞が少ない。実は渋滞回避には、綿密に計画された交通システムと、世界でも例を見ないほど強力な政府による規制措置が働いている。シンガポールでは、車の数を制限するために各種の重税がかけられ、自動車の値段は日本の3倍以上もする。また、朝のラッシュ時に中心部へ車が集中しないように、乗り入れ制限策がとられている。

その具体的な方法は、銀行、官庁、オフィスが集まっているビジネス街、シェントン・ウェイ界隈と「シンガポールの銀座」といわれる繁華街のオーチャード・ロード一帯を「中央商業地区（CBD: Central Business District）」とし、CBDへ入る車に時間帯に応じた乗り入れ料金を課すという方法だ。

当初は通勤ラッシュ時にのみ課していた追加料金だったが、車が増え、渋滞が起こりそうになると、そのつど、課金時間の追加や課金料金の変更などを行って、交通システムの維持に努め、1998年にCBD追加料金と併用される形でERP（Electronic Road Pricing）が導入された。

ERPとは各車に無線システムを取り付け、CBDや高速道路の料金ゲートを車が通過するたびに自動的に課金するというもの（料金徴収は別途行う）。日本でも高速道路の料金所での渋滞解消を図るために導入されたETCと同じシステムだ。しかもシンガポールでは料金を一律とせず、場所や通過する時間帯に合わせて細かく規定が分かれている。

市内各所に増設されたERP

タクシー乗車時、ERPに要注意！

タクシーに乗車してもERPの課金システムは適用され、メーター料金にERP料金が加算される。近年、ERP設置場所や運用時間が増やされたため、時間帯や通行ルートによってはERP料金だけで$6になることもある。滞在費を切りつめるには、ERPのゲートを通らないルートを選んだり、滞在ホテルのロケーションも考慮するとよい。ERPの料金は随時変更されるのでウェブサイトでチェックを。
URL www.onemotoring.com.sg/content/onemotoring/home/driving/ERP.html

シンガポール・リバー・クルーズ
Singapore River Cruise
☎6336-6161
URL www.rivercruise.com.sg
　運航区間はエスプラネード・シアターズ・オン・ザ・ベイ〜ロバートソン・キー。

ウオーターB　Water B
☎6509-8998
URL www.waterb.com.sg
　運航区間はクリフォード・ピア〜グランド・コプソーン・ウオーターフロント（ホテル）前の乗り場。
※リバー・クルーズに関しては→P.96、371。

警視庁運転免許テレホンサービス
☎(03)3450-5000

国際運転免許証申請に必要な書類
●日本の運転免許証
●パスポート
●写真1枚（縦5cm×横4cm）
●手数料2350円
　これらを運転者本人の住民票のある都道府県公安委員会に持参し、申請する。交付は申請後数時間で行われる。発行日より1年間有効。

Information

も楽しめる。ただし、運航時間が月〜金曜の8:00〜10:00、17:00〜19:00と短いのが難点（約10分間隔で運航。土・日曜、祝日は運休）。料金は一律ひとり$5で、イージー・リンク・カード（→P.360）で支払う（現金不可）。

トライショー　Trishaw

観光名物の乗り物
　自転車にサイドカーを取り付けた乗り物がシンガポール名物のトライショーだ。かつては庶民の足として活躍したが、バスやMRT、タクシーの普及で一般交通機関の役割を果たすことがなくなった。そのため観光客のための乗り物となって料金も高騰し、シンガポールで最も高い乗り物とまで言われるようになってしまった。

ツアーで試乗
　トライショーの乗車料金はメーターがあるわけではないので交渉次第だ。相場を把握しにくい旅行者が試乗してみるには、ツアーに参加するのがおすすめ。ブギスのアルバート・センター前にあるトライショーツアーの「トライショー・アンクル」は、その場で申し込んで、乗車できるので便利（→P.372）。
　また、パンダバスなど日系旅行会社では、トライショー・ライドに食事が付いたオプショナルツアーを用意している（→P.370）。日本語で気軽に申し込めるのが利点だ。言葉に問題がなければ、観光局の案内所でトライショーの会社を紹介してもらうという方法もある。

タクシーのオン・コール（電話予約）について

タクシースタンドの表示板。この場所は「D16」がスタンド番号

　各タクシースタンドには番号が付いている。各タクシー会社に電話するときには、この番号を言うと早い。電話予約の方法だが、台数の多いコンフォート社とシティ・キャブ社（☎6552-1111両社共通）の場合は、自動音声での対応になる。まず自分の連絡先（携帯電話番号）を入れるように指示が出るが、電話番号が提供できない場合は、とにかく何もせずに待っていると係員に回線が転送されるので、そこで話をすればよい。必ず伝えた位置で係員に言われたナンバーのタクシーを待つこと。
　携帯電話を持っていない、英語での電話応対はハードルが高いといった場合は、利月したレストランやショップでタクシーを呼んでもらうという方法がおすすめ。

◆**オペレーターとの予約の会話例**
A：客、O：オペレーター
A：Hello, can you arrange a taxi to ○○（スタンドの番号または住所）？
タクシーを1台呼んでもらえますか？
O：Your name and contact number, please.
あなたのお名前と連絡先をどうぞ。

A：My name is △△, but I'm a tourist and no phone with me now.
私の名前は△△です。でも旅行者なので今電話を持っていません。（携帯を持っている場合は電話番号を伝える）
O：OK, are you standing there? Are you ready now?
わかりました。今、あなたはその場所に立っているのですね？
A：I'm calling from the public phone just nearby.
すぐそばの公衆電話からかけています。
O：Please hold for a while.
そのままお待ちください。（タクシーを無線で手配中）
O：The number of the taxi is 1234（4桁の数字、車のナンバー）. Your taxi will arrive for 5-7 minutes.
予約したタクシーの番号は1234です。5〜7分で到着します。

※予約が完了したら、その場で待つ。ほぼ10分以内にタクシーはやってくる。
※雨天時、ラッシュアワー時は混み合うため、なかなか電話がつながらないことがあるが、何度か試すとつながる。その他のオン・コールの電話番号は→P.365欄外。

　また、「Grab」などのスマートフォン用タクシー配車アプリも広く普及している。

観光地で待機しているトライショーや流しのものは、トラブルも報告されており、すすめられない。

レンタカー　Rent-a-car

レンタカーは商用での利用者が中心

シンガポールの場合、自動車の価格が高いのに合わせてレンタカーもかなり割高だ。ビジネスや仕事で島内を動き回る人たちの利用が多く、一般旅行者にはおすすめしない。というのは、一方通行やバスレーン、ERPなど交通規制が複雑なこともあり、慣れない人にはかなりややこしい。タクシーのほうが、値段的にも手軽に利用できるといってよいだろう。郊外へ行くにもタクシーを利用したほうが安上がりだ。国境を越えてマレーシアに行く場合、レンタカー会社はさらに追加料金を徴収している。3クオーター・タンク法※もあるうえ、マレーシアではシンガポール・ナンバーの車は目立つため、治安上の問題も考えて、マレーシアでのドライブにはジョホール・バルでレンタカーを借りることをおすすめする。

レンタカー利用の注意

シンガポールでレンタカーが借りられるのは21歳以上かつ国際運転免許証(→P.368欄外)を持っていることが必要条件だ。レンタカー会社は世界的チェーンのハーツ、エイビスがある。料金はハーツの場合、オートマチック車が1日$128.4～。1.6ℓ前後の排気量で、強制保険、車両保険込みだ。

※**3クオーター・タンク法**
車でマレーシアへ行く場合、燃料タンクの4分の3を満たしていなければならないという法律。

エイビス、ハーツは日本で予約可

はじめからレンタカーを使うつもりなら日本から予約して行ってもいい。
● ハーツレンタカー
☎0120-489882
URL www.hertz.com/rentacar/reservation
● エイビスレンタカー
☎0120-311911
URL www.avis-japan.com

おもなレンタカー会社のシンガポール営業所

● ハーツ　Hertz
Changi International Airport, Terminal 2 & 3, Arrival Hall
☎6542-5300
305 Alexandra Rd., B1（バンテージ・オートモーティブVantage Automotive社が代行営業）
☎6734-4646
● エイビス　Avis
Changi International Airport, Terminal 1, 2, 3, Arrival Hall, Level 1
☎6545-0800 (T1)
☎6542-8855 (T2)
☎6447-9011 (T3)
FREE 1800-7371-668
390A Havelock Rd., #01-07 Waterfront Plaza
☎6305-3183

Information

自転車のシェアリングシステムが普及

シンガポールではいちはやく「シェアサイクル」が広まった。利用者がどこでも借りられ、返却できるレンタサイクルのシステムが2017年から導入された。GPS機能を駆使してシンガポール全土をカバーしており、交通が不便な場所やマリーナ・エリア、シンガポールの川沿いをサイクリングする旅行者もいる。

2019年9月現在、このサービスを行っているのは「SG Bike」、「Anywheel」など。料金は若干異なるが、システムや使い方は同様で、使用方法は以下のとおり。
① まずアプリをダウンロードする。
② アプリから乗車希望地のどこに自転車があるかチェックし、予約すると対象の自転車番号が表示される。予約時間は10分間(予約はキャンセル可能で、予約なしでも借りられる。
③ 自転車を見つけたら、ハンドル付近や後輪泥よけに付いているQRコードをスキャン、または自転車番号を入力する。すぐにブルートゥース経由で自動的に解錠される。
④ 使用後は公共の駐輪場や各社が定めた駐輪場(ショッピングセンターや駅前、団地にある)に返却し手動で鍵をかけて終了。料金は会社によって異なり、目安は15分または30分ごとに$0.5。アプリ内My Walletから自動支払いとなる。

◆注意点
必ず駐輪場へ戻すこと。ブレーキが壊れていることもあるので乗車前に要チェック。自転車は左側通行。
SG Bike： URL www.sgbike.com.sg
Anywheel： URL www.anywheel.sg

左／白と赤でペイントされたSG Bikeのシェアサイクル　右／シンガポール川沿いはシェアサイクル利用者をよく見かける

旅の準備と技術編 ▶ 都市交通

旅の技術

現地観光ツアー案内

自分でいろいろな交通機関を利用して観光地を巡るのは、それなりに手間も時間もかかる。「もっと楽に観光したい」という人は、現地の観光ツアーが便利だ。

シンガポールの観光ツアーは、いくつもの会社で催されているが、「英語で説明されてもわからない」と、不安に思っている人におすすめなのがパンダバスとマイバスだ。日本語ガイドが案内するコースを豊富に取り揃えている。料金も、日本の旅行会社で申し込むオプショナルツアーよりもかなり安く、コース設定も豊富で、話題の場所やテーマを盛り込んだツアーが用意されている。目的に応じて、上手にツアーを利用しよう。

パンダバス
Panda Travel Agency
[住]1 Coleman St., #09-04A The Adelphi
[電]6337-1616(日本語)
[FAX](65) 6337-3017
[URL]www.pandabus.com/sin
[E-mail]sin@pandabus.com
[営]9:00~18:00 [休]無休

●パンダバスのクーポン
ツアーなどの団体ではなかなか楽しめないシンガポールの魅力を味わえるよう、パンダバスではクーポンを発行している。クーポンの内容はさまざまで、足マッサージ、変身写真、エステ、話題のダックツアーなど盛りだくさんだ。

パンダバスのスタッフの皆さん

日本語定期観光ツアー

パンダバスのツアー

半日ツアーから1日ツアー、ナイトツアー、期間限定の企画ものまでバラエティに富んだ豊富なツアーを用意している。オープントップバスで夜景観賞しつつ、夜のシンガポールを観光するコースは自慢のコース。マレーシアやインドネシアへのツアーも充実しており、人気があるのは次のものだ。シンガポール1日観光デラックスツアー、夜に活動する動物たちを日本語トラムと徒歩コースで観察できるナイトサファリツアー(日本語トラムには優先乗車可能)、ジョホール・バル1日観光、マレーシアの世界遺産マラッカへの日帰りツアー。

申し込みはホームページから、またはシンガポールの予約電話で申し込める。

パンダバス主要ツアー

(2019年10月現在)

コース名	食事	料金 大人	料金 子供	催行日	出発時間	所要時間
半日市内観光	昼食なし	$74	$56	毎日	8:15	3.5
	昼食付き	$86	$65			4.5
シンガポール1日観光デラックス	昼食付き	$189	$142	毎日	8:15	8
人気の定番セントーサ観光	昼食付き	$110	$90	毎日	8:30	6
開運!シンガポールパワースポット巡り	昼食なし	$130	$98	毎日	12:40	3.5
	昼食付き	$142	$107		11:40	4.5
ノスタルジック・シンガポール トライショー乗車	昼食なし	$110	$83	毎日	12:40	3.5
	昼食付き	$122	$92		11:40	4.5
シンガポール動物園(オランウータンと朝食付き)	朝食付き	$129	$97	毎日	8:00	4.5
どきどきナイトサファリ日本語音声トラム確約&優先乗車(サファリウオーク付き)	夕食なし	$92	$72	毎日	16:45	5.5
	夕食付き	$133	$103			
知られざるリトル・インディア・ウオーキングツアー	昼食付き	$65	$49	毎日	9:45	3.5
魅惑のアラブ・ストリート散策ツアー	ドリンク付き	$65	$49	毎日	13:30	2.5
プラナカン民族衣装を着てじゃらんじゃらん	なし	$130	—	火・水・木・金・土曜	12:30	3.5
マーライオン完全制覇ツアー	昼食なし	$125	$94	毎日	12:40	3.5
	昼食付き	$140	$100		11:40	4.5
マレー半島最南端ジョホール・バル1日観光	昼食付き	$160	$140	毎日	8:15	7
マレー料理クッキング体験ツアー	昼食付き	$175	$140	毎日	8:15	7
エンジョイ!1Dayセントーサ ユニバーサル・スタジオ入場券付き	なし	$189	$142	毎日	8:15	4.5
ホタル鑑賞クルーズツアー	夕食付き	$195~	$146~	土・日曜	14:00	9
世界遺産 マラッカ1日観光	昼食付き	$170	$145	毎日	7:00	11.5
ビンタン島日帰り	昼食付き	$145~	$125~	毎日	7:00	8

マイバスのツアー

　JTBシンガポール主催の定期観光がマイバス。特典や内容充実のツアーが揃っている。例えばナイトサファリでは、長蛇の列に並ばず、日本語トラムの優先乗車やフリーギフトといった特典がある。さらにツアーのほか、専用車チャーター・サービスや有名スパの特別パッケージ、特典付きレストラン予約代行、異国情緒あふれる街を散策したり、トライショーに乗るなどの文化体験ツアーもある。申し込みはウェブ、予約電話かマイバスデスクにて。

マイバスデスク
マイバス　MY BUS
住 7 Raffles Blvd., Marina Square
☎ 6735-2847（日本語）
URL www.mybus-asia.com/singapore
E-mail opjtb.sg@jtbap.com
営 5:30～22:00（ツアー受付は9:00～17:30）　休 無休

マイバス主要ツアー
(2019年10月現在)

コース名	食事	料金 大人	料金 子供	催行日	出発時間	所要時間
シンガポールフライヤーにも乗車！シンガポール魅力満載市内観光	昼食付き	$100～	$70～	毎日	8:15	6.25
エクスプレストラム利用・ナイトサファリ	夕食付き	$130～	$100～	毎日	17:00頃	5
シンガポール半日観光	昼食なし	$50～	$35～	毎日	8:15	5
シンガポール半日観光	昼食付き	$75～	$60～	毎日	8:15	6.25
楽しさ盛りだくさん！セントーサ島観光	昼食付き	$135～	$100～	毎日	8:30	6
ユニバーサル・スタジオ・シンガポールFREE & EASY	なし	$108～	$78～	毎日	8:30、※片道送迎のみ（現地解散）	
パノラマ美景・ナイトセントーサ	夕食付き	$138～	$98～	毎日	16:00	5
シンガポール・ダックツアー	なし	$43～	$33～	毎日	10:00	1
アジアン・チャンプル	昼食付き	$150～	$135～	毎日	9:30	6
ジュエルボックス	夕食付き	$138～	$98～	毎日	17:30	4
プレミアム・スカイダイニング	夕食付き	$185～	$175～	毎日	19:00	1.5
ローカル中華ディナーとリバーボート夜景鑑賞	夕食付き	$95～	$70～	毎日	17:30	3.5
彩小路（いろこうじ）をじゃらんじゃらん	なし	$88～	$58～	火・木・金・土曜	11:00頃	3.5
インドネシア・ビンタン島へ行く	昼食付き	$190～	$150～	毎日	6:30	14
マレーシア・ジョホール・バル観光	昼食付き	$120～	$90～	毎日	8:00頃	7
マレーシア・世界遺産マラッカへ	昼食付き	$160～	$135～	毎日	8:00頃	13

英語の観光ツアー

　英語に自信のある人は、一般の現地観光ツアーを利用してもいい。日本語観光バスもやっているRMGツアーズなどが大手だ。これらのツアーは、ホテルのツアーデスクを通じて申し込むことができる。

RMGツアーズ
RMG Tours Pte. Ltd.
住 109C Amoy St.　☎ 6220-8722
FAX (65)6224-6818
URL www.rmgtours.com
営 9:00～18:00
休 土・日曜、祝日

人気のツアー

シンガポール・リバー・クルーズ

　バムボートと呼ばれる屋形船のような木造船で、シンガポール川とマリーナ・ベイを周遊する約40分のツアー。シンガポール・リバー・クルーズとウオーターBの2社が催行している。乗り場は複数あり、マーライオン・パーク、マリーナベイ・サンズ付近、エスプラネード・シアターズ前、シンガポール・フライヤー前、フラトン・ホテルの川沿い、ボート・キー、クラーク・キーなどがおもな乗り場。特に夕方以降、夜景を眺めながら遊覧するのが人気。マリーナ

シンガポール・リバー・クルーズ
●シンガポール・リバー・クルーズ Singapore River Cruise
☎ 6336-6111
URL www.rivercruise.com.sg
営 9:00～23:00の間、約15分間隔で運航　休 無休　料 大人$25、子供（3～12歳）$15
●ウオーターB　Water B
☎ 6509-8998　URL www.waterb.com.sg　営休料 シンガポール・リバー・クルーズと同じ（最終船は22:00）。20～25分間隔で運航。
※一定区間をリバー・タクシーとしても使える（→P.367）。

昔ながらの船は情緒たっぷり。船内では周辺の観光ガイドがある

旅の準備と技術編 ▼ 現地観光ツアー案内

トライショー・アンクル
Trishaw Uncle
MAP P.84-2B
住 Albert Mall Trishaw Park, Queen St.（アルバート・センター脇）
☎6337-1111
URL www.trishawuncle.com.sg
営11:00～20:00
休無休　料リトル・インディアを巡る30分ツアーはひとり$39。このツアーにブギス周辺を加えた45分のツアーはひとり、チャイナタウンで下車する45分のツアーはひとり$49。

ダックツアーズ
DUCK Tours
MAP P.75-1D
住 3 Temasek Blvd., Tower5, #01-330 Suntec City Mall
☎6338-6877
URL www.ducktours.com.sg
営9:00～19:00　休無休
ツアーの申し込みカウンターは、上記のサンテック・シティ1階、オーチャード・ロードのシンガポール・ビジター・センター内（MAP P.117)、チャンギ国際空港（T1～T4)などにある。乗り場はサンテック・シティのカウンター前。

サンテック・シティ1階にあるダックツアーズ

シンガポール航空利用者の特典「SIAホップ・オン」
シンガポール航空、シルクエアーの搭乗券を提示すれば、上記のダックツアーズの赤、黄、青、緑の4のバスツアーが、大人$19.5、子供$14.5の割引料金となる。またシンガポール・ストップオーバー・ホリデイとシンガポール・ストップオーバー・ホリデイ・プラスというパッケージツアー利用客は、ナイト・シティ・ツアーというバスツアーが無料に。
URL www.singaporeair.com/microsite/global/BPP/sg-attractions-siahopon.html

ツアーバス車体にはSia Hop-onとの表示がある

ベイ・サンズの光とレーザーのショーを水上から観賞するクルーズツアー(→P.96)も催行している。

トライショーツアー
　自転車にサイドカーが付いた乗り物、トライショーでブギスやリトル・インディア周辺を巡るツアー。小回りの効く足でゆったり流れる街の風景を楽しめる。日本語観光ツアーを主催するパンダバスやマイバスがトライショー乗車を組み込んだツアーを行っている。
　ほかにもブギスにある「トライショー・アンクル」で4コースのトライショーツアーを行っている。アルバート・センター前のキオスクで申し込み、すいていればすぐに乗車可能。

左上／パンダバスなどではトライショー体験が組み込まれたツアーもある　左下／観光用に装飾が施されたトライショー　右／トライショー・アンクルのキオスクはブギス・ストリートにある

市内周遊のツアー

ダックツアーズのダックツアーとバスツアー
　水陸両用の「ダック号」に乗って、英語ガイドを聞きながら路上、水上から観光名所を見て回る「ダックツアー」（大人$43、子供$33）がいちばん人気。
　オープントップバスで主要観光地を巡る「ビッグバス・ホップオン・ホップオフツアー」と名づけられたバスツアーは全7コースあり、各停留所で乗り降り自由。中心部を巡る赤、黄、青、緑の4つのコースに、郊外の動物園やナイトサファリを巡るふたつのコースがある。有効時間内ならどの路線でも、何度でも利用できる。24時間有効の1日パスは大人$47、子供$37（2日パスもあり）。そのほかチャイナタウンやリトル・インディアを巡る「ガイド付きのウオーキングツアー」（大人$37、子供$27)、キッチン付きの豪華2階建てバスに乗って、ローカルグルメを食べながら観光地を巡る「シンガポール・グルメバス」（ランチ$67、ディナー$97）なども運行している。

マリーナ・ベイをパワフルに進むダック号

左／水陸両用のダック号のツアーは人気　右／サンテック・シティのツアー乗り場。車体にはダックツアーズを運営する「Big Bus」の社名が入っている

シティ・ツアーズのキャプテン・エクスプローラー・ダックツアーとファン・ビー・オープントップバスツアー

ダックツアーズと同様の2種類のツアーが、ファン・ビーFUN VEEの車体ロゴが目印のシティ・ツアーズ社（→P.373欄外）からも出ている。水陸両用車で回るキャプテン・エクスプローラー・ダックツアーは所要約1時間で大人＄34.9、子供（3～12歳未満）＄23.9。市内40ヵ所以上を巡るファン・ビー・オープントップバスは3ルートあり、運行時間は各ルートによって違い、最多ルートでは9:00～17:00の間に約20～30分に1便運行。1日パス（大人＄24.9、子供3～12歳＄17.9）もある。この周回便以外に、オープントップバスで夜景の名所を巡るナイトツアーや、各種テーマパーク入場券にシャトルバスでの送迎付きのツアーもある。

市中心部を3ルートで網羅するファン・ビーのオープントップバス

シティ・ツアーズ
City Tours（ファン・ビーFun Veeのツアー）
MAP P.75-2D
City Tourist Hub @ #01-207 Marina Square
☎6738-3338、6738-9857
URL www.citytours.sg
営9:00～19:00
Tourist Hub @B1-08 Esplanade XChange
☎URL営同上

乗り場はマリーナ・スクエアのカウンターの前。申し込み場所は上記の2ヵ所。ファン・ビー・オープントップバスも同様。キャプテン・エクスプローラー・ダックツアーは8:30～10:30、14:30～18:30（土・日曜、祝日9:30～11:30、13:30～17:30）の間、1時間に1便運行。1日2回市内の主要ホテルからの無料ピックアップ・サービスもある。

Column

シンガポールでゴルフ

シンガポールは、東南アジアで最もゴルフの盛んな国のひとつだ。島内のほか、隣国のジョホール・バルやビンタン島にもゴルフ場が多い。シンガポール滞在中、仲間を誘ってコースを回ってみるのもいいだろう。

ハンディキャップ証明書を持参しよう

ビジターを認めているゴルフ場を利用する際、ハンディキャップ証明書の提示を求められる場合が多い（特に名門コースは必須）。日本のゴルフ場発行のものでOKなので必ず持参しよう。ビジターの多いゴルフ場や、ジョホール・バルやバタム島、ビンタン島のコースなどでは、ハンディキャップ証明書の提出を義務付けていない場合も多いので、初心者や証明書のない人は、ジョホール・バル、バタム島、ビンタン島でプレイすることをおすすめする。

手軽に楽しむならツアーに参加しよう

パンダバスやJTB系列のマイバスでは、シンガポール、ジョホール・バル、バタム島の主要ゴルフコースへのツアーを行っている。料金には、バタム島以外のコースならホテル送迎、グリーンフィー、キャディーまたはバギー使用料が含まれており、まずまずお得。クラブのレンタルにも対応している。また、日系旅行会社のトリップス・インターナショナルもゴルフツアーに強い。

パンダバス　Panda Bus（→P.370）
料タナメラ＄480
セントーサ・セラポン平日＄480、土・日曜、祝日前日、祝日＄630（送迎付き）

トリップス・インターナショナル　Trips International Pte. Ltd.
住24 Peck Seah St., #02-07 Nehsons Bldg.
☎6324-2811　URL www.trips.com.sg
料セントーサ・ゴルフ・クラブ平日＄475、土・日曜、祝日＄625
ラグーナ・ビンタン・ゴルフ・クラブ月～木曜＄178、金曜＄190、土・日曜、祝日＄210

シンガポールのおもなゴルフ場

（2019年10月現在）

ゴルフ場	住所	電話番号	ホール数	ビジター料金 平日	ビジター料金 土・日・祝日
セントーサ・ゴルフ・クラブ Sentosa Golf Club	27 Bukit Manis Rd.	6275-0022	Serapang:18	$350	$480
			Tanjong:18	$350	$480
チャンギ・ゴルフ・クラブ Changi Golf Club	20 Netheravon Rd.	6545-5133	9	$48.15	※ビジターは平日のみ可
			18	$96.3	
ケッペル・クラブ Keppel Club	10 Bukit Chermin Rd.	6375-5569	9	$100	$160
			18	$200	$320

※税込、バギーレンタル料金を含む

※ビジターでプレイ可能なコースのみ掲載。その他のコースでもパンダバスのゴルフツアーに参加すればプレイできる場合もある。
※注記のない料金は税別。

旅の技術

電話と郵便

通信インフラの先進国、シンガポールはスマートフォンの普及が目覚ましく、ネットワーク環境が整備されている。郵便などの通信環境もよく、国際宅配便を扱うところも多くて便利だ。

電話

国内電話はすべて市外局番などはなく、6番から始まる通常電話のほか、8と9番から始まる携帯電話や緊急電話（警察999、救急995）、1800と800で始まる無料通話がある。マレーシアへは国際電話のかけ方でかける方法のほか、02をダイヤルしてから市外局番＋電話番号をダイヤルする方法もある。

電話のかけ方
シンガポールで電話をかけるには、公衆電話を利用、ホテルの客室に設置された電話から、または携帯電話からかけるといった方法がある。

◆公衆電話からかける
国民のほぼ全員がスマートフォンを所有するシンガポールで、公衆電話は年々少なくなっている。とはいえ、空港、駅、一部のショッピングセンターなどには公衆電話がある。コイン（¢10、¢20、¢50、$1）、テレホンカードが使えるもののほか、クレジットカードが使える機種もある。テレホンカードはコンビニや電話カード販売店などで販売。市内電話は2分間¢10。国際電話は1分間¢45。

◆ホテルの客室電話からかける
最初に外線専用番号（「9」のことが多いが、ホテルの案内書でチェック）、そのあとに電話番号をプッシュする。手数料や7％のGSTが加算されることが多く、国際電話は割高。

◆携帯電話からかける
海外ローミング対応の携帯・スマートフォンを使う方法とSIMロックが解除された端末やSIMフリーの端末（バンド3か7に対応しているもの）を持参し、シンガポールのSIMカードを利用する方法があり、後者のほうが格安。

SIMカードを提供するおもな会社は、シンゲテル（Singtel）、スターハブ（Starhub）、M1の3社。チャンギ国際空港到着ロビーの「チャンギ・レコメンズ」や販売所をはじめ、コンビニ、駅の売店、各社の専門ショップ、電話カード販売店などで購入可（パスポートの提示が必要）。バンド3か7に対応している端末なら、どの会社のSIMカードも使えるので、自分の端末の対応状況をあらかじめチェックしておこう。

国際電話に関して
▼日本からシンガポールへかける場合
はじめに国際電話会社の番号、次に国際電話識別番号010をダイヤルし、シンガポールの国番号65、続いて相手先の電話番号をダイヤルする。

上／公衆電話はほとんど見かけなくなった。写真はオーチャード・ロード沿いの公衆電話ブース　下／赤いシングテルの公衆電話

チャンギ国際空港の公衆電話
ターミナル1～4、すべてにある。コインとクレジットカードが使える。

プリペイドSIMカード
ツーリスト向けSIMカードは使用期間7日～15日で、$10～$50。通信容量100Gで、国内通話500分～、国際通話20分～が標準となっている。SMSは無制限のものが多い。通信容量100Gは、シンガポール国内での容量なので、シンガポールをベースにしてビンタン島やマレーシアへ行く場合は、データ・ローミングがついているSIMカードを買うとよい。
シングテル Singtel URL www.singtel.com/personal/products-services/mobile/prepaid-plans
スターハブ Starhub URL www.starhub.com/personal/mobile/mobile-phones-plans/prepaid-cards.html
M1 URL www.m1.com.sg/mobile/prepaid-plans

M1（左）とシングテルのSIMカード。ツーリストSIMカードのほか、各社ともさまざまなプランのSIMを販売しているので、目的に合ったものを選ぼう

上／空港はチャンギ・レコメンズのほか、SIMの販売カウンターがある　下／オーチャードのラッキープラザ内に販売店多数

例：日本からシンガポールの6123-4567へかける場合

国際電話会社の番号		+	国際電話識別番号	+	シンガポールの国番号	+	相手先の電話番号
KDDI※1	001		**010**		**65**		**6123-4567**
NTTコミュニケーションズ※1	0033						
ソフトバンク※1	0061						
au（携帯）※2	005345						
NTTドコモ（携帯）※3	009130						
ソフトバンク（携帯）※4	0046						

※1：マイライン・マイラインプラスの国際通話区分に登録している場合は不要。詳細は、www.myline.org
※2：auは、005345をダイヤルしなくてもかけられる。
※3：NTTドコモは事前にWORLD WINGに登録が必要。009130をダイヤルしなくてもかけられる。
※4：ソフトバンクは0046をダイヤルしなくてもかけられる。
※携帯電話の3キャリアは「0」を長押しして「+」を表示し、続けて国番号からダイヤルしてもかけられる。

日本での国際電話の問い合わせ先

会社名	問い合わせ先TEL	URL
KDDI	0120-977097（無料）	www.kddi.com
NTTコミュニケーションズ	0120-506506（無料）	www.ntt.com
ソフトバンク	0088-24-0018（無料）	www.softbank.jp/mobile/service/global
au	0077-7-111（無料）	www.au.com
NTTドコモ	0120-800-000（無料）	www.nttdocomo.co.jp

シンガポールから日本へかける場合

はじめに国際電話識別番号001、次に日本の国番号81、続いて市外局番（最初の0は不要）、相手先の電話番号をダイヤルする。

例：シンガポールから日本（東京）の（03）1234-5678へかける場合

国際電話識別番号	+	日本の国番号	+	市外局番から0を除いた番号	+	相手先の電話番号
001※1		**81**		**3**※2		**1234-5678**

※1 公衆電話から日本にかける場合は上記のとおり。ホテルの部屋からは、外線につながる番号を頭に付ける。
※2 携帯電話などへかける場合も「090」「080」などの最初の0を除く。

日本語オペレーターに申し込むコレクトコール

シンガポールから日本語オペレーターを通じて電話がかけられる。支払いは、クレジットカードかコレクトコールとなる。

会社名	サービス名	アクセス番号
KDDI	ジャパンダイレクト	8000-810-810※

※公衆電話を利用する場合は、電話によって使える番号が異なる場合がある。

国際クレジットカード通話

クレジットカードの番号を入力してかけることのできる国際電話。日本語音声ガイダンスに従って操作する。「アクセス番号」を入力、「カード番号＋＃」を入力、「暗証番号＋＃」を入力、「相手の電話番号」を市外局番から入力すればよい。

会社名	サービス名	アクセス番号
KDDI	スーパージャパンダイレクト	8000-810-001※

※公衆電話を利用する場合は、電話によって使える番号が異なる場合がある。

プリペイドカード通話

日本国内であらかじめ購入できる日本の電話会社が発行するプリペイドカード。各電話会社のアクセス番号にダイヤルし、日本語音声ガイダンスに従ってプリペイドカードのID番号などを入力する。日本国内の国際空港やコンビニエンスストアなどで購入が可能。KDDIが「スーパーワールドカード」、NTTコミュニケーションズが「ワールドプリペイドカード」、ソフトバンクが「コミカ」を販売している。詳しい利用方法については、各社まで問い合わせを。

インターネットを使うには
「地球の歩き方」ホームページでは、海外からのスマートフォンなどの利用にあたって、各携帯電話会社の「パケット定額」や海外用モバイルWi-Fiルーターのレンタルなどの情報をまとめたページを公開中。
www.arukikata.co.jp/net

パソコンを使用する場合
パソコンを携帯してインターネットへ接続する場合、主要ホテルの客室内であればWi-Fiによる接続が可能だ。

安心＆便利なドコモの海外パケット定額サービス
ドコモの「パケットパック海外オプション」は、1時間200円からいつものスマートフォンをそのまま海外で使えるパケット定額サービス。旅先で使いたいときに利用を開始すると、日本で契約しているパケットパックなどのデータ量が消費される。24時間980円のプランや利用日数に応じた割引もある。詳細は「ドコモ　海外」で検索してみよう。

Information

携帯電話紛失の際の連絡先

携帯電話をシンガポールで紛失した(または盗難に遭った)際、利用停止の手続きをとる必要がある。各社の連絡先は以下のとおり(全社24時間対応)。

au
(国際電話識別番号001)+81+3+6670-6944　※1

NTTドコモ
(国際電話識別番号001)+81+3+6832-6600　※2
ソフトバンク
(国際電話識別番号001)+81+92+687-0025　※3

※1：auの携帯から無料、一般電話からは有料。
※2：NTTドコモの携帯から無料、一般電話からは有料。
※3：ソフトバンクの携帯から無料、一般電話からは有料。

郵　便

はがき、手紙、小包

日本までの航空郵便料金ははがき¢70、エアログラム¢70、封書は20gまでが$1.4で、10g増すごとに¢35ずつ加算される。所要日数は3〜5日。

日本への小包は「スピードポスト」というサービスを利用。所要日数により4つのプランに分かれている。最も安価なスピードポスト・エコノミー(所要21〜35日)は5kgまで$50、10kgまで$80。普通便に相当するスピードポスト・スタンダード(所要5〜7日)は2kgまで$60、5kgまで$97。2〜4日で届くスピードポスト・プライオリティは2kgまで$85、5kgまで$134。所要日数最短(1〜2日)のスピードポスト・エクスプレスは2kgまで$119、5kgまで$204。いずれのプランも最大30kgまで。

宛先の住所は日本の郵便局がわかるように日本語で明記するが、国名はJapanと英語で明記しておくこと。また都道府県名も一応英語を併記しておいたほうがよい。またエアメールのステッカーを貼るか、Air Mailと英語で書いておく(船便の場合にはShip Mail)。ステッカーはたいてい、郵便局に常備してあり、無料で使用できる。

郵便局は公共団地内、ショッピングセンターやオフィスビル内にあることが多い

シンガポール・ポスト
Singapore Post (SingPost)
☎6841-2000　FREE 1605
URL www.singpost.com

2kg以上の小包の料金を知りたい場合
無料電話 FREE 1605で重量を言えば料金を教えてくれる。

フェデラル・エクスプレス・シンガポール
●問い合わせ先
エクスプレス・カスタマー・サービス
FREE 1800-7432-626
URL www.fedex.com/en-sg/home.html
●フェデックス・ワールド・サービスセンター
MAP 折込表-2C
⌂31 Kaki Bukit Rd. 3, #03-14/25 Techlink
☎9:00〜18:00
休土・日曜、祝日

クロネコヤマトの国際宅急便
ヤマト運輸が日本をはじめアジア諸国への国際宅配便を行っており、電話をすれば(日本語可)、ホテルまで集荷に来てくれる。書類(B4サイズ1kgまで)は$25。荷物は周囲合計が60cmまでは$50、最大160cm、25kgまで。所要5〜7日。
●Yamato Transport (S) Pte.Ltd.
⌂24 Penjuru Rd., #01-06B CWT Commodity Hub
FREE 1800-2255-888
URL www.yamatosingapore.com
☎9:00〜20:00(土・日曜、祝日〜17:00)
休無休

エアメールも投函可能なポスト

国際宅配便

シンガポールではフェデラル・エクスプレスFederal Express(以下フェデックスFedEx)がポピュラーで、大切なものや、早急に送りたいときにはこのサービスを利用するとよい。日本の主要都市なら平日に出せば次の日に届くという速さである。フェデックス所定の封筒やパッケージを利用すれば日本へは、封書500gまで$38.4、小荷物の場合は500gまで$50.1。所定以外のもので包装した場合は割高になる。サービスカウンターは郊外のフェデックス・ワールド・サービスセンター(→欄外)にある。

日本でもおなじみのクロネコヤマト(→欄外)の宅急便がシンガポールにもある。日数はかかるが、割安感がある。スーツケースも規定サイズ内なら受け付けている。一部のセブン-イレブンでは集荷が可能なところがある。

READER'S VOICE

街なかにコインロッカーはない
コインロッカーはまったくといっていいほどない。不要な荷物は滞在ホテルのフロントで預かってもらうようにしたほうがいい。
(千葉県　高橋和哉　'17)　['19]

チャンギ国際空港は楽しい！
ひまわりやバタフライ・ガーデン、無料のシアター、ゲームセンターなど何でも揃っていて歩き回るのが楽しかった。無料の足マッサージ機もうれしい。乗り継ぎ客用の市内フリーツアー(→P.354)はお得感があった。
(北海道　ELMO　'16)　['19]

チャンギ・エアポート駅のチケットオフィス
深夜便で帰国の際、空港駅でイージー・リンク・カードなどのデポジット返却を予定する場合、チケットオフィスは21:00に閉まるので注意(→P.360欄外)。
(群馬県　ライダー　'15)　['19]

空港駅のツーリスト・パス自動販売機
MRTのチャンギエアポート駅、チケットオフィスの隣にシンガポール・ツーリスト・パス(→P.360)の自動販売機が設置された。日本語表示にすることもできる。クレジットカードのみ使用可能。窓口の閉まっている時間でも購入できるので、日本から早朝到着の場合でもOKだ。なお、デポジットの返却は従来通り窓口でのみ行われ、返金は現金である。
(群馬県　ライダー　'19)

MRTの子供料金
7歳未満は無料。ただし駅のチケットオフィスで子供用イージー・リンク・カード(child concession card)を発行してもらわないといけない。カードがない場合は身長が90cmを超えると大人と同じ運賃になる(改札付近に身長計あり)。
(兵庫県　ゆう　'19)

イージー・リンク・カード(→P.360)
$12の購入金額のうち$7が運賃に利用可能だが、残高が$3未満になると使用できなくなり、増額が必要となる。デポジットの$5は返金されないため、短期の滞在であればスタンダード・チケットのほうが割安になる場合もあるので考慮して購入しよう。
(埼玉県　匿名希望　'16)　['19]

アルコール販売時間に注意！
アルコール飲料の販売は7:00～22:30と法律で決まっている。ビールも22:30以降買えないし、フードコートでも同じ。バーは夜中でも大丈夫。
(東京都　yummy　'16)　['19]

INFORMATION

シンガポールでスマホ、ネットを使うには

まずは、ホテルなどのネットサービス(有料または無料)、Wi-Fiスポット(インターネットアクセスポイント。無料)を活用する方法がある。シンガポールでは、主要ホテルや町なかにWi-Fiスポットがあるので、宿泊ホテルでの利用可否やどこにWi-Fiスポットがあるかなどの情報を事前にネットなどで調べておくとよいだろう。ただしWi-Fiスポットでは、通信速度が不安定だったり、繋がらない場合があったり、利用できる場所が限定されたりするというデメリットもある。ストレスなくスマホやネットを使おうとするなら、以下のような方法も検討したい。

☆ 各携帯電話会社の「パケット定額」
1日当たりの料金が定額となるもので、NTTドコモなど各社がサービスを提供している。いつも利用しているスマホを利用できる。また、海外旅行期間を通してではなく、任意の1日だけ決められたデータ通信量を利用することのできるサービスもあるので、ほかの通信手段がない場合の緊急用としても利用できる。なお、「パケット定額」の対象外となる国や地域があり、そうした場所でのデータ通信は、費用が高額となる場合があるので、注意が必要です。

☆ 海外用モバイルWi-Fiルーターをレンタル
シンガポールで利用できる「Wi-Fiルーター」をレンタルする方法がある。定額料金で利用できるもので、「グローバルWiFi([URL]https://townwifi.com/)」など各社が提供している。Wi-Fiルーターとは、現地でもスマホやタブレット、PCなどでネットを利用するための機器のことをいい、事前に予約しておいて、空港などで受け取る。利用料金が安く、ルーター1台で複数の機器と接続できる(同行者とシェアできる)ほか、いつでもどこでも、移動しながらでも快適にネットを利用できるとして、利用者が増えている。

ほかにも、いろいろな方法があるので、詳しい情報は「地球の歩き方」ホームページで確認してほしい。
【URL】http://www.arukikata.co.jp/net/

ルーターは空港などで受け取る

手口を知って未然に防ぐ
旅のトラブル実例集

シンガポールの治安のよさは東南アジア随一だといわれる。しかし、シンガポールもアジアの一国であり、アジアで起こりうる犯罪はここでも起こる危険性があるということを忘れないでほしい。強盗、スリ、置き引き、車上狙いなどの発生率は、日本より高いのが実情だ。特に日本人を狙った犯罪は増えている。

ちょっとした注意と気のもちようで防げるトラブルも少なくない。ここでは、シンガポール旅行で起こりうるトラブル例を紹介する。これを参考にして、何に気をつけたらいいのかを考えてほしい。

●スリ・置き引き

人出の多い所で、観光客を狙ったスリが増えている。ショッピングセンター、オーチャード・ロード周辺をはじめ、観光地は要注意。

① 混雑時にMRTの改札を通るとき、2人組でさりげなく観光客の前後に分かれ、犯行におよぶ。前にいるほうが、何かのトラブルに見せかけてわざと改札機の途中で止まり、そのあとから改札を抜けようとする観光客を立ち止まらせる。さらにその背後からやってきた犯人が観光客をサンドイッチ状態にしてスリを働くというものだ。この間わずか数十秒。

② 洋服にクリーム状のものをわざとかけ、親切を装って拭き取るふりをし、そのスキに金品をすり取る。

③ MRTの車内で肩から掛けたバッグの中から財布をすられたり、買い物に夢中になっているスキに背後からバッグをカミソリのようなもので切り、中身を抜き取る。

④ ホテルのチェックイン、チェックアウト時に下に置いたバッグ類を盗まれる。

⑤ ビュッフェ形式のレストラン、ホーカーズなどで椅子や床に置いたバッグ類を取られる。知人に荷物を見てもらって、席を立った間に荷物がなくなっていたという例もある。

〈対策〉多額の現金、貴重品は持ち歩かない。バッグ、ポシェットなどは自分の前に抱えて持つ。また、支払い時に財布の中を他人に見せないように気をつける。置き引き対策としては、荷物は体から離さず、注意を行き届かせスキを見せない。ホテルやレストランは置き引き犯の目が光っているということを頭において行動したい。

READER'S VOICE
パスポートを盗まれ帰国できなくなった

セントーサ島内を走る無料のバス内で、かばんの中からパスポートを入れていた袋を盗まれた。当時バスは満席でステップにも人が立つほどであったが、ステップ近くにいた現地人らしき男性が手すりを持ち、その腕にジャンパーをかけていた。今思うとそれで手元を隠し、スリを働いていたのではないかと思う。乗車時にわれ先にと混み合う状況で、その人は私たちに先にどうぞとすすめ、自分は入口ぎりぎりに乗車した。

警察に行った際、パスポートの写しや免許証がなく、日本人であることを証明するものがなくて困り果てた。必ずコピーなどを持っていくことをすすめたい。　（大分県　匿名希望）[19]

●ホテルでの盗難

ホテル内での盗難は、外出中や就寝中の侵入犯やホテルスタッフを偽装した詐欺的な手口のものがある。後者は次のような例が報告されている。

① ホテル従業員を装い、電話で宿泊の手続きにパスポートが必要なので預かりたいと連絡のうえ、部屋を訪れパスポートを受け取ってそのまま逃走。

② ホテルの従業員と称する2人組が部屋に来て、ひとりがバスルームの説明をする、あるいは配管等の点検修理に来たと言って、ひとりが客の注意を引き付けている間に、もうひとりが金品を盗む。

〈対策〉中級以上のホテルに宿泊の場合は、貴重品は部屋のセーフティボックス、またはフロントの貴重品預かりに保管する（安宿の場合は肌身離さず持っていたほうがよい）。チェックイン後にパスポートを預かるというのは考えられないことだし、ベッドメイク以外でふたり以上の従業員が部屋に来ること自体おかしい。不審だと思ったら部屋に入れる前に電話でフロントに確認をとってみるくらいの用心深さが必要だ。在室中はチェーンをかけ、ノックされたら部屋のドアを開ける前に必ず相手を確認し、不審者は絶対部屋に入れない。

●空港から市街へのタクシートラブル

空港から市街へ向かうタクシーでのトラブルも報告されている。メーターを使用しなかっ

たり、何倍もの料金を要求してきたりといった料金トラブルだ。確かに深夜などは追加料金がかかるが、それでも$45以上はかからない。納得のいかないことがあったら、助手席の前に掲げてある運転手の名前とタクシー番号を控えてタクシー会社に申し入れる。また運転手に「会社に連絡する」と言うこと自体で、かなり抑止力になる。

READER'S VOICE
必ずメーター制で
チャンギ国際空港からチャイナタウンのホテルに行くのにタクシーに乗った。$50とふっかけてきたので、$40と言ったら$45になったが、メーター制ではなかった。もう少し粘ってメーターにしてもらうべきだった。
（石川県　松田安佐子）['19]

タクシー料金は内容確認を
タクシーの支払いで、加算されるERP料金は$1だったのに運転手は$4と言って請求してきた。昨日は$1だったと言うと、あっさり訂正した。言いなりになってはいけないと思った。
（神奈川県　ホッケンミー）['19]

●詐欺・ショッピングのトラブル
近年、IT機器ショップで、詐欺まがいのスマートフォンの販売が横行している。トラブルの事例は、お客が機種の代金を現金かクレジットカードで支払ったのち、保証書や付属品、OSのライセンス料と称して多額の追加請求をし、キャンセル希望や返金請求には一切応じないというもの。どうしても購入する場合は、こういったトラブルが頻発していることを念頭において注意を払おう。

READER'S VOICE
シム・リム・スクエアは要注意
海外モデルのスマートフォンを購入しようと、シム・リム・スクエア（→P.138欄外）へ。館内のある店で交渉し、現金とクレジットカードで支払うことに。最後のRefundチケットのサインの段になって、意味不明のService＋Warrantyなどにより、もとの端末の3倍近い金額を請求されていたことに気づいた。消費者協会を通じて返金を依頼中だが、サインをしてしまったので強く言えない状況だ。(岡山県　匿名希望　'15)['19]

READER'S VOICE
ジョホール・バルで多発！　日本人を狙った詐欺
サルタン王宮近くで、55～60歳くらいの小柄なマレー系の人がサルタンセキュリティの者だと名乗り、「今日はお祭りで治安が悪く、シンガポールへのバスはラーキン・バスターミナルからしか出ていない。私が安全に帰れるようにしてあげましょう」と言われた。最初その人を信用したのが間違いで、タクシーをひろい、サルタン・ミスキに見学と称して連れて行かれた。その後バスターミナルに着いたときには、態度が豹変。私の財布を取り上げ中身を抜き取り、少額しかなかったので「日本円でいいから2万円払え、高くないだろ！」と凄んできた。身に迫る危険を感じ、1万円を払ってしまった。親切な人は要注意。一緒にタクシーに乗るなどもってのほか。私はこれでも運がよかったのかもしれないと思った。
（岩手県　匿名希望）['19]

ジョホール・バルのタクシー客引きに注意
イミグレーションを出た所にタクシーの客引きがいる。地元の人の流れに乗って進もうとすると、「そっちはシンガポールに戻ってしまう」などとうそをつき、タクシーに乗せようとする。客引きの言うことは無視すること。
（茨城県　よかいち）['19]

●そのほかの注意事項
日本語で声をかけてくる親切な輩に注意
もとガイドだった日本語堪能な男がチャンギ国際空港で個人旅行の日本人を物色し、ガイドなどを申し出るという話も聞く。親切そうに言い寄ってくる人物をカンタンに信用してはいけない。街なかでもこの手の親切を装って話しかけてくる人には要注意。

また、路線バスなどでジョホール・バルへ行く際、イミグレ手続きのためにバスを降りなければならないが、そのときに荷物を置き忘れる人が少なくない。バスは待っていないので必ず荷物はすべて持って降りるよう注意しよう。

たばこの持ち込みに関する規則を知ろう
たばこは1gから課税対象になり、課税額は1g（または1本）当たり￠42.7（目安として1箱$8.54）。入国時に必ず税関の赤の通関路（レッドチャンネル）で申告し、税金を支払い、領収書を保管し、いつでも証明できるようにする。税関でたばこを持っていながら、申告品なしの緑の通関路に進み、荷物チェックされて所持が発覚すると、やはり罰金を徴収される。

READER'S VOICE
たばこの持ち込み規制はたいへん厳しい
日本の空港でたばこを2カートン買い、シンガポールへ向かった。着陸後、入国審査を終え、税関（緑色ランプの所）を通ろうとすると赤色ラ

ンプの所に進むように言われ、たばこを持っていることがわかると、係官に別室に連れて行かれた。「自分は吸わない。おみやげです」と言うと、空港で帰国日まで預かると言われた。預かり金として$4を支払うだけで済んだが、これはラッキーな例で、ガイドさんによると申告せず課税金を払わないで持ち込むと高額の罰金が科せられるとのこと。実際私のように知らずにいてつかまり、罰金を払う観光客が増えているそうだ。帰国日、預けたたばこを引き取りに行くと、同じような人が多くてびっくり。シンガポールがこんなに厳しいとは思わなくて、怖い思いをした。 (兵庫県　アジアブレス)['19]

● **麻薬等の取り締まりは非常に厳しい**

シンガポールでは麻薬や覚醒剤などの所持、密売に対しては非常に厳しく取り締まっており、厳罰に処せられる。外国人に対しても例外ではないので自己の責任のもと、良識ある行動を。また、知らない人に依頼された荷物などは絶対に預からないこと。

治安情報を入手する

日本で治安に関する情報は、外務省領事サービスセンター(海外安全相談班)で入手できる。
☎ (03) 3580-3311 (9:00〜12:30、13:30〜17:00、土・日曜、祝日休み)へ。
海外安全ホームページ
URL www.anzen.mofa.go.jp
※2019年10月現在、シンガポールで消費者のクレームを受け付けているのは以下の機関。
消費者協会　Consumer Association
☎6100-0315

Information

病院と緊急連絡先

日本語対応の病院

◆**ラッフルズ・ジャパニーズクリニック**
Raffles Japanese Clinic
585 North Bridge Rd., Raffles Hospital #02-00
☎6311-1190　9:00〜18:30 (土曜〜13:00)　日曜、祝日　MAP P.85-2C　URL www.rafflessj-clinic.com
※リャン・コートS.C.内 (#02-10)、オーチャードのウィーロック・プレイス内 (#04-05/05A)に分院がある。

◆**ジャパングリーンクリニック**
Japan Green Clinic
290 Orchard Rd., #10-01 Paragon　☎6734-8871　9:00〜12:00、14:00〜17:30 (土曜9:00〜12:00)　日曜、祝日　MAP P.79-3D　URL www.japan-green.com.sg
※ワン・ラッフルズ・プレイスのタワー1内 (#19-02)に分院がある。

◆**杉野インターナショナル・クリニック**
Sugino International Clinic
101 Irrawaddy Rd., #10-11 Royal Square @ Novena
☎6235-1110 (時間外)　6533-0088)　8:30〜13:00、14:00〜17:30 (土曜8:30〜13:00)　日曜、祝日　MAP 折込表-2B
URL www.suginointclinic.com

◆**日本メディカルケアー　Nippon Medical Care**
＜グレニーグルス病院内＞
6A Napier Rd., #03-37 Annexe Blk, Gleneagles Hospital
☎6474-7707、6470-5688 (時間外診療)　9:00〜12:00、14:00〜17:30 (土曜9:00〜12:00)　日曜、祝日
MAP 折込裏-1A　URL www.nipponmedicalcare.com.sg

緊急連絡先

◆**在シンガポール日本国大使館**
Embassy of Japan in Singapore
16 Nassim Rd.　☎6235-8855　FAX (65) 6733-1039
URL www.sg.emb-japan.go.jp　8:30〜12:00、13:30〜16:00　土・日曜、祝日 (シンガポールの祝日と日本の年末年始、日本の一部の祝日)　MAP P.78-1A

警察・緊急　☎999　　消防・救急　☎995

現地でパスポートを紛失した場合

パスポートの新規発給、または帰国のための渡航書の発給手続きを日本国大使館 (→上記) で行う。帰国のための渡航書というのは、日本へ帰国するためだけのもので使用は一度きり。これで他国へ入国することはできない。手順はどちらの場合でも、まず警察で紛失・盗難証明書 (Police Report) を発行してもらい、シンガポール移民検問庁 (ICA) で旅券ができあがるまでの滞在許可書 (Special Pass) を取得。そして日本大使館・領事部に本人が出向き、まず紛失した旅券の失効手続きを行う。その後、旅券の新規発給、あるいは帰国のための渡航書発給の手続きを行うことになる。

◆**失効手続きに必要なもの**
①紛失一般旅券等届出書　1通
②写真 (縦4.5×横3.5cm、パスポート規格) 2枚
③警察が発行した紛失・盗難証明書　1通

◆**パスポートの新規発給に必要なもの**
①一般旅券発給申請書　1通
②6ヵ月以内に撮影された写真 (縦4.5cm×横3.5cm、パスポート規格) 1枚
③戸籍謄本 (抄本) (申請日前6ヵ月以内に発行されたもの) 1通
手数料は有効期間が5年のパスポートは$134、10年のものは$195。所要日数は4日 (土・日曜、祝日は含まない)。

◆**帰国のための渡航書の発給に必要なもの**
①渡航書発給申請書　1通
②6ヵ月以内に撮影された写真 (縦4.5cm×横3.5cm、パスポート規格) 2枚
③警察が発行した紛失・盗難証明書　1通
④写真の貼ってある身分証明書、または身分確認のできる書類 (ない場合は不要)　1通
⑤帰りの航空券、あるいは航空券の予約確認書
料金は$30、所要日数は1〜2日。

ユースフルアドレス

政府観光局

シンガポール政府観光局（STB）
- FREE 1800-736-2000
- URL www.visitsingapore.com
［シンガポール・ビジター・センター］
- 216 Orchard Rd.
- 2 Orchard Turn, L1 ION Orchard
［チャイナタウン・ビジターセンター］
- 2 Banda St.

マレーシア政府観光局（TDC）
- 80 Robinson Rd., #01-01B/C/D
- ☎ 6532-6321　URL www.tourismmalaysia.or.jp

タイ国政府観光庁（TAT）
- 370 Orchard Rd., C/O-Royal Thai Embassy
- ☎ 6235-7901　URL www.thailandtravel.or.jp

大使館

在シンガポール日本国大使館
Embassy of Japan in Singapore
- 16 Nassim Rd.
- ☎ 6235-8855　FAX (65) 6733-1039
- URL www.sg.emb-japan.go.jp

入出国管理

イミグレーション
Immigration & Checkpoints Authority
- 10 Kallang Rd., ICA Bldg.　☎ 6391-6100
- FAX (65) 6298-0843　URL www.ica.gov.sg

緊急

警察・緊急　☎ 999　消防・救急　☎ 995

航空会社

シンガポール航空 Singapore Airlines
- 2 Orchard Turn, #04-05 ION Orchard
- ☎ 6223-8888　URL www.singaporeair.com

シルクエアー Silk Air
- 2 Orchard Turn, #04-05 ION Orchard
- ☎ 6223-8888　URL www.silkair.com

日本航空 Japan Airlines
- Singapore Changi Airport, #04-48 Passenger Terminal 1
※発券業務は行っていないので、問い合わせは下記のホットラインに。
- FREE 800-811-0768　URL www.jal.co.jp

全日空 All Nippon Airways
- 80 Robinson Rd., #18-01　FREE 800-8102-448、
- ☎ 6228-3288
- URL www.ana.co.jp

ユナイテッド航空 United Airlines
- 16 Raffles Quay, #44-02 Hong Leong Bldg.
- ☎ 6873-3533　URL www.united.com

デルタ航空 Delta Airlines
- 10 Eunos Rd. 8, #14-00 Singapore Post Centre
- ☎ 6336-3171　URL www.delta.com

マレーシア航空 Malaysia Airline
- #026-048, 2F, Singapore Changi Airport
- ☎ 6723-1009　URL www.malaysiaairlines.com

タイ国際航空 Thai Airways International
- 100 Cecil St., #02-00 The Globe
- ☎ 6210-5000　URL www.thaiairways.com

ガルーダインドネシア航空 Garuda Indonesia Airways
- 101 Thomson Rd., #12-03 United Square
- ☎ 6250-2888　URL www.garuda-indonesia.com

キャセイパシフィック航空 Cathay Pacific Airways
- 230 Victoria St., #11-01/02, Bugis Junction Towers　☎ 6723-1378
- URL www.cathaypacific.com

チャイナ・エアライン China Airlines
- 302 Orchard Rd., #14-01 Tong Bldg.
- ☎ 6737-2211　URL www.china-airlines.com

エアアジア Air Asia
- ☎ 6307-7688
- URL www.airasia.com

ジェットスター航空 Jetstar Airways
- ☎ 6499-9702
- URL www.jetstar.com

スクート Scoot
- ☎ 3157-6434　URL www.flyscoot.com

日本国内の関連機関

シンガポール共和国大使館
- 〒106-0032　東京都港区六本木5-12-3
- ☎ (03) 3586-9111　URL www.mfa.gov.sg/tokyojpn

在大阪シンガポール共和国名誉総領事館
- 〒590-8577　大阪府堺市堺区老松町3-77
- ☎ (072) 223-6911

在名古屋シンガポール共和国名誉総領事館
- 〒460-0006　愛知県名古屋市中区葵3-21-19
- 株式会社メニコン4階　☎ (052) 935-1258

マレーシア大使館
- 〒150-0036　東京都渋谷区南平台町20-16
- ☎ (03) 3476-3840
- URL www.kln.gov.my/web/jpn_tokyo/home

インドネシア共和国大使館
- 〒141-0022　東京都品川区東五反田5-2-9
- ☎ (03) 3441-4201

シンガポール政府観光局
- 〒100-6314　東京都千代田区丸の内2-4-1
- 丸の内ビルディング1407　☎ (03) 6269-9900
- URL www.visitsingapore.com/ja_jp

外務省 領事サービスセンター（海外安全相談班）
- ☎ (03) 3580-3311
- （電話対応時間9:00～12:30、13:30～17:00）
- URL www.anzen.mofa.go.jp
- 土・日曜、祝日

(社)日本旅行業協会（JATA）消費者相談室
- ☎ (03) 3592-1266（直通）、(03) 3592-1271（代表）
- （電話対応時間10:00～17:00）　FAX (03) 3592-1268　URL www.jata-net.or.jp　土・日曜、祝日

Column

「シングリッシュ」はシンガポールが生んだユニークな言葉

シンガポールに来てまず違和感を覚えるのは、シンガポール人の話す英語だという日本人は多い。独特のアクセントや発音、まくしたてるような早口に圧倒されてしまう。シンガポールはアジアで最も広く英語が通用する国だが、このシンガポール式英語、"シングリッシュ"は英語ではないと拒絶反応を見せる人もいる。是非はともあれ、シングリッシュはシンガポールで生まれたコミュニケーション手段である。シングリッシュの特徴をその独特の発音や文末に「ラー lah」や「レー leh」を付けることと思っている日本人は多いが、実は発音うんぬんよりもユニークなのは、文法の簡略化、英語に中国語やマレー語を混ぜること、そして英語で中国語・マレー語的発想の造語を用いることである。これらの例をいくつか挙げてみよう。

● じろじろ見る失礼な人に対して発する言葉の比較「何を見ているのですか？」
正しい英語：What are you looking at?
シングリッシュ：See what? Look at me for what??
語順、語法が滅茶苦茶、さらに簡略化されている。
● "Tomorrow you go or not?" "See first, lah."
「明日行くの、行かないの？」「考えとくよ」の意味。goが未来形になっていないが、tomorrowがあるので未来形として判断する。see firstという表現もよく使われるが、本来ならLet me think first.などが妥当。

● He is so thick-skin. He always eat snake!
「彼は図々しい。いつもさぼっているのよ」の意。中国語の言い回し「皮が厚い＝図々しい」、「蛇を食べる＝さぼる」を英語に直して使っている。しかも動詞が3人称に対応していない。
● You want to makan first?
「ご飯先に食べたい？」の意。makanはマレー語で「食べる」を意味する。
● I really cannot tah-han this suaku man!
「この田舎者には本当にガマンできないわ！」の意。tah-hanはマレー語で「耐える」、suakuは福建語で「田舎者」の意味。

これはまだまだほんの一部で、もっと数多くのユニークな表現や言い方がある。

シンガポール人の英語力を過小評価する人がいるが、彼らの多くは英米のテレビ番組や映画を字幕なしで理解できるし、日常会話はもちろん、仕事上のやりとりでも困ることはまずない。英語圏の外国人には襟を正してきちんと話すのだが、シンガポール人同士できちんとした英語を使うと「なに気取ってんだ」という目で見られてしまう。親しみがわかないのだ。

シンガポール政府は「正しい英語を話しましょう」キャンペーンを展開してはいるものの、シングリッシュは国民に親しまれてきた共通の言語であり、この国の歴史と環境が生んだ大衆文化のひとつであるといっても過言ではない。

(丹保美紀)

シンガポール・オカルト事情

シンガポーリアンもご多分にもれずオカルト好きの国民だ。モダンなシンガポールというイメージからは意外だろうが、古い迷信を固く信じている人がいまだに多く、真顔でおかしな話をする人もいる。また、中国系、インド系、マレー系それぞれの人種や宗教グループに伝わるオバケの話があるのもシンガポールならではだ。

シンガポールは狭い国土にしては心霊スポットも比較的多く、いろいろなエリアでまことしやかなうわさを耳にする。その多くは日本軍占領時の軍施設や虐殺現場などにまつわるもの。当時の憲兵隊本部やら留置場やら、捕虜が入れられたチャンギ刑務所や旧チャンギ病院も心霊スポットとして有名だ。

地元のマニアらが、シンガポールの心霊スポット10を挙げたりしているが、必ず登場するのは旧フォード社自動車工場跡だろう。ここはイギリス軍が日本軍に降伏し、その後日本軍の部隊がおかれた所でもあり、日本の敗戦時にはここで日本の軍人らが自害したという話がある。その怨念に満ちた霊がいまだにさまよっているという。ずっと廃屋のまま放置されてきたが、今ここはメモリー・アット・オールド・フォード・ファクトリーという戦争記念館として一般公開されている。実際この辺一帯は心霊スポットが多く、入居する人が病死や破産するなど不幸な目に遭うといわれる高級住宅の並びもこのそばにある。さらに中心部でも戦前から残る古い建物には数多くのオバケ屋敷があるようだ。また、できてはつぶれる飲食店が多いスポットでも「あの場所は呪われているから」といううわさがよく聞かれる。

さて、書籍のほうではシンガポールの子供たちに大人気の本『シンガポール・ゴースト・ストーリー』があり、これもすでに11巻が発行され、60万冊以上売り上げているほど。

また、民間ではSPI (Singapore Paranormal Investigators)なるグループも結成され、さまざまな怪奇情報をウェブ上で交換しているほか、実際に心霊スポットツアーも開催している。ツアーは基本的には参加無料だが、夜中のジャングルや廃屋の中を歩いたりするため、参加者の自己責任が問われるので要注意。

(丹保美紀)

メモリー・アット・オールド・フォード・ファクトリー
Memories at Old Ford Factory
MAP 折込表-2B 住351 Upper Bukit Timah Rd.
☎6462-6724 9:00～17:30(日曜12:00～) 無休
料$3 URL www.nas.gov.sg/formerfordfactory

SPI (Singapore Paranormal Investigators)
URL www.facebook.com/spiforum

旅の英会話

旅の技術

街・観光スポットで

▶(日本円を見せながら)両替をしたいのですが。
Can I change this to Singapore dollar?
▶オーチャード・ロードはどこですか?
Where is Orchard Road?
▶ボート・キーへ行きたいのですが。
I'd like to go to Boat Quay.
▶この地図で場所を教えてください。
Please show me on this map.
▶入場料はいくらですか?
How much is the admission fee?
▶開館/閉館は何時ですか?
What time dose it open/close?

▶写真を撮っていただけますか?
Could you take a picture of me?
▶日本語のわかる人はいますか?
Can anyone speak Japanese?
▶助けて!
Help me!
▶○○をなくしました。
I have lost my ○○.
▶サイフを盗まれました。
Someone stole my wallet.

バス、タクシーの中で

▶このバスは○○へ行きますか?
Does this bus go to ○○?
▶○○に着いたら教えてください。
Please let me know when we arrive at ○○.

▶○○へ行ってください。
Please take me to ○○.
▶ここで降ります。
I will get down here.

レストランで

▶今夜6時にふたりで予約をしたいのですが。
Can I make a reservation for 2 at 6 o'clock tonight?
▶窓側(屋外)の席をお願いします。
Can I have a window-side(an open air)table?
▶メニューを見せてください。
Please show me the menu.
▶肉料理でおすすめはどれですか?
Which meat dish do you recommend?

▶チキンライスをひとつください。
One chicken rice, please.
▶お勘定をお願いします。
Check, please.

ショッピングで

▶ちょっと見てもいいですか?
Hello, I'm just looking, OK?
▶試着してもいいですか?
Can I try this one on?
▶ほかの色はありますか?
Do you have any other colors?
▶これはいくらですか?
How much is this?
▶まけてくれませんか?
Could you give me a discount?

▶これをください。
I will take this.
▶出直してきます。
I will come back again.
▶返品をしたいのですが。
Can I return this one?
▶大きい(小さい)サイズはありますか?
Do you have a bigger(smaller)one?
▶クレジットカードで払えますか?
Do you accept credit cards?

ホテル内で

▶部屋に鍵を忘れました。
I've left my key in the room.

▶荷物を預かってもらえますか?
Could you keep my baggage?

シンガポール百科

シンガポールの歴史

伝説の時代から「シンガプーラ（獅子の町）」へ

シンガポールが登場する最も古い記録は、14世紀に書かれたふたつの史料である。そのひとつは、マジャパイト（ジャワの王国）の宮廷詩人プラパンチャが書いた『王朝栄華物語』で、そこにはマジャパイトの服属国のひとつとして、トゥマセク（シンガポールの古名、海の町の意）の名が挙がっている。もうひとつの史料は、中国の元代末に2度にわたって東南アジアを広く旅した汪大淵の旅行記『島夷誌略』である。これには、トゥマセクが外国船も立ち寄る港町であること、やせ地で稲作ができないため、住民は海賊を生業としていること、住民のなかには中国人もおり、彼らは土着民と同じ服装だったことなどが記されている。

トゥマセクがシンガプーラ（獅子の町）と名前が変わった事情については、いろいろな説がある。マジャパイト支配下の都市は、通常シンガプーラと呼ばれていたとか、「シンガ」は単に「寄港」を意味し、シンガプーラは「寄港地」の意にすぎないとか。シンガポールの中学校教科書は、スマトラから来た領主サン・ニラ・ウタマが町を建設し、名をシンガプーラに改めたという説を採っている。

16世紀のポルトガルの史料は、14世紀末頃、スマトラ西海岸のパレンバンの王子パラメスワラが、マジャパイトに圧迫されてシンガプーラに逃れ、ここに5年住んだあと、ムラカ（マラッカ）に移って、ムラカ王国を建てたという。ムラカ王国はこの地域の交易の中心となって栄えたが、1511年、ポルトガルの攻撃を受けて滅亡した。

ムラカの滅亡後、王族や商人の一部がシンガプーラに移ったので、これをムラカに対する脅威とみたポルトガルは、1613年、シンガプーラを攻撃し、徹底的に破壊した。これ以後の200年間、シンガポールは少数の漁民と海賊がいるだけの島となったのである。

近代都市の形成

ビクトリア・コンサートホールの正面に、腕組みをしたサー・トーマス・スタンフォード・ラッフルズの黒い銅像が立っている。この建物の裏手からシンガポール川のほとりに出ると、白いラッフルズ像があり、1819年1月に彼が上陸した地点を示している。この上陸が近代シンガポールの幕開けとなった。イギリス東インド会社の書記であったラッフルズは、中継港建設の場所を探して、ここに上陸したのである。彼は、この島をその場所と決め、シンガプーラを英語風のシンガポールに改め、都市計画の図面を引き、無関税の自由港政策を定めて、シンガポール繁栄の基礎を築いた。ラッフルズこそ、まさに近代シンガポールの父なのである。

ラッフルズ上陸記念の地に立つ白いラッフルズ像

すでに東インド会社は、マラッカ海峡の港町ペナンを所有しており、1824年にムラカを獲得したので、1826年、これらとシンガポールをまとめて海峡植民地とし、1832年にはシンガポールをその首都と定めた。1858年、東インド会社の解散にともない、海峡植民地はイギリス政府の直轄植民地となった。1870年代から徐々にマラヤ（マレー半島）がイギリスの保護下に入り、シンガポールは事実上マラヤと海峡植民地の首都の役割を果たすようになった。

自由港の魅力に引かれて、東南アジア各地、中国、インドなどから多くの商人が移り住み、シンガポールはまたたく間に東南アジア随一の貿易都市に成長した。19世紀後半から、マラヤで錫鉱山とゴム農園の開発ブームが起こり、その労働者として中国、インドから多くの移民が入ってきた。シンガポ

シンガポールの父ラッフルズ

384

ファーイースト・スクエア(→P.131)内にある福徳祠博物館には19世紀頃の町並み模型などが展示されている

ルはマラヤ産品の集散地、マラヤを含む移民コミュニティの中心地となってますます発展した。

シンガポールへの移民も、19世紀後半から急増し、20世紀前半にはさらに増えた。20世紀初め頃には、シンガポールの人口は20万人を超え、エスニシティ(民族)別では、華人(中国からの移民)が75％、インド人(南アジアからの移民)が6～7％、マレー人(東南アジア各地からの移民)が15％程度という、現在とだいたい同じ比率になった。

移民たちは、民族別にコミュニティを形成し、それぞれの言語、宗教、文化を守って生活したので、シンガポールは多様な人々が融合せずに、サラダボウル状に共存する「複合社会」となった。植民地政府は、英語で教育を行う学校(英語校)を開設して、共通の言語・文化の普及を図ったが、英語校の生徒は比較的少なかった。華人、インド人コミュニティは、それぞれ独自の学校(華語校、タミール語校)を建てて、子供たちを教育したので、移民2世になっても、複合社会状況は継続した。

戦後の国民統合

1942年2月、シンガポールは日本軍に占領され、1945年8月までの3年半、日本軍政がしかれた。この間、シンガポールは「昭南島」と呼ばれ、住民は、貿易停滞による失業、食糧その他の物不足、インフレの昂進などに苦しんだ。また、日本軍はマレー人、インド人を優遇し、華人に苛酷であったため、異なったコミュニティ間の対立が深まったといわれる。

1945年、日本の敗戦によってイギリス統治が復帰し、1948年にはマラヤ連邦に自治を与えたが、シンガポールは1955年にようやく部分自治を認められた。自治政府は、将来の独立へ向けて国民統合を進めた。言語をめぐる対立を解消するために、各コミュニティを代表する言語——華語(中国語)、マレー語、タミール語——を、英語とともに公用語とし、また、異なった言語で教える学校もすべて平等に扱う政策を確立した。それと同時に、外国国籍の住民にシンガポール市民権を与えて外国国籍を放棄させ、移民たちをシンガポール市民として統合していったのである。

現代シンガポールをつくり上げたリー・クアンユー

1959年、シンガポールは完全自治に移行し、このときの総選挙で圧勝した人民行動党(PAP)が政権に就いて、リー・クアンユー(李光耀)が首相になった。1963年、シンガポールはマラヤと合併してマレーシア連邦の一州となった。しかし、シンガポール州政府とマレーシア連邦政府がしばしば対立したため、1965年、連邦がシンガポールを追放する形でシンガポールは独立し、シンガポール共和国となった。

国家生存の闘い

シンガポールは、1959年以後、一度も政権交代を経験していない。この国の政治史

シンガポール略年譜	
14世紀	港町トゥマセクが史料に登場
14世紀末	トゥマセク、シンガプーラと改称
1613	シンガプーラ、ポルトガルに焼き討ちされ壊滅
1819	ラッフルズ、シンガポールに中継港建設開始
1832	ペナン、マラッカと合わせた海峡植民地の首都となる
1858	海峡植民地、イギリス政府の直轄となる
1942	日本軍、シンガポールを占領
1945	日本敗戦。シンガポール、再びイギリス直轄領となる
1955	選挙により部分自治政府成立
1956	4言語校の平等政策決定、翌年度から実施
1957	シンガポール市民権法制定・実施
1958	4言語の公用語化
1959	総選挙により完全自治に移行、PAP政権成立
1963	マレーシア連邦に加入
1965	マレーシアから分離、シンガポール共和国成立
1967	シンガポールほか4ヵ国でASEAN結成
1990	リー・クアンユー首相職を辞任、ゴー・チョクトンが首相となる
2004	ゴー・チョクトンが首相を辞し、リー・シェンロン首相が誕生

は、そのままPAP政権の歴史なのである。PAPは、1954年にリー・クアンユーら英語校出身（英語系）の左派エリートが、華語校出身（華語系）の急進派と協力して結成し、当時の選挙民の多数を占めた華人大衆（華語系）の支持を受けていた。1961年、華語系急進派が脱党したが、安定を求める華人大衆は、引き続きPAPを支持した。

単独独立したシンガポールは、経済的にも安全保障の面でも、生存が難しいと心配された。最大の問題は、5〜6％に上る失業率で、しかも年3〜5％の人口増加が続いていた。雇用を増やすために外国企業に来てもらおうと、政府は懸命に投資環境の整備を進め、英語教育の普及に力を入れた。独立前から英語校の人気が高まっていたが、独立後は政府がさらに力を入れたため、英語校が急速に増え、華語校、タミール語校が減っていった。

安全保障では、独立と同時にイギリスを中心とする多国間安保協定に参加し、ベトナム戦争ではアメリカに協力して、大国の傘の下に入った。国内では、徴兵制度を導入して、18歳の男子全員に2年半の兵役を義務付けた。幸運だったのは、独立直後にインドネシアで政変が起こり、シンガポールを敵視していたスカルノ政権が倒れたため、インドネシアの脅威が消えたことである。さらに1967年には、シンガポールは近隣4ヵ国とともにASEAN（東南アジア諸国連合）を結成し、周辺諸国との友好関係を確保したのである。

安定と繁栄

経済においても、国際環境がシンガポールに味方した。1960年代の世界的な投資ブームと貿易の拡大は、シンガポールの主要産業である貿易・金融を急成長させ、外資誘致も順調に進んだ。特に、日本企業の海外進出と時期が重なったため、シンガポール政府は、日本企業の誘致に力を入れ、目覚ましい成果を上げた。独立後30年間、年平均10％成長という驚異的な経済発展を続け、1990年代には堂々たる先進国となった。失業は1972年頃に解消し、その後は労働力不足となって、外国人労働者が増えている。

経済発展によって国民生活にゆとりができ、シンガポール社会は安定した。1970年代には、ほとんどの子供が英語校へ行くようになり、1980年代初めには、タミール語校、マレー語校が、1986年には華語校が消滅した。国民統合が達成されたあと、政府は、各コミュニティの伝統が失われることを心配し、民族別にそれぞれの言語を必修とする2言語教育を実施するとともに、それぞれの伝統文化を奨励する政策を取っている。

好調な経済と社会の安定は、当然、政治の安定につながる。国民は、生活が年々向上しているときに、政権交代を望まないからである。しかし、PAP政権の超安定ぶりは、やや異常といっても過言ではない。独立以来、国会に有力な野党がいたことはなく、1968年から16年間は、PAPが国会の議席を独占していた。その後も野党議席が1割に達したことはなく、PAPの独占に近い状態が続いている。

PAP政権は、経済発展だけでなく、民意のくみ上げ、公平で効率的な行政、腐敗の排除に努力を傾け、実績を上げているため、国民の大多数がこれを支持していることは疑いない。しかし、先進国として成熟するにつれて、国会に有力な野党を欠くのは、正常な民主政治とはいえないという批判も、わずかながら出てきている。　　　　（田中恭子）

シンガポール百科

シンガポールの政治

政治制度

シンガポールの政治制度は、基本的にイギリスモデルだが、次の3点で最初からイギリスと違う。①議会は一院制である、②地方制度はない、③大統領を元首とする共和国である。当初は、大統領に実権はなく、選出も間接選挙だったが、1991年から直接選挙となり、権限も強化された。

選挙制度では、1988年、部分的に「グループ選挙区」制が導入されて、イギリス式の小選挙区制が修正された。「グループ選挙区」は、4〜6人の議員グループをまとめて選出する中選挙区である。すなわち、各政党は非華人1人を含む候補者グループを立て、選

挙民は、候補者個人でなくグループを選ぶ。圧倒的な与党の人民行動党に対して野党が人種を揃えて4～6人の候補者グループを立てるのは容易でない。過去の総選挙では候補者が立てられず無投票となるグループ選挙区が多く、選挙前から野党の不戦敗の状況が続いた。ところが、2011年の総選挙では定員1名の小選挙区が12区、グループ選挙区が15区となり、野党がほぼすべての区で候補者を立てて1つのグループ選挙区で初勝利を収め、87議席中6議席を得た。

その後補欠選挙で野党がもう1議席獲得して迎えた2015年9月の総選挙では、小選挙区が13でグループ選挙区が16、定数が2議席増となり、人民行動党が議席数89議席のうち83議席を獲得、国内の野党7党のなかで最大野党である労働者党が6議席を獲得した。

選挙民の掌握

シンガポール政治で重要なのは、国民を掌握するためのきめ細かいシステムである。その第一は、住宅開発庁が建設した住宅団地(HDB)である。HDBの役目は、低価格住宅の供給にあるが、入居者を多様な民族グループが交じるように配分し、特定の民族の集中居住を避ける目的にも使われている。各民族の調和を目指す一方で、野党の拠点となるのを防ぐ狙いもあるとされる。

HDB団地が増え、居住者数が巨大化するにつれて、団地が行政の単位になり、ときには選挙区にもなり、あとに述べるコミュニティセンターや人民協会などの設置単位にもなっている。全国民の85%がHDB団地に居住しており、政府はHDBを通じて国民を掌握できる状況だ。

人民協会は、1960年に国民にスポーツ、職業訓練、趣味、娯楽などの機会を提供する目的でつくられ、各地区に設置されたコミュニティセンターの運営に当たった。各センターに運営委員会(委員10人前後)がおかれて、その委員は地区選出の国会議員が選んでいる。コミュニティセンターの数は時とともに増え、2015年現在、107ヵ所ある。

さらに、1964年には、運営委員会と並行して、総理府直轄の市民諮問委員会が設けられた。その任務は、地区住民の希望、苦情やその対策案を政府に伝え、逆に、政府からの対応策やそのほかの政策、事業を住民に伝えることにある。諮問委員会は、政府と地区住民を直接結ぶ、草の根リーダーの役割を果たしているのである。

指導者の世代交代

自治から独立期のシンガポールを率いてきたリー・クアンユー首相が1990年に辞任し、ゴー・チョクトン新首相が誕生した。リー前首相は、総理府上級相としてゴー内閣にとどまり、自身の長男リー・シェンロンは、ゴー内閣の発足当初から副首相兼通産大臣に任命され、その後も重要閣僚を歴任した。

堅調に伸びた景気も2001年から深刻な不況となり、新型肺炎(SARS)の影響もあり低迷が続く。2004年に景気回復を見極めてゴー首相が辞し、リー・シェンロン副首相が第3代首相に就任した。以降、経済は年平均約8%と安定成長を続け、リーマンショック後も早い立ち直りをみせた一方で、2011年の総選挙では、人民行動党の得票率は60.1%と過去最低となり、グループ選挙区で議席を失う事態となった。与党が惨敗した理由は、経済政策や長期政権への批判票が増えたためとされる。この事実を受け、ゴー・チョクトン上級相とリー・クアンユー顧問相が辞任。

建国50周年を迎えた2015年3月、国父リー・クアンユーが91歳で逝去。50周年記念行事とともに氏の業績を振り返る機会がたびたび重なり、追い風となって9月の総選挙では人民行動党が69.9%の得票率を得て圧勝した。獲得議席数の変化はほぼないが、この結果をもって2001年以降凋落傾向にあった人民行動党は信任を取り戻し、シンガポール国民が現実的な判断を下したとされている。シンガポールのほぼ一党独裁の政治体制は今後も続いていくことになるが、外国人労働者受け入れ、物価や不動産の高止まりなど経済・社会的な課題は現在も多く、国民生活の向上のためのリーダーシップがいかに発揮されるかがおおいに注目されている。

2017年9月、トニー・タン大統領の任期終了の後、初の女性でマレー系のハリマ・ヤコブ大統領が8代目大統領に就任した。

シンガポールの国会議事堂

シンガポール百科
シンガポールの教育制度

シンガポールは教育熱心なお国柄で知られ、高学歴重視の傾向は加速している。その結果、過剰な早期教育や受験競争のプレッシャーが子供へ与えるストレスも大きく、慢性的な社会問題でもある。一方で、最近はグローバル化や先の読めない環境変化に対応できる能力の高い柔軟な国民を育てたいという方向性を国が打ち出し、スポーツや芸術に特化した中高の教育機関が創設されたり、海外で高等教育の資格が取れるシステムの導入など、より個人の才能や特性が生かせる教育環境の整備が進んでいる。

2言語教育

多民族国家のシンガポールでは、英語、中国語、マレー語、タミール語の4つが公用語であり、第1言語を英語として、小学校から各民族の母国語を選択して学習する。つまり、算数、理科、社会などの各科目は英語で学習し、第2言語は各自の選択となる。それぞれの修了試験において、第2言語は必須科目である。徹底したこのシステムにより、シンガポール人は、たいてい2言語以上話せるマルチリンガルとなる。そんな文化背景も学校生活に反映されており、通常学食では、中国、マレー、インド、西洋料理から選べるようになっている。

小学校から能力別のクラス分けや、進路が決まる試験が続く

初等教育は6年、中等教育が4～5年、そして高等教育2～3年と続く。小学校卒業時に初等教育修了試験（PSLE）があり、その成績によって4年制の特別コース、急行コース、5年制の普通コース（学術と技術の2コースある）に振り分けられ、進学率の高い有名校に入れるかどうかも決まる。これが最初の大きな試験となるが、小学校3年生頃には、すでに成績別にクラス分けがなされ、数パーセントの成績優秀者には、この時期から英才教育が施される。中等教育を終える頃、ケンブリッジ大学の中卒認定試験（GCE）のOレベル（特別・急行コース）、またはNレベル（普通コース）の試験があり、この結果によって大学進学を目指す2年制のジュニア・カレッジ、または3年制の工専や職業訓練校へと振り分けられる。近年は、このGCEを間に挟まずに6年制のインターナショナル・バカロレア（IB）システムを採用する教育省認可の学校も増えている。スポーツや芸術分野に秀でた生徒向けの、中高一貫教育の専門校でもIBが取得できる。IB校、ジュニア・カレッジに進んだ学生は、高等教育認定試験（GCE、Aレベル）を受験して大学へ進む。GCE、Nレベルや工専に行く学生も、規定の条件に達すれば、後に大学進学のチャンスがある。

また、シンガポールには、18歳男子に兵役義務が課せられているため、GCE、Aレベルの受験が終わり、大学入学が内定した時点で2年間の兵役に入るケースが一般的だ。

広がる選択肢、海外への進学が増加

シンガポール国内には、現在6つの大学がある。シンガポール国立大学は水準も高く難関とされ、市内に大きなキャンパスをもつシンガポール経営大学は、ビジネス系に強く、海外からも優秀な留学生を多数受け入れるなど、国内の学生にとっては依然狭き門である。しかし、現在では、イギリス、アメリカ、オーストラリアの大学に進む学生も相当数いるほか、海外の大学がシンガポールに分校を開き、シンガポールにいながらその大学のカリキュラムで勉強し、資格も取れるため、大学への進学率は上がっている。MBAなどの修士課程の取得も盛んで、卒業後にそのまま大学院へ進むケース、社会人のためのコースも数多くある。キャリアアップには学歴、という発想も根強く、勉強熱心な国民性がそこここにうかがえる。

（桑島千春）

左／生徒の顔ぶれを見ると多民族国家ということを実感する　右／幼稚園児の遠足風景

シンガポール百科

「団地国家」シンガポール

郊外のニュータウンに建ち並ぶHDB

85%が公団住宅に住む

いまや570万人余のシンガポール国民のうち、85%を超える人々が政府・住宅開発庁が建設した高層の住宅団地（HDB）に住んでいる。残りの15%のうちのほとんどが民間のマンション、または土地付きの一戸建てかテラスハウスに住んでおり、わずかながら旧来のカンポンハウスと呼ばれる木造住宅に住む人もいる。

「カンポン」というのは集落を意味するマレー語で、1960年代までは大半のシンガポーリアンが島内各地のカンポンにある平屋の木造家屋で数世帯が一緒に住んでいた。伝統的なカンポンでの生活からコンクリートの高層団地が林立するニュータウンへ、この180度の大転換はシンガポールが1970年代から1980年代前半にかけて成し遂げた奇跡的な経済の高度成長（年間平均成長率およそ10%）のなかで行われた。

HDB住人は中産階級

シンガポールの与党人民行動党（PAP）は国民に安価な公共住宅を提供することを政策の基本として、1985年までの25年間に58万5000戸の公共住宅を建設し、その後も年間2～3万戸のハイペースで建設を進めている。1959年の持ち家率は10%にすぎなかったが、1997年には実に94%にアップした。HDBにはいくつかのタイプがあり、2LK、3LK、3LDKが中心となっているが、2フロアを占有するメゾネットタイプ、プールなどファシリティを備えたHDBコンドミニアムも登場して、より高級で洗練されたデザインの住宅が増えている。

HDBはアイデンティティの創出に貢献したか？

シンガポールはHDBによるニュータウンが建設される前、英国の「分割支配」による民族分断政策のせいもあって、各民族が分かれて住んでいた。独立政府はニュータウンの入居の際に、民族、出身地、宗教に関係なく抽選でユニットを決め、その結果、民族が隣り合い、交じり合って再定住することになった。福建人とかマレー人、インド人といった狭い民族意識で固まることなく、「シンガポーリアン」という国民意識を醸成しながら、ニュータウン内に新しい地域共同体をつくり出すことが政府の狙いだったわけである。これは「実験国家」シンガポールにふさわしい野心的な試みでもあった。

そして「新しい隣人関係をつくりましょう」というキャンペーンを展開したり、防犯のためのネットワークを組織したり、政府はニュータウンの地域共同体の絆を強化することに努力してきた。では、HDBの住人たちは民族の壁を乗り越えてシンガポーリアンとしてのアイデンティティを確立し、地域共同体に協力しているのだろうか。確かにシンガポーリアンとしての自覚は強くなっているようだが、「近所との付き合いは希薄」と不満を漏らす団地住民は多い。ひとつしかないドアを閉めてしまえば外界と遮断されてしまう構造は、親しい近所づきあいを生み出せないようだ。また言葉の壁、屋外の暑さと勉強の忙しさから家にこもってしまう子供たちのライフスタイル、ゲームやコンピューターの普及など、さまざまな要因が考えられる。

フードコートやコミュニティセンターが社交場

とはいえ、各ニュータウンには中心部にマーケットやショッピングセンターがあって、地域の住民にとってここが出会いの場所となっているし、ホーカーを集めたフードコート、スポーツや習い事ができるコミュニティセンターが充実しており、市民の社交場の役目を果たしている。豊かな「団地国家」となったシンガポールで、今後ニュータウンの住民たちが個人主義を脱して、血の通った地域社会を創造できるか。これはシンガポール社会の将来を占ううえで重要なポイントとなるだろう。

地球の歩き方 ホームページのご案内

海外旅行の最新情報満載の「地球の歩き方ホームページ」！ガイドブックの更新情報はもちろん、各国の基本情報、海外旅行の手続きと準備、海外航空券、海外ツアー、現地ツアー、ホテル、鉄道チケット、Wi-Fiレンタルサービスなどもご紹介。旅先の疑問などを解決するためのQ&A・旅仲間募集掲示板や現地Web特派員ブログ、ニュース＆レポートもあります。

🔗 **https://www.arukikata.co.jp/**

■ 多彩なサービスであなたの海外旅行をサポートします！

旅のQ&A・旅仲間募集掲示板
旅のQ&A掲示板

世界中を歩き回った多くの旅行者があなたの質問を待っています。目からウロコの新発見も多く、やりとりを読んでいるだけでも楽しい旅行情報の宝庫です。

🔗 https://bbs.arukikata.co.jp/

国内外の旅に関するニュースやレポート満載
地球の歩き方 ニュース＆レポート

国内外の観光、グルメ、イベント情報、地球の歩き方ユーザーアンケートによるランキング、編集部の取材レポートなど、ほかでは読むことのできない、世界各地の「今」を伝えるコーナーです。

🔗 https://news.arukikata.co.jp/

航空券の手配がオンラインで可能
arukikata.com

航空券のオンライン予約なら「アルキカタ・ドット・コム」。成田・羽田のほか、全国各地の空港を発着する航空券を手配できます。期間限定の大特価バーゲンコーナーは必見。

🔗 https://www.arukikata.com/

空港とホテル間の送迎も予約可能
Travel 現地発着オプショナルツアー

効率よく旅を楽しめる世界各地のオプショナルツアーを取り揃えています。観光以外にも快適な旅のオプションとして、空港とホテル間の送迎や空港ラウンジ利用も人気です。

🔗 https://op.arukikata.com/

ホテルの手配がオンラインで可能
Travel 海外ホテル予約

「地球の歩き方ホテル予約」では、世界各地の格安から高級ホテルまでをオンラインで予約できます。クチコミなども参考に評判のホテルを探しましょう。

🔗 https://hotels.arukikata.com/

海外Wi-Fiレンタル料金比較
Travel 海外Wi-Fiレンタル

スマホなどによる海外ネット接続で利用者が増えている「Wi-Fiルーター」のレンタル。渡航先やサービス提供会社で異なる料金プランなどを比較し、予約も可能です。

🔗 https://www.arukikata.co.jp/wifi/

LAのディズニーリゾートやユニバーサルスタジオ入場券の手配
Travel 地球の歩き方チケットオンライン

アナハイムのディズニー・リゾートやハリウッドのユニバーサル・スタジオの、現地でチケットブースに並ばずに入場できる入場券の手配をオンラインで取り扱っています。

🔗 https://parts.arukikata.com/

ヨーロッパ鉄道チケットがWebで購入できる「ヨーロッパ鉄道の旅」
ヨーロッパ鉄道の旅 Travelling by Train

地球の歩き方トラベルのヨーロッパ鉄道チケット販売サイト。オンラインで鉄道パスや乗車券、座席指定券などを予約できます。利用区間や日程がお決まりの方におすすめです。

🔗 https://rail.arukikata.com/

海外旅行の情報源はここに！ [地球の歩き方] [検索]

索引

見どころ

[A～Z]
NUS ババ・ハウス ……………………38、131
NUS ミュージアム ………………………171

[ア・カ行]
アート・ハウス …………………………96
アジア文明博物館 ………………………97
アドベンチャー・コーブ・ウオーターパーク… 33
アルメニアン教会 ………………………99
イースト・コースト・パーク …………160
インディアン・ヘリテージ・センター …144
ウビン島 …………………………………163
エスプラネード・シアターズ・オン・ザ・ベイ…108
ガーデンズ・バイ・ザ・ベイ …………26
ガーデンラプソディ（ショー） ………27
観音堂 ……………………………………139
クラーク・キー …………………………110

[サ行]
サイエンス・センター＆オムニ・シアター …174
サザンリッジ ……………………………173
サルタン・モスク ………………………137
サンズ・スカイパーク …………………22
シアン・ホッケン寺院 …………………129
シー・アクアリウム ……………………32
ジーエックス・ファイブ・エクストリーム・スイング&トランポリン・バンジー …111
シビル・ディフェンス・ヘリテージ・ギャラリー …100
ジャマエ・モスク ………………………130
ジュエル・チャンギ・エアポート ……18
ジュロン・バード・パーク ……………177
ジョホール・バル〈マレーシア〉 ……184
新加坡佛牙寺龍華院 ……………………130
シンガポール・オルゴール博物館 ……129
シンガポール国立博物館 ………………101
シンガポール・シティ・ギャラリー …131
シンガポール・スポーツ・ハブ ………162
シンガポール・ターフクラブ …………151
シンガポール・ディスカバリー・センター …175
シンガポール動物園 ……………………42
シンガポール・ビジター・センター …114
シンガポール・フライヤー ……………108
シンガポール・ボタニック・ガーデン …118
崇文閣 ……………………………………129
スペクトラ（ショー） …………………23
スリ・ヴィラマカリアマン寺院 ………143
スリ・クリシュナン寺院 ………………138
スリ・スリニバサ・ペルマル寺院 ……144
スリ・センバガ・ヴィナガー寺院 ……167
スリ・バダパティラ・カリアマン寺院 …145
スリ・マリアマン寺院 …………………128
スンゲイ・ブロウ自然公園 ………178、182
戦争記念公園 ……………………………97
セント・アンドリュース大聖堂 ………99
千燈寺院 …………………………………145
セントーサ島 ……………………………152

[タ・ナ行]
タングリン・ビレッジ …………………150
チャイナタウン・ヘリテージ・センター …128
チャイムス …………………………………98
デジタルライト・キャンバス …………24
ナイトサファリ …………………………47
ナゴール・ダルガー・インディアン・ムスリム・ヘリテージ・センター …102
ナショナル・ギャラリー・シンガポール …102
日本人墓地公園 …………………………179

[ハ行]
ハウ・パー・ヴィラ ……………………172
パシール・リス・パーク ………………162
ハジャ・ファティマ・モスク …………138
バタム島〈インドネシア〉 ……………198
ビクトリア・シアター＆コンサートホール …97
ビンタン島〈インドネシア〉 …………188
ファーイースト・スクエア ……………131
ファウンテン・オブ・ウエルス ………109
フォート・カニング・パーク …………105
ブギス・ストリート ……………………138
ブキ・ティマ自然保護区 …………179、180
フューチャーワールド …………………24
ベイ・イースト・ガーデン ……………109
ボート・キー ……………………………122
ホート・パーク …………………………171

[マ行]
マーライオン・パーク …………………98
マウント・フェーバー …………………170
マスジッド・アブドゥル・ガフール …145
マリーナ・バラージ ……………………109
マリーナベイ・サンズ …………………22
マレー・ヘリテージ・センター ………137
ミントおもちゃ博物館 …………………100

[ヤ・ラ・ワ行]
ユニバーサル・スタジオ・シンガポール …34
ラッフルズ上陸記念の地 ………………96
リー・コン・チアン自然史博物館 ……172
リゾート・ワールド・セントーサ ……30
リバーサファリ …………………………45
龍山寺 ……………………………………145
ロイヤル・アルバトロス ………………33
ロバートソン・キー ……………………112
ワイルド・ワイルド・ウエット ………163

レストラン・バー

[A～Z]
28 ホンコン・ストリート ………………243
TWG ティー・ガーデン・アット・マリーナベイ・サンズ …233

[ア行]
阿秋甜品 …………………………………238
アトラス …………………………………241
アモイ・ストリート・フードセンター …225
イースト・オーシャン …………………203
イスラミック ……………………………216
イングリッシュハウス …………………221
ウオーターフォール・リストランテ・イタリアーノ …219
エトナ ……………………………………219
オーシャン・カレー・フィッシュヘッド …212
オールドエアポート・ロード・フードセンター …228
オリビア・レストラン＆ラウンジ ……222
オルゴ ……………………………………241

[カ行]
外星食堂 …………………………………208
カソー ……………………………………205
ガットパルド・リストランテ・ディマーレ …220
カムズ・ロースト ………………………206
キース ……………………………………235
喜園咖啡店 ………………………………237
ギブソン …………………………………243
キャンドルナッツ ………………………211
ギュンターズ ……………………………218
京華小吃 …………………………………206

協勝隆……………………………………237	ノーメニュー……………………………219
キリニー・コピティアム…………………236	
ギルド……………………………………242	[ハ行]
クエンティンズ・ユーラシアン・レストラン…210	バーズ・オブ・パラダイス………………238
クックハウス……………………………230	パウラナー・ブロイハウス………………220
グランドロビー（ラッフルズ・シンガポール）…231	バカラキ…………………………………221
クリーチャーズ…………………………208	ハグズ - エピグラム・コーヒー・ブックショップ…233
クリーミアー……………………………238	ハジャ・マイムナー………………………214
クリスタル・ジェイド・キッチン…………203	バナナリーフ・アポロ……………………216
クリフォード・ピア………………………207	ハリア……………………………………222
ゲイラン・ビリヤーニ・ストール…………55	パントラー………………………………233
ゲイラン・ロロン 29 フライド・ホッケン・ミー…52	ピエス・カフェ…………………………234
黃亞細肉骨茶餐室………………………51	ピエドラ・ネグラ…………………………224
河南肉骨大蝦面…………………………53	ビスミラー・ビリヤーニ……………………55
ゴールデン・スプーン……………………206	ヒルマン・レストラン……………………204
ココナッツ・クラブ………………………213	ピンチャー………………………………223
コモンマン・コーヒー・ロースターズ……235	ファインダイニング・ベーカリー…………235
	プーティエン……………………………205
[サ行]	フード・オペラ…………………………229
シェフズ・テーブル………………………232	フード・リパブリック……………………229
四川豆花飯荘……………………………205	フォークロア……………………………210
ジネット・レストラン＆ワインバー………218	ブラック・タップ・クラフトバーガー＆ビア…23
ジャギーズ………………………………215	ブラッシリー・ガヴロッシュ……………218
ジャスティン・フレーバー・オブ・アジア…23	ブラッセリー・レサヴール………………232
ジャラン・サルタン・プロウン・ミー………53	プラナカン………………………………212
シャン・パレス…………………………203	ブレッドストリート・キッチン……………220
松發肉骨茶………………………………51	プロジェクター…………………………244
シルクロード……………………………203	文東記……………………………………50
シンガポール・ザム・ザム………………217	ペナン・プレイス…………………………211
シンミン・ロティ・プラタ…………………55	ヘンキー・カリーチキン・ビーフン・ミー…54
瑞春……………………………………146、204	ホア・ティン……………………………202
スープ・レストラン………………………204	ホーコン…………………………………234
酢重レストラン…………………………223	ホールアース……………………………211
スパイシーズ・カフェ……………………212	ボカ………………………………………222
スパイス・ジャンクション………………215	ポスト・バー……………………………243
スプリング・コート………………………208	ボタニスト………………………………234
スモーク＆ミラーズ…………………104、240	ホワイトラビット…………………………221
スンゲイ・ロード・ラクサ…………………53	ホワイトローズ・カフェ…………………207
セラヴィ…………………………………240	ホン・リム・フードセンター……………227
[タ行]	[マ行]
泰豐………………………………………52	マーキー・シンガポール…………………23
タンイン・レストラン……………………224	マックスウェル・フードセンター…………225
タングス・マーケット……………………230	マドラス・ニュー・ウッドランズ…………217
タンブア・マス…………………………214	マリン・パレード・ラクサ…………………53
チャイセンファット・ハードウエア………234	マンハッタン……………………………242
チャイナタウン・コンプレックス…………227	味香園……………………………………238
チャイナタウン・フード・ストリート………228	ミナン……………………………………215
チャターボックス…………………………209	ミンジャン・アット・デンプシー…………202
長城粥品中心……………………………206	ムトゥース・カリー………………………216
チョンバル・ベーカリー…………………132	ムルガン・イドリ・ショップ………………217
チョンバル・マーケット・アンド・フードセンター…227	メルシー・マルセール……………………132
チョンバル・ローミー……………………55	モンティ…………………………………243
チリ・パディ……………………………212	
津津餐室…………………………………50	[ヤ・ラ・ワ行]
ティー・ボーン・ゼン・マインド…………232	ヤクン・カヤトースト……………………236
ティンカット・ペラマカン…………………210	ヤントラ…………………………………217
ディンドン………………………………242	ライス・テーブル…………………………214
テッカ・センター……………………140、226	ラオ・パ・サ・フェスティバル・マーケット…122、226
天天海南雞飯……………………………50	ラサプラ・マスターズ……………………230
東方美食…………………………………205	ランタン…………………………………241
トノ・セビチェリア………………………223	ランデブー・レストラン…………………213
トムヤム・カンプー………………………224	リーバイ・カントニーズ・レストラン………202
	立興潮州魚圓面…………………………54
[ナ行]	梁記(巴生)肉骨茶………………………51
ナショナル・キッチン・バイ・バイオレット・ウン…104、213	ルカ………………………………………220
ナムナム・ヌードル・バー………………224	レスプレッソ……………………………232
南星福建炒蝦面…………………………52	レベル 33………………………………240
ナンバー・ファイブ………………………244	レンク・バー＆ラウンジ…………………231
ニュートン・フードセンター……………228	ローズ・ベランダ………………………231
ノーサインボード・シーフード……………207	ローランド・レストラン…………………209

| ワルン・ナシール……………………………214

ショップ

[A～Z]
112 カトン……………………………………168
313・アット・サマセット…………………251
T ギャラリア…………………………………253

[ア行]
アイオン・オーチャード……………………249
アイランド・ショップ………………………262
アカモティフ…………………………………265
アスター・バイ・キーラ……………………271
イセタン・スーパー…………………………… 72
イセタン・スコッツ…………………………253
イングッド・カンパニー……………………262
ウィスマ・アトリア…………………………249
ウェン・アイ・ワズ・フォー………………273
エッセンシャル・エクストラ………………273
エディターズ・マーケット…………………263
エムギャラリー………………………………278
エル・イー・カフェ…………………………239
オヴァ…………………………………………275
オーチャードゲイトウェイ…………………251
オーチャード・セントラル…………………251
オールド・センチョーン……………………270
オンレウォ……………………………146、276

[カ行]
カポック………………………………………274
ガリシャー・ペストリー……………………239
キッキ・ケー…………………………………264
紀伊國屋書店…………………………………266
キム・チュー・クエ・チャン………………279
キャット・ソクラテス………………………278
キャピトル・ピアッツァ……………………256
グアン・アンティーク………………………272
クインテセンシャル…………………………263
クッキー・ミュージアム……………………270
クルーニー・コート…………………………181
グレート・ワールド・シティ………………258
クンスト………………………………………270
ゴールデン・マイル・コンプレックス……261
コールド・ストレージ………………………… 72

[サ行]
ササ・コスメティックス……………………266
サンテック・シティ・モール………………255
シー……………………………………………267
シティ・スクエア・モール…………………259
シティリンク・モール………………………257
ジャイアント・ハイパーマーケット………… 72
ジャマール・カズラ・アロマティックス…274
シャンハイタン………………………………263
ショップス・アット・マリーナベイ・サンズ… 25
シンガポール髙島屋 S.C.……………………248
スーフィズ・トレーディング………………274
セレブレーション・オブ・アーツ…………276
セントラル……………………………………258

[タ・ナ行]
ダウンタウン・ギャラリー…………………122
タングス………………………………………252
タングス・ギフト・ショップ………………264
タングリン・モール…………………………250
チャールズ＆キース…………………………267
チャイナタウン・ポイント…………………258
珍藝閣…………………………………………271
デザイン・オーチャード……………………264
デジアル………………………………………263

東興……………………………………………239
トッコー・アルジュニード…………………275
ナイス…………………………………………266
ナリ……………………………………………277

[ハ行]
ハイシス………………………………………269
白新春茶荘……………………………………271
バシャラヒル・ブラザーズ…………………275
パラゴン………………………………………250
パンジャビ・バザール………………………277
ハンナ・リー…………………………………265
ビボ・シティ…………………………………259
ファーイースト・プラザ……………………252
ファイアフライ………………………………262
ファブインディア……………………………279
フェア・プライス・エクストラ……………… 72
フォーラム・ザ・ショッピング・モール…252
ブギス・ジャンクション……………………259
ブギス・プラス………………………………258
ブックス・アクチュアリー………132、278
フナン…………………………………………260
プラザ・シンガプーラ………………………253
ブリティッシュ・インディア………………268
プリティ・フィット…………………………267
プリヤズ・ギフト・コーナー………………276
プロビドール…………………………………256
ペニンシュラ・プラザ………………………261
ホランド・ロード・ショッピングセンター …148

[マ行]
マークス＆スペンサー………………………254
マリーナ・スクエア…………………………256
マンダリン・ギャラリー……………………250
ミュージアム・レーベル……………………268
ミレニア・ウオーク…………………………254
ムスタファ・センター……………143、284
メリッサ………………………………………265

[ヤ・ラ行]
裕華國貨………………………………………272
ユートピア……………………………………273
余仁生…………………………………………272
ラッキー・プラザ……………………………261
ラッフルズ・シティ…………………………257
ラブボニート…………………………………269
リトル・インディア・アーケード…………143
リトル・ショップハウス……………………275
リムズ…………………………………………269
リャン・コート S.C.…………………………112
ルマー・ビビ…………………………… 38、279
ロビンソンズ・ザ・ヒーレン………………254

エステ＆ボディ・マッサージ

[ア・カ行]
アーユシュ・アーユルヴェディック………291
アラムサ・ザ・ガーデン・スパ……………286
ウオーキング・オン・サンシャイン………287
エスパ・アット・リゾート・ワールド・セントーサ…288
エフ・イー・ネイル・ラウンジ……………293
グリーンアップル・スパ……………………292

[サ行]
ザ・スパ………………………………………289
ジー・スパ……………………………………287
セルヴィズ……………………………………291
セント・グレゴリー・スパ…………………290
ソー・スパ……………………………………288

[タ・ナ・ハ・マ行]
チー・ザ・スパ……………………………………289
ネイチャーランド………………………………286
ネイル・ソーシャル……………………………293
バンヤン・ツリー・スパ・マリーナベイ・サンズ……288
フットワークス…………………………………291
ヘッド＆ヘアスパ・リリー……………………287
ヘブンリー・スパ・バイ・ウェスティン……290
マイ・フット・リフレクソロジー……………292
マニキュリオス…………………………………293

[ラ・ワ行]
ラブ・デ・フット………………………………292
リュクス・ハウス………………………………286
ルピニス…………………………………………290
ルメードゥ・スパ………………………………289

ホテル

[A～Z]
JWマリオット・ホテル・シンガポール・サウスビーチ……299
Wシンガポール・セントーサ・コーブ………316
YMCAアット・ワン・オーチャード…………323
YWCAフォート・カニング・ロッジ…………323

[ア行]
アマラ・サンクチュアリー・リゾート・セントーサ…316
アマラ・シンガポール…………………………311
アンダーズ・シンガポール……………………313
イビス・シンガポール・オン・ベンクーレン……325
インターコンチネンタル・シンガポール……313
インターコンチネンタル・シンガポール・ロバートソン・キー…303
ヴィラ・サマディ・シンガポール……………314
ウエアハウス・ホテル…………………………317
ウェスティン・シンガポール…………………302
エクアリアス・ホテル…………………………316
エム・ホテル・シンガポール…………………311
エリザベス………………………………………318
オーチャード・ホテル…………………………308
オーチャード・ランデブー・ホテル…………309

[カ行]
カールトン・ホテル・シンガポール…………299
カペラ・シンガポール…………………………314
カムレン・ホテル………………………………327
キャピトル・ケンピンスキー・ホテル・シンガポール…298
クインシー・ホテル……………………………319
グッドウッド・パーク・ホテル………117、305
クラウン・プラザ・チャンギ・エアポート…314
グランド・コプソーン・ウオーターフロント…303
グランド・パーク・オーチャード……………308
グランド・パーク・シティ・ホール…………299
グランド・ハイアット・シンガポール………306
グランド・メルキュール・ロキシー・ホテル…322
コプソーン・キングス・ホテル・シンガポール…304
コンコルド・ホテル・シンガポール…………309
コンラッド・センテニアル・シンガポール…301

[サ行]
サマー・ビュー・ホテル………………………325
サルタン…………………………………………325
サンタグランド・ホテル・イースト・コースト…327
ジ・イン・アット・テンプル・ストリート…324
ジ・イン・クラウド・バックパッカーズ・ホステル…328
ジェイリン1918・ホテル………………………324
シェラトン・タワーズ・シンガポール………307
シックスセンシズ・ダクストン………………310
シャングリ・ラ ホテル シンガポール………306
シャングリ・ラ ラサセントーサ・リゾート＆スパ…315
シンガポール・マリオット・タンプラザ・ホテル…427
スイソテル・ザ・スタンフォード……………298
スイソテル・マーチャント・コート…………302

スカーレット……………………………………319
スタジオ・エム・ホテル………………………318
セントラル65・ホステル………………………328
セント レジス シンガポール…………………305
ソー・ソフィテル・シンガポール……………312
ソフィテル・シンガポール・シティセンター…311
ソフィテル・シンガポール・セントーサ・リゾート＆スパ…317

[タ・ナ行]
東南亞大酒店……………………………………326
ナウミ・ホテル・シンガポール………………299
ノボテル・シンガポール・クラーク・キー…303

[ハ行]
パーク・ホテル・クラーク・キー……………303
パークロイヤル・オン・キッチナー・ロード…320
パークロイヤル・オン・ビーチ・ロード……319
パークロイヤル・オン・ピッカリング………310
ハードロックホテル・シンガポール…………315
ハイシン・ホテル………………………………328
バガボンド・クラブ ア トリビュート・
ポートフォリオホテル・シンガポール………321
パン・パシフィック・シンガポール…………301
ヒルトン・シンガポール………………………304
ビレッジ・ホテル・アルバート・コート……320
ビレッジ・ホテル・ブギス……………………320
フェアモント・シンガポール…………………298
フェスティブ・ホテル…………………………315
フォーシーズンズ・ホテル・シンガポール…305
フラトン・ベイ・ホテル・シンガポール……312
フラトン・ホテル・シンガポール……………312
フラマ・リバーフロント………………………304
ペニンシュラ・エクセルシオール・ホテル…318
ペラ・ホテル……………………………………327
ポースレン・ホテル……………………………324
ホテル1887………………………………………323
ホテル1929………………………………………323
ホテル G シンガポール ………………………325
ホテル・インディゴ・シンガポール・カトン…322
ホテル・グランド・パシフィック……………320
ホテル・ジェン・オーチャードゲイトウェイ・シンガポール…309
ホテル・ジェン・タングリン・シンガポール…308
ホテル・ヌーヴェ・ヘリテージ………………318
ホテル・フォート・カニング…………………300
ホテル・ベンクーレン・ストリート…………326
ホテル・マイケル………………………………316
ホテル・リー！…………………………………324
ホリデイ・イン・アトリウム・シンガポール…304
ホリデイ・イン・エクスプレス・シンガポール・クラーク・キー…322
ホリデイ・イン・シンガポール・オーチャード・シティセンター…309

[マ行]
マヨ・イン………………………………………326
マリーナベイ・サンズ…………………………302
マリーナ・マンダリン・シンガポール………301
マリソン・ブギス………………………………326
マンダリン・オーチャード・シンガポール…306
マンダリン・オリエンタエル・シンガポール…300
メトロポリタン YMCA シンガポール………327

[ヤ・ラ・ワ行]
ヨーク・ホテル・シンガポール………………319
ラッフルズ・シンガポール……………… 16、99
ラマダ・バイ・ウィンダム・シンガポール・アット・ジョンシャンパーク…321
ランデブー・ホテル・シンガポール・アット・プラス・バサー…310
リージェント・シンガポール…………………307
リッツ・カールトン・ミレニア・シンガポール…300
リンク・ホテル…………………………………321
ル・メリディアン・シンガポール、セントーサ…317
ロイヤル・プラザ・オン・スコッツ・シンガポール…308
ワンズ・ホテル…………………………………321
ワン・ファーラー・ホテル……………………313

地球の歩き方書籍のご案内

『地球の歩き方』を持って
歴史と文化の薫りあふれる
東南アジアを歩こう

地球の歩き方●ガイドブック

D16 東南アジア
タイ、マレーシア、シンガポール、ベトナム、ラオス、カンボジアのおもな見どころを収録した決定版ガイド。旅のノウハウを徹底解説。

D17 タイ
パワフルな大都会バンコク、世界遺産アユタヤー、古都チェンマイ、人気のビーチリゾート。さまざまな表情をもつタイの魅力を完全網羅。

D18 バンコク
パワー全開の大都会とディープなアジアの魅力あふれるバンコクを120%満喫する決定版ガイド。

D19 マレーシア ブルネイ
近代的な都市リゾートと、青い海&緑濃いジャングル。都市と自然の両方が楽しめるマレーシアと、富める王国ブルネイを紹介。

D20 シンガポール
マリーナ・ベイ・サンズやガーデンズ・バイ・ザ・ベイ、セントーサ島などメガ級最旬スポットの楽しみ方を徹底ガイド。ローカルグルメ&ショッピング情報も必見。

D21 ベトナム
熱気に満ちた市場、本場で味わうベトナム料理、懐かしさと新しさが同居する雑貨など、魅力満載。

D22 アンコール・ワットとカンボジア
世界遺産のアンコール遺跡群に大きくページを割いて徹底解説。町歩き情報も満載。

D23 ラオス
メコン河の中流域に位置し、さまざまな民族の伝統が息づくラオスを紹介したガイドブック。

D24 ミャンマー
ホスピタリティにあふれた人々の笑顔、平安を願って輝やく金色のパゴダ（仏塔）。心穏やかな旅を楽しもう。

D25 インドネシア
1万数千もの島々からなる多民族国家インドネシア各地の美しい自然、見どころを紹介。

D26 バリ島
伝統芸能や世界遺産など文化と自然が混じり合うバリ島。リゾートだけではない魅力にあふれた島を徹底ガイド。

D27 フィリピン
大都会のマニラとビーチリゾート。対照的なフィリピンの表情をあますことなく紹介。

地球の歩き方●トラベル会話
7 タイ語＋英語

女子旅応援ガイド● aruco
- 10 ホーチミン ダナン ホイアン
- 12 バリ島
- 22 シンガポール
- 23 バンコク
- 27 アンコール・ワット
- 29 ハノイ
- 34 セブ ボホール エルニド

地球の歩き方● Plat
- 07 ベトナム
- 09 バンコク
- 10 シンガポール
- 13 マニラ&セブ
- 16 クアラルンプール マラッカ
- 22 ブルネイ

地球の歩き方● Resort Style
- R12 プーケット サムイ島 ピピ島
- R13 ペナン ランカウイ
- R14 バリ島
- R15 セブ&ボラカイ ボホール シキホール
- R19 ファミリーで行くシンガポール
- R20 ダナン ホイアン ホーチミン ハノイ

地球の歩き方●ムック
- シンガポール ランキング&マル得テクニック!
- バリ島 ランキング&マル得テクニック!

地球の歩き方● GEM STONE
- 030 改訂版 バリ島ウブド 楽園の散歩道

地球の歩き方● BOOKS
- マレーシア 地元で愛される名物食堂
- ダナン&ホイアン PHOTO TRAVEL GUIDE ～絶景プロデューサー・詩歩が巡るベトナム～

地球の歩き方 シリーズ年度一覧

地球の歩き方ガイドブックは1〜2年で改訂されます。改訂時には価格が変わることがあります。表示価格は本体価格(税別)です。
● 最新情報は、ホームページでもご覧いただけます。http://www.diamond.co.jp/arukikata/

2019年12月現在

地球の歩き方 ガイドブック

A ヨーロッパ

コード	タイトル	年度 / 価格
A01	ヨーロッパ	2018〜2019 ￥1700
A02	イギリス	2019〜2020 ￥1700
A03	ロンドン	2019〜2020 ￥1600
A04	湖水地方&スコットランド	2018〜2019 ￥1700
A05	アイルランド	2019〜2020 ￥1800
A06	フランス	2020〜2021 ￥1700
A07	パリ&近郊の町	2019〜2020 ￥1700
A08	南仏プロヴァンス コート・ダジュール&モナコ	2018〜2019 ￥1600
A09	イタリア	2020〜2021 ￥1700
A10	ローマ	2018〜2019 ￥1600
A11	ミラノ ヴェネツィアと湖水地方	2019〜2020 ￥1700
A12	フィレンツェとトスカーナ	2019〜2020 ￥1700
A13	南イタリアとシチリア	2019〜2020 ￥1700
A14	ドイツ	2019〜2020 ￥1700
A15	南ドイツ フランクフルト ミュンヘン ロマンティック街道 古城街道	2019〜2020 ￥1600
A16	ベルリンと北ドイツ ハンブルク ドレスデン ライプツィヒ	2018〜2019 ￥1700
A17	ウィーンとオーストリア	2020〜2021 ￥1700
A18	スイス	2019〜2020 ￥1700
A19	オランダ ベルギー ルクセンブルク	2019〜2020 ￥1600
A20	スペイン	2019〜2020 ￥1700
A21	マドリードとアンダルシア& 鉄道とバスで行く世界遺産	2019〜2020 ￥1700
A22	バルセロナ&近郊の町 イビサ島/マヨルカ島	2018〜2019 ￥1700
A23	ポルトガル	2019〜2020 ￥1650
A24	ギリシアとエーゲ海の島々&キプロス	2019〜2020 ￥1700
A25	中欧	2019〜2020 ￥1700
A26	チェコ ポーランド スロヴァキア	2019〜2020 ￥1700
A27	ハンガリー	2019〜2020 ￥1700
A28	ブルガリア ルーマニア	2019〜2020 ￥1800
A29	北欧	2019〜2020 ￥1700
A30	バルトの国々	2019〜2020 ￥1700
A31	ロシア	2018〜2019 ￥1900
A32	極東ロシア シベリア サハリン	2019〜2020 ￥1800
A34	クロアチア スロヴェニア	2019〜2020 ￥1600

B 南北アメリカ

コード	タイトル	年度 / 価格
B01	アメリカ	2019〜2020 ￥1900
B02	アメリカ西海岸	2020〜2021 ￥1700
B03	ロスアンゼルス	2019〜2020 ￥1700
B04	サンフランシスコとシリコンバレー	2019〜2020 ￥1700
B05	シアトル ポートランド ワシントン州とオレゴン州の大自然	2019〜2020 ￥1700
B06	ニューヨーク マンハッタン&ブルックリン	2019〜2020 ￥1750
B07	ボストン	2018〜2019 ￥1800
B08	ワシントンDC	2019〜2020 ￥1700
B09	ラスベガス セドナ&グランドキャニオンと大西部	2019〜2020 ￥1700
B10	フロリダ	2018〜2019 ￥1700
B11	シカゴ	2018〜2019 ￥1700
B12	アメリカ南部	2018〜2019 ￥1800
B13	アメリカの国立公園	2019〜2020 ￥1900
B14	グラス ヒューストン デンバー グランドサークル フェニックス サンタフェ	2018〜2019 ￥1700
B15	アラスカ	2018〜2019 ￥1800
B16	カナダ	2019〜2020 ￥1700
B17	カナダ西部	2018〜2019 ￥1800
B18	カナダ東部	2018〜2019 ￥1600
B19	メキシコ	2019〜2020 ￥1800
B20	中米	2018〜2019 ￥1900
B21	ブラジル ベネズエラ	2018〜2019 ￥2000
B22	アルゼンチン チリ パラグアイ ウルグアイ	2018〜2019 ￥2000
B23	ペルー ボリビア エクアドル コロンビア	2020〜2021 ￥2000
B24	キューバ バハマ ジャマイカ カリブの島々	2018〜2019 ￥1850
B25	アメリカ・ドライブ	2020〜2021 ￥1800

C 太平洋/インド洋の島々&オセアニア

コード	タイトル	年度 / 価格
C01	ハワイI オアフ島&ホノルル	2019〜2020 ￥1700
C02	ハワイII ハワイ島 マウイ島 カウアイ島 モロカイ島 ラナイ島	2019〜2020 ￥1600
C03	サイパン	2018〜2019 ￥1400
C04	グアム	2020〜2021 ￥1400
C05	タヒチ イースター島	2019〜2020 ￥1700
C06	フィジー	2018〜2019 ￥1500
C07	ニューカレドニア	2019〜2020 ￥1500
C08	モルディブ	2019〜2020 ￥1700
C10	ニュージーランド	2018〜2019 ￥1700
C11	オーストラリア	2019〜2020 ￥1900
C12	ゴールドコースト&ケアンズ グレートバリアリーフ ハミルトン島	2019〜2020 ￥1700
C13	シドニー&メルボルン	2019〜2020 ￥1600

D アジア

コード	タイトル	年度 / 価格
D01	中国	2019〜2020 ￥1900
D02	上海 杭州 蘇州	2019〜2020 ￥1700
D03	北京	2019〜2020 ￥1600
D04	大連 瀋陽 ハルビン 中国東北地方の自然と文化	2019〜2020 ￥1800
D05	広州 アモイ 桂林 珠江デルタと華南地方	2019〜2020 ￥1800
D06	成都 重慶 九寨溝 麗江 四川 雲南 貴州の自然と民族	2020〜2021 ￥1800
D07	西安 敦煌 ウルムチ シルクロードと中国西北部	2018〜2019 ￥1800
D08	チベット	2018〜2019 ￥1900
D09	香港 マカオ 深圳	2019〜2020 ￥1700
D10	台湾	2019〜2020 ￥1700
D11	台北	2020〜2021 ￥1700
D13	台南 高雄 屏東&南台湾の町	2019〜2020 ￥1700
D14	モンゴル	2017〜2018 ￥1800
D15	中央アジア サマルカンドとシルクロードの国々	2019〜2020 ￥1900
D16	東南アジア	2018〜2019 ￥1700
D17	タイ	2019〜2020 ￥1700
D18	バンコク	2019〜2020 ￥1600
D19	マレーシア ブルネイ	2020〜2021 ￥1700
D20	シンガポール	2019〜2020 ￥1500
D21	ベトナム	2019〜2020 ￥1700
D22	アンコール・ワットとカンボジア	2019〜2020 ￥1900
D23	ラオス	2019〜2020 ￥1800
D24	ミャンマー	2019〜2020 ￥1800
D25	インドネシア	2018〜2019 ￥1700
D26	バリ島	2019〜2020 ￥1700
D27	フィリピン	2019〜2020 ￥1700
D28	インド	2019〜2020 ￥1700
D29	ネパールとヒマラヤトレッキング	2018〜2019 ￥1900
D30	スリランカ	2019〜2020 ￥1700
D31	ブータン	2018〜2019 ￥1800
D32	パキスタン	2007〜2008 ￥1780
D33	マカオ	2019〜2020 ￥1500
D34	釜山・慶州	2017〜2018 ￥1400
D35	バングラデシュ	2015〜2016 ￥1900
D36	南インド	2019〜2020 ￥1700
D37	韓国	2019〜2020 ￥1700
D38	ソウル	2019〜2020 ￥1500

E 中近東 アフリカ

コード	タイトル	年度 / 価格
E01	ドバイとアラビア半島の国々	2018〜2019 ￥1900
E02	エジプト	2014〜2015 ￥1700
E03	イスタンブールとトルコの大地	2019〜2020 ￥1900
E04	ペトラ遺跡とヨルダン レバノン	2019〜2020 ￥1900
E05	イスラエル	2019〜2020 ￥1800
E06	イラン	2017〜2018 ￥2000
E07	モロッコ	2019〜2020 ￥1800
E08	チュニジア	2020〜2021 ￥1900
E09	東アフリカ ウガンダ エチオピア ケニア タンザニア ルワンダ	2016〜2017 ￥1900
E10	南アフリカ	2018〜2019 ￥1900
E11	リビア	2010〜2011 ￥2000
E12	マダガスカル	2020〜2021 ￥1800

女子旅応援ガイド aruco

1	パリ '19〜'20	￥1200
2	ソウル '19〜'20	￥1200
3	台北 '20〜'21	￥1200
4	トルコ '14〜'15	￥1200
5	インド	￥1400
6	ロンドン '18〜'19	￥1200
7	香港 '19〜'20	￥1200
8	エジプト	￥1200
9	ニューヨーク '19〜'20	￥1200
10	ホーチミン ダナン ホイアン '20〜'21	￥1300
11	ホノルル '19〜'20	￥1200
12	バリ島 '20〜'21	￥1200
13	上海	￥1200
14	モロッコ '19〜'20	￥1400
15	チェコ '19〜'20	￥1200
16	ベルギー '16〜'17	￥1200
17	ウィーン ブダペスト '20〜'21	￥1200
18	イタリア '19〜'20	￥1200
19	スリランカ	￥1400
20	クロアチア スロヴェニア '19〜'20	￥1300
21	スペイン '19〜'20	￥1200
22	シンガポール '19〜'20	￥1200
23	バンコク '20〜'21	￥1300
24	グアム '19〜'20	￥1200
25	オーストラリア '18〜'19	￥1200
26	フィンランド エストニア '20〜'21	￥1200
27	アンコール・ワット '18〜'19	￥1200
28	ドイツ '18〜'19	￥1200
29	ハノイ '19〜'20	￥1200
30	台湾 '19〜'20	￥1200
31	カナダ '17〜'18	￥1200
32	オランダ '18〜'19	￥1200
33	サイパン テニアン ロタ '18〜'19	￥1200
34	セブ ボホール エルニド '19〜'20	￥1200
35	ロスアンゼルス '20〜'21	￥1200
36	フランス '20〜'21	￥1200

地球の歩き方 Plat

1	パリ	￥1200
2	ニューヨーク	￥1200
3	台北	￥1000
4	ロンドン	￥1200
5	グアム	￥1000
6	ドイツ	￥1200
7	ベトナム	￥1000
8	スペイン	￥1200
9	バンコク	￥1000
10	シンガポール	￥1000
11	アイスランド	￥1200
12	ホノルル	￥1000
13	マニラ&セブ	￥1200
14	マルタ	￥1400
15	フィンランド	￥1200
16	クアラルンプール マラッカ	￥1000
17	ウラジオストク	￥1200
18	サンクトペテルブルク モスクワ	￥1400
19	エジプト	￥1200
20	香港	￥1000
21	ブルックリン	￥1200
22	ブルネイ	￥1300
23	ウズベキスタン	￥1200
24	ドバイ	￥1200

地球の歩き方 Resort Style

R01	ホノルル&オアフ島	￥1600
R02	ハワイ島	￥1500
R03	マウイ島	￥1500
R04	カウアイ島	￥1700
R05	こどもと行くハワイ	￥1400
R06	ハワイ ドライブ・マップ	￥1800
R07	ハワイ バスの旅	￥1200
R08	グアム	￥1300
R09	こどもと行くグアム	￥1300
R10	パラオ	￥1500
R11	世界のダイビング完全ガイド 地球の海の潜り方	￥1800
R12	プーケット サムイ島 ピピ島	￥1500
R13	ペナン ランカウイ クアラルンプール	￥1700
R14	バリ島	￥1400
R15	セブ&ボラカイ ボホール シキホール	￥1500
R16	テーマパークinオーランド	￥1700
R17	カンクン コスメル イスラ・ムヘーレス	￥1500
R18	ファミリーで行くシンガポール	￥1400
R20	ダナン ホイアン ホーチミン ハノイ	￥1500

地球の歩き方　BY TRAIN

ヨーロッパ鉄道の旅		￥1700
ヨーロッパ鉄道時刻表 2019年夏号		￥2300

地球の歩き方　トラベル会話

1	米語+英語	￥952
2	フランス語+英語	￥1143
3	ドイツ語+英語	￥1143
4	イタリア語+英語	￥1143
5	スペイン語+英語	￥1143
6	韓国語+英語	￥1143
7	タイ語+英語	￥1143
8	ヨーロッパ5ヵ国語	￥1143
9	インドネシア語+英語	￥1143
10	中国語+英語	￥1143
11	広東語+英語	￥1143
12	ポルトガル語(ブラジル語)+英語	￥1143

地球の歩き方　成功する留学

オーストラリア・ニュージーランド留学	￥1600
成功するアメリカ大学留学術	
世界に飛びだそう！目指せ！グローバル人材	￥1429

地球の歩き方　JAPAN

島旅01	五島列島		￥1500
島旅02	奄美大島 (奄美群島①)		￥1500
島旅03	与論島 沖永良部島 徳之島 (奄美群島②)		￥1500
島旅04	利尻・礼文		￥1500
島旅05	天草		￥1500
島旅06	壱岐		￥1500
島旅07	種子島		￥1500
島旅08	小笠原 父島 母島		￥1500
島旅09	隠岐		￥1500
島旅10	佐渡		￥1500
島旅11	宮古島 伊良部島 下地島 来間島 池間島 多良間島 大神島		￥1500
島旅12	久米島		￥1500
島旅13	小豆島(瀬戸内の島々①)		￥1500
島旅14	直島・豊島・女木島・男木島・犬島 (瀬戸内の島々②) 本島 牛島 広島 小手島 佐柳島 真鍋島 粟島 志々島 高見島 (瀬戸内の島々②)		￥1500
島旅22	島旅ねこ にゃんこの島の歩き方		￥1222
ダムの歩き方 全国版 はじめてのダム入門ガイド			￥1556

御朱印シリーズ

御朱印でめぐる鎌倉の古寺 三十三観音完全掲載 三訂版	￥1500
御朱印でめぐる京都のお寺	￥1500
御朱印でめぐる奈良の古寺 改訂版	￥1500
御朱印でめぐる江戸・東京の古寺 改訂版	￥1500
御朱印でめぐる東京のお寺	￥1500
御朱印でめぐる高野山	￥1500
日本全国 この御朱印が凄い！ 第壱集 増補改訂版	￥1500
日本全国 この御朱印が凄い！ 第弐集 都道府県網羅版	￥1500
御朱印でめぐる全国の神社 〜開運さんぽ〜	￥1300
御朱印でめぐる関東の神社 週末開運さんぽ	￥1300
御朱印はじめました。関東の神社 週末開運さんぽ	￥1100
御朱印でめぐる秩父の寺社 三十四観音完全掲載 改訂版	￥1500
御朱印でめぐる関東の百寺 坂東三十三観音と古寺	￥1650
御朱印でめぐる関西の神社 週末開運さんぽ	￥1300
御朱印でめぐる関西の百寺 西国三十三所と古寺	￥1650
御朱印でめぐる北海道の神社 週末開運さんぽ	￥1300
御朱印でめぐる神奈川の神社 週末開運さんぽ	￥1300
御朱印でめぐる埼玉の神社 週末開運さんぽ	￥1300
御朱印でめぐる九州の神社 週末開運さんぽ	￥1300
御朱印でめぐる千葉の神社 週末開運さんぽ	￥1300
御朱印でめぐる東海の神社 週末開運さんぽ	￥1300

地球の歩き方　コミックエッセイ

北欧が好き！ フィンランド・スウェーデン・デンマーク・ノルウェーのすてきな町めぐり	￥1100
北欧が好き！2 建築×デザインでめぐる フィンランド・スウェーデン・デンマーク・ノルウェー	￥1100
きょうも京都で京づくし	￥1100
女ふたり 台湾、行ってきた。	￥1100
日本てくてくゲストハウスめぐり	￥1000
アイスランド☆TRIP 日記の絶景に会いに行く！	￥1100

地球の歩き方　BOOKS

●日本を旅する本

子連れで沖縄 旅のアドレス&テクニック117	￥1000
武智志穂の沖縄のかわいい京都もしあわせさんぽ	￥1429
おいしいご当地スーパーマーケット	￥1600
地元スーパーのおいしいもの、旅をしながら見つけてきました。47都道府県！	￥1600
京都 ひとりを楽しむまち歩き	￥1200
青森・函館めぐり クラフト・建築・おいしいもの	￥1300
日本全国開運神社 このお守りがすごい	￥1384
えらべる！できる！ぼうけん図鑑 沖縄	￥1500

●個性ある海外旅行を案内する本

世界の高速列車Ⅱ	￥2800
世界の鉄道	￥3500
WE LOVE エスニックファッション ストリートブック	￥1500
エスニックファッション シーズンブック ETHNIC FASHION SEASON BOOK	￥1500
へなちょこ日記 ハワイ鳴咽編	￥1500
GIRL'S GETAWAY TO LOS ANGELES	￥1500
絶対トクする！海外旅行の新常識	￥1000
アパルトマンでパリジェンヌ体験 5日間から楽しめる憧れのパリ暮らし	￥1700
地球の歩き方フォトブック 旅するグラファーが選ぶスペインの町33	￥1500
宮脇俊三と旅した鉄道風景	￥2000
キレイを叶える♡週末バンコク	￥1500
「幸せになる、ハワイのパンケーキ&朝ごはん」 〜オアフ島で食べたい人気の100店〜	￥1400
MAKI'S DEAREST HAWAII 〜インスタジェニックなハワイ探し〜	￥1400
撮り旅！地球を撮り歩く旅人たち	￥1500
秘密のバリ案内Q77	￥1200
台湾おしゃべりノート	￥1200
HONG KONG 24 hours 朝・昼・夜で楽しむ 香港が好きになる本	￥1400
ONE & ONLY MACAO produced by LOVETABI	￥1300
純情ヨーロッパ 呑んで、脱いで、泣いて	￥1280
人情ヨーロッパ 人生、ゆるして、ゆるされて	￥1380
雑貨と旅とデザインと	￥1500
とっておきのフィンランド 絵本のような町めぐり	￥1600
LOVELY GREEN NEW ZEALAND 未来の国を旅するガイドブック	￥1500
たびうた 歌で巡る世界の絶景	￥1200
はなたび 絶景で巡る世界の花	￥1200
気軽に始めよう！大人の男海外ひとり旅	￥1400
気軽に出かける！大人のアジアひとり旅	￥1400
地球の歩き方 編集者がおすすめする最高の楽しみ方 旅程表37万円・9日間から行く！世界一周 大人の男海外ひとり旅	￥1500
FAMILY TAIWAN TRIP #子連れ台湾	￥1380
MY TRAVEL, MY LIFE Maki's Family Travel Book	￥1600
香港 地元で愛される名物食堂	￥1500
マレーシア 地元で愛される名物食堂	￥1500
いろはに北欧 わたしにちょうどいい」旅の作り方	￥1500
ヴィクトリア朝が教えてくれる英国の魅力	￥1200
ダナン&ホイアン PHOTO TRAVEL GUIDE 〜絶景プロデューサー・詩歩が巡るベトナム〜	￥1500
WORLD FORTUNE TRIP イヴルルド遥華の世界開運★旅案内	￥1400

●乗り物deおさんぽ

パリの街をメトロでお散歩 改訂版	￥1500
台北メトロさんぽ MRTを使って、おいしいとかわいいを巡る旅♪	￥1380
台湾を鉄道でぐるり	￥1500
香港トラムでぶらり女子旅	￥1500
香港メトロさんぽ MTRで巡る とっておきスポット&新しい香港に出会う旅	￥1500
NEW YORK, NEW YORK！ 地下鉄で旅するニューヨークガイド	￥1500

●ランキング&マル得テクニック

沖縄 ランキング&マル得テクニック！	￥900
ニューヨーク ランキング&マル得テクニック！	￥900
香港 ランキング&マル得テクニック！	￥900
台湾 ランキング&マル得テクニック！	￥900

●話題の本

パラダイス山元の飛行機の乗り方	￥1300
パラダイス山元の飛行機のある暮らし	￥1300
なぜデキる男とモテる女は飛行機に乗るのか？	￥1300
「堀内イケメンハンター」筆談ライフのGIRL'S TRAVEL	￥1400
さんぽで感じる村上春樹	￥1450
発達障害グレーゾーン まったり息子の成長日記 鳥居りんこの親の介護は知らなきゃバカ見るまとまりと	￥1200
親の介護をはじめたらお金の話で泣き見てばかり 知らなきゃ損する！トラブル回避の基礎知識	￥1200
熟年夫婦のスペイン 行き当たりばったり移住記	￥1350
海外VIP1000人を感動させた「おもてなし」術	￥1500
外資系社長の「おもてなし」術	￥1500
理想の旅は自分でつくる！失敗しない個人旅行のつくり方	￥1300
日本一小さな航空会社の大きな奇跡の物語 世界の常識を変えた天草エアラインの「復活」	￥1300
娘にリケ女になりたい！と言われたら 文系の親にも知っておいてほしい理系女子の世界	￥1400
食事作りに手間暇かけないパパ・ママ、手料理神話にこだわり続ける日本人	￥1000

ゆるゆる神様図鑑 古代エジプト編	￥909
やり直し英語 最短でやり直し英語と話せるようになるための7つの近道勉強法	￥1000

地球の歩き方　中学受験

お母さんが教える国語	￥1800
お母さんが教える国語	￥1300
親子で理解する魔法のアイデア	￥1500
こんなハズじゃなかった中学受験	￥1500
なぜ、あの子は逆転合格できたのか？	￥1500
小6になってグンと伸びる子、ガクンと落ちる子	￥1500
偏差値が届かなくても受かる子、充分でも落ちる子	￥1500
名門中学の子どもたちは学校で何を学んでいるのか	￥1650
はじめての中学受験 第一志望合格のためにやってよかった5つのこと	￥1500
第一志望に合格したなら「社会」の後回しは危険です	￥1300
進路に迷ったら中高一貫校を選びなさい 6年間であなたの子供はこんなに変わる	￥1200
親が後悔しない、子供に失敗させない進学塾の選び方	￥1200
わが子を合格させる父親術 ヤル気を引き出す「神オヤジ」と子どもをツブす「ダメオヤジ」	￥1200
まんがで学ぶ！国語がニガテな子のための読解力が身につく7つのコツ	￥1400
新お母さんが教える国語 わが子を志望校に合格させる無敵の家庭学習法	￥1300
小6になってグンと伸びる子、ガクンと落ちる子 6年生で逆転合格を勝ち取る子の学び方 [完全版]	￥1500

地球の歩き方　GemStone

001	パリの手帖 とっておきの散歩道	￥1500
003	キューバ 増補改訂版	￥1600
014	スパへようこそ 世界のトリートメント大集合	￥1500
025	ウィーン旧市街 とっておきの散歩道	￥1500
025	世界遺産 マチュピチュ完全ガイド	￥1500
026	魅惑のモロッコ 美食と雑貨と美肌の王国	￥1500
033	イギリス人は甘いのがお好き プディング&焼き菓子がいっぱいのラブリーな生活	￥1500
改訂	パリ左岸 楽園の散歩道	￥1500
033	フィンランドでかなえる自分らしい生き方	￥1500
047	新装改訂版 ベルリンガイドブック	￥1600
047	プラハ迷宮の散歩道 改訂版	￥1600
052	とっておきのポーランド 増補改訂版	￥1600
054	グリム童話で旅するドイツ街道	￥1600
改訂	ラダック ザンスカール スピティ 北インドのリトル・チベット 増補改訂版	￥1700
057	ザルツブルクとチロル アルプスの山と街を歩く	￥1500
058	スイス 歩いて楽しむアルプス絶景ルート	￥1500
059	天空列車 青海チベット鉄道の旅	￥1600
	カリフォルニア オーガニックトリップ サンフランシスコ&ワインカントリーのスローライフへ	￥1500
061	台南 高雄とっておきの町歩き旅ガイド	￥1500
062	イングランドで一番美しい場所 コッツウォルズ	￥1700
064	シンガポール 絶品！ローカルごはん	￥1000
065	ローマ美食散歩 永遠の都を食べ歩く	￥1500
066	南極大陸 完全旅行ガイド	￥1500
067	ポルトガル 奇跡の風景をめぐる旅	￥1500
068	アフタヌーンティーで旅するイギリス	￥1500

地球の歩き方　MOOK

●海外最新情報が満載されたMOOK本

海外1	パリの歩き方 [ムックハンディ]	￥1000
海外3	ソウルの歩き方 [ムックハンディ]	￥1000
海外5	香港・マカオの歩き方 [ムックハンディ]	￥1000
海外6	台湾の歩き方 [ムックハンディ]	￥1000
海外8	ホノルルの歩き方 [ムックハンディ]	￥1000
海外9	ホノルルショッピング&グルメ [ムックハンディ]	￥1000
海外10	グアムの歩き方 [ムックハンディ]	￥1000
海外11	バリ島の歩き方 [ムックハンディ]	￥1000
	ハワイ ランキング&マル得テクニック！	￥790
	パリ ランキング&マル得テクニック！	￥790
	台湾 ランキング&マル得テクニック！	￥790
	ソウル ランキング&マル得テクニック！	￥790
	シンガポール ランキング&マル得テクニック！	￥790
	バンコク ランキング&マル得テクニック！	￥790
	バリ島 ランキング&マル得テクニック！	￥740
	海外女子ひとり旅☆パーフェクトガイド	￥890
	ハワイ スーパーマーケット完全ガイド	￥890
	海外子連れ旅☆パーフェクトガイド！	￥890
	成功する留学 留学管理ランキング&テクニック50	￥700
	世界のビーチBEST100	￥890
	ヘルシーハワイ [ムックハンディ]	￥890
	aruco magazine vol.2	￥920

●国内MOOK

沖縄の歩き方 [ムックハンディ]	￥917
北海道の歩き方 [ムックハンディ]	￥926
東京 ランキング&マル得テクニック！	￥690

ダイヤモンド・セレクト

今、こんな旅がしてみたい！2020	￥818

「地球の歩き方」の書籍

地球の歩き方 GEM STONE

「GEM STONE（ジェムストーン）」の意味は「原石」。地球を旅して見つけた宝石のような輝きをもつ「自然」や「文化」、「史跡」などといった「原石」を珠玉の旅として提案するビジュアルガイドブック。美しい写真と詳しい解説で新しいテーマ＆スタイルの旅へと誘います。

- 006 風街道 シルクロードをゆく
- 022 北京 古い建てもの見て歩き
- 030 バリ島ウブド 楽園の散歩道
- 038 世界遺産 イースター島完全ガイド
- 040 マラッカ ペナン 世界遺産の街を歩く
- 041 パプアニューギニア
- 042 イスタンブール路地裏さんぽ
- 044 南アフリカ自然紀行 野生動物とサファリの魅力
- 045 世界遺産 ナスカの地上絵完全ガイド
- 050 美しきアルジェリア7つの世界遺産を巡る旅
- 051 アマルフィ＆カプリ島 とっておきの散歩道
- 052 とっておきのポーランド 世界遺産と小さな村、古城ホテルを訪ねて
- 053 台北近郊 魅力的な町めぐり
- 054 グリム童話で旅するドイツ・メルヘン街道
- 056 ラダック ザンスカール スピティ 北インドのリトル・チベット [増補改訂版]
- 057 ザルツブルクとチロル・インスブルック アルプスの山と街を歩く
- 059 天空列車 青海チベット鉄道の旅
- 060 カリフォルニア・オーガニックトリップ サンフランシスコ＆ワインカントリーのスローライフへ
- 061 台南 高雄 とっておきの歩き方 台湾南部の旅ガイド

地球の歩き方 BOOKS

「BOOKS」シリーズでは、国内、海外を問わず、自分らしい旅を求めている旅好きの方々に、旅に誘う情報から旅先で役に立つ実用情報まで、「旅エッセイ」や「写真集」、「旅行術指南」など、さまざまな形で旅の情報を発信します。

- 日本の島旅シリーズ
- ニューヨークおしゃべりノート
- キレイを叶える週末バンコク♡
- 「世界イケメンハンター」窪咲子のGIRL'S TRAVEL
- ONE & ONLY MACAO produced by LOVETABI
- エスニックファッション シーズンブック
- 撮り・旅！ 地球を撮り歩く旅人たち
- 台湾おしゃべりノート

エスニックファッション シーズンブック

地球の歩き方シリーズ　地球の歩き方 編集部　検索　www.arukikata.co.jp/guidebook/

| 地球の歩き方　投稿 | 検索 |

あなたの旅の体験談をお送りください

『地球の歩き方』は、たくさんの旅行者からご協力をいただいて、改訂版や新刊を制作しています。あなたの旅の体験や貴重な情報を、これから旅に出る人たちに分けてあげてください。なお、お送りいただいたご投稿がガイドブックに掲載された場合は、初回掲載本を1冊プレゼントします！

ご投稿は次の3つから！

インターネット	URL www.arukikata.co.jp/guidebook/toukou.html 画像も送れるカンタン「投稿フォーム」 ※「地球の歩き方　投稿」で検索してもすぐに見つかります
郵便	〒160-0023　東京都新宿区西新宿6-15-1 セントラルパークタワー・ラ・トゥール新宿705 株式会社地球の歩き方メディアパートナーズ 「地球の歩き方」サービスデスク「○○○○編」投稿係
ファクス	(03)6258-0421
郵便とファクスの場合	次の情報をお忘れなくお書き添えください！　①ご住所　②氏名　③年齢　④ご職業 ⑤お電話番号　⑥E-mailアドレス　⑦対象となるガイドブックのタイトルと年度 ⑧ご投稿掲載時のペンネーム　⑨今回のご旅行時期　⑩「地球の歩き方メールマガジン」配信希望の有無　⑪地球の歩き方グループ各社からのDM送付希望の有無

--- ご投稿にあたってのお願い ---

★ご投稿は、次のような《テーマ》に分けてお書きください。
《新発見》ガイドブック未掲載のレストラン、ホテル、ショップなどの情報
《旅の提案》未掲載の町や見どころ、新しいルートや楽しみ方などの情報
《アドバイス》旅先で工夫したこと、注意したいこと、トラブル体験など
《訂正・反論》掲載されている記事・データの追加修正や更新、異論・反論など
※記入例：「○○編201X年度版△△ページ掲載の□□ホテルが移転していました……」

★データはできるだけ正確に。
ホテルやレストランなどの情報は、名称、住所、電話番号、アクセスなどを正確にお書きください。ウェブサイトのURLや地図などは画像でご投稿いただくのもおすすめです。

★ご自身の体験をお寄せください。
雑誌やインターネット上の情報などの丸写しはせず、実際の体験に基づいた具体的な情報をお待ちしています。

--- ご確認ください ---

※採用されたご投稿は、必ずしも該当タイトルに掲載されるわけではありません。関連他タイトルへの掲載もありえます。
※例えば、「新しい市内交通バスが発売されている」など、すでに編集部で取材・調査を終えているものと同内容のご投稿をいただいた場合は、ご投稿を採用したとはみなされず掲載本をプレゼントできないケースがあります。
※当社は個人情報を第三者に提供いたしません。また、ご記入いただきましたご自身の情報については、ご投稿内容の確認や掲載本の送付などの用途以外には使用いたしません。
※ご投稿の採用の可否についてのお問い合わせはご遠慮ください。
※原稿は原文を尊重しますが、スペースなどの関係で編集部でリライトする場合があります。
※従来の、巻末に綴じ込んだ「現地最新情報・ご投稿用紙」は廃止させていただきました。

この本の発行によせて

人、文化、物を引き寄せ、そして発信し続けるシンガポール。資源をもたない国が急速に成長を遂げたのは、アジアの「ハブ」を最大限に生かした手腕といえます。ユニークな街を旅して、人々や文化の出合いを楽しみ、豊かな自然を感じてください。
　取材、執筆は(有)アジアランドが担当し、コーディネートは桑島千春さん、ジョーンズ美佐枝さん、ジェーン・フォンさんが担当、執筆に関しては、丹保美紀さん、田中恭子さん（歴史・政治・経済の項）、伊藤伸平さんから文章をいただきました。また、矢羽野晶子さん、岩崎哲史さんからご協力をいただきました。写真は取材者のほかにカメラマンの湯山　繁さん、竹之下三緒さん、瀧渡尚樹さん、奥村昇子さん、松本光子さん、初谷恵美さん、上原浩作さん、広瀬敬子さんの手によるものです。また、シンガポール政府観光局からも写真をお借りしました。
　さらに読者の方々が寄せてくださった投稿により、本書はより充実した内容となっています。皆様方に心より感謝申し上げます。（鈴）

制　　作：小山田浩明	Producer：Hiroaki Oyamada
編　　集：鈴木由美子（アジアランド）	Editors：Yumiko Suzuki (Asia Land Co., Ltd.)
小坂　歩（アジアランド）	：Ayumi Kosaka (Asia Land Co., Ltd.)
デザイン：エメ龍夢	Design：EMERYUMU
地　　図：辻野良晃	Maps：Yoshiaki Tsujino
表　　紙：日出嶋昭男	Cover Design：Akio Hidejima
校　　正：(株)東京出版サービスセンター	Proofreading：Tokyo Shuppan Service Center

読者投稿
〒160-0C23　東京都新宿区西新宿 6-15-1　セントラルパークタワー・ラ・トゥール新宿 705
「地球の歩き方」サービスデスク「シンガポール編」投稿係
FAX.(03)6258-0421　URL www.arukikata.co.jp/guidebook/toukou.html

地球の歩き方ホームページ（海外旅行の総合情報）
URL www.arukikata.co.jp

ガイドブック『地球の歩き方』（検索と購入、更新・訂正・サポート情報）
URL www.arukikata.co.jp/guidebook

地球の歩き方　D20　シンガポール 2020～2021年版
1988年10月1日　初版発行
2019年12月25日　改訂第31版第1刷発行

Published by Diamond-Big Co., Ltd.
2-9-1 Hatchobori, Chuo-ku, Tokyo, 104-0032, Japan
TEL.(81-3)3553-6667（Editorial Section）
TEL.(81-3)3553-6660　FAX.(81-3)3553-6693（Advertising Section）

著作編集	地球の歩き方編集室
発 行 所	株式会社ダイヤモンド・ビッグ社
	〒104-0032　東京都中央区八丁堀 2-9-1
	編集部：TEL.(03)3553-6667
	広告部：TEL.(03)3553-6660　FAX.(03)3553-6693
発 売 元	株式会社ダイヤモンド社
	〒150-8409　東京都渋谷区神宮前 6-12-17
	販売　TEL.(03)5778-7240

■ご注意ください
本書の内容（写真・図版を含む）の一部または全部を、事前に許可なく無断で複写・複製、または著作権法に基づかない方法により引用し、印刷物や電子メディアに転載・転用することは、著作者及び出版社の権利の侵害となります。
All rights reserved. No part of this publication may be reproduced or used in any form or by any means, graphic, electronic, or mechanical, including photocopying, without written permission of the publisher.
■落丁・乱丁本はお手数ですがダイヤモンド社販売部にお送りください。送料小社負担にてお取り替えいたします。ただし、古書店で購入されたものについてはお取り替えできません。

印刷製本　　翔成堂印刷株式会社　　　Printed in Japan
禁無断転載ⓒダイヤモンド・ビッグ社／アジアランド 2019
ISBN978-4-478-82427-6

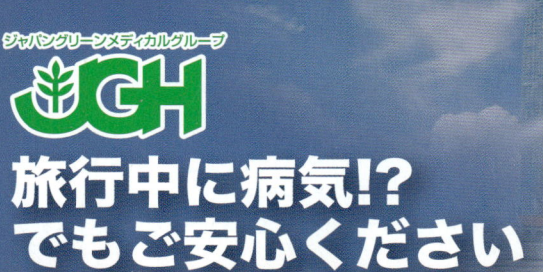

JGH
ジャパングリーンメディカルグループ

旅行中に病気!?
でもご安心ください

日本人医師団・日本人医療スタッフ在籍

海外生活をサポートする総合医療センター
ジャパン グリーン クリニック

私たちは日本からご旅行の方、シンガポールにお住まいの方が医療のことでお困りにならないよう、日本人医師・看護師など日本人医療スタッフが中心となって日本と同様の診療をご提供します。

- 安心の日本語診療*
- 各種検査機器完備(本院)
- 日本の主要海外旅行保険と提携
- 入院、専門医受診も手配
- 便利なロケーション
- 予防接種、健康診断も対応

*専門医は英語となることがあります。

| 外来診察 | 予防接種 | 健康診断・医療検査 | 理学療法 | 医療相談 |

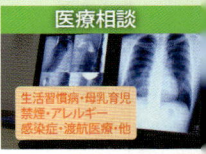

肩痛・腰痛・足痛
スポーツ障害・
リハビリ等に

生活習慣病・母乳育児
禁煙・アレルギー
感染症・渡航医療・他

まずは日本語でご相談ください

ジャパングリーンクリニック
JAPAN GREEN CLINIC

290 Orchard Road, #10-01
Paragon
Tel: 6734 8871 (*印は要予約(小児科は午後のみ)、午前の小児科及び他は予約不要。)

– 髙島屋向かいのパラゴン10階
– MRTオーチャード駅より徒歩10分
- 月 〜 金 9:00〜12:00, 14:00〜17:30
- 土   9:00〜12:00 (日・祝日休診)

診療科目: 外来診察(小児科*・内科・外科・婦人科*・他一般)、
理学療法、予防接種*、健康診断*、医療検査*、医療相談、
歯科*(JGHデンタルクリニック)

◆エレベーターはTower 1, Lobby Eをご利用ください。

ジャパングリーンクリニック シティ分院
JAPAN GREEN CLINIC (CITY BRANCH)

1 Raffles Place, #19-02
One Raffles Place (Tower 1)
Tel: 6532 1788 (予約制)

– マーライオン公園より徒歩15分
– MRTラッフルズプレイス駅B出口からすぐ
- 月 〜 金 9:00〜12:00, 12:30, 14:30〜17:30
  (土・日・祝日休診)

診療科目: 一般内科、眼科、理学療法、予防接種、健康診断

◆ビル入館の際にパスポートまたはIDカード(EP等)が必要ですのでお持ちください。
◆タワー1の入り口はUOBプラザ側にあります。

詳しくはウェブで

www.japan-green.com.sg
e-mail: reception@japan-green.com.sg

5000以上の種を起源とする100万種類以上の植物が大集結

壮大な屋内庭園-フラワードーム＆クラウド・フォレスト-で世界のさまざまな植物生態との出会い

「世界の屋内庭園ベスト10」
FoxNews.com

フラワードーム

世界最大級のガラスの温室であり、ギネス世界記録2015に登録されるほどの規模を誇る「フラワードーム」。冷涼で乾燥した地中海気候を再現したフラワードームには、5つの大陸のエキゾチックな植物が集められ、9つの異なったガーデンで展示されてます。

バオバブとボトルツリー

サウス・アフリカン・ガーデン

「世界で最も美しい
空中庭園10選」
- CNN.com

クラウド・フォレスト

涼しく多湿な熱帯山林地域から集められた蘭、ウツボカズラ、シダが見どころです。屋内の人工滝は世界最大級の高さを誇り、35mの高さから流れる滝は迫力満点です。また、霧が立ち込める非現実的な世界観をクラウド・フォレストとツリートップ・ウォークでお楽しみ下さい。

シークレット・ガーデン

クリスタル・マウンテン

詳細は、travelagents@gardensbythebay.com.sgまでメールにてお問い合わせください。

@gardensbythebay　gardensbythebay.com.sg

18 Marina Gardens Drive, Singapore 018953

画像はイメージです。表示内容は予告なしに変更される場合があります。

Gardens
by the Bay
Singapore

ISBN978-4-05-801354-0
C0326 ¥1500E

9784058013540

2080135400
学研プラス

定価：1,650円
（本体1,500円＋税10%）

D20シンガポール

1920326015009

GLOBAL WiFi

おかげさまで
ご利用者数
No.1 ※1

シンガポールでも
快適インターネット

海外Wi-Fiレンタル **利用者数No.1**

業界最多クラスの空港カウンター！

いつものスマホでネットが使える！

"地球の歩き方"特典

通信料金から
20%OFFクーポン

クーポンご利用でさらに
手数料 **500円**が**無料！**

300円/日〜

グローバルチラシ　検索

クーポン番号：arukikata

クーポン利用期限：2023年12月末

VISION More vision, More success.
東証一部上場（証券コード：9
株式会社 ビジョン

☎ **0120-510-67**
24時間 365日対応コールセンター

※1：「2018年海外用レンタルWi-Fiサービス（国内→海外）」ののべユーザー数、売上高調査（東京商工リサーチ 2019年7月26日調べ）
※2：エリアによっては通信が遅くなる場合や圏外になる場合がありますので予めご了承ください。